마가복음 강해설교

마가복음

윤 석 희

기독교개혁신보사

지은이 | 윤석희

저자는 전통적인 유교와 불교 그리고 샤머니즘이 혼합된 시골 집안에서 태어났으나 어릴 때부터 4km떨어진 교회를 다녔다. 이 일로 집안에서 온갖 고통을 당했지만 오히려 모든 가족들을 전도해서 교회로 인도할 정도로 신앙과 열심을 가지고 있었다.

1980년 4월 20일 현재 담임하고 있는 천성교회를 개척, 오직 '하나님의 영광을 위하여' 그리고 '개혁교회를 세우겠다' 는 생각으로 지금까지 목회에 전념해 오고 있다. "어떤 한 가지 방법론에 집착하는 것보다 목회자는 기본적인 것이 갖추어져 있어야 하며 목회는 종합예술과 같다"는 신념을 지금까지 잃지 않고 있다.

총신대(B.A.)와 합동신학대학원대학교(M.Div.)를 거쳐 Birmingham 신학대학원(D.Min.)에서 수학했다.

대한예수교장로회(합신) 총회장과 한국장로교총연합회 대표회장, 기독교개혁신보사 사장, 합동신학대학원대학교 이사를 역임했으며, 현재, 천성교회 담임목사로 교단과 교계를 위해 봉사하고 있다.

저서

- 창세기 강해 『창세기』(2008년, 서울: 기독교개혁신보사)
- 출애굽기 강해 『출애굽기』(2008년, 서울: 기독교개혁신보사)
- 민수기 강해 『민수기』(2009년, 서울: 기독교개혁신보사)
- 신명기 강해 『신명기』(2010년, 서울: 기독교개혁신보사)
- 여호수아 강해 『여호수아』(2012년, 서울: 기독교개혁신보사)
- 사사기 강해 『사사기』(2012년, 서울: 기독교개혁신보사)
- 사무엘상 강해 『사무엘상』(2015년, 서울: 기독교개혁신보사)
- 사무엘하 강해 『사무엘하』(2016년, 서울: 기독교개혁신보사)
- 마태복음 강해 I 『왕과 백성 그리고 하나님 나라』(2004년, 서울: 기독교개혁신보사)
- 마태복음 강해 II 『교회와 하나님 나라』(2005년, 서울: 기독교개혁신보사)
- 누가복음 강해 『누가복음』(2011년, 서울: 기독교개혁신보사)
- 요한복음 강해 『요한복음』(2013년, 서울: 기독교개혁신보사)
- 사도행전 강해 『성령께서 인도하신 초대교회 역사』(2005년, 서울: 기독교개혁신보사)
- 로마서 강해 『로마서』(2014년, 서울: 기독교개혁신보사)
- 고린도전후서 강해 『하나님의 교회』(2006년, 서울: 기독교개혁신보사)
- 에베소서 강해 『에베소서』(2007년, 서울: 기독교개혁신보사)
- 공동서신 강해 『하늘가는 나그네』(2005년, 서울: 기독교개혁신보사)
- 요한계시록 강해 『그리스도의 재림과 하나님의 나라』(2004년, 서울: 기독교개혁신보사)
- 윤석희목사 사진집 『길에서 길을 만나다』(2012년, 서울: 기독교개혁신보사)
  저자는 시공간 앞에서 자신을 내려놓는 마음으로 사진을 대한다. 그래서 저자의 사진집에서는 눈이 시리도록 아프게 하는 서정적인 이야기들이 고스란히 드러난다. 이것은 창조주 하나님 앞에서 살아가는 목회자만이 가지는 또하나의 삶의 고백일 것이다.

마가복음 강해설교

마가복음

강해설교
마가복음

윤석희 지음

초판 인쇄	2017년 2월 1일
초판 발행	2017년 2월 5일
발행처	기독교개혁신보사출판부
발행인	황인곤
등록번호	제1-2489호
등록일자	1999년 5월 7일
주간	송영찬
편집	신명기
디자인	조혜진

서울시 종로구 연지동 136-56 한국기독교연합회관 502호
전화 02-747-3600(대표) 팩스 02-747-3601
rpress@rpress.or.kr
www.rpress.or.kr

저작권자 ⓒ 윤석희

값은 표지에 있습니다.
ISBN 978-89-97241-27-9   03990

마가복음 강해설교

마가복음

기독교개혁신보사

머리말

마가복음은 예수 그리스도가 신적 권능을 행하는 하나님의 아들이지만, 수난과 고난을 받는 종으로서의 예수를 증거하는 책입니다. 이것은 고난과 어려움과 아픔 속에서 살아가는 모든 하나님의 자녀들에게 위로와 소망의 메시지입니다.

사복음서는 예수님의 성육신과 생애, 수난과 부활을 통해 이루어진 예수 그리스도의 구속 사건을 네 가지 관점에서 다양하게 제시함으로써 보다 입체적으로 보여주고 있습니다. 성경은 다 중요한 사건들로 구성되어 있지만 그중에서 가장 중요한 사건이 있다면 하나님의 구원 계획을 실천한 예수 그리스도의 사건입니다.

사복음서는 동일한 예수님에 대하여 기록하고 있지만 관점과 강조하는 것이 다릅니다. 그러므로 사복음서를 읽을 때마다 포괄적으로 생각해야 하고, 독특한 관점과 강조점도 생각하면서 읽어야 합니다.

마태복음이 예수님의 왕 되심을 강조했다면 누가복음은 사람 되심을, 요한복음은 하나님 되심을 중심적으로 말하고, 마가복음은 고난 받는 종으로서의 예수님의 모습을 그려주고 있습니다. 죄인들을 위하여 구속 사건을 성취하기 위한 십자가 사건이 핵심이지만, 특히 마가복음은 전체 분량의 40%가 십자가 수난 사건을 기록해 주고 있습니다. 이렇게 십자가 사건을 많이 그리고 길게 기록하는 것은 마가복음의 기록 목적과도 관련이 있습니다.

마가복음은 로마 정부 아래에 있는 그리스도인들이 처한 상황에 대한 목회적인 응답으로 기록되었습니다. 초대 교회 때부터 주장한 것은 마가복음이 로마에서 기록되었다는 것입니다. 당시 로마의 폭군 네로

(Nero, A.D.54-68)에 의한 대박해가 임박하였거나 이미 시작되고 있는 상황에서 기록되었다는 것입니다.

하나님의 아들을 믿는 믿음 때문에 당하는 박해와 삶의 어려움 속에 있는 그리스도인들을 위로하고 격려하면서 그리스도께서 당하신 십자가를 생각하게 만듭니다. 섬기는 종으로서 살아가신 그리스도를 바라보게 하여 신앙의 승리자가 되도록 이끌어 줍니다. 현 시대를 살고 있는 성도들도 주님처럼 고난 속에서 승리할 수 있기를 바랍니다. 섬기는 종으로서의 삶도 잊지 맙시다.

특별히 하늘로 승천하신 예수님은 하나님 우편에 앉으셨습니다. 하나님 우편 보좌에 앉으신 것은 예수님의 예언대로 성취된 것이고, 스데반 집사의 증언에도 나타나는 사건입니다. 또한 하나님의 권능과 영광에 동참하는 것을 뜻합니다. 예수님은 십자가에 죽으시고 부활하심으로써 사탄의 세력을 꺾으시고 만왕의 왕으로서의 영광과 권능을 회복하신 것입니다.

'주께서 함께 역사하사' 라는 말은 새로운 시대, 새로운 역사의 무대를 향한 첫걸음을 말합니다. 복음을 전하는 자들에게 약속하신 표적과 하나님이 함께하는 역사를 기대해도 좋습니다. 새로운 복음의 시대가 찬란하게 열린 것입니다. 우리도 이러한 복음을 다른 이들에게 전하는 새로운 시대의 주역이 됩시다.

이 책이 나오기까지 수고하신 천성교회 출판위원들과 재정적으로 후원해주신 모든 분들 그리고 교정에 수고한 위원들과 라진옥 집사님, 편집하신 송영찬 기독교개혁신보사 국장님, 그리고 옆에서 격려해 준 박혜옥님께 감사를 드립니다.

2017년 1월
천성교회 복지관에서
윤 석 희

목 차

●제2부●
하나님의 종으로서 예수님의 수난과
구속사역의 성취

서론

서 론

마가복음은 헬라어 원전에는 '카타 마르콘(마가에 의한)' 인데, '기쁜 소식, 복된 소식' 을 더하여 영어로는 'The Gospel According To Mark' 이고, 한글 개역 성경에는 '마가복음' 이라고 부릅니다.

마가복음의 저자는 누구인가? 저자는 베드로의 제자이고 동역자였던 마가 요한입니다. 예수님께서 마가 요한의 다락방을 사용하여 마지막 유월절을 지키셨고, 사랑하는 제자들의 발을 닦아주시면서 '다락방 강화' 를 말씀하셨으며, 그곳에서 오순절에 성령이 임했습니다.

기록된 연대에 관하여는 아마도 예수께서 승천하신 일과 예루살렘의 멸망이 예언된 것으로 보아 주후 50년 경부터 70년 사이로 추정합니다. 로마 정부의 핍박이 임박했거나 아마도 이미 시작된 상황에서 마태복음보다 먼저 마가복음이 기록되었다는 주장을 하게 됩니다. 일반적인 견해는 주후 60년 경부터 68년 사이에 기록된 것으로 추정합니다.

수신자는 누구인가? 초대교회의 전승에 따르면 로마에서 작성되었고, 로마에 있는 그리스도인들을 위하여 기록된 것으로 봅니다. 마가복음은 주로 신적 권능을 행하시는 분, 하나님의 아들이지만 수난과 고난

받는 종으로서의 예수를 증거하는 책입니다.

사복음서는 예수님의 성육신과 생애, 수난과 부활을 통해 이루어진 하나님의 아들의 구속 사건을 네 가지 관점에서 다양하게 제시함으로써 보다 입체적으로 보여 주고 있습니다. 성경은 다 중요한 사건들로 구성되어 있지만 그중에서 가장 중요한 사건이 있다면 하나님의 구원 계획을 실천한 예수 그리스도의 사건입니다.

사복음서는 같은 예수님에 대하여 기록해 주고 있지만 관점과 강조하는 것이 다릅니다. 그러므로 사복음서를 읽을 때마다 포괄적으로 생각해야 하고, 독특한 관점과 강조점도 생각하면서 읽어야 합니다.

마태복음이 예수님의 왕 되심을 강조했다면 누가복음은 사람 되심을, 요한복음은 하나님 되심을 중심적으로 말하고 마가복음은 예수님의 고난 받는 종으로서의 모습을 그려주고 있습니다. 죄인을 위하여 구속 사건을 성취하기 위한 십자가 사건이 핵심이지만 마가복음은 전체 분량의 40%가 십자가 수난 사건을 기록해 주고 있습니다. 이렇게 십자가 사건을 많이 그리고 길게 기록하는 것은 마가복음의 기록 목적과도 관련이 있는 것입니다.

마가복음은 로마 정부 아래에 있는 그리스도인들이 처한 상황에 대한 목회적인 응답으로 기록되었습니다. 초대교회 때부터 주장한 것은 로마에서 기록되었다는 것입니다. 당시 로마의 폭군 네로(Nero, A.D.54-68)에 의한 대박해가 임박하였거나 이미 시작되고 있는 상황에서 기록되었다는 것입니다.

A.D.64년, 로마는 총 14개 구역 가운데 4개 구역만 온전하고 모두 다 불타버렸습니다. 대형 화재가 발생한 것입니다. 네로 황제의 명령에 따라 발생한 것이라는 주장들이 있었습니다. 그러자 네로는 자신을 향한 의심을 기독교인들에게 돌렸고 대대적인 박해를 감행했습니다.

그러므로 수많은 그리스도인들은 '예수님이 주님이시고, 왕이시라면

왜 잠잠하시는가? 자신들이 진정으로 하나님의 아들과 딸이라면 왜 고
난을 받아야 하는가?' 그런 의심이 생기게 되었습니다. 마가는 이런 시
대적인 상황 속에서 그리스도인들을 위로하고 격려하며, 믿음의 용기
를 북돋아 주기 위하여 마가복음을 기록하게 되었습니다.

첫째로 강조한 것이 무엇입니까? 예수는 하나님의 아들로 그리스도
이십니다. 그래서 마가는 '하나님의 아들 예수 그리스도의 복음의 시
작' 이라는 말로 시작합니다(막1:1). 마가는 마가복음을 통하여 예수님
이 하나님의 아들이자 그리스도이심을 밝히고자 한 것입니다. 로마 나
라에서 믿음이 흔들리는 신자들을 위하여 그리스도에 대한 올바른 신
앙고백을 할 수 있도록 돕고 있는 것입니다. 예수님은 하나님만 하실
수 있는 일들을 하셨다고 증거합니다.

유대인들은 구약의 예언에 관심이 많았고, 헬라인들은 철학에 관심
이 많았다면 로마인들은 행동에 관심이 많은 민족이었습니다. 마가복
음은 '행동의 복음' 이라고 말할 수 있을 정도로 예수님이 능력으로 행
하신 사역을 증거하고 있습니다.

둘째로 강조한 것은 무엇인가? 예수는 종으로서 고난 당하신 분이
십니다. 예수는 하나님만 하실 수 있는 능력을 가지신 분이지만 이땅에
오신 목적이 있었습니다. 마가복음 10장 45절에 "인자가 온 것은 섬김
을 받으려 함이 아니라 도리어 섬기려 하고 자기 목숨을 많은 사람의
대속물로 주려 함이니라"라고 했습니다.

능력이 많은 예수님은 세상이나 사람들 위에 군림하거나 지배하는
원리가 아니라 종으로서 섬기는 방법으로 사역하시고, 많은 사람을 구
원하기 위한 대속물로 자기를 희생하기 위해 오신 것입니다. 그러므로
마가복음은 예수 그리스도의 진정한 정체성과 사역의 본질이 무엇인가
를 말해 주고 있습니다.

셋째로 마가복음에는 제자도(Discipleship)가 강조되어 있습니다.
마가가 예수 그리스도가 하나님의 아들 되심과 고난 당하는 종으로서

의 예수의 인격과 사역을 제시한 것은 예수를 믿고 따르는 제자들이 어떠해야 되는지를 말하고자 하는 것입니다. 섬김과 희생을 실천하는 삶을 살라고 가르칩니다.

마가복음은 그리스도의 수난에 집중하고 있지만 수난으로 끝맺는 것이 아니라 부활하시고 승천하여 하나님 우편 보좌에 앉으심으로써 그리스도가 승리의 종, 영광의 종이심을 증거하는 책입니다. 로마 시대의 성도나 오늘날의 성도들이 고난을 당하지만 영광에 이르신 그리스도를 바라보도록 메시지를 던지고 있습니다. 결국 그리스도인들은 이 땅에서부터 그리스도의 제자로서의 삶과 고난을 잘 감당하여 승리하는 삶을 살도록 가르치고 있습니다.

마가복음은 크게 전반부와 후반부로 나눌 수 있습니다. 제1장부터 9장까지는 전반부로 갈릴리 지역을 중심으로 한 예수님의 사역이고, 제10장부터 16장까지는 예수님의 수난(Passion) 사건에 초점을 두고 전개되어 있습니다.

전반부 사역이 갈릴리에서의 예수님의 사역입니다. 하나님의 종으로서의 능력이 충만한 예수님의 활동에 일차적인 강조점이 주어져 있습니다. 마가복음을 행동의 복음(the Gospel of Action)이라고 할 만큼 예수님의 가르침보다 예수님의 행동을 중심적으로 기록하고 있습니다. 마가는 예수님이 행하신 일에 대하여 기록할 때 하나님만이 하실 수 있는 일들을 기록하고 있습니다.

일반적으로 사람들이 말과 혀로만 사랑하고 행함과 진실함이 없는 시대입니다. 사도 요한은 그러한 시대적인 상황 속에서 말과 혀로만 사랑하지 말고 행함과 진실함으로 사랑하자고 말했습니다.

예수님의 선구자 세례 요한의 등장과 예수 그리스도에 대한 증거, 예수님의 세례와 시험 등은 예수님의 공생애 사역을 시작하기까지의 준비 과정에 대한 기록들입니다. 공생애에 대한 준비 과정이 공관복음

중에 가장 간단하게 기록되어 있고, 예수님의 족보나 탄생은 생략되어 있습니다. 왜 그랬을까? 종에게는 족보나 탄생의 이야기가 중요한 것이 아니라 종으로서 무엇을 하였는가가 더 중요하기 때문입니다.

마태복음은 예수님의 왕 되심을 강조한 말씀입니다. 그렇기 때문에 왕의 족보를 기록해 주고 있지만, 마가복음은 종을 강조했기에 족보나 탄생을 기록해 주지 않고 있는 것입니다. 누가복음은 예수님의 인성을 강조하는 책입니다. 그러니까 인간에게 족보나 탄생은 매우 중요하기에 기록해 주었고, 요한복음은 신성을 강조한 책이기에 족보가 없습니다. 하나님이 무슨 족보가 필요하겠습니까?

갈릴리 사역은 예수님의 열두 제자 파송을 분기점으로 하여 전기 사역과 후기 사역으로 설명할 수 있습니다. 전기 사역은 전체 세 차례 사역 가운데 1차와 2차에 해당되는 사역입니다. 위대한 능력의 소유자 예수께서 병든 자와 귀신들린 자 그리고 비참한 인간을 살리는 데 초점이 맞추어져 있습니다. 그리고 예수님은 자연계와 영계, 질병과 죽음의 영역까지 모두 지배하시는 신적 권능을 지니신 분이심을 드러내고 있습니다.

갈릴리의 후기 사역은 3차에 해당되는 사역으로 열두 제자를 파송하는 것으로 시작됩니다. 갈릴리 후기 사역에서도 예수께서 능력을 행하시는 사건들을 다양한 관점에서 기록하고 있지만 특징적인 것은 여러 지역으로 이동하는 것과 활동 영역이 갈릴리 호수 동쪽과 북쪽의 이방 지역으로까지 확대되는 것입니다.

후반부는 하나님의 종으로서 예수님의 수난을 통한 구속 사역의 성취에 강조점이 주어져 있습니다. 갈릴리 지역을 떠나 예루살렘으로 여행하는 과정에 대한 기록이 있습니다. 제자들은 예수님의 능력도 체험하고 신앙고백도 했지만 여전히 자기를 높이려는 욕망이 있어 갈등과 경쟁을 하였으니, 예수님의 정체성과 사역의 본질을 다 이해하지 못한 상태라고 지적할 수 있습니다. 종의 주된 사역은 섬김입니다.

그리고 마지막 부분은 예수님의 십자가 고난과 부활의 승리를 보도하고 있습니다. 예수께서는 예루살렘에 입성하여 종교 지도자들과 충돌하게 됩니다. 감람산 강화도 있습니다. 예루살렘의 멸망과 종말, 재림에 대한 복합적인 예언을 하십니다. 그리고 종교 지도자들의 적대감과 반대가 극에 달하자 십자가에 처형되어 운명하시는 과정을 자세히 기록하고 있습니다. 그리고 예수님의 부활과 대사명 그리고 승천을 기록해 주고 있습니다.

마가복음의 3분의 1이 고난주간인 마지막 일주일에 관한 내용으로 장식되어 있습니다. 주님을 고난 받는 종으로 묘사하고 있지만 부활을 말함으로써 승리의 종, 영광의 종이심을 밝히고 있습니다. 이것은 현재를 사는 그리스도인들에게 고난을 극복한 후에 영광이 있다는 위로와 소망을 심어주고 있는 것입니다. 여러분이 다른 사람을 섬기는 종 노릇을 많이 할수록 많은 영광이 있을 것입니다. 상급과 면류관이 준비될 것입니다.

마가복음의 중요한 메시지를 요약 정리해 보겠습니다.

첫 번째로는 고난 받는 종으로서의 예수 그리스도이십니다. 마가복음 전체의 약 40%가 그리스도의 수난에 대한 기록입니다. 마가복음은 그리스도의 수난에 대하여 집중적으로 기록하고 있습니다.

로마 정부로부터 박해와 고난을 받는 성도들을 위하여 복음을 전할 때에 그리스도의 수난을 소개하고 있습니다. 신앙고백을 하는 성도도 고난을 받을 수 있습니다. 오히려 그리스도께서는 고난을 통하여 인류의 구원을 성취하셨습니다. 성도들도 마가복음을 통하여 그리스도의 수난을 묵상하고 고난에 대하여 당당하고 긍정적인 자세를 가지고 임하라고 메시지를 던지고 있습니다.

바울은 디모데에게 "복음과 함께 고난을 받으라"라고 말했습니다.

또 "우리가 하나님 나라에 들어가려면 많은 환난을 겪어야 할 것이니라"라고 했습니다. 현재의 고난은 장차 우리에게 나타날 영광과 비교할 수 없다고 가르쳤습니다.

두 번째로는 하나님의 아들 예수 그리스도를 소개하고 있습니다. 마가복음에도 예수 그리스도의 인성을 말하고 있지만 신성을 강조하고 있습니다. 마가복음 1장 1절에서부터 "하나님의 아들 예수 그리스도의 복음의 시작이라"라고 했습니다.

예수께서 세례를 받으실 때나 변화산에서 변화하셨을 때 하나님의 아들이라는 음성이 들렸습니다. 심지어 귀신까지도 예수가 하나님의 아들이심을 인정했습니다. 사형집행관인 백부장도 하나님의 아들이심을 인정했습니다. 마가복음에서 언급하는 것은 예수가 하나님의 아들이심을 믿게 하는 것입니다.

마가복음에는 하나님의 아들에게 있는 그리스도의 신적 권능이 나타납니다. 예수님은 하나님의 아들이시기 때문에 신적 권능이 있는 분이십니다. 마가복음은 행동의 복음이라고 할 만큼 예수님의 교훈보다 행하신 일들을 중심으로 기록하고 있습니다. 전반부의 갈릴리 사역은 더욱 그렇습니다. 병자를 고치십니다. 귀신을 쫓아내십니다. 바람과 바다를 잔잔하게 하셨습니다. 죽은 자도 살리셨습니다. 그러니까 인간의 질병이나 자연계와 영계, 죽음과 생명의 영역까지 통치하셨습니다. 하나님만이 하실 수 있는 신적 권능을 행사하셨습니다. 이것이 마가복음의 특징 중의 하나입니다.

세 번째로는 섬기는 종이셨습니다. 하나님의 아들로서 권능이 있으시고 각색 병자들을 고치셨습니다. 사람들을 돕고 섬기고 봉사하신 그리스도를 보게 됩니다. 특별히 마가복음 10장 45절은 더욱 그렇습니다. 섬기려 하고 많은 사람의 대속물로 자신을 주셨습니다. 그리스도는 종의 자세로 섬기셨습니다. 섬김의 도를 가르치셨습니다. 종의 섬김을 실천하여 모본을 보이셨습니다.

네 번째로는 신앙고백의 중요성입니다. 베드로의 신앙고백은 예수님의 사역에 있어서 전환점이 되었습니다. 신앙고백 후에 더욱 제자 훈련에 주력하시고 십자가를 지시기 위한 준비 작업을 하셨습니다. 신앙고백은 구원받은 성도들의 공동체인 교회의 중요한 근간이 되고, 개개인이 구원받고 멸방받는 기준선이 되는 것입니다.

마음으로 믿으면 입으로 고백해야 하는 것입니다. 그리고 성령이 아니고는 예수를 주라고 고백할 수가 없는 것입니다. 더군다나 예수님의 십자가와 부활은 우리의 신앙고백에 있어서 기초가 됩니다. 사역 초기에는 비밀에 붙였으나 생애 마지막이 되었을 때 십자가와 부활을 공개적으로 말씀하셨습니다. 우리의 신앙고백에 있어서 가장 중요한 기초가 되기 때문입니다.

그리고 예수를 믿는 자들이 제자일진대 제자의 길은 고난을 통한 영광의 길임을 가르치셨습니다. 베드로의 신앙고백 이후 예루살렘에 입성하시기 전에 세 번씩이나 십자가의 죽음을 말씀하셨습니다. 제자들의 그릇된 관념을 수정해 줄 뿐만 아니라 예루살렘으로 올라가는 길은 인류의 구속을 위한 길임을 밝히셨습니다. 고난을 통하지 않고는 영광도 없는 것입니다.

그리고 제자들에게 겸손과 섬김을 가르치셨습니다. 제자들은 고난을 생각하지 않고 높은 자리만 생각했습니다. 그러나 주님은 거듭해서 겸손과 섬김을 강조하여 말씀하셨습니다. 그리스도를 믿고 따르는 자는 겸손과 섬김을 늘 생각하면서 살아야 할 것입니다.

다섯 번째로는 영적인 분별력을 강조한 복음서입니다. 문화와 문명의 외형보다는 내적이고 영적인 면을 볼 수 있어야 합니다. 마가복음 13장의 종말의 징조나 그리스도의 재림에 관한 예언에 대하여 기록했습니다. 예루살렘 성전은 당대 문명의 기술과 예술을 총 집합한 결정체였습니다. 제자들도 예루살렘 성전의 웅장하고 화려한 외형을 자랑했습니다. 그러나 예수님은 성전 내면의 타락상을 보고 한탄하셨습니다.

심판을 예언하셨습니다.

그리스도인들이 세속적인 문화와 문명을 부정할 수는 없지만 극찬하는 것은 삼가 조심해야 할 일입니다. 문화와 문명이 발달할수록 인간의 부정과 부패는 심화되고 점점 타락하기 때문입니다. 그러므로 그리스도인들은 영적인 분별력을 가지고 세상을 내려다보면서 살아야 할 것입니다.

동시에 종교와 전통으로 위장된 탐욕과 시기심을 고발하고 있습니다. 인간들은 여러 가지로 이해관계 속에 얽혀져 있습니다. 예수님을 죽이는 데 결정적인 역할을 한 사람들을 보십시오. 산헤드린 공회와 종교 지도자들, 가룟 유다와 선동한 무리들, 헤롯과 빌라도 총독 등은 모두 다 탐욕과 시기심에 사로잡힌 사람들이었습니다. 심지어 제사장과 장로와 서기관들과 바리새인들도 권력과 탐욕과 시기심이 넘쳐나는 사람들이었습니다.

지금도 교권을 남용하거나 교만하고 선동하는 거짓된 무리들이 판을 치는 세상입니다. 특별히 종교가 타락하면 세상에서 가장 추하게 되는 것입니다. 우리 모두 회개하여 자신부터 타락하지 않고 썩지 않도록 성령의 인도를 받기 바랍니다.

여섯 번째로 십자가 후의 부활의 승리와 영광스러운 승천입니다. 마가복음이 예수 그리스도의 십자가 수난에 초점이 맞추어져 기록되지만 수난으로만 끝나지 않습니다. 많은 사람의 대속물로 자신을 희생시킨 그리스도가 삼 일 만에 부활하셨습니다. 부활하여 승천하시고 하나님 우편 보좌에 앉으셨습니다. 마가복음은 모든 그리스도인들에게 위로와 소망과 용기를 불어넣는 메시지가 담겨져 있는 책입니다.

제1부
갈릴리에서 행하신
예수님의 사역

마가복음 1장 - 9장

제1강
마가복음 1장 1-8절

예수 그리스도의 복음

마가복음은 예수 그리스도에 대한 책입니다. 마가 요한은 예수 그리스도에 대한 복음을 우리들에게 기록하여 전해 주고 있습니다. 마가복음 전체는 그리스도에 대한 책이지만 우리들에게는 복된 소식, 복 소리, 좋은 소식, 복음입니다.

더군다나 마가복음 16장 15절에 "천하에 다니며 만민에게 복음을 전파하라"라고 말씀하셨듯이 복음으로 시작하여 복음으로 끝을 맺습니다. 그 의미는 마가복음의 처음부터 마지막까지 모든 교훈과 사건이 인간에게는 '복음'이란 뜻입니다.

1. 복음의 시작

복음이란 복된 소식, 복 소리, 복된 음성, 기쁜 소식이란 의미입니다. 사람들은 정치에서 복된 소식을 접해 보려고 합니다. 경제적인 뉴스에서 기쁜 소식을 들어보려고 합니다. 심지어 스포츠에서 기쁜 소식을 찾습니다. 그러나 기독교인들은 예수 그리스도를 통해서 복된 소식을 듣습니다.

왜 예수님에 대한 소식이 인간에게 복된 소식일까요? 두 가지 이유입니다. 첫째는 예수 그리스도는 하나님의 아들이고, 둘째는 우리의 메시야 그리스도이시기 때문입니다.

첫째로, 예수는 하나님의 아들이십니다. 마태복음에서는 아브라함과 다윗으로 이어지는 왕의 족보를 소개하여 구약에 예언된 메시야이심을 밝혔습니다. 누가복음은 사람이신 예수를 말하며 복음서를 기록하는 목적을 먼저 설명했습니다. 그리고 요한복음에서는 예수 그리스도의 신성을 강조했습니다. 마가복음에는 서론적인 말이 없이 세례 요한의 사역부터 시작하고 있는데, 예수의 종으로서의 사역을 말하는 것이 특징입니다.

마가복음은 로마 제국의 박해로 고통 가운데 있는 로마 성도들의 유익을 위하여 기록된 책입니다. 격려하고 위로하기 위한 기록입니다. 로마인들은 행동적이었고 서론보다 본론으로부터 시작하는 습성이 있었기 때문입니다. 특별히 예수 그리스도를 종으로 설명하는데, 종에 대해서는 족보나 위상을 밝힐 필요가 없기 때문입니다.

예수 그리스도가 복음의 주체이고, 복음서의 핵심입니다. 인성을 지니신 분이지만 신성을 가지신 분이십니다. 분노하고 배고프고 슬퍼하신 인간이면서 하나님의 아들이셨습니다. 당대 헬라 철학에서는 신이란 더러운 물질계에 들어올 수 없는 존재로 이해했습니다. 그런데 마가는 세상 문화권 속에 들어오신 예수 그리스도가 하나님의 아들이라고 가르쳤습니다. 예수 그리스도는 죄인 된 우리들에게 복 소리, 기쁜 소식입니다. 이 복음의 시작을 알리고 있습니다.

예수 그리스도를 하나님의 아들로 인정할 때부터 복음은 시작된다는 의미도 있습니다. 그런 이유 때문에 다른 복음서에 나타난 것들을 대부분 생략하고 있습니다. 특별히 예수 그리스도의 신적인 활동을 통하여 하나님의 아들이심을 드러내고 있습니다. 조심해야 할 부분은 마가가 예수를 하나님의 아들로만 표현했다면 로마인들은 크게 오해했을 것입니다. 왜냐하면 로마인들은 황제나 뛰어난 예술가 혹은 영웅들을

신의 아들로 불렀기 때문입니다.

둘째로, 마가는 하나님의 아들로만이 아니라 예수를 그리스도라고
불렀습니다. 구약에 예언된 메시야, 구세주임을 증거하고 있습니다. 예
수는 하나님의 아들이면서 그리스도이십니다.

로마 시대에는 복된 소식이 무엇이었는가? 전쟁에서 승리한 소식이
나 황제의 즉위식이 복음이었습니다. 마가는 이를 메시야를 통한 구원
의 소식에 적용하고 있습니다. 신약에서는 예수 그리스도의 탄생과 사
역, 죽음과 부활, 승천과 통치를 통하여 죄에서 벗어나서 사는 것을 구
원이라고 말합니다. 마태, 마가, 누가, 요한이 기록한 책이 복음서라고
불리게 된 것은 저스틴(Justin)의 변증록에서부터입니다. 결국 복음이
란 폭넓게 보면 하나님의 천지 창조 사역과 예수 그리스도에 의한 재창
조 사역을 통틀어 일컫는 말입니다.

사도 바울은 그리스도에 대한 복음을 부끄러워하지 않았습니다. 유
대인에게나 헬라인에게나 예수 그리스도에 대한 복음은 구원을 주시는
하나님의 능력이요 지혜였기 때문입니다. 바울은 예수 그리스도와 십
자가 외에는 아무것도 알지 않기로 작정했습니다. 예수만이 모든 인간
에게 복이고 구원이기 때문입니다.

2. 세례 요한은 어떻게 쓰임 받았는가?

예수 그리스도를 위하여 준비되었던 사람이 누구입니까? 세례 요한
이었습니다. 예수님의 선구자였습니다. 세례 요한의 삶과 사역은 우리
들에게 큰 교훈을 주고 있습니다.

말라기 성경에는 엘리야로 표현되어 있고, 이사야 성경에는 고난 받
는 종이나 사자로 표현되었습니다. 세례 요한은 제사장 사가랴와 엘리
사벳 사이에서 태어났습니다. 세례 요한은 주님을 위해서 아름답게 쓰
임받았습니다.

이사야는 어떻게 예언했습니까? 메시야의 길을 예비하는 선구자로서 세례 요한이 역사의 전면에 등장합니다. 세례 요한의 사역은 뒤에 오실 그리스도를 영접할 준비를 하도록 가르치는 내용으로 일관되어 있습니다.

세례 요한은 광야에서 회개의 세례를 전파했습니다. 광야의 외치는 소리로서의 역할을 감당했습니다. 소리는 사역의 성격을 드러내고 있습니다. 구약의 마지막 선지자 말라기 이후에 400여 년 만에 나타난 세례 요한의 인기는 대단했습니다.

온 유대와 예루살렘 지역의 사람들이 세례 요한 앞에 나아가서 자기 죄를 자백하고 요단강에서 세례를 받았습니다. 바리새인과 사두개인들, 군인과 세리 그리고 많은 백성이 나아오지 않고는 견딜 수 없을 정도로 영적인 인기가 높았습니다. 사람들이 오해하여 당신이 메시야냐고 물을 정도였습니다. 세례 요한은 단순히 소식만 전하는 사람이 아니었습니다. 예수 그리스도의 길을 평탄케 하는 말과 행동을 하였습니다.

여러분은 말에 힘이 있습니까? 삶에 성령이 역사하고 있습니까? 세례 요한의 말은 능력이 있었습니다. 삶에 은혜가 있었습니다. 당시 종교 지도자는 물론이고 이스라엘 사람들이 가슴을 치며 회개하는 역사가 일어났습니다.

세례 요한 때문에 발생하는 모든 문제들은 우연한 일이 아니었습니다. 어느날 갑자기 된 일도 아닙니다. 하나님께서 선지자들을 통하여 예언한 대로 철저하게 준비된 일이었습니다. 하나님의 예언대로 이루어진 일이었습니다. 세례 요한이 위대한 사람이지만 하나님의 예언대로 순종한 사람일 뿐입니다.

죄 사함을 얻게 하기 위한 세례였습니다. 회개의 세례입니다. 세례는 회개와 연결되어 있습니다. 회개는 '다시 생각하다'입니다. 하나님과의 관계를 생각하면서 마음을 바꾸고 행동을 바꾸는 것입니다.

세례 요한은 하나님과의 언약 관계, 이스라엘 백성의 신분 관계에서 회개를 촉구했습니다. 하나님과의 언약에서 실패하면 인간은 실패한 것입니다. 자신의 신분이 하나님의 자녀인데 그 신분에 걸맞지 않으면 인간은 실패하고 있는 것입니다. 그 자체를 회개해야 합니다. 세례는 폭넓은 의미를 담고 있습니다. 그리스도와 연합하는 것입니다. 십자가와 하나 되고 부활과 하나 되는 것입니다. 정결하게 하는 예식입니다. 죄를 씻는 것입니다. 또 교회 공동체와 하나를 이루는 것입니다. 세례교인은 교회와 하나가 되는 사람입니다. 신앙고백도 그렇습니다.

세례 요한은 약대 털옷을 입고 허리에는 가죽띠를 띠고 음식으로는 메뚜기와 석청을 먹었습니다. 석청은 야생꿀을 말합니다. 한마디로 청빈생활을 하면서 복음을 전했던 사람입니다. 가난한 사람들이 입던 옷, 가난한 사람들이 먹던 음식을 먹었습니다. 대제사장의 아들로 태어나서 고행길을 걸었던 사람입니다. 하나님이 불어넣은 사명감에 불타서 복음을 전했고, 그 당시 사람들이 예수님을 맞이할 준비를 할 수 있도록 도왔던 인물이 세례 요한이었습니다.

3. 세례 요한의 증거가 무엇인가?

예수 그리스도에 대한 세례 요한의 증거가 무엇이었는가?

세례 요한이 등장한 것을 기점으로 능력이 많으신 그리스도께서 오실 것을 증거했습니다. 7절 상반절에 "그가 전파하여 이르되 나보다 능력 많으신 이가 내 뒤에 오시나니 나는 굽혀 그의 신발끈을 풀기도 감당하지 못하겠노라"라고 했습니다.

세례 요한은 예수 그리스도의 신발끈을 풀기도 감당할 수 없는 사람이라고 말했습니다. 능력이 많다는 것은 '강하다'는 뜻입니다. 물리적인 힘이나 세상의 권세가 아니라 영적인 권세와 능력을 말합니다. 하나님 나라는 말에 있지 않고 능력에 있습니다. 예수님은 공중의 권세 잡은 자보다 강하신 분입니다. 사탄보다 능력이 많으신 분입니다. 우주

만물을 통치하는 권세가 있습니다. 그 주님이 지금 오시고 있다, 영접할 준비를 갖추라는 말입니다. 긴급한 상황임을 지시하고 있습니다. 여러분은 예수님을 영접한 사람입니까? 주님을 만왕의 왕으로 모시기 바랍니다. 만주의 주님을 섬기시기를 바랍니다.

또 세례 요한이 예수님을 어떤 내용으로 증거했습니까? 예수 그리스도의 높으신 신분으로 말했습니다. 세례 요한은 회개하는 백성에게 물로 세례를 베풀었지만 예수 그리스도는 성령으로 세례를 주실 것이며, 세례 요한의 사역과 예수 그리스도의 사역에 있어서도 본질적인 차이가 있다고 증거했습니다.

물 세례와 성령 세례는 무엇이 다릅니까? 많은 것을 지적할 수는 없고, 세례 요한의 물 세례의 목적은 그 당시 모든 사람들이 죄를 자백하도록 하는 회개에 있었습니다. 예수님의 세례는 성령을 부어주시는 성령 세례였습니다. 성령 세례는 새 생명이 초점입니다. 새로운 삶이 중심입니다. 새 생명과 새로운 삶은 능력이 없으면 살 수 없는 것입니다.

마가복음에는 예수님의 세례 사건과 더불어 성령의 강림 사건을 다룹니다. 성령의 인도하심을 따라 광야에서 시험을 이긴 사건을 다룹니다. 마태와 누가는 불과 성령을 말하지만 마가는 성령만 말합니다. 불은 성령 사역의 다른 면을 말하는 것으로 보입니다. 정결이나 심판 그리고 계몽을 뜻합니다.

세례 요한의 삶은 우리에게 많은 교훈을 줍니다. 예수님의 선구자로서의 삶입니다. 가난하지만 가난한 사람이 아닙니다. 먹는 것이 문제가 되지 않고 입는 것도 그랬습니다. 세례 요한의 삶은 마음만은 뿌듯하고 기쁨이 충만하며 벅찬 감격 속에서 찬송하는 삶이었습니다.

세례 요한은 자기 자신만을 위하여 살지 않은 사람입니다. 경건하게 살면서 모든 사람들로 하여금 예수 그리스도를 영접할 수 있도록 준비시키는 사람이었습니다. 여러분도 세례 요한처럼 청빈한 생활과 다른 사람의 유익을 위하여 살 수 있기를 바랍니다.

제2강
마가복음 1장 9-11절

예수와 세례

　예수 그리스도께서 세례 요한에게 세례를 받으셨습니다. 이것을 어떻게 이해해야 할 것인가? 예수 그리스도가 행하신 모든 일들은 우리에게 복음입니다. 예수께서 공생애를 시작하실 때에 세례부터 받으셨습니다. 이것이 죄인 된 우리에게는 복음입니다.

　예수 그리스도께서 인간 제도에 순종하셨습니다. 공생애를 준비하시는 주님은 세례를 받으실 필요가 없으신 분이지만 세례 요한에게 가서 세례를 받으셨습니다. 여러 가지 제도가 불필요한 것 같고 거추장스러운 것 같아도 순종하는 사람이 복이 있습니다. 세상에 있는 여러 제도에 순종하는 것도 중요한 일입니다. 내가 왜 자유인인데 이런 제도에 순종해야 하는가? 하나님은 질서의 하나님이시기 때문입니다.

　마가 요한은 처음에는 의지가 약했던 사람이었습니다. 사도 바울의 선교 여행을 따르다가 중도에 포기한 바가 있었습니다. 그러나 훗날에 믿음이 성장하고, 그리스도에 대하여 깊은 깨달음 속에서 마가복음을 기록하였습니다. 여러분도 복음에 심취하는 성도가 되기를 바랍니다.

1. 세례

기독교의 성례는 두 가지입니다. 첫째는 세례요, 다음은 성만찬입니다. 다른 예식들은 세속적인 의미가 많습니다. 그래서 개혁자들은 두 가지만 성례로 인정했습니다. 천주교에서는 지금도 일곱 가지를 성례라고 말합니다.

세례의 의미가 무엇입니까? 첫째는 '연합'의 의미입니다. '하나' 되는 영광입니다. 주님과 하나 되는 복입니다. 교회와 하나 되는 복입니다. 십자가와 연합하고 부활과 연합하는 원리입니다.

여러분은 세례 교인입니다. 지금 누구와 하나가 되어 있습니까? 주님과 하나입니다. 교회와 하나입니다. 예수님께서 세례 받으실 때에 죄를 고백하지는 않았습니다. 그러나 예수님의 세례는 이스라엘 백성과 하나됨을 의미합니다.

둘째는 '신앙고백'입니다. 하나님 앞과 공교회 앞에서 신앙을 고백하는 것이 세례입니다. 나도 당신들과 같이 하나님을 믿는 사람이요, 예수 그리스도를 구세주로 믿고 왕으로 믿습니다. 자기 자신이 예수를 믿는 사람이라는 고백의 의미입니다. 자기 신앙고백을 만인 앞에 공포하는 행위가 세례의 본래의 의미입니다. 예수께서는 세례를 통하여 자신이 메시야이심을 선언하셨습니다.

셋째로는 '죄 사함'의 의미입니다. 더러워진 사람을 물이나 피로 씻어 깨끗하게 하는 행위가 세례입니다. 구약시대나 신약시대에 더러워진 사람은 죄인이라고 불렀습니다. 죄인을 의인 만들기 위해서는 예수 그리스도의 보혈밖에는 깨끗하게 할 방법이 없습니다. 예수를 믿어 죄 씻는 표시로써 세례를 받았던 것입니다.

예수님의 세례의 의미는 색다른 면이 있습니다. 8절에서 세례 요한은 예수님을 가리켜 '성령으로 세례를 베푸실 분이라'고 소개합니다. 이 말의 진정한 의미는 예수께서 능동적으로 하나님의 백성을 만들어

주시고, 백성들에게 새 생명을 주실 자란 뜻입니다. 사실 예수밖에는 구원자가 없습니다. 예수는 우리의 길이요, 진리요, 생명이십니다. 구세주가 되십니다. 만왕의 왕이시고 만주의 주가 되십니다. 9절에서 수동적으로 하나님의 백성을 위하여 회개의 세례 받는 표를 담당하셨습니다.

그리고 예수님이 세례 요한에게 순종하심으로써 하나님께 받을 심판을 홀로 감당하실 분이심을 나타내셨습니다. 세례 후에 광야로 나오신 것이나 세례를 받으신 것이 하나님께로부터 심판 받으실 분임을 나타내신 일이었습니다.

마가복음 1장 5절에서는 온 유대와 예루살렘 사람들이 다 나왔으니, 그 당대 정치와 종교의 중심이 되고 거룩한 곳에서 세례를 받으러 나왔던 것입니다. 그러나 예수님은 마가복음 1장 9절을 볼 때 율법의 약속이 없는 메마른 광야에서부터 홀로 나오셨습니다.

예수께서 세례 요한에게 순응하심은 구속을 필요로 하는 모든 사람을 위한 하나님의 아들이심을 입증하신 것입니다. 애굽에서 이스라엘을 구원하던 모세가 백성과 동일시되고 같은 이스라엘인이 된 것처럼 예수께서도 죄인과 같은 입장에 서서 세례를 받으시고 순종하셨습니다.

예수께서 세례를 받으심으로 이스라엘이 회복되는 복이 임하게 되었습니다. 한 사람의 불순종이 많은 사람을 불순종하게 만들고, 한 사람의 순종이 많은 사람을 의인으로 만듭니다. 진심으로 교회를 사랑한다면 겸손하게 제도에 순종하기 바랍니다. 하나님의 교회의 질서에 복종할 때 하나님이 크게 사용하실 줄로 믿습니다.

2. 성령 하나님

예수께서 세례 요한에게 세례를 받으시고 요단 강에서 올라오실 때 하늘이 갈라졌습니다. 비둘기 같은 성령이 예수님 위에 강림하셨습니다. 하늘에서 하나님의 음성이 들려왔습니다. 정말 놀랍고 특별한 사건이 일어났습니다.

많은 사람들이 세례 요한에게 세례 받으러 거룩한 성에서 요단 강으로 나왔습니다. 수많은 사람들이 요단 강에 모였습니다. 예수님이 세례 받으실 때에 하늘이 열렸습니다. 비둘기 같은 성령이 임하셨습니다. 아무나에게 성령이 임하지 않았습니다. 예수님께 임하셨습니다. 완전한 순종자에게 하나님의 영이 임하셨습니다.

예수님만이 "물에서 올라오실 때"에, 성령이 "내려오시는" 응답을 받았습니다. 기도를 해도 응답받는 자가 있습니다. 응답받지 못하는 자도 있습니다. 왜 그럴까요? 평상시 순종하는 사람이냐, 그렇지 아니하냐의 차이입니다. 이것이 매우 중요합니다.

예수님이 세례 받으실 때 하늘이 열렸습니다. 성령이 임하셨습니다. 하늘의 음성이 들려왔습니다. 이사야 선지자가 이사야 64장 1절에서 "원하건대 주는 하늘을 가르고 강림하시고 주 앞에서 산들이 진동하기를"이라고 예언하였는데 그대로 임하는 것을 볼 수 있습니다. 성경은 짝이 있습니다. 예언된 말씀이 다 성취됩니다.

출애굽할 때도 백성들이 성결하지 않으면 하나님께서 강림하시지 않는다는 것을 시내산에서 가르쳐 주셨습니다. 출애굽기 19장 10-11절에서 "여호와께서 모세에게 이르시되 너는 백성에게로 가서 오늘과 내일 그들을 성결하게 하며 그들에게 옷을 빨게 하고 준비하게 하여 셋째 날을 기다리게 하라"라고 하셨습니다. 이런 의미에서 백성들을 대신하여 예수님은 세례를 받으셨습니다. 물속으로 들어가셨습니다.

예수님은 죄인 된 세례 요한에게 머리를 숙이셨습니다. 성결해야 성령 하나님이 임하시기 때문입니다. 예수 그리스도 안에서 아들의 권세가 회복되는 영광을 소유하게 되었습니다. 성결한 그리스도를 믿어서 성령 충만함을 받기를 바랍니다. 날마다 죄악을 회개하는 가운데 성령이 충만히 역사하시기를 바랍니다.

이사야 32장 15절에 "마침내 위에서부터 영을 우리에게 부어 주시리니 광야가 아름다운 밭이 되며 아름다운 밭을 숲으로 여기게 되리라"라고 했습니다. 이사야 44장 3절에서는 "나는 목마른 자에게 물을 주며 마른 땅에 시내가 흐르게 하며 나의 영을 네 자손에게, 나의 복을 네 후손에게 부어 주리니"라고 했습니다.

이사야 63장 14절에 "여호와의 영이 그들을 골짜기로 내려가는 가축같이 편히 쉬게 하셨도다 주께서 이와 같이 주의 백성을 인도하사 이름을 영화롭게 하셨나이다"라고 했습니다.

예수님이 세례 받을 때에 성령 강림과 하늘의 음성이 있었습니다. 이스라엘 백성이 하나님의 아들로 인정된 곳은 광야입니다. 마치 예수님께서 광야와 같은 곳에서 하나님의 아들로 인치심을 받는 것과 같습니다.

호세아 11장 1-3절에서 호세아 선지자도 이스라엘이 광야에서 하나님의 아들로 인정될 것을 예언했습니다. 예수님 안에서 이런 언약들이 세례를 받으실 때에 성취되었습니다.

많은 무리가 세례 요한에게 나갑니다. 회개하고 세례 받기 위하여 나갔습니다. 그러나 진정으로 광야로 돌아간 분은 오직 한 분이십니다. 하나님의 뜻대로 살고 하나님의 뜻대로 죽으시겠다는 예수님이었습니다. 예수님은 하나님의 뜻대로 태어나시고 뜻대로 사셨습니다. 그래서 우리는 예수를 사랑합니다. 예수 안에서 의인이 됩니다.

성령을 비둘기에 비유하는 것은 우리가 관심 있게 봐야 할 대목입니다. 창세기 1장 2절에 천지를 창조할 때 하나님의 신이 수면 위에 운행하셨습니다. 성령의 사역은 생명이 있게 하는 새로운 창조를 의미합니다. 생명이 있게 하는 성령 하나님의 은혜로운 사역입니다.

랍비들은 비둘기를 이스라엘의 상징으로 이해하였습니다. 예수님이 세례를 받으실 때에 참신한 이스라엘의 한 사람이요, 하나님이 관심 있게 보시는 분이셨습니다. 예수님 위에 비둘기같이 성령이 임하심은 성령에 의해서 새롭게 창조된 새 이스라엘의 대표되심을 말합니다. 비둘기 같은 성령이 그리스도 위에 임하듯 우리 교회 위에 항상 임하는 영광이 있기를 바랍니다. 여러분 위에도 충만히 임하기를 바랍니다.

성령 하나님이 행하시는 일이기 때문에 인간에게 복음입니다. 예수님은 성령으로 잉태하시고 성령에 이끌려 사셨습니다. 하나님은 성령의 사람을 좋아하십니다. 육신의 생각대로 사는 사람을 좋아하는 것이 아니라 성령의 사람을 좋아하십니다. 그리고 예수님은 하나님의 사랑을 독차지하는 사람, 하나님이 기뻐하는 사람이었습니다.

마가복음은 베드로를 따르던 마가가 기록했습니다. 마가복음의 특성은 무엇보다도 문체가 간결합니다. 예수님의 교훈보다는 행위를 강조합니다. 1절에 말한 바 "하나님의 아들 예수 그리스도의 복음의 시작이라"라고 말했습니다. 특히 십자가와 부활을 강조하는 책입니다.

3. 사랑하는 아들

예수께서 요단 강에서 세례 요한에게 세례를 받으셨을 때 하늘에서 하나님의 음성이 들려왔습니다. "너는 내 사랑하는 아들이라 내가 너를 기뻐하노라". 하나님의 음성이 직접 들려왔습니다.

영원부터 영원까지 있어 왔었지만 말로 다 표현할 수 없는 사랑하는 하나님의 음성이었습니다. 하나님께서 예수 그리스도를 하나님의 아들로 인정하는 음성이었습니다. 물론 과거부터 아들이셨지만 만인 앞에 공표하는 음성, 만왕의 아들임을 선언하는 음성이었습니다. 아버지께서 아들을 사랑하시기 때문에 만물을 다 그 손에 주셨습니다(요3:35). 예수 그리스도는 모든 만물을 통치할 자격과 능력이 있으셨습니다. 교회는 물론 모든 만물의 머리시며 통치자가 되십니다.

우리가 예수님을 잘 믿어야 할 이유가 여기에 있습니다. 예수는 하나님 아버지의 사랑하는 아들입니다. 예수는 하나님이 기뻐하는 아들이십니다. 모든 것이 그리스도의 주권 아래 놓여져 있습니다. 예수님은 하늘과 땅의 권세를 가지신 분이십니다. 하나님과 사람 사이의 중보자요, 대리인이요, 보증인이십니다. 하나님께서 아들을 보실 때마다 기뻐하십니다. 사랑하십니다. 그러므로 우리는 예수를 떠나서는 아무 것도 존재하는 것이 없습니다. 우리의 신분은 죄인일 뿐입니다.

변화산에서 똑같은 음성이 들려왔습니다. 베드로 사도는 서신서를 쓸 때 다시 한번 말해 줍니다. 예수님은 "길이요 진리요 생명"이십니다. 다른 이로서는 구원을 얻을 수 없습니다. 천하 인간에게 다른 이름을 주신 일이 없습니다.

예수님이 하나님의 사랑하는 아들이라는 것은 이사야 42장에 종의 개념에서 더욱 두드러지게 나타나고 있습니다. 너는 나의 유일무이한 아들이요, 내 사랑하는 아들이니 너희는 저의 말을 들으라! 이것이 하나님의 의도요 뜻이었습니다.

예수 그리스도가 세례를 받으신 것은 자신의 죄책 때문도 아니요, 죄에 대한 대가 때문도 아닙니다. 그리스도는 교회와 하나요, 하나님의 자비를 짊어지신 분이기 때문입니다. 우리는 예수님을 사랑합니다. 우리 교회는 주님을 사랑하는 백성들입니다. 예수님 때문에 의인 되고 영광스러운 복과 은혜가 충만한 사람들의 공동체입니다.

제3강
마가복음 1장 12-13절

예수와 시험

예수께서 세례 요한에게 세례를 받으신 이유와 목적이 무엇일까요? 본래 세례는 허물과 죄 때문에 참회하는 자에게 주는 외적이고 공적인 신앙고백입니다. 예수님이 죄를 알지도 못하고 죄가 없으신 분이지만 세례를 받으신 것은 사적인 생활을 정리하고 공생애를 시작하는 표적으로써 받으신 것이며 자신을 죄인들과 동질화시킴으로써 대속 사역을 이루시기 위함이었습니다.

첫 사람 아담으로 말미암아 온 인류에게 찾아온 죄와 죽음의 문제를 둘째 아담 예수 그리스도가 죄인들과 동질화됨으로써 십자가와 부활을 성취하셨기에 온 인류가 구원과 영생의 복을 누리게 된 것입니다.

예수께서 공생애를 시작하실 때에 요단강에서 세례 요한에게 물세례를 받았습니다. 세례를 받으시고 물에서 올라오실 때에 하늘이 열리며 비둘기 같은 성령이 임하셨습니다. 그리고 "너는 내 사랑하는 아들이라 내가 너를 기뻐하노라"라는 음성이 들려왔습니다.

우리가 왜 예수를 믿고 사랑해야 할까요? 하나님의 사랑하는 아들이요 하나님이 기뻐하는 분이기 때문입니다. 우리는 모든 면에 타락한 존재라서 하나님이 사랑할 수가 없는 존재입니다. 하나님께 기쁨을 드리지 못하는 사람입니다. 그러나 예수 그리스도 안에 감추어진 사람은 하나님의 사랑의 대상이 되고 하나님을 기쁘시게 할 수 있습니다. 그래서 예수를 믿고 사랑해야 하는 것입니다.

예수께서 공생애를 시작하실 때 시험을 이기셨습니다. 어떤 시험이 있었고, 어떻게 승리하셨을까요?

1. 예수와 성령

성령께서 예수를 광야로 이끄셨습니다. 12절에 "성령이 곧 예수를 광야로 몰아내신지라"라고 했습니다. 예수께서 시험을 받으신 사건은 마태복음 4장에서 열한 절이나 기록하고 있고, 누가복음 4장에서는 열세 절이나 기록하고 있습니다. 그런 것에 비해서 마가는 두 절만 기록하고 있습니다.

왜 짧게 기록해 주었을까? 마태나 누가는 예수님의 시험 사건을 하나로 단락화시켰다면, 마가는 예수님의 시험 사건을 독립된 하나의 사건으로 다루기보다 예수님의 공생애 동안 계속된 사탄과의 대립과 대결의 시작이라는 데에 관심을 두고 기록했기 때문입니다.

'곧'이라는 말의 의미가 무엇입니까? '그리고 곧'이라는 뜻입니다. 예수님의 세례 사건과 깊은 관련이 있는 시험 사건이라는 뜻이지요. 동떨어진 시험이나 세례 사건이 아니라 연관선상에서 이해해야 하는 사건이라는 의미입니다.

또 '곧'이란 예수께서 쉴 새 없이 활발하게 일하신다는 의미입니다. 예수님은 세상을 구원하시기 위해 오신 메시야로서 혼신의 힘을 다해 하나님의 뜻을 이루셨습니다. 마음을 다하고 뜻을 다하고 힘을 다하여 하나님을 사랑하고 사람을 사랑하셨습니다.

예수님을 광야로 인도하신 분은 성령 하나님이십니다. 사탄에게 시험을 받기 위하여 광야길로 이끈 분은 성령이십니다. 평탄하고 좋은 길로 인도하신 것이 아니라 거칠고 메마르고 아무것도 없는 곳으로 인도하셨습니다. 광야는 고난의 길, 험악한 길, 험난한 길을 상징하는 것으로 그 광야길이 하나님의 뜻을 이루며 성도의 유익을 위한 길이 아니겠습니까?

전통적으로 유대인들은 광야에 대하여 이런 생각을 가지고 있습니다. 사람들이 살지 않는 황폐한 곳입니다. 다른 사람들과 대인 관계를 할 수 없는 고독한 곳입니다. 의지할 것이라고는 아무것도 없는 곳입니다. 주로 들짐승의 울음 소리와 귀신 소리가 들려오는 곳이라고 생각했습니다.

마가가 '몰아냈다'라는 표현을 했는데 '그가 내던지고 있다'라는 의미입니다. 아주 역동적인 의미로 사용하고 있습니다. 성령께서 예수를 혼자 괴롭고 외로운 시련을 겪도록 하신 것입니다. 이처럼 예수께서는 공생애 준비 과정을 거친 곳에서 훈련을 받은 것입니다. '혹독한 훈련, 지옥 훈련'이라는 말이 맞을 겁니다.

성령께서 억지로 내몰아버린 것이 아니라 성령의 강권적인 역사에 이끌리어 광야로 가셨습니다. 공생애를 시작함에 있어서 마지막 관문과 같은 의미가 시험이었습니다. 인류의 첫 아담을 타락시킨 악령과 대결하는 시간이었습니다. 그때에 성령께서 강력하게 역사하셨습니다. 우리도 성령의 역사로 모든 시험을 이기게 될 줄로 믿습니다. "무릇 하나님의 영으로 인도함을 받는 사람은 곧 하나님의 아들이라"(롬8:14).

2. 예수와 사탄

광야에서 사십일 간 머무셨습니다. 사탄에게 여러 가지 시험을 받으셨습니다. 시험 받으실 때 들짐승과 함께 지내셨습니다. 13절 상반절에 "광야에서 사십 일을 계시면서 사탄에게 시험을 받으시며 들짐승과 함께 계시니"라고 했습니다.

유대인들에게 있어서 사십이란 수는 땅의 수로 여겼습니다. 특별히 4는 땅의 수로 여기고 10은 하늘의 수로 여겼는데, 4에 10을 곱한 수는 어떤 일을 준비하는 기간으로 생각했습니다.

성경에서 40은 주로 고난을 상징적으로 표현하여 사용했습니다. 노아 시대에 홍수로 모든 생물을 없애기 위해 비를 내리던 기간도 40주야였습니다. 이스라엘 백성들이 애굽에서 출애굽하여 광야 생활할 때도 40년 동안 방황하였습니다. 모세나 예수께서 금식 기도하실 때도 사십일을 금식했습니다. 엘리야 선지자가 광야에서부터 호렙산까지 걸어갈 때도 사십 일이 걸렸습니다.

모세가 시내산에서 사십 일을 금식한 다음에 십계명의 두 돌판을 받을 수 있었습니다. 예수께서도 공생애 즉 하나님의 백성들을 하나님 나라로 이끌기 위하여 금식 기도하실 때도 사십 일 동안 아무것도 잡수시지 않으셨습니다. 고난입니다.

사탄(Satan)은 대적자, 미혹자, 유혹자입니다. 사탄은 구약성경에 24번 등장하고 신약성경에는 34번이나 등장하는 존재입니다. 요한계시록에는 '참소자'로 나타납니다(계12:10). 에베소 성경에는 '공중의 권세 잡은 자'(엡2:2)로, 요한계시록 12장 9절에는 '옛 뱀'으로 등장합니다. 마가복음 3장 22절에는 '귀신의 왕'이라고 표현되어 있습니다. 마태복음 4장 3절에서는 '시험하는 자'이고, '이 세상의 임금'(요14:30)이라고 말합니다. 사탄은 하나님을 대적하는 존재이고, 하나님의 백성을 타락시키는 영적인 존재입니다.

유대인들의 전통적인 묵시 문학에서는 하나님의 피조물 루시퍼가 하나님을 대적하여 쫓겨난 자로 이해하고 있습니다. 에녹서에는 벨리알, 사마엘, 사타날리, 마스테마 등으로 불렸습니다.

예수께서 사탄에게 시험을 받으셨다는 것이 무슨 의미일까? 시험을 받는다는 것은 '실족하게 시도하다, 증거를 진술하다'라는 의미입니다. 실족하게 하는 유혹일 뿐만 아니라 인간을 성숙하게 하는 하나님의 연단의 의미도 담고 있습니다.

그러니까 예수님이 메시야로서 사역을 중단하거나 포기하게 만들려는 사탄의 시도가 있었습니다. 이것이 실족이요, 유혹입니다. 이런 의미는 마태복음 4장에서 분명하게 드러나고 있습니다. 그러나 하나님의 계획은 그런 어려움을 통하여 연단받게 되고 강하게 만드는 원리가 숨어 있습니다. 마태복음과 누가복음에는 예수님의 내적 고통을 진술한 반면 마가복음은 광야와 들짐승까지 설명함으로써 예수님의 외적 고난을 강조하고 있는 것입니다.

'들짐승' 이란 '들짐승들' 입니다. 사나운 야생 동물을 가리킵니다. 예수님이 시험 받으신 유대 광야는 표범이나 여우 같은 들짐승들이 살고 있는 곳이었습니다.

아담과 하와는 악한 들짐승이나 위협이 없는 에덴 동산에서 살면서도 사탄의 유혹을 이기지 못하고 하나님 앞에 범죄했습니다. 그러나 둘째 아담 예수 그리스도는 40일을 굶주린 상태에서 사탄의 유혹을 다 물리치고 승리하신 예수 그리스도이십니다. 그러므로 첫째 아담 안에서 모든 인류는 죄인이 되었지만 둘째 아담 예수 그리스도를 믿는 믿음 안에서 모든 인간은 의인이 되는 것입니다. 아담 안에서 모든 사람은 죽음이 왕 노릇 하게 되었지만 둘째 아담 안에서 모든 사람은 영생을 선물로 받게 되었습니다. 그래서 예수를 믿는 것입니다.

3. 예수와 천사

예수께서 광야에 계실 때 천사들이 수종들었습니다. 13절 하반절에 "천사들이 수종들더라"라고 했습니다. 우리는 하나님의 아들과 딸의 신분이지만 천사는 종으로 창조되었습니다. 신분의 차이가 인식됩니다.

천사의 주요 업무가 무엇일까요? 하나님과 하나님의 백성, 하나님의 자녀들을 섬기는 것입니다. 히브리서 1장 14절에 "모든 천사들은 섬기는 영으로서 구원받을 상속자들을 위하여 섬기라고 보내심이 아니냐"라고 했습니다.

이스라엘 백성이 출애굽할 때 천사가 무슨 일을 했습니까? 출애굽기 14장 19-20절에 "이스라엘 진 앞에 가던 하나님의 사자가 그들의 뒤로 옮겨 가매 구름 기둥도 앞에서 그 뒤로 옮겨 애굽 진과 이스라엘 진 사이에 이르러 서니 저쪽에는 구름과 흑암이 있고 이쪽에는 밤이 밝으므로 밤새도록 저쪽이 이쪽에 가까이 못하였더라"라고 했습니다.

출애굽기 33장 2-3절에 "내가 사자를 너보다 앞서 보내어 가나안 사람과 아모리 사람과 헷 사람과 브리스 사람과 히위 사람과 여부스 사람을 쫓아내고 너희를 젖과 꿀이 흐르는 땅에 이르게 하려니와"라고 했습니다.

천사는 선지자도 도왔습니다. 열왕기상 19장 5절에 "로뎀 나무 아래에 누워 자더니 천사가 그를 어루만지며 그에게 이르되 일어나서 먹으라 하는지라"라고 했습니다. 지쳐버린 엘리야 선지자를 위로하고 먹을 것을 제공한 영적 존재가 천사입니다.

사탄과 천사는 반대의 사역을 하고 있습니다. 사탄은 예수 그리스도로 하여금 메시야직을 유혹하고 넘어뜨리려고 미혹했지만 천사는 예수님에게 수종들고 순종하였습니다. 섬겼습니다.

수종드는 것은 천사가 예수님에게 순종하고 섬기는 것이지만 디모데전서 3장 8절에는 집사가 교회를 섬길 때에 사용된 용어와 어원적으로 같은 의미입니다. 천사의 섬김을 본받아서 우리도 하나님이 사랑하시고 목숨을 바쳐서 사신 하나님의 거룩한 교회, 하나님의 백성들을 잘 섬길 수 있기를 바랍니다.

제4강
마가복음 1장 14-15절

새 시대를 열다

예수님은 새로운 시대를 여셨습니다. 경제적인 발전으로 새로운 시대를 열거나 정치적인 안정으로 새로운 시대를 연 것이 아니라 영적인 하나님 나라를 세움으로써 새로운 시대를 여셨습니다. 옛 시대의 옛날 방법이 아니라 새로운 시대의 새로운 방법으로 활짝 여셨습니다.

우리도 하나님 나라의 일꾼으로 불러주신 하나님의 은혜에 감사하면서 죽도록 충성하는 아들과 딸이 다 되어야 합니다. 새 언약의 일꾼으로, 새 시대의 새로운 나라를 위한 일꾼으로 살아야 합니다.

1. 시대적인 배경

예수의 선구자 세례 요한이 유대 공회에 잡히게 되었습니다. 세례 요한의 생명이 헤롯 왕에게 넘겨진 상황입니다. 갈릴리 지방을 통치하던 헤롯 안디바는 이복 동생 빌립의 아내 헤로디아를 아내로 맞이하여 근친상간의 죄를 범하였습니다. 의로운 세례 요한이 이 죄를 지적하자 헤롯 안디바가 세례 요한을 체포하게 된 것입니다.

세례 요한이 잡히게 되었을 때 예수께서는 만백성을 위한 공식적인

활동, 공생애를 시작하셨습니다. 세례 요한은 예수님의 선구자 역할을
하던 인물인데, 세례 요한이 잡히게 되자마자 예수님이 활동하게 된 것
입니다. 이것이 갈릴리 사역의 시작입니다. 시간적으로는 세례 요한이
잡힌 이후이고, 공간적으로는 갈릴리 지역입니다.

그렇다고 갈릴리 사역 이전에는 사역하지 않으셨는가? 그렇지는 않
습니다. 요한복음 1-3장까지를 연구해 보면 갈릴리 사역을 하기 이전
부터 유대 지방에서 일하셨던 것을 볼 수 있습니다. 다만 공관복음 기
자들이 유대 사역은 생략하고 갈릴리 사역을 드러내고 있는 것입니다.

세례 요한이 체포된 이후에 갈릴리로 가셨습니다. 왜 그랬을까요?

"때가 찼고". 무슨 때가 찼습니까? 여기의 때는 인간의 역사 속에 일
반적으로 존재하는 시간을 나타내는 용어가 아니라 하나님이 인간의
역사 속에 개입해 오시는 특별한 구속사건의 시간을 의미합니다.

물론 구약시대부터 하나님께서 예언해 오던 시간이 되었다는 의미
입니다. 사도 바울도 때가 찬 경륜이라고 표현했습니다. 에베소서 1장
9절에 "그 뜻의 비밀을 우리에게 알리신 것이요 그의 기뻐하심을 따라
그리스도 안에서 때가 찬 경륜을 위하여 예정하신 것이니"라고 했습
니다.

갈라디아서 4장 4-5절에는 "때가 차매 하나님이 그 아들을 보내사
여자에게서 나게 하시고 율법 아래에 나게 하신 것은 율법 아래에 있는
자들을 속량하시고 우리로 아들의 명분을 얻게 하려 하심이라"라고 했
습니다.

예수님도 요한복음 2장 4절에서 "예수께서 이르시되 여자여 나와
무슨 상관이 있나이까 내 때가 아직 이르지 아니하였나이다"라고 했습
니다. 갈릴리 가나 혼인 잔칫집에서 하신 말씀입니다. 예수님도 때에
관하여 말씀하셨습니다.

요한복음 7장 8절에 "너희는 명절에 올라가라 내 때가 아직 차지 못
하였으니 나는 이 명절에 아직 올라가지 아니하노라"라고 했습니다.

전도서 3장 1-8절에 "범사에 기한이 있고 천하만사가 다 때가 있나니 ... 〈중략〉 ... 사랑할 때가 있고 미워할 때가 있으며 전쟁할 때가 있고 평화할 때가 있느니라"라고 했습니다. 지혜자도 때에 관하여 언급했습니다.

바울은 고린도후서 6장 2절에서 "보라 지금은 은혜 받을 만한 때요 보라 지금은 구원의 날이로다"라고 했습니다. 바울도 때에 관하여 언급했습니다.

인간은 범죄하여 타락했지만 하나님께서 사람들 중 일부를 구원하기로 작정하시고 하나님의 아들을 역사 속에 개입하도록 하신 때입니다. 그러니까 구속사역을 감당하게 하신 때입니다.

때의 특징은 언어적인 통일입니다. 당대 헬라어가 세계의 공통어였습니다. 언어가 통일되어 있는 것은 복음을 설명하고 전파하기에 최적인 시기라고 볼 수 있습니다. 바벨탑 사건을 보십시오. 얼마나 힘들고 어려운 상황이었습니까? 정말 의사표현이 되지 않거나 전달되지 않았습니다. 그 결과 흩어지는 것이었습니다. 그러나 예수께서 공생애를 시작하실 때는 언어가 통일된 상황이었습니다.

정치적인 통일도 이루어져 있었습니다. 로마가 세상을 제패하여 통치하던 시대입니다. 로마가 세상의 강대국들과 전쟁하여 승리하게 되었고 로마 황제의 명령을 따라 교회까지도 다스리던 시대였습니다.

또 '모든 길은 로마로'라는 말이 있습니다. 모든 나라들이 로마 나라의 통치를 받으며 교통수단이 발달되어 복음이 널리널리 쉽게 전파될 수 있는 상황이었습니다. 그러한 때에 예수께서 여자에게서 나시고, 율법 아래 태어나셨던 것입니다.

그리고 또 한가지 지적할 수 있는 것은 모든 사람들이 예수 그리스도에 대한 영광스러운 복음을 받을 만한 준비가 된 상태였다는 것입니다. 영적으로 준비된 상황이었습니다. 그러니까 하나님 보시기에 때가 찼다고 표현하신 것입니다.

갈릴리 사역의 독특한 특징은 예수님의 종의 사역입니다. 섬기는 자의 모습으로 드러나고 있습니다. 갈릴리 지역은 예루살렘으로부터 멀리 떨어져 있는 곳이라서 정치적으로나 경제적으로 낙후된 곳이었습니다. 약간의 천대받는 곳이었습니다. 하나님의 아들 예수 그리스도는 천대받는 곳을 찾아가셨습니다. 멸시와 천대, 업신여김을 받는 갈릴리 지방 사람들을 섬기는 종으로서의 사역을 시작하셨습니다.

기독교의 지도력이란 섬기는 지도력입니다. 종의 지도력입니다. 하나님을 잘 섬기고 다른 사람을 잘 섬길 때 하나님이 높여주시고 은혜와 복을 주실 줄로 믿습니다. "인자가 온 것은 섬김을 받으려 함이 아니라 도리어 섬기려 하고 자기 목숨을 많은 사람의 대속물로 주려 함이니라"(막10:45).

2. 첫 번째 외침이 무엇인가?

"하나님의 나라가 가까이 왔으니 회개하고 복음을 믿으라". 예수님의 첫 번째 외침입니다. 이 말씀은 신약을 활짝 여는 말씀입니다. "하나님의 나라가 가까이 왔으니 회개하고 복음을 믿으라". 이 얼마나 위대한 선언입니까? 복음의 핵심입니다.

천국의 주인공으로서 천국 백성을 향한 외침입니다. 만왕의 왕으로서 하나님 나라 백성을 향한 외침입니다. 세례 요한도 "회개하라 천국이 가까이 왔다"고 외쳤습니다. 예수님은 "하나님의 나라가 가까이 왔으니 회개하고 복음을 믿으라"라고 외치셨습니다.

복음을 믿으라는 것은 하나님에 관한 복음, 하나님에 대한 복음으로 하나님으로부터 나온 복음입니다. 마태복음에는 천국 복음이라고 말씀하셨습니다. 예수님의 사역 자체가 본질적으로 사람에게는 복음입니다.

하나님 나라는 어떤 나라인가? 많은 것으로 설명하겠지만 통치의 개념으로 이해하는 것이 가장 타당할 것입니다. 예수 그리스도와 복음을 믿는 사람들이 인격과 삶이 변화되어 그리스도의 통치를 받는 것입니다. 만왕의 왕의 다스리심을 받는 것입니다.

믿으라는 것은 단순히 인정하는 것이 아니라 완전히 신뢰하고 전적으로 의탁하는 것을 말합니다. 진정한 회개자는 전적으로 믿고 순종하는 삶을 사는 것입니다. 지금, 현재적으로 믿는 것이 믿는 것입니다.

3. 소요리문답 제85문이 무엇인가?

제85문의 질문이 '우리가 죄로 말미암아 마땅히 받아야 할 하나님의 진노와 천벌을 피하려면 어떻게 하라고 하나님께서 우리에게 요구하십니까?' 입니다.

이 질문에 대한 대답이 무엇입니까? '우리가 죄로 말미암아 마땅히 받아야 할 하나님의 진노와 천벌을 피하려면 예수 그리스도를 믿고 생명에 이르는 회개를 하고(잠28:13, 막1:15, 행2:38, 20:21), 그리스도가 우리에게 구속의 은혜를 끼치는 데 쓰시는 모든 나타난 방도를 부지런히 사용하라고 하나님께서 우리에게 요구하십니다(잠2:1, 5, 8:33-36, 사55:3, 고전11:24-25, 골3:16)'.

소요리문답의 제85문은 제84문과 연관되어 있습니다. 84문이 '범한 죄마다 마땅히 받을 보응은 무엇입니까?' '범한 죄마다 마땅히 받을 보응은 현세와 내세에서 받는 하나님의 진노와 천벌입니다' 였습니다.

죄의 결과는 정말 두렵습니다. 하나님의 진노를 피할 수 없는 인간입니다. 그러면 피할 수 없는 하나님의 진노와 천벌에서 사람이 구원을 받으려면 어떻게 해야 하는가? 하나님이 우리에게 요구하시는 것을 행하면 되지 않겠습니까? 그 하나님의 요구가 무엇일까요?

마가복음 1장 15절에 "이르시되 때가 찼고 하나님의 나라가 가까이 왔으니 회개하고 복음을 믿으라"라고 했습니다. 하나님 나라는 세상 나라와 대조되는 아주 복 있는 나라인데 죄인들에게 회개하고 복음을 믿으라고 하였습니다. 회개는 하나님의 요구입니다. 우리의 선택이 아니라 필수입니다.

하나님 나라는 죄인들이 상상하기 어려운 나라입니다. 우리는 태어나면서부터 죄가 가득찬 세상에 살고 있기 때문에 복된 나라의 개념도 이해가 되지 않습니다. 괴로움과 탄식, 슬픔과 아픔이 가득한 세상에 살고 있기에 복된 나라가 상상이나 됩니까?

하나님께서 하나님의 은혜로 세우는 나라가 하나님 나라이기 때문에 상상할 수가 없습니다. 누구든지 회개하고 복음을 믿으면 구원을 얻고 하나님 나라를 차지하게 됩니다. 측량할 수 없는 은혜의 나라, 하나님의 은혜로만 건설되는 나라입니다.

이영덕 집사님의 아버님께서 세상을 떠나실 때 어머니 보고 '넙자 나하고 같이 가자'라고 말씀하셨답니다. 고(故) 이봉조 아버님은 집사로서 얌전하시고 신실한 그리스도인이셨습니다. 자녀들에게 '나는 천국 갈 확신이 있다. 너희들 하나님을 잘 섬기거라'라고 말씀하시고 아내에게는 '천국 같이 가자'라고 말씀하셨답니다.

저는 그 말씀을 들으면서 이런 생각을 했습니다. 사랑하는 아내, 같이 평생을 동고동락했던 아내를 험난한 세상에 놓고 가는 것이 염려가 되는 지아비의 마음이라고 생각했습니다. 홀로 두기에는 연약한 여인, 같이 하나님 나라에 들어갈 수 있으면 얼마나 좋을까 생각해서 하신 말씀이겠지요.

다만 조건이 붙어 있다면 '하나님의 아들을 믿는 사람만' 구원을 받습니다. 회개한 사람만 들어가는 나라입니다. 믿고 회개하는 사람이 차지하는 복된 나라입니다. 하나님께서 은혜로 믿음의 조상 아브라함을 부르시고 후손들인 이스라엘 백성에게 말씀하시기를 "자기의 죄를 숨기는 자는 형통하지 못하나 죄를 자복하고 버리는 자는 불쌍히 여김을 받으리라"(잠28:13)라고 약속하셨습니다.

죄의 결과와 죄의 책임은 형벌인데, 그 결과는 멸망입니다. 그것을 해결해 주시려고 예수 그리스도께서 세상에 오셨고, 십자가를 지셨습니다. 예수를 믿는 사람은 하나님의 심판을 피할 수 있고, 하나님 나라에 들어갈 수 있습니다. 믿는 자는 회개하는 자로 죄를 숨기지 않습니다. 죄를 자복하기 때문에 불쌍히 여김을 받습니다.

또 한가지 중요한 사실은 "누구든지 사람 앞에서 나를 시인하면 나도 하늘에 계신 내 아버지 앞에서 그를 시인할 것이요 누구든지 사람 앞에서 나를 부인하면 나도 하늘에 계신 내 아버지 앞에서 그를 부인하리라"(마10:32-33)고 하셨습니다. 사람 앞에서 신앙고백적인 말을 해야 합니다. 예수를 인정하고 믿는 자임을 인정해야 합니다.

하나님이 함께하는 사람들 앞에서의 고백은 교회 앞에서의 고백입니다. 성부, 성자, 성령께서 함께하는 단체가 교회입니다. 하나님은 교회를 세우시고 인도하시며 보호하십니다. 자기의 신앙고백을 하려면 하나님이 함께하시고 은혜를 주시는 교회 앞에서 고백해야 합니다. 성삼위 하나님은 지금도 하나님의 교회가 전도하게 하고 가르치며 세례를 주고 성숙하게 만들어 가십니다.

하나님은 사랑이 많으시니까 회개하지 않고 믿지 않아도 구원해 주시겠지? 이렇게 주장하는 만인구원론은 상당히 문제가 많은 교리입니다. 하나님의 은혜로 말미암아, 오직 믿음으로 구원을 받습니다. 다만 회개하고 믿어야 합니다. 회개하고 복음을 믿으라.

사도행전 2장 38절에 베드로 사도가 "너희가 회개하여 각각 예수 그리스도의 이름으로 세례를 받고 죄 사함을 받으라 그리하면 성령의 선물을 받으리니"라고 했습니다. 오순절에 유대인들을 향하여 외친 말씀입니다. 회개하라. 예수를 믿고 세례를 받으라. 죄 사함을 받으라. 성령을 선물로 받는다고 외쳤습니다.

사도행전 20장 21절에 "유대인과 헬라인들에게 하나님께 대한 회개와 우리 주 예수 그리스도께 대한 믿음을 증언한 것이라"라고 했습니다. 바울이 에베소에 가서 한 말입니다. 회개와 믿음을 항상 같이 사용하고 있습니다. 회개는 완전히 돌이키는 것입니다. 하나님을 온전히 의지하기 때문에 하나님의 가르침을 따라 회개합니다. 그리고 믿습니다.

이렇게 예수님, 베드로, 바울의 가르침이 같습니다. 하나님 나라에 들어가는 길이 무엇인가? 조건이 무엇인가? 하나님을 믿고 회개하며 죄 용서를 받아야 합니다. 모든 사람이 들을 수 있도록 공포해야 합니다. 마태복음 28장 18-20절에 보면 회개와 믿음, 세례와 가르침에 순종해야 합니다.

제자들에게 두 가지 명령을 했습니다. 1) 가서 제자를 삼으라. 복음을 전해서 믿게 하는 일입니다. 2) 믿은 사람들이 어떻게 주의 말씀을 듣고 지키며 살 것인가? 세례를 받으면 성부, 성자, 성령과 연합해야 합니다. 교회에 가입하는 것입니다. 신앙공동체, 교회를 세우는 일은 하나님의 큰 일 중의 큰 일입니다. 이 큰 일에 우리들이 동역하라는 것입니다.

성령의 사귐, 교통에 대해서는 고린도후서 13장 13절에 "주 예수 그리스도의 은혜와 하나님의 사랑과 성령의 교통하심이 너희 무리와 함께 있을지어다"라고 했습니다. 교통이란 '주고 받는 것'입니다. 요한일서 1장 1-4절에서 사귐을 말씀했습니다. 복음을 전하면 교통하는 일이 생겨납니다. 교회는 하나이기 때문입니다.

그리고 바울은 "하나님의 나라는 먹는 것과 마시는 것이 아니라 성령 안에서 의와 평강과 희락이라"라고 했습니다. 하나님 나라는 성령 안에서 의와 평강과 희락입니다. 그리고 성경을 주신 목적도 보면 디모데후서 3장 16-17절에 하나님의 사람으로 온전하게 하는 것입니다. 그리고 하나님의 선한 일을 행하기 위함입니다. 하나님의 말씀을 따라 사는 것입니다. 이것이 하나님의 요구입니다.

에베소서 5장 26-27절에 "이는 곧 물로 씻어 말씀으로 깨끗하게 하사 거룩하게 하시고 자기 앞에 영광스러운 교회로 세우사 티나 주름 잡힌 것이나 이런 것들이 없이 거룩하고 흠이 없게 하려 하심이라"라고 했습니다. 거룩한 교회를 영광스럽게 하는 방도가 무엇인가? 신부로서의 교회입니다. 신랑의 말씀으로 깨끗하게 하는 것입니다. 이것밖에 없습니다.

또 그리스도께서 우리들에게 은혜를 끼치려고 사용한 방도가 무엇입니까? 사도행전 8장 12절에 '예수를 믿으라'라고 전도했습니다. 사도행전 14장 22절에는 "이 믿음에 거하라"라고 했습니다. 한번 믿는 것으로 끝나는 것이 아니라 믿음 안에서 살아라. 하나님이 요구하는 방도는 하나님의 말씀대로 사는 것입니다.

제자들을 부르심

예수께서 갈릴리 해변에서 하나님 나라를 위하여 일할 일꾼, 제자들을 부르셨습니다. 제자는 폭넓은 개념의 말이고 열두 사도를 부르셨습니다. 사도는 좁은 의미의 제자 개념입니다.

사도는 주님이 직접 부른 사람들입니다. 그리고 예수님과 함께 3년 동안 생애를 같이 했던 인물들입니다. 십자가와 부활을 직접 목격한 사람들이고, 오순절에 성령의 충만을 받고, 성경을 기록하거나 교회를 세웠던 사람들을 사도라고 말합니다. 그리고 주님을 위해 살다가 주님을 위해 죽은 사람들입니다.

사도는 정말 중요한 역할을 감당했기에 우리의 신앙, 우리의 믿음을 사도와 선지자들의 터 위에 세워야 올바른 신앙이라고 말할 것입니다.

1. 베드로와 안드레

예수께서 세례를 받으시고 사탄의 시험을 이기신 다음에 천국 복음을 외치셨습니다. 이어서 갈릴리 해변을 거니셨습니다. 일꾼을 부르시기 위해서였습니다. 그 다음에 연속적인 일이 벌어질 것을 암시하고 있습니다.

갈릴리 바다는 너비가 10킬로미터, 길이가 20킬로미터, 깊이는 50미터 정도이고, 200여 종의 어족이 살고 있는 바다였습니다. 어족이 풍부하기 때문에 고기를 잡아서 생활하던 사람이 많았던 곳이었습니다.

베드로와 안드레는 어부였습니다. 갈릴리 바다에서 그물을 던져 생활하던 사람들입니다. 예수님이 갈릴리 해변에서 그물을 던지고 있는 두 사람을 보셨습니다. 이것이 일반적으로 사업 혹은 세속적인 일로 직업입니다. 세상을 살아갈 때 하나님의 부르심을 받아 하는 일, 이것이 기독교인의 직업관입니다.

시몬은 히브리어로 '들음'이라는 뜻이고, 아람어로는 '게바'이며, 헬라식으로는 '베드로'이고, 반석입니다. 안드레는 '남자'라는 뜻입니다. 안드레는 세례 요한의 제자였는데 예수님을 만나 주님의 제자가 되었고, 형인 베드로를 주님 앞으로 인도한 사람이었습니다.

갈릴리 해변을 걷던 예수님이 두 형제를 발견하게 됩니다. 물론 베드로와 안드레가 예수님을 처음 만난 것은 아니었습니다. 요한복음 1장을 보면 유대 지역에서 이미 예수님을 만나 대화를 나눈 적이 있었습니다.

또 예수께서 많은 무리에게 하나님 나라의 복음을 전하실 때 베드로의 배를 이용하여 전하신 적도 있습니다. 그리고 베드로에게 깊은 데로 가서 그물을 던져 물고기를 잡으라고 말씀하신 때도 있었습니다. 그러므로 베드로와 안드레를 부르실 때에 어느날 갑자기 나타나서 부르신 것이 아니라 수차례의 만남이 있었습니다. 놀라운 기적과 능력도 베푸셨습니다. "주여 나를 떠나소서 나는 죄인이로소이다"라고 고백도 했습니다. 많은 접촉이 있은 다음에 부르신 것입니다.

또 한가지는 이스라엘 사람들은 구약성경을 통하여 메시야에 대하여 잘 알고 있었고 기다리던 사람들이었습니다. 베드로와 안드레도 믿고 기다리던 메시야에 대하여 이야기하였고 예수께서 부르실 때에 응답한 것이 아닙니까?

예수께서 부르셨습니다. "나를 따라오라 내가 너희로 사람을 낚는 어부가 되게 하리라"라고 말씀했습니다. 이것이 사명입니다. 영적인 사업입니다. 사람들을 사망에서 생명으로 인도하는 사람이 되게 하겠다, 부정적인 사람을 긍정적인 사람이 되게 하는 능력을 받게 하겠다, 심판과 정죄의 자리에서 은혜와 축복의 자리로 옮겨놓는 사람이 되게 하겠다, 자기 자신의 죄로 말미암아 죽어가는 사람들을 살려내는 사람이 되게 하겠다.

여러분의 사명은 무엇입니까? 베드로와 안드레만 이런 사명이 있는 것이 아닙니다. 하나님의 아들 예수를 믿는 모든 사람에게 이 시대를 살리고 생명길로 인도해야 할 사명이 있는 것입니다. 이것이 새로운 직업관입니다. 성직입니다. 하나님께서 특별히 맡겨주신 일입니다.

베드로와 안드레의 반응이 무엇입니까? 그물을 버려두고 예수님을 따랐습니다. '곧'이란 즉각적인 순종을 말합니다. 지체하지 않았습니다. 생계 수단보다 더 중요하게 여기는 것이 있다면 사람의 생명을 살리는 일입니다. 지금도 그렇습니다. 세속적인 직업이 귀중하지만 그것에만 매달려 사는 사람은 영적인 사업을 이끌 수 없습니다.

사람을 건져내고 살리는 일이 우선입니다. 이것보다 귀중하고 급한 일이 또 있습니까? 예수님의 제자는 만민에게 복음을 전파해야 하는 책임이 있습니다. 천하 만민에게 복음을 전파하라. 사도 바울은 "만일 복음을 전하지 않으면 내게 화가 있으리로다"라고 했습니다.

2. 야고보와 요한

예수께서는 베드로와 안드레로 만족하시지 않고 갈릴리 해변을 조금 더 가셨습니다. 이번에는 세배대의 두 아들 야고보와 요한을 보셨습니다. 사람은 예수님의 눈에 발견되는 것이 중요합니다.

야고보는 구약성경의 야곱과 같은 헬라식 이름으로 '발꿈치를 잡은 자'라는 뜻입니다. 요한은 '하나님의 은혜'라는 의미입니다. 세배대와 살로매 사이에서 태어난 형제로서 부름받은 사도였습니다.

살로매는 예수께서 이루실 하나님 나라에서 두 형제가 출세하기를 원했습니다. 예수님의 좌우편에 앉기를 원했던 것입니다. 그런데 야고보의 생애를 보면 사도 중에 제일 먼저 순교자가 됩니다. 사도행전 12장 1-2절에 "그때에 헤롯 왕이 손을 들어 교회 중에서 몇 사람을 해하려 하여 요한의 형제 야고보를 칼로 죽이니"라고 했습니다. 초대교회에서 최초의 순교자입니다.

요한은 사도 중에 가장 오래 살면서 요한복음과 요한서신 그리고 요한계시록을 기록했습니다. 베드로와 야고보, 요한은 예수님의 제자 중에 가장 뛰어난 제자였습니다. 마가복음 13장 3절에 "예수께서 감람산에서 성전을 마주 대하여 앉으셨을 때에 베드로와 야고보와 요한과 안드레가 조용히 묻되"라고 했습니다. 종말론적인 재난의 징조에 대하여 질문한 내용입니다.

두 사람은 무엇을 하고 있었습니까? 현재적으로 충성스럽게 자기 일을 하고 있는 사람이었습니다. 두 사람은 배에서 그물을 깁고 있었습니다. 깁는다는 말은 '수리하다, 준비하다'라는 의미입니다. 두 형제는 다음 기회를 위하여 준비하고 수리하는 중에 부름을 받았습니다. 하나님은 항상 자기 일에 충실한 사람을 데려다가 사용하십니다.

아마도 똑같이 부르셨을 것입니다. "나를 따라오라 내가 너희로 사람을 낚는 어부가 되게 하리라"라는 사명의 말씀입니다. 예수님의 최대 관심사는 사람의 구원입니다. 영혼을 구원하는 일입니다. 사람을 낚는 일 때문에 부른 것입니다.

이스라엘 민족의 로마로부터의 민족적인 해방을 위하여 부른 것이 아닙니다. 가난한 사람들의 경제적인 문제를 해결하기 위해서 사도를 부른 것도 아닙니다. 영적인 자유, 죄로부터의 자유, 부활의 산 소망을 위하여 부른 것입니다.

누가복음 19장 10절에 "인자가 온 것은 잃어버린 자를 찾아 구원하려 함이니라"라고 했습니다. 디모데전서 2장 4절에 "하나님은 모든 사람이 구원을 받으며 진리를 아는 데에 이르기를 원하시느니라"라고 했습니다.

야고보와 요한의 반응은 무엇입니까? "그 아버지 세베대를 품꾼들과 함께 배에 버려두고 예수를 따라가니라"라고 했습니다. 두 형제는 예수님의 부르심을 받았을 때 어떤 반응을 보였습니까? 자기 자신에게 관련된 모든 것을 철저하게 포기하는 반응이었습니다. 자기의 삶을 유리하게 하는 배와 그물과 삯꾼들을 버려두었습니다. 심지어 부모까지 버려두고 예수님을 따랐습니다.

버려두는 것은 '보내다, 이혼하다, 거절하다'라는 뜻입니다. 아버지와 헤어짐이 장소적인 의미만이 아니라 의무까지 멀어졌음을 뜻합니다. 우리가 부모에게 효를 행하는 것은 당연한 일이지만 때로는 하나님 나라를 위하여 포기해야 하는 경우도 있습니다.

그렇습니다. 예수님을 따르기 위해서 때로는 버릴 것은 버려야 합니다. 생업도 중단해야 할 때는 중단해야 합니다. 가족 관계도 멀리할 때는 멀리해야 합니다. 그래서 누가복음 14장 26-27절에서 "무릇 내게 오는 자가 자기 부모와 처자와 형제와 자매와 더욱이 자기 목숨까지 미워하지 아니하면 능히 내 제자가 되지 못하고 누구든지 자기 십자가를 지고 나를 따르지 않는 자도 능히 내 제자가 되지 못하리라"라고 했습니다.

사도 바울은 모든 것을 잃어버렸으나 그리스도를 얻었다고 고백했습니다. 빌립보서 3장 8-9절에 "또한 모든 것을 해로 여김은 내 주 그리스도 예수를 아는 지식이 가장 고상하기 때문이라 내가 그를 위하여 모든 것을 잃어버리고 배설물로 여김은 그리스도를 얻고 그 안에서 발견되려 함이니"라고 했습니다.

예수님은 독특하게 형제들을 불러다가 사용하셨습니다. 혈연관계 때문에 부른 것이라기보다는 베드로와 안드레, 야고보와 요한이 충성스러운 사람들이었기 때문에 부르신 것입니다. 한 형제는 그물을 던지고 있을 때, 다른 형제는 그물을 깁고 있을 때 부름받았습니다. 예수님은 할 일이 없어 놀고 있는 사람이나 일을 맡고도 하지 않는 사람을 부른 것이 아닙니다. 성실하게 자기 일을 감당하는 사람을 불렀습니다.

하나님이 기뻐하는 사람이 어떤 사람인지를 알려주는 것입니다. 이 세상은 내세를 준비하는 곳입니다. 다른 사람이 내 몫을 대신해 줄 수가 없습니다. 상도 대신 받을 수 없거니와 칭찬도 대신 받을 수 있는 것이 아닙니다. 착하고 충성된 종을 사랑하는 하나님이십니다.

그물을 던지고 있을 때, 그물을 깁고 있을 때 불렀습니다. 하나님은 자기 일을 충성스럽게 감당하는 사람을 좋아하십니다. 하나님은 내가 무슨 일을 하고 있느냐를 보는 것이 아니라 큰 일이든 작은 일이든 충성스럽게 감당하는 사람을 기뻐하십니다.

누가복음 15장 10절에 "내가 너희에게 이르노니 이와 같이 죄인 한 사람이 회개하면 하나님의 사자들 앞에 기쁨이 되느니라"라고 했습니다. 요한계시록 2장 10절에 "네가 죽도록 충성하라 그리하면 내가 생명의 관을 네게 주리라"라고 했습니다.

하늘의 상을 바라보는 믿음이 있는 사람들이 그렇게 처신했습니다. 모세나 바울 그리고 사도들이 그렇게 살았습니다. 우리도 버릴 것은 버리고 포기할 것은 포기해서 하나님이 좋아하는 그리스도인들이 되기를 바랍니다. 그리고 죽도록 충성하여서 하나님 나라에서 큰 상급을 받는 성도가 다 되기를 바랍니다.

제6강
마가복음 1장 21-28절

가버나움 회당

마가복음은 말로 가르치는 교훈보다는 행동 중심적인 복음서입니다. 마태복음에 비하면 더욱 그런 것을 느끼게 됩니다. 마태복음은 예수님이 만왕의 왕으로서 백성들에게 가르친 교훈이 많습니다. 그런데 마가복음에서는 예수님이 직접 행동하는 모습을 많이 기록한 것은 종으로서의 삶을 강조했기 때문입니다.

우리도 하나님의 백성으로서 그리고 하나님의 아들과 딸로서 아버지의 가르침, 교훈을 받기 위하여 교회에 올라와야 합니다. 또 깨달은 말씀을 실천하기 위하여 한결같이 올라와야 합니다. 우리의 행동을 통하여 교회가 부흥되고, 주님처럼 행동 계시를 통하여 하나님 나라를 발전시켜야 할 책임이 있습니다.

1. 회당에서 가르치셨습니다

예수께서 평상시 행하신 세 가지 일은 천국복음을 전파하시는 일, 가르치시는 일, 약한 자와 병든 자를 고치시는 일입니다. 교육의 중요성은 아무리 강조해도 지나치지 않습니다. 기독교 교육은 세대를 뛰어넘어 참으로 중요한 일입니다.

예수님이 교육을 하신 시간은 안식일이었습니다. 다른 날은 가르치지 않았다는 말이 아니라 안식일에도 회당에서 가르치셨다는 말입니다. 여러분은 안식일을 어떻게 지냅니까? 자기를 가르치는 날, 자녀를 하나님의 말씀으로 가르치는 날입니다.

그런데 여러분이나 자녀는 안식일을 어떻게 보냅니까? 텔레비전, 산과 들, 운동장이나 오락실에서 하루를 보내는 사람이 많습니다. 학교나 학원을 따라다니는 사람도 꽤 있습니다. 안식일은 교회에서 성경을 연구하며 경건한 책을 읽는 날입니다.

신명기 6장에서 모세는 뭐라고 가르쳐 주었습니까? 7-9절에서 "네 자녀에게 부지런히 가르치며 집에 앉았을 때에든지 길을 갈 때에든지 누워 있을 때에든지 일어날 때에든지 이 말씀을 강론할 것이며 너는 또 그것을 네 손목에 매어 기호를 삼으며 네 미간에 붙여 표로 삼고 또 네 집 문설주와 바깥 문에 기록할지니라"라고 했습니다.

장소는 어디였습니까? 회당입니다. 가버나움입니다. 가버나움은 갈릴리 바다로부터 아주 가까운 곳에 위치해 있습니다. 가버나움은 다메섹과도 연결되는 도서 교통의 관문입니다. 인구 밀도가 높은 곳이었습니다. 세관이나 군인, 행정과 경제적인 면에 있어서 중요한 도시였습니다. 문화와 정치에도 밝은 곳이었습니다. 마태의 고향이고, 베드로의 처가도 가버나움이었습니다. 예수님은 갈릴리 전도에 있어서 중심지로 삼으셨습니다.

유대인은 회당 교육을 중요하게 여겼습니다. 여러분도 생각해 봅시다. 교회 교육이 얼마나 중요한 교육입니까? 유대인들은 회당에서 정치, 경제, 사회, 문화, 예배가 이루어졌습니다. 예수님은 정기 예배에 참석하셨습니다(23, 39, 3:1, 6:2, 13:9).

교육에 있어서 장소가 대단히 중요합니다. PC방에서 교육이 됩니까? 주점이나 노래방에서 교육이 되겠어요? '맹모삼천'이란 말이 있습니다. 사람은 보고 듣는 대로 행하는 것입니다. 예수님이나 바울은 회당중심적인 신앙생활을 하였습니다. 회당에서 예배하고 하나님께 기도하며 성경을 봉독하고 다른 사람에게 가르치거나 배우는 교육을 하였습니다.

물론 회당에서 가르치는 자, 선생님은 예수님이십니다. 기독교 교육의 목표는 하나님의 형상입니다. 하나님의 사람, 하나님을 닮은 사람, 하나님의 일을 할 수 있는 사람으로 만듭니다.

디모데후서 3장 16-17절을 찾아 읽어 봅시다. "모든 성경은 하나님의 감동으로 된 것으로 교훈과 책망과 바르게 함과 의로 교육하기에 유익하니 이는 하나님의 사람으로 온전하게 하며 모든 선한 일을 행할 능력을 갖추게 하려 함이라".

골로새서 1장 28-29절도 읽어 봅시다. "우리가 그를 전파하여 각 사람을 권하고 모든 지혜로 각 사람을 가르침은 각 사람을 그리스도 안에서 완전한 자로 세우려 함이니 이를 위하여 나도 내 속에서 능력으로 역사하시는 이의 역사를 따라 힘을 다하여 수고하노라".

우리는 교육하는 교회에 속해 있습니다. 그것을 자랑스럽게 여기기 바랍니다. 그리고 열심히 배우기 바랍니다. 우리가 주님을 닮게 됩니다. 하나님이 함께하는 사람이 됩니다. 미국 교회가 어려움을 겪었지만, 하나님의 말씀을 외치며 공부하는 교회는 지금도 살아서 모이고 있습니다. 한국 교회도 마찬가지입니다.

예수님이 교육할 때 사람들의 반응이 무엇입니까? 놀라는 반응과 권세 있는 자와 같다고 했습니다. 사람들이 놀랐습니다. '예상 밖이다, 당혹하다, 쇼크를 받았다'는 뜻입니다. 예수님은 서기관과 바리새인들과 같지 않았기 때문입니다.

2. 만왕의 왕이십니다

예수님은 만왕의 왕이십니다. 인간으로 오셨지만 하나님이시고 하늘과 땅의 권세를 가지신 분이십니다. 예수님은 영적인 세계는 물론 자연계까지 통치하는 분이십니다. 예수님의 신성을 드러내고 있습니다. 하나님의 아들, 만왕의 왕 앞에 질병이 떠납니다. 귀신도 물러갑니다.

마침 회당에 더러운 귀신이 들린 사람이 있었습니다. 귀신들린 자에게서 귀신이 떠납니다. 벙어리가 말을 하게 됩니다. 떠날 때는 큰 소리로 떠납니다. 주님이 통치하는 곳에 변화가 일어납니다. 주님이 사람을 다스리시면 누구든지 영광스러운 나라의 주인공이 될 수 있습니다.

귀신이 예수님을 알아 보았습니다. 그러나 믿지 않습니다. 회개를 모릅니다. 머리로만 아는 지식적인 신앙이 자기를 더러운 것으로부터 구원하겠습니까? 아는 것만으로는 아무런 능력이 없습니다. 힘이 없습니다. 머리로만 알고 있는 자들이, 가슴속 깊이 사랑이 없는 자들이 못된 짓을 더 많이 합니다.

저는 여러분이 열심 있는 하나님의 백성이 되기를 바랍니다. "나사렛 예수여 우리가 당신과 무슨 상관이 있나이까 우리를 멸하러 왔나이까 나는 당신이 누구인줄 아노니 하나님의 거룩한 자니이다". 귀신들은 예수님에게 항변합니다. 무슨 상관이 있느냐는 것입니다. 왜 귀신을 멸하려 하느냐고 고함을 치는 것입니다. 소란도 피웁니다.

종교지도자들은 예수가 누구인지 몰랐습니다. 오랜 전통을 가진 자들도 몰랐습니다. 그런데 귀신들은 예수님을 금방 알아 보았습니다. 야고보서 2장 19절을 봅시다. "네가 하나님은 한 분이신 줄을 믿느냐 잘하는도다 귀신들도 믿고 떠느니라"라고 했습니다.

예수님은 그 사람에게서 나오라고 귀신을 꾸짖었습니다. "잠잠하고 그 사람에게서 나오라". 사람이 경련을 일으킵니다. 큰 소리를 지르면서 떠납니다. 사람들이 귀신이 순종하는 모습을 보고 놀랐습니다. 책망의 방법을 사용하셨습니다. 바다도 책망하신 주님이십니다. 질병에 걸린 것도 책망하셨습니다. 귀신도 책망하셨습니다. 책망할 때 회복되었습니다.

회당은 바벨론 나라에 포로가 되었던 유대인들이 성전을 상실한 후 함께 모여 기도하고 율법을 연구하며 예배하기 위해 만들었던 곳입니다. 회당은 예수님 당시에도 존재했고 사도들이 활동할 때도 회당이 있었습니다. 사도들이 예수님을 증거할 때 사용된 중요한 장소였습니다. 회당에서는 평상시에 율법 교육이 있었고, 기도와 찬양, 성경 봉독과 랍비들의 가르침이 있었습니다.

만왕의 왕, 예수님은 지금도 교회를 붙잡고 계십니다. 성령과 말씀을 통하여 사람을 변화시키십니다. 하나님의 은혜와 복을 받게 하십니다. 예상 밖의 일이 있는 것처럼 예기치 못한 일들이 일어나게 하십니다. 넋을 잃고 있는 것처럼 하나님의 영에 이끌리어 상상을 초월하는 삶을 살게 하십니다. 예수님의 가르침 자체도 중요하지만 행동과 능력이 더욱 우리를 놀라게 하십니다.

3. 새 교훈입니다

새로운 물결이 흐릅니다. 예수님에 대한 소문이 갈릴리 사방으로 두루 퍼집니다. 새로운 시대에 새로운 소식이 예수님으로부터 퍼져나가기 시작한 것입니다. 예수와 십자가는 우리가 자랑해야 할 복음의 핵심입니다.

베드로의 장모의 열병도 떠납니다. 먼저 사람이 주께 간구하는 일, 주님께 도움을 요청하는 일은 매우 중요합니다. 예수님이 찾아오는 경우도 있지만 우리가 주님을 찾아나가서 간구하는 일도 있습니다.

야곱을 봅시다. "내가 주께 간구하오니 내 형의 손에서, 에서의 손에서 나를 건져내시옵소서 내가 그를 두려워함은 그가 와서 나와 내 처자들을 칠까 겁이 나기 때문이니이다"(창32:11).

히스기야 왕도 봅시다. "우리 하나님 여호와여 원하건대 이제 우리를 그의 손에서 구원하옵소서 그리하시면 천하 만국이 주 여호와가 홀

로 하나님이신 줄 알리이다"(왕하19:19)라고 했습니다

나사로의 누이는 "주여 보시옵소서 사랑하시는 자가 병들었나이다" (요11:3). "네 짐을 여호와께 맡기라 그가 너를 붙드시고 의인의 요동함 을 영원히 허락하지 아니하시리로다", "너희 염려를 다 주께 맡기라 이 는 그가 너희를 돌보심이라", "아무것도 염려하지 말고 다만 모든 일에 기도와 간구로, 너희 구할 것을 감사함으로 하나님께 아뢰라"(시55:22, 벧전5:7, 빌4:6)라고 했습니다.

세상을 살다보면 죄와 슬픔 그리고 고난과 역경이 정말 많습니다. 주님만이 해결하실 수 있습니다. 만왕의 왕 되신 주님이 고쳐 주시면 완벽하게 고쳐질 줄로 믿습니다. 더러운 귀신도 도망칩니다. 질병도 떠 나갑니다. 완전히 치료하십니다. 하나님은 치료하는 하나님이십니다.

예수님은 전능하십니다. 완전하십니다. 우리의 구원자이십니다. 하 나님의 아들이십니다. 하나님의 권위로 가르치셨습니다. 능력 있는 가 르침입니다. 사람들은 놀라는 반응입니다. 이게 어떻게 된 일이냐? 어 찜이뇨? 새 교훈이로다.

예수님은 하나님 말씀의 본래의 의미를 말씀하셨습니다. 그러니까 영원한 진리만을 가르치셨습니다. 서기관과 바리새인들은 사람의 유전 과 왜곡된 내용까지 포함해서 가르쳤습니다. 그러니까 전혀 다른 교훈 이 나올 수밖에 없습니다.

또 예수님은 하늘의 영계와 세상의 자연계를 통틀어 쉽게 가르치셨 지만, 서기관들은 사람들이 이해하기 어려운 내용을 가르치며 사람들 을 억압하고 규제하는 데 관심을 가졌습니다.

예수님은 생명과 구원의 복음을 주셨지만 서기관들은 하찮은 문제 만 다루었고, 자신들의 교리만 옹호하려고 노력했습니다. 그러다 보니 권위만 내세우고, 파당만 짓게 되었습니다. 그러므로 서기관들만 보던 유대인들이 예수님의 교훈과 행동 그리고 능력을 보고 놀라는 것은 당 연한 일이었습니다.

예수님은 말로만 가르치는 것이 아니라 삶으로 그리고 능력으로 권세 있게 가르치셨습니다. 귀신까지 축출하셨습니다. 그래서 사람들이 권세 있는 새 교훈이라고 말했던 것입니다.

제7강
마가복음 1장 29-34절

많은 병자와 귀신들린 자

예수님의 초기 사역은 갈릴리 중심이었습니다. 갈릴리 바다에서 가까운 도시인 가버나움 회당에서 천국 복음을 전파하시고, 하나님 나라를 가르치시며, 각색 병자들과 약한 자들을 고치셨습니다. 오늘은 어떤 내용의 사역을 하셨을까요?

1. 베드로의 장모

우리가 신학을 연구해 보면 예수님은 누구신가? 특별히 품성에 대하여 설명할 때 신성과 인성으로 나누어서 설명하게 됩니다. 신성이란 하나님의 성품을 말하는 것이고, 인성이란 사람의 성품을 말하는 것입니다.

예수님은 각색 질병을 고치심으로써 초자연적인 능력을 가지신 하나님의 아들이심을 드러내고, 또 종으로서 일하는 모습을 드러내고 있는 것입니다. 그런 이중적인 의미를 가지고 오늘 사건을 봐야 할 것입니다.

예수께서 가버나움 회당에서 나오신 다음에 야고보와 요한과 더불어 베드로와 안드레의 집에 들어가셨습니다. 이를테면 심방입니다. 예수님을 영접할 준비가 되어 있는 사람이 복 있는 사람입니다. 예수님을 향하여 문을 열어놓아야 합니다. 원하시면 언제든지 들어오시라고 말할 수 있어야 합니다. 이렇게 예수님을 기쁨으로 영접할 때 가정의 문제나 인생의 모든 문제에 대한 해답도 있고 문제가 해결되는 복도 있을 줄로 믿습니다.

요한복음 11장에 보면 마리아와 마르다도 죽은 오라버니를 위하여 주님을 영접할 준비를 갖추고 있었습니다. 예수님을 영접했을 때 죽음의 문제가 해결되었습니다. 다시 살아나는 복도 누리게 되었습니다. 우리도 예수님이 길이고 진리이고 생명이심을 믿으면서 영접하여 구원받는 복된 가정이 되기를 바랍니다.

요한계시록 3장 20절에서 무슨 약속을 하셨습니까? "볼지어다 내가 문 밖에 서서 두드리노니 누구든지 내 음성을 듣고 문을 열면 내가 그에게로 들어가 그와 더불어 먹고 그는 나와 더불어 먹으리라"라고 약속했습니다. 주님과 함께 먹고 마시는 가정이 됩시다.

베드로 사도는 이미 결혼한 상태였습니다. 안드레는 미혼인 것으로 보입니다. 두 형제 베드로와 안드레는 같은 집에 살고 있었던 것 같습니다. 고린도전서 9장 5절을 봅시다. "우리가 다른 사도들과 주의 형제들과 게바와 같이 믿음의 자매 된 아내를 데리고 다닐 권리가 없겠느냐?"라고 했습니다. 베드로는 초대교회가 부흥되고 발전될 때 아내와 함께 전도했습니다. 초대교회 문서를 보면 베드로의 아내가 먼저 순교한 것으로 기록되어 있습니다. 베드로 사도는 독신이나 독신주의자가 아니었습니다.

두 형제의 직업은 어부였습니다. 본래 빌립과 더불어 벳새다가 고향입니다. 가버나움으로 이사하여 살고 있었던 것으로 보입니다. 베드로가 결혼하면서 옮겼을 수도 있습니다. 예수님은 넓은 장소에서 선포하시고 좁고 구체적인 장소로 옮기셔서 제자들에게 하나님 나라를 가르치시곤 했습니다. 지금도 그런 입장이었습니다.

그런데 마침 베드로의 장모가 열병으로 누워 있었습니다. 의사 출신인 누가는 고온이 동반되는 중한 열병이라고 표현했습니다. 갈릴리 바다에 사는 사람들에게 종종 발생하는 일종의 풍토병으로 보입니다. 바닷가라 습기도 많고, 몸에 열이 많이 발생하는 경우가 있었습니다. 베드로의 장모는 꽤 오랫동안 고생하고 있었습니다. 사람들이 장모에 대해서 이야기하는 것을 예수께서 들으셨습니다.

예수님이 손을 내밀어 베드로의 장모의 손을 잡으시고 일으키자마자 열병이 떠났습니다. 예수님의 치유 행위가 시작되었습니다. 예수님께서 일으키신 것입니다. 낫게 하셨습니다. 떠나게 만드셨습니다. 손을 잡아 일으키셨습니다. 열병이 완전히 떠났습니다.

열병이 떠난 장모는 곧바로 예수님에게 수종들기 시작했습니다. 섬김의 자리를 찾아갔습니다. 계속하여 봉사하고 헌신하기 시작했습니다. 회복 기간을 말하지 않고 곧바로, 즉각적으로 봉사했습니다. 봉사와 헌신을 계속한 것으로 보아 병이 재발되지 않았습니다. 예수님의 치유는 병만 치료하는 데 목적이 있지 않았습니다. 주님을 따르게 합니다. 주님을 위하여 봉사하게 만듭니다. 이웃과 어려운 사람을 돌보게 만듭니다. 하나님이 치유해 주시는 목적은 이런 목적이 있는 것입니다.

여러분은 하나님이 주신 건강을 가지고 누구를 위하여 사용하고 있습니까? 주님을 위하여 사용할 수 있다면 영광스러울 것입니다. 이웃 사람을 위하여 봉사하는 데 몸을 많이 사용하는 사람일수록 지도자가 될 수 있습니다. 여러분은 젊었을 때 힘과 정성을 다하여 주님께 헌신하고 이웃 사람을 위하여 선하게 봉사하기를 바랍니다. 이것이 재창조의 목적입니다.

2. 많은 병자

유대인의 안식일은 금요일 오후 해질 무렵부터 토요일 오후 해질 무렵까지였습니다. 안식일에 절대적으로 쉬는 민족이 유대인입니다. 바늘도 옮기지 않았던 것은 운반죄라고 생각했기 때문입니다. 5리 이상 걷지 않은 것은 여행으로 여겼기 때문입니다. 심각한 질병에 걸린 사람도 안식일이 지난 다음에 메고서 예수님께로 달려왔습니다.

해가 저물었을 때입니다. 사람들이 모든 병자를 데리고 나아왔습니다. 예수님에게 데리고 온 것입니다. 온 동네 사람이 베드로의 집 문 앞에 모이기 시작했습니다. 베드로의 장모가 말라리아, 보통 40도를 오르내리는 고열과 탈수 상태에서 일어나 수종들고 있다는 소문이 널리 퍼졌기 때문인 것으로 보입니다.

질병은 누구나에게 예고 없이 찾아옵니다. 높은 사람이나 낮은 사람, 배운 사람이나 못 배운 사람, 가진 사람이나 못 가진 사람이나 예고 없이 그리고 소리없이 찾아오는 것이 질병입니다. 인간이 범죄한 다음에 가장 괴롭히는 것 중의 하나가 질병입니다. 몸이 병들고 나면 무기력해집니다. 일할 수 없습니다. 먹을 수도 없습니다. 세상에서 누리던 것들이 다 헛되다고 고백하게 됩니다. 죽었으면 좋겠다는 생각뿐입니다.

시편 38편 3-4절을 봅시다. "주의 진노로 말미암아 내 살에 성한 곳이 없사오며 나의 죄로 말미암아 내 뼈에 평안함이 없나이다 내 죄악이 내 머리에 넘쳐서 무거운 짐 같으니 내가 감당할 수 없나이다"라고 했습니다.

예수께서는 각색 병든 자를 고쳐 주셨습니다. 여호와는 치료하는 여호와이십니다. 전능하신 하나님이십니다. 베드로의 장모의 열병도 책망하여 고치십니다. 열병을 꾸짖으셨습니다. 예수님을 만나면 해결이 될 줄로 믿습니다. 12년을 혈루증으로 고생하던 여인의 질병도 고침 받았습니다. 거지 소경도 눈을 떠 보게 되는 복을 받았습니다. 38년 된 중풍병자도 고침을 받았습니다. 예수님은 만왕의 왕이십니다. 그분이 통치하는 세상에는 이렇게 약하고 병든 사람이 없다는 것을 지상에서부터 보여 주셨습니다.

해가 저물었을 때는 주인만 쉬는 시간이 아니라 종도 쉬는 시간입니다. 그럼에도 예수님의 치유 사역이 사람들이 안식하는 밤에도 이루어졌다는 것입니다. 이것은 예수님이 종으로서 사람을 섬길 때에 시간에 얽매이지 않고 봉사하고 헌신한 사실을 드러내고 있습니다.

각색 병자들을 고쳐 주셨습니다. 예수님의 치유 사역은 포괄적이고 광범위하게 이루어졌습니다. 그러니까 예수님에 대한 소문이 온 동네마다 퍼지게 되었습니다. 예수님께서 베푸시는 이적과 능력을 보고자 하는 사람들이 몰려 올라왔습니다. 안식일이 끝나기가 무섭게 몰려 온 것입니다. 시편 32편 6절에 "경건한 자는 주를 만날 기회를 얻어서 주께 기도할지라 진실로 홍수가 범람할지라도 그에게 미치지 못하리이다"라고 했습니다. 기도하는 성도가 됩시다. 주님을 만나는 성도가 됩시다.

사람들이 베드로의 집 앞에 가득차게 모였습니다. 가버나움에 살고 있는 모든 사람들이 소문을 듣게 되었습니다. 예수님의 치유 사역이 개인에서 단체로 발전하고 있음을 보여줍니다. 하나님 나라의 속성이 그렇습니다. 처음에는 겨자씨 한 알 같습니다. 그러나 시간이 가면 크게 성장합니다. 새들이 깃들일 정도로 성장합니다.

3. 귀신들린 자

예수님은 종으로서의 사역을 잘 감당하셨습니다. 헌신적이었습니다. 하나님 나라의 발전을 위하여 피곤을 물리치셨습니다. 그리고 모든 문제와 질병을 모두 고쳐 주셨습니다. 다른 사람들이 쉬는 시간에도 일하셨습니다. 주님이 일하신 시간을 생각해 봅시다. 해가 질 때 몰려 온 사람들을 위하여 밤중에 일하셨습니다. 낮에는 회당에서 가르치시고, 베드로의 장모의 집에 심방도 하시며, 많은 사람들을 고친 시간은 밤이었습니다.

귀신들린 사람도 많았습니다. 귀신도 내쫓아주셨습니다. 하나님은 모든 사람이 회개하여 구원에 이르기를 원하십니다. 악인이 회개하고 돌아오는 것을 기뻐하십니다. 사람들이 멀리하고 싫어하는 귀신들린 사람까지 고쳐주셨습니다. 사람을 사랑하는 주님을 보게 됩니다.

그런데 귀신이 예수님을 알아봅니다. 다만 귀신이 예수님에 대하여 말하는 것을 허락하지 않으셨습니다. 왜 그랬을까요? 그 이유가 있습니다. 설명해 봅시다.

첫째로 말하는 존재가 귀신, 사탄이었기 때문입니다. 높이는 존재가 사탄, 악령입니다. 속이는 자입니다. 훼방자입니다. 아담이 속았습니다. 모든 인류가 속았습니다. 그러나 메시야이신 예수님은 속지 않으셨습니다. 사탄의 존재와 싸워서 승리하신 분입니다. 우리도 악령, 사탄, 마귀, 귀신과 싸워서 승리하는 성도가 되기를 바랍니다.

둘째로 성도가 예수님을 믿고 드러내는 일은 하나님의 일이 됩니다. 예수께서 메시야이심을 드러내는 일은 성도가 해야 할 일이지 귀신, 사탄의 일은 아닙니다. 사탄이 우리의 일을 감당하고 나면 우리가 천국에서 얻을 상급이 무엇이겠습니까? 전도하는 일은 하나님의 아들과 딸들이 해야 할 일입니다.

셋째로는 귀신, 사탄이 예수님이 메시야이심을 말하게 되면 십자가 사건을 이룸에 있어서 어려움을 겪게 될 것입니다. 십자가의 구속 사건을 막는 결과를 가져오기 때문입니다. 사탄은 악의적인 저의가 있습니다. 사탄이 예수님을 나타내게 되면 유대인들이 다 알게 되고, 바리새인들과 서기관들, 사두개인과 제사장들과 장로들이 알게 되면 더욱 방해가 극심해서 십자가의 구속을 이루는 데 어려움이 많았을 것입니다.

그래서 예수께서 사탄이 말하는 것을 금하게 된 것입니다.

이제는 여러분과 제가 말해야 합니다. 바울처럼 예수와 십자가를 말할 때입니다. 교회가 모일 때나 흩어질 때 말해야 합니다. 그것이 교회의 본질입니다. 예수님을 증거하는 것입니다. 때를 얻든지 못 얻든지 항상 힘써서 증거해야 합니다. 천하 만민에게 복음을 전파해야 합니다. 모든 족속으로 제자를 삼는 일에 헌신하는 자가 복이 있습니다. 우리 모두 복 있는 성도가 됩시다.

제8강
마가복음 1장 35-39절

전도 여행

예수님은 새벽에 무엇을 하셨을까? 게으른 사람처럼 잠만 잤을까? 예수님은 새벽에 일찍 일어나서 한적한 곳을 찾아가 하나님께 기도하셨습니다. 어떤 면에서 기도할 필요가 없는 예수님은 기도하셨는데, 정말 기도가 필요한 사람들은 잠만 자는 것 같아 목회자로서 종종 목회가 즐겁지 않고 슬픕니다. 어찌하오. 어찌하오. 정말 어찌하오?

여러분은 새벽에 무엇을 합니까? 잠자리에서 눈을 뜨자마자 제일 먼저 행하는 일이 무엇입니까? 신문이나 텔레비전을 시청합니까, 아니면 성경을 읽거나 기도를 합니까? 저는 일평생 하나님을 먼저 생각하는 기도를 하려고 노력하고 있습니다.

1. 제자들이 예수님을 찾다

마가복음에는 독특하게 때를 가리키는 경우가 많습니다. 새벽이라든지, 낮이라든지, 해질녘이라든지 시간을 가리키는 말씀이 많이 나옵니다. 마가복음은 종으로서 행동을 강조한 복음이기 때문에 그렇습니다. 일하는 일꾼에게는 시간이 돈이요 금입니다. 예수님의 사역이 잠시도 쉴 틈 없이 바쁘게 행해졌음을 나타내는 것입니다.

예수님이 기도한 새벽이란 유대인들의 경우에는 네 번째 밤으로, 새벽 3시부터 6시 사이를 가리킵니다. 아직 해가 뜨지 않은 시간을 말하고 있습니다. 다른 사람들이 편히 쉬는 시간에 예수님은 일어나서 하루를 기도로 시작하셨습니다. 기도가 강조입니다. 하나님의 일을 하는 사람은 기도로부터 시작합니다. 자기 일이 아니라 하나님의 일을 하는 사람들의 특징은 기도하는 삶을 사는 법입니다.

기도는 하나님과의 교제입니다. 또 하나님의 능력을 공급받아 하나님의 일을 잘 감당하기 위함입니다. 기도하지 않는 사람이 능력이 있습니까? 무슨 능력이 있습니까? 원망하고 불평하는 능력이요? 그것을 누가 능력이라고 말합니까? 기도하는 것이 능력이고 찬송하는 것이 능력인 줄로 믿습니다.

마가복음에는 예수께서 기도하는 장면이 세 번 나타납니다. 오늘 성경말씀 1장에서는 밤이 끝나는 새벽이었지만 6장에서는 해가 진 다음인 저녁에 기도하셨습니다. 밤이 맞도록 기도하셨습니다. 14장에서는 한밤중이었습니다. 혼자 아니면 제자들과 동행하여 기도하셨습니다.

1장 35절에 "새벽 아직도 밝기 전에 예수께서 일어나 나가 한적한 곳으로 가사 거기서 기도하시더니".

6장 46절에 "무리를 작별하신 후에 기도하러 산으로 가시니라".

14장 36절에서는 "아빠 아버지여 아버지께는 모든 것이 가능하오니 이 잔을 내게서 옮기시옵소서 그러나 나의 원대로 마시옵고 아버지의 원대로 하옵소서"라고 기도하셨습니다.

기도하신 때를 보면 갈릴리 사역 초기에 기도하셨습니다. 아마도 사역의 열매와 능력 있게 감당하기 위한 몸부림으로 보입니다. 하나님의 큰 일을 감당하기 위한 몸부림입니다. 하나님의 구속 사역을 감당하기 위해 열심히 기도하셨습니다. 인류의 구원을 위한 기도입니다.

그리고 사역 중간기에 기도하신 내용이 기록되어 있습니다. 바리새인이나 종교 지도자들처럼 사람들 앞에 보이기 위한 기도가 아니었습니다. 외식적이거나 형식적인 기도가 아니었습니다. 하나님과 은밀한 교제를 위한 기도였습니다. 열매를 맺기 위한 기도입니다.

그리고 사역 말기에 유종의 미를 거두기 위한 몸부림으로 기도를 기록해 주셨습니다. 십자가로 말미암는 인류의 구원을 위한 그리고 하나님의 일을 마무리짓기 위한 몸부림이었습니다. 예수님의 기도의 특징은 장시간 반복되는 것, 연속적이고 계속적인 기도가 특징입니다. 인생을 살아보니까 기도가 인생의 승부처입니다.

시몬을 비롯하여 제자들이 예수님을 찾으러 뒤를 따라갔습니다. 성격이 급한 시몬 베드로가 가장 앞장서서 예수님을 찾아나서게 되었습니다. 수많은 사람들이 병도 고치고 능력을 체험하기 위하여 몰려왔지만 예수님은 집에 계시지 않았습니다.

기도하시는 예수님을 발견한 제자들이 하는 말이 무엇입니까? '모든 사람들이 주님을 찾습니다'라고 했습니다. 예수님의 기도를 방해한 사람들은 제자들이었습니다. 예수께서 하나님의 뜻을 구하고 하나님의 뜻대로 살기를 원하는 것보다 청중의 요구와 필요를 채워주기를 원하는 사람들이었습니다. 이것이 예수님과 제자들의 차이점입니다.

먹을 것, 입을 것, 마실 것만 구한다면 이방인입니다. 그러나 하나님의 나라와 의를 먼저 구하면 하나님께서 먹을 것, 마실 것, 입을 것도 더해 주실 줄로 믿습니다.

주님의 마음과 계획과 목적을 이해하지 못한 제자들은 방해꾼으로 나타나게 되어 있습니다. 성숙하지 않으면 바른 신앙은 정립되지 않습니다. 여러분은 성숙한 그리스도인이 되어서 하나님의 뜻을 먼저 생각할 수 있기를 바랍니다. 하나님 나라를 위하여 수고하는 사람을 보면 격려하고 칭찬할 수 있기를 바랍니다. 기도하는 사람의 방해꾼이 아니라 격려자가 될 수 있기를 바랍니다. 하나님의 뜻을 모르면 방해꾼이 되는 법입니다.

2. 순회 전도를 하시다

예수님의 답변이 무엇입니까? "우리가 다른 가까운 마을들로 가자". 다시 마을로 가자는 것이었습니다. 예수께서 제자들에게 다른 이웃 마을로 가자고 하셨는데 왜 그렇게 하셨을까? 지금 이 마을에 기다리는 사람들이 많이 모였는데 참 이상한 일이 아닙니까?

귀먹고 벙어리 된 귀신들린 사람을 고쳐주었을 때나 병든 자를 낫게 했을 때 많은 사람들에게 소문에 소문이 퍼졌습니다. 가버나움과 근방에 메시야를 열망하던 모든 사람들이 구름떼같이 몰려왔습니다. 갈릴리 사람들이 예수님을 찾고 있습니다. 빨리 가서 고쳐주시고 복음도 전하시기 바랍니다. 이런 자세로 제자들이 말했습니다. '모든 사람이 주를 찾나이다'.

그러나 예수님은 사람들이 많이 모인 곳에서 다른 곳으로 가자고 말씀하셨습니다. 예수님은 한 곳에 머물러 있는 것이 아니라 여러 곳에서 전도하기를 원하셨습니다. 메시야라고 드러나는 것보다 복음 전도를 위하여 다른 마을로 가자는 것이었습니다. 큰 도시에서 작은 마을로 가자는 것이었습니다. 많은 무리를 놓아두고 적은 무리를 향해 가셨습니다. 소자야 안심하라! 적은 무리여 두려워하지 말라.

역사가들은 당시 갈릴리 해변 주변으로 200여 마을이 있었다고 말합니다. 사람이 많이 사는 마을도 있을 것이고 소수가 모여 사는 마을도 있었을 것입니다. 작은 마을을 무시하면 안 되는 것입니다.

다른 마을에서도 전도하실 것이며, 자신이 세상에 오신 목적이 바로 전도라고 말씀하셨습니다. "우리가 다른 가까운 마을들로 가자 거기서도 전도하리니 내가 이를 위하여 왔노라"라고 말씀하셨습니다. 이런 이유 때문에 병자들이 모인 곳으로 가지 않으셨던 주님이십니다.

예수께서 세상에 오신 목적은 기적과 능력을 나타내어 자신의 영예를 위하는 것이 아니라 하나님의 복음을 땅끝까지 전하여 많은 영혼이 구원받는 것이었습니다.

예수님은 누가복음 4장 43절에서도 "예수께서 이르시되 내가 다른 동네들에서도 하나님의 나라 복음을 전하여야 하리니 나는 이 일을 위해 보내심을 받았노라"라고 하셨습니다.

요한복음 6장 38-39절에서도 "내가 하늘에서 내려온 것은 내 뜻을 행하려 함이 아니요 나를 보내신 이의 뜻을 행하려 함이니라 나를 보내신 이의 뜻은 내게 주신 자 중에 내가 하나도 잃어버리지 아니하고 마지막 날에 다시 살리는 이것이니라"라고 했습니다.

요한복음 8장 42절에는 "예수께서 이르시되 하나님이 너희 아버지였으면 너희가 나를 사랑하였으리니 이는 내가 하나님께로부터 나와서 왔음이라 나는 스스로 온 것이 아니요 아버지께서 나를 보내신 것이니라"라고 하셨습니다.

요한복음 13장 3절에서는 예수께서 아버지께로부터 오셨다가 하나님께로 돌아가실 것을 아셨습니다. 예수님은 어디서 왔다가 어디로 가는 줄을 확실히 알았습니다. 그러니까 작은 마을이든 큰 마을이든 모든 사람에게 복음을 전파하는 삶을 사셨습니다. 여러분도 짤막한 인생을 살면서 하나님의 복음을 자랑할 수 있기를 바랍니다.

3. 전도하시며 귀신도 쫓으시다

예수님께서 온 갈릴리 지방을 다니셨습니다. 본래의 목적대로 여러 마을을 다니셨습니다. 열성적으로 다니셨습니다. 모든 마을을 다 다니신 것은 아니겠지만 많은 마을을 다니셨습니다.

다른 마을에 있는 여러 회당에서 예배하고 가르치시며 천국 복음을 전파하셨습니다. 영적으로 깨우쳐 주셨습니다. 살아 계신 하나님을 만나게 했습니다. 하나님의 사랑을 느끼게 해 주었습니다. 권세 있는 자와 같이 말씀을 전하셨습니다.

잃어버린 영혼을 찾아나서야 합니다. 죄인들을 회개시켜 의인 되게 만들어야 합니다. 어두운 세상에 광명한 빛이 되어야 합니다. 많은 사람들을 올바른 길로 인도하는 별과 같이 빛나는 사람이 되어야 합니다.

마태복음 28장 18-20절을 봅시다. 예수님의 마지막 명령입니다. "예수께서 나아와 말씀하여 이르시되 하늘과 땅의 모든 권세를 내게 주셨으니 그러므로 너희는 가서 모든 민족을 제자로 삼아 아버지와 아들과 성령의 이름으로 세례를 베풀고 내가 너희에게 분부한 모든 것을 가르쳐 지키게 하라 볼지어다 내가 세상 끝날까지 너희와 항상 함께 있으리라"라고 했습니다.

마가복음 16장 15-16절에 "너희는 온 천하에 다니며 만민에게 복음을 전파하라 믿고 세례를 받는 사람은 구원을 얻을 것이요 믿지 않는 사람은 정죄를 받으리라"라고 했습니다. 교회의 본연의 의무가 있다면 복음을 전하는 것입니다.

사도 바울은 빚진 자의 심정을 가지고 유대인이나 헬라인에게 복음을 전했습니다. 성령이 임하시면 권능을 받고 예루살렘과 온 유대와 사마리아와 땅 끝까지 복음을 전하라고 하셨습니다.

그리고 더럽고 추한 귀신도 내쫓으셨습니다. 하나님을 거부하거나 반항하는 세력을 꺾으셨습니다. 사탄에게 복종하고 종 노릇 하는 영들을 쫓아내고 성령의 인도를 받도록 만들었습니다. 하나님의 통치가 이루어지도록 하였습니다. 사탄의 세력을 꺾으셨습니다.

여러분도 기도하여 능력을 받으시고 사탄과 싸워서 승리할 수 있기를 바랍니다. 귀신들이 여러분의 그릇된 사상을 통하여 생애를 어그러지게 만들었습니다. 성령을 충만히 받아 바로잡기 바랍니다.

세속주의와 물질주의가 우리의 기도를 방해하고 있습니다. 기도와 말씀으로 무장한 그리스도인이 되어서 세상의 그릇된 사상을 타파하고 승리하는 십자가의 정병들이 되기를 바랍니다. 승리의 면류관을 벗어서 주님께 드릴 수 있는 복을 받읍시다.

제9강
마가복음 1장 40-45절

예수와 나병환자

예수님이 나병환자, 문둥병자 약간의 다른 피부병인 오늘의 한센병을 고치신 사건으로, 마태복음 8장과 누가복음 5장에도 기록된 내용입니다. 마태의 기록에 의하면 산상보훈을 말씀하시고 산에서 내려오실 때 발생한 일입니다.

1. 나병환자의 간구

구약시대부터 유대인들은 나병환자, 문둥병자는 정상인들과 함께 생활할 수 없도록 했습니다. 사회적으로 격리되어 생활해야 했습니다. 때로는 부정한 사람으로 취급받았습니다. 종교적으로 배척을 당했던 사실도 있습니다.

레위기 13장 45-46절에 "나병 환자는 옷을 찢고 머리를 풀며 윗입술을 가리고 외치기를 부정하다 부정하다 할 것이요 병 있는 날 동안은 늘 부정할 것이라 그가 부정한즉 혼자 살되 진영 밖에서 살지니라"라고 했습니다. 정말 격리된 삶을 살아야 하는 상황이었습니다. 함께 살아도 힘든 세상인데 혼자 살아야 하는 상황, 정말 고독하고 외로운 삶을 살아야만 했습니다.

예수님 당시에는 회당 모퉁이에 칸막이를 하고 구석에서 예배할 수 있었다고 합니다. 사회적으로 격리의 대상이었던 나병환자가 예수님께 나아와서 엎드려 절을 하며 간구했습니다. 당시의 율법 조항을 어기는 행동입니다. 나병환자는 법 조항이나 사회적인 분위기가 문제가 아니었습니다. 중요한 것은 나병으로부터 고침받는 일이었습니다. 지금도 이면이나 체면이 문제가 아니라 주님 앞에 나가서 기도하여 해결받는 것이 최대의 관건입니다. 주님만 의지합니다. 주님만 바라봅니다. 이것이 진정한 성도가 아닐까요?

문둥병자, 나병환자가 예수님께 나아와 꿇어 엎드렸습니다. 마태는 절을 했다고 표현했고, 누가는 엎드렸다고 했지만 극도의 존경심을 가지고 무릎을 꿇었습니다. 그리고 자신의 질병을 고쳐달라고 간절히 구했습니다. 꿇어 엎드리는 자세는 간절한 자세입니다. 사회적인 분위기로 볼 때 대단한 믿음과 용기를 가지고 나온 것입니다.

예수님이 원하시기만 하면 자신의 병을 낫게 할 수 있다는 믿음의 신앙고백을 했습니다. "원하시면 저를 깨끗하게 하실 수 있나이다". 예수님을 병고치는 능력과 신적인 능력을 가지신 메시야로 확신했습니다. 그런 확신 속에서 간구했던 것이지요.

예수께서는 고치신 것이 아니라 깨끗하게 하셨습니다. 이 말의 의미는 육체적인 불결이나 도덕적이고 종교적인 정결에 대해서도 사용되는 용어입니다. 나병은 육체적인 고통보다는 종교적이고 사회적인 질병이었습니다. 사람들이 흉측하게 보기 때문에 더 아프고 고통스러운 질병이 나병입니다. 하나님의 형벌을 받은 병으로 생각했던 사람들이 많았습니다.

예수께서는 나병환자를 보시고 마음으로부터 불쌍히 여기셨습니다. "예수께서 불쌍히 여기사 손을 내밀어 그에게 대시며". 손을 내밀어 피부의 접촉이 금지된 나병환자에게 손을 대셨습니다. 이 병자를 고침으로써 죄의 권세를 이길 분, 죄를 용서하실 분임을 보여주고 있습니다. 하나님과의 교제 회복, 사람과의 교제 회복이 얼마나 큰 복입니까?

하나님을 사랑하고 이웃을 사랑하라는 계명이 가장 크고 첫째 되는 계명인데 오히려 병들고 약한 사람을 사회로부터 격리하고 종교적으로 접근을 할 수 없게 하니 예수님은 더욱 마음이 아프셨던 것입니다. 그러므로 율법과 유대인들의 풍속을 뛰어넘는 행동을 하셨으니, 손을 내밀어 나병환자를 잡아 일으키셨습니다.

"내가 원하노니 깨끗함을 받으라". 예수님은 나병환자의 질병이 치유되기를 원하시며 나을 것을 명령하여 고쳐 주셨습니다. "곧 나병이 그 사람에게서 떠나가고 깨끗하여진지라". 주님이 명령하심과 동시에 나병이 그 사람에게서 떠나 깨끗하게 되었습니다. 마태는 깨끗하여진 사건만, 누가는 떠나간 것만 말한 것에 비하여 마가는 떠나 깨끗하게 되었다고 함으로써 두 가지 사건을 한꺼번에 말하고 있습니다.

당시 종교 지도자들이나 사회적인 분위기는 격리하고 정죄하는 분위기였지만 예수님은 회복시키셨습니다. 깨끗하게 만드셨습니다. 그러므로 진정한 제사장이나 율법사는 예수님이십니다. 주님만이 영원한 교사와 지도자이십니다.

2. 함구령

예수께서 나병환자를 고쳐주신 다음에 엄히 경계하셨습니다. 마태는 이 표현을 사용하지 않았고, 누가는 경계하라는 정도로만 기록하였습니다. 그런데 마가는 강력한 경고, 엄중한 경고를 했다고 기록해 주었습니다. 즉시 돌려보내시면서 함구령을 내렸습니다. "삼가 아무에게 아무 말도 하지 말고 가서 네 몸을 제사장에게 보이고 네가 깨끗하게 되었으니 모세가 명한 것을 드려 그들에게 입증하라"라고 가르쳐 주셨습니다.

엄중한 경고를 하신 이유가 무엇일까? 예수님의 사역의 본질을 왜 곡시키지 않기 위함입니다. 예수님은 세상에 오신 목적이 기적과 능력만 행사하여 사람들을 놀라게 하는 데 목적이 있지 않았습니다. 천국 복음을 듣고 회개하고 죄 용서를 받게 하여 사람들로 하여금 새 생명을 얻게 하며 복음을 통하여 하나님 나라를 확장시키려는 데 목적이 있었습니다.

또 십자가의 사건을 통한 구원 사건이 아직 이루어진 것이 아니기 때문에 함구령을 내리신 것입니다. 예수님 입장에서 보면 아직 때가 이르지 않았습니다. 만약 지금부터 여러 가지 소문이 난다면 하나님의 일에 방해를 받게 되기 때문입니다.

마가복음에는 몇 번이나 메시야이심을 경계하셨습니다. 마가복음 3장 12절에 "예수께서 자기를 나타내지 말라고 많이 경고하시니라"라고 했습니다. 많은 병자와 귀신을 쫓아내신 다음에 경계하셨습니다.

마가복음 8장 30절에도 "이에 자기의 일을 아무에게도 말하지 말라 경고하시고"라고 했습니다. 가이사랴 빌립보 지방에서 신앙고백을 받으신 후 경고하신 말씀입니다. 세상의 모든 것은 하나님의 정해진 시간이 있습니다. 십자가의 사건도 그렇습니다. 모든 것이 그렇습니다. 하나님께서 정해 놓으신 때와 시기가 있습니다. 범사에 때와 시기가 있지 않습니까? 그러므로 예수께서 제자들을 비롯하여 여러 사람들에게 경계하며 함구령을 내린 것입니다.

다만 깨끗해진 몸을 대제사장에게 보이고 모세의 명한 정결법대로 시행하라고 했습니다. 문둥병이 나은 사실을 입증받으라는 지시였습니다. 모세의 율법에 보면 부정한 사람이 정결하게 되었을 때 제사장에게 가서 제물을 드려야 했습니다.

레위기 성경을 보면 산새 두 마리, 백향목, 홍색실, 우슬초와 같은 것들을 사용했습니다. 다시 8일 후에 드리는 것으로는 흠 없는 어린 숫양 둘과 암양 한 마리였습니다. 때로는 소제물과 기름도 함께 드렸습니다. 그리고 제사장에게 확인을 받아야만 했습니다.

예수님은 제사를 드리는 성전보다 크신 분이시고, 멜기세덱 계통의 대제사장이므로 제사장에게 갈 필요는 없었겠지만 그러나 율법을 파괴하거나 폐하려고 오신 것이 아니라 완성시키러 오셨기 때문에 제사장에게 보이라고 말씀하신 것입니다.

성도는 명심해야 합니다. 주의 계명을 지키는 자라야 주님을 사랑하는 자입니다. 말로만 사랑하는 것이 아니라 계명을 사랑하여 지키는 것입니다. 하나님을 사랑하는 마음으로 계명을 사랑합시다.

예수님이 나병환자를 고치신 것은 완전한 고침이었습니다. 완전한 치유였습니다. 그러므로 고침 받은 사람은 적법한 절차를 거친 다음에 유대 사회에 들어갈 수가 있었습니다. 그렇습니다. 예수님이 구원한 사람, 예수님이 고쳐 준 사람, 예수님을 믿어 의롭게 된 사람은 누구나 천국에 들어갈 수 있습니다. 담대하게 은혜의 보좌 앞에 나아갈 수 있습니다. 예수 믿는 여러분! 강하고 담대하게 살다가 떳떳하게 천국에 들어가는 복을 받기 바랍니다.

3. 나병환자의 전파와 전도 사역에 미친 영향

나병환자는 예수께서 함구령을 내렸지만 참을 수가 없었습니다. "그러나 그 사람이 나가서 이 일을 많이 전파하여 널리 퍼지게 하니". 예수님이 내린 함구령을 어기고 사람을 만나는 대로 두루 전파했습니다.

자기가 나병환자였을 때 얼마나 많은 사람들이 수군거리고 모욕적인 말을 하면서 소외시키고 경멸했겠습니까? 때로는 안타깝게 여기는 사람들도 있었지만 문둥병자라고 무시당하고 성에서 살지 못하고 토굴에서 살면서 얼마나 많은 세월을 울면서 살았을까요?

이제는 건강해졌습니다. 제사장이 인정해 주었습니다. 가족과 함께 살게 되었습니다. 사회의 일원으로 당당하게 살게 되었습니다. 하나님을 믿는 단체의 회원이 되었습니다. 그리고 그는 가만히 있지 못하고 많은 사람을 찾아다니면서 자랑삼아 시간 가는 줄 모르고 예수님에 대하여 말했을 것입니다. 자랑했을 것입니다.

어떤 결과를 가져왔을까요? 과연 예수님의 사역에 유익을 가져왔을까요? "그러므로 예수께서 다시는 드러나게 동네에 들어가지 못하시고 오직 바깥 한적한 곳에 계셨으나 사방에서 사람들이 그에게로 나아오더라"라고 했습니다.

이 때문에 예수님은 더 이상 드러나게 동네에 들어가지 못하고 바깥 한적한 곳에 머물 수밖에 없었습니다. 이것이 문제입니다. 더 이상 회당에서 가르치시며 복음을 전파할 수 없게 만들어 버렸습니다. 더 이상 복음 사역을 감당할 수 없게 된 것입니다. 방해한 꼴입니다. 자신의 의도와는 너무 다른 결과를 초래하는 것이 세상입니다. 자기는 선한 일이라고 생각했지만 결과는 악한 것들이 얼마나 많은지 모릅니다.

그러므로 우리는 항상 깨어서 기도해야 합니다. 그렇지 않으면 자기는 올바르다고 생각하는 열매가 전혀 다른 열매로 맺히는 법입니다. 자기는 좋은 일이라고 했는데 다른 사람에게 상처가 되는 경우가 허다합니다. 자기는 악한 의도가 전혀 없었는데 결과는 그런 경우가 허다하게 많은 세상입니다.

그래도 많은 사람들이 사방으로부터 예수님에 대한 소문을 듣고 나아왔습니다. 예수님은 메시야로서 말로가 아닌 행동으로 보여주셨습니다. 우리가 말과 혀로만 하나님을 사랑할 것이 아니라 행함과 진실함으로 사랑해야 됩니다.

사랑하는 성도 여러분! 주님의 음성에 귀를 기울이고 순종하는 그리스도인들이 되기를 바랍니다. 듣고서도 행하지 않아 자기가 자신을 속이는 삶을 사는 교인이 점점 많아지는 세상입니다. 듣고 행하는 그리스도인이 되어서 승리하며, 열매 맺는 성도가 되기를 바랍니다.

제10강
마가복음 2장 1-12절

중풍병자

　가버나움은 회당이 있는 성읍입니다. 꽤 많은 사람이 살고 있고 왕래하던 곳입니다. 갈릴리 지역의 마을을 전도하시던 주님이 다시 가버나움 성읍을 방문하게 되었습니다. 종으로 오신 주님이 하나님의 사역을 감당하고, 하나님의 나라를 발전시키기 위하여 수고하고 있는 상황이었습니다.

　그래서 마가는 수 일 후에 예수께서 다시 가버나움의 한 집에 들어가셨다고 기록해 주고 있습니다. 어떤 집에 들어가셨을 때 예수에 대한 소문이 금방 퍼져나갔습니다. 문 앞에까지 들어설 틈이 없을 정도로 많은 사람들이 모여들었습니다. 접근할 수 없을 정도, 용신할 수 없을 정도, 발디딜 틈이 없는 상황이었습니다. 여러분은 이 모습을 보면서 어떤 생각이 듭니까? 나도 예수님 앞에 모일 때 늘 모이는 성도가 되어야겠다는 결심이 필요합니다.

　마가는 예수께서 종으로서의 사역이 바쁘고 피곤하며, 할 일이 많은 것을 지적하고 있습니다. 예수께서 행하시는 사역이 생생하고 사역 초기의 인기가 최고조에 달하고 있는 것입니다.

　예수님은 몰려든 청중에게 '도, 진리'를 가르치셨습니다. 도 혹은 진리에 대하여 누가복음 1장 2절에는 '복음의 말씀'으로, 요한복음 2장 22절에서는 '예언된 말씀'으로, 베드로후서 3장 5절에서는 '하나님의 말씀'으로, 누가복음 4장 32절에서는 하나님 나라의 비밀인 '말씀'으로 사용되었습니다. 그러므로 '도'는 '말씀'으로 이해됩니다.

우리도 하나님 앞에 모여서 진리, 하나님의 말씀, 예언의 말씀을 연구하여 성숙한 그리스도인이 되고 하나님의 뜻대로 살아서, 영광을 하나님께 돌리며 많은 사람을 복된 길로 인도하는 성도가 되기를 바랍니다. 바울은 이 집은 살아 계신 하나님의 교회요, 진리의 기둥과 터라고 말씀하셨습니다. 개혁자들은 말씀이 옳게 증거되는 교회가 참된 교회라고 가르쳤습니다.

1. 중풍병자

중풍병이 어떤 병입니까? 뇌출혈로 인하여 몸의 일부분 혹은 전신을 움직일 수 없게 되는 병입니다. 이 사람도 혼자 걸어서 주님 앞에 올라온 것이 아닙니다. 네 사람이 한 중풍병자를 침상째 메고 예수께로 나아왔습니다. 네 사람이 친구인지 친척인지는 모르지만 믿음이 있었던 사람들입니다. 한마음과 한뜻이 되어 병자를 메고서 주님 앞에까지 올라왔습니다.

그런데 이게 웬일입니까? 많은 무리들 때문에 병자를 예수님 앞으로 데려갈 수 없었습니다. 그렇지만 네 사람은 포기하지 않았습니다. 뒤돌아서지 않았습니다. 원망이나 불평도 하지 않았습니다.

네 사람은 지붕을 뜯어내고 중풍병자가 누운 침상을 예수님 앞으로 달아내렸습니다. 지붕의 덮개를 벗겨낸 것입니다. 예수님 당시 이스라엘의 지붕 형태를 이해하는 것이 중요합니다. 지금 우리나라처럼 콘크리트 구조물로 집을 지은 것이 아닙니다.

이스라엘의 지붕은 평평하고 외부의 계단으로 연결되어 있기 때문에 계단을 통하여 쉽게 지붕 위로 올라갈 수 있었습니다. 서민들의 지붕은 대들보를 하나 놓고 작은 나무들을 걸치는 형식의 지붕이었습니다. 그리고 짚으로 덮고 진흙으로 발라 놓은 정도의 지붕입니다. 그러므로 쉽게 벗겨낼 수 있는 상황이었습니다.

아무리 그렇다고 할지라도 믿음이 없다든지 용기가 없었다면 할 수 없는 일입니다. 남의 지붕을 뜯는 일이 쉽습니까? 아무리 잘 뜯어도 흙 먼지가 날렸을 것입니다. 사람들에게 실례를 범하는 일이 아니겠습니까?

예수님의 반응은 무엇입니까? 예수님은 그 사람들의 믿음을 보셨습니다. 네 사람의 믿음을 보셨습니다. 중풍병자의 믿음을 보셨습니다. 외적인 행동이나 처신을 보신 것이 아닙니다. 믿음을 보셨습니다. 여러분은 하나님께 믿음을 보여줄 수 있기를 바랍니다.

마가복음에서 배울 수 있는 것은 예수를 믿는 믿음이 기적을 낳은 것인가? 아니면 기적을 체험했기 때문에 믿음을 가지는 것인가? 마가복음에서는 전자의 경우를 가르치고 있습니다. 믿으면 고침을 받았습니다. 지금도 믿으면 이적과 기적이 따라올 줄로 믿습니다. 회당장 야이로의 딸이나 열두 해를 혈루증으로 앓던 여인의 이야기 그리고 소경 바디메오에 관한 이야기가 그렇습니다. 반대로 믿음이 없던 나사렛 마을에서는 아무런 능력도 행사하지 않으셨습니다.

모두의 공통점은 어려운 장벽을 뛰어넘어 예수께로 갔을 때 기적과 능력을 체험하게 되었다는 것입니다. 치유의 능력을 베풀어 주셨습니다. 개인적인 믿음도 있지만 모든 사람들의 믿음의 결과도 있습니다.

그리고 위대한 선언을 하셨습니다. "작은 자야 네 죄 사함을 받았느니라". 소자야! 안심하라. 네 죄 사함을 받았느니라. 이 선언은 하나님만 하실 수 있는 선언입니다. 예수님은 전능하신 하나님이십니다. 제2위 신이십니다. 영원하신 하나님의 아들입니다.

아담 이래 모든 사람은 죄인입니다. 죄가 질병과 죽음을 가져오게 되었습니다. 중풍병도 사람들의 죄의 결과입니다. 그러므로 예수께서 죄 사함을 선언하신 것이 아닙니까? 그런데 중요한 것은 예수께서 죄 사하는 권세가 있음을 선언한 점입니다. 원래 죄 용서는 하나님만 하실 수 있는 일입니다. 하나님의 고유 권한일 것입니다.

죄는 인류에게 가장 크고 복잡한 문제이지만 꼭 해결해야 할 급선무였습니다. 예수님이 하늘 영광을 포기하시고 이땅에 내려오신 중요한 목적이 바로 죄악의 문제 때문입니다. 십자가 이외에는 해결할 방법이 없었기에 십자가를 향하여 걸어가고 있는 주님이십니다.

그리고 중풍병자에게 죄 선언을 하는 것은 훗날 온 인류를 향한 선언을 예표하고 있는 것입니다. 여러분도 예수님의 피 공로로 말미암아 죄 용서를 받는 줄로 믿습니다. 죄를 고백하면 누구든지 용서받습니다. 믿음으로 회개하는 성도가 되어서 죄 사함 받기를 바랍니다.

2. 서기관의 반응

서기관들이 앉아 있다가 어떤 반응을 보였을까요? 서기관들은 마음으로 생각하기 시작했습니다. "이 사람이 어찌 이렇게 말하는가 신성모독이로다 오직 하나님 한 분 외에는 누가 능히 죄를 사하겠느냐?"

마음이 종교의 좌소입니다. 마음이 올바르면 올바른 말과 행동을 하게 됩니다. 마음이 반듯해야 사람도 반듯한 법입니다. 하나님은 우리의 마음을 아시며 믿음이 없는 자는 악한 생각을 하게 됩니다.

여러분 마음에 하나님이 역사하기를 바랍니다. 하나님이 차지하는 자리가 많기를 바랍니다. 그렇지 않으면 사람은 허망한 생각을 하게 되어 있습니다. 중풍병자를 고치고 죄 용서를 선언했을 때 서기관들의 반응이 무엇입니까?

참람하도다. 이런 반응이었습니다. 하나님 한 분 외에는 할 수 없는 죄 용서를 자기가 무엇이길래 선언하는가? 참람하도다. 모르면 그럴 수밖에 없는 것이 아닙니까? 율법적으로 말하면 하나님을 모독하는 참람 죄를 범하는 사람은 돌로 쳐 죽이는 법이 있습니다. 레위기 24장 14-15절을 봅시다. "그 저주한 사람을 진영 밖으로 끌어내어 그것을 들은 모든 사람이 그들의 손을 그의 머리에 얹게 하고 온 회중이 돌로 그를 칠지니라 너는 이스라엘 자손에게 말하여 이르라 누구든지 그의 하나님을 저주하면 죄를 담당할 것이요"라고 했습니다.

구약시대에 나봇도 죄가 없었지만 하나님과 왕을 저주했다는 누명을 쓰고 돌에 맞아 죽었습니다. 열왕기상 21장 10절에 "불량자 두 사람을 그의 앞에 마주 앉히고 그에게 대하여 증거하기를 네가 하나님과 왕을 저주하였다 하게 하고 곧 그를 끌고 나가서 돌로 쳐죽이라 하였더라"라고 했습니다. 그런데 예수님을 당장 돌로 치지 못한 이유가 무엇입니까? 권세와 능력이 있고, 사람들이 옳다고 인정하기 때문이었습니다.

우리는 바울의 말을 생각해 보아야 합니다. 자신의 평가입니다. 그리고 다른 사람의 평가입니다. 그러나 최고의 평가는 하나님의 평가입니다. 하나님의 평가가 사람을 의롭다고 인정하게 만듭니다.

3. 예수님의 권세

예수님은 사람의 생각을 아셨습니다. 서기관들의 중심 마음을 아셨습니다. 이 말씀이 바로 예수가 하나님이심을 증거하는 말입니다. 하나님만이 사람의 마음을 압니다. 사람의 중심을 아시는 하나님이십니다. "어찌하여 이것을 마음에 생각하느냐?"라고 힐문하셨습니다. 사람은 외모만 압니다. 그러나 하나님은 중심을 보십니다.

중풍병자에게 "네 죄 사함을 받았느니라"라는 말과 "일어나 네 상을 가지고 걸어가라"라는 말 중에서 어느 것이 쉽겠느냐고 묻습니다. 사람은 두 가지 다 할 수 없습니다. 혹 병은 고칠 수 있을지 모릅니다. 죄를 깨끗하게 용서할 수 있는 사람은 없습니다. "그러나 인자가 땅에서 죄를 사하는 권세가 있는 줄을 너희로 알게 하려 하노라"라고 했습니다. 죄 사함의 선포가 더 어렵다는 뜻입니다.

그러나 예수께서 죄 사하는 권세가 있음을 알려주시기 위하여 선언하신 것입니다. 예수님의 권세를 입증하기 위하여 중풍병자에게 일어나 상을 가지고 집으로 가라고 명령하셨습니다. 중풍병자는 모든 사람이 보는 가운데 상을 가지고 나가게 되었습니다.

'인자'라는 말이 마가복음에는 열네 번 정도 사용됩니다. 시편 8편이나 144편에서는 '사람'을, 그리고 에스겔 2장과 3장에서는 '선지자'를, 다니엘 7장에서는 종말론적인 '메시야'를 가리켰습니다. 마태복음 24장 30-31절에서는 천군 천사와 함께 심판주로 오실 메시야를 지칭했습니다. 메시야는 하나님과 동등하신 분으로 세상을 심판도 하시고 죄도 용서하시는 분이십니다.

메시야와 죄 사함의 관계는 구약성경에 많이 언급되어 있습니다. 이사야(사43:25), 예레미야(31:34), 에스겔(36:25-27) 등에서 강조하고 있는 내용입니다. 결국 예수께서 중풍병자에게 죄 사함을 선언하신 것은 죄가 사해졌다는 선언은 물론이고, 예수 자신이 구약에서 예언된 메시야요, 인자라는 것을 알려주고 있는 것입니다. 그러므로 중풍병자를 고치신 목적은 사람들로 하여금 예수 그리스도가 메시야, 인자이심을 믿게 하기 위함이었습니다.

예수님은 중풍병자에게 세 가지 명령을 했습니다. 일어나라, 상을 가지라, 그리고 가라입니다. 이 내용은 신적인 능력이 아니면 할 수 없는 일들이었습니다. 누워 있는 사람에게 일어나서 자리를 가지고 가라고 했으니까 말입니다.

이 사건을 목격한 모든 사람이 깜짝 놀라며 영광을 하나님께 돌렸습니다. 하나님의 임재로 말미암아 정신을 잃을 정도였습니다. 충격을 받았습니다. 놀라움과 두려움이 생겼습니다. 모든 영광을 하나님께 돌렸습니다. 아멘 할렐루야!

제11강
마가복음 2장 13-17절

레위와 세리와 죄인들

마가는 본래 의지가 약한 사람이었습니다. 사도 바울과 함께 선교여행을 하던 도중에 집으로 돌아간 사람이었습니다. 하나님의 일을 끝까지 감당하지 못하던 사람입니다. 시작은 좋았지만 끝이 좋지 않은 사람이었습니다. 사도 바울에게 유익이 없던 사람이었습니다. 그러나 시간이 갈수록 신앙이 성장했습니다. 마침내 바울에게 유익한 사람이 되었습니다. 예수님에 대한 사랑이 많아지고 복음을 아는 사람이 되었습니다. 마가복음을 기록하여 모든 성도들에게 복된 소식을 듣게 했습니다.

사람은 시간의 흐름 속에 영육간에 성장해야 합니다. 성장해야 하나님도 쓰시고, 목회자도 하나님의 일을 맡길 수 있습니다. 자신은 다 성장한 것 같이 말하고 생각하지만 그렇지 않은 경우가 너무나 많습니다. 저나 여러분은 죽음이 눈 앞에 다가오는 순간까지 겸손하게 성장하기 바랍니다.

사람들이 연합해서 중풍병자를 예수님께 데리고 옵니다. 지붕을 뜯고 달아내립니다. 한마음과 한뜻이 되는 것이 항상 중요하고, 믿음은 행위를 동반하는 법입니다. 주님은 죄용서를 선언하셨습니다. 그리고 육체적인 복도 주셨습니다. 많은 사람들이 하나님께 영광을 돌립니다.

1. 가르침

주님은 사람들이 몰려들자마자 또 가르치셨습니다. 교육이 얼마나 중요한지는 여러분이 잘 아십니다. 교회도 하나님을 위하여 예배하고, 교회 자체를 위하여 교육하고, 세상을 향하여 복음을 전합니다. 교육이 교회에서 두 번째로 중요합니다.

사람은 배우지 않으면 모릅니다. 알아도 깊이 있게 모르면 좋은 열매를 맺을 수 없습니다. 은혜생활도 그렇습니다. 우리는 자기가 자신을 가르치고 배우고 연단해서 하나님이 쓰시기에 합당한 그릇이 되어야 합니다.

13절에 "예수께서 다시 바닷가에 나가시매 큰 무리가 나왔거늘 예수께서 그들을 가르치시니라"라고 했습니다. 마가복음 3장 7절에서도 "예수께서 제자들과 함께 바다로 물러가시니 갈릴리에서 큰 무리가 따르며"라고 했고, 4장 1절에서는 "예수께서 다시 바닷가에서 가르치시니 큰 무리가 모여들거늘 예수께서 바다에 떠 있는 배에 올라 앉으시고 온 무리는 바닷가 육지에 있더라"라고 했습니다.

예수님은 해변에서 사람들을 교육하셨습니다. 예수님은 사람이 있는 곳이면 어느 곳이든지 가르치셨습니다. 회당이나 산, 바닷가나 들 어디서나 가르치셨습니다. 어떤 학자는 예수님의 사역 중 60-70%가 교육이라고 말했습니다. 가르치는 사역이 정말 중요합니다. 공부해야 합니다. 다만 무슨 공부를 하느냐가 중요한 것뿐입니다. 누구를 위하여 하느냐도 중요합니다.

저는 과거에 제자반 식구들과 여행을 했습니다. 모든 사람들의 한결같은 고백이 있었습니다. 성경공부반에 잘 들어왔다는 것입니다. 은혜도 받고, 교회생활에도 쉽게 적응하고, 갈등도 해결받게 되었다는 것입니다. 결국 배우니까 성장한다는 말입니다. 은혜생활을 추구해야 은혜가 메마르지 않는 법입니다.

교육이 살아 있는 교회가 소망이 있는 교회입니다. 교육이 살아야 영혼이 살고 살아움직이는 성도가 될 줄로 믿습니다. 가르침을 받는 분들이나 가르치는 사람이나 다 같이 사명감을 가지고 가르치고 배워야 올바른 신앙교육이 됩니다. 배우려는 학생이 있을 때 가르치는 사람은 기쁨으로 시간과 생애를 바치는 것입니다.

여러분의 선생님은 누구십니까? 예수님이 영원한 선생님이십니다. 좋은 선생에게 좋은 가르침을 받아야 좋은 사람이 되고 좋은 열매를 맺는 사람이 되는 법입니다. 제멋대로 자란 풀은 잡초입니다. 기독교 교육의 핵심은 하나님의 형상을 이루는 것입니다. 주님의 모습을 닮기 위해 힘쓰고 애쓰는 것입니다.

여러분은 종종 거울을 보면서 누구를 닮았다고 생각합니까? 영적으로 말씀의 거울 앞에 서 보기 바랍니다. 자기 자신의 부족과 더러움과 약함이 보일 것입니다. 하나님의 형상인 거룩과 의로움과 진실함을 위하여 달려갑시다.

2. 레위의 부르심

레위의 아버지는 알패오입니다. 별명은 마태입니다. 이름의 뜻은 '하나님의 선물'입니다. 직업은 세리였습니다. 가버나움 세관에 근무했습니다. 세리 마태를 부르심은 마태복음 9장과 누가복음 5장 그리고 마가복음 2장에 나타납니다. 공관복음에 다 기록되고 있습니다.

예수께서 세리 마태를 부르셨습니다. 마태가 세관에 앉아 있는 것을 보시고 "나를 따르라 하시니 일어나 따르니라"라고 기록하고 있습니다. 즉각적인 순종입니다. 마태는 지체하지 않았습니다. 곧바로 순종했습니다. 믿음이란 이런 것입니다.

레위, 마태가 복음을 알게 되었습니다. 그 결과 마태는 마태복음을 기록하는 영광을 차지했습니다. 레위는 예수님을 자기 집으로 영접하기도 했습니다. 본래 세리는 유대사회에서 가장 천하고 낮은 직업이었습니다. 세리들은 종종 사기행각을 벌여 돈을 모았기 때문입니다. 유대인의 속담을 들어 봅시다. '산중에는 사나운 사자가 있고 거리에는 잔인한 세리가 있다'는 말입니다. 세리를 천박한 사람으로 대하는 사회였습니다.

마태복음 21장 31절에 "그 둘 중의 누가 아버지의 뜻대로 하였느냐 이르되 둘째 아들이니이다 예수께서 그들에게 이르시되 내가 진실로 너희에게 이르노니 세리들과 창녀들이 너희보다 먼저 하나님의 나라에 들어가리라"라고 했습니다.

세리는 창녀 같은 죄인과 더불어 천대받는 자들이었습니다. 그런데 많은 세리들과 죄인들이 레위의 집에 초대되었습니다. 그 가운데 예수님도 계셨습니다. 세리의 신분은 천하지만 '예수를 좇았습니다'. 이것이 중요한 점입니다. 여러분은 귀한 분들입니다. 천한 사람도 예수를 좇는데 여러분은 누구를 좇고 따릅니까? 예수를 믿고 따라가는 성도들이 되기를 바랍니다. 예수님은 구원자이십니다. 하나님의 아들이십니다. 만왕의 왕이십니다.

찬송가 324장을 불러 봅시다.

1절 – 예수 나를 오라 하네 예수 나를 오라 하네 어디든지 주를 따라 주와 같이 같이 가려네 주의 인도하심 따라 주의 인도하심 따라 어디든지 주를 따라 주와 같이 같이 가려네.
2절 – 겟세마네 동산까지 주와 함께 가려 하네 피땀 흘린 동산까지 주와 함께 함께 가려네.
3절 – 심판하실 자리까지 주와 함께 가려 하네 심판하실 자리까지 주와 함께 함께 가려네.
4절 – 주가 크신 은혜 내려 나를 항상 돌아보시고 크신 영광 보여주며 나와 함께 함께 가시네.

예수님을 믿으시기 바랍니다. 회개하고 잘 믿으시기 바랍니다. 마음

으로 사랑하고 정성을 다하여 확실히 믿으시기 바랍니다. 생명의 주님
이십니다. 은혜와 능력의 주님이십니다. 만왕의 왕이시오 만주의 주가
되십니다.

당시 가버나움은 상업과 교통의 중심지였습니다. 다메섹과 두로, 예
루살렘의 통로로 관세를 받기에 좋은 곳이었습니다. 데가볼리로부터
오는 여행객들로부터 세금을 받았습니다. 세리는 로마정부의 청부를
맡았던 세리요, 헤롯 안디바의 세리였고, 유대인들에게는 미움의 대상
이었습니다. 이런 사람이 주님을 믿게 되었습니다. 복음을 알게 되었습
니다. 세리였던 사람이 사도가 되는 영광을 차지했습니다. 돈보다 아름
다운 영광의 자리였습니다.

사람은 누구나 하나님의 부르심에 응답하기만 하면 큰 영광이 있습
니다. 세상에 몰두해 있는 사람이 주님의 은혜를 입을 때에 하나님 나
라 사람이 됩니다. 자석이 쇳덩어리를 끌어 당기는 것처럼, 봄바람이
얼어붙은 세상을 녹이는 것처럼 하나님의 은혜는 사람을 변화시킵니
다. 사랑하는 성도들이여! 믿음 없던 사람이 믿는 사람으로, 죄인이 의
인으로, 가난한 사람이 부해지며, 병든 사람이 고침 받는 복이 있기를
바랍니다.

3. 질문과 대답

바리새인과 서기관들이 제자들에게 질문을 합니다. "어찌하여 세리
와 죄인들과 함께 먹는가?" 어떻게 너희 선생은 천하고 가난하고 낮은
신분의 사람들과 같이 식사를 하는가? 예수님을 비난했습니다.

예수님의 답변이 무엇입니까? "건강한 자에게는 의사가 쓸 데 없고
병든 자에게라야 쓸 데 있느니라 나는 의인을 부르러 온 것이 아니요
죄인을 부르러 왔노라"라고 대답하셨습니다.

인간은 다 죄인입니다. 의인은 없나니 하나도 없습니다. 다 치우쳐

무익한 존재가 되었습니다. 한마디로 무익한 존재입니다. 유대인도 죄인이요, 헬라인도 죄인이요, 아내도 죄인, 남편도 죄인입니다(롬3:11). 바리새인들은 스스로 의롭다고 생각했을 뿐입니다(눅18:9). 자신들만 의인이라는 것이죠. 그러나 세상에 의인이 어디 있습니까? 아담 이래로 보통생육법에 의해 출생되는 모든 인생은 죄인입니다. 서기관이나 바리새인들도 다 죄인입니다. 모든 인간은 하나님 앞에 평등합니다. 높고 낮은 사람이 없습니다.

전통적인 유대인들이 볼 때 죄인과 세리와 같이 식사를 하는 것은 비율법적이요, 비윤리적인 행동이었습니다. 세리와 창기는 유대인들에게 멸시받는 자들이었으나 예수님은 환영해 주셨습니다.

세관에 앉은 사람에게 나를 따르라고 하셨습니다. 이 한마디가 사람을 온전히 바꾸어 놓았습니다. 물론 계속하여 따르라는 뜻입니다. 마태는 모든 것을 버리고 따랐습니다. 이것이 순종이요, 믿음입니다.

마태를 부르신 분이 누구십니까? 만왕의 왕, 만주의 주이신 예수님이십니다. 최우선적으로 대답해야 하고, 절대적인 부르심이었습니다. 예수님은 인간의 필요를 다 알고 계십니다. 죄라는 질병에 걸려 죽어가는 사람을 불러 구원하기 위해서 이땅에 오셨습니다. 자기가 죄인인 줄 아는 사람을 구원하십니다.

주님이 문 밖에 서서 기다리십니다. 찬 서리 된 서리 다 맞아가면서 영접할 때까지, 조용히 노크하면서 기다리십니다. 여러분은 주님을 만왕의 왕으로 모셨습니까? 예수를 진심으로 사랑하십니까? 내가 죄인이기 때문에 믿지 않는 것이 아니라 죄인이기 때문에 믿어야 할 분이 바로 예수님이십니다. 죄인이 믿으면 의인 되는 복이 임하기 때문입니다.

바울은 디모데전서 1장 15절에서 "미쁘다 모든 사람이 받을 만한 이 말이여 그리스도 예수께서 죄인을 구원하시려고 세상에 임하셨다 하였도다 죄인 중에 내가 괴수니라"라고 했습니다. 죄인 중에 괴수가 의인 되고, 사도가 되어 하나님 나라를 위하여 멋지게 사용되었습니다.

제12강
마가복음 2장 18-22절

금식 문제

금식 문제는 마태복음 9장과 누가복음 5장에도 등장한 내용입니다. 금식에 대한 말씀은 마태복음 5-7장의 산상보훈에서도 나타납니다. 기독교는 금식을 인정하는 종교입니다. 다만 사람에게 보이려고 하지 말고 은밀한 중에 보시는 하나님께 기도하라는 것입니다. 그리고 때가 있습니다. 오늘 성경은 우리에게 어떤 교훈을 주시는가?

1. 예수와 제자들

어떤 사람들이 예수와 제자들이 금식하지 않을 때 그 이유가 무엇이냐고 질문했습니다. 세례 요한의 제자들과 바리새인들이 금식하고 있을 때였습니다. 여기서 세례 요한은 제자들을 두었지만 바리새인에게 제자가 있었는가? 이런 의구심을 가지는 사람들이 있습니다. 그래서 많은 학자들은 요한의 제자들과 바리새인들, 요한의 제자들과 바리새파에 속한 서기관들, 요한의 제자들과 바리새인의 제자들, 요한의 제자들과 바리새인의 교훈을 따르는 자들이라고 해석합니다.

왜 예수님과 제자들은 금식하지 않았을까요? 우리도 궁금한 내용입니다. 금식에 대한 규정은 시대에 따라 약간씩 다릅니다. 이스라엘의 초기 그러니까 속죄일에만 금식하던 시대가 있었습니다. 레위기 16장 29절에 "너희는 영원히 이 규례를 지킬지니라 일곱째 달 곧 그 달 십일에 너희는 스스로 괴롭게 하고 아무 일도 하지 말되 본토인이든지 너희 중에 거류하는 거류민이든지 그리하라"라고 했습니다.

바벨론 나라의 포로 이후에는 일 년에 네 번씩 금식했습니다. 스가랴 7장 5-6절을 봅시다. "온 땅의 백성과 제사장들에게 이르라 너희가 칠십 년 동안 다섯째 달과 일곱째 달에 금식하고 애통하였거니와 그 금식이 나를 위하여, 나를 위하여 한 것이냐 너희가 먹고 마실 때에 그것은 너희를 위하여 먹고 너희를 위하여 마시는 것이 아니냐?"라고 했습니다.

스가랴 8장 19절에도 "만군의 여호와가 이같이 말하노라 넷째 달의 금식과 다섯째 달의 금식과 일곱째 달의 금식과 열째 달의 금식이 변하여 유다 족속에게 기쁨과 즐거움과 희락의 절기들이 되리니 오직 너희는 진리와 화평을 사랑할지니라"라고 했습니다.

개인적으로 금식한 경우도 많이 찾아볼 수 있습니다. 사사기 20장 26절에 이스라엘과 베냐민 지파와 전쟁을 할 때입니다. 온 이스라엘 자손 모든 백성이 벧엘에 올라가서 울며 여호와 앞에서 하루 종일 금식한 사실이 있습니다. 하루 금식입니다.

사무엘상 31장 13절에는 사울 왕과 요나단이 블레셋 사람들에 의해서 죽었을 때 길르앗 야베스 사람들이 뼈를 가져다가 야베스 에셀 나무 아래에 장사하고 칠 일 동안 금식한 사실도 있습니다. 일주일 금식입니다.

다니엘 10장 3절에는 다니엘이 행한 일이 나타납니다. "세 이레가 차기까지 좋은 떡을 먹지 아니하며 고기와 포도주를 입에 대지 아니하며 또 기름을 바르지 아니하니라"라고 했습니다. 이십일 일 금식입니다. 그리고 모세는 시내산 위에서 십계명과 성막 제도와 다섯 가지 제사 방법을 배울 때 사십 일 동안 금식했습니다.

예수님 당시에는 한 주간에 두 번씩 금식하는 규례가 있었습니다. 바리새인들은 모세가 율법을 받기 위하여 시내산에 올라간 날과 내려왔던 날로 여겨 일주일에 둘째 날과 다섯째 날에 금식했습니다. 월요일과 목요일입니다. 모세나 예수님은 사십 일 금식했습니다.

금식하는 성격도 변했습니다. 구약시대에는 주로 슬픔과 회개의 표시였습니다. 신약시대에는 경건과 헌신의 표시였습니다. 그래서 슬픈 기색을 띠지 말라고 가르쳐 주셨습니다.

여러분은 금식해 보셨습니까? 금식의 효험이 무엇입니까? 왜 믿음의 사람들은 금식을 해야 하는 것일까요? 금식은 은혜로운 성도가 기도하다 보면 먹는 것도 잊을 수 있음을 배우게 됩니다. 하나님과의 깊은 대화가 목적입니다. 사랑하기 때문이지요.

또 하나님께서 은혜와 능력을 주시기를 기도드립니다. 금식했기 때문보다는 간절히 사모하기 때문에 주십니다. 여하튼 은혜와 능력을 받기 위한 기도입니다. 그리고 목숨을 건 기도입니다. 인간의 힘으로 해결할 수 없어서 하나님이 해결해 주시도록 하는 기도가 아니겠습니까?

2. 혼인 잔치

예수님은 혼인 잔치 비유로 설명했습니다. 천국을 비유로 설명하실 때마다 혼인 잔칫집으로 비유하셨습니다. 마태복음에 많이 나타나는 비유입니다. 마태복음 25장 1절에 보면 "그 때에 천국은 마치 등을 들고 신랑을 맞으러 나간 열 처녀와 같다 하리니"라고 했습니다. 열 처녀 비유입니다.

때로는 예수님과 성도와의 관계를 설명할 때 신랑과 신부로 표현했습니다. 이사야 51장 1-2절에 "의를 따르며 여호와를 찾아 구하는 너희는 내게 들을지어다 너희를 떠낸 반석과 너희를 파낸 우묵한 구덩이를 생각하여 보라 너희의 조상 아브라함과 너희를 낳은 사라를 생각하여 보라 아브라함이 혼자 있을 때에 내가 그를 부르고 그에게 복을 주어 창성하게 하였느니라"라고 했습니다.

예레미야 2장 32-33절에도 "처녀가 어찌 그의 패물을 잊겠느냐 신부가 어찌 그의 예복을 잊겠느냐 오직 내 백성은 나를 잊었나니 그 날 수는 셀 수 없거늘 네가 어찌 사랑을 얻으려고 네 행위를 아름답게 꾸미느냐 그러므로 네 행위를 악한 여자들에게까지 가르쳤으며"라고 했습니다.

호세아 2장 2절에도 "너희 어머니와 논쟁하고 논쟁하라 그는 내 아내가 아니요 나는 그의 남편이 아니라 그가 그의 얼굴에서 음란을 제하게 하고 그 유방 사이에서 음행을 제하게 하라"라고 했습니다.

신랑 되신 예수님과 함께 있을 동안에 손님 된 제자들이 금식할 수 있느냐? 신랑을 빼앗길 날이 오는데 그 날에는 금식할 것이라고 말씀하셨습니다. 예수님 당시에 이스라엘 사회에서 혼인은 가장 기쁜 일 중의 하나였기 때문에 일주일 동안 잔치가 계속되기도 했습니다. 그래서 율법이 명하는 금식이 면제되는 경우도 있었습니다.

혼인집의 주인공은 신랑입니다. 예수 그리스도는 천국의 주인공이십니다. 혼인집의 신랑은 예수 그리스도를 상징합니다. 호세아 2장 19-20절에 "내가 네게 장가 들어 영원히 살되 공의와 정의와 은총과 긍휼히 여김으로 네게 장가 들며 진실함으로 네게 장가 들리니 네가 여호와를 알리라"라고 했습니다.

제자들이나 예수 그리스도와 함께 있는 동안은 슬퍼하거나 금식할 시간이 아니라는 것이지요. 기쁨과 즐거움 그리고 마음껏 먹고 마시고 즐거워하는 시간이라는 뜻입니다.

그러나 신랑 되신 예수께서 십자가에 처형되고 하늘로 가시게 되면 그때는 금식하고 슬퍼하며 절제하는 시간이 될 것이라는 의미입니다. 그러니까 금식 자체의 문제를 말하기보다 시기적인 뜻, 시간적인 뜻을 밝히고 있습니다. 절제의 때가 언제인지, 금식해야 하는 시간이 언제인지를 밝히고 있는 것입니다. 그러니까 직접적인 답변은 하시지 않고 메시야가 수난 받은 후, 그 때가 될 것인데 지금은 기뻐하고 즐거워하는 시간이라는 말입니다. 지금은 하나님의 자녀들, 혼인 잔칫집에 초대받은 사람들이 기뻐하고 즐거워하는 시간입니다.

구체적으로 신랑을 빼앗길 날이 온다는 말입니다. 예수가 십자가에 처형되는 날입니다. 잡히고 끌려가서 처형될 때 제자들이 밥을 제대로 먹었겠습니까? 정말 금식했습니다. 주님만 생각하면서 지냈습니다. 평상시 가르쳐 주셨던 교훈, 예수님의 말씀을 기억하면서 살았습니다.

3. 복음과 율법

두 가지로 비유하여 설명했습니다. 생베 조각을 낡은 천에 대어 붙이는 자가 없다고 설명했습니다. 만약 생베 조각을 낡은 천에 붙여서 깁는다면 생베가 낡은 천을 당기어 헤어짐이 심할 것이라고 설명했습니다. 오래된 옷은 세탁을 해도 줄어들지 않지만 새로운 옷은 세탁을 하면 줄어듭니다. 그러니까 생베 조각을 헌 옷에 대고 기웠을 때 세탁하면 저절로 찢어지는 법입니다.

생베가 의미하는 것이 무엇입니까? 예수 그리스도로 말미암아 인간에게 주어진 복음, 새로운 시대의 구원의 물줄기, 새 시대의 새로운 방법을 제시하는 것이 아닙니까? 그리고 낡은 옷이란 하나님이 주신 율법을 인간적으로 해석하는 잡다한 그릇된 교훈이 아니겠습니까?

그러므로 기독교의 복음과 유대교의 전통은 조화를 이룰 수 없다는 교훈입니다. 한 쪽이 다른 한 쪽을 망칠 수 없다는 교훈입니다. 구시대의 교훈 즉 금식 문제를 가지고 신랑과 함께 복음의 기쁨을 맛보고 즐거워하는 제자들을 함부로 판단하지 말라는 교훈입니다.

동일한 의미이지만 새 포도주와 새 부대의 비유로 설명했습니다. 새 포도주를 낡은 가죽 부대에 넣는 자가 없습니다. 만일 그렇게 한다면 발효될 때 새 포도주로 인해 낡은 부대가 터져서 포도주와 부대를 버리게 되기 때문입니다.

새 포도주의 '새'는 시간적인 개념상 '새롭다는 것'입니다. 헬라어로 '네오스'입니다. 그러나 새 부대의 '새'는 '카이누스'로, 원형 '카이노스'는 '본질적으로 새롭다'는 뜻입니다. 가버나움 회당에서 귀신들린 자를 고쳤을 때 '권세 있는 새 교훈이로다'라고 말했는데 그 '새'와 같은 뜻으로, 본질적으로 같다는 말입니다.

새 포도주는 아직 발효되지 않았기 때문에 발효가 되면 부피가 늘어나서 신축성이나 유연성이 떨어지는 낡은 가죽 부대가 터지게 된다는 교훈입니다. 생명력을 가진 복음이 옛 방식으로는 감당하기 어렵다는 의미입니다. 바리새인의 방식으로는 기독교의 복음을 감당하기 어렵다는 교훈입니다. 하나님 나라의 복음을 인간적인 생각으로 감당하겠습니까? 오직 은혜로만! 오직 믿음으로만! 감당하게 될 줄로 믿습니다. 따라서 새 포도주는 새 부대에 넣는 것이 마땅한 것입니다.

결국 예수님과 제자들을 비난만 할 것이 아닙니다. 혼인집 잔치를 보아도 그렇습니다. 신랑과 함께 기뻐하는 것이 당연한 일입니다. 생베 조각을 헌 옷에 가져다가 깁는 것이 아닙니다. 그리고 새 포도주는 새 부대에 넣는 것이 합당한 일입니다.

그러므로 전통적인 방식이나 교훈을 가지고 고집할 것이 아니라 하나님 나라의 새로운 교훈과 방식을 따르는 것이 합당할 것입니다. 하나님 나라 복음은 힘이 있습니다. 능력이 있습니다. 사람도 바꾸고 체제도 바꿉니다. 바꾸어지지 않을 것은 없습니다. 여러분도 하나님의 복음에 감동을 받고 영광스럽게 변화되는 복을 받기 바랍니다.

제13강
마가복음 2장 23-28절

안식일과 주인

안식일 문제는 인간에게 있어서 가장 중요하고 필요한 문제 중의 하나입니다. 안식일 문제는 창조와 관련을 맺고 있습니다. 창세기 1-2장을 생각해 봅시다. 하나님께서 인간에게 주신 제도가 세 가지입니다. 노동 제도, 안식일 제도, 결혼 제도가 그것입니다. 사람은 누구나 이 세가지 제도 속에 살다가 세상을 떠납니다. 이것은 창세 전부터 계획하신 하나님의 은혜와 복입니다.

또 안식일의 문제는 우리의 구원과도 관계가 깊습니다. 출애굽을 생각해 봅시다. 출애굽기 20장 8-11절에서 이스라엘 백성들에게 십계명을 주실 때 네 번째 계명으로 주셨습니다. "안식일을 기억하여 거룩하게 지키라 엿새 동안은 힘써 네 모든 일을 행할 것이나 일곱째 날은 네하나님 여호와의 안식일인즉 너나 네 아들이나 네 딸이나 네 남종이나 네 여종이나 네 가축이나 네 문안에 머무는 객이라도 아무 일도 하지말라 이는 엿새 동안에 나 여호와가 하늘과 땅과 바다와 그 가운데 모든 것을 만들고 일곱째 날에 쉬었음이라 그러므로 나 여호와가 안식일을 복되게 하여 그날을 거룩하게 하였느니라"라고 명령하셨습니다.

그리고 안식일 문제는 재창조와도 깊은 관련이 있는 날입니다. 신약에 예수 그리스도께서 십자가에 죽으시고 부활하신 날이 주일입니다. 재창조의 날이 주일입니다. 그래서 신약 성도들은 주일을 지키는 것입니다.

그리고 마가복음 2장 23절부터 3장 6절까지는 생명을 보존하고 존속하기 위해 먹고 마시는 것은 잘못이 아니라고 가르치고 있습니다. 다만 토요일에 모든 것을 미리미리 준비하여 주일은 준비된 것을 먹고 하나님에게 집중하는 것이 신자의 믿음생활입니다. 손님이 왔을 경우에는 준비되어 있지 않은 상태이기 때문에 음식을 사먹는 것은 이해할 수 있는 일입니다. 불가피한 일이기 때문입니다.

마가복음 3장에서는 선을 행하는 날, 생명을 구하는 날로 가르치고 있습니다. 그리고 모든 것이 회복되는 날입니다. 영육간에 회복하는 날입니다. 하나님과의 교제, 사람을 사랑하고, 서로의 잘못된 죄를 고백하며 모든 문제를 주님 앞에서 해결하는 날입니다.

그리고 중요한 사상은 주일은 여호와의 날이지 우리의 날이 아니라는 것입니다. 하나님의 날이기 때문에 하나님께 영광을 돌리는 날입니다. 우리가 주인공이 아닙니다. 주님이 주인공입니다.

1. 안식일과 음식

예수께서 안식일에 제자들과 함께 밀밭 사이 길로 걸어가시게 되었습니다. 안식일에 밀밭 사이로 지나가다가 제자들이 밀이삭을 잘라 먹었습니다. 앞으로 전진하기 위한 목적만이 아니라 시장하니까 잘라 먹었습니다. 이 문제는 마태복음 12장과 누가복음 6장에도 나타나는 문제입니다. 안식일 문제는 주님이 십자가를 지시기 일 년 정도 이전에 일어난 사건으로 보여집니다.

신명기 23장 25절에 "네 이웃의 곡식밭에 들어갈 때에는 네가 손으로 그 이삭을 따도 되느니라 그러나 네 이웃의 곡식밭에 낫을 대지는 말지니라"라고 하셨습니다. 하나님이 통치하는 나라는 가난한 자의 굶주림을 채워주기 위한 권리를 보장하고 있습니다. 그러므로 제자들의 행동은 합법적이었습니다. 그런데 그 광경을 바라보던 바리새인들의 견해는 달랐습니다. 어떻게 달랐을까요?

바리새인들이 제자들의 행동을 보면서 예수님에게 지적했습니다. 여보시오. 당신의 제자들이 안식일에 하지 못할 일을 하나이다. 노동을 하지 않습니까? 일을 하지 않습니까?

유전집 미쉬나에는 안식일 규례가 39가지가 있습니다. 안식일에 이삭을 자르는 것은 추수하는 죄로써 세 번째로 금하고 있고, 손으로 비비며 입으로 부는 것은 곡식을 도정하는 노동으로 보고 안식일에 일하는 죄로 여겼습니다.

이것이 형식주의입니다. 유전이나 형식적인 면에 관심이 컸던 유대인들입니다. 손을 씻는 일과 금식하는 일, 의복의 특색이나 외적인 열심에는 관심이 많았지만 내적인 회개나 믿음, 거룩과 의에는 관심이 적었던 것입니다. 갈라디아서 4장 10-11절에 "너희가 날과 달과 절기와 해를 삼가 지키니 내가 너희를 위하여 수고한 것이 헛될까 두려워하노라"라고 바울은 지적했습니다.

2. 예수님의 답변

서기관들의 견해를 따른다면 제자들의 행동에 대한 책임은 선생에게 있기 때문에 선생 된 예수께 말하고 있는 것입니다. 그래서 바리새인들이 선생 된 예수님에게 항의를 하고 질문을 하고 있는 것이지요.

예수님의 대답이 무엇입니까? 예수님은 구약의 다윗이 동료들과 행한 일을 말씀해 주셨습니다. 단순한 대답이 아니라 반격했습니다. 다윗과 동료들이 어떻게 행했습니까? 다윗이 먹지 못하고 굶주렸을 때 아비아달 제사장을 찾아갔습니다. 하나님의 성전에 들어가서 제사장 이외에 먹지 못하는 진설병을 가져다가 먹었습니다. 같이 동행한 사람들과 함께 나누어 먹었습니다.

성막 안에 있는 금상 위에 이스라엘의 열두 지파를 따라 열두 개의 떡을 두 줄로 배열했습니다. 매 금요일에 떡을 바꾸어 놓았고, 새 떡을 놓고는 거둔 떡을 제사장들이 먹었습니다. 제자들이 배가 고파서 밀이삭을 비벼 먹은 것은 노동의 관점에서 볼 것이 아니라 긍휼의 관점에서 이해해야 할 것입니다. 이것이 예수님의 변호였습니다.

이 말의 의미가 무엇입니까? 유대인들은 다윗 왕을 가장 이상적인 왕, 최고의 왕으로 믿고 있었습니다. 그리고 예수님은 다윗의 혈통에서 오신 메시야, 다윗 왕은 그림자이고 예수님은 원형임을 나타내고 있습니다. 다윗보다 크신 왕, 진정한 왕이라는 뜻입니다.

아히멜렉과 아비아달은 부자간의 제사장입니다. 부자가 같이 사역할 때 당대에는 같은 이름으로 불렀습니다. 다윗 왕 당대에 아히멜렉과 아비아달이 같이 제사장 역할을 했는데 다윗의 통치 기간 동안 실제적으로는 아비아달이 밀접한 관계였습니다. 그래서 혼용하여 사용했던 것입니다.

여러분 주일이라고 밥을 먹지 않는 사람이 있습니까? 밥 먹는 것을 노동으로 생각하는 사람은 아무도 없습니다. 의식주 문제는 죄가 아닙니다. 먹는 것은 일이 아닙니다. 생명을 유지하는 것은 죄가 아닙니다. 식구가 다 같이 앉아서 음식을 떼는 일은 참 즐거운 일입니다. 인간의 유익과 생기 회복을 위하여 안식일을 제정하셨습니다.

주일을 잘 지키기 위하여 음식을 미리 준비하는 것은 아름다운 일입니다. 꼭 주일에 시장을 다녀와야 합니까? 미리 준비하면 마음이 분주하지 않습니다. 죄악의 문제라기보다는 경건의 문제입니다. 또 성경말씀을 정확하게 알고 있을 때 방황하지 않는 그리스도인의 삶을 살게 됩니다.

여러분은 주일을 어떤 정신에서 지킵니까? 하나님의 영광을 위하지만 자신의 생명의 회복을 위해서 반드시 필요한 날이 주일입니다. 노동은 금하지만 생명의 유지를 위하여 행하는 일은 허락하는 주님의 마음을 이해하면서 주일이 즐겁고 행복한 날이 되기를 바랍니다.

주일을 지키면 야곱처럼 복을 주신다는 약속을 믿습니다. 이사야 58장 13-14절에 "만일 안식일에 네 발을 금하여 내 성일에 오락을 행하지 아니하고 안식일을 일컬어 즐거운 날이라, 여호와의 성일을 존귀한 날이라 하여 이를 존귀하게 여기고 네 길로 행하지 아니하며 네 오락을 구하지 아니하며 사사로운 말을 하지 아니하면 네가 여호와 안에서 즐거움을 얻을 것이라 내가 너를 땅의 높은 곳에 올리고 네 조상 야곱의 기업으로 기르리라 여호와의 입의 말씀이니라"라고 했습니다.

우리 성도님들이 주일을 잘 지켜서 야곱처럼 복된 삶을 살기를 바랍니다.

3. 안식일의 주인

27-28절에 "또 이르시되 안식일이 사람을 위하여 있는 것이요 사람이 안식일을 위하여 있는 것이 아니니 이러므로 인자는 안식일에도 주인이니라"라고 말씀하셨습니다. 안식일의 주인 문제입니다. 안식일은 사람을 위하여 있습니다. 안식일의 본래의 목적입니다. 날보다 사람이 귀한 것이 사실입니다. 그러나 안식일의 주인은 사람이 아니라 주님이십니다. 마태복음 12장 8절에 "인자는 안식일의 주인이니라"라고 했습니다.

여기에 교리적인 문제가 나타났습니다. 안식일은 무엇을 위한 날입니까? 창조하신 하나님께서 쉬신 날입니다. 제정자가 하나님이십니다. 안식일은 사람을 위하여 주신 날이지만 주인은 하나님이십니다. 사람은 노동하는 존재지만 하나님과 함께 즐거워하며 영광을 하나님께 돌려야 하는 존재입니다. 안식일이 자기를 위하여 주신 날임을 잊고 사는 사람은 정말 잘못된 생각을 하는 사람입니다.

구약시대 특히 모세 시대를 생각해 봅시다. 어떤 사람이 안식일에 나무를 했습니다. 어떻게 했습니까? 돌로 쳐죽였습니다. 이스라엘 백성들이 만나를 거두러 들로 나갔습니다. 빈손으로 돌아왔습니다. 사랑하는 성도들은 성경을 성경대로 믿기 바랍니다. 순순한 마음으로 믿기를 바랍니다. 하나님의 언약을 믿고 순종하는 것이 중요합니다. 성경 전체가 사람을 위하여 주신 말씀입니다. 성경대로 믿고 살면 하나님의 영광도 드러내고 인간의 행복도 있는 법입니다.

또 출애굽한 이스라엘에게 계명을 주실 때에 네 번째 계명으로 안식일을 기억하여 거룩하게 지키라고 하셨습니다. 출애굽기 20장 8절입니다. "안식일을 기억하여 거룩하게 지키라". 하나님이 사람에게 주신 최대의 선물이 안식일입니다. 휴식하면서 예배합니다.

출애굽기 23장 12절에 "너는 엿새 동안에 네 일을 하고 일곱째 날에는 쉬라 네 소와 나귀가 쉴 것이며 네 여종의 자식과 나그네가 숨을 돌리리라"라고 했습니다. 하나님은 사람에게 예배하는 날로 안식일을 주셨습니다. 그리고 거룩한 날이라고 부르셨습니다. 다른 날과 구별하여 복된 날이라고 하셨습니다. 하나님을 위하고 사람을 위하여 주셨습니다.

왜 이스라엘 백성이 바벨론 나라에 70년 동안 포로생활을 하였습니까? 안식일을 범한 죄의 대가라고 생각하지 않습니까? 일반적으로 안식일을 귀하게 여기는 것이 믿음의 척도처럼 보이는 세상입니다. 반드시 그렇다고는 할 수는 없지만 일반적으로는 주일을 귀하게 여기는 사람이 믿음이 좋은 것은 사실입니다. 그 사람이 은혜 받은 사람입니다. 성령 받은 사람입니다. 그리고 은혜 받을 사람이고, 성령의 충만을 받을 사람입니다.

히브리서 3장과 4장을 연구해 보십시오. 안식일을 귀하게 여기는 자가 영원한 안식에 들어갈 수 있는 사람입니다. 현재의 축복을 받아누리지 못하는 사람이 미래의 축복을 받을 수 있을까요? 그리스도 안에 머물러 있는 사람은 그 날을 귀하게 여기는 것이지요.

주일의 주인은 주님이십니다. 사람이 주인이 아닙니다. 주님 때문에 생겨난 날입니다. 주일에 부활하고 주일에 성령이 임하고 주일에 계시의 말씀이 임했습니다. 주일을 잘 지키는 사람에게 지금도 그와 같은 은혜가 임하지 않았습니까?

제14강
마가복음 3장 1-6절

안식일과 일

오늘 성경말씀에 기록된 사건은 앞에서 일어난 사건과 이어지는 내용이지만 별개의 사건임을 암시해 주고 있습니다. 어떤 의미에서 공통적이고 어떤 의미에서 상이점이 있다는 것인가?

앞에서 일어난 사건과 지금 일어난 사건은 모두 안식일과 관련된 사건입니다. 안식일의 본래의 의미를 이해하지 못한 사람들에 대해서 예수님은 안식일에 관하여 바르게 교훈해 주고 있습니다.

하지만 앞의 사건은 밀밭 사이에서 일어난 사건인 반면 이번 사건은 회당에서 일어난 사건입니다. 그리고 일이 발생한 날도 안식일이지만 동일한 안식일이 아니라 다른 안식일로 이해됩니다. 그런 면에서 공통점과 상이점이 있습니다.

1. 안식일과 병 치유

예수님과 제자들이 안식일에 회당에 들어갔습니다. 유대인들은 주로 안식일에 회당에 모였습니다. 예수님은 일상적으로 안식일이면 회당에 들어가는 습관이 있었습니다.

마가복음 6장 2절에 보면 "안식일이 되어 회당에서 가르치시니 많은 사람이 듣고 놀라 이르되 이 사람이 어디서 이런 것을 얻었느냐 이 사람이 받은 지혜와 그 손으로 이루어지는 이런 권능이 어찌됨이냐"라고 말했습니다.

초대교회의 사도들도 회당 중심적인 복음 전도자였습니다. 사도행전 13장 5절에 "살라미에 이르러 하나님의 말씀을 유대인의 여러 회당에서 전할 새 요한을 수행원으로 두었더라"라고 했습니다. 바울과 바나바가 회당 중심의 전도 생활을 하였습니다.

사도행전 14장 1절에도 "이에 이고니온에서 두 사도가 함께 유대인의 회당에 들어가 말하니 유대와 헬라의 허다한 무리가 믿더라"라고 말했습니다. 역시 바울과 바나바가 이고니온에서도 유대인의 회당에서 복음을 전하여 믿게 하였습니다.

사도행전 18장 19절에도 "에베소에 와서 그들을 거기 머물게 하고 자기는 회당에 들어가서 유대인들과 변론하니"라고 했습니다. 회당 중심적인 전도 생활을 찾아볼 수 있습니다.

한쪽 손 마른 사람이 있었습니다. 식물이 시들어버리는 것처럼 신체의 일부가 굳어진 상태에 있었습니다. 그 결과 파리해져갔습니다. 손은 있지만 제대로 사용할 수가 없는 손이었습니다. 피가 잘 통했겠습니까? 영양 공급이 제대로 이루어졌겠습니까? 마를 수밖에 없었습니다. 정말 손은 손인데 사용할 수 없는 손이었습니다.

사람들이 예수를 고발하기 위하여 안식일에 병을 고치는가 안 고치는가를 엿보았습니다. 엿보는 이유와 목적이 예수를 바리새인들에게 고발하기 위함이었습니다. 엿보는 것은 '곁에서 주시하다, 옆에서 면밀하게 지켜보다, 몰래 살피다'라는 뜻입니다. 마치 보초를 세워서 지키는 것과 같은 모양입니다.

예수께서 안식일에 일을 하는지 하지 않는지, 자기들의 규례대로 행하는지 행하지 않는지를 살피고 있습니다. 예수님을 정죄하기 위한 구체적인 정황과 행동을 주시하고 있는 상황입니다. 예수를 궁지에 빠뜨리기 위한 잠행입니다. 이것은 상대에게 알리지 않고 비밀리에 살피고 있는 것입니다.

이런 행동은 밀밭 사이에서 곡식을 잘라 먹던 제자들의 행동을 정당화했던 예수님을 율법을 어긴 자로 고소하기 위한 함정을 말하고 있습니다. 송사를 위한 목적이 있는 행동이었습니다.

사랑하는 성도 여러분! 예수를 믿는 자가 됩시다. 잘못된 믿음을 가지면 다른 사람의 잘못을 그릇된 관점에서 정죄하는 사람이 됩니다. 안식일은 사람을 위하여 주셨습니다. 그러나 주인은 사람이 아니라 예수님이십니다. 노동하고 쉬는 날로 주신 하나님께 감사하면서 안식하기 바랍니다. 지상에서부터 믿음으로 안식할 때 영원한 안식도 선물로 받을 수 있는 것입니다.

지난 시간에 살펴보았듯이 안식은 창조와 관련이 있습니다. 구원과도 관련이 있습니다. 재창조와도 물론 관련을 맺고 있습니다. 그리고 영원한 안식과도 관련을 맺고 있습니다. 그러므로 안식일을, 지금은 주일을 기억하여 거룩하게 지키는 것이 마땅합니다.

2. 예수님의 치유

예수께서 주변 사람들을 의식하지 않고 한쪽 손 마른 사람을 한 가운데 세우셨습니다. 그리고 사람들이 다 볼 수 있도록 네 손을 내밀라고 명령하셨습니다. 건강을 회복하여 걸어가라는 것입니다. 그것도 안식일에 말입니다.

물론 이런 설명도 빼놓지 않으셨습니다. 자신들의 신분을 숨기고 있는 바리새인들에게 예수께서 질문을 하셨습니다. 안식일에 선을 행하는 것과 악을 행하는 것, 생명을 구하는 것과 죽이는 것, 어느 것이 옳으냐고 물으셨습니다. 예수님의 질문이었습니다. 바리새인들은 자신의 신분을 숨기고 있지만 예수님의 선행은 공개적이었습니다. 대적들 앞에서 당당하게 선을 행하신 주님이십니다.

구하는 것이란 목숨을 구하거나 질병으로부터 건강하게 하거나 가난으로부터 구원하는 것 등 다양한 것들을 포함합니다. 육체의 생명은 물론이고 영적인 구원까지를 포함하는 포괄적인 뜻입니다.

예수님의 질문의 핵심적인 내용이 무엇입니까? 안식일이 사람을 위하여 있는 것인데 생명을 살리는 것이 잘못이냐? 또 인간이 피조물일진대 안식일에 회복되는 것이 그릇된 일이냐고 질문하셨던 것입니다.

바리새인들은 아무 대답도 하지 않고 잠잠했습니다. 예수를 송사하기 위하여 엿보던 바리새인들이 예수님의 권위 있는 질문과 사역 앞에 할 말을 잃었던 것입니다. 잠잠했습니다. 아무도 대답할 수 없었습니다. 조용해졌습니다.

예수님은 그들의 마음의 완악함을 탄식하며 화난 얼굴로 그들을 바라보셨습니다. 마지막 날 심판대 앞에서의 하나님의 얼굴과 같은 얼굴로 바리새인들을 바라보셨습니다. 공의의 얼굴입니다. 분노의 얼굴입니다. 그러나 악의는 없는 얼굴입니다.

율법적인 편협한 생각으로 하나님의 아들을 믿지 않고, 복음도 받아들이지 않던 바리새인! 그들의 어리석은 믿음과 행동에 대해 예수님은 분노의 얼굴, 심판의 얼굴로 바라보셨습니다. 하나님은 여러분을 보실 때 사랑스럽게 보실까요? 아니면 분노의 얼굴을 하실까요? 우리의 믿음과 행동에 달려 있습니다.

그리고 한쪽 손 마른 사람에게 네 손을 내밀라고 명령하셨습니다. 마른 손이 곧 펴졌습니다. 한쪽 손 마른 사람이 믿음으로 순종하자 손이 회복된 것입니다. 회복되고 치유되었습니다. 이전 상태로 완전히 되돌아간 것을 말합니다.

마가는 예수께서 이땅에 오신 목적을 설명하려고 기록했습니다. 예수님께서 이땅에 오신 목적이 무엇일까요? 창조된 인간과 피조물이 타락했습니다. 타락한 존재들을 회복시키기 위하여 예수께서 이땅에 오셨습니다. 이전 창조 때보다 더 좋고 나은 존재로 회복시키기 위하여 오셨습니다. 재림 때에 모든 것이 새롭게 회복되어 새 하늘과 새 땅에서 영원한 생명의 복과 영화를 누릴 것입니다.

사랑하는 성도 여러분! 여러분의 심령이 예수님의 복음으로 치유되기를 바랍니다. 여러분의 가정이 주님의 은혜로 부름받아 구원받고, 영육간에 회복의 은총이 임하기를 바랍니다.

3. 바리새인과 헤롯 당원들

바리새인들과 헤롯 당원들은 어떻게 하면 예수를 죽일까 살해를 모의하기 시작했습니다. 결국은 안식일 문제로 사람을 죽이는 것으로 나타난 자들은 바리새인들과 헤롯 당원들이었습니다. 인간은 쓸 데 없는 일 때문에 수많은 사람을 죽였습니다. 전쟁으로 억울하게 죽은 사람이 얼마나 많습니까? 백만 명이요? 천만 명이요? 역사적으로 억울하게 죽은 사람이 셀 수가 없을 것입니다.

헤롯당이란 헤롯 왕정과 로마법을 지지하는 유대인을 가리킵니다. 헤롯 안디바를 추종하는 세력입니다. 이들이 바리새인들을 동조하여 예수를 살해하려고 노력하고 있습니다. 정치적인 집단과 종교적인 집단이 연합하여 음모를 꾸미고 있는 상황입니다. 그런 가운데서 예수님은 종으로서 사역을 잘 감당하셨습니다.

예배모범 제1장이 무엇을 가르칩니까?
예배모범에서 제일 먼저 가르치는 것은 '주일을 거룩하게 지킬 것' 입니다.
1) '주일을 기억하는 것은 사람의 당연한 의무라' (행20:7 "그 주간의 첫날에 우리가 떡을 떼려 하여 모였더니 바울이 이튿날 떠나고자 하여 그들에게 강론할새 말을 밤중까지 계속하매", 고전16:2 "매주 첫날에 너희

각 사람이 수입에 따라 모아 두어서 내가 갈 때에 연보를 하지 않게 하
라"). '엿새 동안 일하고 주일은 거룩하게 지키라' 라고 가르칩니다.
2) '주일에 사용되는 식품은 미리 준비하고 고용인까지 예배 출석함이 가하
다' 라고 가르칩니다. 주일에 시장을 다니는 것보다 미리 준비하면 아침
부터 저녁까지 온 종일 헌신하고 봉사해도 편하고 즐거울 것입니다.
3) '아침에는 개인과 가정, 목사를 위해 기도하고 공예배에 하나님이 교통하
는 은혜가 임하도록 기도하라' 고 가르칩니다. 예배당에 일찍 나와서 자
신과 가정과 다른 사람을 위하여 기도하는 일은 즐겁고 행복한 일입니
다. 특별히 목회자를 위하여 기도할 때 은혜와 복이 임할 줄로 믿습니다.
4) '남은 시간은 신령한 일과 사랑, 기도와 성경읽기, 찬송과 병문안, 전도와
구제를 하라' 고 가르칩니다. 이런 시간은 반드시 있어야 합니다. 왜 그
럴까요? 자기 자신의 영적인 성장을 위하여 반드시 필요한 시간입니다.
5) '부득이한 일이나 자비를 베푸는 일은 할 수 있다. 영리를 위한 일이나
육신의 쾌락은 폐하라' 라고 했습니다. 출애굽기 20장 10-11절에 "일곱
째 날은 네 하나님 여호와의 안식일인즉 너나 네 아들이나 네 딸이나 네
남종이나 네 여종이나 네 가축이나 네 문안에 머무는 객이라도 아무 일
도 하지 말라 이는 엿새 동안에 나 여호와가 하늘과 땅과 바다와 그 가
운데 모든 것을 만들고 일곱째 날에 쉬었음이라 그러므로 나 여호와가
안식일을 복되게 하여 그날을 거룩하게 하였느니라"라고 했습니다.

이사야 58장 13-14절에 "만일 안식일에 네 발을 금하여 내 성일에
오락을 행하지 아니하고 안식일을 일컬어 즐거운 날이라, 여호와의 성
일을 존귀한 날이라 하여 이를 존귀하게 여기고 네 길로 행하지 아니하
며 네 오락을 구하지 아니하며 사사로운 말을 하지 아니하면 네가 여호
와 안에서 즐거움을 얻을 것이라 내가 너를 땅의 높은 곳에 올리고 네
조상 야곱의 기업으로 기르리라 여호와의 입의 말씀이니라"라고 가르
칩니다.
우리 모두 주일을 거룩하게 지키는 가운데 야곱처럼 복을 받읍시다.
아멘.

제15강
마가복음 3장 7-12절

많은 무리

예수께서 갈릴리 지역을 중심으로 초기 사역을 전개하셨습니다. 갈릴리 사역의 초기 사역 중에 마지막 부분입니다. 예수님은 제자들과 함께 한적한 바닷가로 가셨습니다. 옛날 사람들은 바다를 좋아하는 사람은 '현자', 산을 좋아하는 사람은 '인자'라고 했습니다. 지혜로운 사람과 자비한 사람이라고 규정했습니다.

예수께서 바닷가로 가신 이유는 그런 이유보다는 핍박하는 사람들을 피하여 한적한 곳에 가셨지만 많은 무리가 몰려왔기 때문입니다. 마가가 강조하는 말은 예수께서 갈릴리 사역을 시작하셨을 때 쉴 시간도 없었고, 예수께서 섬기는 종으로서 섬길 때 쉬지 않고 일하셨다는 것을 강조하고 있습니다. 그리고 하나님의 아들의 권세가 얼마나 큰지를 알려주고 있습니다.

1. 많은 무리

많은 무리가 예수님을 따랐습니다. 큰 무리였습니다. 물론 갈릴리 지방에 살고 있던 사람들이 대부분이었겠지만 유대와 예루살렘, 유대

남부의 이두매와 요단 강 동편에 살고 있는 사람들 그리고 갈릴리 북서쪽의 두로와 시돈 등 전지역에서 허다한 무리들이 모였습니다.

그 이유가 무엇입니까? 예수님에 대한 소문 때문에 몰려든 것입니다. 예수께서 행하신 큰 일, 병도 고치고 가르침을 듣고 몰려든 것입니다. 예수님이 행하신 일이 큰 일로 생각되고 믿는 사람이 복이 있습니다.

바리새인들과 헤롯 당원들의 연합은 예수를 제거하기 위한 일시적인 연합이었다면, 예수님과 제자들의 연합은 인격적인 연합으로 생명을 걸고 함께하는 동고동락하는 연합이었습니다. 서로 의존적이고 협력적이며 생사고락을 같이 하는 연합이었습니다. 여러분은 어떤 사람과 연합되어 있습니까? 그리고 무슨 일을 어떻게 감당하고 있습니까?

교회 일을 큰 일로 알고 섬기고 봉사하는 사람이 복이 있습니다. 교회 일이 있을 때마다 동참하고 협력하는 사람이 복이 있습니다. 목회자가 하는 일이 아주 중요한 일인 줄 알고, 또 큰 일로 생각하고 협력하는 사람이 복이 있고 기쁨이 있습니다.

예수께서 잠시 피하신 이유에 대해 마가는 언급하고 있지 않지만 마태는 바리새인들이 예수님을 죽이려는 음모를 알고 피하신 것이라고 기록하고 있습니다. 마태복음 12장 14-16절에 "바리새인들이 나가서 어떻게 하여 예수를 죽일까 의논하거늘 예수께서 아시고 거기를 떠나가시니 많은 사람이 따르는지라 예수께서 그들의 병을 다 고치시고 자기를 나타내지 말라 경고하셨으니"라고 했습니다.

고난 당하는 예수, 피해야 하는 예수, 병 고치는 일도 함부로 할 수 없는 예수, 그 예수님과 함께할 수 있습니까? 함께하는 사람이 그리스도인입니다. 자기 중심적인 사람은 예수님을 이용만 하려고 합니다. 축복만 받으려고 합니다. 아닙니다. 기독교는 예수와 함께하는 종교입니다. 그리스도인은 예수와 함께하는 사람입니다. 고난이나 핍박, 위험이나 칼이 기다려도 주님과 함께하는 사람이 기독교인입니다.

예수님은 바리새인이나 많은 무리를 피하셨습니다. 그 이유가 무엇일까? 두려워서 피하신 것이 아닙니다. 목숨이 아까워서 피하신 것도 아닙니다. 십자가의 죽음을 눈 앞에 둔 예수님입니다. 겟세마네 동산에서 하나님의 뜻을 위하여 기도하셨던 주님이십니다. 죽음을 회피하신 것이 아닙니다. 하나님의 정하신 때가 아직 아니기 때문에 피하셨습니다.

지금은 십자가에 죽을 때가 아니라 복음을 전할 때이기 때문에 피하신 것입니다. 그 주님과 함께할 수 있습니까? 복음을 전하는 일에 힘을 쓰십시오. 선교하고 전도하는 일은 아주 중요하고 복이 임하는 일입니다. 주님이 함께하시면서 복된 삶으로 인도하는 길입니다. 시편 32편 6절에 "이로 말미암아 모든 경건한 자는 주를 만날 기회를 얻어서 주께 기도할지라 진실로 홍수가 범람할지라도 그에게 미치지 못하리이다"라고 했습니다.

2. 밀치는 군중

예수께서 밀치는 군중을 피하셨습니다. 많은 무리, 큰 무리, 허다한 무리입니다. 정말 많은 사람들이 몰려왔습니다. 군중이 많으면 서로 만지기 위하여 밀치는 일이 벌어집니다.

여러분! 에워싸 미는 것을 피하기 위한 방법이 무엇일까요? 예수님은 밀치는 군중을 피하기 위하여 제자들에게 작은 배를 준비시키셨습니다. 그 이유는 예수께서 많은 병자를 고치셨기 때문입니다. 병자를 고친다는 소문에 사방에 있던 병자들이 다 몰려왔던 것이지요. 많은 병자들이 병의 치유를 위해 예수님을 가까이서 만지려고 달려드는 상황이었기 때문입니다.

예수를 죽이려는 바리새인은 소수인데 비해 많은 군중, 많은 무리는 예수님을 따랐습니다. 방해하는 사람은 소수입니다. 불충성하는 사람은 소수입니다. 충성하는 사람이 더 많습니다. 믿고 따르는 사람이 더 많습니다.

정말 넓고 넓은 지역으로부터 사람들이 몰려왔습니다. 예수님이 전한 복음이 널리 그리고 멀리 전파되고 있음을 발견하게 됩니다. 바리새인들과 헤롯 당원들은 예수를 죽이려고 음모를 꾸미지만 예수님의 치유 사역과 복음 전파 사역으로 변화된 사람들이 인산인해를 이루었습니다. 점점 더 확장되고 확산되는 상황이었습니다.

세례 요한이 회개의 세례를 외쳤을 때도 꽤 넓은 지역에서 회개하는 일이 벌어졌습니다. 그리고 예수님께서 병자를 고치고 복음을 전했을 때 훨씬 더 광범위한 지역에서 반응을 보였습니다. 파급 효과가 컸습니다.

예수님은 하나님 나라의 새로운 윤리와 질서, 그리고 복음을 전했습니다. 권세 있는 자와 같이 전했습니다. 동서남북 지방에서 몰려들었습니다. 복음의 위력은 사람의 생각보다 큽니다. 사람을 바꾸는 능력이 있습니다.

예수님이 행하신 일은 큰 일입니다. 하나님의 큰 일입니다. 사람들은 작게 보는 일이지만 하나님이 보실 때는 큰 일입니다. 큰 일은 '모든 일'입니다. 예수님이 말씀하시거나 행하시는 일들은 인간에게 복음입니다. 예수님 자체가 복음이고 말씀이 복음이고 행동이 복음입니다.

복음이 유대인에게는 거리끼는 것이고 헬라인에게는 미련한 것이지만 구원을 받는 하나님의 사람들에게는 하나님의 능력이요 지혜입니다. 복음을 무시하는 사람은 절대로 구원받을 수 없습니다. 복음을 복음으로 알고 믿고 의지하는 자가 구원을 받습니다.

예수님은 많은 무리에게 복음을 효과적으로 전하기 위한 방편으로 배를 준비시켰습니다. 하나님 나라를 비유로 설명하셨습니다. 천국 비유를 말씀하셨습니다. 잘 알아들을 수 있도록 쉽게 설명하셨습니다.

물론 육체적인 질병 때문에 고통 당하고 하나님의 진노로 말미암아 슬픔과 고통속에 사는 사람들을 고쳐주기도 하시고 위로해 주셨습니다. 그러면서 하나님 나라 복음을 전파하고 설명하셨습니다. 많은 사람들이 하나님 나라의 복음을 듣고 회개하고 천국 백성으로 바꾸어진 줄로 믿습니다.

여러분은 왜 주일마다 교회를 찾습니까? 하나님께 영광을 돌리기 위함입니다. 또 하나님의 복음을 듣고 삶을 정리하기 위함입니다. 복잡하고 보잘것없는 것에 신경을 쓰던 것을 정리하는 시간입니다. 가치 있는 것에 헌신하고 봉사하며 충성하다가 하나님 앞에 가려고 올라옵니다.

3. 함구령

더러운 귀신에게 내려진 명령이 무엇인가? 더러운 귀신들도 예수님을 보기만 하면 절하고 "당신은 하나님의 아들이니이다"라고 소리를 지릅니다. 병고침을 받은 많은 사람들은 예수가 누구인지 몰랐습니다. 회당에서 가르침을 받은 사람들도 예수가 누구인지 몰랐습니다. 그러나 귀신들은 예수에 대하여 잘 알았습니다. 하나님의 아들이라고 고함 쳤습니다.

그러나 예수님은 잠잠하라고 말씀하시면서 "자기를 나타내지 말라"라고 엄히 경계하셨습니다. 함구령을 내리셨습니다. 조용히 하는 것이었습니다. 귀신들은 입으로는 고백하면서 마음으로는 믿지 않았습니다. 행동으로는 방해하는 존재였습니다. 사람들도 이런 경우가 많습니다. 입술로만 충성을 맹세하고 행동으로는 옮기지 않습니다. 마음과 입술과 행동이 일치해야 좋은 사람입니다. 열매도 맺을 수 있습니다. 그래서 바울은 "나는 날마다 죽노라"라고 말했습니다. 자신의 많은 것들과 싸우고 죽여야 하고, 행동의 열매를 맺기 위해서 외친 말이 아니겠습니까?

순종이 제사보다 낫습니다. 사울 왕의 실패가 불순종이었습니다. 주여, 주여 하는 자마다 다 천국에 들어가는 것이 아닙니다. 하늘에 계신 아버지의 뜻대로 행하는 자라야 들어가는 것입니다.

마가복음은 예수 그리스도가 하나님의 아들이심을 강조하고 있습니다. 마가복음 1장 1절부터 "하나님의 아들 예수 그리스도의 복음의 시작이라"라고 선언했습니다. 마가복음 15장 39절에서는 "이 사람은 진실로 하나님의 아들이었도다"라고 사형집행관이던 백부장의 고백도 있습니다.

마가복음 1장 11절에서는 "하늘로부터 소리가 나기를 너는 내 사랑하는 아들이라 내가 너를 기뻐하노라"라고 하나님의 음성이 들리기도 했습니다. 예수가 하나님의 아들이신 것을 하나님께서, 사람이, 사탄까지 고백하는 내용이 기록되었습니다. 이것은 인간으로서 그 어느 누구도 거부할 수 없다는 것을 증명하는 말씀입니다. 우리 중에 누가 예수가 하나님의 아들이 아니라고 부정할 수 있겠습니까? 하나님이 그렇다는데, 백부장도 그렇다는데, 그리고 사탄도 그렇다는데. 그러므로 우리는 예수가 하나님의 아들이심을 믿어야 하고 믿는 것입니다.

예수는 하나님의 아들이십니다. 구약성경에서 그렇게 강조한 메시야이십니다. 로마나 헬라 문화권에서 말하는 '제왕'이나 '신의 아들' 정도가 아니라 하나님의 독생자이십니다.

그런데 왜 예수님은 경계하셨을까? 당당하게 말하게 내버려두지 않고 왜 경계하셨을까? 많이 경계하신 것이 횟수나 양의 많음보다는 '오래도록, 길게'라는 시간적인 개념입니다. 그러니까 예수께서 구원 계획, 구속 사역을 이루기 위하여 계획하신 때가 있다는 뜻입니다.

그러므로 아직도 하실 일이 있기 때문에 지금부터 하나님의 아들로 알려지면 일하실 때에 장애요소가 많이 발생하는 것을 막기 위한 방편이었습니다. 특별히 예수께서 종으로서 활동하실 때 은밀하게 그리고 낮은 자세로 봉사하는 것이 일반적인 특징임을 감안할 때 더욱 경계할 수밖에 없었습니다.

제16강
마가복음 3장 13-19절

열두 사도

제가 개척교회를 하여 지금까지 35년 동안 교회를 섬기면서 기쁜 일도 한없이 많았지만 가장 마음 아픈 일이 무엇인지 아십니까? 직분자입니다. 수많은 목회자들이 만날 때마다 수심이 가득찬 모습을 보게 됩니다. 왜 그럴까? 정말 왜 그럴까? 교회의 직분자들 때문입니다.

교회의 직분자들은 하나님 앞과 교회 앞에 충성하십시오. 하나님이 준비하신 영광과 많은 상급이 약속되어 있습니다. 의의 면류관, 영광의 면류관, 자랑의 면류관, 시들지 않는 면류관, 생명의 면류관이 준비되어 있습니다.

하나님의 교회에는 다양한 직분이 있습니다. 사도나 선지자, 복음 전하는 자와 목사가 있어 왔고, 지금도 목사와 장로, 안수집사와 권사 그리고 서리집사와 성가대원, 구역장과 권찰 등이 있어 교회를 위해 봉사하고 있습니다. 여러분이 목회자에게는 좋은 동역자요, 하나님 앞에 서는 날 '잘하였도다 착하고 충성된 종아', 이것이 여러분이 들을 수 있는 칭찬이기를 바랍니다.

1. 사도는 어떤 사람인가?

사도는 어떤 사람들입니까? 사도의 자격 문제입니다. 누가복음 6장 12-16절에도 기록됩니다. 예수께서 열두 사도를 택하셨습니다.

1) 누가복음 6장 12절을 보면 "이 때에 예수께서 기도하시러 산으로 가사 밤이 새도록 하나님께 기도하시고"라고 상황을 설명합니다. 열두 사도를 선택하여 부르실 때에 하나님께 기도하고 부르셨습니다.

열두 사도들을 볼 때 지식이 많은 사람이거나 재능이 많은 사람만 선택했다고 생각하지 않습니다. 베드로와 안드레, 야고보와 요한은 어부였습니다. 마태는 세리로, 다들 평범한 사람들이었습니다. 다만 예수님이 하나님께 기도하는 가운데 부르셨습니다.

구약시대에 열두 지파로 상징된 하나님의 백성이 이스라엘이듯, 신약시대에서 열두 사도를 부르셨습니다. 열두 사도는 새 이스라엘이요, 영적 이스라엘을 대표할 자들입니다.

우리가 하나님의 친백성으로 부름받은 것은 전적으로 하나님의 은혜와 복입니다. 그래서 겸손해야 합니다. 주님만 높여야 합니다. 하나님의 은혜만 자랑해야 합니다.

2) 예수께서 직접 부른 사람들을 사도라고 말합니다. 누가복음 6장 13절에 "밝으매 그 제자들을 부르사 그 중에서 열둘을 택하사 사도라 칭하셨으니"라고 했고, 마가복음 3장 13절에서는 "또 산에 오르사 자기가 원하는 자들을 부르시니 나아온지라"라고 했습니다.

주님이 베드로야, 안드레야! 요한과 야고보야! 나를 따라 오너라 내가 너희를 사람 낚는 어부가 되게 하리라 하시면서 부르셨습니다. 주님이 직접 불렀다는 데 큰 의미가 있습니다. 바울 사도도 다메섹 도상에서 예수님이 직접 부르셨습니다. 사도가 되는 조건은 주님의 선택에 있었지 사람의 조건에 있지 않았습니다. 이것이 우리가 감사해야 할 조건입니다.

'부르다'는 헬라어 '프레스칼레오마이'로, '~로 가까이, ~를 위하여'를 뜻하는 '프로스'와 '호출하다, 불러모으다'를 뜻하는 '칼레오'의 합성어로써 뜻은 사도를 만들기 위하여 예수님께 가까이 '불러 모으다'입니다. '나아온지라'라는 말은 즉각적인 순종으로 맡기려는 사명을 성심 성의껏 수행하겠다는 의지의 표현입니다.

3) 사도는 예수님과 3년 동안 함께 지낸 사람들이었습니다. 마가복음 3장 14절에 "자기와 함께 있게 하시고"라고 했고, 사도행전 1장 22절에 "항상 우리와 함께 다니던 사람 중에 하나를 세워 우리와 더불어 예수께서 부활하심을 증언할 사람이 되게 하여야 하리라"라고 말했습니다.

사도의 자격은 주님과 항상 함께해야 하는 것이었습니다. 예수님과 함께 잠자고 밥먹고, 함께 사역하고 협력하며 교훈을 받은 사람입니다. 주님과 늘 함께하면 어떤 결과를 가져오겠습니까? 주님을 닮습니다. 주님을 본받습니다. 주님이 행하시는 일을 이해하고 돕는 자가 됩니다. 여러분도 주님과 동행하는 삶을 살기를 바랍니다.

4) 사도는 예수님의 십자가의 죽으심과 부활의 영광을 친히 목격한 사람입니다. 누가는 사도행전 1장 22절에서 "우리와 더불어 예수께서 부활하심을 증언할 사람이 되게 하여야 하리라"라고 했습니다.

마가복음이나 누가복음에서 발견할 수 있는 것이 무엇입니까? 바리새인이나 헤롯 당원들은 예수님을 죽이려고 음모를 꾸미고 있었습니다. 이것을 잘 알고 있는 예수님은 사도들을 선택하여 부르셨습니다. 왜요? 주님의 고난을 목격하고 성경을 기록할 뿐 아니라 제자들을 훈련시키시는 데 목적이 있었습니다.

주님이 사도 바울을 선택한 이유도 생각해 봅시다. 사도행전 9장 15-16절에 "주께서 이르시되 가라 이 사람은 내 이름을 이방인과 임금들과 이스라엘 자손들에게 전하기 위하여 택한 나의 그릇이라 그가 내 이름을 위하여 얼마나 고난을 받아야 할 것을 내가 그에게 보이리라"

라고 했습니다. 바울은 주님을 위해 고난 받기 위한 택한 그릇이었습니다.

사도들은 여러 가지 고난을 받았습니다. 주님처럼 고생 많이 하다가 세상을 떠났습니다. 바울은 "생각하건대 현재 고난은 장차 우리에게 나타날 영광과 비교할 수 없도다"라고 했고, 또 "우리가 하나님의 나라에 들어가려면 많은 환난을 겪어야 할 것이라"라고 했습니다.

예수님은 직접 선택하여 부른 사람들을 '사도'라고 칭하셨습니다. 결국 사도는 주님이 직접 부르시고 교육하고 훈련하시고, 목적이 있어서 직접 세상에 보내셨다는 의미입니다.

2. 왜 선택했는가?

예수님은 열두 사도를 왜 선택하여 부르셨는가? 사도를 선택하여 부르신 목적이 무엇인가?

1) 마가복음 3장 14절에 "자기와 함께 있게 하시고"라고 했습니다. 함께 있게 하는 것이 중요한 목적입니다. 왜 함께해야 합니까? 새 이스라엘, 영적인 이스라엘, 새 시대에 지도자가 되는 데 필수적인 요소이기 때문이었습니다.

예수께서 사도들과 함께하면서 교육하고 훈련을 했습니다. 기도 훈련, 말씀받는 훈련, 전도 훈련이나 사랑하는 훈련을 받았습니다. 심지어 비유와 말씀의 깊은 의미까지 배우게 되었습니다. 그렇습니다. 사람은 배워야 합니다. 그렇지 않으면 성장하지 못하고 다른 사람을 섬길 수 없게 됩니다.

지금도 그렇습니다. 하나님의 교회와 늘 함께하는 사람이 교회의 지도자가 됩니다. 어떤 사람이 장로입니까? 교회 행사에 적극적으로 참여하는 사람입니다. 기도하는 자리를 지키는 사람입니다. 올바른 제자도를 배우는 것이지요.

부모나 자녀가 귀중합니다. 그러나 주님의 음성을 들어봅시다. 부모나 자녀를 나보다 더 사랑하는 자는 내게 합당하지 아니하고, 자기 십자가를 지고 나를 좇지 않는 자도 내게 합당하지 아니하니라.

2) 마가복음 3장 14-15절에 "또 보내사 전도도 하며 귀신을 내쫓는 권능도 가지게 하려 하심이러라"라고 했습니다. 마태복음 10장 전체를 보면 마치 전도를 위하여 열두 사도를 선택하셨다는 느낌을 받습니다. 그렇습니다. 사도는 전도하기 위한 목적으로 세워졌습니다. 전도는 하나님 나라의 복음을 전파하는 것입니다. 또 예수 그리스도를 전하는 것입니다.

모든 사도는 전도자였습니다. 베드로나 안드레, 야고보와 요한 그리고 사도 바울까지 복음을 잘 전했던 하나님의 사람들입니다. 심지어 3천 명이 회개하는 운동까지 일어났습니다. 하나님의 부름 받은 목적대로 사용된 사람들이 사도였습니다.

마태는 사도들의 선택 목적을 천국 복음을 전파하는 데 목적이 있는 것처럼 기록하고 있습니다. 마태복음 10장 전체가 열두 사도로 하여금 전도하기 위하여 둘씩 둘씩 짝지어 보낸 사건이 아닙니까?

마가와 누가가 중점적으로 기록하는 내용은 사도들의 전도보다는 사도들이 예수님의 십자가의 죽으심, 부활과 승천을 목격하게 해서 하나님 교회의 구심점이 되게 하는 데 목적이 있었음을 드러내고 있습니다. 결국 교회는 주님이 중심입니다. 십자가를 자랑하는 단체입니다. 부활이 산 소망이 되어서 모이는 단체입니다.

3) '귀신도 쫓아내며'. 아담 때부터 지금까지 악령이 세상을 지배했습니다. 요한복음 12장 31절에 "이제 이 세상에 대한 심판이 이르렀으니 이 세상의 임금이 쫓겨나리라"라고 했습니다.

사탄은 사람들로 하여금 하나님의 뜻에 불순종하도록 만들었습니다 (엡2:2). 사람들의 영혼을 괴롭게 하고, 근심 걱정의 노예가 되게 만들었습니다. 공중의 권세 잡은 자같이 사람들을 괴롭혔습니다. 그러나 하나님은 예수님을 믿는 자들에게 권세, 권능을 주십니다. 악령과 싸워서 이기는 권세를 주셨습니다. 하나님의 권능 앞에 사탄은 아무것도 아닙니다.

4) 하나님의 말씀, 성경을 기록하기 위하여 사도를 선택하셨습니다. 지금도 성경을 쓰고 있는 것인가? 개혁교회는 계시의 종결성을 믿습니다. 선지자들과 사도들을 통해서 성경이 완성되었습니다.

요한계시록 22장 18-19절에 계시의 말씀에 무엇을 더하면 재앙이 더 임할 것이요 무엇을 제하면 생명나무에 참여함을 제한다고 말씀하셨습니다. 하나님께서 우리들에게 주신 최대의 선물이 하나님의 말씀입니다. 성경을 통해서 하나님의 뜻을 알고 주님 뜻대로 살 때 영육간에 하나님의 은총과 복이 있습니다.

5) 하나님의 교회를 세우기 위해서 사도를 세우셨습니다. 에베소서 4장 11-12절을 생각해 봅시다. 예수 그리스도의 몸을 세우는 데 부르심을 받은 직분자들입니다. 사도와 선지자, 복음 전하는 자와 목사와 교사를 세우셨습니다.

무엇을 위해서입니까? 성도를 온전하게 하여 봉사의 일을 하게 하기 위함입니다. 그리스도의 몸을 세우려 하심입니다. 사도는 교회를 세우기 위해 세우신 직분입니다. 교회의 모든 직분이 교회를 세우기 위한 직분입니다. 여러분도 교회를 세우는 일에 앞장서서 봉사하고 헌신하기를 바랍니다.

3. 가룟 유다는 잘 감당했는가?

가룟 유다는 사도직을 잘 감당했습니까? 왜 주님을 배반했는가? 과연 가룟 유다는 주님을 가까이 가서 섬긴 사도일까?

1) 가룟 유다는 사도의 명단에 들어간 제자였습니다. 유다지파 출신으로 봅니다. 3년 동안 예수님과 함께 동행하며 따라다녔습니다. 열두

사도를 세울 때 신실하니까 세웠을 것입니다. 그러나 처음과 나중이 다른 사람들이 꽤 있습니다.

주님과 함께하면서 가르침을 받고, 이적들도 목격했습니다(마10:1). 함께 전도 여행도 다녔습니다. 병든 자를 고치고 죽은 자를 살리는 광경도 목격했습니다. 악령이 쫓겨가는 광경도 보았습니다. 다른 제자들과 같이 기쁨과 축복을 누렸습니다. 재능도 있는 사람입니다. 회계 장부를 맡았고, 재정 관리도 잘 했습니다.

야망도 있었습니다. 야고보와 요한의 어머니가 주의 나라에서 하나는 오른편, 하나는 왼편에 앉기를 바랐을 때 얼마나 분노를 터뜨렸습니까? 그 자리에 유다는 없었을까요? 함께 있었습니다. 지위에 대한 욕망도 있었습니다.

2) 가룟 유다는 헌금에 있어서 도적이었습니다. 마가복음 14장 1-11절의 사건인데 3절에 '베다니 나병환자 시몬의 집에서 식사하실 때' 한 여인이, 마리아가 매우 값진 향유 한 옥합을 깨뜨려 예수님의 머리에 쏟아붓습니다. 그리고 자기 머리털로 수건 삼아 닦아드립니다. 다른 제자들이 무슨 의사로 허비하느뇨? 낭비하느냐고 질책했습니다.

주님은 가만 두어라. 저 여인을 괴롭게 하지 말라. 가난한 자들은 항상 너희와 함께 있지만 나는 그렇지 아니하다. 저가 내게 좋은 일을 행하였느니라. 내 장사를 미리 준비하였다. 복음이 전파되는 곳에 이 여자의 행한 일도 말하여 저를 기념하리라. 이렇게 말씀하셨습니다.

요한복음 12장 6절이 설명합니다. "이렇게 말함은 가난한 자들을 생각함이 아니요 그는 도둑이라 돈궤를 맡고 거기 넣는 것을 훔쳐감이러라"라고 했습니다. 가룟 유다는 다른 사람이 드린 헌금을 언제부턴가 훔쳐갔습니다. 시간은 모르지만 도둑질을 했습니다. 아마도 자기 것은 드리지도 않았을 것입니다.

왜 도둑질을 했는지 말해 주지 않지만 하나님의 것을 자기 것으로 만들었습니다. 이것은 예수님의 가르침과 부딪치고 어긋난 행동이었습니다. 이것이 아주 중요한 일입니다. 주님의 가르침에 동의하지 않거나 신뢰하지 않을 때 생기는 현상입니다.

여러분은 어떻습니까? 하나님의 사람과 함께 일하고 있습니까? 언제부터인가, 무엇인지 모르지만 열심이 떨어집니다. 마음의 동의가 없습니다. 이것이 여러분을 죽이는 신앙의 적입니다. 언제부턴가 기도하지 않습니다. 교회는 다니는데 열심이 없고 사랑이 식었습니다. 봉사하기가 싫습니다. 이것이 여러분을 죽이는 적입니다.

주님의 가르침이나 책망이 가룟 유다가 되돌아갈 수 있는 배반의 전환점이었습니다. 다른 사도들은 예수님의 가르침을 수용하여 은혜를 받는데 왜 유다는 배반했을까? 책망은 하나님의 방법입니다. 사람은 책망을 싫어하지만 하나님의 유익한 방법입니다.

3) 가룟 유다는 배반자입니다. '위선자, 암살자, 배반자'라는 뜻입니다. 가룟 유다의 마음에 사탄이 들어갔습니다. 제자의 위치에 항상 머물러 있어서 성령의 충만을 받는 것이 아주 중요합니다.

마가 요한의 다락방에서 유월절을 지키시던 주님이 뭐라고 했습니까? 너희 중에 한 사람이 나를 팔리라. 주여 저입니까? 사도들은 근심 중에 물었습니다. 가룟 유다도 묻습니다. 주여 저입니까? 나와 함께 그릇에 손을 넣는 자가 나를 팔리라. 그리고 떡을 집어 유다에게 주셨습니다. 회개의 기회였습니다.

나중에 겟세마네 동산에서 기도하실 때 가룟 유다가 찾아옵니다. 검과 몽치를 가지고 찾아왔습니다. 군사들과 군호를 짰습니다. 내가 가서 입맞추는 자가 그이니라. 그리고 랍비여 안녕하십니까? 라고 입을 맞춥니다. 얼마나 위선자입니까? 사탄이 들어간 사람의 모습입니다. 유다야, 네가 입맞춤으로 인자를 파느냐? 유다는 회개하지 않았습니다. 회개보다 배반의 길을 걸었습니다.

4) 가룟 유다는 자살자입니다. 정죄 당하는 주님의 모습을 보던 유다는 자살했습니다. 돈을 대제사장들에게 갖다 줍니다. 그러나 그들은

네가 당하라, 우리는 상관없노라고 거절합니다. 결국 가룟 유다는 돈을 집어 던지고 목매어 죽었습니다.

　우리의 마음에는 배반의 속성이 없을까? 배반의 씨앗이 무럭무럭 자라나고 있습니다. 회개는 부끄러운 일이 아닙니다. 유다처럼 살인하는 마음, 배반하는 자세, 생명을 자기 마음대로 하려는 자살자의 방향으로 생각했던 모든 것을 회개하여 제자의 길을 잘 걷기를 바랍니다.

제17강
마가복음 3장 20-30절

예수와 바알세불

요즘 사람들이 잘하는 말 중의 하나가 '바쁘다 바빠'입니다. 누구를 위해 바쁜 것일까요? 대부분은 자기 자신을 위한 바쁜 생활입니다. 하나님을 위하여 바쁜 사람이 있습니까? 예수님이십니다. 예수님은 정말 바쁘셨습니다. 자신보다는 많은 무리들을 위해 바쁘셨습니다. 어느 정도로 바쁘셨을까요? "식사할 겨를도 없는지라".

식사할 겨를도 없었다는 것은 정식적인 만찬을 가리키는 것이 아니라 간단하게 빵이나 떡으로 끼니를 때울 정도의 시간적인 여유도 없다는 의미입니다. 누가복음을 참조하면 사도를 임명하기 위하여 밤부터 날이 새도록 기도하셨습니다. 그리고 끼니도 때우지 못할 정도로 많은 군중이 또 기다리는 상황이었습니다. 그러니까 식사할 겨를도 없었다는 말입니다.

예수께서 사도들과 함께 어느 집에 들어가시니까 사람들이 인산인해를 이뤘습니다. 그 사람들을 돌보기 위한 바쁜 생활이었습니다. 목자 없는 양과 같이 방황하는 사람들에게 길을 안내하기 위한 바쁨, 병들어 몸을 쓰지 못하는 자들에게 건강을 회복시켜 주기 위한 바쁜 생활, 중풍병으로 인해 잘 사용할 수 없는 몸을 회복시켜 주기 위한 바쁜 생활이었습니다. 그리고 하나님 나라를 가르치고 복음을 전파하는 일에 바쁜 삶을 살았습니다.

1. 친척들의 오해

예수께서 갈릴리 사역을 다시 시도하셨습니다. 그러니까 2차 갈릴리 사역의 시작입니다. 대적하는 무리들을 잠깐 동안 피하셨던 주님. 한적한 곳에서 기도하시면서 열두 사도를 부르신 주님. 다시 갈릴리로 돌아오셨습니다. 그런데 2차 갈릴리 사역을 시작하실 때 환난과 핍박이 점점 더 심해지는 성향을 보이고 있습니다. 어떤 내용의 환난과 핍박이었을까요?

첫째로 친척들이 예수님에 대하여 오해를 했습니다. 가족들이 오해를 했습니다. 사람이 오해를 하거나 오해를 받는 것이 얼마나 불행한 일입니까? 더군다나 가족에게 오해를 받는 일은 더욱 괴로운 일입니다.

친척들이 예수님을 오해한 결과 어떻게 했습니까? 헤롯이 세례 요한을 체포하여 감옥에 가두듯 예수의 친척들이 예수님을 붙들기 위해 나왔습니다. 무지한 오해입니다. 정말 무식한 오해였습니다. 사람이 영적으로 깨어 있지 않으면 이렇게 오해하면서 삽니다.

기도하자는 것도 오해합니다. 땅을 사자는 것도 오해합니다. 밥을 먹자는 것도 오해합니다. 모든 것이 오해입니다. 이것이 다 영적인 무지, 영적인 어리석음으로 인해 파생되는 삶입니다. 기도하는 가운데 영적인 잠에서 깨어나는 성도가 됩시다. 더럽고 추한 영이 아니라 맑고 깨끗한 영을 받기를 바랍니다.

예수의 친척들은 예수님에 대하여 어느 정도로 오해를 했습니까? 보통 오해가 아닙니다. 있을 수도 없는 오해입니다. "예수가 미쳤다"라고 생각한 것입니다. 미친놈이야! 미쳤어! 정신 병자야! 관계를 계속할 수 없는 사람이야. 현재의 상황이나 현상을 제대로 분별할 수 없는 사람이야. 판단력이 없는 사람이야. 그래서 친척들은 예수를 집으로 데려가야 한다는 생각을 했습니다.

사람들은 종종 오해를 잘 합니다. 주님과 교회를 위하여 헌신하고 봉사하면 미쳤다고 생각합니다. 충성하는 사람을 미워하는 것은 절대적인 오해입니다. 자기도 하지 않고 남도 못하게 하는 것은 범죄 행위입니다.

그러나 진정한 부자는 어떤 사람일까요? 하나님의 교회와 하나님 나라의 발전을 위해서 헌신하는 사람입니다. 또 주님을 사랑하는 사람은 어떠한 삶을 살까요? 기도하고 헌신하는 삶입니다. 자기만 아는 사람이 하나님께 기도해 보십시오. 하나님! 저 믿음이 좋은 사람이지요? 저 영적인 부자이지요? 하나님의 응답은 책망과 징벌일 것입니다.

바울은 어떤 오해를 받았을까요? 염병이라는 오해입니다. 이단의 괴수라는 오해입니다. 천하를 시끄럽게 하는 사람이라는 오해입니다. 복음을 위해 살면 그렇습니다. 여러분은 세상 사람들과 똑같이 살면 안되는 사람들입니다. 형제자매들이 오해할 정도로 살아야 하는 하나님 나라의 사람들입니다.

2. 예수와 서기관

예수께서 더러운 귀신들린 사람을 고쳐주셨습니다. 예루살렘에서 내려온 서기관들이 예수님을 바알세불에게 사로잡혔다고 매도했습니다. "바알세불이 지폈다", "귀신의 왕을 힘입어 귀신을 쫓아낸다"라고 말했습니다. '지폈다'는 것은 귀신이 사람의 영에 내리는 것을 뜻합니다. 예수님에 대한 모욕적인 말입니다.

예수님을 매도한 그룹이 있는데 바리새인들이었습니다. 바리새파에 속한 서기관들입니다. 특별히 예루살렘에서 내려온 서기관들이라고 밝히고 있는 이유가 무엇인가? 예루살렘은 예수를 대적하고 십자가에 처형하는 진원지이기 때문일 것입니다.

당시 예루살렘에서 모였던 공회는 율법을 준수하는 자들의 공동체로, 안식일 문제나 죄 사하는 권세에 대한 문제, 그리고 죄인이나 세리와 식사하는 문제와 금식 문제까지 다루던 기관이었습니다. 공회의 입장에서 볼 때 예수는 율법을 무시하거나 공회의 권위에 도전하는 사람처럼 보였습니다. 성전을 더럽히거나 참람한 자라고 보았습니다.

예루살렘에서 갈릴리 지방으로 오는 것을 내려온다라고 표현했습니다. 이 말의 의미는 높은 곳에서 낮은 곳으로 내려간다는 것보다는 산헤드린 공회가 있는 곳에서 지방으로 오는 것을 표현한 말입니다. 서기관이 온 것도 율법적으로 예수를 괴롭히거나 어렵게 만들기 위한 방법이었다고 생각됩니다. 이것도 모욕적인 행동일 것입니다.

먼저는 가족이나 친척들이 평가한 것을 다루더니 이제는 서기관들이 평가한 것을 다루고 있습니다. 결국 미쳤다고 말하는 것이나 귀신에게 지폈다는 말은 다 같이 미친 사람이라는 평가입니다. 인간은 이렇게 오판하거나 오해할 수 있는 존재입니다.

바알세불이란 '똥의 주, 파리의 주'라는 의미로 귀신들의 왕 사탄을 말합니다. 귀신이 쫓겨가는 것을 보고 귀신의 왕, 사탄이라고 평가했습니다.

마가복음 6장 1절에 고향 사람들은 어떤 오해를 했을까요? "예수께서 거기를 떠나사 고향으로 가시니 제자들도 따르니라"라고 했습니다. 예수께서 나사렛 마을에 가셨습니다. 회당에서 가르치실 때에 지혜와 권능을 보고 놀랍니다. 그러나 믿지 않고 배척합니다. 잘 알고 있는 사람이라는 것이지요. 형제자매들도 다 아는 사람이라는 것이지요.

요한복음 7장 5절에 형제들의 오해가 있었습니다. "이는 그 형제들까지도 예수를 믿지 아니함이러라"라고 했습니다. 결국 친족과 고향 사람들, 바리새인들과 갈릴리에 살고 있던 사람들의 반응을 볼 때 배척과 오해 그리고 영적인 무지가 그 시대를 뒤덮고 있었음을 알 수 있습니다. 예수가 귀신의 왕의 힘을 빌려 귀신을 쫓아낸다고 생각했습니다.

예수님은 비유로 논박하셨습니다. "사탄이 어찌 사탄을 쫓아낼 수 있느냐 또 만일 나라가 스스로 분쟁하면 그 나라가 설 수 없고 만일 집이 스스로 분쟁하면 그 집이 설 수 없고 만일 사탄이 자기를 거슬러 일어나 분쟁하면 설 수 없고 망하느니라"라고 했습니다.

예수께서는 서기관들이 주장하는 것에 대한 모순을 지적하셨습니다. 사탄이 왜 귀신을 쫓아내겠는가? 오히려 귀신을 동원하여 성도들의 믿음을 흔들어 놓는 것이 마땅하다는 주장입니다.

그러면서 자신이 사탄보다 강한 자이기 때문에 사탄을 쫓아내는 것임을 밝히고 있습니다. 그 말씀이 27절입니다. "사람이 먼저 강한 자를 결박하지 않고는 그 강한 자의 집에 들어가 세간을 강탈하지 못하리니 결박한 후에야 그 집을 강탈하리라"라고 말씀하셨습니다.

예수님은 사탄을 결박할 수 있는 강한 자입니다. 광야에서 사탄에게 승리하신 분이십니다. 병을 고치거나 귀신을 내쫓는 것도 강한 자, 이긴 자이기 때문에 쫓아내는 것입니다. 우리 대장 예수께서 앞장서서 가셨으니 우리도 뒤따르면서 승리하는 삶을 살 수 있기를 바랍니다.

3. 엄중한 경고

예수님의 엄중한 경고의 말씀이 무엇입니까? 성령 훼방죄입니다. 예수께서 강조하여 말씀하셨습니다. 사람의 모든 죄와 모든 모독하는 일은 다 용서 받을 수 있지만 성령을 훼방하는 죄는 영원히 사함을 받지 못한다고 경고하셨습니다.

28-29절에 "사람의 모든 죄와 모든 모독하는 일은 사하심을 얻되 누구든지 성령을 모독하는 자는 영원히 사하심을 얻지 못하고 영원한 죄가 되느니라"라고 했습니다. 이것은 서기관들이 고의적으로 예수를 향해 귀신이 들렸다고 비방하고 있었기 때문에 하신 말씀입니다.

사람이 사람을 상대로 범한 죄는 회개하여 다 용서 받을 수 있습니다. 열린 문과 같이 앞으로도 용서 받을 수 있는 가능성이 열려 있습니다. 용서의 길이 있다는 의미입니다. 그러나 성령을 향하여, 성령에 대하여 범하는 죄를 지적하고 있습니다. 성령 훼방죄의 심각성을 지적하고 있습니다.

성령 훼방죄는 주로 어떤 죄일까? 입으로 신성 모독하는 말을 하는 것입니다. 나쁘게 평가하는 것입니다. 율법사나 서기관들, 바리새인들이 어떻게 했습니까? 예수께서 하나님의 아들, 하나님과 동등하다고 말했을 때 믿는 것이 아니라 참람하다고 평가했습니다. 예수를 메시야로 인정하지 않았습니다. 하나님의 복음도 받아들이지 않았습니다. 오히려 예수님께 모욕적인 언사를 하며 비판하고 정죄하다가 마침내는 십자가에 매달아 죽였습니다. 이것이 성령 훼방죄입니다.

다윗은 간음죄와 살인죄를 범했지만 하나님 앞에 회개하여 용서를 받았습니다. 베드로도 예수님을 세 번씩이나 부인했지만 회개하여 용서를 받았습니다. 그러나 성령의 감동을 거절하고, 회개의 기회를 잃어버린 가룟 유다는 버림 당했습니다. 성령을 소멸하는 죄입니다. 성령을 훼방하는 죄입니다. 회개의 기회를 스스로 저버리는 자가 범하는 죄입니다.

성령을 훼방한 사람에게는 영원히 심판이 기다리고 있을 뿐입니다. 마태복음 12장 32절에서는 "또 누구든지 말로 인자를 거역하면 사하심을 얻되 누구든지 말로 성령을 거역하면 이 세상과 오는 세상에서도 사하심을 얻지 못하리라"라고 했습니다. 사람의 구원을 방해하지 마십시오. 성령께서 주시는 회개의 기회를 놓치지 마십시오. 이러한 죄들이 성령을 훼방하는 죄를 범하게 만들 것입니다.

진리가 분명한데 거절하는 말과 행동을 조심하십시오. 걸어가야 할 길이 선명한데 망설이는 것도 조심해야 합니다. 그리고 섬기고 봉사해야 하는 것을 알면서 행하지 않는 것도 주의해야 할 사항입니다. 성령 하나님의 인도를 따라 순종하는 삶을 살기를 바랍니다.

제18강
마가복음 3장 31-35절

영적 가족

여러분은 누구의 뜻대로 살아갑니까? 자기의 뜻입니까 아니면 다른 사람의 뜻입니까? 이것도 저것도 아니면 하나님의 뜻입니까? 또 그렇게 살았더니 행복합니까 아니면 뭔가 불안하고 허전합니까?

성도는 '하나님의 뜻대로' 사는 사람입니다. 아버지의 뜻대로 사는 것이 가장 안전한 길이고 행복한 삶이기도 합니다. 그 길이 약간의 가난과 어려움, 힘듦과 고통이 있는 것이 사실이지만 가장 평안하고 기쁘고 행복한 길입니다.

예수님은 "나더러 주여 주여 하는 자마다 다 천국에 들어갈 것이 아니요 다만 하늘에 계신 내 아버지의 뜻대로 행하는 자라야 들어가리라"라고 말씀하셨습니다. 우리 모두 하나님의 뜻대로 순종하며 살아서 하나님께 영광이요 많은 사람에게 유익이요 자신에게 행복만 있기를 바랍니다.

1. 여러분은 예수를 어떻게 생각합니까?

예수님은 많은 사람을 위하여 바쁘셨습니다. 식사할 겨를도 없었습

니다. 그랬더니 친족과 바리새파 사람들이 미쳤다, 귀신의 왕 바알세불
의 힘을 빌려쓴다고 말했습니다. 그러나 제자들은 나의 구원자, 만왕의
왕, 나의 하나님이라고 고백했습니다. 주는 그리스도시오 살아 계신 하
나님의 아들이라고 고백했습니다.

1) 예수님의 친족들은 예수를 어떻게 생각했습니까? '미쳤다'라고
생각했습니다. 예수께서 많은 무리를 위하여 식사도 제때 하지 못하고,
가르치고, 병을 고치고, 천국 복음을 전파하셨습니다. 하나님의 일을
이렇게 열심히 할 때 친척들은 다 미쳤다고 생각했습니다. 우리도 주님
을 믿을 때나 교회 일을 할 때 이런 말을 들을 필요가 있습니다.

2) 서기관들은 예수를 어떻게 보았습니까? '바알세불이 지폈다'라
고 생각했습니다. '귀신의 왕'이라고 믿었습니다. 그 증거로 귀신을 쫓
아낸다고 보았습니다. 이처럼 인간이 잘못된 생각을 할 때 주님은 위대
한 답변을 하셨습니다.

분쟁하는 나라마다 설 수 없는 것이다. 성령을 훼방하는 죄는 영원
히 사하심을 받지 못한다. 예수께서 사탄을 쫓아내신 이유는 사탄의 지
배 아래 있던 사람을 구원하여 영적인 자유를 주기 위함이었습니다. 그
러나 사람들은 오해했습니다.

예수님의 사역은 교회의 사역과 같습니다. 예수께서 교회의 머리로
서 교회에 권세를 주셨습니다. 교회는 엄청난 권세가 있습니다. 하나님
의 말씀을 전하는 권세, 하나님을 위한 봉사권, 치리권도 있습니다. 지
금도 하나님의 교회가 행하는 일은 하나님의 백성들을 사탄의 권세에
서 건져내어 하나님의 나라로, 어두움에서 빛으로 인도하고 있습니다.

3) 예수님의 모친과 동생들이 예수를 부르러 왔습니다. 아마도 혈연
관계이기 때문에 왔을 것입니다. 버릴 수 없어서 그래도 찾아왔을 것
입니다. 아니면 식사나 좀 하고 일하라고 애처로운 마음으로 왔을 것
입니다.

여러분은 예수님을 어떻게 생각합니까? 애처로워서 믿습니까? 예수

님을 도와주려는 의도에서, 보탬이 되려고 일주일에 한 번 나옵니까? 아니면 예수님이 귀신 들렸기 때문에 고쳐주려고 생각합니까? 잘못된 생각을 버리기 바랍니다. 우리는 정신이 병들어서 온전한 생각을 하지 못하는 시대에 살고 있습니다.

국가에도 위기가 왔습니다. 경제적인 위기가 찾아왔습니다. 더 무서운 것은 영적인 위기, 신앙의 위기가 왔습니다. 하나님의 자녀라고 말하면서 기도하지 않습니다. 찬양도 부르지 않습니다. 그리고 복음대로 살지도 않습니다. 형식만 그리스도인입니다. 더군다나 하나님의 일에는 관심이 적습니다. 그러면서 직분만 가지고 있습니다. 잘못된 쪽은 예수님이 아니라 사람입니다. 정신없는 쪽은 사람쪽입니다. 예수님에게는 항상 성령 충만이 있고, 진리가 충만합니다. 주께로 돌아가는 성도가 됩시다. 아들과 딸이라면 아버지 품에 안기는 성도가 됩시다.

2. 누가 내 모친과 동생인가?

우리는 혈연관계를 아주 중요하게 생각하는 민족 속에 태어나서 살고 있습니다. 예수님에게는 혈연관계가 중요하지 않았던 것인가? 그렇지 않습니다. "보소서 당신의 어머니와 동생들과 누이들이 밖에서 찾나이다"라는 말에 대하여 뭐라고 대답하셨습니까? "누가 내 어머니이며 동생들이냐?"라고 반문하셨습니다. 그러면서 "내 어머니와 내 동생들을 보라 누구든지 하나님의 뜻대로 행하는 자가 내 형제요 자매요 어머니이니라"라고 말씀하셨습니다.

바울에게도 자기 동족인 이스라엘의 구원을 위하여 끊임없는 고난과 깊은 근심이 있었습니다. 골육친척의 구원을 위하여 노력하지 않는 사람은 믿음을 배반하는 자요, 불신자보다도 악한 자라고 말했습니다.

여러분은 그리스도와 어떤 관계에 있습니까? 이스라엘 민족처럼 아브라함의 자손이라고 생각하는 혈연관계입니까? 전통적으로 믿음의 계열에 섰다고 생각합니까? 하나님의 뜻대로 행하지 않는 사람은 바른 관계는 아닙니다. 하나님의 뜻대로 행하는 가정이 되기를 바랍니다.

주님은 하나님의 뜻대로 행하는 자라야 나의 형제, 나의 자매, 나의 어머니라고 말씀하셨습니다. 주님 뜻대로 사는 여러분이 되어서 하나님의 사회를 멋지게 꾸며나가기를 바랍니다.

"주님 뜻대로 살기로 했네, 주님 뜻대로 죽기로 했네 ...". 가사는 너무나 좋습니다. 살아도 주를 위하여 살고 죽어도 주를 위하여 죽으리라. 너무 좋지 않습니까? 그런데 나중에 사는 것을 보면 다 문제가 많습니다. 여러분은 진실한 찬송을 부를 수 있기를 바랍니다. 진심으로 형제자매를 그리스도 앞으로 인도하는 성도가 되기를 바랍니다.

예수님의 형제를 만들고, 예수님의 동생을 만들고, 예수님의 어머니를 만들 수 있는 복이 임하기를 바랍니다. 예수의 가족이 되는 것입니다. 스페인에 가면 오래 전부터 지금까지 짓고 있는 교회가 있습니다. 아직도 짓고 있습니다. '예수님 가족 교회' 입니다. 여러분의 가족도 다 예수님의 가족이 되기를 바랍니다.

3. 한 가정

구약성경에서 아브라함의 한 가족을 부르시고 영원히 하나님의 소유로 삼으셨습니다. 혈통적으로 아브라함의 자손이 다 아브라함의 자손은 아닙니다. 아브라함과 같은 믿음이 있는 자가 아브라함의 후손입니다. 하나님의 자녀들도 믿음으로 됩니다.

신약성경도 예수님의 육신적인 형제들과 대화할 때 하늘에 계신 아버지의 뜻대로 행하는 자가 참된 가족이라고 했습니다(마12:48-50). 믿음의 사람들을 가족이라고 설명하시는 주님이십니다. 예수님은 혈통적인 관계보다 영적인 형제애를 더욱 강조하시고 있습니다.

결국 누가 아브라함과 같이 믿겠습니까? 누가 하늘에 계신 하나님의 뜻대로 순종하겠습니까? '오직 한 아들', 예수님밖에 없습니다. 여러분은 예수를 잘 믿습니까? 여러분은 하늘에 계신 아버지의 뜻대로 합니까? 오직 예수뿐입니다. 구약에 아브라함의 가족을 통하여 하나님의 나라를 이루시듯 주님의 한 가족을 통해서 하나님의 나라가 발전하는 줄로 믿습니다. 진정한 선교는 교회를 세우는 일입니다. 하나님의 가족을 확장시키는 작업입니다.

예수께서 제자들에게 "너희는 나를 누구라 하느냐?" 그렇게 묻습니다. 왜 묻습니까? 제자가 된다는 것은 옆에만 따라다니는 것이 아닙니다. 믿음에 근거한 결단, 믿음을 겸한 지식, 믿음으로 바쳐지는 헌신을 말합니다. "주는 그리스도시요 살아 계신 하나님의 아들이시니이다". 베드로 사도는 하나님의 은혜로 신앙을 고백합니다. 구약에 예언된 인간을 구원하기 위하여 이땅에 오신 하나님 되심을 고백하고 있습니다.

이 고백이 기독교의 증표입니다. 바울은 로마서 10장 9절에서 "네가 만일 네 입으로 예수를 주로 시인하며 또 하나님께서 그를 죽은 자 가운데서 살리신 것을 네 마음에 믿으면 구원을 받으리라"라고 했습니다. 구원받은 자는 예수님이 구세주이시고, 구약에 예언된 대로 인간을 구원하시기 위해 이땅에 오신 하나님이심을 믿는 사람입니다.

신앙고백은 자신의 능력으로 할 수 있는 것이 아닙니다. 하나님의 은총이요, 성령의 은혜입니다. 혈육관계에서 신앙고백이 되는 것이 아닙니다. 인간은 전적으로 타락했습니다. 본성적으로 죄를 사랑합니다. 믿음 없는 세상 것을 좋아합니다. 세상이 하나님 나라보다 커 보이고 가까워 보입니다. 그래서 예수님은 물과 성령으로 거듭나야 천국에 들어간다고 말씀하셨습니다. 여러분은 거듭났습니까? 새 사람입니까? 그리고 예수의 사람, 하나님의 사람, 성령의 사람입니까? 그렇다면 감사하며 살기를 바랍니다. 얼마나 큰 복을 받은 사람입니까?

하나님의 교회가 어떤 단체입니까? 예수님 위에 세워진 단체입니다. 예수를 믿는 믿음의 단체입니다. 주께서 선지자들과 사도들을 통하여 주신 말씀 위에 세워진 단체가 교회입니다. 그런데 믿음에 관심이 없다는 것은 문제 중에 문제가 아니겠습니까? 사도 바울은 '예수 외에 다른 터가 없다'고 강조했습니다(고전3:10-11).

베드로 사도도 예수 그리스도를 모퉁이의 돌로 표현을 했습니다(벧전2:4-6). 머릿돌입니다. 예수님은 지옥의 권세가 이기지 못합니다. 음부의 권세가 이기지 못하리라. 아멘입니다. 구약성경 시편에는 "그 아들에게 입맞추라"라고 말했습니다. 예수 그리스도를 사랑하라는 말입니다. 예수 그리스도와 교제하라는 뜻입니다.

선교가 무엇입니까? 그리스도의 교회를 세우고, 세상나라 사람들을 건져내는 일입니다. 하나님의 나라를 세우고, 사탄의 종에서 하나님의 영역 안으로 들어오게 하는 작업입니다. 하나님은 교회가 지상에서 복음을 전파하는 것을 원하십니다. 이것이 매우 귀한 하나님의 일입니다.

하나님께서 교회에 큰 권세를 주셨습니다. 하나님의 교회는 권세를 가졌습니다. 교회가 복음을 전파하면 사탄이 결박됩니다. 사람이 복음을 들을 때 죄와 죽음과 사탄으로부터 자유로워지게 됩니다. 하나님의 나라에 들어가는 영광이 일어납니다. 그래서 주님은 지상에 하나님의 교회를 세우시고 보존하시며 복음을 전파하도록 독려하고 계십니다.

주님의 형제자매가 되고, 모친이 되는 것은 교회의 영광 중에 영광입니다. 복음을 전파하는 교훈권이 교회의 영광입니다. 봉사하는 권세도 있습니다. 교회 자체를 순결하게 유지하기 위해서 치리도 합니다. 권징도 있습니다. 더러운 죄를 범하면 회개하든지 잘라버립니다. 이것이 하나님께 영광이요 교회 자체를 지켜가는 방법입니다.

이런 일을 누가 합니까? 신앙고백을 하는 자들입니다. 주님의 형제자매 된 여러분이 스스로 하나님의 교회를 지켜야 합니다. 교회는 거룩하신 주님의 몸입니다. 하나님의 가족입니다. 세상에서 불러낸 주님의 사람들이 모인 나라입니다.

제19강
마가복음 4장 1-9절

씨 뿌리는 비유

예수님은 사람이 있는 곳이면 어디서나 가르치시고 하나님 나라의 복음을 전파하셨습니다. 회당에서나 성전, 갈릴리 바닷가에서나 산 위에서 가르치셨습니다. 기독교는 가르침이 있는 종교입니다. 하나님에 대하여 그리고 인간에 대하여, 천국과 지옥에 대하여, 교회와 성경에 대하여 그리고 국가와 하나님 나라에 대하여 가르침이 있는 종교입니다.

예수께서 바닷가에서 가르치실 때 많은 무리가 모였습니다. 심지어 배를 강단 삼아 천국 복음을 전파하시며 가르치셨습니다. 물론 많은 무리들은 바닷가에 앉아서 혹은 서서 하나님의 말씀을 들었습니다.

1. 왜 비유인가?

예수님은 왜 비유로 설교하셨는가? 비유로 설교하신 이유가 무엇인가? 예수께서 비유의 종류로 말씀하신 것이 사십여 가지 됩니다. 가르침의 삼분의 일 정도가 비유입니다. 그 이유가 무엇일까요?

첫째로, 사람의 이해 부족으로 인하여 쉽게 이해하고 알아 들을 수 있도록 하셨습니다. 하나님의 아들이 사람과 이야기할 때 하늘의 말로 하면 알아 들을 수 있겠습니까? 요한복음 3장 12절에 '땅의 일을 말하여도 믿지 않는데 하늘 일을 말하면 어떻게 믿겠느냐' 라고 반문하셨습니다.

농촌과 어촌 그리고 시장에서 흔히 볼 수 있고 들을 수 있는 것으로 설명하신 것은 주님의 지혜입니다. 어른이나 어린이도 다 알아 들을 수 있게 하셨습니다. 사모하는 영혼을 만족하게 하시는 주님! 좋은 것으로 채워주시는 하나님이십니다.

둘째로, 마음의 눈이 열려진 사람은 쉽게 알아 들을 수 있고, 마음이 완악하거나 닫힌 사람은 모르게 하기 위한 방법이었습니다. 사람들은 듣기는 들어도 깨닫지 못하거나 보기는 보아도 알지 못하는 경우가 많습니다.

예수님께서 '여우에게 가서 말하라' 라고 하셨습니다. 여우는 헤롯 왕을 가리켰습니다. 모르는 사람은 '여우' 라고만 생각했을 것입니다. 그래서 마가복음 4장 11절에 "하나님 나라의 비밀을 너희에게는 주었으나 외인에게는 모든 것을 비유로 하나니"라고 했습니다.

셋째로, 철학에서는 어려운 말로 진리를 추상화하여 설명하지만 예수님은 진리를 구체화하여 비유로 말씀하셨습니다. 사람이 세상을 살아갈 때 쉽게 볼 수 있고 느낄 수 있으며 경험할 수 있는 것을 소재로 진리를 가르치셨습니다. 그래서 누구나 사모하는 자는 다 알아 듣도록 하셨습니다.

넷째로, 사람들은 재미있는 이야기를 좋아하기 때문에 비유로 말씀하셨습니다. 비유는 이해하기도 좋고 기억하기도 좋습니다. 한 번 들으면 잘 잊지 않게 됩니다. '나는 선한 목자라', '나는 세상의 빛이라', '나는 양의 문이라'. 누구나 듣기만 하면 쉽게 이해하고 재미있게 들을 수 있는 것이 비유입니다.

다섯째로, 비유는 깨닫기만 하는 것이 아니라 행할 수 있는 능력까지 줍니다. 선한 사마리아인의 비유를 통하여 "너도 가서 이와 같이 하라"고 하셨습니다. 예수님의 비유는 현장감이 있는 교육 방법이었습니다.

여섯째로, 계시적인 의미가 있습니다. 창세 전부터 감추인 것을 드러내기 위한 방법이 비유입니다. 예수님은 하늘의 비밀을 하늘의 말로 표현하시지 않고, 현실에서 보고 들을 수 있는 것으로 표현하셨습니다. 그러면서도 하나님의 뜻, 계시를 드러내신 것이 비유입니다.

비유는 우화와 다릅니다. 우화는 세상사에 속한 것으로 인간 사회의 윤리성을 강조하는 데 비해 비유는 영적인 진리를 말하여 영성을 높이는 데 목적이 있습니다. 비유는 '비교될 수 있는 것, 다른 것을 앞이나 옆으로 내미는 것'이란 뜻입니다. 한 가지 사실의 의미를 명확하게 설명하기 위하여 예를 들어 말하는 이야기가 비유입니다. 신화나 설화는 그 자체가 진리로 제시되지만 비유는 형태와 본질, 껍질과 알맹이가 완전히 구별되는 것입니다.

그러므로 하늘의 진리를 땅의 것으로 말씀하셔서 우리로 하여금 알아 듣도록 해 주신 주님을 찬양합시다. 성경의 비유를 통하여 성령을 체험하고 받은 은혜를 찬송합시다.

2. 씨 뿌리는 비유는 무슨 내용인가?

씨 뿌리는 비유는 무슨 내용인가? 하나님 나라, 천국에 대한 비유의 말씀입니다. 마태복음 13장과 누가복음 8장에도 나타납니다. 예수께서 제자들에게 친히 해석도 해 주신 비유입니다. 다른 비유의 기본이 되는 비유로 천국의 특징과 본질에 대한 내용들입니다. 특별히 마태복음 13장에는 7대 비유가 나오는데 가장 기초가 되는 비유라 할 수 있습니다.

예수께서 가르치시기를 시작하실 때 많은 무리가 모여들었습니다. 예수님의 가르침은 특별한 가르침이었습니다. 많은 무리가 모여들자 예수님은 효과적인 방법으로 배에서 가르치신 것입니다. 예수님의 가르침은 율법을 자기 마음대로 해석했던 바리새인들의 가르침과는 다른 새로운 가르침이었습니다.

예수님 당시 씨 뿌리는 방법은 두 가지가 있었는데, 한 가지는 농부가 일일이 손으로 뿌리는 방법이었고, 다른 하나는 씨를 담은 자루에 구멍을 내고 짐승에 실어서 뿌리는 방법이었습니다. 밭이나 논의 이랑을 따라 씨를 뿌린 다음 밭을 가는 방법이었습니다. 예수님은 복음을 사람의 마음에 뿌리기 위하여 오신 하나님이십니다.

씨 뿌리는 자가 씨를 뿌립니다. 다양한 종류의 밭이 있습니다. 사람들의 반응도 다양하다는 의미가 아니겠습니까? 그리고 하나님의 말씀에 대한 좋은 반응을 보여서 좋은 밭이 열매를 맺듯 열매 맺는 사람이 되라는 교훈이 아니겠습니까?

길 가 밭이 있습니다. 씨가 떨어지기는 떨어졌는데 길 가에 떨어졌습니다. 문제는 새들이 씨를 먹어 버렸습니다. 그것도 하나도 남김없이 다 먹어버렸습니다. 새 떼가 날아와 길 가에 흩어진 씨를 다 먹어버렸습니다. 결국 길 가는 열매를 기대할 수 없는 밭입니다.

그런데 중요한 것은 열매가 없는 것에 대한 책임은 사탄보다는 밭으로 표현된 인간의 마음입니다. 하나님의 말씀을 듣고도 마음에 예수님을 사랑하지 않습니다. 믿음을 귀하게 여기지 않습니다. 점점 더 굳어집니다. 상대방에게 책임을 넘기려고 하지 말고 듣고 있는 자기 자신에게 책임이 있는 것입니다. 씨의 문제가 아니라 밭의 문제, 마음의 문제, 자신의 문제입니다.

흙이 얕은 돌밭이 있습니다. 흙이 많지 않은 바위 위에 떨어진 씨앗을 말합니다. 흙이 얕은 돌밭에 씨가 떨어졌을 때 어떤 현상이 생길까요? 흙이 깊지 않은 밭이기 때문에 싹이 나오더라도 해가 돋은 후에는 뿌리가 없으므로 말라 죽게 됩니다.

흙이 거의 없는 바위 위는 갑자기 생긴 것이 아니라 이전부터 계속된 상태로 불모지와 같은 상태를 말합니다. 돌 위에 떨어진 씨앗이 금 방 죽어버리는 이유가 무엇인가? 흙이 깊지 못하기 때문입니다. 흙이 많지 않기 때문에 습기가 적습니다. 뿌리를 깊이 내릴 수 없으니 문제 이고 습기가 없으니 더욱 큰 문제일 것입니다.

가시떨기 밭도 있습니다. 가시가 자라 기운을 막으므로 결실을 하지 못하는 밭입니다. 세상의 염려와 재리의 유혹과 마음의 근심입니다. 길 가에 뿌려진 씨앗은 발아도 못하고 새에게 먹혔습니다. 돌밭은 씨앗의 뿌리는 내리지만 곧 말라 죽습니다.

겉보기에는 가시떨기 밭이 다른 밭에 비해 더 나은 밭처럼 보입니 다. 그러나 결실이 없는 점에서 보면 다른 밭과 똑같습니다. 씨앗을 뿌 리는 자의 마음을 충족시키지 못하는 밭입니다.

주님의 말씀을 기억해야 합니다. "나더러 주여 주여 하는 자마다 다 천국에 들어갈 것이 아니요 다만 하늘에 계신 내 아버지의 뜻대로 행하 는 자라야 들어가리라"라고 했습니다. 그리고 좋은 열매를 맺지 않는 나무마다 찍혀 불에 던져지게 될 것입니다.

주님이 원하시는 밭은 길 가 밭도 아니고 돌밭도 아니며 가시떨기 밭도 아닙니다. 좋은 밭입니다. 좋은 밭은 어떤 밭일까요? 좋은 밭에서 좋은 씨앗이 무럭무럭 자라납니다. 무성하게 성장하여 결실하는데 삼 십 배나 육십 배나 백 배가 되었습니다. 하나님의 말씀이 성도들의 마 음을 움직입니다. 삶과 행동을 변화시킵니다. 결국 씨 뿌리는 자의 비 유는 열매 맺지 못하는 밭과 열매 맺는 밭에 대하여 비교해 주신 것입 니다.

마태는 백 배와 육십 배와 삼십 배를 말했고, 마가는 삼십 배, 육십 배와 백 배를 말했는데, 마태는 많이 맺는 결실에 강조를 두었다면 마 가는 종말론적인 풍성한 열매를 강조한 것입니다. 우리 모두 하나님 의 말씀을 듣고 인격과 삶의 변화로 많은 열매를 맺도록 힘쓰기 바랍 니다.

3. 비유의 말씀을 주의깊게 들어야 할 이유가 무엇인가?

"들을 귀 있는 자는 들으라"라고 하셨습니다. 하나님의 말씀을 듣고 깨달았으면 그대로 행하는 사람이 되라는 교훈입니다. 만약 행하지 않는다면 엄중한 심판이 있을 것을 선언하신 것이지요. 들을 귀 있는 자는 들으라. 이런 표현은 공관복음에 여섯 번, 요한계시록 성경에는 여덟 번이나 사용한 것을 볼 수 있습니다.

예수님께서 천국에 대하여 가르치실 때 비유로 하신 이유는 '귀 있는 자만 들을 수 있게 하기 위해서' 그렇게 하셨습니다. 외인은 들어도 깨닫지 못하게 하기 위함입니다. 하나님 나라 백성만 들으면 된다는 뜻입니다. 일부 사람만 듣고 감추어진 그 나라에 들어갈 수 있는 것입니다. 대부분의 사람들은 오해하거나 비난할 것입니다. 예수님의 가르침에 대하여 사람들과 마찰을 피하기 위해서 그렇게 하셨습니다. 불필요한 논쟁이나 충돌을 막기 위함이었습니다. 효과적인 복음 전파의 방법이었습니다. 계시의 비밀을 숨기는 은폐의 방법이기도 했습니다.

그리고 진리에 관심을 가지고 있는 귀 있는 자, 복음에 대한 관심과 믿음이 있는 자만 듣도록 하셨습니다. 예수님은 아무에게나 진리를 주시지 않습니다. 사모하는 영혼을 만족시키는 하나님이십니다. 진리를 개나 돼지에게 주시지 않습니다. 그러므로 하나님의 백성들은 하나님의 뜻을 깨닫기 위하여 힘쓰고 애써서 노력해야 합니다.

시편 78편 1-3절에 "내 백성이여 내 율법을 들으며 내 입의 말에 귀를 기울일지어다 내가 입을 열어 비유로 말하며 예로부터 감추어졌던 것을 드러내려 하니 이는 우리가 들어서 아는 바요 우리의 조상들이 우리에게 전한 바라"라고 했습니다.

여러분은 마지막 시대에 살고 있습니다. 무슨 소식을 들으면서 살고 있습니까? 하나님의 음성, 하나님의 말씀을 들을 수 있기를 바랍니다. 그리고 많은 열매를 맺기 바랍니다.

제20강
마가복음 4장 10-20절

비유 설명

예수께서 병을 고치고 기적을 행할 때 많은 사람들이 모여들었습니다. 그러나 씨 뿌리는 자의 비유의 말씀을 들었을 때 많은 사람들이 예수님을 떠났습니다. 겨우 열두 사도를 비롯하여 소수의 사람들이 남았을 뿐입니다. 예수님의 말씀을 이해하지 못하거나 받아들이지 못할 때 이런 일이 발생했습니다. 예수님은 고독하셨을 것입니다.

요한복음 6장을 보면 "아버지께서 오게 하여 주지 아니하시면 누구든지 내게 올 수 없다"고 하셨을 때 "제자 중에서 많은 사람이 떠나가고 다시 그와 함께 다니지 아니하더라"라고 했습니다.

그때 예수께서 열두 제자에게 "너희도 가려느냐?"고 묻습니다. 68-69절에 베드로가 이렇게 고백했습니다. "주여 영생의 말씀이 주께 있사오니 우리가 누구에게로 가오리이까? 우리가 주는 하나님의 거룩하신 자이신 줄 믿고 알았사옵나이다"라고 대답했습니다.

기독교는 말씀의 종교입니다. 언약의 종교입니다. 여러분이 예수를 믿고 따르는 사람이라면 하나님의 말씀, 언약의 말씀만 믿고 끝까지 좇아가서 승리할 수 있기를 바랍니다.

1. 비유의 목적이 무엇인가?

예수께서 홀로 계실 때 제자들과 측근자들이 비유에 대하여 질문을 했습니다. 왜 비유로 설교하느냐는 것이지요. 제자들과 측근자들입니다. 육신의 가족과 대비하면 영적인 가족으로 하나님의 뜻대로 행하는 사람들입니다. 이방인인 우리를 외인이나 나그네가 아니라 하나님의 권속, 하나님의 아들과 딸이 되게 하신 하나님의 은혜에 감사하게 됩니다. 예수께서 비유로 말씀하셨을 때 들을 귀 있는 사람들이었습니다. 성령이 교회들에게 하시는 말씀을 들을지어다. 들을 수 있는 귀를 주신 하나님의 은혜에 감사하게 됩니다.

예수께서 하나님의 비밀이 제자들에게만 주어졌다고 말씀하셨습니다. 이것이 성도의 큰 기쁨입니다. 군중과 거의 다를 바 없지만 그래도 하나님 나라의 비밀을 아는 사람들이었습니다. 이 사람들을 통하여 하나님 나라가 확장되고 발전될 것을 나타내고 있습니다.

마태복음에서는 "왜 비유로 말씀하시는 것입니까", 누가복음에서는 "비유의 의미가 무엇입니까"를 물었습니다. 그래서 비유로 말씀하신 이유를 밝히고 있습니다. 나중에는 비유의 구체적인 의미까지 밝혀주십니다. 여러 가지의 비유를 들은 제자들은 쉽게 이해하거나 납득이 되지 않았습니다. 그래서 질문을 하게 된 것입니다.

하나님 나라의 비밀입니다. 유대인과 이방인에게까지 알려진 계시의 말씀, 복음을 가리킵니다. 비밀은 알 만한 사람만 아는 것입니다. 들을 귀 있는 자만 듣는 것이고, 예수가 하나님의 아들이라고 고백하는 사람만 알 수 있는 내용입니다. 결국 하나님 나라는 예수 그리스도에 의해서 세워지는 나라이고, 예수님만이 세우실 수 있는 나라임을 가르치고 있습니다.

외인들에게 비유로 하는 것은 듣고 보아도 깨닫지 못하도록 하기 위함이라고 지적하셨습니다. 외인은 복음을 들었지만 마음의 완악함 때문에 믿지 않거나 받아들이지 않은 사람을 가리킵니다. 마음이 완악한 것은 인격의 부재이고, 하나님 나라의 비밀을 모르는 사람입니다.

비유의 목적이 완악한 자들에게 천국 비밀을 감추기 위함입니다. 천국 비밀은 하나님 나라의 비밀을 말합니다. 왜냐하면 외인들은 처음부터 복음을 받아들이고 회개할 마음이 없다는 것이지요. 그러니까 심지어 외인들이 회개하고 사죄를 받을까 두렵다는 말씀까지 하셨습니다.

회개가 무엇입니까? 인간이 하나님에게로 의지적이고 근본적으로 돌이키는 것을 말합니다. 죄악과 무지에서 구원자 예수께로 돌이키는 것을 가리킵니다. 주님께서 "지금 아버지께서 이끌지 않으시면 내게 올수 없다"고 하자 많은 사람이 배교했습니다. 소수의 무리와 제자들만 따랐습니다. 사람들은 돌아섰습니다. 배교합니다, 배신합니다, 등을 돌립니다.

사람들은 예수님의 비유의 말씀을 들어도 이해하지 못했습니다. 구원에 이르는 믿음 생활이 아니었습니다. 무관심과 불신앙이 마음을 사로잡았습니다. 말씀을 들으려고 노력하지도 않거니와 객관적으로 들으려고 힘쓰지 않았습니다. 이사야 선지자 시대처럼 마음이 굳어버렸습니다. 무감각해졌습니다. 아무런 부끄러움도 가지지 않았습니다. 이것이 화인 맞은 양심입니다. 예수님 당시에 많은 무리가 돌아섰기 때문에 말씀하신 내용입니다.

여러분은 열린 마음, 부드러운 마음, 겸손한 마음을 소유해서 하나님의 말씀을 귀담아 듣고 실천하여 열매 맺는 그리스도인들이 다 되기를 바랍니다.

2. 제자들의 무지

제자들은 천국 비밀에 대하여 아는 것이 없었습니다. 무지했습니다. 예수님이 연속적으로 활동하고 역동적으로 설교하시며 전파하셨지만,

아는 것이 없었습니다. 인간은 직관적으로 아는 지식도 있습니다. 통찰력을 동원하여 아는 것도 있습니다. 그러나 제자들은 천국에 대하여 잘 알지 못한, 무지한 사람들이었습니다. 마가가 본 제자들의 모습이었습니다. 여러분은 천국에 대하여 유식한 사람들입니까?

씨 뿌리는 자의 비유를 이해하지 못한다면 어떻게 다른 비유를 이해하겠느냐? 그래서 예수께서 제자들을 책망하신 것입니다. 무지를 책망하셨습니다. 다수의 배교 가운데 제자들이 배교하지 않은 것은 천만다행한 일입니다. 예수를 버리지 않고 끝까지 따르는 것은 좋은 점, 위대한 점이라고 말할 수 있습니다.

제자는 끊임없이 배워야 하고 닮으려고 노력하는 자입니다. 마가복음 6장 52절에 "이는 그들이 그 떡 떼시던 일을 깨닫지 못하고 도리어 그 마음이 둔하여졌음이러라"라고 했습니다. 마음이 둔하여지면 깨달음이 적은 사람이 됩니다. 마음은 민첩할수록 좋습니다.

마가복음 7장 18절에 "예수께서 이르시되 너희도 이렇게 깨달음이 없느냐 무엇이든지 밖에서 들어가는 것이 능히 사람을 더럽게 하지 못함을 알지 못하느냐?"라고 했습니다. 사람의 입으로 들어가는 것이 사람을 더럽게 하는 것이 아니라 사람의 입에서 나오는 것이 사람을 더럽게 만드는 것입니다. 그것을 모르는 존재가 사람입니다.

마가복음 8장에는 예수께서 바리새인들의 누룩과 헤롯의 누룩을 주의하라고 말씀하셨습니다. 제자들은 쉽게 이해하지 못했습니다. 그래서 수군거리기 시작했습니다. 그때에 예수께서 하신 말씀이 무엇입니까? "너희가 어찌 떡이 없음으로 수군거리느냐 아직도 알지 못하며 깨닫지 못하느냐 너희 마음이 둔하냐 너희가 눈이 있어도 보지 못하며 귀가 있어도 듣지 못하느냐 또 기억하지 못하느냐"라고 말씀하셨습니다.

씨 뿌리는 자의 비유는 다른 비유를 해석하고 설명하는 데 기초가 되는 비유입니다. 마가는 다른 비유들을 해석하지 않습니다. 설명하지도 않습니다. 씨 뿌리는 자의 비유를 이해할 때 다른 비유들도 이해할 수 있기 때문입니다.

성령께서 우리에게 충만히 역사해서 하나님의 은혜가 풍성하기를 바랍니다. 성령의 은혜로 많은 것을 깨달아 아는 영적인 사람이 되기를 바랍니다.

3. 씨 뿌리는 자의 비유

예수께서 씨 뿌리는 자의 비유를 설명하셨습니다. 씨를 뿌리는 것은 말씀을 뿌리는 것입니다. 말씀은 진리입니다. 말씀은 하나님 나라의 비밀입니다. 말씀은 믿는 자에게 구원을 주는 유일한 도구입니다. 예수님은 많은 무리 앞에서도 말씀을 뿌리셨습니다. 사람들이 다 떠난 다음에도 계속하여 뿌리셨습니다. 사도들은 말씀을 뿌리기 위해 부름 받은 자들입니다. 우리는 이런 사명이 없을까요? 우리에게는 이런 의무나 책임이 없을까요? 똑같이 있습니다. 역사의 종지부를 찍는 순간까지 계속해서 있어야 할 일이 말씀의 씨앗을 뿌리는 일입니다.

'길 가에 뿌리웠다'는 것은 말씀을 들을 때에 사탄이 즉시 와서 뿌려진 말씀을 빼앗아 가는 것을 가리킵니다. 길 가 밭의 특징이 무엇인가? 마음이 굳어져 말씀의 씨를 사탄에게 빼앗기는 자들입니다. 하나님의 말씀을 듣기는 들어도 받아들이지 못하는 자들입니다. 이런 사람의 결과는 사탄에게 귀한 하나님의 선물인 말씀을 빼앗기는 것입니다.

사탄은 악한 자, 마귀, 바알세불이라고 말하는 존재입니다. 인간에게 죄와 질병과 사망을 가져다 주는 존재입니다. 성도를 미혹하는 존재입니다. 사람의 마음 속까지 자유자재로 출입하는 존재입니다. 그러나 예수님은 시험에서 승리하셨습니다. 십자가와 부활을 통하여 이기셨습니다. 성도들도 예수의 이름으로 승리할 줄로 믿습니다.

'돌밭에 뿌리웠다'는 것은 말씀을 들을 때에 즉시 기쁨으로 받지만 뿌리가 없어서 인내하지 못하고 환난이나 고난이 있을 때 쉽게 넘어지는 자를 가리킵니다. 즉시 기쁨으로 받기는 하지만 쉽게 넘어지는 자입니다. "기쁨으로 받으나 넘어지는 자라".

하나님의 말씀을 듣고 즉각적인 반응은 보이지만 영혼이 깨어 있지 않기 때문에 뿌리를 내리지 못합니다. 환난이나 어려움, 고난이나 핍박이 있을 때는 쉽게 넘어지는 사람입니다. 시련을 견뎌내지 못하는 사람입니다.

근본적인 문제는 나무로 말하면 뿌리입니다. 마음에 뿌리를 내리지 못하는 사람입니다. 입술로만 하나님을 경외하고 사랑하는 사람입니다. 말씀을 들을 때의 사람과 시간이 지난 다음의 사람이 다른 것입니다.

'가시떨기에 뿌리웠다' 는 것은 세상의 염려와 재물의 유혹 그리고 마음에 여러 가지 욕심이 생겨서 말씀의 열매를 맺지 못하는 사람을 가리킵니다. 하나님의 말씀과 상관없는 사람입니다. 하나님의 말씀은 듣지만 세상의 염려와 재리의 유혹과 욕심이 마음을 지배하는 사람입니다. 말씀이 지배를 해야 기독교인인데 세상적인 욕심이 지배하니까 세속적인 사람입니다. 여러분의 마음에 말씀이 남아 있기를 바랍니다. 말씀이 씨앗처럼 떨어져서 성장하는 복, 열매 맺는 복이 임하기를 바랍니다. 세상의 염려나 욕심은 말씀으로 열매를 맺지 못하게 만듭니다. 하나님 나라를 위하여 살지도 못하게 만듭니다.

'좋은 땅에 뿌리웠다' 는 것은 말씀을 듣고 잘 받아들여 삼십 배, 육십 배, 백 배의 결실을 하는 사람입니다. 하나님의 말씀을 소중하게 여기는 사람입니다. 주의 말씀에 대한 자세가 자기 자신의 믿음을 증거합니다. 하나님의 말씀을 귀하게 여기는 사람이 귀한 사람입니다. 귀로만 듣는 것이 아니라 마음으로 듣고 행동으로 옮기는 사람입니다.

또 열매 맺는 사람이 귀한 사람입니다. 삼십 배, 육십 배, 백 배의 결실을 하는 사람이 좋은 사람입니다. 하나님의 사람이고 성령의 사람입니다. 우리는 성령의 열매와 빛의 열매를 맺어야 할 사람입니다. 길 가

밭이라면 회개해야 합니다. 깨달음이 있도록 기도해야 합니다. 돌밭이라면 말씀의 뿌리가 내리도록 기도해야 합니다. 가시떨기 밭이라면 세속적인 것들을 사랑하지 말고 말씀을 사랑해야 합니다. 그래서 좋은 밭으로 열매 맺는 은혜와 복이 임하기를 바랍니다.

제21강
마가복음 4장 21-25절

들을 귀 있는 자

예수께서 하나님 나라를 세우는 방법은 다양했습니다. 가르치는 방법과 복음을 전파하는 방법, 약한 자와 병든 자를 고치는 방법과 귀신을 쫓아내는 방법 그리고 섬기고 봉사하는 방법을 통해서 이루셨습니다. 그 가운데 오늘 말씀에서는 교육하는 방법, 가르치는 방법을 사용하고 있음을 발견하게 됩니다.

부모님의 말씀이나 선생님의 말씀도 잘 들어야 하지만 하나님의 말씀은 정말 잘 들어야 합니다. 신명기 28장 1-6절에 "네가 네 하나님 여호와의 말씀을 삼가 듣고 내가 오늘 네게 명령하는 그의 모든 명령을 지켜 행하면 네 하나님 여호와께서 너를 세계 모든 민족 위에 뛰어나게 하실 것이라 네가 네 하나님 여호와의 말씀을 청종하면 이 모든 복이 네게 임하며 네게 이르리니 성읍에서도 복을 받고 들에서도 복을 받을 것이며 네 몸의 자녀와 네 토지의 소산과 네 짐승의 새끼와 소와 양의 새끼가 복을 받을 것이며 네 광주리와 떡 반죽 그릇이 복을 받을 것이며 네가 들어와도 복을 받고 나가도 복을 받을 것이니라"라고 했습니다.

예수께서는 천국이나 영적세계를 이해시키기 위해서 쉬운 사건과 말로 가르치는 방법을 사용하셨습니다. 씨 뿌리는 비유나 등불에 대한 비유는 유대인 사회에서 서민들이 쉽게 이해할 수 있는 일이었습니다. 여하튼 하나님의 말씀을 강화하거나 응답의 필요성을 느끼기 때문에 비유를 베푸셨습니다.

1. 등불의 목적

"사람이 등불을 가져오는 것은 말 아래에나 평상 아래에 두려 함이냐 등경 위에 두려 함이 아니냐?" 사람이 등불을 켜서 말 아래 놓는 사람은 아무도 없습니다. 평상 아래에도 놓지 않습니다. 누구나 등경 위에 둡니다.

그 이유가 무엇입니까? 왜 등불을 밝힌 다음에 등경 위에 둘까요? 그 이유는 분명합니다. 방 안을 환하게 밝히는 데 목적이 있기 때문입니다. 그렇지 않습니까? 지금은 전기를 이용하여 불을 밝히는데 형광등을 책상 아래에 놓거나 방 구석에 설치하는 사람은 없습니다. 누구나 다 천정에 설치하여 온 방 안을 환하게 밝힙니다.

구약시대에 성소 안에는 금촛대가 있었습니다. 늘 성소 안을 밝히는 등불입니다. 출애굽기 25장 31절에 "너는 순금으로 등잔대를 쳐 만들되 그 밑판과 줄기와 잔과 꽃받침과 꽃을 한 덩이로 연결하고"라고 했고, 39-40절에서는 "등잔대와 이 모든 기구를 순금 한 달란트로 만들되 너는 삼가 이 산에서 네게 보인 양식대로 할지니라"라고 했습니다.

하나님의 교회는 세상을 밝게 밝히는 등대와 같은 단체입니다. 어두운 세상을 진리의 등불로 밝히는 단체가 교회입니다. 하나님 나라는 예수님 자신이 등불이요 빛이십니다. 그래서 예수님은 "나는 세상의 빛이라"라고 말씀하셨습니다.

여기 나타난 등불은 얇은 흙 주발에 기름이 가득 담기고 불 붙은 심지의 모습을 연상케 합니다. 평상은 식사할 때 쓰는 긴 상을 말합니다. 등불을 상 아래 놓는 경우는 없습니다. 등경 위에 놓습니다. 등불은 감추어 두기 위해 만든 도구가 아닙니다. 어두운 것을 밝히기 위해 만들어진 기구입니다.

만약 여기서 말하는 등불이 예수 그리스도를 상징한다면 얼마나 생동적인 표현입니까? 켜진 등불이요, 오신 등불이란 말이 얼마나 생생한 표현입니까? 예수님의 초기 사역은 숨겨진 것이었습니다. 많은 사람에게 천국 복음을 전파하고, 가르치며, 치료하더라도 드러나지 않게 삼가 조심했습니다. 수건으로 덮어놓거나 가리워진 것처럼 수수께끼 같은 행동이었습니다. 그래서 "드러내려 하지 않고는 숨긴 것이 없고 나타내려 하지 않고는 감추인 것이 없느니라"라고 말씀하셨습니다.

그러나 여기서는 하나님 나라를 두고 하는 말씀입니다. 씨 뿌리는 비유나 겨자씨 비유가 천국, 하나님 나라에 대한 비유이기 때문에 등불 비유도 하나님 나라에 대한 비유로 이해해야 할 것입니다. 다만 등불 비유는 비밀보다는 공개적으로 드러내는 데 목적을 가진다고 보여집니다.

등불의 위치는 어디인가? 말 아래입니까? 평상 아래입니까? 아니면 등경 위입니까? 어디입니까? 비밀이란 말이 이런 것들을 뒷받침합니다. 현재는 숨겨져 있지만 장래는 드러날 것입니다. 사람이 예수님을 정말 믿거나 알고 나면 달라집니다. 변합니다. 바뀝니다. 예수님의 사역이 현재는 숨겨져 있지만 장래에는 숨겨질 수 없고 드러날 수밖에 없는 것이었습니다.

때가 되면 모든 베일이 벗겨집니다. 비밀이 드러납니다. 누구나 알 수 있고, 볼 수 있게 나타납니다. 하나님 나라의 진정한 주인공을 알게 될 것입니다. 씨 뿌리는 사명을 가진 농부가 씨 뿌리고 수확하는 일을 하듯 주님이 모든 것의 주인공임을 알게 됩니다.

등불 비유에는 부활의 영광과 재림의 영광까지 포함되어 있습니다. 모든 성도는 사도 베드로의 말을 기억해야 합니다. "각각 은사를 받은 대로 하나님의 여러 가지 은혜를 맡은 선한 청지기같이 서로 봉사하라"

(벧전4:10)라고 했습니다. 아름다운 순종이 있을 때에 자신의 행복은 물론 교회의 행복도 찾아오는 법입니다. 물론 하나님 나라도 발전하게 될 것입니다.

2. 무엇을 듣는가?

"들을 귀 있는 자는 들으라!" '너희가 만약 들을 귀 있는 사람이라면 들으라'. 9절과 23절은 비슷한 말씀이지만 대상이 다릅니다. 9절은 영적인 일에 무지하고 관심도 없는 청중이 있는 반면 깨우침과 관심 속에 있는 무리가 섞여 있는 상황의 말씀이지만, 23절의 대상은 선별된 예수의 열두 사도들과 소수의 사람들입니다.

여러분은 들을 귀가 있습니까? 듣는 귀, 보는 눈, 깨닫는 마음은 주님의 은총입니다. 깨닫는 것이 중요합니다. 진리를 듣는 것은 영혼에 진리가 전달되는 은혜의 수단입니다. 듣는다고 다 듣는 것이 아니고, 보고 있다고 다 보는 것도 아닙니다.

특별히 믿음은 들음에서 납니다. 로마서 10장 17절에 "그러므로 믿음은 들음에서 나며 들음은 그리스도의 말씀으로 말미암았느니라"라고 했습니다. 듣는 것이 없으면 회개가 일어나지 않습니다. 믿음이 성장하지도 않습니다. 잘 들을 때 회개도 하고 믿음도 성장합니다. 인격적인 변화도 가능한 것입니다.

에베소서 1장 13-14절에 "그 안에서 너희도 진리의 말씀 곧 너희의 구원의 복음을 듣고 그 안에서 또한 믿어 약속의 성령으로 인치심을 받았으니 이는 우리 기업의 보증이 되사 그 얻으신 것을 속량하시고 그의 영광을 찬송하게 하려 하심이라"라고 했습니다.

골로새서 1장 5절에 "너희를 위하여 하늘에 쌓아 둔 소망으로 말미암음이니 곧 너희가 전에 복음 진리의 말씀을 들은 것이라"라고 했습니다. 말씀은 은혜의 수단입니다. 성령의 통로입니다. 하나님의 말씀을 듣는 것이 성도에게 가장 중요한 일입니다.

바울은 "예언을 멸시하지 말라"(살전5:20)라고 했습니다. "말씀을 전파하라 때를 얻든지 못 얻든지 항상 힘쓰라"(딤후4:2)라고 했습니다. 박윤선 목사님은 예언을 설교로 보았습니다. 설교를 멸시하지 말라는 것입니다. 목사의 설교를 통하여 은혜를 받으면 그 사람은 하나님의 사람으로 변합니다.

"너희가 무엇을 듣는가?" "스스로 삼가라!". 씨 뿌리는 비유의 말씀은 모든 비유의 기초입니다. 이 비유를 해석할 수 있으면 다른 비유도 해석할 수 있습니다. 이 비유가 모든 비유의 초석이 되기 때문입니다.

너희는 무엇을 듣는가? 군중에게 영적인 각성을 촉구하셨습니다. 예수님 말씀의 정당성입니다. 성령의 역사가 있을 때 쉽게 이해되고 비밀이 풀립니다. 비밀이 드러납니다. 우리 마음에는 기쁨이 솟아납니다. 주님은 속히 오실 것이기 때문에 잘 경청해야 합니다.

성도는 하나님의 음성을 잘 듣는 것이 아주 중요합니다. 믿음은 그리스도의 말씀을 들을 때 생기는 법입니다. 사랑하는 자의 음성을 듣지 못하면 사람은 병이 납니다. 사랑하는 자의 음성을 들으면서 산다는 것은 행복한 일입니다.

유대인들에게 있어서 등불은 사망과 생명의 상징이었기 때문에 무덤에 들어갈 때는 반드시 지참했던 기구였습니다. 여러분도 주님의 말씀을 잘 들어서 세상을 환하게 밝히는 사람, 살아 움직이는 성도로서 하나님 나라를 건설하는 복이 임하기를 바랍니다. 하나님 나라가 현재는 미약해 보이지만 반드시 강력하게 드러날 때가 있습니다.

3. 듣는 자의 자세

"너희가 무엇을 듣는가?" 스스로 삼가라는 주님의 말씀에 대한 청중들의 반응은 무엇입니까? 말씀을 간직한 자와 간직하지 못한 자의 차이점은 아주 큽니다. 정말 큰 간격이 있습니다.

첫째, 사람들은 잘 헤아립니다. "너희의 헤아리는 그 헤아림으로 너희가 헤아림을 받을 것이며 더 받으리니 있는 자는 받을 것이요 없는 자는 그 있는 것까지도 빼앗기리라"라고 말씀하셨습니다.

마태복음 7장 1-2절에 "비판을 받지 아니하려거든 비판하지 말라 너희가 비판하는 그 비판으로 너희가 비판을 받을 것이요 너희가 헤아리는 그 헤아림으로 너희가 헤아림을 받을 것이니라"라고 했습니다. 마가복음은 말로써 다시 받겠다는 뜻이고, 마태복음은 남을 비판하지 말라는 교훈입니다.

둘째, 받을 것입니다. 하나님의 말씀을 듣고 마음이 움직여서 삼가 듣는 일을 잘 하면 훗날에 더 많이 받는 일이 있습니다. 풍성하게 보상을 받습니다. 하나님 앞과 주님 앞에서 풍성한 영광이 있습니다. 그래서 하나님의 말씀을 삼가 듣는 것이 아주 중요합니다. 훗날에 풍성한 영광이 있기 때문입니다.

깨닫고 충실하게 실천하는 사람은 더 받을 것입니다. 하나님께서 주십니다. 반대로 마음이 완악하여 말씀을 거부한다면 있는 것까지 빼앗깁니다. 다시는 되찾을 수 없는 절대적 상실입니다. 아무것도 남지 않습니다. 한 달란트 맡았던 사람의 것을 빼앗아 열 달란트 맡았던 사람에게 주게 됩니다.

우리의 반응에 따르는 대가가 큰 법입니다. 순종하는 자에게는 영광이 있고, 불순종하는 자에게는 준엄한 심판이 있습니다. 하나님의 말씀을 삼가 듣고 순종하는 자에게는 구약시대나 신약시대나 다같이 하나님의 영광을 보게 됩니다. 예비해 놓으신 복과 은혜가 있게 됩니다.

사도 바울은 "너희가 전에는 어둠이더니 이제는 주 안에서 빛이라 빛의 자녀들처럼 행하라 빛의 열매는 모든 착함과 의로움과 진실함에 있느니라"(엡5:8-9)라고 했습니다.

제22강
마가복음 4장 26-32절

자라나는 씨앗과 겨자씨 비유

누구나 쉽게 이해할 수 있게 말씀해 주신 주님의 은혜를 찬양해야 합니다. 우리는 미련하고 어리석은 사람이지만 하늘의 비밀을 깨닫고 살게 하신 하나님의 은혜를 찬양해야 합니다. 그래서 예수님이 마태복음 11장 25-26절에서 "천지의 주재이신 아버지여 이것을 지혜롭고 슬기 있는 자들에게는 숨기시고 어린아이들에게는 나타내심을 감사하나이다 옳소이다 이렇게 된 것이 아버지의 뜻이니이다"라고 했습니다.

1. 자라나는 씨앗

예수께서 씨 뿌리는 자의 비유와 등불 비유 이외에 또 다른 비유로 말씀하셨습니다. 하나님 나라의 특성을 말씀하실 때 농부가 씨앗을 땅에 심는 것에 비유하셨습니다. 농부가 땅에 씨앗을 뿌리거나 심습니다. 하루하루 지내는 동안 씨는 싹을 틔우고 자라서 성장합니다. 농부는 씨앗의 성장에 대한 신비를 다 이해하지 못합니다.

그래서 자라나는 비유라고 표현합니다. 씨 뿌리는 자의 비유와 자라나는 씨앗 비유의 차이점이 무엇일까요? 씨 뿌리는 자의 비유는 받아들이는 사람의 마음 상태에 따라 달라지는 것을 가르친다면 자라나는 씨앗 비유는 하나님 나라가 가지고 있는 역동성, 은밀성을 강조하는 것입니다.

그리고 씨 뿌리는 자의 비유에서 씨를 뿌리는 자가 예수 그리스도나 하나님이라면, 자라나는 씨앗 비유에서는 복음을 전하는 인간을 가리킵니다. 물론 공통점은 씨가 말씀이고, 하나님 나라에 대한 비유라는 점에서 동질적인 의미를 갖게 됩니다.

또 자라나는 씨앗 비유에서 강조점이 있다면 씨앗의 생명력입니다. 농부에 대한 설명이나 씨앗을 맡은 사람의 상태를 가리키지 않습니다. 씨앗이 땅에 떨어졌을 때 발아하여 싹이 트고, 자라나며, 이삭이 패고 열매를 맺는, 오직 씨앗의 생명력이 강조된 것뿐입니다.

열매는 농부가 아니라 땅이 싹을 틔우고 이삭이 돋아 나오게 하는 과정을 거쳐 낟알이 충실한 곡식으로 영글어 갑니다. 시간이 흘러 곡식이 다 익으면 농부는 낫으로 추수하게 됩니다. 모든 과정에서 묵묵히 일하시는 하나님입니다. 천국은 절대적으로 하나님의 은혜로 성장하는 것입니다. 하나님 나라는 절대적으로 하나님이 주인공이십니다. 인간은 피조물입니다.

히브리인들의 시간 개념과 우리의 시간 개념에는 약간의 차이점이 있습니다. 우리들은 아침을 출발점으로 잡고 다음날 아침까지가 하루입니다. 그런데 히브리인들은 하루가 아침에 시작해서 밤에 끝나는 것이 아니라 해질 무렵에 시작되어 다음 날 해질 무렵까지로 생각합니다. 창세기 1장을 연구해 보아도 "저녁이 되고 아침이 되니 이는 첫째 날이니라"라고 표현했습니다.

씨앗을 밭에 뿌린 농부라고 해서 씨앗의 성장 과정을 눈으로 지켜볼 수 있는 것이 아닙니다. 씨앗이 어떻게 자라나는 것인지, 생명력은 어디에서 나오는 것인지를 모릅니다. 생명력에 대해 지식적으로 추론은 하지만 감각적으로 느낄 수 있는 것은 아닙니다.

또 농부가 모르는 것이 무엇일까요? 하나님 나라의 시작과 성장 과정도 모르고 심지어 언제 어떻게 완성될지도 모릅니다. 하나님 나라는 완성을 향하여 성장해 나아가는 과정에 있습니다. 완성 되는 시간에 관하여 아는 사람은 아무도 없습니다. 그러므로 성도는 하나님 나라의 성장과 발전에 대해 깊은 관심을 가져야 하지만 모든 것을 다 알 수 있는 것은 아닙니다.

씨앗이 성장하는 과정에 농부는 개입할 수 없습니다. 씨앗은 뿌린 농부의 힘으로 자라는 것이 아니라 생명력이 있기 때문에 자동적으로 성장하는 것입니다. 하나님 나라가 그런 나라입니다. 바울은 심었고 아볼로는 물을 주었지만 오직 씨앗이 자라나게 하신 분은 하나님이십니다. 복음의 씨앗을 사람이 뿌리지만 자라나게 하시는 분은 오직 하나님이십니다. 씨앗이 곡식으로 열매가 될 때까지 계속 자라가듯 하나님 나라도 완성을 향하여 성장하고 발전해 가는 나라입니다.

성도들은 종말론적으로 완성될 하나님 나라를 바라보면서 현재적으로 당하는 고통과 불안한 요소들을 감당하거나 이겨나가야 할 것을 가르치고 있습니다. 바울처럼 복음을 위한 고난, 그리스도의 몸된 교회를 위하여 남은 고난을 내 육체에 채우는 사람이 됩시다.

2. 겨자씨 비유

예수께서 또다시 하나님 나라를 어떻게 비유하여 말씀하셨을까요? 주의를 집중시키신 주님이 겨자씨 비유로 말씀하셨습니다. 겨자씨 비유는 하나님 나라에 대한 비유입니다. 마가는 겨자씨 비유만 기록했지만, 마태와 누가는 누룩 비유까지 기록해 주었습니다.

겨자씨 비유의 초점은 성장, 하나님 나라의 확장입니다. 누룩 비유가 내적인 변화를 강조한다면 겨자씨 비유는 하나님 나라의 외적인 성장을 강조한 비유입니다. 천국은 신비롭고 영적인 나라입니다. 천국은 미약해 보이지만 나중에는 창대해지는 나라입니다.

분명히 천국은 성장하고 자라나는 성격이 있는 나라입니다. 예수님께서 씨 뿌리는 자의 비유와 자라나는 씨앗에 대한 비유를 말씀하신 다음에 다른 특성을 이해시키기 위하여 겨자씨 비유를 말씀하신 것입니다.

겨자씨는 지상에서 가장 작은 씨 중의 하나입니다. 겨자씨는 처음에는 가장 작은 씨앗이지만 자라난 후에는 공중의 새들이 깃들일 정도로 성장하는 나무입니다. 사막에서는 사람까지 그늘에서 쉴 정도로 성장하는 나무입니다. 제가 이스라엘 나라를 방문했을 때 겨자씨 나무를 관찰해 보니 2-3미터로 성장하는 경우를 보았습니다. 물론 씨앗도 채취해 보았습니다.

예수님은 마태복음과 누가복음 17장에서 최소한의 믿음을 말할 때도 겨자씨를 비유로 설명하신 사실도 있습니다. 미약한 시작과 거대한 완성이 특징입니다. 아주 대조적입니다. 예수님은 초라하게 시작하셨습니다. 출생부터 마굿간입니다. 그리고 열두 사도로 출발해서 칠십 명의 전도자들입니다. 오늘날도 그렇지 않습니까? 세계 인구의 삼분의 일 정도가 하나님의 백성입니다. 천국은 처음과 나중이 너무나 대조적으로 다른 나라입니다. 시작은 미약했지만 나중은 창대해지는 나라입니다. 겨자씨는 채소라기보다는 거대한 관목입니다.

하나님 나라는 누구나 들어와서 쉴 수 있고 안식할 수 있는 나라입니다. 유대인들이 개같이 여기던 사마리아인들도 회개하고 복음을 믿고 들어오기만 하면 영원한 생명과 안식을 누릴 수 있는 나라가 하나님 나라입니다.

하나님 나라의 발전을 나무에 비유한 곳이 많습니다. 시편 104편 10-12절에 "여호와께서 샘을 골짜기에서 솟아나게 하시고 산 사이에 흐르게 하사 각종 들짐승에게 마시게 하시니 들나귀들도 해갈하며 공중의 새들도 그 가에서 깃들이며 나뭇가지 사이에서 지저귀는도다"라고 표현했습니다.

에스겔 17장 23절에서도 "이스라엘 높은 산에 심으리니 그 가지가 무성하고 열매를 맺어서 아름다운 백향목이 될 것이요 각종 새가 그 아래에 깃들이며 그 가지 그늘에 살리라"라고 했습니다.

다니엘 4장 10-12절에 "내가 침상에서 나의 머리 속으로 받은 환상이 이러하니라 내가 본즉 땅의 중앙에 한 나무가 있는 것을 보았는데 높이가 높더니 그 나무가 자라서 견고하여지고 그 높이는 하늘에 닿았으니 그 모양이 땅끝에서도 보이겠고 그 잎사귀는 아름답고 그 열매는 많아서 만민의 먹을 것이 될 만하고 들짐승이 그 그늘에 있으며 공중에 나는 새는 그 가지에 깃들이고 육체를 가진 모든 것이 거기에서 먹을 것을 얻더라"라고 했습니다. 하나님 나라는 나무가 성장하여 그늘과 새들의 안식처가 되는 것처럼 발전하고 성장하는 성격이 있는 나라입니다.

3. 결론이 무엇인가?

예수님은 지혜로운 교사이십니다. 많은 청중이 모였을 때 모든 사람이 '알아들을 수 있는' 비유로 천국을 설명하셨습니다. 어떤 역본에서는 '이해할 수 있는 만큼만'으로 번역했습니다. 이해할 수 있는 정도까지만 설명하거나 비유로 말씀하신 것입니다. 때때로 열두 사도들도 다 이해하지 못하여 질문했습니다. 많은 군중도 그러했습니다.

예수님은 청중으로 하여금 친근감 있는 소재로 말씀하셨습니다. 쉽게 알아들을 수 있도록 비유로 말씀하셨습니다. 씨 뿌리는 자의 비유나 자라나는 씨앗 비유는 누구나 쉽게 알아듣고 이해할 수 있는 내용입니다. 등불에 대한 비유도 그렇습니다. 서민적인 비유입니다. 누구나 등불을 저녁마다 켜고 사는 사회였기 때문입니다. 겨자씨 비유도 그렇지요. 팔레스틴 지방에서 흔히 볼 수 있는 나무입니다. 쉽게 찾을 수 있는 식물로 말씀하셨습니다.

다만 일반 청중에게는 오직 비유로만 말씀하셨습니다. 마태복음 13장 10절에 "제자들이 예수께 나아와 이르되 어찌하여 그들에게 비유로 말씀하시나이까"라고 질문할 정도였습니다. 거기에 대한 대답은 "천국의 비밀을 아는 것이 너희에게는 허락되었으나 그들에게는 아니되었나니 무릇 있는 자는 받아 넉넉하게 되되 없는 자는 그 있는 것도 빼앗기리라"라고 말씀하셨습니다.

또 마태복음 13장 34-35절에 보면 "예수께서 이 모든 것을 무리에게 비유로 말씀하시고 비유가 아니면 아무 것도 말씀하지 아니하셨으니 이는 선지자를 통하여 말씀하신 바 내가 입을 열어 비유로 말하고 창세부터 감추인 것들을 드러내리라 함을 이루려 하심이라"라고 했습니다.

그리고 예수님은 홀로 계실 때에는 제자들에게 비유의 의미를 해석해 주셨습니다. 씨 뿌리는 자의 비유도 설명해 주셨습니다. 자라나는 씨앗도 설명해 주셨습니다. 겨자씨 비유나 누룩 비유도 설명해 주셨습니다. 개인적인 만남이나 소수의 무리에게 가르쳐 주셨습니다. 지금도 성경 말씀을 가지고 기도하면 깨닫기를 원하는 사람에게 가르쳐 주시는 하나님! 성령님이십니다.

그러나 중요한 것은 예수께서 십자가를 지시고 부활을 하시기 전까지 비유는 한시적이었습니다. 십자가와 부활을 이루시고 승천하신 다음에 예수님의 비밀이 세상에 알려지게 되었습니다. 성령께서 복음을 전하는 자들의 입을 통하여 많은 성도들이 깨닫게 되었습니다.

결국 하나님 나라는 성장하는 나라입니다. 내적이고 영적인 성장도 하고, 외적인 성장도 하는 나라입니다. 여러분도 하나님 나라의 일꾼으로서 교회를 위하여 보람있게 일할 수 있기를 바랍니다.

제23강
마가복음 4장 36-41절

바람과 바다

마가는 지금까지 네 가지 비유와 해석을 기록해 주었습니다. 씨 뿌리는 비유, 등불 비유, 자라나는 씨앗 비유, 겨자씨 비유입니다. 이제부터는 네 가지 이적을 기록해 주었습니다. 큰 광풍을 잔잔하게 하시는 이적, 군대 귀신을 쫓아내는 이적, 혈루증 앓는 여인을 고쳐주는 이적, 야이로의 딸을 살리는 이적입니다.

우리가 주목해야 할 점이 무엇일까요? 네 가지 이적의 전제는 믿음입니다. 공통된 주제가 믿음입니다. 믿음이 있으면 기적과 이적과 능력이 나타나는 법입니다. 예수가 하나님의 아들이라는 믿음이 이적을 가능하게 만듭니다. 영적인 존재, 영적인 세계까지 통치하실 수 있는 하나님의 아들이십니다.

마가는 로마의 박해와 시련과 고통 속에 있는 성도들에게 하나님의 아들이신 예수는 믿을 만한 분이고, 예수를 믿는 자에게 그러한 능력과 은혜가 임할 것을 말하고 있습니다.

1. 제자들과 예수님의 동행

제자들이 예수님을 배에 모시고 갈릴리 맞은편으로 건너가게 되었습니다. 선상 설교를 하시게 되었습니다. 날이 저물 때에 예수께서 제자들에게 갈릴리 바다를 건너가자고 말씀하셨습니다. 그래서 제자들이 무리를 남겨 둔 채 예수님을 모시고 갈릴리 바다를 건너가게 된 것입니다. 다른 여러 척의 배들도 예수께서 타신 배를 따라갔습니다.

예수님은 병도 고치시고 회당에서 가르치시며, 바다에서든지 성전에서든지 사람이 있는 곳이라면 늘 하나님의 일을 감당하셨습니다. 식사할 겨를도 없었습니다. 피곤해서 쉬실 만도 한데 그렇게 하지 않으셨습니다. 이미 저녁일텐데 또 갈릴리 바다를 건너가자고 제안하셨습니다. 주님은 하나님의 종으로서 끊임없이 일하셨습니다. 정말 죽도록 충성하셨습니다. 하나님의 일, 선한 일을 할 수 있을 때 하기 바랍니다.

우리가 년말이 되면 늘 자책감을 가지곤 합니다. 충성하지 못한 잘못을 고백하기도 합니다. 그런데 해가 거듭할수록 새롭게 헌신하고 봉사하는 것은 점점 줄여가고 있습니다. 이것이 자기 자신에게 불행이라는 것을 알고 있지만 그래도 그렇게 진행하고 있습니다.

"우리가 저편으로 건너가자"라고 말할 수 있는 사람이 될 수는 없을까? 힘들고 피곤하지만 그리고 능력도 부족하고 아는 것도 별로 없는 사람이지만 해마다 더 주님의 일을 늘려가고 헌신과 봉사를 늘려갈 수는 없을까?

저편에 대하여 아마도 가버나움 회당에서 가로질러야 가는 거라사 지방일 것이라고 짐작합니다. 거라사가 맞는다면 갈릴리 바다 동편의 데가볼리 지방에 속한 곳입니다. 물론 많은 무리를 피하여 거라사 땅으로 가시면서 휴식도 취하시고, 제자들을 양육해야 하는 사명도 있었습니다. 그런데 정말 중요한 이유는 이방인의 땅에 복음을 전하시기 위한 의도였습니다. 물론 병자도 고치실 것입니다.

예수께서 공생애 가운데 이방인의 땅을 방문하신 적이 몇 번 있었습니다. 마가복음 4장과 7장에 나타난 두로와 시돈 지방입니다. 그 전체 지역을 데가볼리 지역이라고 부르는데 두 번 방문하신 것으로 보여집니다.

예수님이 아버지께서 이끌지 않으시면 내게 올 수 없다는 말씀과 비유 설교를 할 때 큰 무리가 떠났습니다. 그러나 다른 배를 이용하여 예수님을 따르는 무리는 귀가 열린 사람들입니다. 들을 귀가 있는 자들입니다. 예수님의 가르침에 대하여 관심을 보인 자들입니다. 예수님과 끝까지 동행하는 사람들이었고, 함께하는 사람들이었습니다.

아마 마가의 기록에 의하면 훗날 초대교회를 이루는 데 중요한 역할을 했던 사람들로 이해합니다. 사도행전 1장 15절에 "모인 무리의 수가 약 백이십 명이나 되더라"라고 했습니다. 고린도전서 15장 6절에 "그 후에 오백여 형제에게 일시에 보이셨나니 그 중에 지금까지 대다수는 살아 있고 어떤 사람은 잠들었으며"라고 했습니다.

사랑하는 성도 여러분! 우리는 열두 사도는 될 수 없습니다. 다 목사일 수 없고 다 장로일 수 없습니다. 그러나 주님의 인도하심을 따라 어디든지 갈 수 있는 성도들입니다. 주의 인도하심을 따라 심판하는 자리까지 나아가서 승리하는 그리스도인들이 됩시다.

2. 큰 광풍이 일어나다

갈릴리 바다를 건너는 도중에 큰 광풍이 일어났습니다. 거친 물결이 배에 부딪치게 되고, 배에는 물이 가득차게 되었습니다. 예수님은 배의 뒷머리에서 베개를 베고 편안히 주무시고 계셨습니다.

제자들은 자기의 경험을 동원하여 노를 저어보지만 어떻게 할 수가 없었습니다. 제자들은 자기들이 죽을 것이라고 생각했습니다. 그래서 소리를 치며 예수님을 깨웠습니다.

구약시대에 나타난 요나 사건을 연상하게 만듭니다. 요나 때도 큰 폭풍이 일어났습니다. 배가 거의 깨어지게 되었습니다. 제자들과 예수님이 탄 배도 물이 가득차게 되었고, 정말 긴박한 상황이 전개되고 있었습니다. 배가 침몰되는 위기를 맞게 된 것입니다.

요나가 깊이 잠들었을 때 다른 사람들이 '자는 자여 어찜이냐?' 깨우듯이 예수님도 깊이 주무셨습니다. 그러나 요나가 폭풍을 잔잔하게 하는 방법과 예수님께서 폭풍을 잔잔하게 하는 방법은 완전히 달랐습니다. 어떻게 달랐을까요?

요나는 자기 자신이 하나님의 뜻을 저버리고 불순종하여 폭풍이 일어난 것을 알고 자신을 바다에 던지라고 말했습니다. 정말 요나는 바다에 던져진 존재입니다. 그러나 예수님은 권세 있는 말씀으로 바람과 바다를 잠잠하게 만드셨습니다. 요나는 풍랑을 일으킨 장본인이라면 예수님은 폭풍을 잠잠하게 하신 분이십니다.

성지순례 때 갈릴리 바다를 보았듯이 해수면보다 200미터나 낮은 곳입니다. 주변은 높은 산으로 둘러싸인 바다입니다. 가끔 돌발적으로 큰 폭풍이 일어나는 바다입니다. 헬몬산에서 요단 계곡으로 이상 기류가 흐르는 경우에 바람이 갈릴리 바다를 향하여 떨어지듯 불기 때문에 큰 파도가 발생하는 것입니다.

제자들과 예수께서 갈릴리 바다에서 거라사 지방을 향해 가고 있을 때 폭풍이 일어났고 배에 물이 계속하여 들어오고 있었습니다. 물이 배에 가득차게 되었습니다. 침몰 직전의 상황입니다.

마태도 물결이 배에 덮이게 되었다고 기록했고, 누가는 위태했다고 기록하고 있습니다. 정말 생명의 위협을 느끼는 순간이었습니다. 그런데 놀라운 사실은 예수께서 고물에서 베개를 베고 주무시고 계셨습니다. 고물이란 선미, 배의 뒤쪽을 가리킵니다.

제자들의 상황과 예수님의 상황은 너무나 대조적입니다. 한쪽은 당황하고 생명의 위협을 느끼면서 허우적거리는 상황이고, 다른 쪽은 평안하고 안식하는 상황입니다. 똑같은 입장인데 왜 이런가? 이럴 수가 있는 것인가?

여러분은 어느 쪽입니까? 정치에 대하여 실망하고 경제적인 위기에 대하여 비판하고 못살겠다고 허우적거리는 상황입니까? 아니면 그런 와중에도 평안하고 안식하고 행복하여 미소를 짓는 사람입니까?

근본적인 대답은 하나님의 아들을 믿는 믿음의 문제입니다. 신앙의 문제요, 믿음의 문제입니다. 예수님은 종으로 살고 있지만 하나님의 아들이십니다. 하나님의 성품을 가진 분이십니다. 그분이 하나님이십니다. 제2위 신이십니다. 하나님이예요. 믿습니까?

3. 예수님의 반응이 무엇입니까?

마태는 마태복음 8장에서 이 사건을 기록하면서 간구하는 모습으로 기록해 주었습니다. 누가는 누가복음 8장에서 도움을 요청하는 태도로 기록한 반면, 마가는 "선생님이여 우리가 죽게 된 것을 돌보지 아니하시나이까?"라고 기록했습니다. 이 말을 직역하면 다른 사람들은 살려고 다 노력하는데 어찌 잠이나 자고 있습니까? 이런 의미입니다.

첫째로 예수님이 바람과 바다를 향해 '잠잠하라'라고 명령하셨습니다. 바람을 꾸짖고 바다에게 '잠잠하고 고요하라'라고 하셨습니다. 바람을 책망하셨습니다. 바다에게 잠잠하고 고요하라고 명령했습니다. 그런데 이게 웬일입니까? 아주 평온해졌습니다. 평온한 상태로 바뀌었습니다.

아니 이 세상 어느 누가 바람과 바다를 책망하면 듣습니까? 예수님은 베드로를 향해서도 책망하셨습니다. 귀신을 향해서도 책망하셨고, 베드로의 장모의 열병을 향해서도 책망하셨습니다. 그리고 바람과 바다를 향해서도 책망하셨습니다.

이게 무슨 의미일까요? 우리에게 말하는 마가의 메시지가 무엇일까요? 예수님은 하나님의 아들로 우리의 메시야이십니다. 인간은 물론 자연계, 질병뿐 아니라 영적인 세계까지 다스리는 하나님이십니다. 예수님의 권세, 권위는 한없이 컸습니다.

인간이 범죄했을 때 자연계까지 저주를 받아 반발하는 성향이 있습니다. 하나님의 사업을 방해하는 경향도 있습니다. 지금도 비가 오지 않아 우리가 얼마나 애타게 기도합니까? 42년 만의 가뭄이라, 100년 만의 가뭄이라고 말합니다. 계속적으로 기도하여 영육간에 하나님의 은총과 복이 넘치기를 바랍니다.

둘째로 예수님께서 말씀하신 내용이 무엇입니까? "어찌하여 이렇게 무서워하느냐 너희가 어찌 믿음이 없느냐?"라고 하셨습니다. '너희가 아직도 믿음이 없느냐' 입니다. 제자들의 불신앙, 불신을 책망했습니다. 믿음 없음을 책망했습니다. 어찌하여 놀라며 무서워하느냐? 왜 그렇게 믿음이 없느냐? 제자들을 꾸짖고 책망했습니다. 믿음이 없으면 두려움과 공포만 남습니다.

제자들의 반응이 무엇입니까? 책망하는 음성에 반기를 들었을까요? 주님의 책망에 대하여 오해를 했을까요? 바람과 바다도 순종하는 예수님을 보고 심히 두려워했습니다. 왜 두려워했을까요? "그가 누구이시기에 바람과 바다도 순종하는가"라고 했습니다. 예수님이 누구신지 모르고 있습니다.

천지만물을 창조하신 하나님을 신뢰하는 믿음의 차이입니다. 하나님께서 모세를 통하여 이스라엘 백성에게 무슨 약속을 하셨습니까? 가나안 땅에 들어가면 복을 내려 주시는데 어떻게 주실까요?

레위기 26장 6-7절에 "내가 그 땅에 평화를 줄 것인즉 너희가 누울 때 너희를 두렵게 할 자가 없을 것이며 내가 사나운 짐승을 그 땅에서 제할 것이요 칼이 너희의 땅에 두루 행하지 아니할 것이며 너희의 원수들을 쫓으리니 그들이 너희 앞에서 칼에 엎드러질 것이라"라고 했습니다.

그래서 마태는 예수님을 '주여' 라고 기록했지만 누가는 '주여' 와 '선생' 을 혼용하여 사용했습니다. 마가는 아예 일반화시켜 '선생님이여' 라고 부르고 있는 것입니다. 이것을 볼 때 제자들이 예수께서 하나님의 아들이심을 믿지 않고 있는 상황이었습니다.

예수님이 창조주로서 천하만물을 통치하시고 다스리시는 분이심을 이해하지 못하고 있었던 것입니다. 영적인 무지입니다. 인간적인 스승으로만 이해하고 있고 이적이나 베푸는 사람으로 생각하는 정도였습니다. 여기서 사람의 행불행이 결정납니다.

사랑하는 성도 여러분! 예수님은 누구십니까? 하나님이십니다. 하나님의 아들이십니다. 우리의 구원자이십니다. 나의 인격을 바꾸실 수 있는 분이십니다. 삶의 행복을 안겨주실 분이십니다.

제24강
마가복음 5장 1-20절

군대 귀신과 돼지 떼

거라사는 종종 다른 이름으로 불리웠습니다. 가다라(마8:28), 게르게사(오리겐), 거라사(눅8:26) 등입니다. 거라사 지방은 갈릴리 바다의 동편 해안가의 작은 도시입니다. 거라사 지방에 역사적인 이적과 능력이 나타났습니다. 사람들의 박해와 배척 속에서도 예수님은 종으로서의 삶, 하나님의 일을 묵묵히 감당하셨습니다.

저는 1988년도 성지순례 때 거라사 지방을 방문하여 기념 교회당을 보았습니다. 물론 지금은 지진에 다 무너지고 교회의 흔적만 남아 있을 뿐입니다.

과연 이적과 기적은 자연적인 힘에 의해서 일어나는 것인가 아니면 위대한 하나님의 절대적인 능력인가? 우리는 하나님의 절대적인 능력에 의해서 이적이나 기적이 일어난다고 믿습니다. 거라사 지방에 무슨 이적이 일어났습니까?

1. 거라사의 군대 귀신들린 자

예수께서 선상 비유를 설교하신 다음 갈릴리 바다를 건너 거라사 지방에 가셨습니다. 물론 가는 도중에 큰 폭풍을 만났지만 잠잠하게 하셨습니다. 이것은 예수님이 종으로 섬기고 있지만 하나님의 아들, 하나님이심을 드러낸 사건이었습니다.

예수께서 배에서 내리자마자 더러운 귀신들린 한 사람을 만나게 되었습니다. 예수님이 하나님 나라를 확장하기 위해서 배에서 내리셨다면 사탄은 자기의 영역을 빼앗기지 않기 위해서 무덤 사이에서 달려나온 상황입니다. 이 세상은 영적인 전쟁터입니다. 공중의 권세 잡은 자와 성령의 싸움터입니다. 우리는 예수의 좋은 군사로 사는 것이 정말 중요합니다. 사탄은 사람에게 멸망과 죽음을 가져다 주지만 예수님은 구원과 생명을 선물로 주시는 분이십니다.

군대 귀신들린 사람의 형편을 묘사합니다. 귀신들린 자는 정신 이상적인 병이나 일반적인 질병이 아닙니다. 간질도 아닙니다. 말 그대로 귀신들린 자입니다. 귀신이 사람 몸 안에 거주하게 됩니다. 귀신이 얼마나 사악하고 세력이 있고, 잔인한 존재입니까? 사람을 완전히 망가뜨립니다. 인격도 삶도 망가뜨립니다.

사탄은 잔인합니다. 귀신들린 자가 살고 있던 곳이 어디입니까? '무덤 사이' 입니다. 무덤 사이에서 달려나왔습니다. 무덤은 죽은 사람이 누워 있는 곳입니다. 살아 있는 사람이 살 곳이 아닙니다. 귀신들린 사람만이 무덤 사이에서 사는 것이 아닙니까? 그런데 외국의 경우에 무덤에서 생활하는 사람이 점점 늘어나는 추세입니다.

또 귀신들린 자가 힘이 넘쳐났습니다. 어떤 쇠사슬로도 맬 수 없는 사람이었습니다. 쇠고랑과 쇠사슬을 끊고 깨뜨렸습니다. 족쇄나 수갑은 소용이 없었습니다. 그러니 어떤 사람도 제어할 수 없었습니다. 통제가 불가능한 사람이었습니다. 그러나 예수님의 권세가 더 강합니다. 군대 귀신도 제어할 수 있습니다. '예수님 권세 내 권세!' 믿습니까?

지금 이 시대가 어떤 시대입니까? 아무도 못말리는 시대입니다. 담배 피는 것이나 술 마시는 것이나 시끄럽게 떠드는 것이나 얼굴만 쳐다

보아도 묻지마 살인을 하는 시대입니다. 교회에 다니면서도 목사가 진리를 외치지 못하게 말하는 시대입니다. 말이 강하면 다른 교회로 옮긴다는데, 이 얼마나 더러운 세상입니까?

또 귀신들린 사람은 밤이나 낮이나 무덤 사이와 산에서 소리를 질러댔습니다. 돌로 자기의 몸을 상하게 하여 피를 흘리는 사람이었습니다. 정말 처참한 사람입니다. 상상만 해도 끔찍합니다. 하나님의 형상을 닮은 인간을 이렇게 비참하게 만드는 존재가 바로 사탄입니다. 자기 생명이 얼마나 귀한지를 모르는 사람입니다. 하나님도 두려워하지 않습니다. 육체적으로나 정신적으로 옳은 길을 모릅니다. 지옥의 비참한 상태를 이해하지 못하는 사람입니다. 지금 시대가 이렇지 않습니까? 하나님을 두려워하지 않는 세상입니다. 자기가 하나님처럼 말하고 행동하는 시대입니다.

사탄은 사람이 망가지게 하거나 실패하는 것에 대한 책임이 없는 존재입니다. 무기력하게 넘어지게 만드는 존재입니다. 기도하지 못하게 만들어 무능력한 사람이 되도록 하는 존재입니다. 반대로 살아 계신 하나님은 성도 한 사람, 한 사람에게 관심을 가지고 계십니다. 혹 어머니가 자녀를 버릴지라도 하나님은 하나님의 자녀를 버리는 법이 없는 분이십니다.

2. 사탄의 정체가 무엇인가?

더러운 귀신들린 사람이 멀리서 예수를 보고 갑자기 달려와서 절을 합니다. 군대 귀신이 들렸지만 예수님의 권세 앞에 꼬꾸라졌습니다. 사탄은 큰 세력이 있습니다. 큰 소리로 부르짖습니다. 7절에 "지극히 높으신 하나님의 아들 예수여 나와 당신이 무슨 상관이 있나이까? 원하건대 하나님 앞에 맹세하고 나를 괴롭히지 마옵소서"라고 외칩니다.

8절에서 "이는 예수께서 이미 그에게 이르시기를 더러운 귀신아 그 사람에게서 나오라 하셨음이라"라고 기록해 주고 있습니다. 사탄도 강력한 힘과 능력을 가지고 있지만 예수님이 더욱 큰 능력과 권세가 있으신 분입니다. 이런 능력과 권세가 이방 땅에서까지 전개되고 있었습니다. 하나님은 초민족적이고 초국가적이십니다.

예수께서 사탄에게 묻습니다. "네 이름이 뭐냐?" 사탄의 정체를 물으셨습니다. 정체를 파악하기 위한 질문입니다. 이름을 물으신 이유는 권세가 없어서가 아닙니다. 예수님의 권세 앞에 복종하게 하려고 물으신 것입니다.

사탄은 정말 파괴자입니다. 훼방자입니다. 용이고 뱀입니다. 미혹하는 존재입니다. 짐승으로 표현하기도 하고, 육백육십육이라고 불려지기도 합니다. 음녀이고 바벨론이라고 부르기도 합니다. 아담과 하와를 타락시켜 인간으로 하여금 일평생 죄악의 구덩이에서 허덕이게 만든 존재입니다.

"내 이름은 군대니 우리가 많음이니이다"라고 대답했습니다. 떼귀신의 세력입니다. 귀신의 수가 많습니다. 사탄은 사람이나 교회나 세상이나 상관없이 등장합니다. 인격적인 파괴와 사람을 망가뜨리는 일에 관심이 있는 존재입니다. 이것이 사탄의 정체입니다.

여러분은 가정이나 교회를 망가뜨리고 있지는 않습니까? 자기는 옳다고 말하는 것이 사람의 인격에 손상을 입히고 교회에 시험거리를 제공하고 있지는 않습니까? 이것의 근본이 사탄입니다. 사탄이 하는 일입니다.

3. 돼지 떼에게로

사탄은 정말 사악한 존재입니다. 군대 귀신들린 자가 예수님에게 원하는 것이 있었습니다. "자기를 그 지방에서 내보내지 마시기를 간구하더니"라고 기록해 주고 있습니다. 그 지방에서 귀신이 살 만했던 모양입니다.

그러면서 마침 돼지 떼가 산 곁에서 먹고 있었는데 "우리를 돼지에게로 보내어 들어가게 하소서"라고 간구하는 것이었습니다. 돼지가 약이 천 마리나 되었습니다. 군대 귀신이 거의 이 천 마리나 되는 돼지 떼에게 들어갔습니다. 그러더니 돼지가 갑자기 바다를 향하여 비탈로 내리달아 바다에서 몰사하는 사건이 일어났습니다. 말 못하는 돼지까지 죽였습니다. 한 마리도 아니고 이 천 마리나 죽였습니다. 사탄은 사악한 존재로 사람도 망가뜨리고 짐승도 죽입니다.

사탄은 파괴하고 죽이는 존재입니다. '아불루온'이란 파괴자라는 뜻입니다. 사탄이 임하는 곳은 파괴되고 무너지게 됩니다. 반면 주님은 회복시켜 주시고 사람다운 사람으로 거듭나게 하십니다. 사람을 세워주고 승리하게 하는 것은 성령의 역사입니다. 사탄은 절대적으로 세우거나 승리하게 하는 존재가 아닙니다. 사탄은 항상 무엇이든지 안 된다고 합니다. 성령은 무엇이든지 된다고 하십니다. 물질을 희생해서 사람을 건져내는 분이 주님이십니다.

그러나 우리가 아는 한 가지가 있습니다. 사탄의 권세보다 예수님의 권세가 더욱 강하다는 사실입니다. 더러운 귀신아! 나오라! 예수님의 명령에 순종하는 존재가 사탄입니다. 예수님은 물질의 시험도 이기셨습니다. 명예의 시험도 이기셨습니다. 그리고 권세의 시험도 물리치셨습니다. 이제는 영적인 존재 사탄까지 제압하셨습니다.

특별히 예수님은 십자가에 죽으셨으나 하나님이 살리셔서 영적인 전쟁에서 승리하시고, 영화로운 하나님의 교회를 자기 피로 세우셨습니다. 헤롯 왕이 죽이려고 그렇게 노력해도 결국은 살아나셨습니다. 마귀가 별별 유혹을 해도 실패하지 않으셨습니다. 우리는 예수를 믿는 성도입니다. 승리하신 그리스도를 믿으면서 승리하는 그리스도인으로서의 삶을 살게 되었습니다.

우리의 왕은 예수님이십니다. 전도서 8장 4절에 "왕의 말은 권능이 있나니 누가 그에게 이르기를 왕께서 무엇을 하시나이까 할 수 있으랴"
라고 했습니다. 예수님은 만왕의 왕이십니다. 만주의 주가 되십니다.
왕이 승리하셨으니 우리도 승리해야 합니다.

또 하나님의 교회의 권세가 이깁니다. 음부의 권세가 어찌 할 수 없
는 권세가 교회에 있습니다. 복음을 전하는 권세, 하나님께 봉사하는
권세, 치리하는 권세가 교회에 있습니다. 교회가 기도하면 하늘에서 들
어주시는 하나님이십니다. 교회는 기도의 능력이 있습니다. 말씀의 권
세가 교회에 있습니다. 우리 교회가 더욱 그런 능력과 권세가 있는 줄
로 믿고 승리하기를 바랍니다.

4. 결과가 무엇입니까?

돼지 치던 사람들이 읍내와 촌에 두루 다니면서 도움을 요청했습니
다. 거라사 지방에 사는 사람들의 반응입니다. 귀신들린 사람과 돼지
떼에게 행하신 소식을 듣고 달려 나온 것입니다. 어떻게 된 일인가를
알아보기 위하여 달려나왔습니다.

16-17절에 "이에 귀신 들렸던 자가 당한 것과 돼지의 일을 본 자들
이 그들에게 알리매 그들이 예수께 그 지방에서 떠나시기를 간구하더
라"라고 했습니다.

거라사 사람들은 군대 귀신들린 자가 옷을 입고 정신이 온전하여
앉은 것을 보고 두려워했습니다. 그런데 이상한 반응을 보였습니다.
무슨 반응입니까? 두려워해서 믿는 것이 아니라 두려워서 거라사 지방
에서 떠나라는 반응이었습니다. 정말 인간은 반대 방향의 반응을 잘
보입니다. 그러니까 어려움 당하고 고통 당하는 경우가 허다하게 많은
것이지요.

왜 거라사 지방의 사람들은 예수님을 떠나라고 하셨을까요? 경제적
인 손실 때문입니다. 예수님이 계속하여 더 머물러 있다가는 더 많은

손실을 보겠다고 생각했습니다. 거라사 지방의 진정한 소유주가 누구
인데 떠나라고 할까요?

현시대도 이런 시대가 아닌지 생각해 봅시다. 무엇이든지 돈만 가지
면 다 된다고 생각합니다. 돈이 최고인 시대입니다. 과연 돈이 최고일
까요? 교회 때문에 그리고 하나님 때문에 손해를 보면 뭘 얼마나 손해
를 보겠습니까? 헌금이나 많이 하면서 돈을 말하면 괜찮을 것입니다.
인간이 내면 얼마나 내겠어요? 하나님의 것이라는 사상이 있기를 바랍
니다. 사람을 살렸다면 그것으로 만족할 수 있기를 바랍니다.

귀신들렸던 사람이 옷을 입었습니다. 정신이 온전해졌습니다. 앉아
있는 상황입니다. 예수께서 배에 올라 떠나가시려고 할 때 귀신들렸던
사람이 함께 있기를 간구했습니다. 그러나 예수님은 허락하지 않으셨
습니다.

다만 "집으로 돌아가 주께서 네게 어떻게 큰 일을 행하사 너를 불쌍
히 여기신 것을 네 가족에게 알리라"라고 말씀하셨습니다. 집으로 돌아
가라. 가정과 가족에게 알리라. '너의 것, 네 자신의 사람들에게로 가
라' 라는 의미입니다. 주께서 네게 큰 일을 행하신 것을 네 친족에게 말
해 주어라!

귀신들렸던 사람은 예수께서 행하신 큰 일을 말했습니다. 데가볼리
는 열 개의 읍입니다. 데가볼리에 다니면서 예수를 전파했습니다. 열
개의 도시를 다니면서 복음을 전파했습니다. 요단강 동편의 열 개의 헬
라 도시들입니다. 사람들이 기이히 여기는 반응이었습니다. 물론 믿는
사람들도 일어났습니다.

여러분은 하나님께서 무슨 일을 행하셨습니까? 다른 사람들에게 말
할 수 있는 것을 말하기 바랍니다. 내 생애를 바꾸어 놓으신 것이 무엇
인가를 생각해 보고 다른 사람에게 증거할 수 있는 성도가 되기 바랍니
다. 이상하다고 반응하는 사람도 있겠지만 그 말을 듣고 회개하는 사람
도 있을 것입니다.

제25강
마가복음 5장 21-43절

야이로의 딸과 혈루증 여인

예수님은 하나님의 아들이고 우리의 구원자이십니다. 영원하신 하나님이십니다. 다만 마가복음에서는 예수님의 사역이 종처럼 하나님과 사람을 섬기고, 자신을 다른 사람들의 대속물로 주시는 데 목적을 두고 기록하고 있습니다.

지금까지 네 가지 비유와 네 가지 이적을 기록해 주었습니다. 회당장 야이로의 딸과 열두 해를 혈루증으로 앓던 여인을 고친 사건은 세번째와 네 번째 이적을 기록한 것입니다. 예수께서 갈릴리 바다 동쪽 거라사 지방에서 더러운 귀신들린 자를 고치신 다음에 배를 타고 서쪽 지방인 가버나움 지방으로 가셨을 때 일어난 사건입니다.

이 두 사건은 마태복음 9장과 누가복음 8장에도 기록된 사건이지만 마가복음이 가장 자세하게 기록해 주고 있습니다. 이편에서 저편으로, 저편에서 또 이편으로 왔다갔다 하신 것은 하나님의 종으로서 사역에 충실하셨음을 보여주고 있습니다.

1. 야이로의 간구

예수께서 배를 타고 다시 갈릴리 바다 서편으로 건너가셨습니다. 소문을 듣고 몰려온 큰 무리가 있었습니다. 큰 무리와 예수님이 함께 있을 때였습니다. 회당장 야이로가 예수님께 달려와 엎드려 자신의 어린 딸이 죽게 되었으니 오셔서 손을 얹어 안수하여 구원을 받아 살게 해 달라고 간구했습니다. 구원과 치유를 해 주십시오.

야이로는 회당장입니다. 회당장은 회당의 우두머리, 책임자입니다. 유대 사회에서 회당장은 상당히 존경 받는 인물들이었습니다. 신앙과 덕망이 있는 사람들이었습니다. 상당히 높은 신분의 사람들이 맡았습니다. 회당장은 유대인의 신앙 공동체인 회당 모임이나 공중 예배를 주관하는 사람이었습니다. 성경 읽을 사람을 선정하거나 예배의 질서를 유지하는 사람이었습니다.

그 당시 큰 회당에는 보통 열 명의 관리자가 있었습니다. 그 중에 세 명 정도가 회당장 책임자로 수고하고 봉사하였습니다. 그러니까 야이로는 세 명의 회당장 중의 한 사람이었습니다.

이렇게 당시 사회로부터 존경받고 지도자격인 야이로가 딸의 문제 때문에 채무자가 채권자 앞에 엎드려 사정하듯, 동방 박사가 아기 예수 만왕의 왕께 엎드려 경배하듯 엎드렸습니다. 예수 그리스도의 신적인 권세 앞에 야이로는 엎드렸습니다. 아브라함이 하나님을 경외하여 엎드리듯 엎드렸습니다.

사회로부터 존경받는 사람이 해변에서 그것도 목수의 아들, 나사렛 예수에게 엎드려 간구하고 있습니다. 나이로 보아도 야이로가 더 많을 것입니다. 일반적인 사건이 아닙니다. 딸을 살리려는 아버지의 마음이겠지만 그것보다는 예수님의 신적인 권위 앞에 꿇어 엎드린 것입니다. 이것을 겸손이라고 말합니다. 하나님의 아들 앞에 엎드리는 행위가 겸손입니다.

예수께서 야이로의 간구를 들으시고 야이로의 집으로 가셨습니다. 많은 무리가 예수님을 에워싸고 있어서 밀치며 뒤를 따랐습니다. 예수님은 야이로의 간구를 들었지만 많은 사람들의 질문에 대한 대답과 여러 가지 문제로 인하여 지체할 수밖에 없습니다. 그러나 야이로는 계속하여 간구했습니다. 여러 번 간구했습니다. 낙심하지 않고 기도했습니다. 많은 시간이 경과하게 되었습니다.

우리의 기도의 문제점이 무엇일까요? 일단은 '많은 성도들이 기도하지 않는다'는 데 문제가 있습니다. 야고보는 우리에게 이런 말씀을 남겨 주었습니다. "너희가 얻지 못함은 구하지 아니하기 때문이요 구하여도 받지 못함은 정욕으로 쓰려고 잘못 구하기 때문이라"라고 했습니다.

구하는 성도가 됩시다. 찾는 성도가 됩시다. 문을 두드리는 성도가 됩시다. 주님이 기도에 대해서 약속해 주셨습니다. 얻게 되고, 찾게 되고, 열리게 될 것이라고 약속했습니다.

또 '기도하다가 중단한다'는 데 문제가 있습니다. 한두 번 기도하다가 그만 두는 행동입니다. 야고보서 1장 6-8절에 "오직 믿음으로 구하고 조금도 의심하지 말라 의심하는 자는 마치 바람에 밀려 요동하는 바다 물결 같으니 이런 사람은 무엇이든지 주께 얻기를 생각하지 말라 두 마음을 품어 모든 일에 정함이 없는 자로다"라고 했습니다. 기도하는 그리스도인으로 살기를 바랍니다.

2. 혈루증 여인

예수께서 야이로와 함께 야이로의 집으로 가고 있을 때의 일입니다. 예수를 따르던 많은 무리 중에 열두 해를 혈루증으로 앓고 있던 여인이 있었습니다. 이 여인은 열두 해 동안 많은 의원들을 찾아 다녔지만 병이 낫지를 않았습니다. 치료도 많이 받아 보았습니다. 아무 효험도 없이 고생만 하고 가산만 탕진한 상황이었습니다. 병이 점점 더 악화된 상태였습니다.

야이로의 딸은 열두 살이고 혈루증을 앓던 여인도 열두 해를 고생해 온 상황이었습니다. 유대인들은 3을 하늘의 수로, 4를 땅의 수로 이해합니다. 그래서 3 곱하기 4는 열둘입니다. 완전수로 이해하는 것이지요. 이런 생각은 예수께서 행하신 능력을 강조하기 위한 의미입니다. 고생을 많이 하던 사람을 예수께서 깨끗하게 해결해 주셨다는 의미입니다. 예수님의 전능성, 완전성, 구원과 치유의 완성을 의미합니다.

열두 해 동안 혈루증을 앓던 여인은 예수에 대한 소문을 들었습니다. 이 여인은 무리 속에 섞여 예수의 옷에 손을 대기로 작정했습니다. 예수의 옷 가에 손만 대어도 나으리라는 믿음이 있었습니다. 이 여인이 손을 내밀어 예수님의 옷에 손을 대었을 때 출혈하던 피가 그쳤습니다. 병이 깨끗하게 나았습니다.

예수님은 자기에게서 능력이 나간 줄을 아셨습니다. 뒤돌아보시며 누가 내 옷에 손을 대었느냐고 묻습니다. 당시 유대 사회에서는 여자가 남자의 신체를 접촉하는 것이 금지되어 있었습니다. 더군다나 신체적으로 혈루증을 앓던 사람이 공중 앞에서 다른 사람과 신체적인 접촉을 하는 것은 레위기 15장에서도 금지하고 있습니다. 그래서 이 여인은 자신의 신분과 상태를 숨기기 위하여 많은 군중 틈에서 행동을 하였던 것입니다.

이 여인은 고침 받기 전에 많은 어려움과 고난을 받던 사람입니다. 질병은 육체적으로 고통스럽습니다. 더군다나 여인이 피를 흘리면서 산다는 것이 얼마나 고통스러운 일입니까? 사회적으로 소외당하면서 살았습니다. 그리고 경제적으로 다른 사람이 돕지를 않습니다. 정말 죽고 싶은 마음뿐이었습니다.

제자들의 답변이 무엇입니까? 무리가 에워싸 미는 과정에서 밀린 것이라고 말했습니다. 많은 사람이 몰리다 보면 그럴 수도 있다는 것입니다. 아주 이성적이고 합리적인 답변입니다. 그러나 사실이 아닙니다. 실제적인 상황도 아닙니다. 사람의 한계가 이것입니다. 인간은 이 정도

밖에 안 되는 존재입니다.

그러나 예수님은 대답이 달랐습니다. "누가 내 옷에 손을 대었느냐?" "누가 내게 손을 대었느냐?" 내 옷에 손을 댄 자가 누구냐? 예수님은 발견할 때까지 계속하여 찾으셨습니다. 그리고 주위를 둘러보셨습니다. 자기에게서 능력이 나간 것을 예수님만이 알고 있었습니다. 다른 사람들은 상상조차 할 수 없는 일이었습니다.

혈루증을 앓던 여인은 더 이상 숨길 수 없었습니다. 여인은 마음으로부터 두려워하고 떨면서 모든 사실을 고백했습니다. 그러나 딸아! 아주 정감있는 부드러운 음성으로 부르셨습니다. 예수님은 여인을 안심시키셨습니다. 그러면서 네 병이 나은 것은 네 믿음 때문이라고 말해주었습니다.

그리고 예수님은 이런 선언을 하셨습니다. "딸아 네 믿음이 너를 구원하였으니 평안히 가라 네 병에서 놓여 건강할지어다". 너는 네 병에서 완전히 해방되었다. 자유자가 되었다. 건강해졌다고 선언했습니다. 너는 하나님과의 관계가 정상화되었다. 심령에 만족과 편안한 생활을 영위할 수 있다고 선언하셨습니다.

이 여인이 고침 받은 것은 옷을 만져서만이 아니라 믿음 때문입니다. 그리고 예수께서 불쌍히 여기는 마음, 자비가 있었기 때문입니다. 병을 고치는 것은 치유에만 목적이 있는 것이 아닙니다. 예수님이 메시야이심을 드러내신 것이고, 하나님 나라를 건설하는 데 일익을 감당한 것입니다.

이 여인의 믿음은 갑자기 생긴 믿음이 아닙니다. 순간적인 결심에서 생긴 것도 아닙니다. 지속적으로 듣고 확신을 가지고 스스로 믿음으로 행동한 신앙인이었습니다. 그 결과가 열매로 맺힌 것입니다. 여러분도 평상시에 믿음을 성장시키시고 믿음으로 행동하여 기적과 능력을 체험하기를 바랍니다.

3. 야이로의 딸

예수께서 혈루증 여인과 대화를 나눌 때입니다. 대화의 말씀을 하고 있을 때였습니다. 야이로의 집으로부터 달려나온 사람들이 딸에 대한 소식을 전해 줍니다. 당신의 딸이 방금 죽었으니 더 이상 예수님을 귀찮게 할 필요가 없게 되었다는 것입니다.

이런 말도 굉장히 합리적이고 논리적인 말입니다. 이 세상 사람들이 이 정도 이상일 수 없습니다. 우리도 그렇습니다. 이 이상은 말하기가 힘듭니다. 그러나 기독교는 이 정도에서 그치는 종교가 아닙니다. 그 이상의 종교입니다. 하나님은 전능하십니다.

첫째로, 예수님의 요구가 있습니다. 예수께서 그런 소식을 듣고 나서 말씀하신 내용을 들어야 합니다. "두려워하지 말고 믿기만 하라"입니다. 야이로야! 두려워하지 말고 믿기만 해! 믿음이 모든 문제를 해결하는 열쇠와 같습니다.

여러분도 경제적인 압박이 심해질 것입니다. 영적인 전쟁에서 종종 실패하여 기도도 나오지 않을 것입니다. 때로는 삶을 포기하고 싶은 마음도 들었을 것입니다. 주님이 말씀하십니다. "두려워하지 말고 믿기만 하라". 하나님은 전능하십니다. 예수님은 모든 문제를 해결하실 수 있습니다.

신구약 성경을 통하여 하나님의 백성에게 요구하는 것은 믿음입니다. 너 자신을 믿지 말고 전능하신 하나님을 믿어라. 네 지성이나 경험을 의지하지 말고 구원자 예수를 믿어라. 성령 하나님을 의지하라. 이것을 처음부터 끝까지 요구하십니다. 믿으면 될 줄로 믿습니다. 믿음으로 천국에 들어갈 줄로 믿습니다.

둘째가 무엇입니까? 베드로와 야고보, 요한만 데리고 야이로의 집으로 들어가셨습니다. 열두 명의 사도 중에 세 명만 데리고 들어가셨습니다. 변화산이나 겟세마네 동산에서도 세 명만 대동하셨습니다. 특별한 훈련입니다. 특별한 교육입니다. 훗날 초대교회에 기둥 같은 인물이 되었습니다. 베드로는 신앙고백과 더불어 천국 열쇠를 받았습니다. 야고보는 최초의 순교자가 되었고, 요한은 요한복음과 요한서신과 요한계시록을 기록하여 교회에 남겼습니다.

두 사건의 공통점은 무엇인가? 여인의 문제였습니다. 의술로는 고치기 어려운 점도 있습니다. 그러나 예수님은 두 문제를 다 해결해 주셨습니다. 전능하신 분, 권세가 한없이 많으신 분이십니다.

집 안에 들어서 보니까 이미 장례식 분위기였습니다. 소리를 내어 우는 사람이 있었습니다. 심히 통곡하는 사람들도 있었습니다. 소망이 없는 것처럼 애곡하는 사람도 있었습니다. 세상 사람들은 다 그렇습니다.

예수님은 "너희가 어찌하여 떠들며 우느냐? 이 아이가 죽은 것이 아니라 잔다"라고 말씀하셨습니다. 예수님의 말씀을 들은 무리가 다 비웃었습니다. 곡하는 사람도 비웃었습니다. 가까운 이웃이나 소리내어 통곡하던 사람들이 울음을 멈추고 다 비웃었습니다. 그런 비웃음 속에서 예수님이 취하신 행동이 무엇입니까?

셋째로, 야이로의 가족과 세 명의 사도만 데리고 딸이 죽어 누워있는 곳으로 가셨습니다. 그리고 달리다굼! "내가 네게 말하노니 소녀야 일어나라". 소녀야 일어나라! 큰 소리로 외치셨습니다. 열두 살 된 소녀가 일어나서 걸었습니다. 곁에 있는 가족들도 놀라고 세 명의 사도도 놀랐습니다.

예수님은 길이요 진리요 생명이십니다. 생명과 부활이십니다. 죽은 자를 살리는 전능하신 하나님이십니다. 믿기만 하면 기적과 능력과 이적을 경험할 수 있습니다.

요한복음 11장 25-26절에 "예수께서 이르시되 나는 부활이요 생명이니 나를 믿는 자는 죽어도 살겠고 무릇 살아서 나를 믿는 자는 영원히 죽지 아니하리니 이것을 네가 믿느냐"라고 했습니다.

  넷째로, 예수님의 경계가 무엇입니까? 아무에게도 알리지 말라. 그리고 소녀에게 먹을 것을 주어라. 왜 알리지 말아야 되었을까요? 아직 십자가를 지실 때가 이르지 않았기 때문입니다. 부활이나 제자들의 영육에 지장이 없도록 알리지 말라고 당부하신 것입니다. 미리부터 소문이 나면 헤롯 왕이나 당시 종교 지도자들이 싫어하게 되어 있었습니다. 뱀 같이 지혜롭고 비둘기 같이 순결하라.

제26강
마가복음 6장 1-6절

나사렛과 예수

예수께서 태어나신 곳은 베들레헴이고, 성장하신 곳은 나사렛입니다. 지금도 성지순례를 해 보면 베들레헴과 나사렛에 가장 크게 교회당이 건립되어 있는 것을 볼 수 있습니다. 1988년도에 나사렛 지방을 방문했을 때 그 마을에 '기독교인이 60% 정도 된다'라는 말을 들었습니다.

신학자들은 오늘 말씀부터가 제2차 갈릴리 사역이라고 말합니다. 마태복음 13장에도 나타나는 나사렛 마을을 방문한 사건은 예수님의 마지막 고향 방문 사건입니다. 누가복음 4장에 나타나는 사건과는 별개의 사건으로 갈릴리 사역의 초기 사건입니다.

누가복음 4장에 나타난 고향 방문 때 고향 사람들의 반응이 어떠했습니까? 나사렛 사람들이 예수님을 낭떠러지로 밀쳐 죽이려고 했습니다. 그런 반응을 보인 고향 사람들을 저버릴 수 없어서 약 2년 만에 다시 찾아가신 예수님은 사랑의 주님이십니다. 한 영혼이라도 구원하려는 주님의 심정을 엿볼 수 있습니다.

배가 고파서 밥 한술 얻어먹기 위해 찾은 발걸음이 아닙니다. 육신적인 피곤 때문에 안식, 쉬기 위하여 고향을 찾으신 주님이 아니십니다. 꿈에도 그리며 만나고 싶은 고향 친구, 보고픈 사람을 만나기 위하여 찾아나선 발걸음도 아니었습니다. 그리운 고향 바다를 찾은 것도 아닙니다. 머리 둘 곳이 없이 두루 다니면서 천국 복음을 전하기 위하여, 종으로서 고향 사람들을 섬기기 위하여 찾아가신 것입니다.

1. 나사렛 사람들의 반응

예수께서 제자들과 함께 나사렛 마을을 방문하게 되었습니다. 제자들은 예수님이 가시는 곳으로 따라가고 있습니다. 함께 그리고 같은 길을 걷고 있는 상태를 가리킵니다. 이것이 제자의 성격을 말해 줍니다. 제자란 스승과 함께 그리고 같이 길을 걷는 사람을 말합니다. 물론 방향이나 목적도 같은 것이지요.

스승이 가는 길에 동행하는 사람, 스승과 함께하는 사람, 같이 먹고 같이 대화하며 같은 방향을 향하여 걸어가는 사람이 제자입니다. 결국 스승과 제자는 목표가 같기 때문에 같은 생각을 하고 같은 사역을 하는 사람입니다.

이미 마가복음 3장 14절에서 제자를 부르셨을 때 목적을 밝혀 주셨습니다. '함께'라는 말입니다. 구원에 참여하는 사람, 고난에 동참하는 사람입니다. 부활의 영광에도 동참하는 사람입니다.

초대교회 성도들의 삶을 연구해 봅시다. 마태복음 8장 19-20절에 한 서기관이 예수님에게 이렇게 말했습니다. "선생님이여 어디로 가시든지 저는 따르리이다"라고 했습니다. 이에 대한 예수님의 대답은 "여우도 굴이 있고 공중의 새도 거처가 있으되 인자는 머리 둘 곳이 없다"라고 했습니다.

그리고 안식일에 예수님이 회당에 들어가서 가르치셨습니다. 유대인들에게는 독특하고 특별한 날입니다. 예수님의 사역의 시간과 장소를 볼 때 안식일에 회당을 이용하여 천국 복음을 전파하셨습니다. 예수님은 이방인보다 유대인들에게 복음을 먼저 전파하셨습니다. 그러나 회개하지 않고 오히려 죽이려고 힘썼던 유대인들입니다.

그런데 예수님의 가르침에 대하여 고향 사람들은 깜짝 놀라는 반응이었습니다. 예수님의 지혜와 능력을 보고 들으면서 깜짝 놀랐던 것입니다. 상상 밖의 권능도 있고, 가르침도 지혜로웠습니다. 그러면서 예수의 지혜와 능력이 어디서 났는지 의아해 했습니다.

지혜가 무엇입니까? 풍부한 경험에서 나오거나 천성적으로 받은 하나님의 선물입니다. 하나님은 지혜의 왕이시기 때문에 후히 주시고 꾸짖지 않는 하나님께 기도하여 지혜를 얻어야 할 것입니다. 솔로몬도 지혜로운 마음을 얻었습니다.

권능은 무엇인가? 하나님의 힘이나 기적적인 힘입니다. 출처가 하나님입니다. 성령이 임하시면 권능을 받으라고 명령하셨습니다. 기도하여 능력을 받아야 세상을 이끌면서 살 수 있습니다. 사람들은 예수님의 지혜와 권능이 하나님께로부터 온 것임을 알면서도 배척했습니다. 여기에 인간의 문제점이 있는 것입니다.

자기 마을 출신인 예수의 육체적인 배경을 거론하기 시작했습니다. 목수의 아들이라는 것이지요. 목수의 아들이기 때문에 영접이 아니라 배척의 길을 선택했습니다. 요셉의 아들로만 생각했습니다. 마리아의 아들이라고 생각했습니다. 결론은 혈통적이고 육체적인 것만 생각하다가 결국 예수를 버렸고, 배척했습니다.

그 당시 목수는 존경받는 직업이 아니었습니다. 정규 교육도 받지 않은 사람들이었습니다. 무슨 권세나 명예가 있는 사람들도 아니었습니다. 기이하게 여기지만 천한 사람으로 오해했습니다. 육신적인 배경만 보고 영적인 참 본질을 이해하지 못한 사람들입니다.

유대인들은 전통적으로 육체적인 노동자를 존경하고 하나님의 은사로 여겼습니다. 그러나 로마와 헬라 시대에는 육체적으로 노동하는 자를 천대했습니다. 그래서 요셉의 아들, 목수의 아들, 마리아의 아들이라는 말로 표현했습니다. 예수의 지혜와 권능에 대하여 놀라면서도 무시하는 자세였습니다. 영적인 눈이 열려서 주님의 본질을 볼 수 있기를 바랍니다.

2. 예수님의 반응

나사렛 사람들이 배척했을 때 예수님은 어떤 반응을 보이셨을까요?

첫째로, 현실적인 교훈을 말씀하셨습니다. "선지자가 자기 고향과 친척, 자기 집 외에서는 존경받지 못하는 경우가 없다"라는 교훈입니다. 사실은 존경해야 할 사람이 고향 사람이고, 자기와 가까운 사람들이어야 합니다. 그런데 선지자는 그렇지 않다는 교훈입니다. 이것이 특이한 일입니다.

선지자가 무엇하는 사람입니까? '미리 말하는 자, 앞에서 말하는 자'의 의미로 하나님께서 미래적으로 있을 일이나 사건에 대하여 미리 알려주는 사람입니다. 이스라엘에는 선지자가 있었습니다. 왕이나 백성이 하나님의 뜻대로 살도록 하기 위하여 쓰임받은 사람이 선지자입니다.

선지자들은 죄를 회개하도록 책망했습니다. 다윗이 범죄했을 때 나단 선지자가 책망합니다. 선지자는 하나님의 심판을 예언하기도 했습니다. 요엘은 의를 외치기도 했고, 호세아는 사랑을 전하기도 했습니다. 때로는 하나님의 백성을 위로하거나 구원하는 말씀을 선포했습니다.

예수님은 선지자이십니다. 그것도 마지막 선지자이셨습니다. 그런데 사람들은 덜 귀히 여겼습니다. 비천한 사람으로 보았습니다. 존경하지 않았습니다. 고향 사람들은 다 그렇다는 것이지요.

그러나 잘 알기 때문에 존경하는 자세가 필요합니다. 연약하기 때문에 내가 도울 수 있어서 좋은 것입니다. 친숙한 사람들로부터 존경 받기가 어렵지만 잘 알기 때문에 좋은 것입니다. 예수님은 고향 사람들에게 배척을 당했습니다. 같은 민족에게 버림받았습니다. 멸시와 모욕을 당했습니다. 동족의 고소로 십자가까지 지셨습니다.

가까우면 가까울수록 더욱 존경하는 훈련 그리고 상대를 알면 알수록 사랑으로 봉사하고 섬기는 자세가 필요합니다. 우리는 같은 몸에 붙어 있는 지체이기 때문입니다. 서로 상합하고 연결되어 성장해야 하는 관계 속에 놓여진 사람들입니다.

둘째로, 나사렛 사람들이 불신하자 별다른 권능을 행하지 않으셨습니다. 다만 몇 사람의 질병만 고쳐주셨을 뿐입니다. 5절을 얼핏 읽으면 부정어처럼 느껴지는데, 서술어입니다. 몇몇 사람의 질병만 고쳐주시고 아무런 권능도 행하지 않으셨다는 뜻이지, 능력이 없어서 행하지 않으신 것이 아닙니다.

마태복음 13장 58절에도 "그들이 믿지 않음으로 말미암아 거기서 많은 능력을 행하지 아니하시니라"라고 했습니다. 나사렛 사람들의 불신, 불신앙이 예수님이 많은 권능을 행하지 않는 요인으로 작용한 것입니다.

결국 오늘 말씀이 우리에게 주는 교훈이 무엇입니까? 믿지 않으면 역사는 일어나지 않습니다. 하나님의 구원 역사를 체험하고 싶으면 믿기 바랍니다. 믿는 자에게는 능치 못한 일이 없습니다.

셋째로, 예수님께서 이상하게 여기셨습니다. 누가 이상한 것일까요? 고향 사람들이 이상한 사람들입니다. 고향 사람들이 제정신이 아닌 것이지요. 나사렛 사람들의 불신앙 때문에 예수께서 놀라셨습니다. 불신앙, 믿음이 없음으로 인하여 능력도 행하지 않으시고 놀라기까지 하셨습니다.

믿음이 있다는 것과 믿음이 없다는 것이 어떤 차이점이 있는 것일까요? 신앙을 소유하지 않았다는 말도 되지만 믿음의 대상에 대한 충성이나 성실함이 없는 것도 문제입니다. 믿음이 있다는 말은 예수님을 믿는 것은 물론이고 예수님에 대한 충성이나 충실함을 의미합니다. 믿음이란 인정하는 것도 중요하지만 영접하는 것도 중요합니다.

제자들은 예수님을 믿고 따르면서 놀라운 기적과 능력을 체험하고 있는데, 나사렛 사람들은 듣고 놀라면서도 믿음이 없기 때문에 배척하는 길을 선택하게 되었던 것입니다. 예수님이 이상하게 여길 정도로 나사렛 사람들은 믿음이 없는 사람들이었습니다.

하나님의 일을 방해하는 것이 이상한 일입니다. 제정신이 아닌 사람들이지요. 미친 사람은 정상적인 사람을 향하여 미쳤다고 말하는 법입니다. 여러분은 영적으로 정신차린 상태인지 생각해 보고, 깨어나는 은혜와 복이 임하기를 바랍니다.

3. 나사렛과 갈릴리

예수님은 나사렛 마을을 떠나셨습니다. 고향을 떠났습니다. 안타까워 하시면서 떠나셨습니다. 예수님이 말씀을 선포하시면 회개하는 것이 일반적인 반응입니다. 이적과 능력을 체험해도 회개하고 주님을 믿는 것이 일반적인 반응입니다. 그런데 나사렛 사람들은 말씀도 듣고 기적과 이적도 체험했지만 배척했습니다. 불신했습니다. 정말 안타까운 일이었습니다.

예수님은 나사렛 사람들로부터 배척을 받으셨지만 하나님의 사역을 중단하지 않으셨습니다. 계속하여 하나님의 사역을 감당했습니다. 갈릴리로 가셨습니다. 갈릴리 지역을 두루 다니시면서 하나님 나라를 가르치셨습니다. 촌과 마을을 다니시면서 천국 복음을 전파하셨습니다.

예수님은 갈릴리 지역을 다니실 때에 동반자와 동행하셨습니다. 동반자가 누구입니까? 사랑하는 제자들이었습니다. 제가 몇 번이나 경험한 일이지만 선교지를 방문할 때 동행할 사람이 있으면 좋겠습니다. 다른 교회에 부흥회나 집회를 인도할 때도 동행할 수 있는 사람이 있으면 좋겠습니다.

바울의 고백을 들어봅시다. "내가 복음을 부끄러워하지 아니하노니 이 복음은 모든 믿는 자에게 구원을 주시는 하나님의 능력이 됨이라 먼저는 유대인에게요 그리고 헬라인에게로다 복음에는 하나님의 의가 나타나서 믿음으로 믿음에 이르게 하나니 기록된 바 오직 의인은 믿음으로 말미암아 살리라"(롬1:16-17)라고 했습니다.

바울은 복음의 일꾼이었습니다. 여러분도 복음의 일꾼이 되기를 바랍니다. 바울은 복음을 자랑스럽게 여겼습니다. 예수와 십자가 외에 자랑하지 않기로 작정했습니다. 복음을 전하지 않으면 저주가 있겠다고 외치기도 했습니다. 우리 모두 복음을 믿고 다른 사람들에게 복음을 자랑하는 그리스도인들이 다 되기를 바랍니다.

제27강
마가복음 6장 7-13절

열두 제자의 파송

세상에서 가장 값진 일이 있다면 여러분은 무엇이라고 생각합니까? 가장 가치 있는 일이 무엇일까? 영원히 기억될 만한 일이 무엇일까? 하나님께서 이 시간 꼭 한 가지만 하라고 하신다면 여러분은 무엇을 하겠습니까? 천하보다 귀한 생명을 구원하는 것보다 더 값진 것이 있을까? 사람을 구원하는 일보다 더 가치 있는 일이 있을까?

부활하신 예수께서 사랑하는 제자들에게 마지막으로 하신 말씀이 무엇입니까? 마태복음 28장 18-20절에 "예수께서 나아와 말씀하여 이르시되 하늘과 땅의 모든 권세를 내게 주셨으니 그러므로 너희는 가서 모든 족속으로 제자를 삼아 아버지와 아들과 성령의 이름으로 세례를 베풀고 내가 너희에게 분부한 모든 것을 가르쳐 지키게 하라 볼지어다 내가 세상 끝날까지 너희와 항상 함께 있으리라"라고 말씀하셨습니다.

마가복음 16장 15-16절에서는 "너희는 온 천하에 다니며 만민에게 복음을 전파하라 믿고 세례를 받는 사람은 구원을 얻을 것이요 믿지 않는 사람은 정죄를 받으리라"라고 했습니다.

누가복음 24장 47-48절에 "또 그의 이름으로 죄 사함을 받게 하는 회개가 예루살렘에서 시작하여 모든 족속에게 전파될 것이 기록되었으니 너희는 이 모든 일의 증인이라"라고 했습니다.

요한복음 20장 21-23절에 "너희에게 평강이 있을지어다 아버지께서 나를 보내신 것같이 나도 너희를 보내노라 ... 성령을 받으라 너희가 누구의 죄든지 사하면 사하여질 것이요 누구의 죄든지 그대로 두면 그대로 있으리라"라고 했습니다.

사도행전 1장 8절에 "오직 성령이 너희에게 임하시면 너희가 권능을 받고 예루살렘과 온 유대와 사마리아와 땅끝까지 이르러 내 증인이 되리라"라고 하셨습니다.

왜 예수님께서 열두 제자를 선택하셨습니까? 예수님과 3년 동안 함께 동행하게 하시기 위함입니다. 전도를 하게 하심입니다. 또 귀신을 쫓아내는 권세를 주시기 위함이었습니다(막3:13-15). 십자가와 부활을 목격하게 하기 위함입니다. 과연 그렇게 하셨습니까? 오늘 말씀이 증거해 줍니다.

예수님은 열두 제자들에게 무엇을 요구하셨습니까? 직접 촌과 마을에 두루 다니면서 함께 복음을 전하셨습니다. 사람이 있으면 가르치며 전했습니다. 전도는 어떻게 했을까요?

1. 조직했습니다

예수님은 열두 제자를 부르시고 둘씩 둘씩 짝지어 갈릴리 각 지역으로 보내셨습니다. 한 사람만 보내시지 않고 둘씩 둘씩 짝지어 보내셨습니다. 이것이 조직입니다. 하나님의 일을 할 때 열두 명이 한꺼번에 몰려다니지 않았습니다. 두 사람이 한 조가 되어 다녔습니다. 우리가 일 년에 한 번씩 남 · 여전도회 총회로 모입니다. 각 부서가 조직됩니다. 이것이 조직입니다.

왜 하필이면 둘일까요? 유대인들의 관념을 이해하는 것이 중요합니다. 증인은 반드시 두 사람 이상이어야 하기 때문입니다. 재판을 할 때도 두세 사람의 증인이 필요했습니다. 특별히 지도자들을 비방할 때는 두세 사람 이상의 증인이 있을 때만 사건을 다루도록 했습니다.

조직도 지상 교회에서는 굉장히 중요한 역할을 합니다. 교회는 조직체는 아니고 유기체입니다만 서로 연락하고 상합하는 단체입니다. 연약하고 병든 사람을 돌아보는 단체가 교회입니다. 교회는 유기체적인 성격이지만 조직적인 면도 무시할 수 없습니다. 더욱 조직체의 장, 회장은 더욱 중요합니다.

조직도 잘 해야 합니다. 기도하는 가운데 헌신하고 봉사할 사람을 뽑아야 합니다. 조직체가 유익이 없는 조직체도 세상에는 많습니다. 전도회는 전도를 중심으로 모여진 단체입니다. 선교회는 선교를 목적으로 모여진 모임입니다. 장학회는 후진양성을 위해서 모여진 단체입니다.

국내에 있는 위원회가 약 250여 개가 된답니다. 그중에 59개 위원회가 일 년 내내 모임을 한 번도 가지지 않고 월급만 타간답니다. 여러분은 어떻게 생각합니까? '무노동 무임금'이 원칙입니다. 그렇다면 교회 안에 있는 직분들은 어떤가요? 일 년 내내 기도회 한 번 참석하지 않고 아무런 일도 하지 않는 사람은 직무유기가 아닐까요?

예수님도 전도하러 제자들을 보내실 때 조직해서 보냈습니다. 조직이 강할 때 승리합니다. 가끔 축구경기를 보노라면 '조직력'이라고 말합니다. 조직력이 약하면 무너지거나 진다고 말합니다. 성도가 연합하여 움직일 때 강력한 성령의 능력이 임하는 법입니다. 교회의 성장은 여기에 있습니다.

전도할 때 여러분은 누가 자기의 짝입니까? 하나님은 짝을 주십니다. 홀로 보내지 않습니다. 동료가 있습니다. 돕는 자가 있습니다. 동역자가 있습니다. 하나님이 붙여준 사람이 있습니다.

전도서 4장 9절에 "두 사람이 한 사람보다 나음은 그들이 수고함으로 좋은 상을 얻을 것임이라"라고 말씀하셨습니다. 바울도 바나바나 실라, 디모데나 디도 같은 동역자가 늘 있었습니다. 브리스가와 아굴라 같은 평신도 동역자들도 있었습니다. 하나님의 일은 백성들 전체가 함께하는 일입니다.

히브리서 10장 24-25절에 "서로 돌아보아 사랑과 선행을 격려하며 모이기를 폐하는 어떤 사람들의 습관과 같이 하지 말고 오직 권하여 그 날이 가까움을 볼수록 더욱 그리하자"라고 했습니다.

저는 기도드립니다. 여러분이 영혼을 구원하려고 전도할 때 성령께서 짝이 되어주시기를 간구합니다. 스데반 집사도 성령의 인도를 받았습니다. 빌립 집사도 성령의 인도를 받았습니다. 바울 사도는 성령의 지시하심을 따라 복음을 전했습니다. 여러분도 성령의 말하게 하심을 따라 말하여 전도의 열매가 풍성하기를 바랍니다.

2. 무엇을 소유했습니까?

여러분은 누구에게 보내진 사람입니까? 그리고 무엇을 소유했습니까? 가족에게 전도하라고 보내겼습니다. 직장의 동료에게 복음을 자랑하라고 보내진 사람들입니다. 정말 중요한 사명입니다. 하나님께서 맡겨 주신 일입니다. 더욱 귀신을 쫓아내는 권세를 주셨습니다. 계속적으로 능력을 달라고 간구해야 합니다. 선교와 전도는 사람의 힘이 아니라 하나님의 능력으로 하는 일입니다.

오늘은 이런 질문에 답을 얻고 돌아가기를 바랍니다. 하나님! 저는 누구에게 보내진 사람입니까? 그리고 하나님께서 주신 은사가 무엇인가? 예수님은 제자들에게 하나님의 일을 하도록 말씀하셨습니다. 훈련도 하셨습니다. 주님이 지상에서 떠나실 때도 제자들이 할 일을 할 수 있도록 가르치고 훈련하셨습니다. 사람은 누구나 실패하면서 배웁니다. 우리가 하나님의 일을 하기 위하여 준비하는 과정이 필요합니다. 준비를 잘 하면 하나님의 교회에 큰 유익이 됩니다. 준비하지 않으면 교회에 손해를 끼칩니다.

사역자는 더러운 귀신을 제어하는 권세를 가졌습니다. 믿는 사람에게 하나님께서 함께하십니다. 귀신을 다스리는 능력을 주셨습니다. 얼마나 신나고 즐거운 일입니까? 권능과 능력을 주셨습니다. 복음 전하는 자에게 따라오는 하나님의 영광입니다.

모세의 손에는 능력의 지팡이, 하나님의 지팡이를 가졌습니다. 그 지팡이를 바로 왕 앞에 던지면 뱀이 되고, 잡으면 다시 지팡이가 되었습니다. 전능하신 하나님의 역사였습니다. 사람은 하나님의 손에 사로잡히면 크게 그리고 능력있게 사용될 줄로 믿습니다.

사역자는 누구의 집이든지 평안하기를 빕니다. 그런데 영접도 하지 않고 환영도 하지 않을 경우에는 발의 먼지처럼 떨어버립니다. 하나님의 교회의 사역자를 받아들이지도 않고 말도 듣지 않는 자들은 심판날에 소돔과 고모라 땅이 견디기 쉬울 것이라고 말씀하셨습니다. 우리는 살인하지는 않습니다. 간음하지도 않습니다. 그러나 하나님의 사람의 말에 순종하지 않는 죄는 쉽게 범합니다. 형벌이 어느 것이 크겠는가? 생각 좀 해야 합니다.

회개하라고 많은 사람들에게 복음을 전했습니다. 하나님 나라를 가르쳤습니다. 인간은 죄인입니다. 아무리 죄가 없다고 생각해도 사람은 죄인입니다. 주님의 은혜를 받으면 받을수록 죄인임을 자복하게 됩니다. 복음을 듣고 믿지 않는 죄가 얼마나 큰지를 성경은 말해 줍니다.

여러분은 언제 눈물을 흘립니까? 성경말씀을 사랑하지 못해서, 하나님의 언약에 불순종의 사람이기에 울어본 적이 있습니까? 지금은 영적으로 감각이 없는 세대입니다. 아마도 감각기관이 불에 타버린 시대인 것 같아요. 마음이 굳었습니다. 단단한 돌처럼 변해 버렸습니다.

약한 자와 병든 자를 기름을 발라 고쳐야 합니다. 하나님 나라의 확장을 위하여 마음을 고쳐야 합니다. 하나님이 통치하시고 인도하시며 보호하십니다. 여러분을 통해서 가정이 복음화 되기를 소원합니다. 부평 지방에 전도의 불길이 일어나기를 바랍니다.

3. 가지고 갈 것이 무엇인가?

제자들은 양식이나 주머니, 돈이나 두 벌 옷은 가지지 않았습니다. 복음만 가지고 갔습니다. 복음은 전도자가 기본적으로 가져야 할 무기입니다. 십자가가 사람을 바꿉니다. 부활의 능력이 사람을 변화시킵니다. 회개하고 복음을 믿으라! 전도할 지역이 정해지면 떠날 때까지 계속하여 어떤 집에 거주하면서 복음을 전하면 됩니다.

일꾼이 자기 먹을 것을 받는 것은 당연한 일입니다. 이것은 구약의 율법이 가르칩니다. 일하는 소에게 망을 씌우지 말라고 했습니다. 밭 가는 사람은 소망을 가지고 밭을 갑니다. 곡식을 터는 사람도 소망을 가지고 곡식을 타작하는 것입니다.

성전에서 봉사하는 사람들은 성전에서 나는 것을 먹습니다. 제단에서 봉사하는 사람은 제단에서 나는 것을 사용합니다. 하나님의 사람이 돈에 대하여 신경을 쓰게 하는 일은 훌륭한 일은 아닙니다. 교회가 교역자의 생활비를 제공하는 것은 당연한 일입니다.

자연원리도 마찬가지입니다. 포도나무를 심고 거두지 않는 사람이 어디 있습니까?(고전9:7) 양 떼를 기르면서 양 떼의 젖을 짜지 않는 사람이 어디 있습니까? 자연원리를 생각해도 일꾼이 자기의 먹을 것 받는 것은 당연한 일입니다.

바울은 말합니다. 우리가 신령한 것을 뿌렸은즉 육신의 것을 거두는 것이 과하다고 말할 수 없다는 것입니다. 좋은 교회는 교역자에게 더 주려고 하고, 교역자는 됐다고 말하는 교회라고 믿어집니다.

예수님도 가르치셨습니다. "복음을 전하는 자들이 복음으로 말미암아 살리라"라고 말씀하셨습니다. 바울은 하나님의 은혜가 크기에 대가를 바라지 않고 일했습니다. 복음을 자랑했습니다. 부득불 할 일이기 때문이었습니다. 아니, 복음을 전하지 않으면 화가 있음을 알고 있었습니다.

사랑하는 성도 여러분! 주님의 마음을 달라고 기도합시다. 주님의 눈을 달라고 간구합시다. 성령의 인도하심을 따라서 생명길을 잘 달리는 성도들이 다 됩시다. 가정을 구원하는 전도자가 되게 해 달라고 간구하는 여러분이 되어서 여러분 때문에 수많은 사람들이 구원받는 영광이 있기를 바랍니다.

전도자는 복음만 있으면 됩니다. 귀신을 쫓아내고 병을 고치는 권세도 필요합니다. 기도하면 능력을 주시는 하나님이십니다. 제자들은 예수께서 나사렛 마을에서 배척 당하는 일을 목격했습니다. 하나님을 위하여 산다는 것이 무엇인지 그리고 복음을 전하는 일이 얼마나 힘든 일인지를 보았습니다. 그래도 여전히 복음을 전한다면 하나님이 책임지실 것입니다.

만약에 복음을 받아들인다면 구원을 받을 것입니다. 영접도 하지 않고 배척하거나 배신한다면 심판의 경고로 발에 묻어 있는 먼지를 떨어버리라고 했습니다. 여러분이 사역자들을 기쁨으로 영접하면 선지자의 상을 받게 됩니다. 의인의 상도 있습니다. 냉수 한 그릇이라도 주는 자에게 주께로부터 상이 있습니다.

성도는 세상을 향하고 이웃을 향한 하나님의 손과 발이 되어야 합니다. 교회도 하나님의 손과 발이 될 때 은혜와 복이 넘쳐날 줄로 믿습니다.

제28강
마가복음 6장 14-29절

예수와 헤롯과 요한

세상에서 가장 멋있게 살다가 멋지게 죽을 수는 없을까? 어떻게 살다가 어떻게 죽는 것이 멋진 죽음일까? 오늘 성경에서 해답을 찾아봅시다. 여러분! 잘 살아야 잘 죽습니다. 잘 사는 방법이 무엇인가? 잘 죽는 방법은 무엇일까?

오늘 성경에 멋진 죽음을 맞이한 성도의 죽음이 나타납니다. 여러 사람이 아닌 한 사람의 죽음입니다. 그 사람이 바로 세례 요한입니다. 예수님을 위하여 태어나서 예수님을 위하여 살다가 예수님을 위하여 죽은 사람입니다.

세례 요한의 삶을 보면 궁궐이 아니라 광야에서 살았습니다. 고급 레스토랑이나 한정식을 먹고 산 것이 아니라 메뚜기와 석청을 먹었습니다. 입는 옷도 밍크 코트나 화려한 옷이 아니라 약대 털옷을 입고 청빈생활을 했던 인물입니다.

그의 삶을 요약해서 조명해 보면 '광야에서 외치는 자의 소리', '회개하라! 천국이 가까이 왔느니라', '좋은 열매를 맺지 않는 나무는 찍혀 불에 던진다' 등의 말씀을 했을 때 유대와 예루살렘으로부터 수많은 백성들이 요단강에 와서 세례를 받았습니다. 그런데 왜 무엇 때문에

죽었습니까? "그는 흥하여야 하겠고 나는 쇠하여야 하리라!"라고 말했
는데 왜 죽었습니까? 예수님만 높이는 생활을 했는데 왜 죽었습니까?

"나는 물로 세례를 주거니와 내 뒤에 오시는 이는 능력이 많으시니
불과 성령으로 세례를 주겠다"라고 했고, 겸손하여 나는 그의 신발끈
풀기도 감당치 못할 자라고 했는데 왜 죽어야만 했습니까? 그리고 하나
님은 그의 죽음을 어떻게 평가하셨습니까?

1. 드러난 이름

사람은 누구나 자기 이름이 드러나는 것을 좋아합니다. 심지어 알아
달라고 명함도 새기고, 문패도 붙이고, 등산을 가보면 바위 위에 새겨
놓고, 심지어 화장실에도 써 놓는 사람도 있습니다. 하여튼 자기 이름
이 나타나는 것을 굉장히 좋아합니다. 때로는 포스터에도 '불의 종이
니, 말씀의 종이니, 능력의 종이니 ...', 그냥 별소리를 다 합니다.

"예수의 이름이 드러난지라". 할렐루야! 예수님의 이름이 드러나면
되는 것입니다. 예수의 이름 권세여! 다 찬양하여라! 다 찬양하여라! 예
수님의 이름에 권세가 있습니다. 세례 요한의 말대로 "예수는 흥하여야
하겠고 나는 쇠하여야 하리라"라고 말하던 대로 예수님의 이름이 드러
나게 되었습니다.

평상시에는 예수의 이름을 알리지 말라고 경계하셨습니다. 주님은
때로는 산으로 숨으시고 많은 사람이 있는 곳을 피하셨습니다. 그러나
지금은 예수님의 이름이 나타나는 것을 허락하셨습니다.

"나사렛 예수의 이름으로 귀신을 명하면" 귀신이 떠났습니다. 사탄
이 물러갑니다. 믿습니까? 예수의 이름이 무슨 뜻입니까? '구원하다,
구원자'라는 뜻입니다. 주님은 죄악으로부터 우리를 구원하십니다. 죽
음으로부터 건져내십니다. 사탄의 권세로부터 구원하여 하나님 나라로
옮기시는 분이십니다.

예수님은 제자들에게 약속하셨습니다. 무슨 약속입니까? 기도에 대한 약속입니다. "무엇이든지 내 이름으로 구하라 그리하면 내가 시행하리라." 믿습니까? 그래서 우리는 예수의 이름으로 기도를 합니다. 기도하는 사람마다 다 예수님의 이름으로 하나님께 기도드립니다. 우리는 예수님의 이름이 드러나면 내 이름 높아지는 것보다 더 좋은 사람들입니다. 그렇죠? 그렇습니다. 아멘.

그런데 안 그런 사람들도 있습니다. 헤롯 왕은 어떠했습니까? 예수님의 이름이 나타날 때에 14절에 보면 "이에 예수의 이름이 드러난지라 헤롯 왕이 듣고 이르되 이는 세례 요한이 죽은 자 가운데서 살아났도다 그러므로 이런 능력이 그 속에서 일어나느니라"라고 했습니다.

16절에도 "내가 목 벤 요한 그가 살아났다"라고 말했습니다.

오늘 성경에 나타난 헤롯은 예수님을 죽이려고 베들레헴에서 유아 학살을 감행한 헤롯 대왕과 그 아내 말타케 사이에서 태어난 헤롯의 둘째 아들 헤롯 안티파스(주전 20-주후 39년)를 가리킵니다. 갈릴리와 베레아의 분봉왕으로 재직할 때 아라비아 왕 아레다 4세의 딸을 아내로 맞이하였습니다. 후에 동생 헤롯 빌립의 처이자 조카였던 헤로디아와 불륜 관계를 가졌습니다. 결국 본부인을 버리고 헤로디아와 결혼하게 되었습니다.

본처는 고국 아라비아로 되돌아가고 분노한 아라비아 왕은 헤롯 영토를 침공하여 헤롯에게 막대한 타격을 입혔습니다. 이 사건으로 헤롯 왕권은 흔들렸고, 주후 39년 칼리굴라 황제로부터 왕의 칭호를 얻기 위해 로마로 갔다가 헤롯 아그립바 1세의 고소 때문에 지금의 프랑스 리용으로 유배를 가서 생애를 마감했던 인물입니다.

예수님의 이름이 드러났을 때 헤롯 왕이 생각난 사람이 있었습니다. 세례 요한입니다. 왜 예수님의 이름이 드러나는데 세례 요한을 생각했을까요? 그 이유가 있습니다. 자기가 목베어 죽였기 때문입니다. 갈릴리 지역은 물론 베레아 지역에 있는 분봉왕 헤롯 왕의 귀에도 예수의 이름이 들렸을 때 자신이 처형한 세례 요한이 생각나면서 오해와 두려움이 생겼던 것입니다.

사랑하는 성도 여러분! 저나 여러분은 우리가 사랑하고 믿는 예수 그리스도의 이름을 높이는 성도가 되기를 바랍니다. 영광과 찬송과 존귀를 살아 계신 하나님께 돌릴 수 있기를 바랍니다.

2. 어떤 이

1) 15절에 "어떤 이는 그가 엘리야라 하고"라고 했습니다. 예수님의 이름이 드러났을 때 어떤 이는 '엘리야'라고 말했습니다. 갈멜산에서 불로 응답 받았던 불의 선지자입니다. 기도하여 응답 받은 선지자로 선지자의 대표격인 인물입니다. 비오기를 기도하면 비가 오고, 비가 오지 않기를 기도하면 비가 오지 않는 선지자가 엘리야였습니다. 당시 사람들의 평가는 다양했습니다.

엘리야는 신약성경 야고보에 인용된 선지자입니다. 우리와 성정이 같은 사람이지만 기도의 능력자였습니다. 엘리야는 '나의 하나님은 여호와이시다'라는 의미입니다. 아합 왕 시대에 많은 기적을 행하다가 하늘로 올라간 선지가 엘리야입니다.

물론 예수님은 엘리야에 비할 수 있는 분이 아닙니다. 예수님은 하나님이시면서 사람이십니다. 엘리야는 선지자이지만 타락한 인간이고, 하나님이 존귀하게 사용한 인물입니다. 말라기 성경에 예언된 분이 엘리야입니다. 여호와께서 심판의 날 전에 엘리야를 보낼 것이라고 예언했습니다. 이처럼 구약성경에 예언된 엘리야는 세례 요한이었습니다.

그 당시 엘리야는 종교적인 갈등에서 승리했던 인물입니다. 바알신을 숭배하는 선지자들과 아스다롯을 숭배하는 선지자들과 대결해서 승리한 선지자입니다. 예수님도 바리새인이나 서기관, 사두개인이나 율법사와 대결해서 한 번도 말대답을 못하신 적이 없는 분이십니다. 항상 하나님의 진리의 말씀으로 정확한 답변을 하셨습니다. 사탄의 시험에서도 승리하셨습니다.

마태복음 16장의 기록을 보면 가이사랴 빌립보 지방에서 "사람들이 인자를 누구라 하느냐?"라고 묻습니다. 그 대답 중에 "세례 요한, 더러는 엘리야, 더러는 예레미야"로 보았습니다. 예수님을 볼 때 많은 사람들은 엘리야를 생각했습니다. 사람들은 세례 요한에 대해서도 깊이 이해하지 못한 것처럼 예수님에 대해서도 이해하지 못하고 있었습니다.

2) 혹자는 "그가 선지자니 옛 선지자 중의 하나와 같다"라고 말했습니다. 예수님은 미래를 예언하기도 하고, 장래의 하나님의 계획을 알아서 하나님의 백성을 인도했습니다. 하나님의 뜻을 가르치는 역할도 감당했던 분입니다.

특히 하나님 나라의 왕이 잘못된 길로 백성들을 이끌 때에는 하나님의 말씀을 외치기도 하고, 죄를 책망도 했습니다. 왕과 하나님의 백성에게 생명을 걸고 외쳤던 분들이 선지자입니다.

여러분은 예수님을 누구라고 믿습니까? 베드로처럼 "주는 그리스도시요 살아계신 하나님의 아들이시니이다"라고 믿습니까? 도마처럼 "나의 주 나의 하나님이라"라고 믿습니까? 아니면 마르다처럼 "생명의 주, 부활의 주님"으로 믿습니까?

3. 헤롯이 세례 요한을 생각한 이유가 무엇인가?

왜 헤롯 왕은 예수님의 활동을 볼 때 세례 요한이 생각났을까요? 17절입니다. "전에 헤롯이 자기가 동생 빌립의 아내 헤로디아에게 장가든 고로 이 여자를 위하여 사람을 보내어 요한을 잡아 옥에 가두었으니"라고 했습니다. 18절에서는 "이는 요한이 헤롯에게 말하되 동생의 아내를 취한 것이 옳지 않다 하였음이라"라고 밝히고 있습니다. 세례 요한은 헤롯 왕을 책망했던 인물입니다.

세례 요한이 헤롯 왕의 근친상간의 죄악을 비판하다가 체포되어 죽임 당한 것은 주후 28년의 일이었고, 오늘 성경의 시간은 주후 29년의 일이었습니다. 근친상간의 죄는 율법적으로 금한 죄입니다(레20:21).

그 결과 19-20절을 보면 "헤로디아가 요한을 원수로 여겨 죽이고자 하였으되 하지 못한 것은 헤롯이 요한을 의롭고 거룩한 사람으로 알고 두려워하여 보호하며 또 그의 말을 들을 때에 크게 번민을 하면서도 달갑게 들음이러라"라고 말하고 있습니다.

이것이 세례 요한에 대한 헤롯 왕의 감정이었습니다. 옳지만 싫다는 것이죠. 이것이 목사의 길입니다. 설교 말씀이 옳지만 어떻게 그렇게 살아? 그러다가 때가 되면 목사가 잘못되었다고 말합니다. 옳지만 싫은 것! 그래서 교회가 반대하고 어려움을 겪는 일이 많습니다.

헤롯 왕이 세례 요한을 쉽게 죽일 수 없었던 이유가 무엇입니까? 책망하는 것은 싫었지만 세례 요한을 거룩하고 의로운 사람으로 알고 있었기 때문입니다. 그래서 번민을 하면서도 달게 듣게 되었습니다.

그러다가 헤롯 왕에게 기회가 왔습니다. 21절입니다. "마침 기회가 좋은 날이 왔으니 곧 헤롯이 자기 생일에 대신들과 천부장들과 갈릴리의 귀인들로 더불어 잔치할새"라고 했습니다. 헤롯의 생일입니다. 갈릴리의 요인들을 초청하여 잔치를 벌였습니다.

헤로디아의 딸 살로메가 춤을 춥니다. 헤롯 왕을 기쁘게 하였습니다. 살로메는 '평화로운'이라는 이름입니다. 이름의 뜻과는 전혀 다른 흉악한 의도를 가지고 춤을 추었습니다. 만취한 헤롯 왕이 쓸데없는 허세를 부립니다. 헤롯 왕이 맹세를 합니다. 네가 구하는 것은 무엇이든지 해 주겠다. 나라의 절반이라도 주겠다고 말합니다.

헤로디아의 딸이 어머니와 의논한 다음에 망설임없이 세례 요한의 머리를 구했습니다. 헤롯 왕이 근심하다가 자기 자신의 맹세와 많은 요인들 앞에서 약속한 체면 때문에 세례 요한을 목베어 죽였습니다. 머리를 소반에 담았습니다. 세례 요한은 헤롯 왕의 칼에 순교했습니다. 제자들이 세례 요한을 무덤에 장사지내 주었습니다.

이 죄악이 헤롯 왕의 마음속에 늘 자리잡고 있었습니다. 그러던 중 예수님의 능력에 대하여 듣자 세례 요한이 생각났습니다. 사람은 기억하는 존재입니다. 언젠가는 기억합니다. 대부분 좋은 것을 기억하지만 안 좋았던 것도 기억합니다. 여러분은 좋은 것만 기억할 수 있기를 바랍니다.

헤롯 왕은 세례 요한이 살았을 때 두려워하였고, 죽었을 때 고민하였습니다. 여러 성도님들은 예수님 때문에 웃을 수 있는 사람이 됩시다. 목사가 볼 때 기쁨이 넘치는 성도가 되기를 바랍니다.

제29강
마가복음 6장 30-44절

열두 사도와 오병이어

예수께서 갈릴리 지방에서 후기 사역을 하는 중이었습니다. 예수님의 활동에 대한 여러 가지 소문이 있었습니다. 세례 요한이 살아났다, 엘리야와 같은 인물이다 등등. 예레미야나 선지자 중의 한 사람으로 평가했습니다. 예수님은 하나님의 아들이요 우리의 구세주이십니다.

1. 사역과 휴식

열두 사도가 전도 여행을 하고 예수께로 돌아왔습니다. 보냄을 받은 자들이 보낸 자에게 돌아온 것입니다. 그리고 예수께 자기들이 행한 일과 가르친 일을 낱낱이 보고하였습니다. 아주 자세히 그리고 상세하게 보고했습니다.

조직 사회에서 아주 중요한 점이 바로 보고입니다. 보냄 받은 자는 보낸 자에게 보고를 하여야 합니다. 예수님도 그런 방법을 사용하셨습니다. 전도 여행을 떠났던 사도들이 예수님 앞에 와서 보고했습니다.

세례 요한에 대한 순교적인 활동 사항에서 현실로 돌아가는 상황을 설명하고 있습니다. 전도할 때 발생했던 다양한 사건들에 대하여 자유롭게 설명하고 보고하는 모습을 보게 됩니다. 마치 사건 현장을 취재했던 기자가 보고하는 것과 같이 예수님에게 보고했습니다.

제자들의 보고를 다 받으신 예수님이 그 다음 행동을 취하기 시작하셨습니다. 사람의 말을 끝까지 들어보는 것이 아주 중요합니다. 예수께서 말씀하신 내용이 무엇입니까? "너희는 따로 한적한 곳에 가서 잠깐 쉬어라"입니다. 제자들에 대한 예수님의 배려가 나타납니다. 제자들을 사랑하시고 특별한 관심을 가지신 주님이 취하신 행동입니다.

제자들에게 안식과 먹을 것을 제공하시는 예수님입니다. 예수님은 선한 목자이십니다. 푸른 초장과 잔잔한 물 가로 양 떼를 인도해 가십니다. 복음을 전하는 자는 복음으로 말미암아 사는 복을 받게 됩니다.

그 당시 많은 사람들이 찾아왔기 때문에 식사할 겨를도 없는 상태였습니다. 오고 가는 사람이 많아서 음식 먹을 겨를도 없었습니다. 그러나 예수님은 제자들의 수고를 알아주고 좋은 것으로 갚아주셨습니다.

사람은 엿새 동안 힘써서 일하고 이레째는 쉬게 되어 있습니다. 안식이 절대적으로 필요한 존재가 사람입니다. 안식년도 주셨습니다. 희년도 주셨습니다. 현재의 안식의 복을 받아누리는 사람이 미래의 안식도 받게 되는 법입니다.

사랑하는 성도님들은 주 안에서 평안의 복을 받아 누릴 수 있기를 바랍니다. 안식일도 귀하게 여겨서 야곱처럼 축복받는 삶을 살 수 있기를 바랍니다. 성도는 세상 사람들과 다른 안식을 추구하는 사람들입니다. 세상 사람들은 먹고 마시고 사우나 하고 잠이나 자는 것을 안식으로 생각하지만, 우리는 그것 외에도 주님 안에서 은혜와 능력을 경험하는 것이 더욱 중요한 안식입니다.

2. 예수님의 긍휼

예수님과 제자들은 배를 타고 한적한 곳으로 갔습니다. 한적한 곳이 어디일까요? 광야입니다. 구약성경에서 광야는 시련과 연단의 장소이지만 때로는 하나님의 백성의 휴식 공간이었습니다. 때로는 구름 기둥과 불 기둥이 있던 곳으로 하나님의 보호와 인도하심을 체험할 수 있는 곳이기도 했습니다.

광야는 사람들과 격리된 장소입니다. 휴식을 취할 수 있는 곳이었습니다. 선한 목자 되신 예수께서 하나님 나라를 위해 수고한 제자들을 안식처로 인도했습니다. 진정한 안식을 안겨주기 위한 목적으로 광야로 인도하신 것입니다. 광야에서 안식만이 아니라 영적인 교훈을 주기 위해 인도하셨습니다. 어떤 일을 하다가 잠시 멈추기도 하지만 새로운 힘을 공급 받는 것을 말합니다.

전도 여행에서 피로감이 누적되었을 것이고, 많은 무리가 몰려드는 가운데 병을 고치고 가르치면서 피곤했을 것입니다. 그래서 새로운 힘을 공급 받아야 다음 일을 수행할 수 있기 때문에 안식을 명하신 것입니다.

지금 시대는 일에 중독된 시대입니다. 일밖에 모릅니다. 일벌레와 같습니다. 안식할 줄 아는 성도가 지혜로운 성도입니다. 새로운 힘을 공급 받아야 더 많은 일을 잘 감당할 수 있기 때문입니다. 인간은 재충전의 시간이 반드시 필요합니다.

이사야 63장 14절에 "여호와의 영이 그들을 골짜기로 내려가는 가축같이 편히 쉬게 하셨도다 주께서 이와 같이 주의 백성을 인도하사 이름을 영화롭게 하셨나이다"라고 말씀했습니다. 골짜기로 내려가는 가축이 편히 쉬는 것입니다.

예레미야 31장 2-3절에 "여호와께서 이같이 말씀하시니라 칼에서 벗어난 백성이 광야에서 은혜를 입었나니 곧 내가 이스라엘로 안식을 얻게 하러 갈 때에라 옛적에 여호와께서 나에게 나타나사 내가 영원한 사랑으로 너를 사랑하기에 인자함으로 너를 이끌었다 하였노라"라고 말씀했습니다. 광야에서 하나님의 은혜를 입었던 백성이 이스라엘입니다.

많은 사람들이 예수께서 배를 타는 것을 보았습니다. 많은 사람들은 도보로 벳새다까지 갔습니다. 많은 사람들이 걷기도 하고 달리기도 하면서 먼저 도착했습니다. 예수님과 제자들이 탄 배보다 많은 무리가 걸어서 더 빨리 도착해 있었습니다. 바다로 가는 것보다 육지로 달려간 것이 더 빨랐다는 뜻입니다. 더 일찍 도착했습니다.

이것은 영적으로 굶주려 있는 백성들의 모습을 반영해 준 것입니다. 일반적인 평민들로 구성된 사람들입니다. 하나님의 도우심이 절대적으로 필요한 사람들입니다. 영적 양식이 필요한 사람들입니다.

예수께서 배에서 내리셨을 때 큰 무리를 보시고 목자 없는 양과 같아서 불쌍히 여기셨습니다. 예수님은 많은 무리를 가르치셨습니다. 지금까지 존재했던 종교 지도자들은 영적 지도자가 아니었습니다. 참된 양식을 제공하지 못했습니다. 삶의 목적이 무엇인지 가르치지도 않았습니다.

그러나 예수님은 양을 위하여 목숨을 버리는 목자이십니다. 양 떼의 삶의 목적이 무엇인지 가르치는 주님이십니다. 방황하는 양에게 첫 번째 행하신 일은 가르침이었습니다. 예수님의 가르침은 쉬지 않고 계속되는 행동이었습니다. 하나님 나라에 대한 가르침이었습니다. 예수께서 무리를 향하여 하나님 나라에 대하여 가르치고 또 가르치셨습니다. 계속하여 가르치셨습니다. 여러 번 반복하여 가르치셨습니다. 가르침의 방법, 교육을 통하여 하나님 나라를 드러내고 하나님 나라로 양 떼를 인도하셨습니다.

그리고 치료하셨습니다. 영육간의 회복을 위하여 수고하신 주님이십니다. 또 하나님 나라를 전파하셨습니다. 복음을 전하셨습니다. 이런 것이 평상시 주님의 사역이었습니다.

3. 오병이어

저는 고등학교 이전까지 오병이어가 무슨 뜻인지 잘 몰랐습니다. 고등학생이 되어서야 오병이어가 무슨 뜻인지 알았습니다. 보리떡 다섯 개와 물고기 두 마리를 한자어로 오병이어(五餠二魚)라고 말합니다.

예수께서 하나님 나라에 대하여 가르치고 있을 때 제자들이 여러 번 건의하였습니다. 날이 저물어 가고 있습니다. 제자들이 예수님에게 건의한 내용입니다. 이곳은 빈 들이고 날도 저물어 가니 사람들을 촌과 마을로 보내서 먹을 것을 사먹게 하자는 것이었습니다. 이제 가르치는 것을 중단하고 먹을 것을 구하기 위하여 촌과 마을로 보내자, 먹을 것을 스스로 해결하도록 유도하자는 것입니다. 제자들은 예수께서 먹이신다는 생각은 할 수 없는 상황이었습니다. 그래서 마을로 보내자는 것이었습니다.

예수님은 무슨 말씀으로 대답하셨을까요? 정말 예측할 수 없는 말씀이었습니다. 제자들의 입장에서 보면 엉뚱한 대답입니다. 상상할 수 없는 답변입니다. '너희가 먹을 것을 주라'. 너희가 직접 먹을 것을 주라는 것입니다.

그런데 제자들이 무슨 생각을 했을까요? 계산입니다. 제자들이 예수님께 대답합니다. 그렇게 하려면 이백 데나리온 어치의 떡을 사야 한다고 대답했습니다. 이것은 불가능하다는 말입니다. "각 사람이 조금씩 받게 한다고 할지라도 이백 데나리온의 떡이 부족하리이다". 데나리온은 화폐 단위로써 은으로 되어 있고, 한 데나리온은 노동자 한 명이 하루 동안 일을 해서 버는 임금입니다. 이백 데나리온은 노동자가 이백 일 동안 번 임금 전부입니다. 큰 액수의 돈입니다. 많은 액수의 떡이 있어야 무리를 겨우 먹일 수 있다는 뜻입니다.

그때 예수님은 지금 가지고 있는 떡이 얼마나 되느냐고 묻습니다. "너희에게 떡 몇 개나 있는지 가서 보라". "가서 보라". 너희는 자세히 확인해 보라. 이 말씀은 오병이어의 기적을 베풀기 전에 전조적으로 하신 말씀입니다. 제자들은 떡 다섯 개와 물고기 두 마리가 있더이다. '오병이어' 라고 대답했습니다.

예수님이 제자들에게 다음으로 하신 명령이 무엇입니까? "그 모든 사람으로 떼를 지어 푸른 잔디 위에 앉게 하라"였습니다. 백성들은 백 명씩 또는 오십 명씩 앉았습니다. 푸른 초장에 잔잔한 물 가, 마치 양 떼들이 먹고 또 먹은 다음에 쉬는 모습을 연상하게 만듭니다.

예수님은 떡 다섯 개와 물고기 두 마리를 가지사 하늘을 우러러 축사하셨습니다. 예수님은 양식을 주신 하나님께 감사하면서 찬양했습니다. 그리고 떡을 떼어 제자들에게 주시며 사람들에게 나눠주라고 하셨습니다. 물고기도 그렇게 하셨습니다. 다 배불리 먹었습니다. 남은 떡 조각과 물고기가 열두 바구니나 되었습니다. 떡을 먹은 남자가 오천 명이었습니다.

예수님은 새로운 공동체의 주인공으로서 양식을 제공하셨습니다. 하나님 나라의 주인공으로서 사랑하는 백성들에게 양식을 주셨습니다. 광야이지만 잔치를 베풀고 일용할 양식을 제공했습니다. 모든 백성이 주님이 주시는 양식으로 실컷 먹고 배불렀습니다. 선한 목자이신 예수님은 사랑하는 백성들을 먹이고 입히셨습니다.

"여호와는 나의 목자시니 내게 부족함이 없으리로다"(시23:1). 다윗의 신앙고백이 우리의 신앙고백이 될 수 있기를 바랍니다. 내 평생을 뒤돌아보아도 주님의 은혜였습니다. 주님의 복이었습니다. 주님이 주시는 돌보심과 사랑이었습니다.

오병이어의 기적은 마태복음 14장과 누가복음 9장과 요한복음 6장에 나타나는 사건입니다. 안드레는 어떤 반응을 보였습니까? 보리떡 다섯 개와 물고기 두 마리가 있습니다. "그러나 그것이 이 많은 사람에게 얼마나 되겠사옵나이까?"(요6:9)라고 되질문했습니다. 식사할 사람과 식사로 준비된 양식을 비교하고 대조해서 말하고 있습니다. 현실적이고 정확한 판단이지요. 그러나 주님의 능력이 빠진 보고입니다. 하나님의 은총과 축복이 없는 말입니다. 남자만 오천 명이 먹고 남게 하는 주님의 능력, 하나님의 은총과는 전혀 상관없는 말입니다. 그에 반해 주님의 말씀은 배불리 먹고도 열두 바구니를 거두는 능력이 있는 말씀이 아닙니까?

인간의 판단과 주님의 능력 사이가 얼마나 간격이 넓고 클까요? 큰 능력을 체험한 많은 사람들은 예수님을 억지로 임금, 왕으로 세우려고 했습니다. 예수님은 그들을 피해서 산으로 가셨습니다. 배고픔의 문제를 해결하실 주님이신가? 그것도 맞기는 하지만 예수님은 영원한 왕이십니다. 만왕의 왕이십니다. 만주의 주가 되십니다.

제30강
마가복음 6장 45-56절

갈릴리 바다와 게네사렛

오늘 말씀은 마태복음 14장과 요한복음 6장에도 나타납니다. 마태가 가장 상세하게 기록해 주었습니다. 우리에게 주는 교훈이 무엇일까요? 하나님의 은혜와 복을 받는 귀한 시간이 되기를 바랍니다.

1. 제자와 예수

예수께서 제자들로 하여금 배로 갈릴리 바다를 건너가게 하셨습니다. 오병이어의 기적을 베푸신 주님께서 서둘러서 제자들을 갈릴리 바다 서편 게네사렛 평원의 벳새다로 건너가게 하셨습니다. 왜 서둘러서 보내셨을까? 왜 서둘러서 많은 무리와 떨어지게 하셨을까?

예수님에 대한 오해 때문이었습니다. 사람들은 정치적인 메시야로 생각했습니다. 오병이어의 기적을 체험하면서 로마로부터 해방과 자유를 안겨줄 지도자로 생각하여 왕으로 추대하려는 움직임이 있었기 때문입니다.

또 다른 이유는 경제적인 메시야로 이해했습니다. 굶주리고 배고픈 배를 채워주실 분으로 이해했기 때문입니다. 그렇습니다. 어느 시대나

이 두 가지가 사람들의 욕구입니다. 먹을 양식과 자유를 추구하는 것은 인간의 본능입니다. 그러니까 예수님이 피하셨던 것입니다.

예수님은 진정한 자유를 주시는 분이십니다. 죄로부터의 자유, 율법으로부터의 자유, 죽음의 권세로부터의 자유입니다. 예수님은 정치적인 혁명가가 아닙니다. 육신적인 필요도 채워주시지만 영적인 필요를 채워주시는 분이십니다. 사람들이 잘못된 메시야관을 가지고 접근할 때 주님은 멀리 떠나셨습니다.

여러분은 예수님에 대하여 어떻게 생각합니까? 아직도 정치적인 메시야나 경제적인 메시야로 이해합니까? 그러면 주님은 떠나십니다. 진정으로 영원한 생명을 주시는 분! 영적인 자유를 주시는 분! 진리를 알지니 진리가 너희를 자유케 하리라!

무리와 제자들을 작별하신 예수님, 스스로 분리시키시고 제자들을 먼저 보내신 예수님은 무엇을 하셨을까요? 홀로 남아 기도하셨습니다. "기도하러 산으로 가시니라". 왠지 우리가 부끄럽지 않습니까? 산으로 올라가셔서 기도하신 예수님을 생각할 때 뭔가 마음의 고통이 생기지 않습니까?

우리가 믿는 주님이 기도하셨는데 우리도 믿음의 대상에게 기도를 드려야 하지 않겠습니까? 나를 사랑하신 주님은 산으로 올라가서 기도하셨는데 나는 산은 커녕 교회에서도 기도하지 않으니 이게 무슨 영적인 질병일까? 이때 시간은 밤입니다. 낮이 아닙니다. 기도는 밤낮이 없습니다.

오병이어의 기적과 능력을 체험한 무리들은 흥분한 상태였습니다. 제자들도 흥분을 가라앉히지 못한 상태에서 이야기하고 있었습니다. 그러나 예수님은 영광을 하나님께 돌리면서 조용히 기도하러 산을 찾으셨습니다. 임금, 왕으로 삼으려는 군중의 아우성소리를 뒤로하고 십자가의 대속의 죽음을 생각하면서 산으로 올라가셨습니다. 사명자가 가는 길입니다.

우리는 아무 자리나 가서 앉습니다. 영광을 누립니다. 그러나 예수님은 모든 영광을 하나님께 돌리고, 십자가의 길, 사람을 구원하는 길, 고난과 고통의 십자가의 길만 생각하면서 조용히 기도하셨습니다.

여러분은 사명자입니다. 하나님께서 이땅에 보낸 사명자입니다. 선한 일을 감당하라고 구원해 준 사명자입니다. 하나님과 교회를 위하여 무엇인가를 해야 합니다. 아무것도 하지 않고 그렇게 살다가 한 달란트 맡은 사람과 같이 되어 버리는 사람이 얼마나 많습니까?

2. 예수와 제자들

제자들이 탄 배는 계속해서 바다 가운데에 머물러 있고, 예수님은 산에서 하나님과 깊은 영적인 교제를 하는 중입니다. 반면 제자들은 고통을 당하고 있었는데, 역풍으로 제자들의 목숨이 위험한 상황입니다. 거슬리는 물결에 휩쓸리지 않고 배를 앞으로 나아가게 해야 하는 매우 힘든 상황이었습니다.

예수께서 기도하시고 갈릴리 바다를 걸어오셨습니다. 뭍에 계신 예수님이 제자들이 바다 물결 때문에 괴로워하는 모습을 보셨습니다. 제자들이 안간힘을 쓰면서 노 젓는 모습을 보셨습니다. 바람이 세차게 불어 제자들이 힘겹게 노 젓는 모습을 보셨습니다.

밤 사경쯤입니다. 사경은 새벽 3시부터 6시 사이입니다. 예수께서 물 위로 걸어오셨습니다. 특이한 점은 예수께서 제자들을 지나가시려고 하셨다는 점입니다. 왜 지나가시려고 했을까요? 몰인정하고 매몰차서 그럴까요?

이점에 있어서 다양한 해석이 있습니다. 제자들의 관점에서 해석하는 사람들은 제자들이 유령으로 생각하고 있기 때문에 그냥 지나려고 했다고 주장합니다. 그러나 지금까지 예수님의 관점에서 기록했는데 갑자기 제자들의 관점에서 기록해야 하는 이유가 있는가?

또 다른 해석은 예수님의 자기 현현입니다. 모세와 엘리야에게 하나님께서 지나가심으로 자기를 계시하신 것처럼 예수님도 제자들의 곁을 지나가심으로 신적인 위엄과 권능, 하나님이심을 드러내려고 하셨습니다. 결국 예수님이 오신 목적은 제자들의 고통만 덜어주려는 시도가 아니라 예수님의 자기 현현을 보여주려고 오신 것입니다. 뿐만 아니라 제자들을 직접 구원하는 구원자로 오신 주님이십니다.

예수께서 제자들에게 다가가셨습니다. 제자들은 유령인 줄 알고 겁에 질려 소리를 질렀습니다. 제자들이 예수를 보고 다 놀랐습니다. 칠흑같이 어두운 밤에 물 위로 걸어오는 정체불명의 대상을 보고 놀랄 수밖에 없었습니다. 목구멍 깊은 곳에서부터 올라오는 고통과 슬픔으로 절규하며 울부짖는 소리입니다. 그래도 예수님은 제자들에게 다가가셨습니다. 그리고 예수님은 제자들을 안심시키셨습니다. "안심하라 내니 두려워하지 말라".

예수께서 배에 오르자 바람이 그쳤습니다. 이번에도 제자들은 마음속으로 크게 놀랐습니다. 왜 놀랐을까요? 오병이어의 기적을 이해하지 못했기 때문입니다. 예수께서 신적인 능력, 하나님의 능력을 가지고 있음을 이해하지 못했기 때문에 지금도 놀라고 있는 것입니다.

마가의 지적을 보십시오. "이는 그들이 그 떡 떼시던 일을 깨닫지 못하고 도리어 그 마음이 둔하여졌음이러라". 깨달을 것을 깨달으면 놀랄 일이 없습니다. 쉽게 이해가 됩니다. 마태는 베드로가 물 위로 걸어간 사건까지 기록해 주었지만 마가는 그렇게 하지 않습니다.

마가가 기록하고 있는 중심을 봐야 합니다. 제자들의 영적인 무지, 마음이 둔한 상태를 지적하고 있습니다. 영적 무지와 둔한 마음이 인간으로 하여금 비참하게 만듭니다. 예수를 믿지 못하게 만듭니다. 계속적인 어려움 속에 빠지게 만듭니다.

그러나 예수님은 가까이 오셔서 하나님의 아들이심을 드러내고 있습니다. 구원자이심을 증명하고 있습니다. "안심하라 내니 두려워하지 말라". 마음을 안정시키고 있습니다. 오병이어를 통해서 떡과 물고기 만 먹을 것이 아니라 하나님의 아들, 구원자, 전능자이심을 알아야 했 습니다.

사랑하는 성도 여러분! 영적인 무지에서 벗어나는 길이 무엇일까요? 하나님의 말씀인 성경을 정규적으로 읽고 보고 듣는 것입니다. 성경이 사람으로 하여금 영적인 무지에서 벗어나서 영적인 세계를 믿고 바라보게 만듭니다.

둔한 마음 상태에서 벗어나려면 어떻게 해야 할까요? 규칙적으로 기도하는 생활입니다. 기도하지 않으면 영적인 잠에서 벗어날 수가 없습니다. 깊은 잠에서 벗어나려면 주님께 기도해야 합니다. 깨어라, 깨어나라, 깨어 있으라.

3. 게네사렛의 이적

예수님과 제자들이 게네사렛에 이르렀습니다. 게네사렛 지방은 넓고 비옥한 평야지대입니다. 가시는 목적지는 가버나움 지방이었습니다. 사람들이 예수님을 알아보고 온 지방을 돌아다니며 병든 자를 침상째로 메고 몰려왔습니다.

예수님이 어떤 분이십니까? 예수께서 구원자로서 행하신 일이 무엇입니까? 놀라운 이적을 베푸신 것과 권위 있는 가르침입니다. 갈릴리 주변의 사람들이 알아볼 정도로 유명하게 되었습니다.

예수께서 지방이나 도시, 촌과 마을, 농촌이나 어촌이든 사람이 있는 곳이면 찾아가셨습니다. 사람들은 예수님의 옷 가에라도 손을 대고 싶어했습니다. 손을 대는 자는 병이 나았습니다. 성함을 얻었습니다.

네 가지 특징을 보게 됩니다. 첫째로, 예수께서는 여러 마을을 계속해서 방문하여 전도하셨습니다. 이것이 마가가 강조한 예수님의 행동입니다. 교회의 사명이 무엇입니까? 하나님의 사랑을 그리고 하나님의 복음을 다른 사람들에게 계속하여 전하는 사명이 있습니다. 사람들이 듣든지 듣지 않든지 복음을 전하는 것입니다.

둘째로, 사람들은 수단과 방법을 가리지 않고 예수가 계신 곳에 계속적으로 데려다 놓고 있었습니다. 목적은 다 다르지만 병 고침을 받기 위한 방법으로 보입니다. 우리가 전도할 때 사람을 구별하지 않고 전해야 합니다. 아무나 와도 좋소! 어느 누구나 데려다가 하나님 앞에 놓아야 하는 것입니다.

셋째로, 병자들은 예수님의 옷이라도 만질 수 있기를 계속적으로 간구하고 있었습니다. 예수 앞에 올라온 사람은 간구하는 생활을 해야 합니다. 기도입니다. 기도없이 은혜와 능력을 체험하기란 너무나 힘들고 어려운 일입니다.

마지막으로, 예수님의 옷에 손을 대는 자는 누구든지 병 고침을 받았습니다. 오늘날도 교회가 힘써서 기도하면 능력이 나타납니다. 두세 사람이 모인 곳에 하나님이 역사하십니다. 주의 이름으로 기름을 바르며 기도하면 하나님의 응답이 있습니다.

이와 같은 네 가지 사건은 예수님 당대만이 아니라 지금도 교회를 통하여 계속되고 있습니다. 우리가 어떤 일을 해야 하는지를 가르쳐 줍니다. 은혜의 세계를 바라보고 전진해야 합니다. 영적인 눈을 활짝 열어 미래의 세계를 바라보는 눈이 필요합니다.

시편 119편 17-18절에 "주의 종을 후대하여 살게 하소서 그리하시면 주의 말씀을 지키리이다 내 눈을 열어서 주의 율법에서 놀라운 것을 보게 하소서"라고 했습니다. 하나님 앞에 영적인 눈을 열어달라고 간구해서 미래를 바라보는 성도가 되기를 바랍니다.

그리고 하나님 앞에서 좋은 소식을 다른 사람에게 가르치거나 말해 줄 수 있는 하나님의 백성이 되기를 바랍니다. 여러분 때문에 구원받는 사람이 많아지기를 바랍니다.

제31강
마가복음 7장 1-23절

유전과 계명

여러분은 하나님의 계명이 더 중요합니까 아니면 사람들로부터 전해 내려오는 전통이나 유전이 더 중요합니까? 우리 교회는 하나님의 말씀을 더 사랑하는 교회입니다. 그리고 하나님의 계명을 사랑하는 성도들이 모인 교회인 줄로 믿습니다. 하나님 중심, 말씀 중심, 교회 중심의 교회라는 말로 표현합니다.

베뢰아 교인들처럼 날마다 간절한 마음으로 말씀을 받습니다. 이 말씀이 그러한가 하여 날마다 성경을 상고합니다. 그렇지 않으면 어떤 결과를 가져옵니까? 기독교라 할지라도, 아무리 좋은 종교라 할지라도 타락하게 되어 있습니다. 종교가 타락한다는 말은 사랑할 것을 사랑하지 않고, 다른 것을 사랑하여 변질된다는 뜻입니다.

1. 정결 문제

성도는 거룩한 무리입니다. 우리가 믿는 성삼위 하나님은 거룩하신 하나님이십니다. 어느날 예수님이 제자들과 함께 있었습니다. 예루살렘으로부터 파송된 바리새인과 서기관들이 예수께로 나왔습니다.

그들은 예수님의 제자들이 씻지 아니한 손으로 떡을 먹는 모습을 보게 되었습니다. 당시 바리새인이나 서기관들은 손을 씻지 않고는 떡이나 음식을 먹지 않았습니다. 음식을 먹을 때 뿐만 아니라 시장에서 돌아왔을 때도 장로들의 유전을 따라 손을 씻고 음식을 먹었습니다. 손만 아니라 잔이나 주전자 그리고 놋그릇도 씻었습니다.

그런데 예수님의 제자들이 씻지 않은 손으로 음식을 먹는 모습을 보면서 예수님을 비난하기 시작했습니다. '더럽다'는 것입니다. '부정하다'는 것이지요. 왜 장로들의 유전을 어기고 씻지 않은 부정한 손으로 음식을 먹느냐는 힐난입니다. 겉으로 보면 비난받을 만합니다.

먼저 유대인의 유전이 무엇입니까? 3-4절을 봅시다. "바리새인들과 모든 유대인들은 장로들의 전통을 지키어 손을 잘 씻지 않고서는 음식을 먹지 아니하며 … 그 외에도 여러 가지를 지켜 오는 것이 있으니 잔과 주발과 놋그릇을 씻음이러라"라고 했습니다.

유대인들은 손을 부지런히 씻었습니다. 손을 씻고 나서야 떡을 먹었습니다. 시장에서 돌아 와서는 물을 뿌렸습니다. 잔과 주발과 놋그릇도 닦았습니다. 이것이 종교가 타락한 장면입니다. 형식주의와 외식주의의 극치입니다. 씻는 자체가 문제가 아닙니다. 그 이면이 문제입니다.

무엇이 문제일까요? 하나님의 말씀보다 위에 있는 것은 아무것도 없습니다. 내 생각은 내 생각일 뿐입니다. 내 철학은 내 철학이요, 내 이념은 내 이념일 뿐입니다. 주님의 말씀은 전통보다 위에 있습니다. 종교적인 어떤 회의의 결정보다 위에 있습니다. 최고의 권위는 말씀의 권위입니다. 그래서 우리는 신구약 성경말씀을 사랑하고 믿는 하나님의 백성입니다.

당시 종교 지도자들이 예수님께 질문을 했습니다. 당신의 제자들은 장로의 유전을 지키지 않고 부정한 손으로 떡을 먹습니다. 가장 존경받는 계급의 사람들이 비난하는 질문을 했습니다.

그래도 하나님의 율법이 있는 나라의 지도자들이었습니다. 성막과 성례가 있던 나라의 율법사들입니다. 하나님이 나타나셔서 지도하던 나라의 지도자들입니다. 하나님께 봉사하는 성전이 있고, 주님이 태어나신 나라의 국민입니다. 여호수아나 다윗 그리고 사무엘이나 요셉 같은 인물이 살던 나라입니다. 영적인 특권을 받았던 나라입니다. 그러나 지금은 무섭게 변했습니다. 외적이고 형식적으로 탈바꿈했습니다. 변해도 좋은 방향으로 변해야 됩니다.

예수님은 이사야 선지자의 글을 인용하십니다. "이 백성이 입술로는 나를 공경하되 마음은 내게서 멀도다 사람의 계명으로 교훈을 삼아 가르치니 나를 헛되이 경배하는도다." "너희가 하나님의 계명은 버리고 사람의 전통을 지키느니라."

성도는 말과 행동이 일치해야 합니다. 입술로만 하나님을 섬기고 사랑하는 것은 무의미합니다. 예배에 있어서나 섬김에 있어서도 그렇습니다. 입술로는 나를 존경하되 마음은 내게서 멀도다!

하나님은 사람의 마음을 보십니다. 다윗을 만나니 내 마음에 합한 사람이라. 모세는 당대에 온유함이 지상의 모든 사람보다 더했습니다. 하나님은 이 시간 우리에게 말씀하십니다. 내 아들아! 내 딸아! 네 마음을 내게 달라. 기도에 있어서도 마찬가지입니다. 마음이 담기지 않은 기도는 주님이 거절하십니다. 마음을 주님께 드리는 성도가 되기를 바랍니다.

2. 고르반 제도

하나님은 하나님의 백성들에게 모세를 통하여 십계명을 주셨습니다. 다섯 번째 계명이 "네 부모를 공경하라"입니다. 아비나 어미를 훼방하는 자는 반드시 죽이라고 했습니다. 하나님 나라의 윤리입니다. 부모는 친부모만 부모가 아닙니다. 부모의 개념의 폭이 넓습니다. 다양합니다.

유대인들은 고르반 제도를 만들었습니다. 그리고 고르반 제도를 전통적으로 지켰습니다. 부모에게 드릴 것을 하나님께 드렸다고 하면 된다는 이론입니다. 아버지나 어머니에게 아무것도 해 드리지 않았습니다. 유전 때문에 하나님의 말씀을 폐하는 자들이라고 책망하셨습니다. "또 이같은 일을 많이 행하느니라". 이것이 주님의 평가입니다.

믿음이 없는 사람은 하나님의 말씀을 지키지 않으려는 별 방법을 다 쓰고 있습니다. 그러나 믿음이 있는 분들은 하나님의 말씀이나 뜻이면 무조건 순종합니다. 그 이유는 하나님을 진심으로 사랑하기 때문입니다.

주님의 외침을 들어 봅시다. "너희가 하나님의 계명을 버리고 사람의 전통을 지키느니라", "너희가 너희 전통을 지키려고 하나님의 계명을 잘 저버리는도다", "너희가 전한 전통으로 하나님의 말씀을 폐하며"라고 했습니다.

바리새인들의 잘못이 무엇입니까? 성경을 유용한 것입니다. 공금을 유용하면 횡령이듯 성경을 유용한 것이 잘못이었습니다. 또 바리새인들은 전통을 계명과 같은 수준으로 높였습니다. 아니 그보다 더 높였습니다. 성경의 자리에 전통을 앉혀 놓았습니다. 결과는 전통은 소중하고 계명은 가치없게 만들었습니다. 이것이 인간이 타락하게 된 슬픈 이야기입니다. 하나님의 말씀, 계명의 자리에 인간의 제도나 전통을 올려놓았기 때문에 슬픔입니다.

잘못된 생각과 말을 하면 사람의 영혼을 파멸의 길로 이끌게 됩니다. 다른 사람의 생명까지 지옥으로 이끌게 되어 있습니다. 영적인 무지 속에 살다가 우리의 구원자 예수님을 부정하거나 버리게 됩니다. 웃으면서 살고 있지만 진정한 웃음은 없습니다. 하나님이 약속한 영원한 생명이 자기 것인 줄 생각하고 살고 있지만 하나님의 정죄, 심판이 기다리고 있습니다.

사랑하는 성도 여러분! 우리는 신·구약 성경을 하나님의 말씀으로 믿는 교회에 속해 있습니다. 신 · 구약성경 외에는 성경이 없다는 확신을 가지고 목회하는 목회자와 함께 신앙생활을 경주하고 있습니다. 여러분 스스로 고르반 제도를 만들지 말기 바랍니다. 성경이 말하는 대로 믿기를 바랍니다.

다윗은 시편 119편 136절에서 "그들이 주의 법을 지키지 아니하므로 내 눈물이 시냇물같이 흐르나이다"라고 슬퍼했습니다. 저는 이 심정을 조금은 이해합니다. 여러분은 목회자에게 기쁨을 줄 수 있기를 바랍니다.

158절에서도 "주의 말씀을 지키지 아니하는 거짓된 자들을 내가 보고 슬퍼하였나이다"라고 했고, 바울은 빌립보 교인들을 향하여 빌립보 3장 18절에서 "내가 여러 번 너희에게 말하였거니와 이제도 눈물을 흘리며 말하노니 여러 사람들이 그리스도의 십자가의 원수로 행하느니라"라고 했습니다.

주님도 때때로 울기도 하셨습니다. 예루살렘 성을 내려다 보시면서 우셨습니다. 나사로의 죽음 앞에서도 우셨습니다. 우리도 우리의 눈물을 하나님께 쏟아 바칠 때입니다. 하나님은 사랑하는 성도의 눈물을 받으십니다. 눈물로 하나님을 섬길 수 없을까요?

3. 주님의 부르심

예수님이 우리를 부르십니다. 왜 부르실까요? "너희는 다 내 말을 듣고 깨달으라"라고 말씀하셨습니다. 너희가 이렇게 깨달음이 없느냐? 너희가 알지 못하느냐? 내 말을 듣고 깨달으라.

주님께서 제자들에게 하신 말씀입니다. 제자들도 말씀은 듣고 있지만 깨닫지를 못하고 있었습니다. 깨닫지 못하는 것이 인간이 타락한 증거입니다. 사람은 고귀하게 창조되었지만 타락하면서 깨닫지 못하는 존재가 되었습니다. 그래서 우리는 기도해야 합니다. 주여, 보게 하옵

소서! 주여, 듣고 깨닫게 하옵소서! 다윗처럼, 주여! 주의 율례들로 나를 가르치소서!(시119:64)

"너희는 다 내 말을 듣고 깨달으라. 무엇이든지 밖에서 사람에게로 들어가는 것은 능히 사람을 더럽게 하지 못하되 사람 안에서 나오는 것이 사람을 더럽게 하는 것이니라." 사람의 입으로 들어가는 것은 마음으로 들어가지 않습니다. 배로 들어갑니다. 그리고 시간이 지나면 뒤로 나갑니다. 배설물입니다. 그러므로 모든 식물은 깨끗합니다.

사람에게서 나오는 것이 사람을 더럽게 합니다. 속에서 나오는 것이 겉사람까지 더럽힙니다. 사람의 마음에서 나옵니다. 악한 생각입니다. 음란입니다. 도적질입니다. 살인입니다. 간음입니다. 탐욕입니다. 악독입니다. 속임입니다. 음탕과 흘기는 눈과 훼방과 교만과 광패입니다. 이 모든 것이 다 속에서 나와서 사람을 더럽게 한다고 교훈하셨습니다.

여러분은 마음이 깨끗합니까? 마음이 깨끗하기를 바랍니다. 속과 겉이 다 같이 성결하기를 바랍니다. 더러운 그릇은 하나님도 사람도 기뻐하지 않습니다. 뷔페 식당을 가서 그릇에 상처만 있어도 더럽다고 생각합니다. 하물며 영적인 죄와 육체적인 더러움이 얼마나 더럽겠습니까?

특히 성만찬 예식을 앞두고 마음을 성결케 하기를 바랍니다. 우리의 마음이 실로 더럽습니다. 영광스럽지 못합니다. 주님의 보혈로 깨끗하게 씻어 주옵소서! 맑고 깨끗한 성령의 사람이 되게 하옵소서! 주님을 사랑하는 마음으로 가득하게 하옵소서! 아멘.

마음이 아름다운 성도, 마음이 착한 그리스도인, 마음이 깨끗한 하나님의 백성으로 성장하기를 진심으로 바랍니다.

제32강
마가복음 7장 24-30절

수로보니게 여인의 딸

마가복음 6장 7절부터 9장 50절까지는 갈릴리 지역의 후기 사역을 기록해 주고 있습니다. 오늘 말씀은 마태복음 15장에도 기록된 말씀입니다. 이방 여인, 수로보니게 여인의 딸이 귀신들렸는데 주님의 은혜와 능력으로 귀신이 떠나가게 되었습니다. 우리도 예수님의 은혜와 능력으로 미혹의 영을 버리고 성령의 충만을 받는 종들이 다 되기를 바랍니다.

1. 두로 지방의 반응

예수님은 유대 종교지도자들의 반발과 도전과 반대에 직면하게 되었습니다. 갈릴리 지역을 돌면서 전도하던 발걸음을 멈추고 이방인의 땅, 두로 지역을 방문하게 되었습니다. 두로는 갈릴리 북쪽 지중해 동쪽 해안에 위치해 있는 베니게의 수도로, 원양 항해술과 공예술이 발달한 도시였습니다.

예수께서 두로 지방의 한 집에 들어가셔서 도착한 사실을 숨기고자 하셨으나 알려지게 되었고, 소문이 널리널리 퍼지기 시작했습니다. 예수께서는 복음 전도도 중요하지만 이방 지방을 방문하셔서 좀 쉬시려고 했던 것으로 보입니다. 안식, 쉬는 것이 잘못은 아닙니다. 예수님도 인성을 가진 분이시기에 먹어야 하고 쉬어야 했습니다. 휴식하며 앞으로의 사역 계획이나 영적인 여러 가지를 준비해야 하는 경우도 있기 때문입니다.

그래서 두로 지방에 머무는 동안 아무도 모르기를 원하셨습니다. 두로 지방을 방문하신 목적은 아마도 하나님 나라의 전파나 치유 사역이 아니라 앞으로의 사역을 더욱 효과적으로 수행하기 위해 준비하면서 휴식을 취하려는 뜻이 있었던 것으로 보입니다.

그러나 숨길 수 없었던 이유가 무엇일까요? 이미 세상에 알려진 분, 하나님의 아들이시기 때문에 자신이 드러내지 않아도 사람들이 알고 몰려오는 분이라는 사실을 강조하고 있습니다. 하나님의 아들이기 때문에 소문에 소문이 더욱 퍼지게 되었던 것입니다.

그 결과 이방 여인의 딸이 귀신들렸을 때 이방인에게 은혜를 베푸시게 됩니다. 수로보니게 이방 여인의 딸을 치료했습니다. 이미 19절에서 "모든 음식물을 깨끗하다"라고 선언하셨듯이 유대인만 구원받을 것이 아니라 이방인까지 구원의 영광이 임할 것을 보여주는 사건입니다.

나중에 사도행전 10장에서 유대인의 대표자 베드로와 이방인의 대표자 고넬료의 만남이 이루어집니다. 이것은 교회사적으로나 구원 역사적으로 아주 중요한 사건입니다. 이때도 베드로에게 나타난 환상은 먹는 문제였습니다. 네 발 가진 짐승과 유대인들이 부정하게 생각하는 고기들이었습니다. 하나님은 잡아 먹으라고 하지만 베드로는 부정하고 깨끗하지 못한 것이라고 말하면서 거절합니다. 하나님의 말씀이 무엇입니까? 하나님이 깨끗하게 하신 것을 부정하게 생각하지 말라는 것이었습니다.

마가복음 7장에서 음식이 사람을 더럽게 하는 것이 아님을 말하면서 유대인과 이방인의 구원을 선언하기 때문입니다. 사람의 마음에서 나오는 것이 사람을 더럽게 하는 것입니다. 하나님은 유대인이나 이방인이나 하나님을 경외하고 의를 행하는 사람은 누구나 받아주시는 분이십니다. 하나님의 은혜는 유대인과 이방인을 구분하지 않습니다. 남자와 여자도 구별하지 않습니다. 복음은 차별 대우하지 않습니다. 누구에게나 복음일 뿐입니다.

2. 수로보니게 여인의 딸

더러운 귀신들린 딸을 둔 수로보니게 이방 여인이 예수님에 대한 소문을 듣고 예수께 달려 나와 발 아래 엎드렸습니다. 자신을 완전히 낮추는 자세입니다. 겸손과 간절한 소원을 위하여 그런 행동을 취한 것입니다. 예수님에 대하여 '주여' 라고 부른 것은 메시야임을 인정하는 믿음 때문입니다.

수로보니게 여인은 유대의 종교 지도자들과 믿음이 달랐습니다. 형식적이고 외식적인 믿음이 아니었습니다. 예수님을 자기를 구원하실 주님으로 믿었습니다. 만왕의 왕으로 믿었습니다. 하나님의 아들로 믿었습니다. 예수님에게 책망이 아니라 칭찬 받는 믿음의 여인이었습니다. 유대 종교 지도자들인 서기관과 바리새인들은 혈통을 자랑하고 형식적으로 지키는 율법을 자랑했지만 이 여인은 믿음을 자랑했습니다. 진실했습니다. 유대의 종교 지도자들은 예수를 배척했지만 이 여인은 사랑했습니다. 존경했습니다. 그리고 순종했습니다.

수로보니게 여인은 헬라어를 사용하는 여인으로서 수로보니게 족속 그러니까 시리아의 페니키아 태생이었습니다. 주변 환경은 헬라 교육이나 헬라 문화의 영향을 받는 상황이었으나 유대인과 구별하기 위하여 이방인이라 말하고 있습니다.

수로는 시리아를 가리키며, 보니게는 페니키아 지역입니다. 그러니까 시리아에 속한 보니게 지역 출신이었습니다. 물론 마태복음에는 가나안 여인이라고 표현했습니다. 유대인은 아닙니다. 이방 여인입니다.

이 여인은 사랑하는 딸에게 들어간 귀신을 쫓아달라고 예수님께 간청했습니다. 동작이 멈추지 않은 상태를 말합니다. 계속하여 간구했습니다. 귀신이 나갈 때까지 계속하여 청원했습니다. 간절하면서도 끈질긴 간구였습니다. 사랑하는 성도 여러분! 모든 문제의 열쇠는 주님 앞에 엎드리는 것입니다. 엎드리는 것이 문제 해결의 출발점일 것입니다.

시편 57편 1-2절에 "하나님이여 내게 은혜를 베푸소서 내게 은혜를 베푸소서 내 영혼이 주께로 피하되 주의 날개 그늘 아래에서 이 재앙들이 지나기까지 피하리이다 내가 지존하신 하나님께 부르짖음이여 곧 나를 위하여 모든 것을 이루시는 하나님께로다"라고 했습니다. 이 여인은 위기를 이용하여 주님을 만나는 기회로 선용했습니다.

마태복음 15장 28절에서는 "여자여 네 믿음이 크도다 네 소원대로 되리라"라고 칭찬 받았던 여인입니다. 사랑하는 성도 여러분! 여러분의 믿음은 어떤 믿음일까요? 큰 믿음일까요 아니면 작은 믿음일까요? 칭찬받을 만한 믿음일까요 아니면 책망받을 믿음일까요? 큰 믿음으로 살다가 칭찬받는 성도들이 되기를 바랍니다.

3. 지혜와 겸손의 간청

수로보니게 여인은 계속하여 간구하고 있는데 예수님은 계속하여 거부하는 자세를 취하고 있었습니다. 여러분 같으면 어떻게 하겠습니까? 우리는 성급합니다. 끈질김이 없습니다. 부모가 자녀를 위하여 할 수 있는 일이 무엇입니까? 기도입니다. 주님 앞에 엎드리는 기도입니다. 엎드릴 때 불가능을 가능케 하시는 주님이십니다.

이 사건에 대하여 마태복음은 자세히 기록해 주었습니다. 이 여인이 큰 소리로 자신의 딸을 고쳐달라고 간구했습니다. 예수님은 아무 대답도 하지 않으셨습니다. 한 말씀도 하지 않으셨습니다.

제자들이 '여인의 딸을 고쳐주시지요?' 라고 청원하자, 예수님의 대답은 나는 이스라엘의 잃어버린 양을 위하여 왔지 다른 데로 보내심을 받지 않았다고 답변했습니다. 그러나 수로보니게 여인은 낙심하거나 절망하지 않고 간절히 구했습니다. 정말 계속적인 간구와 계속적인 거부가 공식인 것처럼 보입니다. 의도적인 거부라 할지라도 거부하고 있는 것이 확실합니다.

심지어 예수님은 수로보니게 여인의 간청에 대하여 자녀를 먼저 배불리 먹여야 한다고 말했습니다. "자녀로 먼저 배불리 먹게 할지니 자녀의 떡을 취하여 개들에게 던짐이 마땅치 아니하니라"라고 했습니다. 자녀의 떡을 취하여 개들에게 던지는 것이 마땅하지 않다는 가르침이었습니다. 유대인과 이방인 사이의 복음 사역의 우선 순위를 강조하는, 모욕적이고 냉정한 대답입니다.

먼저 유대인을 먹이도록 허락하라는 의미로 말씀하신 것은 여인의 허락을 받기 위한 말씀이 아니라 여인을 시험하는 말씀이었습니다. 우선, 먼저, 첫 번째로 유대인을 위한 일을 하고 두 번째로, 다음으로 이방인을 위한 수고를 하겠다는 취지입니다. 유대인이 먼저이고 그 다음에 이방인을 위한 구원 사역을 하시겠다는 취지입니다.

개를 말씀하셨는데 들개가 아니라 애완용이나 작은 강아지를 말합니다. 의미적으로는 유대인에 비교되는 이방인을 말합니다. 경멸의 의미가 담겨져 있습니다. 여인을 경멸해서 사용하신 것보다 시험적인 요인으로 사용하신 것입니다.

그러나 이 여인은 예수님의 말씀에 대하여 옳다고 수긍하였습니다. "주여 옳소이다마는 상 아래 개들도 아이들이 먹던 부스러기를 먹나이다"라고 대답했습니다. 개들도 주인의 상에서 떨어지는 부스러기를 먹고 산다는 것입니다. 아주 지혜롭고 겸손한 말로 간절히 청했습니다.

성도는 겸손이 몸에 배어 있는 사람입니다. 자신을 낮추고 하나님을 높이는 사람들입니다. 하나님은 유창한 기도만 들어주시는 분이 아닙니다. 진실한 기도를 들어주시는 분이십니다. 간절한 기도에 응답해 주시는 분이십니다. 수로보니게 여인은 모든 영광을 하나님께 돌릴 준비가 되어 있는 사람입니다.

수로보니게 여인에 대한 예수님의 반응은 무엇입니까? 예수님은 수로보니게 여인의 말에 감동을 받아 딸을 고쳐주셨습니다. 뭐라고 선언하셨습니까? 29절입니다. "이 말을 하였으니 돌아가라 귀신이 네 딸에게서 나갔느니라"라고 했습니다. 큰 능력이 임하는 곳에는 많은 시험과 어려움도 따르게 되는 법입니다.

예수님은 여인에게 돌아가라고 선언하셨습니다. 돌아가야 할 이유가 있다면 여인이 자기 입으로 한 말 때문이었습니다. 여러 가지 시험과 어려운 고난이 있었지만 견디고 참으면서 간구했습니다. 그 결과가 무엇입니까? 신앙고백에 대한 결과가 무엇입니까? 기도한 결과가 무엇입니까?

예수님의 돌아가라는 말은 여인이 떠나갈 것을 촉구하는 말이 아니고 명령이었습니다. 네 기도에 응답을 받았으니 돌아가도 좋다는 의미입니다. 예수님은 우리의 기도를 들어주실 수 있는 능력이 있는 분이십니다. 마가복음 11장 24절에 "그러므로 내가 너희에게 말하노니 무엇이든지 기도하고 구하는 것은 받은 줄로 믿으라 그리하면 너희에게 그대로 되리라"라고 했습니다.

'귀신이 네 사랑하는 딸로부터 떠났다', '귀신이 이미 나가버렸다'라는 선언입니다. 예수께서 선언하실 때 정말 귀신은 떠났던 것입니다. 여인이 집에 돌아갔을 때 귀신들렸던 딸이 회복된 상태로 침상에 누워 있었습니다. 물론 귀신이 나갔습니다. 할렐루야!

귀신이 쫓겨나는 것은 하나님의 나라가 임한 증거입니다. 현재적으로 만왕의 왕께서 통치하실 때 사탄은 역사할 수 없습니다. 하나님 나라가 이땅에 임한 증거 중의 하나가 귀신, 사탄이 쫓겨나는 것입니다. 물론 복음이 전파되는 것이지요. 병도 낫는 것입니다. 귀신이 떠납니다. 사탄이 굴복합니다. 딸은 침상에 누워 있지만 회복되는 중이었습니다.

정말 놀라운 일이 아닙니까? 예수님은 영원하신 하나님이시지만 사람이 되셨습니다. 종의 형체를 입으셨습니다. 마가복음은 예수님이 종으로서 유대인과 이방인을 섬기는 분으로 묘사하고 있습니다. 우리 모두 겸손하고 끈질기게 기도하여 하늘의 응답을 받는 복된 종들이 다 되기를 바랍니다.

제33강
마가복음 7장 31-37절

귀먹고 어눌한 자

예수님은 두로 지방으로 가서 안식하고자 하셨습니다. 그러나 안식할 수가 없었습니다. 수로보니게 여인의 딸이 귀신이 들렸었는데 딸의 귀신을 쫓아내주셨습니다. 영적인 싸움입니다. 물론 예수께서 사탄과 싸워서 승리하셨습니다. 우리의 싸움은 혈과 육에 대한 싸움이 아닙니다. 공중의 권세 잡은 자와 악령과의 싸움입니다. 세상 풍속과의 싸움입니다.

예수께서는 수로보니게 여인의 믿음을 칭찬하셨습니다. 이방인 가운데 이런 믿음을 가진 여인이 있다고 자랑하셨습니다. 하나님 나라는 유대인과 이방인을 구별하지 않습니다. 남자와 여자를 차별 대우하지 않습니다. 예수 그리스도 안에서 하나일 뿐입니다.

그렇지만 두로 지방에 계신 주님은 명분상 안식, 휴식이었습니다. 그 휴식이 끝난 다음에 곧바로 갈릴리 지방으로 오셔서 후기 사역을 시작하셨습니다.

1. 데가볼리 지방

예수께서 사랑하는 제자들과 함께 두로에서 나와 시돈 지방을 거쳐 갈릴리 동편의 데가볼리 지방을 통과했습니다. 그리고 갈릴리 바다 근경에 이르셨습니다. 갈릴리 호숫가를 찾으셨습니다. 이번에는 어떤 은혜를 베푸셨을까요?

데가볼리 지역의 한가운데를 통과하셨습니다. 데가볼리의 데가는 '십, 열'이라는 숫자를 말합니다. 도시를 뜻하는 폴리스라는 말과의 합성어입니다. 그러니까 데가볼리는 '열 개의 도시'라는 뜻입니다.

열 개의 도시를 살펴보면 '다마스커스, 오포톤, 필라델피아, 라파나, 스키토폴리스, 가다라, 힙폰디온, 펠라, 갈라사, 가나다'를 가리킵니다. 이 열 개의 도시들은 갈릴리 호수 동쪽에 위치한 도시로 대부분 이방인들이 거주하였습니다. 문화는 헬라식 문화의 영향을 받고 있었습니다.

주님은 이방인에 대해서 외면하지 않으셨습니다. 여기에 감사가 있습니다. 우리는 민족적으로 이방인입니다. 혈통적으로 한민족이고 배달민족이라고는 하지만 하나님 보시기에는 이방인일 뿐입니다. 허물과 죄로 죽은 사람들입니다. 세상 풍조와 공중의 권세 잡은 자를 따랐던 사람들입니다. 불순종의 아들들 가운데서 역사하는 영을 따라다녔던 사람들입니다. 육체적인 욕심을 따라 살고, 육체와 마음이 원하는 것을 하여 본질상 진노의 자녀였습니다.

그러나 예수님은 유대인과 이방인을 구별하지 않으셨습니다. 에베소서를 연구해 보면 십자가의 피로 유대인과 이방인을 하나가 되게 하셨습니다. 바울이 권면했습니다. "그러므로 생각하라 너희는 그 때에 육체로는 이방인이요 손으로 육체에 행한 할례를 받은 무리라 칭하는 자들로부터 할례를 받지 않은 무리라 칭함을 받는 자들이라 그 때에 너희는 그리스도 밖에 있었고 이스라엘 나라 밖의 사람이라 약속의 언약들에 대하여는 외인이요 세상에서 소망이 없고 하나님도 없는 자이더니 이제는 전에 멀리 있던 너희가 그리스도 예수 안에서 그리스도의 피로 가까워졌느니라"(엡2:11-13).

예수님은 유대인과 이방인 간의 육체로 막힌 담을 헐어버리셨습니다. 둘로 하나를 만드셨습니다. 화평케 하시는 주님이시기 때문입니다. 먼 데 있는 사람과 가까운 데 있는 사람에게 평안을 주셨습니다. 성령안에서 아버지께 나아갈 수 있는 길을 열어놓으셨습니다. 이제는 이방인도 외인이 아닙니다. 나그네도 아닙니다. 성도들과 동일한 시민입니다. 하나님의 권속이 되었습니다. 할렐루야! 이것이 예수님의 공로입니다. 우리의 공로는 아무것도 없습니다. 예수님의 사랑과 희생 때문에 얻어진 영광일 뿐입니다. 이것이 전적인 하나님의 은혜입니다. 이 은혜를 찬양하며 살기를 바랍니다.

2. 특이한 방식

갈릴리 바닷가에 사람들이 귀 먹고 말 더듬는 자를 데리고 예수님 앞에 나아와 안수해 줄 것을 간구했습니다. 두 사람이 아니라 한 사람이지만 두 가지 문제가 있는 사람입니다. 귀도 듣지 못하고 말하는 데 어려움을 겪고 있는 사람이었습니다. 소리는 내지만 상대가 알아들을 수 없는 상태입니다. 예수님은 이 사람에게 어떻게 은혜를 베푸셨을까요? 어떤 방법을 사용하셨을까요?

사람들은 안수해 주기를 원했습니다. 유대 사회에서 안수는 폭넓게 사용되었습니다. 우선 상속권을 상속할 때 안수했습니다. 창세기 48장 14-20절을 봅시다. 야곱이 요셉의 두 아들에게 축복할 때 안수했습니다. 오른손으로는 에브라임을, 왼손으로는 므낫세를 향하게 하고 축복한 것은 기업의 상속권을 상속하는 의미가 있습니다. 요셉 지파라고 말하지 않고 에브라임 지파와 므낫세 지파라고 일컫습니다. 이것이 요셉이 두 배의 축복을 받은 것을 증명합니다.

그리고 유대인들은 임직할 때도 안수했습니다. 민수기 27장 18절과 23절입니다. "여호와께서 모세에게 이르시되 눈의 아들 여호수아는 그 안에 영이 머무는 자니 너는 데려다가 그에게 안수하고", "그에게 안수하여 위탁하되 여호와께서 모세에게 명령하신 대로 하였더라"라고 했습니다. 모세가 후계자로 여호수아를 세울 때도 안수했습니다.

다른 사람을 축복할 때도 안수했습니다. 마태복음 19장 13-15절을 봅시다. "그때에 사람들이 예수께서 안수하고 기도해 주심을 바라고 어린 아이들을 데리고 오매 제자들이 꾸짖거늘 예수께서 이르시되 어린 아이들을 용납하고 내게 오는 것을 금하지 말라 천국이 이런 사람의 것이니라 하시고 그들에게 안수하시고 거기를 떠나시니라"라고 했습니다.

오늘 성경에서처럼 건강 회복을 원할 때도 안수했습니다. 사도행전 9장 12절과 17절도 봅시다. "그가 아나니아라 하는 사람이 들어와서 자기에게 안수하여 다시 보게 하는 것을 보았느니라", "아나니아가 떠나 그 집에 들어가서 그에게 안수하여 이르되 형제 사울아 주 곧 네가 오는 길에서 나타나셨던 예수께서 나를 보내어 너로 다시 보게 하시고 성령으로 충만하게 하신다"라고 했습니다.

마태복음 15장을 연구해 보면 절뚝발이와 몸이 불구인 사람들 그리고 앞을 볼 수 없는 사람과 말 못하는 사람 그리고 많은 자들을 치유해 주셨습니다. 마태는 많은 사람을 치유한 사건을 기록한 반면 마가는 치유하는 방법에 대하여 상세하게 기록해 주었습니다.

예수님의 치료하는 방법이 독특했습니다. 병자를 따로 데리고 가서 손가락을 양 귀에 넣고 침을 뱉아 그의 혀에 손을 대시며 하늘을 우러러 탄식하시며 그에게 이르시기를 '에바다, 열리라'라고 외치셨습니다. 정말 독특한 방법이 아닙니까? 왜, 그것도 '따로'라는 말대로 비밀리에 고치셨을까?

비밀리에 고친 이유에 대하여 학자들은 여러 가지 이론을 제시합니다. 병자와 예수님의 인격적인 관계 때문이거나 많은 사람들의 요구를 막기 위함이거나 예수가 메시야이심을 숨기기 위해서 개인적으로 이렇게 하셨다고 주장합니다.

그렇게 한 결과가 무엇입니까? 그의 귀가 열리고 혀가 맺혔던 것이 풀려 말이 분명해졌습니다. 물론 당시의 침은 치료의 효능이 있었습니다. 손을 대는 것도 흥행하던 방법이었습니다.

다른 병은 말씀으로만 하셔도 고침을 받았는데 왜 직접적으로 손을 대셨을까? '다만 말씀으로만 하옵소서'. 그런데 귀먹고 말이 어눌한 사람에게는 손을 댔습니다. 예수님의 사랑의 손길을 느꼈을 것입니다. 사랑의 손, 자비의 손, 따뜻한 헌신의 손이 나를 만져줄 때 얼마나 좋은 감정이 복받쳐 오릅니까?

예수님은 사랑의 손만이 아니었습니다. 탄식까지 하셨습니다. 사랑과 관심의 표현입니다. 마음이 답답하고 안타까운 마음이 들었던 것입니다. 저도 목회를 하다 보면 이런 감정이 복받쳐 오를 때가 많습니다. 예수님의 마음이 답답할 때 반대로 병자의 귀가 열렸습니다. 맺혔던 것, 결박이 풀렸습니다. 여러분의 모든 사정도 주께서 회복되게 하는 복이 임하기를 바랍니다. 풀려지는 복도 받기 바랍니다.

3. 함구령과 소문

예수님은 고침 받은 그 사람에게 함구령을 내렸습니다. "아무에게도 이르지 말라". 왜 함구령을 내리셨을까요? 지난 번에 오병이어의 기적을 베푸셨을 때 억지로 임금을 삼으려고 청중이 동원되었습니다. 이적을 보았을 때 또 그런 사태가 발생하지 말라는 법이 없기 때문입니다.

예수님이 이땅에 오신 근본적인 목적은 정치적인 해방을 위해서 오신 것이 아닙니다. 경제적인 문제를 해결하기 위해서 오신 것도 아닙니다. 인류의 죄와 허물을 청산하여 영생을 선물로 주시기 위해 오신 주님이십니다.

그러나 예수님에 대한 소문은 널리 널리 퍼졌습니다. 아무리 경고했지만 소용이 없었습니다. 소문에 소문을 들은 사람들이 귀머거리도 듣게 하고, 벙어리도 말하게 하는 예수님의 이적을 칭송하며 감탄했습니다. 경고할수록 소문은 더욱 널리 퍼져나갔습니다.

예수님의 계속적인 함구령과 사람들의 계속적인 전파가 대조를 이룹니다. 예수님은 하나님의 뜻을 이루기 위해 신중하셨지만 사람들은 나팔을 불어대는 경박함이 넘쳐났습니다. 아무리 숨겨도 드러나는 것은 예수가 메시야이시기 때문에 그렇습니다. 우리는 주님을 높이고 우리 자신을 낮추면 낮출수록 주님이 우리를 높여주는 경향이 있습니다.

사람들은 심히 놀랐습니다. 예수님을 만나는 사람마다 놀랐습니다. 인격에 놀라고 사역에 놀랐습니다. 예수께서 행하신 이적에 대하여 보고 듣는 사람마다 놀라고 놀랐습니다. 지금도 그렇습니다. 죄인을 의인으로 바꾸는 분이 주님이십니다. 하나님의 은혜가 사람을 만듭니다.

그러면서 모든 사람들이 예수님을 칭찬했습니다. "그가 모든 것을 잘하였도다 못 듣는 사람도 듣게 하고 말 못하는 사람도 말하게 한다"라고 칭송했습니다. 갈릴리 지역 사람들이 예수님에 대하여 어떤 평가를 하였는가?

모든 일을 훌륭하게 해 내셨다. 정말 잘 하셨다. 칭찬할 만하다. 아주 잘했어. 예수께서 행하신 일은 좋지 않은 일이 없어! 예수님은 하나님 앞에 충성스러운 종입니다. 하나님 나라를 위하여 부지런히 그리고 열심히 일하는 종이었습니다. 잠시도 쉴틈없이 일을 하셨습니다.

사랑하는 성도 여러분! 예수님은 막힌 것을 뚫고 굳어버린 것을 풀어주는 능력이 있습니다. 죄악의 문제는 물론 인생이 살아가는 데 있어서 막힌 것이나 굳어버린 것을 바꾸어 놓습니다.

우리 모두 주님의 영광을 위하여 힘 있게 쓰임 받는 종들이 되어서 하나님이 영광을 받으시고 거룩한 교회를 잘 섬겨나가는 은혜와 복이 임하기를 바랍니다.

제34강
마가복음 8장 1-10절

칠병이어

예수께서 갈릴리 바다의 북쪽 이방인의 땅으로부터 갈릴리의 동쪽으로 돌아오셨습니다. 예수님 앞에 많은 무리가 모여들었습니다. 많은 무리가 모였을 때 문제가 무엇입니까? 먹는 것이 문제였습니다.

인간이 존재하는 한 먹는 것, 마시는 것, 입는 것이 문제입니다. 항상 의식주가 문제입니다. "그 무렵에 또 큰 무리가 있어 먹을 것이 없는지라". 이것이 문제였습니다. 의식주의 문제는 어느 시대나 어떤 나라도 예외없이 문제가 됩니다.

아마도 의식주의 문제를 해결해 줄 수 있다면 대통령이나 국회의원은 물론이고 누구든 영구히 통치를 하여도 백성들이 믿고 따를 것입니다. 여러분의 의식주 문제를 해결해 주실 분은 누구신가요?

오병이어의 사건은 사복음서에 기록되어 있지만 칠병이어 사건은 마태복음과 마가복음에만 기록된 내용입니다. 오병이어 사건과 칠병이어의 사건이 동일한 사건이라고 주장하는 신학자들도 있는데 그렇지 않습니다.

그 증거가 무엇인가? 주님, 성경 자체가 다른 사건임을 밝히고 있습니다. 떡의 갯수부터 차이점이 있습니다. 다섯 개와 일곱 개가 같습니까? 그리고 먹은 사람의 숫자도 차이점이 있습니다. 남자만 오천 명과 사천 명입니다.

또 오천 명을 먹이신 사건은 예수께서 가르치신 다음에 그날 먹이신 것이고, 사천 명의 무리를 먹이신 날은 함께 계신 지 사흘이 되었을 때 일으키신 기적이었습니다. 남은 떡도 다릅니다. 오천 명을 먹이신 다음에는 휴대용 바구니 정도의 열두 바구니이지만, 사천 명을 먹이신 다음에는 사람이 들어갈 정도의 큰 바구니로 일곱 광주리였습니다.

장소도 달랐습니다. 오천 명을 먹이실 때는 푸른 잔디 위에 앉았지만, 사천 명을 먹이실 때는 땅 위에 앉았습니다. 시간적으로 오천 명을 먹이신 사건은 초봄에 일어난 사건이라면, 사천 명을 먹이신 사건은 풀들이 말라버린 건기 때에 일어난 사건이었습니다.

마지막으로 예수님의 행동의 차이점입니다. 오천 명을 먹이신 다음에는 산으로 기도하러 올라가셨지만, 사천 명을 먹이신 다음에는 제자들과 함께 배를 타고 다른 곳으로 옮겨가셨습니다.

우리에게 주는 교훈이 무엇일까요?

1. 예수님의 마음입니다

예수께서는 의식주의 문제를 말씀하실 때 무엇을 먹을까, 무엇을 마실까, 무엇을 입을까 염려하지 말라고 가르치셨습니다. 이것은 이방인들이 구하는 것이요 우리는 하나님의 아들과 딸로서 하나님 나라와 의를 구하라고 가르쳤습니다. 먼저 하나님 나라와 의를 구하면 이 모든 것을 더하여 주시겠다고 선언하셨습니다.

예수님은 제자들을 불러 모으셨습니다. 그리고 "내가 무리를 불쌍히 여기노라 그들이 나와 함께 있은 지 이미 사흘이 지났으나 먹을 것이 없도다 만일 내가 그들을 굶겨 집으로 보내면 길에서 기진하리라 그 중에는 멀리서 온 사람들도 있느니라"라고 했습니다.

예수님은 큰 무리를 보시고 불쌍히 여기는 마음을 가지셨습니다. 큰 무리는 예수와 함께 있은 지 사흘이 지났습니다. 그런데 먹을 것이 없었습니다. 이를테면 바닥이 난 것입니다. 만약 그냥 집으로 보낸다면 멀리서 온 사람도 있기 때문에 돌아가다가 기진할 것 같이 보였습니다. 예수님의 염려가 담겨진 말씀입니다.

큰 무리는 예수님의 가르침에 은혜를 받았든지 아니면 가르침을 인정했든지, 질병으로부터 고침을 받았든지 아니면 고침을 받고 싶었든지, 귀신이 나갔든지 아니면 귀신이 들렸든지, 예수님이 행하시는 이적과 능력을 체험했든지 체험하고 싶었든지 등등 따르는 무리가 큰 무리였습니다. 수많은 군중, 기대와 목적이 있는 집단이었습니다.

마가는 큰 기대와 소망을 가지고 모여든 군중을 의미한 데 반해, 마태는 예수님 앞에 나온 목적이 순수하지 못하고 불순한 동기로 모여든 군중도 있음을 암시하고 있습니다. 그래도 큰 무리를 향한 주님의 마음은 어떤 마음이었습니까? '불쌍히 여기는 마음'이었습니다. 상대방이 어떤 동기와 목적을 가지고 왔든지 예수님의 마음은 불쌍히 여기는 마음, 긍휼히 여기는 마음, 측은히 여기는 마음, 안타깝게 여기는 마음이었습니다.

우리는 상대방에 대한 동정심, 사랑하는 마음, 긍휼히 여기며 민망히 여기는 마음이 필요한 시대에 살고 있습니다. 우리는 이웃이 누구인지 모릅니다. 무슨 직업을 가졌는지도 모르고, 죽어도 모르는 시대에 살고 있습니다. 이제는 이웃을 불쌍히 여기는 마음보다 지금과 같이 살고 있는 자기 자신을 불쌍히 여기는 마음부터 있어야 할 것입니다.

예수님은 영적인 필요를 느끼는 사람은 물론이고, 신체적으로 병들어 어려움을 겪고 있는 사람도 불쌍히 여기셨습니다. 심지어 배가 고픈 사람의 필요까지 채워주신 분이십니다. 멀리서 온 사람도 생각하신 주님이십니다. 주님의 사랑은 구체적이며 깊은 관심을 가진 사랑이었습니다. 말과 혀로만 하는 사랑이 아니었습니다.

기독교의 사랑은 상대방에 대하여 관심을 가지는 것입니다. 어려울 수록 더욱 깊이 생각해 주는 것입니다. 도울 수 있다면 힘껏 돕는 것입니다. 예수님으로부터 그런 사랑을 받아서 사랑이 충만한 그리스도인들이 다 되기를 바랍니다.

2. 몇 개나 있느냐?

무리를 불쌍히 여기는 예수님의 마음을 안 제자들의 반응은 무엇입니까? "이 광야 어디서 떡을 얻어 이 사람들로 배부르게 할 수 있으리이까?" 이것이 제자들의 대답이요 한계였습니다.

광야에서 떡을 구한다는 것은 불가능한 일입니다. 현실입니다. 맞지요. 굶주린 큰 무리에게 먹을 것을 주어야 한다는 예수님의 말씀에 대하여 제자들은 부정적인 반응을 보이고 있습니다. 인간은 누구나 부정을 할 수밖에 없습니다. 불신앙적인 말만 내뱉을 수밖에 없는 존재입니다. 광야에서 누가 이 문제를 해결할 수 있으리이까? 광야에서 사천 명이 넘는 큰 무리의 양식을 해결할 수 있는 사람은 없습니다. 단 한 사람도 없습니다. 우리 중에 누가 있겠습니까?

그러나 그렇게 말하는 것은 인간의 어리석음입니다. 왜 없습니까? 이스라엘의 역사를 봅시다. 이스라엘 백성이 애굽에서 나와서 광야 사십 년을 살아갈 때 하나님이 먹이고 마시게 하셨습니다. 옷이 해어지지 않게 하고, 발이 부르트지 않게 하셨습니다.

제자들이 강조한 것은 광야입니다. 예수님의 마음을 읽거나 보지 못했습니다. 예수님의 마음은 광야만 보신 것이 아닙니다. 큰 무리를 불쌍히 여기는 마음이 있었습니다. 항상 마음이 문제입니다. 어떤 장소도 중요하지만 마음이 더욱 중요한 것입니다.

여기에 대한 예수님의 처방은 무엇입니까? 불신앙적이고 현실적인 대답을 하는 제자들을 책망하지 않으시고 "너희에게 떡 몇 개나 있느냐?"고 묻습니다. 예, "일곱이로소이다". 일곱 개입니다. 몇 개냐고 확인하는 주님이십니다. 한 사람이 먹을 한 끼니 정도입니다. 아주 적은 양입니다. 어른들이 만여 명은 되는데 일곱 개를 가지고 무슨 일을 하겠습니까? 정말 적은 양입니다.

그런데 신비한 것은 오병이어의 기적을 왜 기억하지 못한 것일까요? 지난 번에 먹이신 주님이 이번에는 먹이실 수 없는 것일까요? 저번에 기적을 베푸신 주님이 지금은 베푸실 수 없는 것일까요? 그래서 하나님의 은혜는 잊지 않는 것이 중요합니다. 하나님의 은혜를 늘 기억하는 것이 아주 중요합니다.

일곱이로소이다. 일곱 개와 작은 생선 두어 마리가 있나이다. 정말 적은 양이 있을 뿐입니다. 적은 헌신이 기적을 낳습니다. 내게 있는 것을 아낌없이 드리는 것이 필요합니다. 하나님은 즐겨 내는 자를 사랑하십니다. 인간이 드리면 뭘 얼마나 많이 드릴 수가 있겠습니까? 아주 적은 양을 드리면서 사는 것뿐입니다.

사랑하는 성도 여러분! 여러분의 헌신이 기적을 낳습니다. 여러분의 봉사가 아주 중요한 열매를 맺습니다. 여러분의 충성과 봉사가 하나님 나라에서는 큰 영광과 큰 기적을 가져옵니다.

3. 땅에 앉게 하라

예수님은 제자들에게 명하여 많은 무리로 하여금 땅에 앉게 하였습니다. 떡과 물고기의 많고 적음을 말씀하지 않으셨습니다. 곧바로 식사할 준비를 시키셨습니다. 비스듬이 누워서 편안하게 식사하도록 유도하셨습니다. 이것이 헌신의 영광입니다. 기적의 시간입니다. 주님은 제2위 하나님이십니다. 하나님의 아들입니다. 무에서 유를 창조하신 하나님이십니다. 우리의 구원자이십니다.

떡 일곱 개를 가지고 축사하셨습니다. 유대인들은 절기 때나 일반적인 식사를 할 때 항상 하나님께 감사의 기도를 드렸습니다. 양식을 주신 하나님 아버지께 감사 기도를 드렸습니다.

그리고 떡을 떼어 제자들에게 주시며 나누어 주게 하라고 하자 제자들이 무리에게 나누어 주었습니다. 기독교는 나눔의 종교입니다. 먹을 것을 나눠야 합니다. 돈도 좀 나눠 줘야 합니다. 필요를 따라 조금씩 나누어 쓰는 것은 행복한 일입니다. 하나님이 기뻐하고 자신이 행복한 일입니다.

작은 생선 두어 마리도 있었습니다. 아주 작고, 적은 양의 생선입니다. 정말 보잘것없는 양이었습니다. 볼품도 없는 것이었습니다. 그러나 예수님은 그 두 마리의 생선을 가지고 축복하셨습니다. 하나님께 감사했습니다. 감사는 기적을 낳습니다. 원망과 불평은 사탄이 역사하는 코스입니다. 또한 심판과 저주도 기다리고 있습니다.

제자들에게 명하여 무리에게 나눠 주라고 하셨습니다. 큰 무리가 배불리 먹었습니다. 그러고도 남은 조각이 일곱 광주리였습니다. 사람이 약 사 천 명이었습니다. 사람이란 어른 남자를 일컫는 경우입니다. 그러니까 여성도 있고, 아이도 있습니다. 만여 명에서 이 만여 명은 족히 되는 수입니다. 주님은 위대하신 분이십니다. 주님의 손은 능력이 많은 손입니다. 인간이 상상할 수 없는 능력과 기적을 낳을 수 있는 분입니다.

그제서야 예수님은 많은 무리, 큰 무리를 흩어 보내셨습니다. 그리고 예수님도 제자들과 함께 배를 타시고 달마누다 지방으로 가셨습니다. 달마누다 지방은 갈릴리 서편입니다. 마태복음에는 마가단 지경으로 되어 있습니다.

사랑하는 성도 여러분! 예수님은 우리에게 참 생명과 풍성한 삶을 주십니다. 작은 것의 헌신이 우리로 하여금 큰 은혜와 기적을 체험하게 만듭니다. 우리 모두 헌신하여 남은 생애가 풍족하고 넉넉한 삶을 살 수 있기를 바랍니다.

제35강
마가복음 8장 11-21절

표적과 누룩

구원받은 하나님의 사람은 하나님을 영화롭게 하고, 다른 사람에게 많은 유익을 주는 사람입니다. 하나님의 자녀들은 그렇게 사는 법입니다.

1. 바리새인들과 예수님

바리새인들이 예수님을 시험했습니다. 무슨 시험을 했습니까? "하늘로부터 오는 표적을 구하거늘", 하늘로부터 오는 표적을 구했습니다. 예수님이 하나님의 아들이라면 하늘로부터 오는 신적인 증거, 능력을 보여달라며 이적과 표적을 구했습니다. 당신이 하나님의 아들이라면 하나님의 아들의 표가 되고 하나님의 아들임을 증명할 수 있는 것을 보여 달라는 것이었습니다. 그것도 시험하고 비난하면서 말입니다. 하나님의 아들이라면 신적 권위를 보여달라는 시험이었습니다. 본래의 목적은 고소하기 위함이었습니다.

바리새인들은 예수님을 사탄처럼 시험했습니다. 요즘 성도들도 하나님을 시험합니다. 하나님이 살아 계신다면 왜 교인이 고생합니까? 하나님이 살아 계신다면 왜 공산주의가 존재합니까? 왜 가뭄이 듭니까? 마치 이스라엘 백성이 애굽에서 나와서 광야생활을 할 때 하나님을 열 번이나 시험했듯이 시험합니다. 그래서 사도 바울은 "우리는 저들과 같이 하나님을 시험하지 말자"라고 했습니다.

하나님은 영원히 하나님이십니다. 만유의 주요, 만왕의 왕이십니다. 세상 만물을 통치하시고 다스리시며 하나님의 뜻대로 섭리해 나아가십니다. 그리고 심판하실 분도 하나님이십니다.

사랑하는 성도 여러분! 하나님을 시험하는 것은 믿음이 없다는 증거입니다. 하나님을 잘 믿는 하나님의 백성이 되기를 바랍니다. 신명기 6장 16절에서 모세는 "너희가 맛사에서 시험한 것같이 너희의 하나님 여호와를 시험하지 말고"라고 했습니다. 우리는 하나님을 시험하지 말고 믿는 성도가 됩시다.

시험하는 바리새인들에 대한 예수님의 반응이 무엇입니까? 예수님이 마음속 깊이 탄식하셨습니다. "어찌하여 이 세대가 표적을 구하느냐 내가 진실로 너희에게 이르노니 이 세대에 표적을 주지 아니하리라"라고 했습니다. 그러면서 제자들과 함께 배를 타고 떠나셨습니다.

바리새인들이 예수님께 나아와 표적을 구했을 때 마음속 깊이 탄식하셨습니다. 왜 탄식하셨습니까? 주님이 무능력해서입니까? 아닙니다. '이 세대에 어떠한 표적도 보여주지 않겠다', '바리새인들의 요구를 거절하겠다' 라는 뜻입니다.

왜 표적을 거절하셨습니까? 예수께서 행하시는 많은 표적을 보고도 믿지 않는 사람들 때문입니다. 불신앙인을 볼 때 우리 주님은 탄식하십니다. 불신은 우리 주님을 슬프게 하는 행위입니다.

의심 많은 도마를 보시면서 뭐라고 하셨습니까? "믿음 없는 자가 되지 말고 믿는 자가 되라"고 말씀하십니다. 여러분은 예수를 잘 믿는 성도입니까? 잘 믿기를 바랍니다. 돈 없는 사람들은 그냥 오십시오. 믿음을 가지기 바랍니다. 사람이 믿음이 없을 때 어떤 결과를 가져오는지

압니까? 사악해집니다. 남북한이 왜 대결을 합니까? 서로 못 믿는 풍조 때문입니다. 여·야당도 서로 못 믿는 세상입니다.

"어찌하여 이 세대가 표적을 구하느냐 내가 진실로 너희에게 이르노니 이 세대에 표적을 주지 아니하리라". 예수님께서 무능해서 표적을 주시지 않는 것이 아닙니다. 사람들이 시험하기 때문에 베푸시지 않는 것입니다.

시험하지 않고 믿기만 하면 하늘의 영광이 있습니다. 믿지 않기 때문에 영광과 기적이 없습니다. 기독교의 표적이 무엇입니까? 표적 중의 표적, 이적 중의 이적이 무엇입니까? 예수 그리스도의 동정녀 탄생입니다. 십자가에 죽으심입니다. 삼 일 만에 다시 살아나신 부활의 영광입니다. 그리고 승천하여 하나님 우편 보좌에 앉으신 것과 재림이 가장 큰 표적이요 이적입니다.

믿음의 사람은 자기만을 위하여 우는 것이 아니라 다른 사람의 죄 때문에 우는 사람입니다. 시편 119편 136절에 "그들이 주의 법을 지키지 아니하므로 내 눈물이 시냇물같이 흐르나이다"라고 했고, 158절에서는 "주의 말씀을 지키지 아니하는 거짓된 자들을 내가 보고 슬퍼하였나이다"라고 했습니다. 이것이 시편 기자의 마음입니다.

에스겔은 "그 가운데서 행하는 모든 가증한 일로 인하여 탄식하며 우는 자"라고 표현했습니다. 어느 시대나 하나님의 백성은 주님의 심정을 가지고 탄식하고 울며 기도하는 중재자와 같습니다. 우리에게 이런 마음이 필요합니다.

2. 예수님의 경고

예수를 믿지 않는 불신앙의 결과가 무엇일까? 예수님을 시험한 결과가 무엇일까? 주님이 탄식하신 결과가 무엇입니까? "그들을 떠나 다시 배에 올라 건너편으로 가시니라". 주님이 떠나셨습니다. 주님이 제자들과 함께 배를 타고 떠나버리셨습니다. 길과 진리와 생명이신 주님이 떠나가셨습니다.

찬송가 446장입니다. "주 음성 외에는 참 기쁨 없도다 날 사랑하신 주 늘 계시옵소서 기쁘고 기쁘도다 항상 기쁘도다 나 주께 왔사오니 복 주옵소서 … 주 떠나 가시면 내 생명 헛되네 기쁘나 슬플 때 늘 계시옵소서 …"입니다. 주님이 함께하는 성도가 됩시다. 주님이 함께하는 가정, 주님이 함께하는 교회가 됩시다.

주님이 떠나가면 왕도 비참해집니다. 선지자도 아무것도 아닙니다. 제사장도 별볼일 없습니다. 주님 떠나가시면 재물도 소용 없습니다. 사울 왕을 생각해 봅시다. 가룟 유다를 생각해 봅시다. 그러나 바울을 보세요. 주님이 함께하시니까 불가능도 없어서 영원히 빛나는 사람이 되었습니다.

주님이 함께하는 사람은 얼굴이 다릅니다. 스데반 집사의 얼굴입니다. 시내산에서 내려왔던 모세의 얼굴입니다. 변화산에서 보여 주셨던 주님의 얼굴입니다. 얼굴이 환합니다. 기쁨이 넘쳐 미소를 짓습니다. 주님이 함께하는 복이 임마누엘의 복이요, 아브라함의 복입니다. 여호수아와 다윗과 요셉이 받았던 복이요, 천국의 최고의 영광이기도 합니다.

시험하면 어떻게 됩니까? 고린도전서 10장 8-12절에 "그들 중의 어떤 사람들이 음행하다가 하루에 이만 삼천 명이 죽었나니 우리는 그들과 같이 음행하지 말자 그들 가운데 어떤 사람들이 주를 시험하다가 뱀에게 멸망하였나니 우리는 그들과 같이 시험하지 말자 그들 가운데 어떤 사람들이 원망하다가 멸망시키는 자에게 멸망하였나니 너희는 그들과 같이 원망하지 말라 그들에게 일어난 이런 일은 본보기가 되고 또한 말세를 만난 우리를 깨우치기 위하여 기록되었느니라 그런즉 선 줄로 생각하는 자는 넘어질까 조심하라"라고 했습니다.

제자들이 이동 중에 떡 가져오는 것을 잊어버렸습니다. 배에는 떡이

한 개밖에 없었습니다. 그때 예수께서 하신 말씀이 무엇입니까? 경고의 말씀이었습니다. 주의 사항입니다. 신앙생활에 있어서 아주 중요한 것이 교훈, 경고, 주의사항을 기억하는 것입니다. 예수님은 "삼가 바리새인들의 누룩과 헤롯의 누룩을 주의하라"라고 말씀하셨습니다.

누룩은 은유입니다. 은유는 비유와는 다릅니다. 누룩은 적은 양을 가지고 많은 양의 물질을 발효시킵니다. 그런데 오늘 성경에서는 부패를 의미했습니다. 누룩은 교훈을 말합니다. 사람들은 누룩이라고 하니까 떡을 생각했습니다. 사람은 자기가 가지고 있는 수준에서 어떤 것이든 이해하려고 합니다. 하나님도 그렇게 믿으려고 합니다. 인간은 참으로 어리석은 존재입니다.

떡이 한 개밖에 없습니다. 예수님에게는 한 개이든 다섯 개이든 큰 차이가 없습니다. 주님의 손에 있는 한 사천 명, 오천 명을 먹이시는 데 지장이 없습니다. 사람은 마음이 둔해지면 깨달음이 없습니다. 깨달음이 없는 것은 영적으로 어두움이 찾아온 것입니다. 여러분은 영적으로 밝은 그리스도인, 깨달음이 많은 성도가 다 되기를 바랍니다.

3. 바리새인과 헤롯의 누룩

예수님은 누룩이라는 은유법을 사용하여 바리새인의 교훈과 헤롯의 교훈을 경계하셨습니다. 누룩은 밀가루 반죽에 넣어 부풀어오르게 하는 효모를 말합니다. 누룩은 침투성과 영향력이 강한 악의 상징으로 사용합니다. 바리새인의 교훈과 헤롯의 교훈은 다른 사람들에게 많은 영향을 끼칠 수 있다는 말씀입니다.

그러면 바리새인의 교훈은 무엇입니까? 참 뜻이 무엇입니까? 하늘로부터 오는 표적을 요구하면서 고소할 틈을 엿보는 악의와 형식주의입니다. 제자들은 여전히 예수님의 의도를 이해하지 못하고 떡만 걱정하는 상황이었습니다. 서로 떡에 대해서만 의논했습니다.

예수님은 제자들의 영적인 무감각에 대하여 책망하셨습니다. "아직도 알지 못하며 깨닫지 못하느냐 너희 마음이 둔하냐? 너희가 눈이 있어도 보지 못하며 귀가 있어도 듣지 못하느냐 또 기억하지 못하느냐? 내가 떡 다섯 개를 오천 명에게 떼어 줄 때에 조각 몇 바구니를 거두었더냐 이르되 열둘이니이다 또 일곱 개를 사천 명에게 떼어 줄 때에 조각 몇 광주리를 거두었더냐 이르되 일곱이니이다"라고 대답했습니다. "예수님이 이르시되 아직도 깨닫지 못하느냐?"

바리새인은 어떤 사람이었습니까? 자기를 의롭다고 믿는 형식주의자들이었습니다. 기독교로 본다면 내부적인 박해자들이었습니다. 신앙의 형식주의가 하나님의 교회를 망하게 하는 법입니다. 실제적으로 교회 내부에서 일어나는 어려움이 큰 것이 사실입니다. 교회 역사를 보면 거짓 선지자나 거짓 선생입니다.

형식주의는 교회의 고질적인 병과 같습니다. 때로는 조용히 방 안까지 찾아와서 속삭입니다. 뭐 그렇게 열심히 믿느냐? 목회자니까 그렇지. 목사의 말이 다 옳으냐? 어떤 이단은 진리를 가르쳐 주겠다고 합니다. 이것이 다 유혹하는 말들입니다.

그래서 우리의 할 일은 우리가 믿음 안에 서 있는가? 진리로 무장되어 있는 사람인가? 성경적으로 옳은 사람인가? 항상 자기 자신이 자신을 점검하고 살펴보아야 합니다. 자기 점검, 자기 성찰을 하는 성도가 성숙한 그리스도인입니다.

고린도전서 5장 6절에 "너희가 자랑하는 것이 옳지 아니하도다 적은 누룩이 온 덩어리에 퍼지는 것을 알지 못하느냐"라고 했습니다. 갈라디아서 5장 9절에서는 "적은 누룩이 온 덩이에 퍼지느니라". 고린도전서 8장 2절에서는 "만일 누구든지 무엇을 아는 줄로 생각하면 아직도 마땅히 알 것을 알지 못하는 것이요"라고 했습니다,

헤롯의 교훈은 무엇입니까? 헤롯의 교훈은 정치 성향이 강한 세속주의와 불경건하고 불신앙적인 회의주의를 말합니다. 마가복음에는 바

리새인과 헤롯의 누룩으로 나오지만 마태복음 16장에서는 바리새인과 사두개인의 누룩으로 나옵니다. 사두개인들은 천사와 영적 존재, 영적 세계와 부활을 부정하는 사람들입니다. 불신앙적이고 세속주의적인 성전 중심의 교권주의자들이었습니다.

교회 역사를 살펴보면 정치적인 박해가 하나님의 교회를 어지럽힙니다. 우리는 외부적인 박해도 조심해야 합니다. 로마 제국이 기독교를 얼마나 박해했습니까? 국가라는 큰 단체가 하나님의 교회를 얼마나 아프게 했습니까? 돕는 경우도 있지만 괴롭히는 경우도 허다하게 많습니다.

국가가 기독교를 박해할 때 많은 사람의 믿음이 흔들립니다. 눈 앞에 보이는 칼을 무서워합니다. 그러다가 하나님은 계시지 않는다, 나를 사랑하지 않는다고 생각하면서 회의주의에 빠지곤 합니다. 특히 체험주의, 경험주의는 더욱 그렇습니다. 체험을 하려다 체험을 하지 못할 경우에 믿음이 흔들리고 넘어지고 마는 것입니다. 그러므로 성경말씀을 사랑해야 합니다.

제36강
마가복음 8장 22-26절

벳새다의 소경

예수께서 제자들과 함께 갈릴리 호수 서편 달마누다 지방에서 배를 타고 벳새다 지역에 이르렀습니다. 벳새다는 갈릴리 바다의 동북쪽에 위치한 곳입니다. 벳새다는 갈릴리 바다의 북동쪽이지만 요단강 동편 제방에 위치한 작은 성읍으로 헤롯 빌립의 통치 구역이었습니다.

벳새다는 예수께서 오병이어의 기적을 베푼 장소이기도 합니다. 보리떡 다섯 개와 물고기 두 마리로 오천 명을 먹이시고 열두 바구니를 거둔 곳입니다. 벳새다는 주님의 기적과 이적을 많이 체험한 마을입니다. 능력과 기적을 많이 경험하고도 회개할 줄은 몰랐습니다.

마태복음 11장 20-21절에 "예수께서 권능을 가장 많이 행하신 고을들이 회개하지 아니하므로 그때에 책망하시되 화 있을진저 고라신아 화 있을진저 벳새다야 너희에게 행한 모든 권능을 두로와 시돈에서 행하였더라면 그들이 벌써 베옷을 입고 재에 앉아 회개하였으리라"라고 했습니다.

마가는 예수께서 배로 항구에 도착하는 모습과 사람들이 앞을 못보는 사람을 데리고 오는 모습 그리고 간구하는 모습을 현재형으로 기록해 줌으로써 표현을 긴급하고 생생하게 그려내고 있습니다.

1. 사람들의 간구

사람들이 앞을 보지 못하는 한 사람을 데리고 나아왔습니다. 그리고 예수께서 앞을 보지 못하는 사람에게 손을 대기를 구했습니다. 안수를 요청했습니다. 앞을 보지 못하는 사람을 치료한 사건은 마가복음에만 기록된 내용입니다.

사람들은 예수께서 안수, 손을 대기를 원했습니다. 그것도 아주 간청했습니다. 그러니까 예수께서 손을 대기를 간청한 주체는 앞을 보지 못하는 소경이 아니라 마을 사람들이었습니다. 마을 사람들이 앞을 보지 못하는 사람을 데리고 와서 예수 앞에 세우고 예수께서 손을 대고 안수해 주기를 간구했던 것입니다. 결국 마을 사람들의 적극적인 도움을 힘입어 소경이 눈을 뜨게 된 것입니다.

제자들이 두 번의 놀라운 기적과 능력을 체험하고도 말씀을 깨닫지 못하자 마가복음 8장 17-21절에서 책망 받았습니다. "아직도 알지 못하며 깨닫지 못하느냐 너희 마음이 둔하냐 너희가 눈이 있어도 보지 못하며 귀가 있어도 듣지 못하느냐 또 기억하지 못하느냐 … 아직도 깨닫지 못하느냐?"라고 책망 받았습니다. 반면 마을 사람들은 알았습니다.

제자들이 깨닫지 못하여 책망 받은 반면 앞을 보지 못하는 사람은 주님의 능력을 믿고 의지하여서 완전히 치료받는 역사, 회복되는 복을 받게 되었습니다. 여러분은 주님을 어떤 분으로 믿습니까? 얼마나 능력 있는 분으로 신뢰합니까?

제자들은 오병이어의 기적을 보면서도 주님을 알지 못하고 있습니다. 칠병이어의 능력을 경험하여 떡과 물고기를 먹었어도 예수님을 믿는 믿음은 아직도 철부지 어린아이와 같았습니다. 제자들의 특징을 비판한다면 무지와 무감각의 사람입니다.

사랑하는 성도님들은 영적으로 유식하기를 바랍니다. 영적으로 깨어 있는 성도가 되기를 바랍니다. 제자들은 주님의 기적과 능력을 많이 경험하고도 믿지 않고 깨달음이 적었습니다. 벳새다는 주님을 배척했습니다. 그러니까 책망과 저주가 선언되었습니다.

보라 지금은 은혜 받을 만한 때요 보라 지금은 구원의 날이로다. 은혜가 임할 때 사모하기 바랍니다. 은혜도 거두어 들일 때가 있습니다. 그날에 많은 사람이 어두움과 뜨거운 풀무 불에 던져져서 슬피 울며 이를 갈게 될 것입니다.

반대로 회개하고 주님을 의지하며 사랑하느라고 수고하신 분들은 칭찬과 영광과 존귀가 따라올 것입니다. 바울은 너희가 이 시기를 알거니와 자다가 깰 때가 벌써 되었으니 구원이 처음 믿을 때보다 가까워졌다고 했습니다. 우리 모두 깨어서 자신을 위해 기도하고 다른 사람을 위해 기도하는 성숙한 그리스도인들이 다 되기를 바랍니다.

2. 예수님의 치료 방법

"예수께서 맹인의 손을 붙잡으시고 마을 밖으로 데리고 나가사 눈에 침을 뱉으시며 그에게 안수하시고 무엇이 보이느냐?"라고 물으셨습니다. 앞을 보지 못하는 사람을 데리고 마을 밖으로 가셨습니다.

왜 마을 밖으로 데리고 가셨을까? 지금까지 공생애를 사시면서 공개된 장소에서 기적과 능력을 베푸시던 주님이 왜 한적한 곳으로 데리고 가셔서 기적을 베푸신 것일까? 한적한 곳은 사람들로부터 격리된 장소입니다.

아마도 병자의 마음을 안정시키기 위한 방법일 수도 있습니다. 지금도 대부분의 의사들은 병자에게 처방할 때 '안정이 우선입니다'라고 합니다. 흥분이나 스트레스에서 벗어나야 한다는 것이지요. 마음의 안정으로부터 육체적인 질병이 나을 수 있다는 이야기입니다.

또 병자가 예수님을 의지하고 고백하는 데 사람들이 방해가 될 수도 있습니다. 믿음은 은밀한 중에 보시는 하나님 앞에 기도하고 은밀한 중에 보시는 하나님 앞에서 구제하는 것이 아니겠습니까?

뿐만 아니라 병자와 예수님의 인격적인 만남이 가능한 곳이 한적한 곳이라고 생각됩니다. 친밀감과 정감 있는 대화는 한적한 곳이 제일 좋습니다. 그렇지 않으면 방해가 되기 때문입니다.

예수님은 소경의 눈에 침을 뱉으며 안수해 주셨습니다. 이것도 이상한 처방입니다. 침을 뱉어 안수하여 시력을 회복하는 방법입니다. 오늘 성경의 눈은 사물을 보는 눈동자가 아니라 눈을 덮고 있는 눈꺼풀로 이해됩니다. 눈꺼풀에 침을 뱉어 바르고 안수했습니다. 눈 주위에 바르시고 안수해 주셨습니다.

예수님의 치유 방법은 어떤 한 방법이 아닙니다. 다양한 방법으로 치유하십니다. 주님이 일하시는 방법에 대하여 인간이 말하는 것은 삼가 조심해야 합니다. 사람의 생각이 하나님의 능력을 제한할 수가 있기 때문입니다. 인간의 생각과 하나님의 생각은 다릅니다.

주님은 양손을 다 들어 병자의 눈에 손을 얹고 안수하셨습니다. 주님의 뜨거운 사랑, 간절한 마음, 불쌍히 여기는 긍휼의 마음이 있었습니다. 당시 유대인들은 병을 치료할 때 안수 방법을 사용했습니다. 지금도 능력의 전달 방법의 하나로 안수하는 경우가 있습니다.

그리고 묻습니다. 무엇이 보이느냐? 맹인의 대답이 무엇입니까? "사람들이 보이나이다 나무 같은 것들이 걸어가는 것을 보나이다"라고 대답했습니다. 완전히 회복되지 않은 상태에서 "무엇이 보이느냐?" 주님이 왜 물으셨을까? 지금 네 눈이 회복되고 있다는 점을 가르쳐 주고 있습니다. 소경은 반복해서 무엇이 조금씩 보인다고 계속적으로 말했습니다.

아마도 소경은 '보입니다. 보여요. 완전하지는 않지만 사람들이 보입니다' 기쁘고 좋아서 그리고 감격해서 외쳤을 것입니다. 과거에는 전혀 볼 수 없었던 눈이 조금씩 보인다고 고백했습니다. 아마도 반쯤 떠졌을 것입니다.

주님이 해결하는 방법은 다양합니다. 한꺼번에 다 해결해 주시는 경우도 있지만 대부분은 차츰차츰 해결하는 방법을 사용하십니다. 우리가 자라나는 것도 한번에 쑥 성장하고 끝나지 않습니다. 키나 신체는 대개 25-28년까지 성장합니다. 영적인 문제도 그런 것을 생각하고 성장해 나아가기를 바랍니다.

3. 다시 안수하시다

"이에 그 눈에 다시 안수하시매 그가 주목하여 보더니 나아서 모든 것을 밝히 보는지라". 사물을 완전히 분별할 수 있는 상황이었습니다. 주님이 다시 안수했을 때 완벽하게 사물을 볼 수가 있었습니다. 꿰뚫어볼 정도로 완벽하게 보았습니다. 선명하게 보는 사람이 되었습니다. "주목하여 보더니"가 중요합니다. 막연하게 보는 것이 아니라 정신을 집중하여 보는 것을 의미합니다. 시력의 완전한 회복을 말합니다.

예수께서 다시 안수, 재안수하신 적은 이번이 처음입니다. 단번에 치유하지 않고 두 단계로 치유하심으로써 제자들에게 첫 번째 치유로 대강 혹은 희미하게 볼 수 있었지만 두 번째 안수 후에는 밝히 볼 수 있게 된 것을 보여주셨습니다. 너희들은 두 번씩 기적을 체험하면서도 아직도 나를 하나님의 아들로, 구원자로, 영육간에 복을 주는 분으로 믿지 못하니 한심스럽지 않느냐는 책망을 하시는 것입니다.

우리의 문제나 구원의 문제는 단번에 완전히 이루어지지 않습니다. 그러므로 대부분의 경우 인내심을 가지고 주님을 바라보아야 합니다. 신앙생활에 있어서 참고 견디는 것이 아주 중요합니다. 칭의는 단번에 이루어지지만 성화는 그렇지 않습니다.

바울은 빌립보 성도들에게 "너희 안에서 착한 일을 시작하신 이가 그리스도 예수의 날까지 이루실 줄을 우리는 확신하노라"라고 했습니다. 벳새다의 불신앙을 주님은 잘 아셨습니다. 하지만 은혜를 사모하는 사람들의 기도에 응답해 주셨습니다. 앞을 보지 못하는 사람을 끝까지 불쌍히 여기셨습니다. 기적과 능력이 임했습니다. 주님은 사모하는 영혼을 만족하게 하십니다. 우리도 하나님의 은혜를 사모하여 기적과 능력을 체험할 수 있기를 바랍니다.

예수님의 경고가 무엇입니까? "그 사람을 집으로 보내시며 이르시되 마을에는 들어가지 말라"라고 하셨습니다. 바로 집으로 가라는 뜻입니다. 왜 이런 명령을 하셨을까요?

두 가지 이유로 설명합니다. 첫째로, 벳새다는 훗날 주님으로부터 저주받은 사악한 장소이기 때문입니다. 벳새다는 오병이어를 비롯하여 수많은 기적과 능력을 체험한 마을입니다. 그러나 회개가 없었습니다. 책망과 저주를 받은 마을입니다. 그래서 하나님의 은혜를 잊지 말아야 합니다. 사람이 하나님의 은혜가 메마르거나 잊으면 아무것도 아닌 사람이 됩니다.

둘째로, 만약 소경이었던 사람이 벳새다 지방에 들어가서 복음을 전파하면 예수님은 더욱 더 난처한 상황에 봉착하게 될 것이기 때문입니다. 예수님은 자신과 사역을 자꾸 숨기려고 하셨습니다.

질병이나 기적을 베푸셨을 때 청중은 다른 것을 생각했습니다. 로마로부터 해방시키는 정치적인 메시야나 가난으로부터 자유함을 얻게 하는 경제적인 메시야를 생각했던 것입니다. 예수님은 십자가를 지심으로 인류의 구원을 이루시기 원하시는데 사람들은 다른 방향으로 메시야를 생각했기 때문에 경계하신 것입니다. 예수님의 구속 사역이 방해받지 않기 위해서 경계하셨습니다.

우리도 하나님 나라에 유익한 성도가 됩시다. 하나님의 교회를 세우는 일꾼이 됩시다. 목회자가 좋아하는 그리스도인이 됩시다.

제37강
마가복음 8장 27-30절

신앙고백

예수의 갈릴리 후기 사역에서 가장 중요한 사건은 오늘 본문의 사건입니다. 제3차 갈릴리 사역에 있어서 베드로의 신앙고백 사건은 믿는 자들에게 있어서 영원히 기억해야 하는 사건이기 때문입니다. 모든 자에게 요구되는 신앙고백입니다.

지금까지는 다수의 사람들, 많은 무리를 중심으로 사역하셨습니다. 이제는 예수님의 사역에 있어서 전환점이 나타나는데 소수의 사람, 작은 무리, 제자훈련으로 옮겨지고 있는 상황입니다.

지금까지는 이적과 기적, 오병이어와 칠병이어 사건을 비롯하여 병자도 고치고 귀신도 쫓아내는 일을 감당하시면서 마을마다 복음을 전파하시고 하나님 나라를 가르치셨습니다. 그런데 이제부터는 예수님께서 가야 할 길과 해야 할 일, 제자들이 가야 할 길과 해야 할 일을 말씀하시고 있습니다.

1. 사람들의 고백

예수께서 헤롯 안디바가 통치하던 갈릴리 지역을 떠나 빌립 2세가 다스리던 팔레스틴 북서쪽의 가이사랴 빌립보 지역으로 이동하셨습니다. 가이사랴 빌립보 지역은 갈릴리 북쪽 약 40킬로미터 지점입니다. 갈릴리 북쪽 가이사랴 빌립보 지역은 넓은 지역으로 분봉왕 헤롯 빌립이 도시를 발전시켜서 자신의 이름 '빌립'과 로마 제국의 황제 '티베리우스 카이사르'를 합하여 가이사랴 빌립보라고 명명한 지역입니다.

하나님의 나라는 지역이나 국가에 얽매이지 않고 초국가적이고 초민족적인 나라입니다. 믿음으로 응답하는 자들이 차지하는 나라이기 때문에 예수님은 유대인이나 이방인 지역까지 가서 복음을 전하셨습니다. 마태는 한 지역을 중심으로 기록하였다면 마가는 여러 지역을 배경으로 기록하고 있습니다.

장소는 가이사랴 빌립보 지방에서 일어난 일입니다. 아마도 가이사랴 빌립보 지역을 향하여 가는 도중에 예수께서 제자들에게 질문하신 것으로 보입니다. 여러 마을을 거쳐 가이사랴 빌립보 지역을 향하여 가고 있었습니다.

예수께서 제자들에게 "사람들이 나를 누구라고 하느냐?"라고 물으셨습니다. 이 질문은 의미심장한 질문입니다. 개인적으로 구원과 심판을 판가름하는 질문입니다. 구속 역사 속에서 영생이냐 영벌이냐를 구분짓는 질문입니다. 천국이냐 지옥이냐? 영원한 하나님 나라냐 아니면 영원한 지옥이냐를 결정짓는 질문입니다.

왜 이 질문을 가이사랴 빌립보 지역에서 하셨을까? 물론 예수께서 하나님의 아들이시고, 그리스도이심을 알리실 때가 되었기 때문입니다. 또 학자들은 가이사랴 빌립보 지방에는 수많은 우상들이 집합되어 있는 곳으로, 반응이 어떤지 알아보기 위한 방법이라고 설명합니다.

제자들의 대답이 무엇입니까? "세례 요한이라 하고 더러는 엘리야, 더러는 선지자 중의 하나라 하나이다"라고 대답했습니다.

왜 사람들은 예수님을 세례 요한이라고 말했을까요? 세례 요한은 예수님을 위하여 태어난 사람입니다. 광야에 외치는 자의 소리로 살았습니다. 그는 흥하여야 하겠고 나는 쇠하여야 하리라. 주님만 높이는 사람이었습니다. 신부를 취하는 자는 신랑이지만 친구들이 기뻐하는 것처럼 나는 그러한 기쁨이 충만했다고 고백한 사람입니다. 나는 물로 세례를 베풀거니와 내 뒤에 오시는 이는 불과 성령으로 세례를 베풀겠다고 했습니다.

다른 사람은 엘리야라고 생각했습니다. 왜 엘리야라고 생각했을까요? 엘리야가 기도하면 하나님께서 응답해 주셨습니다. 때로는 불로, 때로는 물로 응답해 주셨습니다. 예수님도 기도하시면 하나님의 응답을 받으셨습니다.

또 다른 사람은 선지자 중의 하나라고 믿었습니다. 왜 선지자라고 말했을까요? 다른 성경에는 예레미야라고 말한 사람들도 있습니다. 죽은 나사로를 위하여 우셨습니다. 예루살렘을 위하여 눈물을 흘리셨습니다. 때로는 심한 통곡의 눈물을 흘리셨기 때문에 그런 말을 했습니다.

예수께서 여러 번 다양한 기적과 능력을 베푸셨지만 예수님이 누구인지 잘 알지 못하는 상황입니다. 영안이 열리지 않은 상태입니다. 여러분은 영적인 눈이 열린 사람입니까? 마가는 벳새다 지방에서 맹인의 눈을 뜨게 한 사건 이후에 신앙고백을 배열함으로써 육신적인 눈만 뜰 것이 아니라 영적인 눈도 뜰 것을 가르쳐 주고 있습니다.

예수에 대한 사람들의 관념을 보여줍니다. 죄에서 구원하실 주님, 하나님의 아들, 메시야가 아니라 신앙의 선배나 선지자 중의 한 사람 정도로 이해하고 있었습니다. 유사점도 있었지만 근본적으로는 달랐던 분입니다. 지금도 신학자들의 견해에 따라 예수님에 대한 견해가 다릅니다. 민중신학자들이나 자유주의 신학자들이 우리와 다른 입장에서 예수님을 이해하고 있습니다. 사람은 누구나 영적인 눈이 열려야 합니다. 누가복음 24장 31절에서 엠마오 도상의 두 제자, "그들의 눈이 밝아져 그인 줄 알아 보더니"라고 했습니다.

2. 베드로의 신앙고백 (Faith Confession)

사람들의 대답을 다 들으신 주님이 이번에는 제자들에게 묻습니다. "너희는 나를 누구라 하느냐?" 부름 받은 너희들, 구원 받은 너희들, 삼 년 동안 같이 동고동락하는 너희는 나를 누구라고 믿느냐? 사람들의 평가에 관심을 두신 것이 아니라 제자들의 고백에 관심을 두신 주님이십니다. '너희들은 나를 어떤 사람으로 말하느냐?' 사람들의 평가와 제자들의 평가를 대조하여 묻고 있습니다.

바리새인들과 헤롯의 누룩을 주의하라는 말씀도 이해하지 못하는 상황이었기 때문에 질문을 하고 있습니다. 제자들에게 있어서 기적이나 능력보다 더 중요한 것은 예수님에 대한 바른 이해 속에서의 신앙고백이었습니다. 아주 중요한 문제였습니다. 자신만 위하는 것이 아니라 하나님 나라의 기초, 교회의 초석이 될 사람들이기 때문입니다.

예수 그리스도에 대한 베드로의 신앙고백이 무엇인가? 역사상 최초의 신앙고백입니다. "베드로가 대답하여 이르되 주는 그리스도시니이다". 마태복음에서는 "주는 그리스도시요 살아 계신 하나님의 아들이시니이다"라고 고백했습니다.

여러분은 예수 그리스도에 대하여 뭐라고 고백합니까? 예수님은 과연 누구십니까? 그 고백에 따라 삶의 방향이나 목표 그리고 교회 생활이 달라질 것입니다. 하나님의 아들로, 왕이십니다. 대제사장이십니다. 선지자이십니다. 그리고 우리의 구원자이십니다.

베드로의 정확하고도 완전한 신앙고백을 받으신 주님은 칭찬하셨습니다. "바요나 시몬아 네가 복이 있도다 이를 네게 알게 한 이는 혈육이 아니요 하늘에 계신 내 아버지시니라 또 내가 네게 이르노니 너는 베드로라 내가 이 반석 위에 내 교회를 세우리니 음부의 권세가 이기지 못하리라 내가 천국 열쇠를 네게 주리니 네가 땅에서 무엇이든지 매면 하늘에서도 매일 것이요 네가 땅에서 무엇이든지 풀면 하늘에서도 풀리리라"라고 했습니다.

바른 메시야관, 예수님에 대한 바른 이해를 기뻐하셨습니다. 우리는 예수님을 바로 알고 믿어야 합니다. 그래서 베드로 사도는 주 예수 그리스도를 아는 지식에서 자라가라고 말했습니다. 요한복음 17장 3절에서는 영생에 대하여 말씀하셨습니다.

이 질문에 대한 신앙고백의 대답을 들으신 주님이 비로소 십자가의 죽음과 삼 일 만에 있을 부활에 대하여 설명하십니다. 메시야의 길을 말씀하십니다. 그러면서 누구든지 나를 따르려거든 자기 십자가를 지고 나를 좇으라고 말씀하셨습니다. 제자도의 핵심, 제자의 길을 가르치셨습니다.

3. 함구령

"이에 자기의 일을 아무에게도 말하지 말라 경고하시고"라고 했습니다. 예수님은 제자들에게 자신의 신분에 대하여 함구령을 내리셨습니다. 예수가 행하신 일보다는 예수가 누구이며 어떤 존재인지를 말하지 말라. 신분과 사역의 본질에 대하여 말하지 말라는 것입니다.

예수님은 제자들에게 왜 함구령을 내리셨을까요? 그것도 아주 엄명을 내리셨습니다. 왜 그랬을까요?

귀신을 쫓아낸 다음이나 병을 치유하신 다음에 그리고 신앙고백이 있은 다음에도 함구령을 내리셨습니다. 변화산에서 영광을 보여주신 다음에도 함구령을 내리셨습니다. 특별한 뜻이 있기 때문에 함구령을 내리신 것입니다.

학자들은 '메시야 비밀'이라고 표현합니다. 예수님의 신분이나 사역에 대하여 부활할 때까지 아무에게도 말하지 말라는 내용입니다. 그 이유와 목적이 무엇입니까? 하나님의 뜻을 이루기 위한 자신의 신분이나 사역이 방해받지 않기 위한 목적입니다. 만약 메시야라는 사실이 널리 알려지면 하나님의 구원 계획이나 제자들을 훈련시키는 일, 하나님의 때에 십자가를 통한 인류 구속 사역이 어떻게 되겠습니까?

또 다른 목적이 있다면 변화산 사건 이후에 하신 말씀에서 찾아볼 수 있습니다. 마가복음 9장 9절에 "인자가 죽은 자 가운데서 살아날 때까지는 본 것을 아무에게도 이르지 말라"라고 했습니다.

왜 그랬을까요? 얼굴이 해같이 빛나고 옷이 희기가 태양 빛같이 변했는데, 그리고 하나님의 음성이 들려왔습니다. "이는 내 사랑하는 아들이요 내 기뻐하는 자라. 너희는 저의 말을 들으라."

십자가와 부활이 있은 다음에야 자신의 정체성, 메시야라는 사실이 완전히 드러날 것입니다. 이 말은 마가가 마가복음을 기록할 때 하나하나의 사건을 개별적으로 볼 것이 아니라 십자가와 부활 사건의 연장선상에서 사건들을 보아야 할 것을 의도하고 있기 때문입니다.

제자들이 올바른 신앙고백은 하였지만 완전하지 않았고 세상 사람들이 예수를 하나님의 아들로 인정할 수 없는 상황이었습니다. 이런 상황에서 예수가 하나님의 아들로, 메시야로 알려질 경우 문제가 복잡해지고 하나님의 뜻을 이룰 수가 없었기 때문입니다. 사람들은 정치적인 메시야나 경제적인 메시야관을 가지고 있었기 때문입니다.

예수님은 우리를 향하여 묻습니다. "너희는 나를 누구라 하느냐?" 여러분은 뭐라고 답하고 있습니까? 세례 요한입니까? 엘리야입니까? 예레미야입니까? 선지자 중의 한 사람입니까? 아닙니다. 주는 그리스도이시요 살아 계신 하나님의 아들이십니다. 이렇게 고백하는 사람이 복이 있는 사람입니다. 하나님 나라를 차지할 사람입니다. 천국 열쇠를 가진 자이니까요.

제38강
마가복음 8장 31-9장 1절

수난과 제자도

오늘 성경말씀은 예수께서 십자가의 수난에 대한 예고 내용과 제자들이 가져야 할 기본적인 자세에 대하여 교훈하고 있습니다. 예수님이 공생애를 시작하셨지만 십자가의 수난에 대하여 처음으로 말씀하신 장면입니다. 마태복음 16장과 누가복음 9장에도 나타난 기록입니다.

예수님에 대한 사람들의 고백은 너무나 많은 차이점이 있습니다. 세례 요한이나 엘리야, 예레미야나 선지자 중의 하나라고 생각했기 때문입니다.

1. 예수님의 수난 예고

예수님은 제자들의 신앙고백이 있은 다음에 "인자가 많은 고난을 받고 장로들과 대제사장들과 서기관들에게 버린 바 되어 죽임을 당하고 사흘 만에 살아나야 할 것을 비로소 그들에게 가르치시되 드러내 놓고 이 말씀을 하시니"라고 했습니다. 제1차적으로 하신 말씀, 처음으로 예수님의 십자가의 수난을 예고하셨습니다.

예수님은 자신을 인자라고 표현하셨습니다. '인자'라는 표현 속에는 장차 세상을 심판하실 주로서의 권세를 포함하고 있습니다. 심판의 의미로 사용된 성경구절을 찾아봅시다.

마태복음 25장 31-33절에 "인자가 자기 영광으로 모든 천사와 함께 올 때에 자기 영광의 보좌에 앉으리니 모든 민족을 그 앞에 모으고 각각 구분하기를 목자가 양과 염소를 구분하는 것같이 하여 양은 그 오른편에 염소는 왼편에 두리라"라고 했습니다.

마가복음 8장 38절에서도 "누구든지 이 음란하고 죄 많은 세대에서 나와 내 말을 부끄러워하면 인자도 아버지의 영광으로 거룩한 천사들과 함께 올 때에 그 사람을 부끄러워하리라"라고 했습니다.

또 인자라는 말씀 속에는 육신을 입고 이땅에 오셔서 종으로서의 삶을 의미하고 있습니다. 그런 구절은 마태복음 26장 24절에 "인자는 자기에 대하여 기록된 대로 가거니와 인자를 파는 그 사람에게는 화가 있으리로다 그 사람은 차라리 태어나지 아니하였더라면 제게 좋을 뻔하였느니라"라고 했습니다.

마가복음 1장 41절에도 "예수께서 불쌍히 여기사 손을 내밀어 그에게 대시며 이르시되 내가 원하노니 깨끗함을 받으라"라고 했습니다. 병자를 고치는 것은 하나님의 능력이었지만 옛날에는 낮고 천한 사람이 고치는 경우도 있었습니다.

오늘 성경말씀에서의 인자 개념은 섬기는 종으로서의 개념입니다. 신앙고백이 있은 다음에 자신이 메시야이지만 정치적이거나 경제적인 메시야 개념이라기보다는 수난을 받는 대속의 메시야로서의 인자임을 말하고 있습니다.

제자들의 신앙고백, 하나님의 아들이요 구원자라는 고백 이후에 자신이 수난 받을 메시야이심을 말씀해 주셨습니다. 아마도 제자들이 감당할 수 있는 사람이 되었다는 판단이 있었기에 수난과 죽음에 대하여 말씀하신 것으로 보입니다. 십자가의 고난과 죽음 이후에 영광스러운 부활까지 알려주기 시작하셨습니다.

제자들은 십자가와 부활로 말미암아 사탄의 권세를 깨뜨린다는 것, 죄와 사망 권세를 이기는 것, 그리고 슬픔과 정죄는 사라지고 영광과 찬송과 기쁨만 충만한 것 등을 이해하지 못했습니다. 그러나 그들은 십자가의 고난, 버림 당하는 일, 죽임을 당하는 일, 반드시 살아나야 할 영광까지 이해했어야 했습니다. 여러 가지로 구분하여 설명할 수 있지만 큰 맥락에서 보면 이어지는 하나의 큰 사건입니다.

베드로가 무슨 말로 대답했습니까? "예수를 붙들고 항변하매". 마태복음 16장에서는 "주여 그리 마옵소서 이 일이 결코 주께 미치지 아니하리이다"라고 말했습니다. 베드로는 주님의 고난을 받아들일 수 없었습니다. 제자들도 정치적인 메시야나 경제적인 메시야관을 가지고 있는 한 이해할 수 없는 말씀이었습니다.

인간은 고정관념을 깨지 않으면 십자가의 길을 걸을 수 없습니다. 영광의 길도 걸을 수 없습니다. 여러분도 인생 경험을 통하여 얻은 것들이 소중하지만 십자가의 길, 부활의 영광의 길을 걷는 데에 그것들이 도움이 되지 않는 경우도 있습니다.

2. 베드로에 대한 책망

예수님은 돌이키사 제자들을 보시며 베드로를 꾸짖어 이르시되 "사탄아 내 뒤로 물러가라 네가 하나님의 일을 생각하지 아니하고 도리어 사람의 일을 생각하는도다"라고 했습니다.

사랑하는 제자에게 사탄이라고 책망했습니다. 신앙고백을 했을 때와 지금 십자가의 길을 막고 있을 때의 베드로는 너무나 다릅니다. 어두움의 세력으로 영적인 구속 사역을 제대로 이해하지 못할 때 방해하는 사람으로 등장합니다. 거칠게 항의하게 됩니다. 그릇된 열심으로 방해하고 대항하게 됩니다.

악한 영이 베드로의 마음을 이용하여 거칠게 대들었지만 예수님은 당하지 않으셨습니다. 큰 영적인 능력으로 베드로와 사탄을 책망하셨습니다. 책망 받은 베드로가 이후에는 함부로 대항하지 않습니다. 침묵합니다. 잠잠해집니다.

"사탄아 내 뒤로 물러가라 네가 하나님의 일을 생각하지 아니하고 도리어 사람의 일을 생각하는도다"라고 했습니다. 예수님이 십자가의 길, 영광의 길을 걸어가실 때 방해하니까 사탄이라고 책망하셨습니다. 사탄은 방해꾼, 대적자, 훼방꾼, 참소자입니다. 하나님의 일을 방해하고 대적하는 존재입니다. 사탄이 역사하면 사람은 사탄의 도구가 됩니다. 위대한 신앙고백을 한 베드로도 사탄이 틈탈 때 책망받았습니다.

그러므로 성도는 항상 깨어 있어야 합니다. 고린도전서 10장 12절에 "그런즉 선 줄로 생각하는 자는 넘어질까 조심하라"라고 했습니다. 늘 깨어 기도하여 성령의 도구로 살아가기를 바랍니다.

사탄의 통로가 무엇인지를 생각해 봅시다. 오늘 예수님의 말씀에 드러납니다. "사탄아 내 뒤로 물러 가라 네가 하나님의 일을 생각하지 아니하고 도리어 사람의 일을 생각하는도다"라고 했습니다.

사람이 하나님의 일을 생각하지 않고 사람의 일만 생각할 때 생겨나는 현상입니다. 생각의 잘못은 사탄이 역사하는 통로가 될 수 있습니다. 그럴 리가 없다고 생각하겠지만 실제적으로 그렇지 않습니다. 하나님의 일을 생각할 때 성령께서 역사하고 사람의 일만 생각할 때 사탄의 도구가 될 수 있습니다.

베드로는 고난 받는 그리스도를 생각한 것이 아니라 영광 받는 그리스도를 생각하고 있었는데, 예수께서 십자가의 죽음을 말씀하시니 강력한 반발을 할 수밖에 없었습니다. 그러나 예수님은 자신만 십자가를 지는 것이 아니라 따르는 제자들도 십자가를 지고 따라야 한다고 가르치셨습니다.

사랑하는 성도 여러분! 여러분은 하나님의 일에 대하여 무엇을 걱정하고 무슨 일을 감당하고 있습니까? 비난과 원망과 불평의 일은 하나님의 일이 아닙니다. 감사와 찬송이 하나님의 일이지요. 헌신과 봉사가 하나님의 선한 일을 하는 것입니다.

3. 제자도에 대한 교훈

예수님은 무리와 제자들을 불러 아주 진지하게, 의미심장한 말씀을 하셨습니다. 무슨 말씀을 하셨을까요? "누구든지 나를 따라오려거든 자기를 부인하고 자기 십자가를 지고 나를 따를 것이니라". 이것이 제자도에 있어서 기본적인 자세입니다.

주님을 믿고 따르는 자가 되려면 죄악된 성품의 자연인으로서의 자기 존재를 부인해야 합니다. 그리고 하나님께서 사람에게 주신 십자가를 지는 자만이 따를 수 있다고 조건을 말씀해 주셨습니다. 자기 십자가를 지라! 자기에게 속한 십자가를 져야 합니다. 예수께서 사람의 대속물이 되신 것처럼 모든 그리스도인들은 자기가 져야 할 십자가를 져야 합니다.

바울의 고백입니다. 갈라디아서 2장 20절에 "내가 그리스도와 함께 십자가에 못 박혔나니 그런즉 이제는 내가 사는 것이 아니요 오직 내 안에 그리스도께서 사시는 것이라 이제 내가 육체 가운데 사는 것은 나를 사랑하사 나를 위하여 자기 자신을 버리신 하나님의 아들을 믿는 믿음 안에서 사는 것이라"라고 했습니다.

나의 남은 생애는 십자가를 지는 생애입니다. 다른 사람이 져 줄 수 있는 것이 아닙니다. 내 몫은 내가 감당하는 것입니다. 기독교인이란 그런 사람입니다. 여러분은 무슨 십자가를 지고 있습니까? 다른 사람이 지고 가는 십자가를 부러워하지 말고 자기 십자가를 잘 지고 가기 바랍니다.

"누구든지 자기 목숨을 구원하고자 하면 잃을 것이요 누구든지 나와 복음을 위하여 자기 목숨을 잃으면 구원하리라"라고 했습니다. 제자로서의 생활에 대한 교훈을 하셨습니다. 주님의 제자는 주님과 복음을 위한 고난이 있는 사람들입니다. 주님을 위한 고난, 복음을 위한 수고에 가치를 두고 사는 사람이 그리스도인입니다.

교회 역사를 보면 대부분 교회를 위한 고난, 주님을 사랑하기 때문에 당하는 고난을 잘 감당한 사람들의 역사였습니다. 주님을 사랑하기 때문에 봉사하고 헌신하며, 배고프고 힘들어도 참고 견뎌냈던 것입니다.

"사람이 만일 온 천하를 얻고도 자기 목숨을 잃으면 무엇이 유익하리요 사람이 무엇을 주고 제 목숨과 바꾸겠느냐?" 참 생명을 얻는 제자도의 길은 인간에게 있어서 가장 위대한 길입니다. 하지만 험난한 길입니다. 좁은 길이고 좁은 문으로 들어가는 길입니다. 육체적인 생명도 그렇게 귀하거든 하물며 영원한 생명은 얼마나 귀하냐는 뜻입니다. 하나님 나라에서 영원한 생명 가운데 거하는 것만큼 귀한 것이 또 있겠습니까?

"누구든지 이 음란하고 죄 많은 세대에서 나와 내 말을 부끄러워하면 인자도 아버지의 영광으로 거룩한 천사들과 함께 올 때에 그 사람을 부끄러워하리라"라고 했습니다. 믿지 않고 육체적인 생명만 귀하게 여기는 사람들을 가리켜 악하고 음란한 세대의 사람으로 표현했습니다. 역사적으로 이스라엘 백성과 하나님 사이는 마치 혼인을 약속한 신랑과 신부 사이와 같습니다. 그런데 다른 남성을 사랑한다면 음란한 신부가 되는 것이지요. 이스라엘이 우상을 숭배할 때 하나님의 반응은 항상 그러했습니다. 마찬가지로 성도가 주님을 사랑하지 않고 다른 것을 사랑하면 음란한 여인과 같은 것이지요.

세상은 불행하게도 하나님을 불신하는 사상과 사람들로 가득차 있습니다. 그런 세상에서 예수님과 예수님의 말씀을 부인하면 예수님도 재림하실 때에 그 사람을 부끄러워할 것이라고 경고하셨습니다. 로마 나라가 초기 기독교인들을 박해했습니다. 많은 사람이 주님을 배신했습니다. 그런 광경을 목격한 사도들이 이런 말씀을 기록해 주고 있습니다. 여러분은 최후의 심판대 앞에서 인정 받을 수 있는가 아니면 부끄러움을 당할 것인가? 그것은 세상에서 어떻게 사느냐에 달려 있습니다. 주님과 복음을 위하여 수고하고 자랑하면 절대로 그런 일은 발생하지 않을 것입니다.

마가복음 9장 1절에서는 "내가 진실로 너희에게 이르노니 여기 서 있는 사람 중에는 죽기 전에 하나님의 나라가 권능으로 임하는 것을 볼 자들도 있느니라"라고 했습니다. 제자 가운데는 하나님의 나라가 권능으로 임하는 것을 볼 자들도 있다고 하셨습니다.

이 말씀의 의미가 무엇일까요? 마태복음 16장에서는 '인자가 왕권을 가지고 오는 것을' 이라고 표현했습니다. 누가복음 9장에서는 '하나님 나라를' 이라고 했습니다. 매우 다양한 견해가 있습니다. 변화산의 영광으로 이해하는 학자도 있고, 부활의 영광으로 말하는 경우도 있으며, 오순절의 성령 강림이라고 해석하는 사람도 있고, 예루살렘의 멸망과 주님의 재림으로 이해하는 경우도 있습니다.

죽기 전에 하나님의 나라가 권능으로 임하는 것이 무엇인가? 예루살렘의 멸망이나 재림을 말하는 것은 아닙니다. 변화산 사건으로 이해하는 것도 약간의 무리가 있습니다. 그러므로 십자가상에서의 승리, 부활의 영광과 오순절의 성령 강림으로 인한 역동적인 복음 전파를 의미하는 것으로 이해하게 됩니다.

제자로서의 삶이 어렵고 힘들지만 십자가 후의 부활, 오순절의 성령의 역사와 복음 전파로 하나님 나라가 권능있게 발전되는 것을 보게 될 것이라고 믿어야 할 것입니다. 우리 모두 소망 중에 하나님 나라를 발전시키는 성도가 됩시다.

제39강
마가복음 9장 2-13절

예수와 세 제자

예수님과 제자들은 항상 대화했습니다. 상대방과 대화하는 것은 서로 사랑하고 있고, 관심이 있는 증거입니다. 대화를 하지 않는 것은 끝났다는 것, 단절을 의미합니다. 부부간에 대화하라. 부모와 자녀간에도 대화하라. 여러분은 하루에 얼마나 대화를 하십니까? 한국 사람들은 15분 이상을 대화하지 않는다는 혹평의 소리도 있습니다.

성도는 하나님과 대화하는 기도의 삶, 그리고 성도들간에 만나서 대화하는 교제가 굉장히 중요합니다. 그렇지 않으면 사랑을 실천할 수가 없습니다. 성도와 교제하지 않는 사람은 사랑의 크기로 말하면 가장 작거나 양적으로 적은 사람일 것입니다. 대화의 문을 열어가는 성도가 됩시다.

1. 변화산에서의 예수와 제자들

예수께서 신앙고백과 더불어 베드로를 책망하신 다음에 십자가의 죽음을 예고하셨습니다. 엿새가 지났습니다. 예수님은 베드로와 야고보와 요한을 데리고 따로 높은 산에 올라가셨습니다. 세 명의 제자들 앞에서 예수님은 변형되셨습니다. 어떻게 변형되셨을까요? 그 의미는 무엇일까요?

"그 옷이 광채가 나며 세상에서 빨래하는 자가 그렇게 희게 할 수 없을 만큼 매우 희어졌더라"라고 했습니다. 신앙고백의 사건이 귀하듯 변화산 사건도 귀한 사건입니다. 마태복음 17장, 누가복음 9장 그리고 마가복음 9장에 기록된 사건입니다. 변화산 사건이 지니고 있는 의미가 크기 때문에 다 기록해 놓은 것입니다.

예수님의 옷에서 광채가 났습니다. 옷은 심히 희었습니다. 놋쇠나 금 그릇이 광채가 나는 것처럼 광채가 났습니다. 눈부시게 번쩍였습니다. 천상에서나 볼 수 있는 광채였습니다. 신비롭고 영광스러운 광채였습니다. 그것은 옷만 광채가 난 것이 아니라 충만한 신성을 소유하셨기 때문에 광채가 나신 것입니다. 성자 예수님은 제2위 하나님, 신성을 가지신 분이십니다.

바울은 골로새서 2장 9-10절에서 "그 안에는 신성의 모든 충만이 육체로 거하시고 너희도 그 안에서 충만하여졌으니 그는 모든 통치자와 권세의 머리시라"라고 했습니다. 물론 예수님의 얼굴이 찬란하게 빛났습니다. 얼굴만이 아니라 옷 역시 전문 세탁업자도 그렇게 희게 할 수 없을 정도였습니다.

그리고 "엘리야가 모세와 함께 그들에게 나타나 예수와 더불어 말하거늘"라고 했습니다. 무슨 말을 했을까? 천상에 있던 모세와 엘리야가 나타나 예수님과 더불어 말했습니다. 유대인들에게 모세와 엘리야는 특별한 인물이었습니다. 엘리야는 선지자로서 죽음을 보지 않고 천국으로 옮겨진 사람입니다. 유대인들은 엘리야가 다시 올 것을 기다리는 민족입니다.

모세는 율법의 대표자입니다. 모세와 엘리야가 등장하여 신구약성경을 믿을 뿐만 아니라 율법과 선지자의 예언대로 이루실 것을 의논하신 것입니다. 복음이 율법과 선지자의 예언과 모순된 것이 아님을 드러내고 있습니다.

마태복음 5장 17절에 "내가 율법이나 선지자를 폐하러 온 줄로 생각하지 말라 폐하러 온 것이 아니요 완전하게 하려 함이라"라고 했습니다.

예수님은 변화산에서 누가복음에서 말한 것과 같이 별세에 대하여 의논하셨습니다. 제2의 출애굽입니다. 모세가 애굽에 있던 이스라엘을 홍해 바다를 건너 구원한 것처럼 예수님은 십자가로 말미암아 하나님의 백성을 구원하려고 논의하신 것입니다. 우리의 구원은 주님의 절대적인 희생 때문에 얻어진 구원입니다.

2. 베드로의 제안

변화산에서 변형되신 예수님을 바라보면서 베드로 사도는 황홀경에 몰입했습니다. "랍비여 우리가 여기 있는 것이 좋사오니"라고 말합니다. 가정과 세상도 떠나서 이렇게 황홀하고 영광스러운 곳에서 사는 것이 좋겠다고 말합니다.

베드로 사도는 좋을 수밖에 없었습니다. 주님의 변형을 보았습니다. 기다리던 엘리야와 모세를 보았습니다. 황홀할 수밖에 없잖습니까? 그러니까 여기가 좋사오니라고 고백하게 되었던 것입니다.

그러나 베드로가 생각하지 못하는 것이 무엇입니까? 예수님의 수난과 십자가의 죽음을 기억하지 못하고 있습니다. 사람은 한 부분만 생각하는 습성이 있기 때문에 온전하거나 완전한 사람은 없는 것입니다. 십자가 없는 영광이 있습니까? 고난 없는 영광은 사라질 영광입니다.

이번에는 베드로가 예수님께 제안합니다. 무슨 내용으로 제안했습니까? "우리가 초막 셋을 짓되 하나는 주를 위하여, 하나는 모세를 위하여, 하나는 엘리야를 위하여 하사이다"라고 제안했습니다. 자기들 집은 없어도 좋다는 뜻입니다. '우리'는 베드로, 요한, 야고보를 말합니다. 초막 셋을 짓겠습니다. 초막 셋을 요청했습니다.

세 명의 제자들은 몹시 무서워하는 상황입니다. 무슨 말을 해야 할지를 모르는 상황에서 이런 제안을 했던 것입니다. 영광스럽게 변형되신 주님을 보면서 두려움을 느꼈습니다. 하나님을 경외하는 마음에서 두려움마저 느꼈던 세 제자입니다. 그런 마음에서 초막 셋을 말하고 있습니다.

우리는 정신차린 상태에서 믿음 생활을 해야 합니다. 비몽사몽 중에 말하는 습관을 버려야 합니다. 구하고 찾고 문을 두드리는 상태에서 좋은 것을 받아누리기를 바랍니다.

3. 하나님의 음성

때마침 구름이 몰려옵니다. 구름은 하나님의 임재의 상징이었습니다. 구약시대에도 구름으로 인도하기도 하고, 구름이 법궤 위에 임하기도 하였습니다. 이스라엘 백성에게 있어서 구름은 하나님이 함께하거나 인도하는 표현이었습니다.

구름 속에서 하나님의 음성이 들려왔습니다. "이는 내 사랑하는 아들이니 너희는 그의 말을 들으라"였습니다. 예수께서 세례 요한에게 세례를 받고 요단강에서 올라오실 때도 하늘에서 이런 음성이 들렸습니다. 메시야로서 공적 사역의 시작을 알리셨습니다.

변화산에서 또 하나님의 음성이 같은 내용으로 들려왔습니다. 십자가와 부활을 앞둔 상황에서 들려온 하나님의 음성이었습니다. 예수 그리스도가 율법과 선지서에 예언된 메시야이심을 확증해 주는 하나님의 음성이었습니다. 이런 음성을 듣던 세 명의 사도들은 무조건 순종하고 복종해야만 하는 입장에 처하게 된 것입니다.

"너희는 그의 말을 들으라". 엄중하고 엄격한 명령이었습니다. 말과 행동 그리고 인격까지 다 듣고 순종해야 할 것을 명령하셨습니다. 자기에게 주어진 십자가를 지고 따르는 것까지 포함되는 명령이었습니다.

이런 음성은 예수께서 예루살렘 성에 입성한 다음에도 들려왔습니다. 요한복음 12장 28절에 "아버지여, 아버지의 이름을 영광스럽게 하옵소서 하시니 이에 하늘에서 소리가 나서 이르되 내가 이미 영광스럽게 하였고 또다시 영광스럽게 하리라"라고 했습니다.

문득 둘러보니 아무도 보이지 않고 오직 예수와 자기들뿐이었습니다. 마태복음에는 주님이 두려워하는 제자들에게 손을 대시며 '일어나라 무서워하지 말라'라고 하셨습니다. 여러분은 주님을 사랑할 수 있기를 바랍니다. 주님의 명령에 순종하는 그리스도인이 됩시다.

4. 함구령

예수님과 세 명의 제자들이 산에서 내려올 때에 함구령을 내리셨습니다. "인자가 죽은 자 가운데서 살아날 때까지는 본 것을 아무에게도 이르지 말라"라고 했습니다. 제자들은 함구령을 마음에 두었습니다.

예수님은 변화산에서 하나님처럼 변화하셨습니다. 천국의 영광을 제자들에게 보여 주셨습니다. 재림 때나 나타낼 영광, 천국에서의 영광을 세 명의 제자들은 보았습니다. 부활의 영광을 마음껏 느끼게 만들었습니다.

함구령의 기간은 정해진 시간입니다. 부활 이전에는 아무에게도 말하지 말라는 말씀이지만 때가 되면 외쳐야 할 내용입니다. 제자들은 선포의 시간이 올 때까지 자기가 보고 들은 것을 함구하며 기다려야 했습니다. 예수께서 십자가에 죽으시고 몸의 부활이 있을텐데 부활을 경험한 후에 외칠 수 있는 내용이었습니다. 성도가 세상을 살 때 해야 할 말이 있고 하지 말아야 할 말이 있습니다. 때에 알맞은 말은 은쟁반에 금사과와 같습니다.

세 명의 사도들에게 복음의 경계를 정하신 곳은 이 내용뿐입니다.

지금 말하면 심각한 문제가 발생하기 때문에 경계하신 것입니다. 베드로를 중심으로한 다른 사도들의 신앙상태가 어떠했습니까? 피상적이었습니다. 금방 "주는 그리스도시오 살아 계신 하나님의 아들이라"고 고백하면서도 사람의 일을 생각하는 사탄의 도구 역할을 했던 사람입니다. 이것은 보통 문제가 아닙니다.

십자가와 부활은 복음의 핵심입니다. 그런데 아직은 말할 때가 아니었습니다. 며칠이나 몇 달이 더 지나야 했습니다. 그래서 시간을 정해 놓고 말하지 말라고 함구령을 내리셨습니다.

세 명의 제자들은 이 말씀에 순종했습니다. 훗날 말했습니다. 성경에 기록하였습니다. 베드로 사도는 베드로후서 1장 16-18절에서 "우리 주 예수 그리스도의 능력과 강림하심을 너희에게 알게 한 것이 교묘히 만든 이야기를 따른 것이 아니요 우리는 그의 크신 위엄을 친히 본 자라 지극히 큰 영광 중에서 이러한 소리가 그에게 나기를 이는 내 사랑하는 아들이요 내 기뻐하는 자라 하실 때에 그가 하나님 아버지께 존귀와 영광을 받으셨느니라 이 소리는 우리가 그와 함께 거룩한 산에 있을 때에 하늘로부터 난 것을 들은 것이라"라고 했습니다.

사도 요한은 요한복음 1장 14절에 "말씀이 육신이 되어 우리 가운데 거하시매 우리가 그의 영광을 보니 아버지의 독생자의 영광이요 은혜와 진리가 충만하더라"라고 했습니다. 요한일서 1장 1절에서는 "태초부터 있는 생명의 말씀에 관하여는 우리가 들은 바요 눈으로 본 바요 자세히 보고 우리 손으로 만진 바라"라고 했습니다. 요한일서 4장 14절에서는 "아버지가 아들을 세상의 구주로 보내신 것을 우리가 보았고 또 증거하노니"라고 기록하고 있습니다.

야고보 사도는 순교의 제물이 되었습니다. 부활의 영광, 재림의 영광, 변화된 주님의 영광을 보았기 때문에 얻어진 결과라고 믿어집니다. 하나님 앞에서 생명의 영이 충만하여 지상에서부터 천상의 영광을 믿음으로 볼 수 있기를 바랍니다.

5. 질문과 대답

세 명의 제자들이 질문하면 예수께서 적절하게 대답해 주셨습니다. 무슨 질문에 무슨 대답을 했습니까?

세 명의 제자들은 서로 묻기를 "죽은 자 가운데서 살아나는 것이 무엇일까?" 그리고 이런 질문을 했습니다. "어찌하여 서기관들이 엘리야가 먼저 와야 하리라 하나이까?"

예수님의 대답이 무엇입니까? "엘리야가 과연 먼저 와서 모든 것을 회복하거니와 어찌 인자에 대하여 기록하기를 많은 고난을 받고 멸시를 당하리라 하였느냐 그러나 내가 너희에게 이르노니 엘리야가 왔으되 기록된 바와 같이 사람들이 함부로 대우하였느니라"라고 했습니다.

제자들은 서로 문의합니다. 죽은 자 가운데서 살아나는 것이 무엇일까? 죽은 가운데서 살아나는 것은 부활입니다. 예수께서 십자가에 죽으시고 삼 일 만에 다시 살아나실 것입니다.

기독교는 부활의 종교입니다. 생명의 종교입니다. 부활을 믿는 종교입니다. 부활을 믿는 것이 최고의 믿음입니다. 제자들은 예수님의 예기치 못한 말씀에 다시 한번 놀랐습니다.

십자가에 죽으시고 살아나는 부활의 영광은 머잖은 장래에 일어날 일이지만 꼭 일어나야 하는 일입니다. 부활 신앙이 성도에게 생명이 있게 하고, 인간을 인간답게 만들어 살게 하는 것입니다. 그리고 책임성 있는 존재가 되게 합니다. 부활은 하나님 나라의 기초가 되고, 성도의 구원의 핵심이기도 합니다.

예수님은 부활에 대하여 여러 번 말씀하셨습니다. 죽은 자의 부활이 필요하기 때문에 예수님께서 부활하셨습니다. 죽은 자 가운데에서 살아나셨기에 잠자는 자들의 첫 열매가 되셨습니다. 고린도 교회를 향해서 주신 메시지의 핵심이 무엇입니까? 그리스도의 부활을 확실하게 믿으면 우리의 구원이 완성된다는 진리를 말해 주었습니다.

요한복음 5장 28-29절에 "이를 놀랍게 여기지 말라 무덤 속에 있는 자가 다 그의 음성을 들을 때가 오나니 선한 일을 행한 자는 생명의 부활로, 악한 일을 행한 자는 심판의 부활로 나오리라"라고 했습니다.

요한복음 11장 25-27절에 "예수께서 이르시되 나는 부활이요 생명이니 나를 믿는 자는 죽어도 살겠고 무릇 살아서 나를 믿는 자는 영원히 죽지 아니하리니 이것을 네가 믿느냐? 이르되 주여 그러하외다 주는 그리스도시요 세상에 오시는 하나님의 아들이신 줄 내가 믿나이다"라고 했습니다.

바울 사도는 빌립보서 3장 10-12절에서 "내가 그리스도와 그 부활의 권능과 그 고난에 참여함을 알고자 하여 그의 죽으심을 본받아 어떻게 해서든지 죽은 자 가운데서 부활에 이르려 하노니 내가 이미 얻었다 함도 아니요 온전히 이루었다 함도 아니라 오직 내가 그리스도 예수께 잡힌 바 된 그것을 잡으려고 달려가노라"라고 했습니다. 바울은 자기의 신앙생활을 정리하여 고백했습니다.

여러분에게 부활은 진정한 소망이기를 바랍니다. 늘 부활한다는 마음으로 아침 잠을 깨울 수 있기를 바랍니다. 우리는 영적으로 살아있는 사람입니다. 성령의 능력이 우리를 일으켰습니다. 예수님과 연합된 사람들은 언젠가는 무덤 문을 열고 일어납니다.

"어찌하여 서기관들이 엘리야가 먼저 와야 하리라 하나이까?" "엘리야가 과연 먼저 와서 모든 것을 회복하거니와 어찌 인자에 대하여 기록하기를 많은 고난을 받고 멸시를 당하리라 하였느냐?" "그러나 내가 너희에게 이르노니 엘리야가 왔으되 기록된 바와 같이 사람들이 함부로 대우하였느니라"라고 했습니다.

변화산상에 엘리야가 나타났습니다. 예수께서 메시야이심을 증거한 것이나 부활에 대한 말씀은 만물의 마지막이 가까웠음을 나타내는 말입니다. 마지막이 가까이 온 것에 대하여 하나님은 여러 가지로 증거를 제시하십니다. 우리로 하여금 잘 믿을 수 있도록 도우셨습니다. 그래서 펑계하지 못하게 되었습니다.

메시야를 준비했던 엘리야는 누구인가? 말라기 3장 1-4절과 4장 5-6절에 나타납니다. 예수님은 엘리야가 먼저 와서 모든 것을 회복한 다는 것을 강조하셨습니다. 엘리야의 수고가 메시야의 고난을 덜어준 것은 아닙니다.

또 예수님은 이미 엘리야가 왔다고 선언하셨습니다. 마가는 세례 요한을 엘리야로 보고 있습니다(1:2-8, 마17:13, 눅1:17). 헤롯 왕은 헤로디아의 요청에 따라 세례 요한을 고통 속에서 죽게 했습니다. 세례 요한은 청빈생활을 했습니다. 회개의 세례를 외쳤습니다. 많은 백성들이 요단강에 와서 믿고 세례를 받았습니다. 그러나 세례 요한은 칼로 목베임을 당했습니다.

역사적으로 이스라엘 나라의 일곱 번째 왕이 아합입니다. 아합 왕과 이세벨에게 고난받은 엘리야 선지자입니다(왕상19:1-3, 10). 얼마나 많은 반대를 당했는지 자세히는 모릅니다. 그러나 아합 왕 때문에 3년 6개월 동안 비가 내리지 않았습니다. 하나님이 먹을 것과 입을 것을 또 마실 것을 주시기는 했지만 고난이었습니다. 또 종교적인 갈등을 겪는 고난뿐만 아니라 이세벨이 죽이려고 할 때 광야로 도망갔습니다. 이 모든 일들이 엘리야에게는 고난이었습니다.

세례 요한과 엘리야에게 죽음이 있고, 아픔이 있고, 고난이 있듯이 예수님에게도 고난이 있다는 것을 암시합니다. 반대자들에 의한 고난, 예수님께도 고통을 안겨줄 것입니다. 역사를 살펴보면 십자가의 고난이었습니다. 모욕과 침뱉음과 때림이었습니다.

예수 그리스도의 초림 때에 엘리야가 세례 요한이듯 재림 때에는 사탄이 교회를 어지럽히고 수많은 사람들이 배교할 것입니다.

믿음과 기도

예수님과 세 명의 제자가 변화산에서 내려왔습니다. 변화산에서 중대한 사건이 전개되었습니다. 예수님의 얼굴에서 빛이 나고 옷이 희어졌습니다. 엘리야와 모세가 출현하고 하나님의 음성이 들려왔습니다. 정말 영원히 잊지 못할 사건이 일어났던 것입니다.

변화산에서 얼마나 지체하셨을까? 마태와 마가는 시간을 기록하고 있지 않지만 누가는 이튿날 내려온 것으로 설명하여 시간의 경과를 말해 주고 있습니다. 그리고 벙어리 귀신에 대한 사건은 마태, 마가, 누가 복음에 모두 기록되어 있는데 마가가 가장 세밀하게 기록하고 있는 이유는 행동하는 예수, 역동적인 그리스도를 묘사하고 있기 때문입니다.

1. 아홉 명의 제자와 서기관들의 변론

아홉 명의 제자들에게 다시 왔을 때 많은 사람이 모여 있었고 제자들은 서기관들과 논쟁을 하는 중이었습니다. 많은 사람들이 예수를 알아보고 달려와 인사하였습니다. 이 부분도 마가만 기록하고 있는 이유는 예수의 사역에 대해 사건 중심적인 면을 강조하고 있기 때문입니다.

긴박하고 상세하게 기록하여 제자들이 곤경에 처한 것을 강조하고, 예수님의 신적인 능력을 드러내기 위한 목적으로 보여집니다.

변론은 논쟁의 성격을 갖는 것입니다. 무엇을 구하고 찾는 변론이라 기보다는 논쟁하고 있었습니다. 서기관들이 많은 무리 앞에서 제자들을 향하여 집요하게 질문하고 추궁하며 논쟁을 벌이고 있었습니다. 인간의 어리석음이 여기에 있습니다.

성경은 논쟁하라고 주신 책이 아닙니다. 믿음의 대상입니다. 예수 그리스도는 논쟁해서 얻을 수 있는 진리나 생명이 아닙니다. 믿음의 대상입니다. 예수를 믿으면 영생을 얻는 것은 진리이며 생명의 말씀입니다. 교회는 말다툼을 위한 단체가 아니라 하나님의 백성들로 하여금 안식하고 협력하여 선을 행하고, 하나님의 영광을 위한 단체입니다.

많은 사람들이 예수님을 알아보고 달려왔습니다. 물론 모세가 시내산에서 내려왔을 때 얼굴에서 빛이 나듯 예수님의 얼굴도 빛이 났습니다. 모세는 사라질 영광이라서 얼굴을 가리기는 했지만, 사람들이 예수님을 쉽게 알아보았습니다. 뿐만 아니라 아홉 명의 제자들이 서기관들과의 논쟁으로 궁지에 몰리고 있었을 때 갑자기 스승이신 예수께서 나타나시니까 많은 사람들이 몰려왔던 것입니다.

예수께서 서기관들과 무슨 논쟁을 벌였느냐고 제자들에게 먼저 물으셨습니다. "너희가 무엇을 그들과 변론하느냐?" 예수께서 누구에게 질문을 하신 것인가? 여러 가지 견해가 있습니다.

첫째, 제자들이라고 이해하는 경우입니다. 예수께서 제자들에게 물으셨습니다. 서기관들이 변론하고 논쟁한 대상은 제자들이기 때문입니다. 둘째, 제자들과 논쟁하고 있는 서기관으로 이해하는 경우입니다. 알렉산드리아 사본이나 표준 문서(TR)에는 서기관에게 질문한 것으로 되어 있습니다. 셋째는, 무리로 보는 견해입니다. 많은 무리가 예수님에게 달려왔기 때문입니다. 17절에서 예수님의 질문에 답변하는 사람이 무리 중의 하나이기 때문입니다. 문맥으로 보면 세 번째 견해가 타당성이 있습니다.

중요한 점은 그렇다면 예수께서 논쟁의 내용을 몰라서 물으셨을까? 그것은 아닙니다. 서기관과 제자들의 논쟁의 내용을 알고 있으셨기 때문에 개입하시려고 접근하신 것이고, 다만 제자들이 왜 실패했는지를 가르쳐 주기 위하여 물으셨던 것입니다. 벙어리 귀신을 쫓아내지 못한 이유가 무엇입니까? 예수님의 말씀에 답이 있습니다.

집에 들어갔을 때 제자들이 조용히 묻습니다, "우리는 어찌하여 능히 그 귀신을 쫓아내지 못하였나이까?" 예수님의 말씀이 29절에 "기도 외에 다른 것으로는 이런 종류가 나갈 수 없느니라"라고 대답하셨습니다. 이것이 원인입니다. 여러분은 성령의 인도를 받습니까? 귀신을 쫓아내는 능력이 있습니까? 기도해야 합니다. 죽으나 사나 기도해야 합니다. 능력 있는 삶을 살고 싶으면 기도해야 합니다. 다른 길이 없습니다.

기도하지 않으면 실패하고, 기도하면 승리합니다. 기도하지 않으면 기적과 이적이 없지만 기도하면 하나님이 역사하셔서 기적과 이적이 있습니다. 기도하지 않으면 사탄의 시험이 기다리지만 기도하면 성령의 역사로 승리합니다.

2. 한 사람의 고백

무리 가운데 섞여 있던 한 사람이 달려나왔습니다. 자기에게 말 못하게 하는 귀신, 벙어리 귀신 들린 아들이 하나 있는데 제자들에게 데리고 왔다는 것이지요.

귀신이 어디서든지 그 아이를 잡으면 거꾸러져 거품을 흘리며 이를 갈고 파리해집니다. 어린 아들이 귀신으로 말미암아 자주 발작한다며 너무나 애처로운 심정으로 사정 이야기를 말했습니다. 그래서 선생님의 제자들에게 내쫓아 달라 하였으나 그들이 능히 하지 못했습니다. 예수님의 제자들이 귀신을 쫓아내지 못하고 오히려 소동만 더 크게 일어나게 되었다는 것입니다.

예수님의 말씀에는 귀를 기울이지 않고 자기 말만 하는 사람입니다. 귀신 들린 아들은 외아들이었습니다. 하나밖에 없는 아들입니다. 하나밖에 없는 아들의 문제로 제자들에게 찾아왔지만 치료하지 못하게 되자 아버지로서 견딜 수가 없었습니다. 아들에게 역사한 귀신은 벙어리 귀신이었습니다.

말하기 싫어하는 귀신입니다. 말도 하지 못하고 듣지도 못하는 귀신이 들어갔습니다. 마태복음에는 간질 증상까지 있었던 자녀였습니다. 아주 심각한 중증 환자였습니다. 제자들이 치료해 줄 것으로 알고 왔는데 치료는 고사하고 논쟁거리만 되어버린 상황이었습니다. 기대감을 가지고 예수님에게 왔으나 예수님은 계시지 않았고, 제자들에게 치료를 부탁했지만 치료는 하지 못하고 논쟁만 하게 되었으니 후회스럽다는 뜻으로 말하고 있습니다.

귀신이 아들에게 어떻게 했는지 자세히 설명하고 있습니다. 땅에 내동댕이쳐지기도 하고, 날마다 점점 수척해지고 있습니다. 육체가 점점 더 쇠약해지고 있습니다. 저러다가 죽겠습니다. 아들의 생명에 위협을 느낀 아버지는 아들을 위하여 아홉 명의 제자를 찾았지만 치료하지 못했습니다.

과거에 제자들은 귀신을 쫓아본 경험이 있는 사람들입니다. 그러나 이번에는 실패했습니다. 왜 실패했을까요? 아홉 명의 제자들은 귀신을 쫓아내는 데 전혀 도움을 주지 못했습니다. 아무런 능력도 없었습니다. 쓸모없는 자들입니다. 그렇게 말하고 있습니다.

여러분은 능력이 있습니까? 기도의 능력이 있습니까? 병을 고치든지, 귀신을 쫓아내든지 어떤 능력이 있습니까? 숫자만 말하면 안 됩니다. 능력이 필요할 때는 능력이 있어야 합니다. 하나님의 나라는 말에 있지 않고 능력에 있습니다. 성령이 임하시면 권능을 받으라고 말씀하셨습니다. 하나님이 약속한 능력, 그 능력을 입을 때까지 기도해야 합니다.

3. 예수와 귀신들린 아이

예수께서 믿음 없는 세대에 대하여 얼마나 함께 있어야 하며 얼마나 참아야 하는지 탄식했습니다. "믿음이 없는 세대여 내가 얼마나 너희와 함께 있으며 얼마나 너희에게 참으리요 그를 내게로 데려오라"라고 했습니다.

'믿음이 없는 세대여', 이 말씀은 제자들과 이스라엘 백성들의 믿음 없음을 탄식하신 말씀입니다. 마태는 '믿음이 없고 패역한 세대여'라고 지탄했습니다. 예수님의 책망입니다. 믿음 없는 세대에 대한 책망입니다. 패역한 세대에 대한 책망입니다. 믿음 없는 것에 대하여 웃고 넘길 수 있는 문제가 아닙니다. 주님은 책망하셨습니다. 여러분은 믿음 없는 자가 되지 말고 믿는 자가 되기를 바랍니다.

예수께서 귀신들린 아이를 데리고 오라고 명하셨습니다. 사람들이 귀신들린 아이를 데리고 오자 귀신이 예수를 보고 심한 경련을 일으키기 시작했습니다. 아이가 땅바닥에 구르며 거품을 흘리기 시작했습니다.

귀신들린 아이가 예수님을 보자마자 일으킨 반응입니다. 귀신, 사탄은 하나님의 원수입니다. 예수 그리스도의 적입니다. 사람은 바쁘면 경건생활을 멀리합니다. 그런데 바쁠수록 주님을 보아야 합니다. 어려울수록 주님을 생각하고 기도해야 합니다. 그래야 사탄의 줄을 끊을 수 있습니다.

그렇지 않으면 점점 더 행동이 이상해집니다. 삶이 더 복잡해집니다. 점점 더 꼬입니다. 배경에 사탄이 역사하여 고난에서 벗어나지 못하게 만듭니다. 여러분은 하나님 앞에 무릎을 꿇으세요. 능력을 받으세요. 사람이 달라집니다. 생활도 변합니다. 살맛납니다. 활력이 있습니다.

예수께서 그 아버지에게 묻기를 "언제부터 이렇게 되었느냐"라고 묻습니다. 어릴 때부터 그랬다고 대답했습니다. 소년은 가련한 처지에 있었습니다. 한창 성장해야 할 유년 시절부터 지금까지 오랜 동안 귀신에게 고통 받고 있었고 지금도 고통을 받는 상황이었습니다. 귀신이 어린 아이를 죽이기 위해 불과 물에 자주 던진다고 말했습니다.

그 아버지가 예수께 '무언가를 하실 수 있거든 불쌍히 여겨 달라' 라고 요청했습니다. 무엇인가를 하실 수 있거든 불쌍히 여겨 달라는 말은 긍정반 부정반의 표현입니다. 전적으로 신뢰하는 말이 아니었습니다. 예수님의 치유에 대해 가능성과 불가능성을 동시에 생각하고 있는 말입니다. 그런 말을 한 이유는 제자들이 귀신을 쫓아내지 못했기 때문이었습니다.

"그러나 무엇을 하실 수 있거든 우리를 불쌍히 여기사 도와주옵소서"라고 했습니다. 예수님의 능력에 대하여 반신반의하면서도 아들에게 들어간 귀신을 쫓아내기를 원했습니다. 예수님의 능력을 전적으로 신뢰하지 못하면서도 도움은 얻고 싶었던 아버지였습니다.

예수님은 반신반의하는 아버지를 책망하였습니다. 할 수 있거든이 무슨 말이냐? "할 수 있거든이 무슨 말이냐 믿는 자에게는 능히 하지 못할 일이 없느니라"라고 했습니다. 아버지는 무엇인가(anything)로 도움을 요청했지만 예수님은 모든 일들(all thing)로 대답했습니다. 사람으로서는 상상할 수 없는 큰 능력과 은혜를 체험하게 되는 것입니다.

아이의 아버지가 그때서야 소리를 지르며 "내가 믿나이다 나의 믿음 없는 것을 도와주소서"라고 했습니다. 믿음에 대해 고백하며 자기의 믿음 없음을 도와 달라고 애원했습니다. 아버지의 두 진술이 나옵니다. "내가 믿나이다"와 "나의 믿음 없는 것을 도와주소서"입니다. 믿음에 대하여 온전하지 못한 것이 사실입니다. 우리 중에 누가 온전한 믿음을 소유했겠습니까?

예수님은 귀신을 책망하시며 아이에게서 나오라고 명령하셨습니다. 25절에 "말 못하고 못 듣는 귀신아 내가 네게 명하노니 그 아이에게서 나오고 다시 들어가지 말라"라고 했습니다. 귀신의 정체성을 파악하신 후 신적인 권세로 명령하셨습니다. 예수님은 물질 세계만이 아니라 영적 세계까지 통치하시는 분입니다. 하나님으로부터 받은 권세로 사탄을 물리치셨습니다. 너는 즉각 나오라. 그리고 너는 더 이상 들어가지 말라. 귀신에게 이렇게 명령하실 분이 누가 있습니까? 예수님밖에 없습니다.

귀신이 마지막 발악을 한 후 나가니 아이가 죽은 것같이 되었습니다. 많은 사람들은 아이가 죽었다고 말했지만 예수님이 손을 잡아 일으키시니 온전해졌습니다. 주님은 사랑이 충만하신 분이십니다. 애정이 듬뿍 담긴 자세로 일하셨습니다.

4. 기도의 능력

집에 들어갔을 때 제자들이 예수님에게 묻습니다. 왜 우리들은 귀신을 쫓아내지 못한 것입니까?

예수님은 "기도 외에 다른 것으로는 이런 종류가 나갈 수 없느니라"라고 말씀하셨습니다. 능력있는 삶을 원하십니까? 기도하세요. 텔레비전 보는 시간을 줄이고 기도하는 시간을 늘려보세요. 능력을 얻습니다. 안되는 일이 없습니다.

기도가 만능입니다. 기도하면 살고 기도하지 않으면 죽습니다. 기도하면 얻습니다. 찾습니다. 문이 열립니다. 기도하지 않으면 얻을게 없습니다. 찾지 못합니다. 문도 열리지 않습니다.

기도하는 생활에 게으른 우리들에게 많은 교훈을 주고 있습니다. 기도해야 능력이 있습니다. 귀신도 쫓아낼 수 있습니다. 마태는 믿음이 적은 연고로, 마가는 기도하지 않은 연고로 말하고 있습니다. 믿음의 표시는 기도입니다. 믿음의 대상을 찾는 것은 당연한 결과가 아니겠습니까?

제41강
마가복음 9장 30-37절

수난 예고

예수님은 만왕의 왕이십니다. 주님이 다스리는 곳이 천국입니다. 예수님은 하나님 나라의 건설을 위하여 수고하실 때 복음을 전파하거나 가르치는 방법을 사용하거나 병을 고치거나 귀신을 쫓아내는 방법을 사용하셨습니다. 벙어리 귀신이 들린 아이를 고쳐주신 주님이 이번에는 무슨 일을 하셨을까요?

1. 예수님의 수난 예고와 제자들의 반응

예수께서 수난에 대하여 첫 번째로 말씀하신 것은 가이사랴 빌립보 지방에서입니다. 제자들을 향하여 이렇게 질문하셨습니다. "사람들이 인자를 누구라고 생각하느냐?" 세례 요한, 엘리야, 예레미야, 선지자 중의 하나라고 생각합니다.

그러면 "너희는 나를 누구라고 하느냐?" 시몬 베드로가 "주는 그리스도시요 살아 계신 하나님의 아들이십니다"라고 대답했습니다. 그때 예수께서 첫 번째로 십자가의 수난을 예고하셨습니다.

예수님은 변화산 근방을 떠나 갈릴리 지방의 가운데를 지나가실 때 아무 사람에게도 알리지 않으셨습니다. 예수께서는 영광과 기적의 장소를 떠나 어디로 가셨을까요? 초창기 선교 거점인 가버나움 회당으로 가셨습니다. 물론 예수님의 마지막 목적지는 가버나움이 아니라 예루살렘이었습니다. 가버나움 회당에 들르신 주님이 십자가의 수난에 대하여 말씀하게 됩니다.

벙어리 귀신을 쫓아내신 다음에도 함구령을 내리셨습니다. 누구에게도 알리지 않으셨습니다. 물론 십자가를 지시기까지 당시 종교 지도자들의 반대가 있을 것을 염려하신 것도 있지만 제자들을 따로 가르치기 위해서 그렇게 하셨습니다.

특별히 예수님은 사람들의 손에 넘겨져 죽임을 당할 것과 삼 일만에 다시 살아날 것을 가르치기 위해서 함구령을 내렸던 것으로 보입니다. "인자가 사람들의 손에 넘겨져 죽임을 당하고 죽은 지 삼 일만에 살아나리라".

그러나 제자들은 예수님의 말씀을 다 이해하지 못했습니다. 무슨 뜻이냐고 묻기도 두려워하는 상황이었습니다. 예수님은 다른 사람들에게 신경을 쓰고 만나고 고쳐주는 것도 중요하게 여기셨지만 제자들을 가르치고 십자가와 부활을 설명해 주려고 하셨습니다. 영적 세계에 대하여 가르치고 설명하기를 원하셨습니다. 예수께서 하늘로 가신 다음에도 제자들이 하나님 나라를 위하여 수고하고 헌신할 수 있도록 훈련하고 교육하고 성장시키고자 하셨습니다.

마가는 예수께서 종으로서 묵묵히 하나님의 일을 감당하는 모습을 그려주고 있습니다. 십자가를 지는 것은 하나님의 뜻이었습니다. 그리고 예수님의 사명이었습니다. 대속의 죽음을 통하여 하나님의 일을 감당하실 때 방해받고 싶지 않으셨습니다. 예수님은 하나님의 일을 감당하심에 있어서 열정적이셨습니다. 대충 하신 것이 아닙니다.

십자가의 죽음과 부활에 대하여 제자들에게 가르치고 사명을 완수하기 위하여 처음부터 끝까지 잘 달려가셨습니다. 하나님의 아들, 만왕

의 왕, 메시야이신 예수 그리스도께서 사람들에게 버림을 당하고 십자
가에 죽는다는 것이 이해가 되는가? 자신이 사람들에게 넘겨져 버림을
당하고 십자가에 죽으며 삼 일만에 살아나는 것이 이해가 되겠는가?

그래서 제자들은 이해하지 못했고, 묻기도 무서워했습니다. 당연하
지 않습니까? 두려워했습니다. 무서워했습니다. 스승이 버림 당하고 죽
는다는데 제자로서 어떻게 해야 하나 두려움이 있는 것이 당연하지 않
습니까? 이런 말을 처음 들었을 때 베드로가 막다가 "사탄아 내 뒤로
물러가라"라고 책망받았는데 또 나설 제자가 있겠습니까? 여러분은 지
금 어떤 심정으로 주님을 섬기며, 교회의 일에 어떤 반응을 보이면서
섬기고 있습니까?

2. 제자의 덕, 겸손

예수님의 마음을 배우고 닮는 사람이 제자입니다. 예수님의 마음은
온유하고 겸손한 마음입니다. 마태복음 11장 28-30절에 "수고하고 무
거운 짐 진 자들아 다 내게로 오라 내가 너희를 쉬게 하리라 나는 마음
이 온유하고 겸손하니 나의 멍에를 메고 내게 배우라 그리하면 너희 마
음이 쉼을 얻으리니 이는 내 멍에는 쉽고 내 짐은 가벼움이라"라고 했
습니다.

예수께서 가버나움 지방에 이르렀습니다. 어떤 집에 들어가셨을 때
제자들에게 이렇게 물으셨습니다. "너희가 길에서 서로 토론한 것이 무
엇이냐?" 크고 첫째 되는 사람은 어떤 사람일까? 제자들은 너무나 부
끄러워서 아무도 대답할 수 없었습니다. 잠잠했습니다. 사실은 "누가
크냐?", "내가 제일이야! 내가 최고야!"라고 쟁론했기 때문입니다.

제자들은 예수님이 누구신지 잘 몰랐습니다. 어떤 방법으로 인류를
구속하실 것인지 알아듣지 못했습니다. 정치적인 메시야, 경제적인 메
시야를 생각했을 뿐입니다. 그래서 한 자리를 생각하여 누가 크냐는 논

쟁을 벌였던 것입니다. 로마를 뒤집어 엎고 새로운 나라를 건설할 때 누가 한 자리를 차지할 것인가? 이런 생각만 했던 제자들입니다. 제자도에 대하여 깨닫지 못하고 있는 상황입니다.

예수님은 열두 제자를 불러 모으셨습니다. 그리고 이렇게 교훈하셨습니다. "누구든지 첫째가 되고자 하면 뭇 사람의 끝이 되며 뭇 사람을 섬기는 자가 되어야 하리라"라고 가르쳤습니다. 예수님은 제자로서의 삶, 제자도를 가르치셨습니다. 인간은 누구나 자기가 최고라는 생각을 가지게 됩니다. 그러나 자신을 낮추는 마음이 없으면 절대로 주님의 마음을 닮을 수 없습니다.

천국에서 큰 자가 어떤 자일까요? 요한복음 13장 13-14절에 "너희가 나를 선생이라 또는 주라 하니 너희 말이 옳도다 내가 그러하다 내가 주와 또는 선생이 되어 너희 발을 씻었으니 너희도 서로 발을 씻어 주는 것이 옳으니라"라고 했습니다. 다른 사람의 발을 닦아주듯 남의 허물과 죄를 덮어주는 사람이 큰 자입니다.

마가복음 10장 45절에 "인자가 온 것은 섬김을 받으려 함이 아니라 도리어 섬기려 하고 자기 목숨을 많은 사람의 대속물로 주려 함이니라"라고 했습니다. 다른 사람을 섬기는 사람이 큰 사람입니다. 다른 사람을 위하여 자신은 낮추고 상대를 높이는 사람, 상대를 세워주는 사람이 큰 사람입니다.

3. 섬김에 대한 교훈

예수님은 어린아이 하나를 데려다가 제자들 가운데 세웠습니다. 그리고 제자들에게 교훈하셨습니다. "누구든지 내 이름으로 이런 어린아이 하나를 영접하면 곧 나를 영접함이요 누구든지 나를 영접하면 나를 영접함이 아니요 나를 보내신 이를 영접함이니라"라고 했습니다.

예수님은 실물 교육을 하셨습니다. 어린아이를 세우시고 교육하셨습니다. 당시 어린아이는 무시당하기 쉬웠고 천박하게 대우하는 경우도 있었습니다. 그러나 예수님은 어린아이를 안으시고 축복하고 기도해 주셨습니다. 사랑과 애정의 표현입니다. 어린아이를 하나님이 보내신 사람으로 여기고 사랑하고 섬기면 됩니다. 마태복음 25장 40절에 "내가 진실로 너희에게 이르노니 너희가 여기 내 형제 중에 지극히 작은 자 하나에게 한 것이 곧 내게 한 것이니라"라고 했습니다. 양들에 대한 칭찬입니다.

오늘 말씀과 관련하여 가정에 대하여 생각해 보려고 합니다. 이해하고 생각해 봅시다.

가정은 하나님이 세우신 제도입니다. 교회와 사회의 기초가 가정입니다. 가정은 하나님의 섭리 가운데서 세워지기 때문에 하나님이 짝지어 주신 것을 사람이 나누지 못한다고 말씀하셨습니다. 일평생 한 번 맺는 언약입니다. 그리고 부모를 떠나 아내와 연합하여 둘이 한 몸을 이루는 것이 가정 제도입니다.

예수님은 가정생활을 어떻게 하셨을까? 물론 결혼은 하지 않았습니다. 다만 부모님과 형제들이 있었습니다. 예수님의 육신적인 부모는 요셉과 마리아입니다. 아버지는 요셉이고, 어머니는 마리아입니다. 요셉은 의로운 사람이었습니다. 그리고 하나님의 은혜를 많이 받은 성도였습니다. 은혜 받은 사람과 은혜 받지 못한 사람은 너무나 다릅니다.

요셉은 천사의 지시에 절대적으로 순종을 했던 하나님의 사람이었습니다. 요셉과 마리아는 순종의 사람이었습니다. 그러면서도 절제의 사람이었습니다. 그러나 이 가정에도 문제가 전혀 없었던 것이 아닙니다. 가난했습니다. 목수 생활을 했습니다. 하나님께 드릴 것이 없어서 어린 반구 두 마리로 드렸습니다. 이것은 가장 가난한 사람의 표현이었습니다. 그러나 하나님 나라를 위하여 얼마나 귀하게 쓰임 받은 가정입니까? 여러분도 용기를 내기를 바랍니다.

예수님의 육신적인 형제들이 있었습니다. 마가복음 6장 3절에 보면

"야고보와 요셉과 유다와 시몬의 형제가 아니냐? 그 누이들이 우리와 함께 여기 있지 아니하냐"라고 했습니다. 예수님은 혈통적인 형제자매들이 있었습니다. 혈연 관계는 세상에서 어떤 사람들보다 좋은 관계입니다.

평상시 예수님의 형제들은 예수님을 믿지 않았습니다. 때로는 미친 사람으로 여기기도 했습니다. 그러나 나중에는 믿는 자들이 되었습니다. 형제들이 변해서 예루살렘 교회를 섬기고 총회에서 사회를 보는 일도 감당했습니다.

마가복음 3장 31-35절에 "그 때에 예수의 어머니와 동생들이 와서 밖에 서서 사람을 보내어 예수를 부르니 무리가 예수를 둘러 앉았다가 여짜오되 보소서 당신의 어머니와 동생들과 누이들이 밖에서 찾나이다 대답하시되 누가 내 어머니이며 동생들이냐 하시고 둘러 앉은 자들을 보시며 이르시되 내 어머니와 내 동생들을 보라 누구든지 하나님의 뜻대로 행하는 자가 내 형제요 자매요 어머니이니라"라고 말씀하셨습니다.

예수님은 형제자매에 대한 관념을 일반적인 것보다 영적으로 말씀하셨습니다. 하나님의 뜻을 이루는 것으로 말씀하셨습니다. 혈통적인 형제를 귀중히 여기셨지만 영적인 형제자매를 말씀하셨습니다.

예수님은 가정생활을 어떻게 하셨을까?

1) 예수님은 부모님께 순종하셨습니다. 누가복음 2장 51절에 "예수께서 함께 내려가사 나사렛에 이르러 순종하여 받드시더라"라고 했습니다. 어려서부터 예수님은 부모님께 순종하는 삶을 사셨습니다. 이유는 간단합니다. 예수님의 효도 정신입니다. 부모님이 하나님께 순종하니까 자녀 된 예수님도 부모에게 순종하셨다고 믿습니다. 또 십자가에서도 어머니, 마리아를 생각하셨습니다.

2) 예수님은 사랑을 가르치셨고 사랑을 실천하셨습니다. 우리는 가르치기만 하고 실천하지 못하는 경우가 많습니다. 요한복음 13장 1절에

"세상에 있는 자기 사람들을 사랑하시되 끝까지 사랑하시니라"라고 했습니다. 34-35절에서는 "새 계명을 너희에게 주노니 서로 사랑하라 내가 너희를 사랑한 것같이 너희도 서로 사랑하라"라고 했습니다. 사랑은 가정생활의 맥이요 제자의 덕입니다.

3) 상대방을 깊이 이해해야 합니다. 사람을 배워야 합니다. 아내나 남편이 같이 상대방을 연구해야 합니다. 무엇을 좋아하는지? 무엇을 싫어하는지? 성격은 어떤 사람인지? 육체적인 상태는 어떤지? 성공적인 가정생활이란 상대방을 이해하는 것입니다.

4) 예수님은 하나님을 믿고 의지하셨습니다. 마가복음 9장 내용입니다. 아내나 남편이나 다 같이 하나님을 잘 믿고 의지하는 것이 중요합니다. 전적으로 믿고 의지하는 믿음이 가정생활을 편안하게 만듭니다. 하나님 믿는 것은 부모로부터 배우는 것입니다. 부모가 자녀의 영적인 책임자입니다.

5) 문제를 해결하라. 예수님은 제자들이나 사람들이 문제를 가지고 나오면 다 대답해 주고 해결해 주셨습니다. 병자면 병의 문제, 고난이면 고난의 문제를 해결해 주셨습니다. 가정생활에 있어서 함께 문제를 해결하려는 노력이 필요한 것입니다.

제42강
마가복음 9장 38-50절

공동체와 화목

예수님은 신앙고백을 받은 이후에 가야 할 길과 해야 할 일을 말씀하셨습니다. 그러면서 제자들에게 자기를 부인하고 십자가를 지고 좇으라고 했습니다. 그리고 제자들 사이에 누가 크냐라는 다툼이 있었을 때 겸손히 섬기는 종과 같은 사람이 큰 자임을 밝히고 공동체를 사랑하여 존중히 여기는 자가 되라고 가르치셨습니다.

성경은 서로 사랑하라, 제자도를 말씀하실 때 서로 사랑하면 사람들이 예수님의 제자인줄 알게 된다고 가르치셨습니다. 우리 모두 서로 사랑하여 하나님의 뜻을 이루며 공동체 안에 화목과 화평이 깃드는 복과 은혜가 임하기를 원합니다.

1. 배타주의

기독교는 독선주의나 배타주의를 경계합니다. 자기만 옳다는 독선주의를 배격하고, 다른 사람을 생각하지 않는 배타주의도 배격합니다. 우리는 다른 사람의 이익을 생각하는 이타주의를 중시하는 사람들입니다. 하나님의 영광과 많은 사람의 유익과 자기의 이익을 동시에 생각하는 사람들입니다.

오늘 성경말씀에서 놀라운 사실을 발견하게 됩니다. 자구적으로 서로 연결되어 있음을 강조하기 위한 주님의 가르침에 찬사를 보냅니다. 내 이름으로와 주의 이름, 누구든지와 누구든지, 그리스도에게 속한 자와 나를 믿는 작은 자, 실족하게 하는 자와 범죄하게 하는 자, 지옥과 불, 소금과 소금으로 연결하여 교훈하고 있습니다. 모든 가르침이 연관이 있는 것처럼 성도는 성도와 연결되어 있습니다. 상합하여 유익을 주는 사람이기 때문입니다.

어느날 사도 요한이 자기들을 따르지 않으면서도 예수의 이름으로 귀신을 쫓아내는 것을 목격했습니다. 사도 요한은 그렇게 하지 말라고 금했습니다. 성경을 연구해 보면 예수를 진실히 믿지 않는 사람도 종종 축사하는 경우가 있습니다.

마태복음 7장 21-23절에도 버림 당하는 사람 가운데도 선지자 노릇도 하고, 병자도 고치고, 권능도 행하고, 능력도 행사하는 사람이 있을 것을 말씀하셨습니다. 사도행전 19장에도 그런 사건이 나타납니다. 사도 요한을 비롯하여 사도들은 배타적인 자세를 취하여 축사 행위를 금했습니다.

이 사실을 예수님에게 보고했을 때 무슨 말씀을 하셨을까요? 예수님은 "금하지 말라"였습니다. 독선적인 자세를 금하고 있습니다. 배타적인 자세도 단호히 금지하고 있습니다. 그 이유가 무엇일까요? 두 가지였습니다. 첫째 이유는 예수의 이름으로 이적을 행했다면 즉시로 예수를 비방할 사람이 아니라는 것이지요. "내 이름을 의탁하여 능한 일을 행하고 즉시로 나를 비방할 자가 없느니라"라고 했습니다.

예수의 이름을 믿는 사람들은 그 이름을 의지합니다. 의지하는 마음으로 예수님의 이름을 부르지만 믿지 않고 예수의 이름을 부르는 사람들은 그 이름을 능력을 행사하는 도구나 수단으로만 사용하는 것입니다. 많은 성도들이 예수의 이름을 마음으로 믿고 사랑해서 부르지만 능력만 행사하는 경우에는 수단이나 도구로 사용하는 경우가 허다하게 많습니다. 우리는 마음으로 의지하고 사랑하여 주님의 이름을 부르는 성도가 됩시다.

둘째 이유는 반대하지 않는 자는 결국 같은 편에 속한 자라는 것입니다. "우리를 반대하지 않는 자는 우리를 위하는 자니라"라고 했습니다. 예수의 이름으로 능한 일을 한 다음에 즉시로 반대하는 경우가 없다, 적대하는 경우가 없다는 말입니다. 예수님은 사람의 행동만 보는 것이 아니라 마음까지 통찰하는 분이십니다. 그러므로 성도의 독선주의나 배타주의를 경계하셨던 것입니다.

2. 상호 존중

공동체 안에서 서로 사랑하고 존중히 여기는 것은 당연한 일입니다. 그런데 사람들은 타락한 존재라서 서로 사랑할줄 모르고 때로는 존중히 여기는 마음도 적습니다. 오히려 서로 흉보고 욕하고 비방하고 원망하고 불평하는 사람이 많은 세상입니다.

그리스도에게 속한 자에게 냉수 한 그릇이라도 대접하는 자에게 상을 주시는 하나님이십니다. 41절을 봅시다. "누구든지 너희가 그리스도에게 속한 자라 하여 물 한 그릇이라도 주면 내가 진실로 너희에게 이르노니 그가 결코 상을 잃지 않으리라"라고 했습니다.

물은 누구나에게 귀한 것입니다. 인간과 동물 그리고 식물에게 물은 생명과 같습니다. 생존을 위한 필수적인 수단이 물입니다. 출애굽기 23장 25절에 "네 하나님 여호와를 섬기라 그리하면 여호와가 너희의 양식과 물에 복을 내리고 너희 중에서 병을 제하리니"라고 했습니다.

사무엘상 30장 11절에는 다윗의 사람들이 애굽 사람을 만났을 때 떡을 주어 먹게 하며 물을 마시게 하고 무화과 뭉치에서 뗀 덩이 하나와 건포도 두 송이를 주었습니다. 사흘 동안 떡도 먹지 못하고 물도 마시지 못한 애굽 사람이 먹고 마신 다음에 정신을 차렸습니다. 물은 사람에게 필수적인 요소입니다.

열왕기상 18장에는 아합 왕의 아내 이세벨이 여호와의 선지자들을 핍박할 때 오바댜가 선지자 백 명을 두 그룹으로 나누어 숨기고 떡과 물을 공급해 주었습니다. 그래서 이스라엘 백성들은 생각하기를 '물은 여호와께서 주신 은혜로운 선물이라'라고 했습니다.

이스라엘의 구원 역사를 살펴볼 때 물을 고쳐 주기도 하고, 샘물이 솟아나게도 하고, 물 때문에 찬양을 올리기도 했습니다. 팔레스틴 지방에서 물은 생명과 같은 것이기에 작은 자에게 물을 주는 것은 아주 귀한 선물이었습니다. 또한 기독교 초창기에 순회 전도자들에게 물을 주는 것은 아주 중요한 선물이었습니다. 물 한 그릇을 대접하는 것은 그리스도를 대접하는 것과 같았습니다. 그러므로 그리스도에게 속한 자에게 작은 선물이라도 주는 자가 상을 받게 될 것입니다.

만약 그리스도에게 속한 작은 자를 실족하게 하면 어떻게 될까? "누구든지 나를 믿는 이 작은 자들 중 하나라도 실족하게 하면 차라리 연자맷돌이 그 목에 매여 바다에 던져지는 것이 나으리라"라고 했습니다.

예수께서 엄중한 경고를 하셨습니다. 십자가의 수난에 대하여 예고하실 때 사람의 일을 생각했던 베드로를 책망하던 주님이 이번에는 실족하게 하는 사람에 대하여 아주 엄중한 경고를 하셨습니다. 작은 자라도 실족하게 하면 현세만이 아니라 내세에까지 형벌이 따라올 것을 말씀하셨습니다. 연자맷돌을 목에 매달고 죽는 것은 최악의 죽음으로, 다른 길이 없음을 말씀하는 것입니다.

다른 사람을 실족하게 하는 일은 지옥 불에 던져지는 형벌이 따를 것이고, 큰 희생을 치르더라도 남을 실족하게 하는 일은 하지 말아야 할 것을 강조하셨습니다. 43-47절을 봅시다. "만일 네 손이 너를 범죄하게 하거든 찍어버리라 장애인으로 영생에 들어가는 것이 두 손을 가

지고 지옥 곧 꺼지지 않는 불에 들어가는 것보다 나으니라 … 만일 네
발이 너를 범죄하게 하거든 찍어버리라 다리 저는 자로 영생에 들어가
는 것이 두 발을 가지고 지옥에 던져지는 것보다 나으니라 … 만일 네
눈이 너를 범죄하게 하거든 빼버리라 한 눈으로 하나님의 나라에 들어
가는 것이 두 눈을 가지고 지옥에 던져지는 것보다 나으니라"라고 했습
니다.

그리고 이사야 66장 24절을 인용하셨습니다. "그들이 나가서 내게
패역한 자들의 시체들을 볼 것이라 그 벌레가 죽지 아니하며 그 불이
꺼지지 아니하여 모든 혈육에게 가증함이 되리라"라고 했습니다. 지옥
은 어떤 곳인가? 구더기도 죽지 않는 곳입니다. 불도 꺼지지 않는 곳입
니다. 사람마다 불로써 소금치듯 하는 곳입니다. 지옥은 영원히 지옥입
니다. '지옥에는 탈출구가 없다'라는 말이 있습니다.

지옥이란 '힌놈의 아들의 골짜기, 애곡의 아들의 골짜기'라는 의미
입니다. 예루살렘 남서부에 있는 힌놈 계곡을 말하는데 이 골짜기는 황
소 형상의 이방신 몰록에게 이스라엘 백성들이 자녀를 희생 제물로 바
치던 곳입니다. 불 가운데로 어린 자녀들이 지나갈 때 울음소리가 들렸
습니다.

아하스 왕이 몰록 신을 섬기도록 했지만 개혁자 요시야 왕이 몰록
신에게 자녀를 바치는 제사를 폐지하였습니다. 그 이후 유대인들이 잡
다한 쓰레기와 죽은 동물의 사체, 범죄한 죄인들의 시체를 버리는 곳이
되었습니다. 불은 꺼지지 않았고, 메스꺼운 냄새와 함께 지옥을 연상하
게 했습니다. 이곳이 지옥의 대명사가 되었던 것입니다.

지옥을 만드신 분이 누구일까요? 사랑이 충만하고 공의가 충만한
하나님이십니다. 하나님의 공의가 실현되는 곳이 지옥입니다. 우리가
서로서로 존중히 여기면서 화목하고, 하나님을 경외하는 마음으로 사
랑하고 섬겨서 천국의 영광을 누릴 수 있기를 바랍니다.

3. 화목하라

50절을 봅시다. "소금은 좋은 것이로되 만일 소금이 그 맛을 잃으면 무엇으로 이를 짜게 하리요 너희 속에 소금을 두고 서로 화목하라"라고 했습니다. 공동체 안에서 필요한 것은 화목, 화평입니다. 소금처럼 변함없는 교제와 사랑이 필요합니다. 즐거워하는 자들과 함께 즐거워하고 우는 자들과 함께 우는 것이 필요합니다.

소금의 고유의 맛은 짠맛입니다. 짠맛 없는 소금이 있습니까? 만약 소금이 짠맛이 아니라면 그 소금은 소금이 아닐 것입니다. 소용이 없는 소금입니다. 성도는 항상 순결하고 의로워야 합니다. 깨끗하고 반듯해야 합니다.

제자의 사명은 소금과 같은 역할입니다. 소금의 성질을 마음에 새기고 서로 화목하게 지내야 할 것을 가르쳤습니다. 예수를 믿고 추종하는 제자들이 모인 공동체 안에서 성도간에 독선적인 생각을 버려야 합니다. 그리고 배타적인 사상도 내려놓아야 합니다. 서로 연합하고 화목해야 합니다. 평화롭게 살아가야 합니다. 이것이 그리스도의 제자들이 보여줘야 할 삶입니다.

제자들은 누가 크냐는 논쟁을 벌였습니다. 편협한 논쟁입니다. 독선적인 논쟁입니다. 배타적인 성격의 논쟁이었습니다. 주님은 이런 제자들에게 서로 사랑하고 존중히 여겨야 할 것을 가르쳤습니다. 섬기는 자가 큰 자입니다. 대접하는 자가 큰 자입니다. 사랑하는 자가 큰 자입니다.

고린도전서 12장 12절에 "몸은 하나인데 많은 지체가 있고 몸의 지체가 많으나 한 몸임과 같이 그리스도도 그러하니라"라고 했습니다.

요한복음 13장 34-35절에 "새 계명을 너희에게 주노니 서로 사랑하라 내가 너희를 사랑한 것 같이 너희도 서로 사랑하라 너희가 서로 사랑하면 이로써 모든 사람이 너희가 내 제자인 줄 알리라"라고 했습니다. 우리는 그리스도의 제자로서 제자답게 사랑하며 삽시다.

제2부
하나님의 종으로서
예수님의 수난과 구속사역의 성취

마가복음 10장 - 16장

제43강
마가복음 10장 1-12절

예수와 바리새인

바울은 우리에게 경고합니다. "하나님을 시험하지 말자!" 이스라엘의 역사를 살펴보면 하나님을 시험하다가 망한 일이 여러 번 있습니다. 지금의 교인들도 하나님을 시험하다가 망하는 사람이 더러 있습니다. 하나님은 시험의 대상이 아니라 경배의 대상입니다. 창조주 하나님, 섭리주 하나님, 심판주 하나님은 경외의 대상입니다.

이스라엘 나라가 광야 40년 생활에 하나님을 여러 번 시험을 했습니다. 민수기 21장에 길로 인하여 원망하기도 했습니다. 무슨 일로 원망했을까요? 우리에게 식물도 없고 물도 없도다. 우리의 마음이 심히 상한다는 내용으로 원망했습니다.

고린도전서 10장 9절에 "그들 가운데 어떤 사람들이 주를 시험하다가 뱀에게 멸망하였나니 우리는 그들과 같이 시험하지 말자"라고 고린도 교인들에게 경고해 주었습니다. 이 경고가 현시대를 살아가는 우리에게도 똑같이 적용되고 있습니다. 그러므로 원망과 불평 대신 감사하는 삶을 살기를 바랍니다. 주여! 감사합니다. 하나님! 감사합니다.

1. 예수님과 일행

예수께서 갈릴리 지방을 떠나 유대 지방과 요단강 동편의 베레아 지방으로 가시게 되었습니다. 예수님과 일행이 요단강을 건넜습니다. 무리가 모여듭니다. 바리새인들도 예수께로 나아왔습니다. 예수님은 늘 하시던 대로 천국에 대하여 교육하고 또 가르치셨습니다. 사람만 모이면 항상 가르치신 주님이십니다.

신명기 성경대로 앉았을 때에든지 길을 행할 때에든지 사람만 있으면 그리고 기회만 주어지면 늘 천국에 대하여, 그리고 사람들의 문제에 대하여 잘 가르치셨습니다. 교회의 모든 직원은 주님의 이런 모습을 본받아야 합니다. 목사나 교사, 장로나 집사, 권사나 교인들은 가정을 인도하든, 어린아이들을 인도하든 가르칠 수 있어야 합니다.

기독교 교육은 모본을 보이는 교육입니다. 자신이 앞장서서 가면서 따라오라고 말하는 교육입니다. 그래서 예수님은 "누구든지 나를 따라오려거든 자기를 부인하고 자기 십자가를 지고 나를 따를 것이니라"라고 하셨습니다(마16:24).

바리새인들이 예수님을 찾은 목적은 어디에 있을까요? 예수님의 가르침을 받기 위해서일까요 아니면 병고침을 받기 위해서일까요? 그것도 아니라면 무엇일까요? 바리새인들은 예수님을 시험하기 위해서 따라왔던 것입니다. 예수님을 시험하기 위해서 .... 정말 가관입니다. 시험을 목적으로 질문을 합니다. 이것이 얼마나 어리석은 행동입니까?

우리는 늘 기억해야 합니다. "주 너의 하나님을 시험하지 말라." 하나님은 시험의 대상이 아니라 경배의 대상입니다. 신앙의 대상이고 믿음의 대상이며 경외의 대상입니다.

사람은 누구나 하나님 앞에 겸손히 기도하지 않으면 인간적인 생각이 앞서게 되고, 하나님의 뜻은 온데간데없이 자기 생각대로 세상을 살게 되어 있습니다. 우리 성도들은 기도의 능력을 받기를 소원합니다. 성령의 은혜를 힘입어 하나님께 담대히 나아가서 기도합시다. 은혜의 보좌 앞에 엎드려 간구하는 가운데 모든 문제를 해결받는 복을 받읍시다.

하나님을 시험하는 백성이 아니라 하나님을 사랑하고 섬기고 순종하는 백성이 됩시다. 일평생 목회생활을 해 보니까 하나님을 믿고 순종하는 백성이 제일 좋습니다. 보기만 해도 행복해집니다. 다른 사람들에게 말할 것이 있습니다.

사랑하는 여러분! 순종하는 믿음생활을 해야 자기 자신이 살고 가정이 복을 받으며 다른 사람을 살리는 사람이 됩니다. "잘 하였도다 착하고 충성된 종아 네가 작은 일에 충성하였으매 내가 많은 것을 네게 맡기리니 네 주인의 즐거움에 참여할지어다"라는 축복이 여러분의 복이 되기를 바랍니다.

2. 바리새인들의 질문

바리새인들은 예수님께 무슨 시험을 했습니까? "사람이 아내를 버리는 것이 옳으니이까?"라는 질문이었습니다.

예수님은 뭐라고 대답했을까요? "모세가 어떻게 너희에게 명하였느냐?"

"이르되 모세는 이혼 증서를 써주어 버리기를 허락하였나이다."

바리새인들은 가정의 소중성, 결혼의 존엄성에 대해 시험했습니다. 사소한 일, 하찮은 이유로 가정이 파괴되는 것을 주님은 원하지 않으셨습니다. 남편은 아내를 자기 몸과 같이 사랑해야 합니다. 아내는 자기 남편에게 주께 하듯 복종해야 합니다. 이런 것은 성령충만할 때 가능한 일입니다. 이론만 가지고는 어림도 없습니다. 하나님의 은혜가 임할 때 가능한 일입니다.

지금은 타락한 세상에 살고 있습니다. 가정 제도에 대하여 깊은 이해가 없는 세상입니다. 이혼도 쉽게 생각하는 세상입니다. 우리가 어렸을 때만 해도 미국이나 유럽 지방에서나 있는 일이 지금 우리 앞에 다가와 있습니다. 이유야 어떻든 간에 복잡한 세상입니다. 하나님의 말씀인 성경도 이혼을 허락할까요? 우리가 신봉하는 웨스트민스터 신앙고백에도 이혼의 사유를 두세 가지로 밝히고 있는 것이 사실입니다. 간음을 했을 경우나 이단에 빠질 경우, 국법이나 교회법으로 화해가 불가능한 경우입니다. 항상 누구나 인정하는 이혼은 할 수 있다는 뜻입니다.

그러나 하나님의 근본적인 뜻을 알아야 합니다. 바리새인들은 어떻게 알고 있었습니까? 모세는 왜 허락했습니까? 그리고 하나님의 뜻은 무엇입니까? 예수님의 대답 속에 다 들어있습니다.

"너희 마음이 완악함으로 말미암아 이 명령을 기록하였거니와 창조 때로부터 사람을 남자와 여자로 지으셨으니 이러므로 사람이 그 부모를 떠나서 그 둘이 한 몸이 될지니라 이러한즉 이제 둘이 아니요 한 몸이니 그러므로 하나님이 짝지어 주신 것을 사람이 나누지 못할지니라"라고 했습니다.

이것이 모세가 이혼 증서를 써주라고 했던 이유입니다. 대부분 여자들이 억울한 경우가 많습니다. 여자를 남자의 소유물같이 취급하였습니다. 그래서 이혼 증서를 써주라는 것이지 이혼을 합법화한 것이 아닙니다.

그런데 바리새인들은 진일보하여 이혼을 합법화했습니다. 이스라엘 사회에는 간음하면 본래 돌로 쳐죽이던 사회였습니다. 또 한 가지 바리새인들은 육체적인 간음죄만 짓지 않으면 된다고 생각했습니다. 마음에는 관심이 없었습니다. 정신이나 영혼에 관심이 적었습니다. 결과는 하나님의 법이나 사회법을 약화시키는 결과를 가져왔습니다.

그러면 하나님의 본래의 뜻은 무엇입니까? 6절에 "창조 때로부터 사람을 남자와 여자로 지으셨으니 이러므로 사람이 그 부모를 떠나서 그 둘이 한 몸이 될지니라 한 몸이니 그러므로 하나님이 짝지어 주신 것을 사람이 나누지 못할지니라"라고 했습니다.

여기에 하나님의 의도와 목적이 나타나 있습니다. 예수님은 창조할 때 하나님의 원리를 제시하셨습니다. "사람이 그 부모를 떠나서 그 둘이 한 몸이 될지니라." 이것이 하나님의 뜻입니다. '둘이 아니라 하나' 입니다. 일시적인 계약이 아니라 하나님 앞에서의 평생의 계약입니다.

그러므로 어떻게 해야 합니까? 기독교인은 순종해야 합니다. "이러한즉 이제 둘이 아니요 한 몸이니 그러므로 하나님이 짝지어 주신 것을 사람이 나누지 못할지니라"라고 했습니다. 다만 음행한 연고없이 이혼은 불가능한 일입니다.

그러므로 결혼은 깊이 생각하고 기도해야 합니다. 생각없이 경솔하게 결혼을 하면 불행을 자초하는 것이요 현명한 결혼은 평생을 행복하게 하는 일입니다. 이스라엘의 역사를 보면 불행하게도 이방 여인들이 이스라엘을 범죄하게 하기도 했습니다.

느헤미야 13장 26-27절에 "또 이르기를 옛적에 이스라엘 왕 솔로몬이 이 일로 범죄하지 아니하였느냐? 그는 많은 나라 중에 비길 왕이 없이 하나님의 사랑을 입은 자라 하나님이 그를 왕으로 삼아 온 이스라엘을 다스리게 하셨으나 이방 여인이 그를 범죄하게 하였나니 너희가 이방 여인을 아내로 맞아 이 모든 큰 악을 행하여 우리 하나님께 범죄하는 것을 우리가 어찌 용납하겠느냐?"라고 말했습니다.

부모는 자녀를 위해 기도해야 합니다. 아브라함이나 이삭과 같이 기도해야 합니다. 결혼은 두 천사의 결합이 아니라 두 죄인의 결합입니다. 그래서 어렵습니다. 서로의 성화를 위해서 노력하는 것입니다. 사랑하는 성도님들은 주 예수 그리스도 안에서 가정이 회복되는 영광이 있기를 바랍니다.

3. 제자들의 질문

예수께서 집에 들어가셨습니다. 제자들이 다시 바리새인들처럼 이혼 문제에 대하여 질문합니다. 예수님은 제자들에게 대답하셨습니다. "누구든지 그 아내를 버리고 다른 데에 장가드는 자는 본처에게 간음을 행함이요 또 아내가 남편을 버리고 다른 데로 시집가면 간음을 행함이니라"라고 가르쳐 주셨습니다. 절대적인 명령의 말씀입니다.

여러분은 이스라엘의 역사를 아십니다. 세례 요한이 왜 죽었습니까? 헤롯 왕의 간음죄를 지적하다가 목베임을 당했습니다. 헤롯 왕이 동생의 아내를 취한 것이 마땅치 않다고 지적하여 갇히게 되었고 결국은 칼로 목베임을 당했습니다. 간음죄를 지적했을 때 회개한 사람은 다윗입니다.

고린도전서 10장 8절에 "그들 중에 어떤 사람들이 음행하다가 하루에 이만 삼천 명이 죽었나니 우리는 그들과 같이 음행하지 말자"라고 했습니다. 욥기 31장 11-12절에 "그것은 참으로 음란한 일이니 재판에 회부할 죄악이요 멸망하도록 사르는 불이니 나의 모든 소출을 뿌리째 뽑기를 바라노라"라고 했습니다.

바울이나 요한은 음행하면 하나님의 나라를 유업으로 받지 못하리라(고전9:9), 그 이름이라도 부르지 말라(엡5:3), 둘째 사망에 떨어지는 죄 중의 하나라고 말했습니다(계21:8).

지금은 영적 간음의 시대입니다. 보이지 않게 하나님 대신 다른 것을 섬기는 세상입니다. 예수님은 하나님과 재물을 겸하여 섬길 수 없다고 했지요. 우리는 하나님의 성전된 몸을 가졌습니다. 거룩한 교회입니다. 거룩한 영이 역사한 신령한 몸입니다. 창녀와 합하는 자는 창녀입니다. 하나님과 하나된 성전으로서 어떻게 더럽게 사용할 수 있습니까? 어떻게 빛과 어두움, 그리스도와 벨리알, 믿는 자와 믿지 않는 자, 성전과 우상이 일치될 수 있습니까?

　　이혼은 창조 질서를 완화시키는 것이 아니라 깨뜨리고 파괴하는 것입니다. 다만 깨어진 결혼은 용서와 화해를 하도록 유도해야 합니다. 하나님의 사랑으로 다시 하나가 되어야 합니다. 가정의 회복을 기도합니다. 저는 목회현장에서 일평생을 살면서, 여러분의 가정생활 하는 모습을 보면서 종종 가슴 아파 눈물 흘릴 때가 많습니다. 기쁨의 가정들이 다 되기를 바랍니다.

제44강
마가복음 10장 13-16절

자녀교육 어떻게 할 것인가?

자녀교육, 어떻게 할 것인가? 자녀교육 이대로 좋은가? 하나님께서 여러분에게 자녀를 맡겨 놓으셨는데 부모로서 어떤 관심을 가지고 어떻게 키우고 있는가? 예수님은 어린아이들을 어떻게 대하셨을까? 그리고 어떻게 하는 것이 성경적일까요?

1. 하나님의 기업입니다

하나님께서 여러분에게 맡겨 놓은 자녀에 대한 관념의 변화가 필요합니다. 자녀는 내 소유물이 아니라 하나님의 아들과 딸입니다. 대부분의 부모들이 '자녀' 하면 어떻게 생각하고 있습니까? 내 것이야, 내 마음대로 할 수 있어! 내 소유야! 소유의 개념이 많습니다.

자녀는 부모의 마음대로 할 수 있는 존재가 아닙니다. 절대로 내 마음대로 할 수 있는 존재가 아닙니다. 왜 그런지 아십니까? 하나님께서 창조한 피조물이고 하나님의 형상과 모양대로 지음 받은 존재이기 때문입니다.

또 한 가지는 하나님께서 부모에게 주신 최대의 선물이 자녀입니다.

창세기 1장 28절에 "생육하고 번성하여 땅에 충만하라"라고 말씀하셨습니다. 자녀의 축복은 하나님께서 인간에게 베풀어 주신 최초의 선물이자 최대의 선물입니다. 다른 복보다 아담과 하와에게 베풀어주신 최초의 복입니다. 첫 번째 복이 생육하고 번성해서 땅에 충만해지는 복입니다.

시편 127편 3-5절에 "보라 자식들은 여호와의 기업이요 태의 열매는 그의 상급이로다 젊은 자의 자식은 장사의 수중의 화살 같으니 이것이 그의 화살통에 가득한 자는 복되도다 그들이 성문에서 그들의 원수와 담판할 때에 수치를 당하지 아니하리로다"라고 했습니다.

아브라함과 사라 부부의 문제점이 무엇이었습니까? 자식의 문제였습니다. 엘가나와 한나의 문제점도 그랬습니다. 그리고 신약에 엘리사벳과 사가랴 제사장 부부도 마찬가지였습니다. 자녀는 하나님의 축복의 산물입니다.

다만 자녀는 여러분의 소유가 아니라 하나님의 선물이요 하나님의 기업입니다. 나의 것이 아니라 하나님의 것이라고 고백할 때 더욱 소중함을 느끼게 됩니다. 책임감도 생기고, 의무감도, 사랑할 마음도 생깁니다. 자녀를 향하여 하나님의 기업이라는 인식의 전환이 필요합니다.

내 자녀라는 말은 세속적인 의미입니다. 하나님의 자녀라는 말이 영적인 의미요, 하나님의 섭리와 목적을 아는 사람의 고백입니다. 하나님께서 부모에게 자녀들을 맡겨 주셨습니다. 사랑으로 잘 키워서 하나님 나라의 큰 일꾼, 하나님 교회의 일꾼이 되기를 바랍니다.

제자들은 어린아이들이 예수님 앞에 오는 것을 귀찮게 여겼습니다. 꾸짖었습니다. 그러나 예수님은 제자들을 책망하면서 어린아이들을 축복해 주셨습니다. 축복하면서 키우는 것이 아주 중요합니다. 하나님의 복을 받아 본 사람이 다른 사람을 축복하게 되어 있습니다.

여러분 자신이 축복하는 것이 쉽지 않습니다. 그래서 축복 받는 자리로 인도하는 것이 중요합니다. 서로 사랑하고 섬기고 축복하는 가운데 믿음으로 성장할 때 기둥 같은 인물이 되는 것입니다.

2. 어떤 사람이 되기를 원하는가?

이것은 매우 중요한 질문입니다. 좋은 사람, 선한 사람입니다. 인격자라고도 말합니다. 본래 하나님께서 사람을 만드시고 "하나님 보시기에 심히 좋았더라"라고 말씀하셨습니다. 모세도 보십시오. 사도행전 7장 20절에 "그 때에 모세가 났는데 하나님 보시기에 아름다운지라"라고 했습니다. 모세는 하나님 보시기에 아름다운 사람이었습니다.

다니엘 1장 15절에 "열흘 후에 그들의 얼굴이 더욱 아름답고 살이 더욱 윤택하여 왕의 음식을 먹는 다른 소년들보다 더 좋아 보인지라"라고 했습니다. 다니엘과 세 친구의 모습을 그렇게 묘사해 주고 있습니다. 사무엘은 "아이 사무엘이 점점 자라매 여호와와 사람들에게 은총을 더욱 받더라"(삼상2:26)라고 했습니다.

예수님은 어떤 분이셨습니까? 누가복음 2장 40절에 "아기가 자라며 강하여지고 지혜가 충만하며 하나님의 은혜가 그의 위에 있더라"라고 했습니다. 누가복음 2장 52절에서는 "예수는 지혜와 키가 자라가며 하나님과 사람에게 더욱 사랑스러워 가시더라"라고 했습니다. 이것이 예수님의 성장하실 때의 모습입니다.

모세나 다니엘 그리고 예수님과 같은 사람으로 기르기 위해서 부모가 해야 할 일이 무엇입니까? 주님 앞으로, 하나님의 복을 받는 자리로 인도해야 할 책임이 있습니다.

한나는 사무엘을 하나님께 평생을 바쳤습니다. 요게벳은 하나님을 두려워하는 신앙으로 모세를 양육했습니다. 마리아와 요셉은 예수를 하나님께 바치는 예식을 거행했습니다. 부모가 자녀를 위하여 할 일 중에 하나가 하나님께로 인도하는 일입니다.

그 이유는 하나님만이 사람을 아름답고 가치있게 만드실 수 있는 분이기 때문입니다. 그래서 부모는 자녀를 데리고 기도하고 함께 기도드려야 합니다. 그렇지 않으면 하나님의 사람으로 양육하고 있는 것이 아니잖습니까?

하나님을 아는 사람은 생각이 다릅니다. 행동이 다릅니다. 영원한 것을 바라보고 살기 때문에 현실에서 좌절이 없습니다. 어떤 고난과 역경에도 실망하지 않고 승리하는 사람이 되도록 이끌어줍니다. 우리가 자녀를 하나님께로 이끄는 이유 중의 하나는 복을 받을 뿐만 아니라 험악한 세상을 믿음으로 승리하도록 돕는 일이기 때문입니다.

제자들은 어린아이들에게 분을 내고 집으로 가라고 말했습니다. 주님께 나아가는 길을 가로막았습니다. 지금도 보십시오. 누가 어린아이들이 하나님께 나아가는 길을 가로막고 있습니까? 부모가 아닙니까?

아들과 딸들에 대해 하나님 보시기에 아름답거나 인격적인 교육보다는 입시 위주의 교육이나 하고 있고, '대학 간 다음에 믿어라'라고 합니다. 자녀를 주님 앞으로 인도해야 할 사명이 부모에게 있습니다. 이것이 큰 책임이요 사명입니다.

주님은 어린아이들을 안아 주셨습니다. 머리 위에 손을 얹고 축복해 주셨습니다. 이것은 사랑의 표현이자 사랑의 극치입니다. 사랑으로 키운다는 것이 구체적으로 어떻게 하는 것입니까? 무조건 다 들어 주는 것일까요?

부모는 자녀를 위하여 기도해야 합니다. 식사 때마다 함께 기도하고, 새벽마다 이름을 부르면서 눈물로 기도해야 합니다. 어머니의 눈물은 참다운 인성교육입니다. 아버지의 호소하는 기도 소리에 어린아이의 일평생을 바꾸는 힘이 있습니다.

그러면서 천국은 이런 자의 것이라고 했습니다. 천국은 어린아이와 같이 받드는 자의 것입니다. 어린아이의 특징은 전적으로 의지하는 것입니다. 천국은 자신을 의존하지 않고 하나님을 전적으로 의지하는 자의 것입니다. 겸손한 마음으로 그리고 전적으로 무능하다는 생각 속에 하나님만 의지하는 자가 천국을 차지하는 것입니다.

어린아이들은 전적으로 하나님만 의지합니다. 그래서 주님은 어린 아이들을 계속하여 축복했습니다. 예수님은 어린아이들을 말로만 축복한 것이 아니라 행동으로 축복하셨습니다.

3. 무슨 일을 하고 싶은가?

사람은 발자취를 남기는 법입니다. 하나님을 위한 공헌이 있으면 정말 아름다울 것입니다. 다른 사람을 위한 공헌도가 커야 합니다. 하나님 나라 발전을 위해 쓰임 받는다는 것은 매우 값있고 행복한 일입니다. 자신은 물론이고 다른 사람에게도 큰 행복과 기쁨이 되는 법입니다.

다니엘 12장 3절에 "많은 사람을 옳은 데로 돌아오게 한 자는 별과 같이 영원토록 빛나리라"라고 했습니다. 사람이 하는 일에 따라 천하거나 귀하게 보는 세상입니다. 그러나 하나님은 죄짓지 않는 사업이면 다 귀한 성직으로 봅니다. 비록 우리들이 말할 때 세속적 직업이라고 표현하지만, 하나님의 영광과 사회에 대한 유익과 자신의 행복이 있다면 다 성직이라고 말해도 과언이 아닐 것입니다.

물론 세속적인 직업에 비해서 하나님의 교회에서 맡은 직분을 일반적으로 성직이라 말하고, 성직을 맡았다고 말합니다. 하여튼 우리는 세상에 발자취를 남기고 떠나가게 됩니다.

가장 가치있는 일이란 무엇일까? 어린아이를 잘 기르는 일입니다. 어린아이들이 좋아하는 일을 시키라! 그리고 잘하는 일을 시키라. 이것을 은사 개발이라고 말할 수 있습니다. 하나님께서 이 아이에게 주신 것이 무엇인지를 알아보는 것입니다.

바울은 자녀들을 양육할 때 에베소서 6장 4절에서 "또 아비들아 너희 자녀를 노엽게 하지 말고 오직 주의 교훈과 훈계로 양육하라"라고 했습니다. 오늘 말씀에서 자녀 양육의 네 가지 원리가 나타납니다.

첫째 원리가 노엽게 하지 말라. 지나치게 징계하거나 엄하게 하여 자녀들을 화나게 만들지 말라는 말입니다. 지나친 말이나 지나친 책망은 자녀들을 화나게 하는 일입니다. 부모가 자기의 감정을 다스리지 못해서 매질을 하는 경우도 있습니다.

둘째 원리가 양육하고 훈계하여 가르치라. 훈육하고 부드럽게 가르치면서 주님의 인격을 닮도록 가르치고 권면해야 합니다. 인격과 원칙의 차원에서 발전시키라는 의미입니다. 존 칼빈은 따뜻한 애정을 가지고 자녀를 대하라고 말했습니다.

셋째는 책망의 문제입니다. 징계, 징벌 교육입니다. 책망할 때는 감정을 뒤섞어서 책망하기보다는 하나님의 심판대 앞을 생각하면서 책망해야 합니다. 하나님께 징벌을 받는다는 것을 가르치는 책망입니다.

넷째는 교양입니다. 권면, 경책, 책망, 간구입니다. 사랑과 절제를 가지고 자녀를 키우라는 것입니다.

그런데 리차드 마이어가 연구를 했습니다. '허용적인 부모형'이 있습니다. 사랑은 많고 징계는 적게 하는 부모입니다. 부모들이 배척을 받을까봐 두려워서 징계하지 않는 경우입니다. 그런데 결과가 무엇입니까? 아이들이 자라서 낮은 자아성과 깊은 열등감을 지닌다는 보고입니다. '뭐 어떻게 되겠지? 어떻게는 되겠지 뭐?' '낙관형'입니다. 무엇이든지 허용하면서 낙관적인 것이 낮은 자아성과 깊은 열등감을 가져온다는 것은 미처 몰랐을 것입니다.

'무관심한 부모형'도 있습니다. 무관심한 부모님들이 많습니다. 사랑도 적고 징계도 적은 부모입니다. 이런 상황에서 자라난 아이는 다른 사람들과의 관계에서 실패하거나 유대감이 없는 아이로 성장하며 부모와도 서먹한 관계에 놓여진다는 것입니다.

그냥 내버려두는 유형입니다. 사람이 되든지 개와 돼지 같은 사람이 되든지 그냥 버려두는 사람들도 있습니다. 자유 방임형이요, 무관심한 형입니다. 결과는 사람들과의 대인관계에서 실패하고 유대감이 없는 사람이 됩니다.

　'권위주의적 부모형'도 있습니다. 징계는 많은데 사랑이 적은 부모형입니다. 꼭 해야 할 일, 하라는 일과 하지 말라는 일이 많은 사람입니다. 자녀들이 반발감을 가지게 되고 분노하는 일이 많아지게 되는 경우입니다.

　'권위 있는 부모형'은 사랑도 많으며 징계도 많은 부모형입니다. 부모와 자녀가 함께 교제를 나누는 방식의 부모형입니다. 관계 중심적입니다. 높은 자아상과 탁월한 문제 해결의 기술을 소유하게 됩니다. 가족에 대하여 긍정적이며 장기간 관계를 유지하는 사람입니다.

제45강
마가복음 10장 17-18절

하나님이 계십니까?

지금 한국 교회는 선교의 열정이 식어가고 있습니다. 그렇지만 아직도 선교단체가 많고 선교사 그리고 선교에 대한 회의가 많습니다. 교회도 동네마다 자리를 잡고 있습니다. 교회와 교인은 많은데 복음이 있는가? 하나님이 살아 역사하시는가? 교회와 선교단체를 통해서 하나님이 나타나시는가?

많은 사람들은 교회가 교회와 더불어 연합하면 모든 문제가 해결될 것으로 이해합니다. 물론 연합은 아주 중요합니다. 그런데 무엇을 위한 연합이냐? 이것도 중요한 관건입니다. 복음을 희석시켜 가면서까지 연합을 한다는 것은 심각한 문제가 아닐 수 없습니다.

우리는 성경을 하나님의 말씀으로 믿는 종교개혁의 유산을 중요하게 여겨야 합니다. '오직 성경'이라고 구호만 외치면 되는 것이 아닙니다. 소수의 사람들만이 변화된 삶을 살고 있습니다. 훗날에 마태복음 7장 23절을 봅시다. "내가 너희를 도무지 알지 못하니 불법을 행하는 자들아 내게서 떠나가라"라고 말씀하셨습니다. 21절에서는 "나더러 주여 주여 하는 자마다 다 천국에 들어갈 것이 아니요 다만 하늘에 계신 내 아버지의 뜻대로 행하는 자라야 들어가리라"라고 말씀하셨습니다.

복음을 모르는 사람은 할 말이 없습니다. 만방에 알릴 이야기가 있어야 말할 수 있습니다. 예수님에 대한 이야기가 있어야 합니다. 그러므로 성도는 성경이 말하는 예수 그리스도를 배워야 합니다. 그리고 본받고, 닮아야 합니다.

어떤 목사님이 심방을 할 때 "사랑하는 성도님! 이 집에는 그리스도께서 계십니까? 성령님이 계십니까? 하나님이 계십니까?"라고 물었습니다. 여러분은 이 질문에 대하여 뭐라고 대답할 수 있습니까? 뭐라고 답변할 수 있습니까?

1. 젊은 부자관원

젊은 부자관원이 있었습니다. 이 사람에게는 장점이 많이 있었습니다. 당시 유대 사회에서 존경받는 인물이었고, 품위도 있으며, 인격적으로 부족함이 없는 사람이었습니다.

어느날 이 젊은 관원이 예수님께 나와 인사를 정중히 했습니다. 무릎을 꿇으면서 간절하게 예수님을 향하여 '선한 선생님'이라고 불렀습니다. 그러면서 질문하기를 "내가 무엇을 하여야 영생을 얻으리이까?"라고 했습니다.

젊은 부자 관원은 영생의 문제를 가지고 예수님 앞에 나왔습니다. 구원에 대한 답을 얻고자 나왔습니다. 요즘 사람들처럼 공부나 돈 때문에 나온 것이 아니었습니다. 예수님의 대답이 무엇입니까?

주님은 젊은 부자 관원에게 계명을 가르쳐 주셨습니다. "네가 계명을 아나니 살인하지 말라, 간음하지 말라, 도둑질하지 말라, 거짓 증언하지 말라, 속여 빼앗지 말라, 네 부모를 공경하라"라고 가르쳐 주셨습니다.

젊은 관원은 뭐라고 대답했습니까? "선생님이여 이것은 내가 어려서부터 다 지키었나이다"라고 대답했습니다. 자신은 정직하고 정결하게 인생을 살아왔다고 고백했습니다. 어려서부터 습관적으로 생활해 왔음을 말하고 있습니다.

22절은 "그 사람은 재물이 많은 고로"라고 했습니다. 아무래도 젊은 관원은 유산을 많이 받았든지 아니면 세상에서 성공한 사람이었을 것입니다. 권위도 있고 영향력도 있는 사람입니다(눅18:18). 청년이었습니다(마19:20).

그런데 주님은 왜 전도 방법을 몰랐던 분처럼 부자 청년이 곁을 떠나가게 만들었습니까? 한 영혼의 귀중성을 그렇게 언급한 분이셨는데 왜 그랬을까요? 왜 떠나가게 버려두셨을까요?

주님이 이렇게 한 이유를 아직도 모른다면 여러분은 복음을 모르는 사람일 것입니다. 대부분의 사람들의 관심은 구원이 아닙니다. 영생이 아닙니다. 영원한 천국이 아닙니다. 그렇습니다. 대부분의 사람들의 생각은 현실의 물질적인 복입니다. 자기 자신의 축복에 관심이 많은 게 사실입니다. 모든 복이 자기 자신에게만 초점이 맞추어져 있습니다.

과연 하나님도 그런 분이실까? 주님도 그러셨을까? 이 문제에 대한 답을 얻고 돌아가기를 바랍니다. 모든 사람이 구원에 관심이 많은 것은 사실입니다. 구원을 또 얻어야 합니다. 그런데 더 발전적인 구원관을 가져야 합니다. 좀더 폭넓고 종합적인 구원관을 소유해야 합니다. 물질계뿐만 아니라 영적인 세계까지 내다보는 믿음생활을 해야 할 것입니다.

예수님은 부자 관원에게 아직도 부족한 것이 있으니 네게 있는 모든 재물을 다 팔아 가난한 자들에게 나눠주라고 했습니다. 그렇게 하면 하늘에서 보화가 있을 것이고, 나를 따르라고 제자의 자리로 초청해 주셨습니다. 하늘의 보화와 나의 제자가 되라.

그러나 이 부자 관원은 재물과 주님 사이에서 갈등을 느끼다가 재물을 따라간 사람이 되었습니다. 예수님에게 슬픈 표정을 보이면서 떠났습니다. 그 다음은 더 이상 기록하지 않고 있습니다. 아마도 재물을 섬기다가 죽었을 것입니다. 이것이 인간의 어리석음입니다. 지혜로운 사람은 하나님을 선택합니다. 주님을 따라갑니다. 여러분은 지혜자가 됩시다.

2. 예수님의 책망

부자 청년은 예수님을 향하여 '선한 선생이여'라고 인사를 했습니다. 주님은 선한 선생이란 말을 거절하셨습니다. 젊은 부자 관원은 예수님을 향하여 '하나님의 아들'이나 '그리스도'라는 말을 사용하지 않았습니다. 선한 선생이라고 불렀습니다. 예수님은 "네가 어찌하여 나를 선하다 일컫느냐 하나님 한 분 외에는 선한 이가 없느니라"라고 말씀하셨습니다.

왜 예수님은 젊은 관원에게 이런 지적을 하셨을까요? 예수님은 옹졸한 사람이 아닙니다. 마음이 한없이 넓으신 분이십니다. 다만 예수님은 하나님께 깊은 경의를 표하지도 않으면서 사람들에게만 아첨하는 말을 싫어하셨습니다.

예수님께서 젊은 관원에게 그렇게 하신 이유가 있습니다. 예수님은 대화하는 동안 깊은 사랑을 가지셨습니다. 사람이 영혼과 재물을 동시에 구할 수 없기에 말씀을 하셨습니다. 하나님에 대한 사랑이 사람에게 중요합니다.

히브리서 10장 7절에 "하나님이여 보시옵소서 두루마리 책에 나를 가리켜 기록된 것과 같이 하나님의 뜻을 행하러 왔나이다"라고 했습니다. 요한복음 8장 29절에 "나를 보내신 이가 나와 함께 하시도다 나는 항상 그가 기뻐하시는 일을 행함으로 나를 혼자 두지 아니하셨느니라"라고 했습니다.

요한복음 17장 4절에 "아버지께서 내게 하라고 주신 일을 내가 이루어 아버지를 이 세상에서 영화롭게 하였사오니"라고 했습니다. 예수님께서 십자가를 지기 위하여 올라가면서 하신 말씀입니다.

사람에게 있어서 중요한 문제는 하나님에 대한 사랑입니다. 영혼에 대한 사랑이 문제입니다. 자신도 자신을 사랑할 줄 모르는 존재가 사람입니다. 예수님은 하나님에 대한 관심이 많으셨습니다. 하나님을 알면 영생할 줄로 믿습니다. 사람의 모든 문제가 해결될 줄로 믿습니다. 자녀가 아버지만 알면 웬만한 일은 끝이 난 것입니다. 다 해결되는 것입니다. 그래서 예수님은 부자 관원을 책망하셨습니다.

예수님께서 제자들에게 교훈하셨습니다. "재물이 있는 자는 하나님의 나라에 들어가기가 심히 어렵도다"라고 가르쳐 주셨습니다.

제자들은 깜짝 놀랐습니다. 또 예수님은 가르쳐 주셨습니다. "얘들아 하나님의 나라에 들어가기가 얼마나 어려운지 낙타가 바늘귀로 나가는 것이 부자가 하나님의 나라에 들어가는 것보다 쉬우니라"라고 말씀하셨습니다.

제자들은 더욱 놀라면서 그런즉 누가 하나님 나라에 들어갈 수 있겠는가? 예수님의 대답이 무엇입니까? "사람으로는 할 수 없으되 하나님으로는 그렇지 아니하니 하나님으로서는 다 하실 수 있느니라"라고 하셨습니다. 하나님만 믿는 종교가 기독교입니다. 하나님을 바라보는 종교가 기독교입니다.

3. 예수님의 메시지

부자 관원은 영생에 관심을 가졌지만 주님은 하나님과 하나님의 영광에 관심을 가지셨습니다. 성부 하나님을 영화롭게 하는 데 관심을 쏟으셨습니다. 예수님이 이땅에 오심이 하나님의 영광과 이름을 높이기 위해서 오셨음을 나타냈습니다.

야곱의 우물 가에서 사마리아 여인을 만났을 때 "하나님은 영이시라"라고 가르치셨습니다. 바울이 아덴 지방에서 복음을 전할 때 "하나님이 창조자요, 생명의 보존자요, 전능자"이심을 말했습니다.

복음은 하나님의 영광과 하나님으로부터 시작해야 합니다. 하나님의 은혜와 능력을 주지시킬 때 사람들이 회개합니다. 하나님을 찾습니다. 바라봅니다. 용서를 구합니다. 그래서 관원은 어떻게 하면 영생을 얻을까에 관심을 가졌다면, 예수님은 하나님과 하나님의 영광에 대하여 관심을 가지셨습니다.

하나님에게 관심을 가진 자의 고백을 들어보기 바랍니다. 이사야는 "화로다 나여 망하게 되었도다"라고 했습니다. 다윗은 "내가 주께만 범죄하여 주의 목전에 악을 행하였사오니"(시51:4)라고 했고, 베드로는 "주여 나를 떠나소서 나는 죄인이로소이다"라고 고백했습니다. 바울은 "나는 죄인 중에 괴수로다"라고 말했습니다.

바울이 교회를 핍박하였지만 처음에는 깨닫지 못했습니다. 전심으로 여호와를 찾고 구한 자였지만 죄를 범했습니다. 사람이 하나님을 알지 못하는 것만큼 불행한 일은 없습니다. 하나님은 거룩하신 분이십니다. 하나님은 공의로운 분이십니다. 하나님은 사랑이시지만 의로운 분이신 줄로 믿습니다.

'하나님'이란 말을 들을 때 여러분은 어떤 생각을 합니까? 어떤 하나님이 머리에 떠오릅니까? 죄를 용서하시는 분, 사랑해 주시는 분, 모든 것을 아시는 분 등등 여러 가지 생각이 마음에 떠오를 것입니다. 성경적인 하나님은 어떤 분이시겠습니까? 하나님만이 참되시고 선하신 분이심을 전하는 것이 복음입니다.

바울의 고백을 여러분도 합시다. 에베소 교회 장로들에게 "모든 사람들의 피에 대하여 내가 깨끗하니"(행20:26)라고 말했습니다. "이는 내가 꺼리지 않고 하나님의 뜻을 다 여러분에게 전하였음이라"라고 고백했습니다. 하나님을 증거하는 성도가 다 되어서 복음이 충만한 나라와 교회가 되기를 진심으로 바랍니다.

제자들이 모든 것을 버려두고 예수를 좇았을 때 얻는 영광이 무엇입니까? "내가 진실로 너희에게 이르노니 나와 복음을 위하여 집이나 형제나 자매나 어머니나 아버지나 자식이나 전토를 버린 자는 현세에 있어 집과 형제와 자매와 어머니와 자식과 전토를 백 배나 받되 박해를 겸하여 받고 내세에 영생을 받지 못할 자가 없느니라 그러나 먼저 된 자로서 나중 되고 나중 된 자로서 먼저 될 자가 많으니라"라고 했습니다.

구원은 전적인 하나님의 은혜입니다. 사람으로는 할 수 없는 것을 하나님은 하실 수 있습니다. 주님과 복음을 위하여 박해를 당하며 핍박을 받는 사람에게 현세적인 복은 물론이고 내세의 복까지도 약속하셨습니다. 특별히 먼저 된 자가 나중 되고 나중 된 자가 먼저 될 자가 많다고 교훈하셨습니다.

제46강
마가복음 10장 17-22절

하나님의 율법

젊은 관원이 예수님 앞에 나와 무릎을 꿇었습니다. 부자 관원이 예수님을 찾은 목적은 사람에게 있어서 가장 중요한 영생의 문제, 구원 문제를 가지고 나왔습니다. "선한 선생님이여! 내가 무엇을 하여야 영생을 얻으리이까?"

예수님은 영생의 문제를 가지고 나온 청년에게 하나님의 계명을 가르쳐 주셨습니다. "네가 계명을 아나니 살인하지 말라, 간음하지 말라, 도둑질하지 말라, 거짓 증언하지 말라, 속여 빼앗지 말라, 네 부모를 공경하라" 등이었습니다. 부자 청년의 답변은 "선생님이여 이것은 내가 어려서부터 다 지켰나이다"라고 했습니다.

그러자 예수님은 부자 청년을 사랑하셨습니다. "사랑하사 이르시되 네게 아직도 한 가지 부족한 것이 있으니 가서 네게 있는 것을 다 팔아 가난한 자들에게 주라 그리하면 하늘에서 보화가 네게 있으리라 그리고 와서 나를 따르라"라고 말씀해 주셨습니다.

예수님의 말씀을 듣던 재물이 많은 청년은 주님을 버리고 재물을 따라갔습니다. 재물을 따르면 영생의 문제, 구원의 문제가 해결되겠습니까? 사람을 구원하는 전도 방법은 예수님이 제일 잘 아십니다. 그런데 왜 청년이 믿도록 하지 않고 떠나가게 하셨습니까? 그 이유가 무엇이겠습니까?

1. 자신이냐? 하나님이냐?

부자 청년은 하나님보다 자기 자신에게 관심이 컸던 사람입니다. 하나님에게 초점이 맞춰진 사람이 아니라 자기 자신에게 초점이 맞추어진 사람으로 자신의 복, 자신의 구원, 자신의 행복만을 추구하는 이기적인 사람이었습니다.

예수님은 하나님에게 관심을 가지신 분이십니다. 18절에서도 "네가 어찌하여 나를 선하다 일컫느냐 하나님 한 분 외에는 선한 이가 없느니라"라고 했습니다. 사람은 자신도 잘 알지 못하고 다른 사람도 잘 모르지만, 하나님을 아는 것은 영생과 관련이 있습니다.

"하나님이여 보시옵소서! 하나님의 뜻을 행하러 왔나이다", "나는 항상 그가 기뻐하시는 일을 행함으로"(히10:7, 요8:29)라고 했습니다. 하나님을 영화롭게 하는 것이 주님의 사명이었습니다. 부자 관원은 자신에게 관심을 가졌고, 주님은 하나님께 관심을 가진 것이 다른 점이었습니다.

예수님은 사마리아 여인에게 '하나님은 영'이심을 가르치셨습니다. 바울은 창조주요 생명의 주님이심을 나타내셨습니다. 이사야는 성전에 들어가서 하나님을 뵈올 때 자신이 어떤 사람인지를 깨달아 알게 되었습니다. 여러분도 하나님을 아는 성도가 됩시다.

예수님은 부자 청년에게 '선하신 하나님'을 제일 먼저 제시했습니다. 자기에게만 관심을 갖는 사람은 그리스도인이 아닙니다. 하나님 중심, 교회 중심, 말씀 중심이라는 종교개혁자들의 표현은 우리에게 큰 교훈을 주고 있습니다. '교회가 무엇을 하든지 나는 내 일에만 관심을 가지겠다. 나는 교회 일에는 상관하지 않겠다'. 굉장한 인물같이 보이지만 그런 사람은 부자 관원과 다를 바가 없는 사람입니다.

우리는 하나님 중심적인 사람이 됩시다. 하나님의 교회가 부흥되고, 하나님 나라가 발전하는 것을 기뻐하는 성도가 됩시다.

2. 하나님의 율법

신분을 생각해 봅시다. 젊은 관원, 부자 청년, 존경받는 인물입니다. 그런데 영적으로 보면 부자 청년이 아니라 주님 앞에는 '부자 죄인'이 었습니다. 영적으로는 가난한 사람입니다.

예수님은 하나님의 율법, 계명에 관한 말씀을 가르쳐 주셨습니다. 하나님께서 사람에게 주신 법은 모두 좋은 법입니다. 수준 높은 말씀입니다. 지킬 수 있다면 영생의 말씀입니다. 다만 사람이 죄인이라서 지킬 수 없다는 데 문제가 있는 것입니다.

바울은 로마서에서 하나님의 율법은 선하고 거룩하며 의롭다고 했습니다. 하나님의 성품이 선하고 거룩하며 의로우신 분이시기에 주신 말씀도 선하고 의롭고 거룩한 법입니다.

예수님께서 십계명 중의 일부분을 말씀하셨습니다. 도덕적인 율법을 말씀하셨는데 도덕법은 하나님의 속성을 계시해 주는 말씀입니다. 1-4계명에 대한 정리가 되어 있지 않은 사람은 나머지 계명에 대해서도 정리를 할 수 없는 사람이 되고 맙니다. 부자 청년이 그런 사람이었습니다. 하나님에 대해서 잘못된 인식을 하고 있는 사람이다 보니까 사람에 대해서도 잘못된 생각을 가질 수밖에 없었던 것입니다.

예수님은 왜 사람에 대한 계명만 가르쳐 주셨을까? 율법의 행위로 의롭다함을 받을 육체가 없고 예수 그리스도를 믿음으로 의롭게 되는 것인데 왜 주님은 계명을 가르치셨을까?(갈2:16) 예수님은 나를 믿으라! 그렇게 말씀하지 않고 왜 하나님의 율법을 가르치셨습니까? 율법은 죄를 깨닫게 하고(롬3:20), 자기 자신을 잘 알게 만들고 예수님께 나아가도록 합니다.

　죄인이 죄인인 것을 깨닫게 하는 것이 율법입니다. 그래서 예수님은 계속해서 율법의 말씀을 가르치셨습니다. 그런데 부자 관원은 자신이 어려서부터 다 지켰다고 생각했지 죄인이라고 생각하지 않고 있었습니다. 이것이 사람에게 있어서 가장 큰 문제입니다.

　죄가 무엇입니까? 하나님의 법을 어기는 것이 죄입니다. 물론 죄의 정의를 수없이 많이 내릴 수 있지만 하나님의 말씀에 순종함에 있어서 부족하든지 지나치는 것이 죄입니다. 현대 교인들이 회개를 하지 않는 이유가 바로 여기 있습니다. 하나님의 말씀을 영적으로 듣는 귀, 양심적으로 받을 준비가 되어 있어야 합니다.

　부자 관원은 자기의 부족을 몰랐습니다. 하나님을 대적하고 있다고는 생각하지도 않았습니다. 간음 같은 계명은 자기와는 아무런 관계가 없다고 생각했습니다. 자기와 부모 공경은 관계없는 계명으로 이해했습니다. 이렇게 생각하고 있는 한 하나님의 말씀을 들을 때 특히 설교를 들을 때 은혜를 받을 수가 없습니다.

　부자 관원은 영적인 눈이 멀었습니다. 자기 자신을 보지 못하고 있습니다. 예수님은 자신을 볼 때까지 계명을 가르치셨습니다. 하나님의 말씀, 율법을 통해서만 자신이 죄인임을 깨닫게 되기 때문입니다.

　하나님의 법을 무시할 때 사람은 항상 자기가 다 옳다고 생각합니다. 그러나 하나님의 법을 사랑하는 동안 자신이 죄인임을 인정하게 됩니다. 우리 모두 성경 앞에서 죄인임을 인정하는 그리스도인이 됩시다.

　십자가가 무엇을 의미합니까? 하나님의 율법을 어긴 사람에게 내려지는 형벌입니다. 율법의 요구를 어긴 사람을 위해 하나님의 진노가 임하는 곳이 십자가입니다. 주님은 우리가 하나님의 법을 깨뜨렸던 죄 때문에 십자가에서 죽으셨습니다.

　예수께서 부자 관원을 전도하는 방법은 율법을 가르쳐서 죄인임을 깨닫게 하고, 하나님의 은혜를 의지하고 찾도록 인도하신 것입니다. 이것이 주님의 전도 방법이었습니다. 사도 바울도 로마서 7장 7절에 "그런즉 우리가 무슨 말을 하리요 율법이 죄냐 그럴 수 없느니라 율법으로 말미암지 않고는 내가 죄를 알지 못하였으니 곧 율법이 탐내지 말라 하지 아니하였더라면 내가 탐심을 알지 못하였으리라"라고 했습니다.

율법과 사랑은 밀접한 관계 속에 놓여져 있는 말씀입니다. 율법의 결과는 사랑입니다. 어떤 율법사가 주님 앞에 나옵니다. 가장 크고 첫째 되는 계명을 묻습니다. "네 마음을 다하고 목숨을 다하고 뜻을 다하여 주 너의 하나님을 사랑하라 하셨으니 이것이 크고 첫째 되는 계명이요 둘째도 그와 같으니 네 이웃을 네 자신같이 사랑하라 하셨으니 이 두 계명이 온 율법과 선지자의 강령이니라"(마22:37-40)라고 했습니다.

요한복음 14장 15절에 "너희가 나를 사랑하면 나의 계명을 지키리라"라고 했고, 21절에서는 "나의 계명을 지키는 자라야 나를 사랑하는 자니 나를 사랑하는 자는 내 아버지께 사랑을 받을 것이요 나도 그를 사랑하여 그에게 나를 나타내리라"라고 했습니다.

예수님은 부자 관원에게 "네게 있는 모든 것을 팔아 가난한 자들에게 주라"라고 말씀하셨습니다. 이것이 사랑입니다. 부자 관원은 하나님을 사랑하거나 예수님을 사랑한 것이 아닙니다. 재물의 사람이요, 탐욕의 사람이었습니다. 예수님이 부자 관원에게 두 번째 제시한 것은 '하나님의 율법' 이었습니다.

3. 다 주라

예수님은 부자 청년에게 하늘의 보화와 제자의 길을 제시했습니다. 회개와 마음의 변화를 요구했습니다. 사도 바울은 "또한 모든 것을 해로 여김은 내 주 그리스도 예수를 아는 지식이 가장 고상하기 때문이라 내가 그를 위하여 모든 것을 잃어버리고 배설물로 여김은 그리스도를 얻고 그 안에서 발견되려 함이니"(빌3:8-9)라고 했습니다.

예수님은 사람들의 우선 순위가 바꾸어지기를 소원하십니다. 삶의 철학이 바꾸어지기를 원하십니다. 예수를 하나님의 아들로, 구세주로 영접하기를 원하십니다. 삭개오가 토색한 것을 네 배나 갚겠다고 말한 것처럼 관원도 바꾸어지기를 원하셨습니다.

지금도 부자 관원 같은 교인들이 교회 안에 많이 있습니다. 구원받기는 원하면서 회개는 하지 않습니다. 재물과 하나님을 겸하여 섬길 수 없는 존재가 사람입니다. 관원은 재물 때문에 주님을 버렸습니다. 여러분은 주님 때문에 재물을 멀리 할 수 있는 성도가 됩시다.

사랑하는 성도 여러분! 거룩하신 하나님, 선하신 하나님을 사랑하지 못한 죄를 회개합시다. 하나님의 율법을 사랑하지 않았던 죄악을 회개합시다. 탐욕의 사람이 되어서 세상적이고 정욕적이었던 것을 회개합시다.

누가복음 14장 33절에 "너희 중의 누구든지 자기의 모든 소유를 버리지 아니하면 능히 내 제자가 되지 못하리라"라고 했습니다. 공부도 하고 돈도 벌되 예수님을 사랑합시다. 하나님만 의지합시다.

예수님은 우리에게 모든 것을 다 주셨습니다. 물도 피도 생명도 목숨도 주셨습니다. 몸과 마음도 주셨습니다. 사랑과 믿음도 주셨습니다. 날마다 때마다 은혜와 복도 주셨습니다. 우리는 무엇을 하나님께 드려보셨습니까? 시간입니까? 물질입니까? 은사입니까? 기쁨으로 드리는 자가 복이 있습니다.

하나님은 독생자를 우리 죄인들을 위하여 아낌없이 내어주셨습니다. 망설이지 않고 선뜻 내어주셨습니다. 그런데 우리는 얼마나 계산적이며 소극적입니까? 재고 또 재고, 세고 또 세고, 계산하고 또 계산하고 ... 남은 생애는 적극적으로 삽시다. 하나님을 사랑하고 이웃을 사랑합시다.

제47강
마가복음 10장 17-22절

십자가를 지라

하나님의 율법을 어려서부터 다 지켰다는 청년을 예수님은 사랑의 눈초리로 보시면서 "네게 아직도 한 가지 부족한 것이 있으니 가서 네게 있는 것을 다 팔아 가난한 자들에게 주라 그리하면 하늘에서 보화가 네게 있으리라 그리고 와서 나를 따르라"라고 말씀하셨습니다.

주님의 말씀에는 두 가지 약속이 담겨져 있습니다. 있는 재물을 팔아 가난한 자들에게 주면 하늘의 보화가 네게 있을 것이라. 또 한가지는 와서 나를 따르라, 나의 제자가 되라는 것이었습니다. 이것이 부자 청년에게 말씀하신 십자가였습니다.

1. 제자는 어떤 사람인가?

주님의 참된 제자는 어떤 사람입니까? '십자가를 지는 사람'입니다. 누가복음 9장 23-25절에 "또 무리에게 이르시되 아무든지 나를 따라오려거든 자기를 부인하고 날마다 제 십자가를 지고 나를 따를 것이니라 … 〈생략〉 …"라고 했습니다.

예수님의 제자가 되는 유일한 길은 자기 부정, 자기 부인입니다. 복음서에 자기 부정에 대해서 여섯 번이나 기록하고 있습니다. 십자가는 희생과 섬김과 피흘림과 죽음입니다. 다른 사람을 위한 철저한 헌신입니다.

십자가를 말할 때 주님께서 지고 올라가신 갈보리산 언덕 위의 십자가를 생각하게 만듭니다. 예수님은 군병들의 모욕과 조롱, 많은 유대인들의 돌팔매와 비난 속에서 끝까지 십자가를 지셨습니다. 우리의 구원을 위하여 십자가를 지셨습니다.

스데반은 유대인들이 던진 돌에 맞아 죽었습니다. 하나님의 우편에서 계신 주님을 바라보면서 십자가를 졌습니다. 사도 베드로나 요한이 옥에 갇히고 매맞으며 십자가에 거꾸로 매달려 죽은 것이나 밧모섬에 유배를 당한 일도 기억하게 만듭니다. 사도 바울과 같이 복음을 위하여 부름받고 복음을 위하여 살다가 옥에 갇히고 나중에 순교의 죽음을 죽은 것도 생각해야 합니다.

여러분은 무슨 십자가를 지고 주님을 따르고 있습니까? 십자가를 벗어던지고 아무것도 지지 않고 주님을 따르는 것은 부끄러운 일입니다. 있을 수도 없는 일입니다. 내 몫에 태인 십자가를 잘 지고 주님을 따르기를 바랍니다.

부자 관원은 재물이 인생에 있어서 최고의 가치라고 생각했습니다. 그 사람의 철학은 부, 재물이었습니다. 요즘 말로 한다면 '부', '돈'입니다. 돈이면 다른 것을 다 버려도 된다는 생각이 있던 사람입니다. 심지어 주님을 버린 사람입니다. 부자 관원은 영생의 문제로 시작하지만 나중에는 재물 때문에 사랑하는 주님을 버리는 사람이 되었습니다. 왜 그렇습니까? 십자가를 거절했기 때문입니다.

그러나 예수님은 하늘의 보화를 위하여 세상 것을 포기하셨습니다. 마치 모세가 애굽의 부귀영화를 버리고 하나님의 백성과 함께 고난당하는 것을 기뻐했듯이, 부자 관원이 주님을 사랑하여 따르기를 원하셨습니다. 그러나 재물이 많은 부자 관원은 십자가를 지지 않았고, 자기를 부정하지 않았습니다. 주님의 제자 되는 길을 포기했습니다.

주님의 부드러운 음성, 사랑의 목소리를 들어야 했습니다. '와서 나를 따르라'. 이 음성에 순종해야 했습니다. 성도라면 재물보다 주님을 더 사랑할 수는 없을까? 돈보다 말씀을 사랑하여 따라갈 수 없을까?

말세에는 사람들이 하나님보다 자기나 돈을 사랑할 것이라고 바울은 가르쳐 주었습니다. 주님을 따르지 않고 재물만 사랑하여 따르면 믿음에서 떨어집니다. 믿음을 버리게 됩니다. 침륜과 멸망에 빠지게 됩니다(딤전6:9-10). 사랑하는 성도들이여! 주님을 사랑합시다. 세상적인 것들을 부정하고 십자가를 지고 주님을 따라가는 주님의 제자가 됩시다.

2. 누가 왕인가?

부자 관원은 영생의 문제, 구원 문제를 가지고 주님 앞에 나왔습니다. 선한 선생님이여! 내가 무엇을 하여야 영생을 얻으리이까? "네가 어찌하여 나를 선하다 일컫느냐 하나님 한 분 외에는 선한 이가 없느니라"라고 했습니다.

예수님의 의도가 무엇일까요? 부자 관원에게 '나는 네가 선생이라고 부르는 상태에 있기를 원하지 않는다'. 그러면 무슨 의도가 내포된 말씀일까요? 나를 본받고 순종하라. 그리고 나와서 나를 따르라. 예수님은 부자 관원이 예수님을 깊이 배워 알기를 원하셨습니다. 하나님의 아들이나 만왕의 왕으로 인정하기를 원하셨습니다. 때로는 구원의 주로 인정하거나 하나님의 아들로 고백하기를 원하셨습니다.

누가복음 6장 46절에 "너희는 나를 불러 주여 주여 하면서도 어찌하여 내가 말하는 것을 행하지 아니하느냐"라고 말씀하셨습니다. 예수를 믿으면서 말씀에 순종하는 사람과 순종하지 않는 사람은 너무나 다른 사람입니다. 예수님은 집 짓는 비유로 설명하셨지요. 모래 위에 짓는 집과 반석 위에 짓는 집이 다릅니다. 여러분은 어떤 집을 짓고 있습니까?

예수님의 말씀은 물질의 종이 되지 말고 나의 종이 되라는 의미가 담긴 말씀입니다. 세상의 제자가 되지 말고 천국의 제자가 되라. 망할 세상에 재물을 쌓지 말고 하늘에 보화를 쌓는 사람이 되라. 그런 의미가 아니겠습니까?

구약 성도가 고백했습니다. "하나님은 우리의 피난처시요 힘이시니 환난 중에 만날 큰 도움이시라 그러므로 땅이 변하든지 산이 흔들려 바다 가운데에 빠지든지 바닷물이 솟아나고 뛰놀든지 그것이 넘침으로 산이 흔들릴지라도 우리는 두려워하지 아니하리로다 셀라"(시46:1-3)라고 했습니다.

21세기에 살고 있는 현대인들에게 예수님은 여전히 '와서 나를 따르라' 라고 하십니다. 돈만 귀하게 여기는 이 시대 사람들이여 와서 나를 따르라. 성도는 예수님의 주재권, 절대 주권을 인정해야 합니다. 믿고 따르는 공식을 통하여 예수님의 통치가 이루어지는데 그 통치에 순종해야 합니다.

예수님을 마음으로 믿고 입으로 시인해야 구원을 받습니다. 로마서 10장 9-10절에 "네가 만일 네 입으로 예수를 주로 시인하며 또 하나님께서 그를 죽은 자 가운데서 살리신 것을 네 마음에 믿으면 구원을 받으리라 사람이 마음으로 믿어 의에 이르고 입으로 시인하여 구원에 이르느니라"라고 했습니다. 요한복음 3장 36절에 "아들을 믿는 자에게는 영생이 있고 아들을 순종하지 아니하는 자는 영생을 보지 못하고 도리어 하나님의 진노가 그 위에 머물러 있느니라"라고 했습니다.

믿는다는 것이 무엇입니까? 다른 말로 하면 순종하는 것입니다. 순종 없는 신앙은 없습니다. 아브라함의 믿음을 살펴봅시다. 순종입니다. 떠나라 하면 떠나는 것이고, 믿으라 하면 믿고 기다리는 것입니다. 하나님을 믿고 순종하면 영생을 선물로 받을 줄로 믿습니다.

예수 그리스도의 통치에 순종해야 예수님이 준비해 놓으신 것들이 여러분의 것이 됩니다. 예수님은 부자 관원에게 세상 것을 버리고 주님의 인도를 받기를 원했지만 그 관원의 마음은 구원보다는 물질적인 것, 영원한 것보다 현실의 것을 추구했던 것입니다. 하늘의 것보다 땅의 것을 추구했던 인물입니다.

부자 관원은 주님이 준비해 놓으신 선물받기를 거절하고 자기가 쌓아 놓은 재물만 추구했습니다. 이것은 왕의 문제도 됩니다. 여러분의 왕은 누구입니까? 그리스도가 왕이십니다. 주님이 영생을 선물로 주십니다. '내가 곧 길이요 진리요 생명이라'라고 하셨습니다.

사도행전 16장 31절에 "주 예수를 믿으라 그리하면 너와 네 집이 구원을 받으리라"라고 했습니다. 사도행전 4장 12절에서는 "다른 이로써는 구원을 받을 수 없나니 천하 사람 중에 구원을 받을 만한 다른 이름을 우리에게 주신 일이 없음이라"라고 했습니다.

사도 요한은 "그를 아노라 하고 그의 계명을 지키지 아니하는 자는 거짓말하는 자요 진리가 그 속에 있지 아니하되 누구든지 그의 말씀을 지키는 자는 하나님의 사랑이 참으로 그 속에서 온전하게 되었나니"(요일2:4-5)라고 했습니다.

예수님은 누구십니까? 마태복음 1장 21절에 "아들을 낳으리니 이름을 예수라 하라 이는 그가 자기 백성을 그들의 죄에서 구원할 자이심이라"라고 했습니다. 믿음은 예수 그리스도를 따르는 것입니다. 이것이 주님이 주시는 십자가입니다.

예수님의 주재권, 예수님의 왕권을 인정하는 나라가 천국입니다. 그래서 주님은 재물이 왕이 아니라 예수님이 왕이심을 가르쳐 주시고 있습니다. "와서 나를 따르라!" 왕을 따르라. 그리하면 하늘의 보화가 있다. 나의 제자가 되리라. 영생을 선물로 받는다.

3. 십자가의 결과가 무엇인가?

십자가의 고난 없이 부활의 영광이 있습니까? 고난 없는 영광이 존재합니까? 예수님은 제자들에게 자기 십자가를 지라고 말씀하셨습니다. 십자가는 고난입니다. 고통입니다. 죽음입니다. 희생입니다. 부활은 권능입니다. 영광입니다. 영생입니다. 다시 사는 것입니다.

젊은 부자 관원이 왜 예수님을 따르지 않고 떠났을까요? 순종하기가 싫었습니다. 믿는 것이 싫었습니다. 주님이 주시는 고난을 생각하기가 싫었습니다. 만왕의 왕보다 세속적인 것이 좋았습니다. 재물을 자기를 위하여 사용하는 것이 좋고 다른 사람을 위하여 사용하는 것이 틀린 것처럼 느껴졌기 때문입니다.

그런데 명심할 것이 무엇입니까? 하늘의 보화는 무엇인지 구체적으로 알 수 없지만 세상에서 자기 십자가를 진 사람들에게 주어지는 축복들입니다. 세상에서 힘들고 어렵지만 여러 가지 자기가 진 십자가는 하늘에서 영광의 면류관이나 의의 면류관, 생명의 면류관으로 바뀌게 될 것입니다. 모세나 바울은 하늘의 상급을 바라본 믿음의 선배들입니다.

'누구든지'라는 의미가 무엇입니까? 예외가 없이 '날마다'입니다. 매일같이 자기 십자가를 져야 합니다. 마태복음 10장 38절에 "또 자기 십자가를 지고 나를 따르지 않는 자도 내게 합당하지 아니하니라"라고 했습니다. 누가복음 14장 27절에서는 "누구든지 자기 십자가를 지고 나를 따르지 않는 자도 능히 내 제자가 되지 못하리라"라고 했습니다.

사도 베드로는 자기 십자가를 지기 위해 정든 갈릴리 바다를 떠나고, 사랑하는 아버지와 어머니를 떠나야 했습니다. 세리 마태는 세관의 자리를 포기했습니다. 주님을 생각해 보십시오. 히브리서 12장 2절에 "믿음의 주요 또 온전하게 하시는 이인 예수를 바라보자 그는 그 앞에 있는 기쁨을 위하여 십자가를 참으사 부끄러움을 개의치 아니하시더니 하나님 보좌 우편에 앉으셨느니라"라고 했습니다. 하나님 보좌 우편은 최고의 영광스러운 자리입니다. 부활하신 주님이 하나님 보좌 우편에 앉으셨습니다.

왜 많은 사람들이 주님을 따르지 않고 슬퍼하면서 집으로 돌아갑니까? 왜 교회를 다니다가도 시험에 빠져서 주님을 떠나야 합니까? 자기 십자가 지는 것을 싫어하기 때문입니다. 여러분은 자기 십자가를 끝까지 집시다.

제48강
마가복음 10장 22절

하나님의 자녀는 어떤 사람일까?

젊은 부자 관원이 예수님 앞에 나왔습니다. 겸손하게 엎드려 절하며 질문을 했습니다. 어떻게 하여야 영생을 얻을 수 있습니까? 영생의 문제를 가지고 나왔습니다. 관원은 배운 사람입니다. 부자였습니다. 젊은 사람이었습니다. 가질 것은 다 가진 사람입니다.

예수님은 이 관원에게 '선한 분은 하나님밖에 없다'라고 가르쳐 주었습니다. 관원은 자기 중심적이었지만 예수님은 하나님 중심적이셨습니다. 그러면서 하나님의 계명을 말씀해 주셨습니다. 1-4계명이 하나님에 대한 계명이 아닙니까? 부자 관원은 하나님에 대한 계명도 정리가 되어 있지 않았습니다.

또 영생의 문제를 물었을 때 예수님은 하나님의 계명을 말씀해 주셨습니다. 5-10계명까지 말씀하셨습니다. 하나님의 율법이나 계명은 선하고 의로우며 거룩한 계명이기 때문에 계명을 알면 사람은 누구나 자기 자신이 죄인임을 깨달아 주님을 더욱 의지하고 하나님의 은혜를 간구하게 되어 있기 때문입니다. 계명과 율법을 알 때 자기 자신을 볼 줄 알며 하나님을 바라보게 되고 영생의 문제까지 해결되는 법입니다.

또 예수님은 '누구든지 자기 십자가를 지고 따르라'라고 말씀하셨습니다. '그리하면 하늘에서 보화가 있으리라'라고도 가르쳐 주셨습니다. 그러나 젊은 부자 관원은 자기 십자가 지기를 거절했습니다. 하늘의 보화를 귀히 여기지 않았습니다. 세상 것만 추구했습니다. 그 결과 예수님을 떠났습니다. 재물의 노예가 되었습니다. 우리의 왕은 예수 그리스도이십니다. 물론 재물도 필요하지만, 재물만 추구하면 누구나 비극적인 일이 벌어지게 되어 있습니다.

1. 하나님의 자녀

그렇다면 하나님의 자녀는 어떤 사람이겠습니까? 일반적으로 목회자는 성도들에게 하나님의 자녀임을 알 수 있도록 그런 내용의 교리를 가르치고, 확신을 심어주고자 노력합니다.

그렇습니다. 어떤 목회자가 성도들의 믿음을 강화시키려고 노력하지 믿음을 약화시키려고 하겠습니까? 그래서 하나님에 관해서도 가르치려고 노력합니다. 하나님의 율법에 대해서도 가르치려고 합니다. 회개와 믿음, 예수 그리스도의 주재권 그리고 무시하면 안 될 일이 성령의 내적 사역입니다. 물론 이런 내용들이 모두 다 하나님의 은혜로운 사역입니다.

예수님은 젊은 부자 관원이 하나님과 연관되기를 소원하셨습니다. 하나님의 계명과 관련을 맺기를 원하셨습니다. 예수님은 관원의 영혼을 사랑하셨지만 부자 관원은 언약의 자녀가 아니었습니다. 그 증거가 무엇입니까?

회개하는 사람이 있는가 하면 회개하지 않는 사람도 있습니다. 회개하지 않은 사람일지라도 예수님의 가르침에 깊은 감동을 받을 수 있습니다. 마귀도 바른 교리에 대하여 믿고 두려워합니다. 관원도 구원 문제에 대해 관심은 보이지만 버림받은 사람입니다. 왜 그럴까요?

지금 몸은 예수님 앞에 나왔지만 구원받지 못한 사람입니다. 예수님의 메시지에 감동은 받았지만 회개하지는 않았습니다. 전적인 동의는 했지만 자기의 것으로 받지는 않았습니다. 하나님보다는 재물을 더 사랑했습니다. 재물을 사랑한 동시에 하나님을 대적했습니다. 주님을 떠난 것이 그 증거입니다. 슬퍼하면서 돌아섰습니다. 이것이 하나님의 자녀가 아닌 증거입니다.

죄인에게 거짓 확신을 주는 것은 거짓 선지자의 특성입니다. 예레미야 6장 14-15절을 봅시다. "그들이 내 백성의 상처를 가볍게 여기면서 말하기를 평강하다 평강하다 하나 평강이 없도다 그들이 가증한 일을 행할 때에 부끄러워하였느냐 아니라 조금도 부끄러워하지 않을 뿐 아니라 얼굴도 붉어지지 않았느니라 그러므로 그들이 엎드러지는 자와 함께 엎드러질 것이나 내가 그들을 벌하리니 그때에 그들이 거꾸러지리라 여호와의 말씀이니라"라고 했습니다.

예레미야 8장 10-11절에 "그러므로 내가 그들의 아내를 타인에게 주겠고 그들의 밭을 그 차지할 자들에게 주리니 그들은 가장 작은 자로부터 큰 자까지 다 욕심내며 선지자로부터 제사장까지 다 거짓을 행함이라 그들의 딸 내 백성의 상처를 가볍게 여기면서 말하기를 평강하다, 평강하다 하나 평강이 없도다"라고 했습니다. 하나님의 자녀의 마음에 확신을 주는 분은 성령 하나님이십니다.

웨스트민스터 신앙고백서에서 확신에 대하여 성경적인 입장을 기술했습니다. 첫째로 예수를 진실히 믿고 사랑하며 선한 양심으로 행하는 자요, 이생의 삶이 은혜 상태에 있으며 하나님의 영광에 대한 소망 안에서 즐거워하게 될 것임을 믿는 자라고 했습니다.

둘째로 하나님의 진리에 대한 확신으로 구원 약속을 믿으며, 성령으로 말미암아 양자의 영을 받음을 믿는 것이요,

셋째로 성령 안에서 평안과 기쁨, 사랑과 감사, 순종의 열매를 맺는 자로 결코 방탕하도록 자신을 버려두지 않습니다.

넷째로 특별한 죄로 인하여 약간은 흔들리고 약해지며 일시적으로

중단할 때도 있지만 결단코 하나님의 자손, 믿음의 생명, 형제의 사랑, 신실한 믿음, 양심적인 의무를 버리지 않습니다. 성령으로 격려를 받는 사람입니다. 이와같이 기록하고 있습니다.

2. 성령의 증거

그리스도인에게 확신을 주시는 분은 성령 하나님이십니다. 로마서 8장 16절에 "성령이 친히 우리의 영과 더불어 우리가 하나님의 자녀인 것을 증언하시나니"라고 했습니다.

요한일서 3장 24절에서는 "그의 계명을 지키는 자는 주 안에 거하고 주는 그의 안에 거하시나니 우리에게 주신 성령으로 말미암아 그가 우리 안에 거하시는 줄을 우리가 아느니라"라고 했습니다.

사도 바울은 고린도후서 13장 5절에서 "너희는 믿음 안에 있는가 너희 자신을 시험하고 너희 자신을 확증하라 예수 그리스도께서 너희 안에 계신 줄을 너희가 스스로 알지 못하느냐 그렇지 않으면 너희는 버림받은 자니라"라고 했습니다.

요한복음 14장 23절에 "예수께서 대답하여 이르시되 사람이 나를 사랑하면 내 말을 지키리니 내 아버지께서 그를 사랑하실 것이요 우리가 그에게 가서 거처를 그와 함께 하리라"라고 했습니다.

부자 관원에게 말씀하시기를 "가서 네게 있는 것을 다 팔아 가난한 자들에게 주라 그리고 와서 나를 따르라"라고 했습니다. 그렇게 말씀하셨지만 부자 관원은 예수님의 말씀을 거절했습니다. 그 결과는 하늘에서 보화가 없게 되었습니다. 사실 어려서부터 지켰다는 것이 무엇입니까? 외형적인 것만 그리고 형식적인 것만 지켰습니다. 하나님을 최고로 사랑하고 율법을 잘 지켜야만 되는 사람이었습니다. 참된 하나님의 자녀는 그렇습니다.

부자 관원은 주님의 말씀을 인정은 했습니다. 만약에 주님의 말씀에 모순이 있었다면 화를 냈을 것입니다. 그러나 젊은 관원은 화를 내지 못했습니다. 인정한 것이죠. 그리고 하나님과 재물을 겸하여 섬길 수 없음을 인정했습니다. 물질은 사람이 이 세상을 살아갈 때 아주 중요하고 필요한 것입니다. 다만 사랑의 대상은 아닙니다. 하나님만이 우리의 사랑의 대상입니다.

우리는 예수 그리스도께 대한 헌신이 있어야 합니다. 마음으로 주님을 사랑해야 합니다. 세상적인 것들이 일시적임을 인정해야 합니다. 그리고 아주 중요한 것들을 사랑해야 합니다. 부자 관원은 지혜로운 사람이지만 영생에 대해서는 반감을 가진 사람이었습니다. 만물보다 더 부패하고 더러워진 것은 인간의 마음입니다(렘17:9).

"내가 무엇을 하여야 영생을 얻으리이까?" 이 문제는 현대인들의 고민거리입니다. 여러분은 어떻게 해답을 얻었습니까? 성령께서 확신을 주기를 기도합니다. 그리고 주님을 사랑하는 열정이 있기를 바랍니다.

3. 아브라함의 후손

성령의 은혜가 아니고 육신적인 방법으로는 아브라함의 후손이 아니라 고민거리가 태어나는 법입니다. 창세기 16장 12절에 보면 이스마엘은 들나귀 같은 자였습니다. 이스마엘은 손으로 모든 사람을 칠 사람입니다. 모든 형제와 대항하면서 살 사람입니다.

로마서 9장 8절에는 "곧 육신의 자녀가 하나님의 자녀가 아니요 오직 약속의 자녀가 씨로 여기심을 받느니라"라고 했습니다. 아브라함이 이스마엘을 자신의 자녀라고 기록해도 하나님은 인정하지 않으셨습니다. 하나님은 이삭을 준비하시고 이삭이 아브라함의 자녀라고 가르치셨습니다. 지금의 교회도 그렇습니다. 아무나 교인이 아닙니다. 약속의 자녀가 하나님의 자녀입니다.

성령의 사람, 거듭난 사람, 하나님의 자녀가 약속의 후손들입니다.

하나님의 자녀는 하나님의 방식으로 태어난 자들입니다. 하나님의 선하심을 맛보아 아는 자들입니다. 계명을 알 때 주님을 더욱 사랑하는 자들입니다. 세상 것을 포기하고 하나님의 것을 사랑하는 자들입니다. 그런데 슬프게도 부자 관원은 슬픈 기색을 띠며 주님을 떠났습니다.

사랑하는 성도들이여! 주님을 사랑합시다. 영생에 대한 하나님의 은혜를 풍성히 받읍시다. 우리가 이방인이지만 아브라함의 자손이 된 것을 감사합시다. 많은 사람들은 형식적인 신자로 살고 그렇게 만들고 있지만, 우리는 진실되게 하나님을 사랑하며 계명에 순종하는 자가 되고 그런 사람을 많이 만들어 가기를 진심으로 바랍니다.

하나님의 자녀는 여러 가지 특징이 있습니다. 요한복음 1장 11-13절에 "자기 땅에 오매 자기 백성이 영접하지 아니하였으나 영접하는 자 곧 그 이름을 믿는 자들에게는 하나님의 자녀가 되는 권세를 주셨으니 이는 혈통으로나 육정으로나 사람의 뜻으로 나지 아니하고 오직 하나님께로부터 난 자들이니라"라고 했습니다.

하나님의 자녀는 예수님을 영접하는 사람입니다. 예수님을 귀하게 여기는 사람입니다. 주 예수보다도 더 귀한 것은 없다고 찬송하는 사람입니다. 여러분 스스로에게 질문해 보십시오. 명예와 재물과 권세보다 주님이 귀한 분인가?

그리고 하나님의 자녀는 예수를 믿는 즐거움이 있는 사람입니다. 예수님의 이름 때문에 당하는 고난을 기쁨으로 감당합니다. 사도들도 그랬습니다. 교회사적으로 하나님의 자녀는 시간과 공간을 초월하여 예수의 이름을 믿고, 주님을 위하여 살았습니다.

그리고 로마서 8장이나 갈라디아서 4장을 연구해 볼 때 하나님의 자녀는 양자의 영을 받은 사람들입니다. 하나님을 아버지로 의지하고 사랑합니다. 성령의 인도를 받으며 사는 것이 특징입니다.

제49강
마가복음 10장 23-27절

다 하실 수 있는 하나님

부자 관원은 많이 배운 사람, 가진 것이 많은 사람, 나이도 젊은 사람이었습니다. 그런데 이 젊은 부자 관원은 가장 중요한 점이 부족했습니다. 그것이 무엇입니까? 선하신 하나님을 만나는 일에 실패한 것입니다.

하나님의 언약에 신실한 자손이 아니었습니다. 계명을 알고 있지만 실천하는 데 실패한 사람이었습니다. 예수님의 사랑을 받는 데도 실패한 사람입니다. 자기 십자가를 지고 예수님을 따르는 데도 실패한 사람이었습니다.

1. 사람은 불가능한 존재입니다

예수님 앞에 기쁨으로 소망 중에 달려 나왔던 청년이 왜 얼굴에 슬픈 기색을 띠며 돌아가야 했습니까? 왜 떠나버려야만 했을까요? 우리가 하나님의 선물인 자녀를 이렇게 기른다면 실패한 부모요, 실패한 자녀 교육자일 것입니다.

예수님이 이 사건을 보시면서 23절에서 "재물이 있는 자는 하나님의 나라에 들어가기가 심히 어렵도다"라고 말씀하셨습니다. 제자들은 예수님의 말씀을 듣고 어떤 반응을 보였을까요? "그 말씀에 놀라는지라"라고 했습니다.

다시 예수님이 "얘들아 하나님 나라에 들어가기가 얼마나 어려운지 낙타가 바늘귀로 나가는 것이 부자가 하나님의 나라에 들어가는 것보다 쉬우리라"라고 말씀하셨습니다. 이번에도 제자들의 반응은 어떠했습니까? 26절에 "매우 놀라 서로 말하되 그런즉 누가 구원을 얻을 수 있는가?" 놀라는 반응이었습니다. 예수님과 제자들 사이에 이런 대화가 오고 갔습니다.

'사람으로는 불가능하다'. 부자 관원이 모든 것을 버리고 주님을 따른다는 것은 쉬운 일이 아니었습니다. 어떻게 보면 사람의 생각으로는 불가능한 일이었습니다. 누구나 이런 입장이라면 따르기 힘들다고 다 포기하고 말 것입니다. 그렇지 않을까요?

예레미야 선지자를 통해서 하나님께서 하신 말씀이 무엇입니까? 타락한 인간은 하나님을 따를 수가 없다는 말씀이었습니다. 예레미야 13장 23절에 "구스인이 그의 피부를, 표범이 그의 반점을 변하게 할 수 있느냐 할 수 있을진대 악에 익숙한 너희도 선을 행할 수 있으리라"라고 했습니다. 표범의 반점이 변할 수 있겠습니까? 그렇기에 너희 악인들도 선을 행할 수 없다는 말씀입니다. 사람은 타락한 존재입니다. 선을 추구하면서도 악을 행하는 존재가 사람입니다.

노아 시대의 사람들을 봅시다. "여호와께서 사람의 죄악이 세상에 가득함과 그의 마음으로 생각하는 모든 계획이 항상 악할 뿐임을 보시고 땅 위에 사람 지으셨음을 한탄하사 마음에 근심하시고"(창6:5-6)라고 했습니다.

타락한 인간은 마음의 생각이 항상 악합니다. 계획이 처음부터 어긋나 있습니다. 하나님의 입장은 고려되지 않은 것들이기 때문입니다. 그래서 사도 바울은 "허물과 죄로 죽었던 너희를 살리셨도다"(엡2:1)라고 했습니다. 사람은 태어나면서부터 공중의 권세잡은 자를 따릅니다. 세상 풍습이나 좋아하고, 악령이나 따르던 존재요, 자기 욕심에 이끌림을 받는 존재입니다.

사람은 세상 만물보다 더 타락한 존재입니다. 예레미야 17장 9-11절에 "만물보다 거짓되고 심히 부패한 것은 마음이라 누가 능히 이를 알리요마는 나 여호와는 심장을 살피며 폐부를 시험하고 각각 그의 행위와 그의 행실대로 보응하나니 불의로 치부하는 자는 자고새가 낳지 아니한 알을 품음 같아서 그의 중년에 그것이 떠나겠고 마침내 어리석은 자가 되리라"라고 했습니다.

이것이 인간의 마음입니다. 머리부터 발끝까지, 아이로부터 어른까지 다 상하고 터지고 죽은 존재입니다. 쓸 만한 사람은 없습니다. 의인이 없습니다. 다 치우친 죄인입니다. 그래서 사람이 하나님을 만나는 일이나 하나님의 계명을 사랑하는 일이나 자기 십자가를 지는 일은 불가능한 일입니다. 이것을 가르쳐 주는 것이 기독교 교육입니다.

사람은 '할 수 없는 존재'입니다. '별 수 없는 존재'입니다. 사람은 영생의 문제를 가지고 출발을 하지만 되돌아설 수밖에 없는 존재입니다. 재물을 사랑할 수밖에 없는 존재입니다. 슬픈 기색을 띠며 떠날 수밖에 없는 존재입니다. 인간은 보잘것없는 질그릇 같은 존재입니다.

사랑하는 성도들은 자기 자신을 너무 과소평가하지도 말고, 과대평가하지도 말기 바랍니다. 사람은 사람일 뿐입니다. 능력이 없는 존재입니다. 불가능한 것이 많은 존재입니다.

2. 가능한 분이 누구인가?

누가 죄인 된 사람에게 구원을 줄 수 있겠는가? 예수님의 대답을 들어봅시다. 27절에 "사람으로는 할 수 없으되 하나님으로는 그렇지 아니하니 하나님으로서는 다 하실 수 있느니라"라고 했습니다. 할렐루야!

　여기에 인간의 소망이 있습니다. 기도할 마음도 생깁니다. 믿고 따
를 의지도 생깁니다. 성도가 하나님을 믿는 이유가 여기에 있습니다.
인간은 짐을 벗어버리고 하나님을 만나고 십자가를 지는 일에 실패하
지만 하나님은 전능하신 분이십니다. 그래서 기독교는 하나님 중심의
종교입니다. 하나님의 절대 주권, 하나님의 은혜를 강조하게 됩니다.

　에스겔 선지자를 통해서 하신 말씀이 무엇입니까? "또 새 영을 너희
속에 두고 새 마음을 너희에게 주되 너희 육신에서 굳은 마음을 제거하
고 부드러운 마음을 줄 것이며 또 내 영을 너희 속에 두어 너희로 내 율
례를 행하게 하리니 너희가 내 규례를 지켜 행할지라"(겔36:26-27)라
고 했습니다.

　예레미야 선지자를 통해서는 "여호와의 말씀이니라 보라 날이 이르
리니 내가 이스라엘 집과 유다 집에 새 언약을 맺으리라 이 언약은 내
가 그들의 조상들의 손을 잡고 애굽 땅에서 인도하여 내던 날에 맺은
것과 같지 아니할 것은 내가 그들의 남편이 되었어도 그들이 내 언약을
깨뜨렸음이라 여호와의 말씀이니라 그러나 그날 후에 내가 이스라엘
집과 맺을 언약은 이러하니 곧 내가 나의 법을 그들의 속에 두며 그들
의 마음에 기록하여 나는 그들의 하나님이 되고 그들은 내 백성이 될
것이라 여호와의 말씀이니라"(렘31:31-33)라고 했습니다.

　하나님은 죄인 된 인간을 의인으로 바꾸실 수 있습니다. 재물을 따
르던 사람이 하나님을 따르도록 만드실 수 있습니다. 자기 십자가를 내
던지던 사람을 십자가를 지는 사람으로 바꾸실 수 있습니다. 지옥 가던
사람을 천국으로 보내실 수 있습니다. 전능하신 분은 하나님이십니다.

　사도 바울은 "너희는 그 은혜에 의하여 믿음으로 말미암아 구원을
받았나니 이것은 너희에게서 난 것이 아니요 하나님의 선물이라 행위
에서 난 것이 아니니 이는 누구든지 자랑하지 못하게 함이라 우리는 그
가 만드신 바라 그리스도 예수 안에서 선한 일을 위하여 지으심을 받은
자니 이 일은 하나님이 전에 예비하사 우리로 그 가운데서 행하게 하려

하심이니라"(엡2:8-10)라고 했습니다.

하나님의 은혜가 임하면 사람은 구원을 받습니다. 하나님의 은혜가 임하면 사람이 선한 일을 하게 됩니다. 바울을 보십시오. 기독교인을 박해하던 바울이 하나님의 은혜가 임하니까 복음 전하는 자, 목사, 교사, 사도, 선교사, 신학자가 되었습니다.

사람은 불가능하지만 하나님은 가능하십니다. 예수께서 니고데모에게 "내가 네게 거듭나야 하겠다 하는 말을 놀랍게 여기지 말라"(요3:7)라고 하셨습니다. 성령은 사람을 거듭나게 하십니다. 사람을 새롭게 만드실 수 있습니다.

그래서 바울은 에베소서 4장 22-24절에서 "너희는 유혹의 욕심을 따라 썩어져 가는 구습을 따르는 옛 사람을 벗어 버리고 오직 너희의 심령이 새롭게 되어 하나님을 따라 의와 진리의 거룩함으로 지으심을 받은 새 사람을 입으라"라고 했습니다.

하나님은 능력이 많으신 분이십니다. 에스골 골짜기의 마른 뼈를 향하여 외치면 살아나서 큰 군대가 됩니다. 죽은 자를 살리는 능력이 있습니다. 우리 자신을 들여다볼 때는 무능하고 힘이 없는 존재이지만 하나님을 바라볼 때는 불가능한 일이 없습니다. 하나님은 전능하신 분이시기 때문입니다.

이사야 40장 28-31절에 "너는 알지 못하였느냐 듣지 못하였느냐 영원하신 하나님 여호와, 땅 끝까지 창조하신 이는 피곤하지 않으시며 곤비하지 않으시며 명철이 한이 없으시며 피곤한 자에게는 능력을 주시며 무능한 자에게는 힘을 더하시나니 소년이라도 피곤하며 곤비하며 장정이라도 넘어지며 쓰러지되 오직 여호와를 앙망하는 자는 새 힘을 얻으리니 독수리가 날개치며 올라감 같을 것이요 달음박질하여도 곤비하지 아니하겠고 걸어가도 피곤하지 아니하리로다"라고 했습니다. 하나님은 전능하신 분이십니다.

예수님은 마가복음 9장 23절에서 "할 수 있거든이 무슨 말이냐 믿는 자에게는 능히 하지 못할 일이 없느니라"라고 했습니다. 사도 바울은 빌립보서 4장 13절에서 "내게 능력 주시는 자 안에서 내가 모든 것을 할 수 있느니라"라고 했습니다.

3. 베드로가 있습니다

목회자는 전능하신 하나님께서 여러분의 생애에 복 주시기를 바라는 사람입니다. 때로는 회개하는 영을 주셔서 회개하는 운동도 일어나기를 바랍니다(딤후2:25). 때로는 기도하는 영을 부어주셔서 시간 가는 줄도 모르고 기도하는 성도가 되기를 바랍니다.

부자요, 배운 사람이요, 젊은 사람은 예수님 곁을 떠났습니다. 그러나 베드로는 모든 것을 버리고 주님을 따랐습니다. 젊은이와 베드로는 대조적이었습니다. 같은 주님을 믿는데, 같은 복음을 듣는데 왜 한 사람은 시험에 들고 한 사람은 복을 받아야 됩니까?

베드로는 주님과 복음을 위해서 여러 가지를 포기했습니다. 많은 것을 버렸습니다. 돌아온 것은 핍박이었습니다. 겉보기에는 망해버린 사람이었습니다. 그러나 주님이 뭐라고 말씀하셨습니까? 지상에서 백 배나 받습니다. 천상에서 영생을 약속받습니다.

성도들이 세상에서 잘 되어야 합니다. 그러나 그보다 중요한 것은 하나님을 만나고 계명을 지키고 십자가를 지는 일을 등한히 할 수 없다는 말씀입니다. 공부를 해도 마음은 주님을 향해 가고 있어야 합니다. 재물을 벌어도 마음은 영광스러운 하나님을 사랑해야 합니다. 이것이 현대 교인들이 걸어가야 할 십자가입니다. 승리하는 성도가 됩시다. 인생에 있어서 처음부터 끝까지 재물을 따를 것이 아니라 하나님을 따라가야 합니다.

제50강
마가복음 10장 32-45절

종과 사역

예수님은 종의 사역을 어떻게 감당하셨을까?

1. 수난 예고

예수님이 예루살렘으로 올라가시게 되었습니다. 앞장서서 가실 때 많은 무리가 따랐습니다. 사람들은 놀라고 두려워하며 따랐습니다. 열두 제자도 놀라고 두려워했습니다.

마가는 예루살렘으로 가는 길을 올라간다고 표현했습니다. 그 이유가 무엇일까요? 예루살렘은 이스라엘의 수도이기 때문이고, 고도상 해발 700미터쯤 되니까 낮은 곳에서 높은 곳으로 가는 길이기 때문이며, 종교적으로 하나님의 성전이 있는 곳이기에 올라간다고 표현한 것입니다. 물론 예수님은 성전이 있는 예루살렘으로 올라가셔서 몸과 마음, 그리고 온 정성과 모든 것을 다 드리려고 올라가게 되었습니다.

'앞서 가신다, 올라가셨다'라는 표현들은 예수님의 적극적이고 활동적이며 행동으로 옮기는 모습을 말합니다. 예수님이 자신을 하나님 앞에 드리실 때 자원해서 그리고 적극적으로 행동하신 것을 보여줍니다. 신학적으로 능동적인 순종이라고 합니다.

그때 예수님이 하신 말씀이 무엇일까요? 열두 제자에게 무슨 말씀을 하셨을까요? "보라 우리가 예루살렘에 올라가노니 인자가 대제사장들과 서기관들에게 넘겨지매 그들이 죽이기로 결의하고 이방인들에게 넘겨 주겠고 그들은 능욕하며 침 뱉으며 채찍질하고 죽일 것이나 그는 삼 일 만에 살아나리라"라고 말씀하셨습니다.

예수님은 열두 제자에게 예루살렘에서 당할 일에 대해 말씀하셨습니다. 잡혀서 유대 종교 지도자들에게 넘겨지게 되고 그들이 예수님을 죽이기 위해 이방인의 손에 넘기며 능욕을 당하고 십자가에서 죽게 될 것이지만, 삼 일 만에 다시 살아나실 것이라고 말씀하셨습니다.

첫 번째 예고는 마가복음 8장 31절에서 신앙고백 이후에 하셨습니다. 두 번째 예고는 마가복음 9장 31절에서 변화산에서 내려오신 주님이 귀신들린 아이를 고쳐 준 다음에 말씀하셨고, 본문 마가복음 10장 33-34절에서는 예루살렘으로 올라가는 길에서 세 번째로 예고하셨습니다. 점점 더 구체적으로 말씀해 주신 주님이십니다.

하나님은 시대를 떠나 항상 약속하고 성취하셨습니다. 약속을 언약이라는 말로 표현합니다. 우리는 하나님의 언약 백성으로, 언약을 믿는 사람들입니다. 우리 하나님의 언약에 신실해서 언약대로 살며, 언약대로 영육간에 하나님의 복을 받는 성도가 됩시다.

2. 기도의 본질

기도의 본질이 무엇인가? '우리의 원하는 것'을 구하는 것이 기도인가 아니면 기도의 대상이신 '하나님의 뜻대로' 구하는 것이 기도의 본질일까? 우리의 원대로 하는 것이 기도라면 무엇이든지 구해야 합니다. 그러나 하나님의 뜻대로 기도하는 것이 참다운 기도라면 아무것이나 아무렇게나 구할 수 없습니다.

주님은 주기도문에서 하나님의 이름과 하나님의 나라와 하나님의 뜻이 이루어지기를 먼저 구하고, 다음에 우리의 죄악이나 일용할 양식의 문제 그리고 시험 문제를 구하라고 가르쳐 주셨습니다.

오늘 말씀에 세배대의 아들들이 나옵니다. 이름은 요한과 야고보입니다. 예수께서 십자가의 치욕적인 죽음을 말씀하셨을 때 그들은 예수님께 무엇을 간구했습니까? "선생님이여 무엇이든지 우리가 구하는 바를 우리에게 하여 주시기를 원하옵나이다".

예수님은 "너희에게 무엇을 하여 주기를 원하느냐?"라고 묻습니다. 그때에 "주의 영광 중에서 우리를 하나는 주의 우편에, 하나는 좌편에 앉게 하여 주옵소서"라고 구했습니다. 인간은 영적으로 무지하여 무엇을 구할지를 알지 못하는 존재입니다. 여러분은 기도에 대해서 알고 있습니까? 그러니까 구하지 않든지, 구하여도 잘못된 기도를 올리고 있습니다. 예수님은 고난을 예고하고 있는데 제자들은 세속적인 영광을 구하고 있습니다. 이것이 인간의 무지입니다.

예수님의 대답이 무엇입니까? "예수께서 이르시되 너희는 너희가 구하는 것을 알지 못하는도다"라고 대답하셨습니다. 예수님은 제자들에게 세 번씩이나 고난의 길, 십자가의 길을 예고하셨습니다. 그러나 깨닫지 못하고 있는 상황입니다. 주의 나라가 어떤 나라입니까? 고난을 당하는 방법으로 이루어지는 나라입니다.

메시야 왕국에서 첫째가 되게 하옵소서. 가장 높은 권세의 자리와 명예의 자리를 우리에게 주옵소서. 하나는 우편에, 하나는 좌편에 앉게 하옵소서. 기도 자체로 보면 멋진 내용입니다. 누구든지 자녀를 둔 사람은 이런 생각을 할 것입니다.

그러나 잘못된 기도, 정욕대로 구하는 기도입니다. 육체적이요, 큰 자가 되고 싶은 자의 기도입니다. 이렇게 구하면 문제가 있는데 기도의 본질을 잃어버린 기도이기 때문입니다. 기도는 그런 것이 아닙니다. 그래서 우리는 예수님께 배워야 합니다. 겟세마네 동산에서 '아버지여!

나의 원대로 마옵시고 아버지의 원대로, 나의 뜻대로 마옵시고 아버지의 뜻대로 되기를 원하나이다' 라고 기도하셨습니다.

사도 바울은 로마 교인들에게 무엇을 가르쳤습니까? "이와 같이 성령도 우리의 연약함을 도우시나니 우리는 마땅히 기도할 바를 알지 못하나 오직 성령이 말할 수 없는 탄식으로 우리를 위하여 친히 간구하시느니라 마음을 살피시는 이가 성령의 생각을 아시나니 이는 성령이 하나님의 뜻대로 성도를 위하여 간구하심이니라"라고 했습니다(롬8:26-27). 기도는 나 중심이 아니라 하나님 중심이어야 합니다.

두 제자의 요구에 대하여 주님의 가르치심이 무엇입니까? 38절에 "내가 마시는 잔을 너희가 마실 수 있으며 내가 받는 세례를 받을 수 있느냐?"라고 반문하셨습니다. 본문에서 '잔' 은 마시는 데 사용되는 그릇이지만 번영의 의미도 있고 고난과 괴로움을 의미하기도 합니다. 여기에서는 '십자가의 고난과 죽음' 을 의미했습니다. 또한 '세례' 도 '극심한 고난과 재난' 을 의미합니다.

많은 사람의 대속물로 자신을 주는 것이 쉬운 일입니까? 젊은 부자 관원은 재물을 내주지 않았지만 주님은 자신을 자원해서 내주셨습니다. 그래서 두 제자에게 구하는 것을 모른다고 지적하셨는데, 그들은 잔을 마실 수 있고 세례를 받을 수 있다고 대답했습니다. "그들이 말하되 할 수 있나이다". 어처구니없는 대답입니다. 할 수 있다는 것입니다. 강한 의지를 가지고 대답을 했다고 하더라도 실제는 아무것도 아닌 대답입니다.

예수님은 "너희는 내가 마시는 잔을 마시며 내가 받는 세례를 받으려니와 내 좌우편에 앉는 것은 내가 줄 것이 아니라 누구를 위하여 준비되었든지 그들이 얻을 것이니라"라고 했습니다. '해야 할 일이 있다' 는 것과 '준비된 자가 받는다' 는 말입니다. 먼저는 기도해야 하고, 해야 할 일을 해야 기도의 응답을 받습니다. 야고보와 요한은 예수님이 질문하신 '잔' 에 대한 이해와 '세례' 에 대한 개념을 이해하지 못한 채

대답했습니다. 영적으로 무지했습니다. 우리 주님이 지실 십자가를 질수 있다는 것입니다. 일의 내용이나 성격도 이해하지 못하면서 할 수있다고 대답만 했습니다.

'잔'이 무엇입니까? 성경에서 기쁨을 말하기도 하지만 여기서는 하나님의 엄중한 심판을 말합니다. 예수님은 하나님의 형벌, 십자가의 죽음을 자발적으로 그리고 자원해서 그 '잔'을 마셨습니다. '세례'는 물아래 있는 것으로 재난을 의미하기도 하지만 죄에 대한 하나님의 심판입니다. 형벌입니다. 죄 씻음 받거나 하나 되는 연합의 세례가 아니라하나님에게 버림을 받는다는 뜻입니다. 십자가는 고난과 희생과 사랑의 헌신입니다. 하나님 나라는 비싼 대가를 지불했을 때 얻어지는 것입니다. 우리가 하나님의 나라에 들어가려면 많은 환난을 겪어야 합니다 (행14:22).

또 여호와 이레의 축복입니다. 아브라함이 받은 복입니다. 준비된사람이 하나님께서 준비해 놓으신 것을 받습니다. 아브라함이 백 세때하나님께서 이삭을 주셨습니다. 이삭을 제물로 바칠 때 하나님은 숫양을 준비하셨습니다. 믿음으로 걸을 때 하나님은 가나안 땅을 준비하셨습니다. 이삭을 위하여 리브가를 준비하셨습니다. 사랑하는 성도님들도 하나님께서 준비해 놓으신 것을 받아 누리는 복이 있기를 바랍니다.

3. 열 제자

열 명의 제자가 듣다가 야고보와 요한을 바라보는 눈길이 달라졌습니다. 분히 여겼습니다. 당연한 일이라고 볼 수 있습니다. 그러나 예수님은 하나님 나라의 원리, 하나님 나라의 윤리를 가르쳐 주셨습니다.

예수님은 무슨 교훈을 하셨습니까? "이방인의 집권자들이 그들을임의로 주관하고 그 고관들이 그들에게 권세를 부리는 줄을 너희가 알거니와 너희 중에는 그렇지 않을지니 너희 중에 누구든지 크고자 하는 자는 너희를 섬기는 자가 되고 너희 중에 누구든지 으뜸이 되고자 하는 자는 모든 사람의 종이 되어야 하리라 인자가 온 것은 섬김을 받으려 함이 아니라 도리어 섬기려 하고 자기 목숨을 많은 사람의 대속물로 주려 함이니라".

유대 지역이 로마의 통치를 받을 때입니다. 이방인의 집권자나 고관들은 권세를 부리는 곳이 이 세상입니다. 그러나 "너희 중에는 그렇지 않을지니" '그렇지 않을지니' 이 말이 아주 의미심장한 말씀입니다. 교회는 그렇지 않다. 하나님 나라는 그렇지 않다. 제자들이 모인 곳은 그렇지 않다. 강한 부정으로 말씀하셨습니다.

"너희 중에 누구든지 크고자 하는 자는 너희를 섬기는 자가 되고 너희 중에 누구든지 으뜸이 되고자 하는 자는 모든 사람의 종이 되어야 하리라 인자가 온 것은 섬김을 받으려 함이 아니라 도리어 섬기려 하고 자기 목숨을 많은 사람의 대속물로 주려 함이니라".

섬기는 자가 큰 자가 되는 곳이 하나님의 교회요, 하나님의 나라입니다. 스스로 종 노릇 하는 자가 크고, 으뜸이 되는 나라가 하나님의 교회요, 하나님의 나라입니다. 기도했으면 종 노릇 해야 큰 자가 됩니다.

예수님은 겟세마네에서 기도하신 다음에 십자가를 지셨습니다. 모든 것을 희생하셨습니다. 기도하신 다음에 일을 하셨습니다. 종으로서 충성스럽게 감당했습니다. 결국 예수님은 무덤에서 부활하셨습니다. 최후의 승리를 이루셨습니다.

바울은 빌립보 교인들에게 "아무 일에든지 다툼이나 허영으로 하지 말고 오직 겸손한 마음으로 각각 자기보다 남을 낫게 여기고"라고 했습니다. 자신이 낮아지고 다른 사람을 높여준다면, 내가 손해 보고 하나님의 교회에 유익이 된다면, 내가 가난해지고 하나님의 나라가 발전을 한다면, 그 길을 선택하여 따라가는 것이 그리스도의 발자취를 따르는 것입니다.

예수님은 많은 사람의 대속물로 자신을 바치셨습니다. 보통 사람의 죽음이 아닙니다. 대속의 죽음을 죽으셨습니다. 죄악의 쇠사슬을 끊기 위해 죽으셨습니다. 속전으로서 다른 사람들을 자유하게 하는 죽음입니다. 죄인을 대신해서 죽으신 죽음이었습니다. 그 예수님을 믿는 사람들이 다른 사람의 유익을 위하여 살 수는 없습니까? 하나님과 교회를 위하여 좀 손해 보면서 살 수는 없을까요?

섬기는 자, 종은 다 그런 것입니다. 겸손하고 스스로를 낮추는 자입니다. 주님을 닮아서 주고 섬기고 고난을 감당하는 자입니다. 우리 모두 주님을 많이 닮은 그리스도인이 됩시다.

제51강
마가복음 10장 35-45절

잔과 세례

성경 말씀은 문자적인 해석을 해야 할 때가 있지만 문법적으로, 신학적인 관점에서 그리고 역사적인 관점에서도 보아야 합니다. 예수께서 말씀하신 잔과 세례는 무엇을 말하는 것인가? 문자적으로 보면 잔은 잔이고 세례는 세례입니다. 그러나 그렇게만 이해할 수 없는 말입니다.

야고보와 요한, 어머니까지 동원되어 엉뚱한 것을 구하고 있을 때 주님이 하신 말씀입니다. "내가 마시는 잔을 너희가 마실 수 있으며 내가 받는 세례를 너희가 받을 수 있느냐?" 야고보와 요한은 십자가의 죽음을 이해하지 못한 상태에서 선뜻 답했습니다. "그들이 말하되 할 수 있나이다".

"예수께서 이르시되 너희는 내가 마시는 잔을 마시며 내가 받는 세례를 받으려니와 내 좌우편에 앉는 것은 내가 줄 것이 아니라 누구를 위하여 준비되었든지 그들이 얻을 것이니라"라고 대답하셨습니다. 예수님의 답변 속에는 우리가 하나님 앞에서 '해야 할 일이 있다는 것'과 '하나님이 준비된 자가 받는다'라는 속뜻이 있습니다.

성도는 먼저 기도하고 해야 할 일을 해야 기도의 응답을 받습니다. 야고보와 요한은 '잔'에 대한 이해와 '세례'에 대한 개념을 이해하지 못한 채 구했습니다. 영적으로 무지했습니다. 우리 주님이 지실 십자가를 질 수 있다는 것입니다. 일의 성격이나 내용도 알지 못하면서 할 수 있다는 말만 했습니다.

1. 잔이 무엇입니까?

성경에서 잔은 종종 '기쁨'을 말합니다. 다윗의 시를 살펴봅시다. 시편 23편 5-6절에 "주께서 내 원수의 목전에서 내게 상을 차려 주시고 기름을 내 머리에 부으셨으니 내 잔이 넘치나이다 내 평생에 선하심과 인자하심이 반드시 나를 따르리니 내가 여호와의 집에 영원히 살리로다"라고 했습니다. 기쁨의 잔이요 축복의 잔을 나타냈습니다.

시편 116편 12-14절에 "내게 주신 모든 은혜를 내가 여호와께 무엇으로 보답할까 내가 구원의 잔을 들고 여호와의 이름을 부르며 여호와의 모든 백성 앞에서 나는 나의 서원을 여호와께 갚으리로다"라고 했습니다.

하나님의 은혜를 보답하는 방법은 구원을 베푸신 하나님께 구원의 잔을 들고 찬송하는 것이라고 고백했습니다. 구원받은 은혜를 찬양할 때 하나님께 영광이요 자신은 전율과 감격 속에서 살게 될 것입니다.

그러나 여기서 예수께서 말씀하신 잔은 기쁨의 잔도 아니고 구원의 잔도 아닙니다. 오늘 말씀에서 잔의 의미는 하나님의 엄중한 심판입니다. 형벌과 정죄의 잔입니다. 죽음과 저주의 잔입니다. 하나님으로부터 끊어지는 잔을 말합니다. 그래서 '할 수만 있으면 이 잔이 내게서 지나가게 하옵소서'라고 피땀흘려 기도드린 것입니다.

시편 75편 7-8절에 "오직 재판장이신 하나님이 이를 낮추시고 저를 높이시느니라 여호와의 손에 잔이 있어 술 거품이 일어나는도다 속에 섞은 것이 가득한 그 잔을 하나님이 쏟아 내시나니 실로 그 찌꺼기까지도 땅의 모든 악인이 기울여 마시리로다"라고 했습니다. 진노의 잔입니다. 형벌과 죽음의 잔입니다. 정죄의 잔입니다.

이사야 51장 17-23절에 "여호와의 손에서 그의 분노의 잔을 마신 예루살렘이여 깰지어다 깰지어다 일어설지어다 네가 이미 비틀걸음 치게 하는 큰 잔을 마셔 다 비웠도다 네가 낳은 모든 아들 중에 너를 인도할 자가 없고 네가 양육한 모든 아들 중에 그 손으로 너를 이끌 자도 없도 다 이 두 가지 일이 네게 닥쳤으니 누가 너를 위하여 슬퍼하랴 ... 누가 너를 위로하랴 네 아들들이 곤비하여 그물에 걸린 영양같이 온 거리 모퉁이에 누웠으니 그들에게 여호와의 분노와 네 하나님의 견책이 가득하도다 ... 네 주 여호와, 그의 백성의 억울함을 풀어 주시는 네 하나님이 이같이 말씀하시되 보라 내가 비틀걸음 치게 하는 잔 곧 나의 분노의 큰 잔을 네 손에서 거두어서 네가 다시는 마시지 못하게 하고 그 잔을 너를 괴롭게 하던 자들의 손에 두리라 ... 너를 넘어가려는 그들에게 네가 네 허리를 땅과 같게, 길거리와 같게 하였느니라"라고 했습니다.

하나님의 손에 있는 잔은 분노의 잔입니다. 사람이 비틀거리게 하는 잔입니다. 아무도 인도하거나 이끌 자가 없게 하는 잔입니다. 하나님의 분노와 견책의 잔입니다. 여러분에게는 축복의 잔, 은혜의 잔을 베풀기를 바랍니다.

예레미야 25장 15-18절에 "이스라엘의 하나님 여호와께서 이같이 내게 이르시되 너는 내 손에서 이 진노의 술잔을 받아가지고 내가 너를 보내는 바 그 모든 나라로 하여금 마시게 하라 그들이 마시고 비틀거리며 미친듯이 행동하리니 이는 내가 그들 중에 칼을 보냈기 때문이니라 하시기로 내가 여호와의 손에서 그 잔을 받아서 여호와께서 나를 보내신 자 그 모든 나라로 마시게 하되 예루살렘과 유다 성읍들과 그 왕들과 그 고관들로 마시게 하였더니 그들이 멸망과 놀램과 비웃음과 저주를 당함이 오늘과 같으니라"라고 했습니다.

하나님께서 내리는 진노의 잔은 사람들에게 죽음이었습니다. 비틀거림과 놀림과 비웃음과 저주의 잔이었습니다. 여러분은 하나님의 은혜의 잔, 축복의 잔을 마셔서 사는 복을 받아야 할 것입니다.

에스겔 23장 31-34절에 "네가 네 형의 길로 행하였은즉 내가 그의 잔을 네 손에 주리라 주 여호와께서 이같이 말씀하셨느니라 깊고 크고 가득히 담긴 네 형의 잔을 네가 마시고 코웃음과 조롱을 당하리라 네가 네 형 사마리아의 잔 곧 놀람과 패망의 잔에 넘치게 취하고 근심할지라 네가 그 잔을 다 기울여 마시고 그 깨어진 조각을 씹으며 네 유방을 꼬집을 것은 내가 이렇게 말하였음이라 주 여호와의 말씀이니라"라고 했습니다.

하박국 2장 16절에는 "네게 영광이 아니요 수치가 가득한즉 너도 마시고 너의 할례받지 아니한 것을 드러내라 여호와의 오른손의 잔이 네게로 돌아올 것이라 더러운 욕이 네 영광을 가리리라"라고 했습니다. 지금의 영광이 하나님의 진노의 잔이 임할 때 욕이 될 것입니다. 지금의 부가 더 이상은 부가 아닐 것입니다.

스가랴 12장 2절에 "보라 내가 예루살렘으로 그 사면 모든 민족에게 취하게 하는 잔이 되게 할 것이라 예루살렘이 에워싸일 때에 유다에까지 이르리라"라고 했습니다.

예수님은 자발적이고 자원하는 마음으로 하나님의 진노의 잔을 마셨습니다. 하나님의 형벌로 내리던 십자가의 죽음을 감당하셨습니다. 예수께서 말씀하신 잔은 기쁨이나 축복의 잔이 아니라 형벌과 진노와 심판의 잔이었습니다. 예수께서 그 잔을 마셨기 때문에 우리가 복을 받게 되었습니다. 기쁨을 누리고 구원의 잔을 높이 들고 찬송하게 되었습니다.

2. 세례는 무엇인가?

바울 사도는 구약시대의 이스라엘 백성들이 홍해 바다를 건넌 것이 세례 사건이라고 설명했습니다. 세례는 물 아래 있는 것입니다. 죄를 씻는 표시입니다. 정결 예식입니다. 신약시대에는 기독교의 거룩한 예식 중의 하나입니다.

세례는 그리스도와의 연합입니다. 예수님의 십자가의 죽음과 부활과 하나가 되는 것입니다. 그리고 교회와 하나가 되는 중요한 예식입니다. 교회의 신앙고백을 자기 것으로 믿고 공교회와 하나가 되는 것입니다. 이렇게 세례는 중요한 예식입니다. 그러나 세례는 재난을 의미하기도 합니다. 욥기 22장 10-11절에 "그러므로 올무들이 너를 둘러 있고 두려움이 갑자기 너를 엄습하며 어둠이 너로 하여금 보지 못하게 하고 홍수가 너를 덮느니라"라고 했습니다.

욥의 친구 엘리바스가 세 번째로 주장한 말입니다. 욥의 재난에 대한 해석이었습니다. 재난 당하는 욥을 보면서 홍수가 덮는 것과 같다는 설명입니다.

시편 69편 1-2절과 15절을 봅시다. "하나님이여 나를 구원하소서 물들이 내 영혼에까지 흘러 들어왔나이다 나는 설 곳이 없는 깊은 수렁에 빠지며 깊은 물에 들어가니 큰 물이 내게 넘치나이다"라고 했고, "큰 물이 나를 휩쓸거나 깊음이 나를 삼키지 못하게 하시며 웅덩이가 내 위에 덮쳐 그것의 입을 닫지 못하게 하소서"라고 했습니다.

다윗의 시입니다. 구원자 하나님께 기도합니다. 깊은 수렁, 물이 영혼까지 삼키려고 할 때 구원을 간구하는 다윗입니다. 큰 물로 말미암아 죽음이 눈 앞에 왔을 때 고백한 말입니다.

이사야 43장 1-3절 "야곱아 너를 창조하신 여호와께서 지금 말씀하시느니라 이스라엘아 너를 지으신 이가 말씀하시느니라 너는 두려워하지 말라 내가 너를 구속하였고 내가 너를 지명하여 불렀나니 너는 내 것이라 네가 물 가운데로 지날 때에 내가 너와 함께할 것이라 강을 건널 때에 물이 너를 침몰하지 못할 것이며 네가 불 가운데로 지날 때에 타지도 아니할 것이요 불꽃이 너를 사르지도 못하리니 대저 나는 여호와 네 하나님이요 이스라엘의 거룩한 이요 네 구원자임이라 내가 애굽을 너의 속량물로, 구스와 스바를 너를 대신하여 주었노라"라고 했습니다.

물은 우리의 생명과 관련이 있는 것이지만 침몰할 때는 생명의 위협이 되는 것입니다. 그러나 하나님은 생명의 위협을 느끼는 순간에도 건지실 수 있는 분입니다.

세례는 죄에 대한 하나님의 심판을 의미하기도 합니다. 누가복음 12장 50절에 "나는 받을 세례가 있으니 그것이 이루어지기까지 나의 답답함이 어떠하겠느냐?"라고 말씀하셨습니다. 예수님께서 십자가의 죽음을 눈앞에 두고 하신 말씀입니다. 하나님의 형벌, 징벌을 눈앞에 두었을 때 얼마나 답답하셨겠습니까? 물로 죄를 씻거나 하나 되는 연합의 물세례가 아니라 버림을 받는다, 형벌을 받는다는 의미의 세례입니다.

3. 제자들의 반응이 무엇인가?

제자들 앞에 십자가의 죽음이라는 실제적인 상황이 벌어졌을 때 어떻게 했습니까? 다 도망갔습니다. 말과 행동이 달랐습니다. 십자가는 고난과 희생과 사랑과 헌신과 죽음입니다. "할 수 있나이다" 고백하던 야고보와 요한도 없어졌습니다. 값비싼 대가를 지불했을 때 얻어지는 것이 영광입니다. "우리가 하나님의 나라에 들어가려면 많은 환난을 겪어야 할 것이라"(행14:22).

또 여호와 이레의 축복입니다. 하나님께서 준비한 사람, 하나님의 뜻대로 감당한 사람이 상급을 받습니다. 하나님께서 주시고자 하는 자에게 상급을 주십니다. 이것이 여호와 이레의 복입니다.

아브라함이 받은 복입니다. 하나님께서 준비해 놓으신 것은 준비된 사람만이 받을 수 있습니다. 아브라함이 백 세때 이삭을 주셨고, 숫양도 준비하셨습니다. 믿음으로 걸었을 때 하나님은 가나안 땅을 준비하셨습니다. 여호와 이레의 복을 받읍시다.

제52강
마가복음 10장 41-45절

예수 그리스도의 리더십

교회는 유기체적인 단체이지만 조직을 인도하고 지도하기 위해서는 지도력이 반드시 필요합니다. 교회 조직에 있어서 리더십의 완성은 예수 그리스도이십니다. 예수 그리스도의 지도력을 배워 봅시다.

1. 예수 그리스도의 리더십 원칙

예수께서 보여주신 지도력의 원칙이 무엇인가?

첫 번째로, 예수님의 리더십은 제자들 개개인에게 초점을 맞춘 리더십이었습니다. 사람은 누구나 개성이 있고 배움이 다르고 인격이 다 다르며, 처한 환경이 다릅니다. 그렇게 다양한 사람을 일일이 보살피고 돌보는 것은 굉장히 어렵고 힘든 일입니다.

예수님의 리더십은 모든 인간에게 꼭 필요한 구원에 관심을 가진 지도력이었습니다. 인간 구원에 초점을 맞춘 리더십입니다. 모든 필요와 능력을 보여준다 할지라도 구원을 이룰 수 없다면 무슨 지도력이 있겠습니까?

그러나 예수님은 한 사람, 한 사람에게 초점을 맞추면서 어떻게 사역을 할 것인지 제자들에게 가르쳐 주셨습니다. 예수님의 교육 방법은 일대일 방법이었습니다. 이것이 아주 위대한 점입니다.

마태복음 4장 18-22절을 봅시다. "갈릴리 해변에 다니시다가 두 형제 곧 베드로라 하는 시몬과 그의 형제 안드레가 바다에 그물 던지는 것을 보시니 그들은 어부라 말씀하시되 나를 따라오라 내가 너희를 사람을 낚는 어부가 되게 하리라 하시니 그들이 곧 그물을 버려 두고 예수를 따르니라 거기서 더 가시다가 다른 두 형제 곧 세베대의 아들 야고보와 그의 형제 요한이 그의 아버지 세베대와 함께 배에서 그물 깁는 것을 보시고 부르시니 그들이 곧 배와 아버지를 버려 두고 예수를 따르니라"라고 했습니다. 사명이 곧 소명이었습니다. 많은 사람들이 소명은 있지만 사명이 없습니다.

마태복음 10장 1절에 "예수께서 그의 열두 제자를 부르사 더러운 귀신을 쫓아내며 모든 병과 모든 약한 것을 고치는 권능을 주시니라"라고 했습니다. 예수님은 사랑하는 제자들에게 권능과 능력도 주셨습니다.

부활 후에 낙심한 제자들을 찾아가서 격려하고 위로도 해 주셨습니다. 그리고 다시 사명을 불어넣어 주셨습니다. 요한복음 21장입니다. 제자들은 무슨 일 때문인지 물고기를 잡으러 갈릴리 바다를 찾아갔습니다. 갈릴리 바닷가에 주님이 찾아오셔서 배 오른편에 그물을 던지라고 말씀해 주셨습니다. 그리고 생선을 굽고 떡을 준비하여 제자들을 먹이십니다. 그리고 다시 사명을 주시는 주님이십니다. 주님의 지도력은 상상을 초월하는 지도력입니다.

두 번째로, 성경에 근거를 둔 리더십입니다. 성경에 근거를 두는 것은 하나님 아버지께서 인정하는 지도력입니다. 그리고 누구나 인정할 수밖에 없는 지도력입니다. 바리새인들은 성경을 왜곡하였으나 예수님은 철저하게 성경에 기초하여 성경을 가르치고 행하는 데에 초점을 둔 리더십이었습니다.

예수께서 종교 지도자들과 논쟁할 때도 성경을 가지고 논쟁하였습니다. "옛 사람에게 말한 바 살인하지 말라 누구든지 살인하면 심판을 받게 되리라 하였다는 것을 너희가 들었으나 나는 너희에게 이르노니 형제에게 노하는 자마다 심판을 받게 되고 형제를 대하여 라가라 하는 자는 공회에 잡혀가게 되고 미련한 놈이라 하는 자는 지옥 불에 들어가게 되리라"(마5:21-22)라고 하셨습니다. 이런 말씀을 마태복음 5장 끝까지 가르치셨습니다. 예수님은 이런 형식으로 제자들을 양육하고 가르치셨습니다.

성경은 예수 중심적인 책입니다. 예수님도 성경적으로 해석하고 성경대로 가르치고 성경대로 사셨습니다. 모든 삶이 성경에 맞춰진 예수님이셨습니다. 성경은 예수께서 그 권위를 인정하시기에 더욱 권위가 있는 것입니다.

요한복음 6장 38-39절에 "내가 하늘에서 내려온 것은 내 뜻을 행하려 함이 아니요 나를 보내신 이의 뜻을 행하려 함이니라 나를 보내신 이의 뜻은 내게 주신 자 중에 내가 하나도 잃어버리지 아니하고 마지막 날에 다시 살리는 이것이니라"라고 했습니다. 예수님은 자신의 뜻을 펼치기보다는 하나님 아버지의 뜻을 행하기 위하여 세상에 오셨습니다. 그리고 아버지의 뜻대로 순종하는 삶을 사셨습니다. 여기서 지도력이 나오는 것입니다.

세 번째로, 예수님의 지도력은 자신에게 초점을 맞추는 리더십이었습니다. 예수님은 자신만이 진리이기 때문에 자신에게 초점을 맞추셨습니다. 그래서 더욱 큰 리더십을 발휘하셨습니다. 요한복음 14장 6절에 "내가 곧 길이요 진리요 생명이니 나로 말미암지 않고는 아버지께로 올 자가 없느니라"라고 했습니다.

당시 대제사장들과 서기관 그리고 바리새인들과 장로들이 많이 있었습니다. 그러나 항상 예수님은 자신을 중심으로 말씀하시고, 성경의 초점이 자신임을 밝히셨습니다. 우리가 주님 중심적으로 말하고 살아갈 때 가장 큰 지도력이 발휘되는 것입니다.

요한복음 11장 24-26절에 "마르다가 이르되 마지막 날 부활 때에는 다시 살아날 줄을 내가 아나이다 예수께서 이르시되 나는 부활이요 생명이니 나를 믿는 자는 죽어도 살겠고 무릇 살아서 나를 믿는 자는 영원히 죽지 아니하리니 이것을 네가 믿느냐"라고 말씀하셨습니다.

가이사랴 빌립보 지방에서 "사람들이 인자를 누구라 하느냐?" "너희는 나를 누구라 하느냐?"라는 질문에 대하여 베드로 사도가 고백했습니다. 마태복음 16장 16절에 "시몬 베드로가 대답하여 이르되 주는 그리스도시요 살아 계신 하나님의 아들이시니이다"라고 고백했습니다.

그런 신앙고백이 있은 다음에 21절에서 "이때로부터 예수 그리스도께서 자기가 예루살렘에 올라가 장로들과 대제사장들과 서기관들에게 많은 고난을 받고 죽임을 당하고 제삼일에 살아나야 할 것을 제자들에게 비로소 나타내시니"라고 했습니다. 예수님은 자신이 미움받을 것이라고 예고하셨습니다.

네 번째로, 예수님의 지도력은 비전과 목적이 있는 리더십이었습니다. 인류 구원이라는 목표와 하나님께 영광이라는 목적이 있는 삶이었습니다. 많은 사람들이 목적이나 목표가 분명하지 않습니다. 목적과 목표가 설정되어 있더라도 이루지 못하는 성향이 많습니다.

그러나 예수님은 목표를 달성하기 위해 최선의 노력을 하셨습니다. 이론적이거나 막연한 목적이 아니었습니다. 마태복음 1장 21절에 "아들을 낳으리니 이름을 예수라 하라 이는 그가 자기 백성을 그들의 죄에서 구원할 자이심이라"라고 예고되어 있습니다.

마태복음 3장 17절에 "하늘로부터 소리가 있어 말씀하시되 이는 내 사랑하는 아들이요 내 기뻐하는 자라"라고 했습니다. 세례 요한에게 세례를 받으시고 요단 강에서 올라오실 때 하늘이 열리면서 하나님의 음성이 들려왔습니다.

또 변화산에서는 어떤 일이 있었습니까? 마태복음 17장 5절에 "이는 내 사랑하는 아들이요 내 기뻐하는 자니 너희는 그의 말을 들으라"

라고 했습니다. 너희는 예수의 말을 들으라. 예수님은 하나님의 사랑하는 아들이고 하나님이 기뻐하시는 분이었습니다. 예수님은 처음부터 끝까지 하나님의 뜻을 이루기 위해서 이땅에 오신 분이십니다.

2. 리더십의 특징

예수님의 지도력의 특징은 어떤 것이 있을까요?

첫째로, 긍휼히 여기는 지도력입니다. 불쌍히 여기는 마음, 민망히 여기는 마음, 긍휼히 여기는 마음은 사랑의 지도력입니다. 예수님의 지도력은 사람을 불쌍히 여기는 긍휼의 지도력입니다. 죄인이나 창기, 병든 자와 가난한 자 그리고 죄인들을 막론하고 불쌍히 여기는 마음을 가지셨습니다.

때로는 어린아이를 품에 안고 축복하셨습니다. 하찮은 사람이라도 천하보다 귀한 생명임을 가르치셨습니다. 사람을 사랑하는 지도력입니다. 긍휼히 여기는 지도력이었습니다. 긍휼히 여기셔서 기적도 행하시고 능력도 행하셨습니다.

사람들을 불쌍히 여기며 긍휼히 여기는 마음이 있으셨습니다. 예수님은 사람을 사랑했습니다. 마태복음 11장 19절에 "인자는 와서 먹고 마시매 말하기를 보라 먹기를 탐하고 포도주를 즐기는 사람이요 세리와 죄인의 친구로다"라고 했습니다. 예수님은 세리와 죄인의 친구였습니다. 이것이 강력한 지도력의 동기가 되었습니다.

하나님이 선택한 백성을 긍휼히 여기셨습니다. 큰 무리도 불쌍히 여기셨고 작은 무리도 불쌍히 여기셨습니다. 백성의 무리가 깨닫지 못할 때 긍휼히 여기셨습니다. 굶주림과 질병, 깨닫지 못함과 영적인 무지로 힘들어 할 때 불쌍히 여겼습니다.

예수님은 많은 무리를 보시고 민망히 여기셨습니다. 불쌍히 여기는 마음, 긍휼이 충만한 하나님의 사랑이 있었습니다. 이것은 하나님의 속성입니다. 이런 사랑의 지도력이 강력한 지도력입니다.

둘째로, 섬김의 리더십입니다. 예수님은 이방인이나 집권자같이 권세를 부리지 않았습니다. 섬기는 종으로서 살았습니다. 예수님은 종의 신분을 가지셨습니다. 종이 섬기듯 사람을 섬겼습니다. 가장 능력이 많으시고 위대하신 주님이 종의 신분을 가지셨습니다. 종 노릇을 하셨습니다.

마태복음 20장 25-28절에 "예수께서 제자들을 불러다가 이르시되 이방인의 집권자들이 그들을 임의로 주관하고 그 고관들이 그들에게 권세를 부리는 줄을 너희가 알거니와 너희 중에는 그렇지 않아야 하나니 너희 중에는 누구든지 크고자 하는 자는 너희를 섬기는 자가 되고 너희 중에 누구든지 으뜸이 되고자 하는 자는 너희의 종이 되어야 하리라 인자가 온 것은 섬김을 받으려 함이 아니라 도리어 섬기려 하고 자기 목숨을 많은 사람의 대속물로 주려 함이니라"라고 했습니다. 예수님은 하나님 아버지를 섬기고 제자들을 섬겼습니다. 예수께서 십자가에서 죽으신 것은 최고 절정의 사건으로 가장 힘 있는 리더십이었습니다.

셋째로, 겸손한 지도력이었습니다. 겸손은 제자들과 이스라엘을 인도하는 무기였습니다. 마태복음 11장 28-30절에 "... 나는 마음이 온유하고 겸손하니 나의 멍에를 메고 내게 배우라"라고 했습니다. 겸손이란 나의 마음과 지위가 낮아져서 가치 평가를 한다면 낮아지도록 만드는 것입니다.

예수님은 하나님과 동등한 분이시지만 동등됨을 취하지 않으시고 종으로 세상에 오셨습니다. 이 내용은 빌립보서 2장에서 사도 바울이 빌립보 교인들을 가르친 내용입니다. 가장 강한 자가 가장 약한 자가 되었고, 가장 부한 자가 가장 가난한 자가 되셨으니 바로 이것이 예수님의 겸손한 리더십입니다.

제53강
마가복음 10장 46-52절

맹인 바디매오

바디매오 사건은 마태복음 20장과 누가복음 18장에도 기록된 말씀입니다. 예수님과 제자들은 갈릴리 지역의 사역 후에 예루살렘으로 올라가는 길이었습니다. 여리고 지방에 당도했습니다. 많은 무리와 제자들이 동행했습니다. 여리고 지방에 들렀다가 떠나는 상황입니다. 여리고는 베레아 지방에서 예루살렘으로 올라가는 첫 관문으로, 십자가의 죽음이 기다리고 있는 예루살렘의 입성이 임박했음을 암시해 주고 있습니다. 이곳에서 무슨 일이 있었을까요?

1. 디매오의 아들 바디매오

여리고 지방에 디매오의 아들 바디매오가 있었습니다. 바디매오는 맹인이었습니다. 가난하여 먹고 살기 위해서 한 푼 두 푼 사람들에게 구걸하는 거지였습니다. 예수님이 지나가실 때도 바디매오는 길 가에 앉아 있었습니다. 마태는 두 맹인에 대하여 기록한 반면 마가는 한 사람의 맹인에 대하여 기록하였고, 마태는 예수를 향하여 '주여'라고 불렀다고 기록하나 마가는 생략했습니다.

바디매오는 평생에 처음이자 마지막 기회를 잃지 않았습니다. 예수께서 자기 앞을 지나가는 단 한번의 기회를 놓치지 않았습니다. 주여! 주여! 예수를 향하여 주님이라고 고백하면서 소리를 질렀습니다. 기회는 두 번 오지 않는다는 절박한 심정으로 주님에게 신앙을 고백했습니다. 성도는 이런 자세가 필요합니다.

바디매오는 '나사렛 예수'라는 말을 듣게 되었습니다. 예수님을 나사렛 예수라고 부른 이유는 당시 예수라는 이름을 가진 사람이 많았기 때문에 구별하기 위하여 나사렛 예수라고 불렀으며, 또 예수께서 공생애를 시작하시기 전까지 나사렛에서 성장하셨기 때문입니다.

바디매오의 반응이 무엇입니까? 소리 질렀습니다. "다윗의 자손 예수여 나를 불쌍히 여기소서"라고 했습니다. 이것이 아주 중요합니다. 기독교인들이 꼭 배워야 할 자세입니다. 아브라함도 하나님의 부르심을 받았을 때 '믿음으로' 약속의 땅을 향해 걸어갔습니다.

바디매오는 단 한번의 기회를 놓치지 않고 붙잡았습니다. 내일은 내 날이 아니라 하나님의 날입니다. 바디매오는 예수를 다윗의 자손으로 믿었습니다. 하나님은 다윗에게 무슨 언약을 세우셨습니까? 사무엘하 7장 12-16절에 "네 수한이 차서 네 조상들과 함께 누울 때에 내가 네 몸에서 날 네 씨를 네 뒤에 세워 그의 나라를 견고하게 하리라 그는 내 이름을 위하여 집을 건축할 것이요 나는 그의 나라 왕위를 영원히 견고하게 하리라 나는 그에게 아버지가 되고 그는 내게 아들이 되리니 … 네 집과 네 나라가 내 앞에서 영원히 보전되고 네 왕위가 영원히 견고하리라"라고 했습니다.

바디매오는 앞은 보지 못하지만 성경의 약속을 믿은 사람입니다. 예수께서 다윗의 자손으로 오신 것을 확신했습니다. 그래서 예수님을 향하여 '다윗의 자손'이라고 고백했습니다. 그러면서 '불쌍히 여겨 달라'고 호소했습니다. 믿음은 치유와 기적을 동반합니다. 믿음으로 신앙을 고백하고 믿음으로 간구할 때 기적이 따라옵니다.

세상을 살아보면 처한 환경이 어렵고 힘들고 인간으로서 어떻게 해결할 수 없는 문제가 참 많습니다. 그때 성도가 할 수 있는 일이 무엇입니까? 하나님을 향하여 할 수 있는 일은 부르짖는 일입니다. 믿음으로 간구하는 일입니다. 믿음으로 간구할 때 하나님은 문제를 해결해 주시고 치유해 주십니다.

하나님의 긍휼, 하나님의 자비, 하나님이 불쌍히 여기는 마음에 호소하는 것입니다. 이것만이 죄인이 살 길입니다. 기독교인은 하나님의 자비와 긍휼을 믿는 사람입니다. 이제 하나님을 향하여 기도해서 응답받는 복이 임하기를 바랍니다.

2. 장애물

운동 경기 중에 장애물 경기가 있습니다. 그물망을 통과하기도 하고, 막힌 여러 가지 장애 요소를 제거하거나 허들을 뛰어넘어 가야 하는 경기입니다. 신앙생활도 장애물이 많습니다. 믿음으로 살 때에 장애물이 한두 가지가 아닙니다. 무슨 장애물이 있을까요?

사람이 가장 큰 장애물입니다. 먼저 믿는 사람이 가장 큰 장애물이 될 수 있습니다. 내 앞에 있는 사람이 주님을 만나는 데 있어서 돕는 자가 아니라 장애물이 될 수 있습니다. 또 물질이 장애물일 수 있습니다. 재물과 하나님을 겸하여 섬길 수 없기 때문입니다. 돈이 일만 악의 뿌리가 됩니다. 믿음에서 떠나게 만들 수 있습니다. 침륜과 멸망에 빠지게 할 수도 있습니다. 돈은 생활하는 데에 반드시 필요한 것이지만 돈을 사랑한다면 그것이 장애물이 될 수 있습니다.

앞장서서 인도하는 구역장이나 목회자가 장애물일 수 있습니다. 기도해 주고 돌봐주고 섬겨주지만 만족하게 섬겨줄 수가 없습니다. 목회자가 축복과 은혜를 받으라고 설교하지만 그렇다고 사람의 마음에 설교하지는 않습니다.

바디매오가 예수님께 나아가는 길에 있어서 장애물이 무엇이었을까요? "많은 사람들이 꾸짖어 잠잠하라 하되 그가 더욱 크게 소리 질러 이르되 다윗의 자손이여 나를 불쌍히 여기소서"라고 했습니다.

다른 사람의 제지가 있었습니다. 바디매오는 더욱 적극적으로 소리 질렀습니다. 바디매오의 적극적인 부르짖음과 절규 때문에 하나님의 아들의 자비를 힘입게 되었습니다. 미가 7장 7절에 "오직 나는 여호와를 우러러보며 나를 구원하시는 하나님을 바라보나니 나의 하나님이 나에게 귀를 기울이시리로다"라고 했습니다.

바디매오가 살던 곳은 여리고 지방입니다. 여리고는 고대로부터 '종려의 도시, 향기의 도시'라고 불렸으며 수목이 많은 지역입니다. 예수님 당시에도 헤롯의 겨울 궁전이 있었고 휴양지가 있던 곳입니다. 예수님은 여리고를 휴양지로 찾은 것이 아닙니다. 유월절을 지키기 위해서 지나가신 것입니다. 대속의 죽음, 구원의 완성, 구속 사역을 완수하려고 예루살렘을 향하여 올라가시는 중이었습니다. 종으로서 많은 사람을 섬기고 자신을 대속물로 주기 위해서 걸음을 재촉하셨습니다.

여러분은 무슨 사명이 있습니까? 하늘에서 주신 사명이 무엇입니까? 믿음의 선한 싸움을 싸우면서 주님이 주신 책임, 사명을 잘 감당한다면 면류관을 받게 될 것입니다. 바울은 하나님의 은혜를 헛되이 받지 말라고 했습니다. 여러분도 하나님의 은혜를 받은 사람이라면 무엇인가 충성스럽게 감당하기를 바랍니다.

장애물은 넘어가세요. 건너 뛰세요. 달려갈 길을 다 달렸던 바울을 본받아 모두 달려가는 성도가 됩시다. 유대인의 방해와 종교 지도자들의 모욕 속에 십자가의 길을 감당했던 주님을 본받아 신앙의 승리자가 되기를 바랍니다. 주님은 하늘에서 이런 사람에게 관심을 가지십니다 스데반이 유대인들이 던진 돌에 맞아 죽을 때 주님은 일어서셨습니다. 하늘에서 내려다 보셨습니다. 주님의 관심을 끌 수 있기를 바랍니다.

그리고 기도하는 가운데 다른 사람에게 장애물이 되지 않도록 성숙해야 합니다. 훼방꾼이 아니라 조력자가 됩시다. 협력자가 됩시다. 힘들어 하는 사람을 보면 돕는 자가 됩시다. 손을 잡아주고 깊이 사랑해 주는 성도가 됩시다.

3. 예수님의 반응

예수님은 바디매오의 울부짖는 소리를 들었습니다. 가시던 발걸음을 멈추어 섰습니다. 그리고 "그를 부르라"라고 명령하셨습니다. 애절한 호소를 들으시는 주님이십니다. 그래서 사람들이 바디매오에게 말해 주었습니다. "안심하고 일어나라 그가 너를 부르신다"라고 말했습니다. 많은 사람들은 바디매오를 향하여 꾸짖고 책망하였지만 예수님은 바디매오의 절규, 호소를 들으셨습니다. 그리고 소경을 부르라고 명령하셨습니다. 많은 사람 가운데서 바디매오만 부르셨습니다.

'안심하라'는 '용기를 가지라, 기운을 차리라'의 뜻입니다. 많은 사람들이 안심하라고 말한 이유가 무엇일까요? 예수님이 바디매오를 도우려고 하신 것을 알았기 때문입니다. 혈루증 여인이나 중풍병자에게는 직접 안심하라고 말씀하셨지만 지금은 많은 무리의 사람들이 말하도록 하셨습니다. 예수님은 고난 가운데서 평안을 주시는 분이십니다. 어려움 가운데서 능력을 보여주시는 분이십니다.

일어나라. 지체하지 말고 즉각적으로 일어나라고 권면했습니다. 마가는 생동감 있게 기록하는 것이 특징입니다. 바디매오는 겉옷을 내버리고 뛰어 일어나 예수께 나아갔습니다. 일교차가 큰 팔레스틴 지방에서 겉옷은 중요한 역할을 했습니다. 낮에는 그늘로 사용하고 밤에는 이불로 사용하는 것이 겉옷이었습니다. 그러나 바디매오는 예수님 앞으로 나아갈 때 겉옷도 집어던지고 나아갔습니다. 간절하고 뜨거운 마음을 가지고 있었습니다.

예수께서 말씀하셨습니다. "네게 무엇을 하여 주기를 원하느냐?" 예수님은 바디매오에게 무엇을 원하느냐고 물으셨습니다.

바디매오는 "선생님이여 보기를 원하나이다"라고 대답했습니다. 자신의 원하는 것이 무엇인지 정확하게 말했습니다. 잃었던 시력이 회복되기를 원합니다. 다시 보기를 원합니다. 아마도 바디매오는 날 때부터 문제가 있었던 것은 아닌 것 같습니다. 원래는 볼 수 있었지만 후천적으로 무슨 이유에서인지 시력을 잃어버리게 되었습니다. 그래서 시력회복을 청원했던 것입니다.

예수님은 "가라 네 믿음이 너를 구원하였느니라"라고 대답했습니다. 자비로운 마음을 가지신 주님은 눈을 어루만지시며 '가라'라는 말로 치유를 선언해 주셨습니다. '보아라'와 같은 의미입니다. 바디매오는 곧바로 눈을 뜨게 되었습니다. 바디매오는 자기 눈이 뜨이는 기적 이전에 믿음이 있었습니다. 올바른 믿음입니다. 나사렛 예수에 대한 확신이 있었습니다. 그리고 장애물도 극복하는 믿음이 있었습니다. 그래서 회복되는 복과 은혜를 받았습니다.

믿음은 구원과 치유의 효력을 발휘하게 만듭니다. 마가복음 5장 34절에 "예수께서 이르시되 딸아 네 믿음이 너를 구원하였으니 평안히 가라 네 병에서 놓여 건강할지어다"라고 했습니다. 마가복음 9장 23-25절에 "예수께서 이르시되 할 수 있거든이 무슨 말이냐 믿는 자에게는 능히 하지 못할 일이 없느니라"라고 했습니다.

바디매오는 눈을 뜨게 되었고 예수님을 따르게 되었습니다. 평상시에도 주님을 간절히 사모하는 성도였습니다. 기적과 능력을 체험한 다음에도 변함없이 주님을 따르는 제자로서의 삶을 살아갔습니다.

예수님은 예루살렘으로 올라가는 발걸음이 무거웠습니다. 제자들도 올라가는 주님의 심정을 다 이해하지 못했습니다. 그런데 바디매오가 다윗의 자손이여! 나를 불쌍히 여겨주소서! 그는 결국 원하는 대로 눈을 뜰 수가 있었습니다. 바디매오는 예수님 때문에 눈을 뜨게 되었지만 예수님은 바디매오가 신앙고백한 것 때문에 용기를 더욱 내셨을 것입니다.

제54강
마가복음 11장 1-11절

예수와 예루살렘

마가복음 11장부터 15장까지는 예수님의 공생애에 있어서 마지막 일주일의 사건을 기록해 주고 있습니다. 공관복음의 사분의 일이 마지막 일주일의 사건을 집중적으로 기록하고 있습니다. 마가복음은 거의 삼분의 일에 해당하는 분량입니다.

당시 로마로부터 심한 핍박과 환난 속에 있던, 로마에 있는 그리스도인들을 위해 마가복음을 기록해 주었습니다. 그리스도의 박해와 수치와 모욕을 설명해 줌으로써 위로와 격려를 주고자 했습니다.

예수님은 제2위 하나님의 아들로, 만왕의 왕이십니다. 만주의 주이십니다. 그렇지만 사람이 되시고 종의 형체를 가지셨습니다. 예루살렘을 찾은 이유가 무엇일까요? 영광과 존귀와 칭찬이 아니라 수모와 수욕과 치욕스러운 십자가를 지시기 위함이었습니다.

인류가 저지른 죄와 허물과 약함을 감당하기 위해서 예루살렘을 찾으셨습니다. 많은 사람을 섬기고 모든 인류의 대속물이 되기 위해서 예루살렘으로 올라가셨습니다. 어떤 모습으로 올라가셨을까요? 그리고 어떻게 감당하셨을까요?

1. 예수와 나귀

예수께서 제자들과 함께 예루살렘 성에 가까이 오셨습니다. 감람산 기슭에 있는 베다니에 도착했을 때입니다. 두 명의 제자를 먼저 보내시면서 맞은편 마을로 가면 아직 사람을 태워보지 않은 나귀 새끼가 있을 터이니 그 나귀를 풀어 끌고 오라고 말씀하셨습니다. 혹시 누가 왜 그러느냐고 묻거든 주께서 쓰시겠다고 말하면 보내 줄 것이라고 했습니다.

예수님이 만왕의 왕이시라면 그리고 만주의 주시라면 백마나 천리마를 타는 것이 옳지 않을까요? 왜 하필이면 가장 천하고 유대인들이 부정하게 생각하는 나귀를 타셨을까요?

지금까지 아무에게도 말하지 말라고 함구령을 내렸던 주님께서 이제는 나귀 새끼를 타고 예루살렘에 입성하심으로써 만천하에 만왕의 왕, 만주의 주, 구원자이심을 드러내고자 하셨습니다.

예수님은 인간의 몸을 입고 이땅에 오셨고, 종으로서 섬기는 사역을 감당하셨습니다. 마지막에 십자가를 지심으로 모든 인류를 구원하는 사역, 구속 사역을 감당하시려고 한걸음 더 가까이 나아가는 매우 중요한 시간이었습니다.

그 구속 사역을 이루실 예루살렘에 가까이 오셨을 때 일어난 일입니다. 방금 눈을 뜬 바디매오와 열두 제자 그리고 예수가 다윗의 자손임을 고백한 수많은 무리가 따랐습니다. 베드로는 하나님의 아들, 그리스도, 메시야임을 고백했고, 바디매오도 다윗의 자손이신 주님이라고 고백했습니다.

예수님은 누구십니까? 여러분은 누구로 알아 따르고 있습니까? 메시야, 그리스도, 하나님의 아들로 믿습니까? 예수님은 만왕의 왕, 만주의 주가 되십니다. 그릇된 믿음은 중간에 돌아서게 만듭니다. 예수님은 하나님의 아들이시며, 우리의 구원자이심을 믿어야 합니다. 그래야 끝까지 따를 수 있습니다. 믿을 수 있습니다. 다른 사람에게 말할 수 있습니다. 내 삶의 방향을 설정할 수 있습니다.

감람산은 예루살렘 동쪽에 있는 해발 800미터의 높은 구릉지대에 위치해 있습니다. 감람나무 숲이 우거져 있기 때문에 붙여진 이름입니다. 예수님은 예루살렘과 베다니 지방을 오고가실 때 감람산으로 지나다니셨습니다. 때로는 낮에 예루살렘 성에서 가르치시고 밤이면 쉬셨던 곳이 감람산입니다. 감람산은 다시 오실 것을 약속하며 승천하신 산이기도 합니다. 재림의 주님이 다시 오실 장소로 예언된 곳이기도 합니다(슥14:4).

벳바게는 '익지 않은 무화과들의 집'이라는 뜻으로 예루살렘과 베다니 근처에 있던 감람산의 한 마을입니다. 베다니는 '번민하는 자의 집'이라는 뜻입니다. 여리고에서 예루살렘으로 올라가는 길에 있는 마을입니다. 베다니는 예루살렘에서 3킬로미터 정도 떨어진 곳으로 예수님과 제자들이 자주 머물렀던 장소입니다. 베다니에 대한 사건은 문둥이 시므온과 나사로에 대한 이야기가 있습니다. 마리아가 예수님에게 향유를 쏟아붓던 장소이기도 합니다. 대답하고 기적을 낳고 헌신하던 장소가 베다니였습니다. 여러분도 주님을 위하여 무엇인가를 할 수 있는 성도가 됩시다.

2. 제자와 나귀

두 명의 제자는 예수께서 시키는 대로 건너편 마을로 갔습니다. 보낸 자와 보냄을 받은 자가 어떻게 다를까요? 보낸 자는 권위가 있고, 보냄을 받은 자는 의무, 임무가 있습니다. 하나님께서 선지자를 파송하실 때도 그런 관계성 속에서 보낸 것입니다. 하나님의 권위로서의 선지자의 역할이 있습니다.

하나님은 예수님을 이땅에 보내셨습니다. 예수님은 열두 제자를 세상에 보내셨습니다. 교회도 세상에 보냄 받은 단체입니다. 그러기에 의무가 있습니다. 해야 할 일이 있는 것입니다. 예배와 교육과 전도가 그것입니다. 예수께서 왕적인 권세를 가지고 제자들을 보내셨을 때 제자들에게 맡기신 의무, 임무가 있는데 예수님을 믿음으로 순종해야 할 책임이었습니다. 예수님의 능력과 권위에 절대적으로 믿고 순종하는 자세만 필요했습니다.

두 제자가 누구인지는 모르지만 유월절을 준비한 제자가 베드로와 요한이었으니까 그 두 사람으로 추측하게 됩니다. 맞은편 마을은 베다니로 보입니다. 두 제자가 믿고 순종하여 갔을 때 나귀 새끼가 매여 있는 것을 보았습니다.

아직 아무도 타 보지 않은 나귀입니다. 어느 누구도 한 번도 앉아보지 않은 나귀 새끼입니다. 세속적인 일에 한 번도 쓰임받은 일이 없는 나귀였습니다. 순결성입니다. 흠 없는 대속제물이신 예수님과 잘 어울리는 순결한 상태였습니다.

이것은 스가랴 선지자의 예언을 성취한 것입니다. 스가랴 9장 9절에 "시온의 딸아 크게 기뻐할지어다 예루살렘의 딸아 즐거이 부를지어다 보라 네 왕이 네게 임하시나니 그는 공의로우시며 구원을 베푸시며 겸손하여서 나귀를 타시나니 나귀의 작은 것 곧 나귀 새끼니라"라고 했습니다. 물론 야곱이 유다 지파를 축복할 때도 "암나귀 새끼를 아름다운 포도나무에 맬 것이며"(창49:11)라고 예언한 것의 성취였습니다.

예수님은 전지하신 하나님의 아들이십니다. 가보지 않아도 다 알고 계신 분입니다. 신적인 예지가 있습니다. 능력도 있습니다. 물고기 입속에 있는 동전도 아십니다. 인간의 마음 중심도 다 알고 계십니다.

두 명의 제자가 맞은편 마을로 가서 나귀 새끼의 고삐를 풀고 있을 때입니다. 어떤 사람이 왜 나귀를 푸느냐고 묻습니다. 주가 쓰시겠다고 말을 했을까요? 예수님은 창조주로서 주인이십니다. 만왕의 왕으로서 주인이십니다. 바디매오를 통하여 다윗의 자손임을 증거하시고 나귀 새끼의 주인으로 나타내시며, 예루살렘 성에 입성하실 때는 '주의 이름으로 오시는 이여'라고 칭송하게 하셨습니다. 더 이상 숨기려고 하지 않으셨습니다.

그러면 사람은 어떤 존재일까요? 사람은 잠시잠깐 동안 하나님의 것을 맡은 자입니다. 청지기입니다. 관리인입니다. 몇 년 혹은 몇 십 년 동안 사용하다가 떠나는 존재입니다. 시간이나 물질, 생명이나 은사가 다 그렇습니다.

두 명의 제자들이 맞은편 마을 길거리에 갔을 때 예수께서 말씀하신 대로 나귀 새끼가 매여 있었고 사람들이 멀리 서 있었습니다. 매인 나귀를 풀려고 할 때 한 사람이 묻습니다. 나귀 새끼를 왜 풀려하느냐? 나귀 주인과 다른 사람들도 있었습니다.

주인과 이웃 사람이 보는 데서 두 제자가 주님의 명령에 순종하여 믿음으로 풀 때 나귀 주인이 물어왔습니다. 두 제자는 예수께서 말씀하신 대로 전해 주었습니다. '주께서 쓰실 것이라', '주가 쓰시겠다'라고 말했습니다. 절대적인 믿음과 순종하는 마음으로 행동하고 대답했습니다. 하나님의 말씀은 살아 있고 운동력이 있습니다. 사람이 구원을 받기에 충분한 말씀입니다.

그러자 나귀 주인은 곧바로 새끼 나귀를 내어주었습니다. 나귀 주인도 권리를 주님에게 양도했습니다. 주인과 사람들은 예수님의 권위에 순종했고, 제자들의 권위에 순종했습니다. 결국 제자들은 예수님의 영적인 권위를 인정하면서 나귀 새끼를 끌고 와 겉옷을 나귀 위에 얹고 예수님을 태웠습니다. 그리고 손에 종려나무를 손에 들고 왕이신 주님을 찬송했습니다.

3. 예수와 예루살렘

예수께서 나귀 새끼를 타고 예루살렘 성으로 입성하실 때 많은 무리

들이 겉옷을 펴고 나뭇가지를 길에 폈습니다. 마음속 깊은 데서 경의를
표합니다. 열렬한 경배입니다. 겉옷과 나뭇가지는 이중 경배입니다. 뜨
거운 환영이요, 경배입니다. 사람들은 종려나무의 연한 가지를 들고 열
렬히 환영했습니다.

앞에서 가는 자들도 있고 뒤에서 따르는 자들도 있었습니다. 모두
나와서 소리를 지르며 환영했습니다. 환영하는 방식은 다르지만 모든
사람이 환영했습니다. "호산나 찬송하리로다 주의 이름으로 오시는 이
여 찬송하리로다 오는 우리 조상 다윗의 나라여 가장 높은 곳에서 호산
나 하더라"라고 했습니다. 선창도 하고 후창도 했습니다. 화답하며 찬
송도 불렀습니다

시편 118편 25-26절에 "여호와여 구하옵나니 이제 구원하소서 여
호와여 우리가 구하옵나니 이제 형통하게 하소서 여호와의 이름으로
오는 자가 복이 있음이여 우리가 여호와의 집에서 너희를 축복하였도
다"라고 했습니다. 기도와 찬양이 가득한 예루살렘이었습니다. 이렇게
아름답고 기쁨이 충만한 때가 있었겠습니까?

많은 무리의 사람들은 메시야와 메시야 왕국의 도래를 기원한 내용
으로 '호산나 다윗의 자손이여'라고 찬송을 불렀습니다. 예수님을 에
워쌌습니다. 구약성경에 예언된 메시야를 발견하고 어떻게 찬송하지
않을 수 있겠습니까?

"오는 우리 조상 다윗의 나라여"라고 찬송했습니다. 오는 나라와 오
시는 이가 연관된 메시야의 나라를 찬송하고 있습니다. 그 나라가 우리
조상 다윗의 나라입니다. 바디매오가 다윗의 자손이라 고백했던 것처
럼 군중들도 권능과 영광을 가지고 이땅에 오신 예수님, 다윗의 왕국을
건설하실 메시야를 찬송하고 있습니다. 예수님은 진실로 다윗의 자손
으로 다윗의 왕국을 건설할 메시야였습니다. 가장 높은 곳에서 하나님
을 향하여 기도했습니다. 다윗의 왕국을 회복하여 우리를 구원하소서!

예루살렘 성에 입성하신 그리스도는 예루살렘 성전을 다 돌아보신

후 제자들과 함께 베다니로 가셨습니다. 마태복음 24장 42-44절에 "그러므로 깨어 있으라 어느 날에 너희 주가 임할는지 너희가 알지 못함이니라 ... 이러므로 너희도 준비하고 있으라 생각하지 않은 때에 인자가 오리라"라고 했습니다.

제55강
마가복음 11장 12-14절

무화과나무

예수님은 갈릴리 바다를 중심으로 사역하셨습니다. 때로는 이방인의 길로도 가셨습니다. 수많은 병자들과 굶주린 자들을 고치시고 먹이셨습니다. 하나님 나라를 비유로 가르치시고 복음을 전파하셨습니다. 특별히 열두 제자를 부르시고 훈련하시며 교육하셨습니다.

예수님은 갈릴리 지역의 사역을 마치시고 예루살렘으로 올라오셨습니다. 왕으로서 입성하셨습니다. 마가복음 11장부터 15장까지 일주일 동안의 고난주간에 일어난 일을 기록하고 있습니다. 고난주간의 첫날인 월요일입니다. 제일 먼저 행하신 일이 무엇일까요? 열매 없는 무화과나무를 저주하신 사건입니다.

1. 예수의 인성

"이튿날 그들이 베다니에서 나왔을 때에 예수께서 시장하신지라"라고 했습니다. 고난주간에 제일 먼저 행하신 사건이 무화과나무를 저주하신 사건입니다. 마가는 이 사건을 아주 자세히 기록해 주었습니다.

마태는 예수께서 새벽에, 일찍이 베다니에서 나오셨음을 말해 주었습니다. 아침 식사도 하지 않으시고 베다니 지역을 출발하셨습니다. 삼십대의 청년이니까 당연히 시장하셨습니다. 예수님이 하나님의 아들이시지만 지금은 사람의 형상을 입은 인간이셨습니다. 우리처럼 배고프고 아프고 슬퍼할 수 있는 사람이었습니다.

종의 형체를 입기까지 낮아지신 분이십니다. 인간의 형편과 고통과 슬픔을 모두 체휼하신 분이십니다. 눈물도 흘리시고 피곤하여 배에서 주무시기도 하셨습니다.

바울은 "우리 주 예수 그리스도의 은혜를 너희가 알거니와 부요하신 이로서 너희를 위하여 가난하게 되심은 그의 가난함으로 말미암아 너희를 부요하게 하려 하심이라"(고후8:9)라고 했습니다. 예수님은 부요하신 분이시지만 가난한 우리를 부요하게 만들기 위하여 사람이 되셨습니다.

왜 이른 아침부터 서두르셨을까? 그 이유는 정확히 알지 못하지만 성전을 돌아보신 후 성전 청결을 결심하신 것으로 보입니다. 성전을 사랑하는 열정! 성전을 더럽힌 자들에 대한 공의로운 심판을 생각하셔서 일찍 출발하신 것으로 보입니다. 성전이 더럽혀졌을 때 얼마나 끓어오르는 공의로운 분노가 있었겠습니까? 하나님의 성전을 성전답게 사용하면 성령이 충만히 역사하실 것입니다.

마태와 마가가 이 사건을 기록하는 데 있어서 약간의 차이점이 있습니다. 마태는 성전 청결을 먼저 기록하고 무화과나무를 저주하신 사건을 기록했습니다. 마가는 무화과나무를 저주하고 성전을 청결하게 하신 다음에 저주가 이루어진 것을 기록했습니다. 이것은 저자가 복음서를 기술하는 방법과 목적의 차이점이라고 생각하면 됩니다. 마가는 사건의 순서대로 기록했다면 마태는 주제별로 묶어서 기록했기 때문입니다.

주님은 경건의 모양은 있으나 경건의 능력은 없는 사람을 정죄하십니다. 거룩한 교회의 형태는 가지고 있지만 교회가 아닌 단체를 정죄하십니다. 요한계시록이 말해 주듯 유대인의 회라고 말하지만 사탄의 회도 존재하는 세상입니다.

여러분은 주님 앞에 무엇을 드릴 수 있습니까? 저는 종종 찬송을 잘 부르는 성도를 보면 부럽습니다. 저 집사님은 찬송으로 하나님께 영광을 돌릴 수 있으니 얼마나 좋을까? 저 장로님은 헌금을 많이 드릴 수 있는 부가 있으니 얼마나 좋을까? 저 권사님은 말도 잘하고 붙임성도 많아서 전도를 열심히 잘할 수 있으니 얼마나 좋을까? 많은 영혼을 하나님 앞으로 인도하겠지?

기독교의 본질은 생명입니다. 의와 거룩입니다. 하나님의 품성을 닮는 것입니다. 그런데 형식과 전통만 주장하면 안 됩니다. 유대인들처럼 형식적으로 기도하면 저주받습니다. 형식적으로 신앙생활하면 심판의 대상이 됩니다. 열매를 맺는 성도가 다 됩시다. 하나님께 안겨드리는 성도가 됩시다.

2. 무화과 나무

"멀리서 잎사귀 있는 한 무화과나무를 보시고 혹 그 나무에 무엇이 있을까 하여 가셨더니 가서 보신즉 잎사귀 외에 아무것도 없더라 이는 무화과의 때가 아님이라"라고 했습니다.

열매 없는 무화과나무에 대한 예수님의 반응이 무엇입니까? 저주입니다. 심판입니다. 정죄입니다. 너무한 것일까요? 아니면 당연한 것일까요? 착하고 충성된 사람에게 칭찬과 영생을 선물로 주고 악하고 게으른 사람에게 책망과 저주를 선언하는 것이 너무한 일일까요? 아니면 당연한 일일까요?

무화과나무는 보통 일 년에 두 번 정도 열매를 맺는 나무입니다. 지난 해에 싹이 난 가지에는 3월 말에 열매가 나타나서 5-6월 경에 익습니다. 또 봄에 나온 싹에서는 8월에서 10월 경에 열매를 맺습니다. 예수께서 찾으신 열매는 잎과 동시에 나기 시작한 이른 무화과 열매였습니다. 이 무화과 열매는 잎이 나오기 전에 열매부터 맺기도 합니다.

유월절이 가까운 4월 경이므로 무화과를 따 먹기에 적기는 아니었습니다. 다만 먹을 수 있을 정도의 무화과 열매는 충분했을 시기였습니다. 무화과나무의 잎이 무성했는데, 기대해도 좋을 만큼 무성했다는 데 문제가 있습니다. 멀리서 보았을 때와 가까이 갔을 때의 차이점이 문제였습니다.

사람이 겉과 속이 다르면 어떻게 되겠습니까? 여러분이 상대하는 사람이 처음과 나중이 다르다면 어떻게 하겠습니까? 지금 그런 상황이 벌어지고 있습니다. 멀리서 보았을 때와 가까이 갔을 때 너무나 달랐습니다.

멀리서 보았을 때 무엇인가가 있을 것 같았습니다. 무엇인가를 발견할 수 있을 것 같았습니다. 예수님까지도 당연히 열매를 기대해도 좋을 만큼 잎이 무성했습니다. 풋열매조차도 없다면 어떻게 하자는 것입니까?

역사적으로 이스라엘 민족은 하나님의 은총과 복을 많이 받은 민족입니다. 율법과 성전, 왕과 제사장과 선지자가 있었습니다. 하나님의 임재를 느끼면서 살았던 민족이었습니다. 그러나 하나님의 아들이 세상에 왔을 때 영접하는 자가 없었습니다. 패역하고 부도덕하고 무모한 짓만 일삼았습니다. 반대로 이방인임에도 믿음이 있는 사람들이 있었습니다. 칭찬 받을 만한 사람들이 있었습니다.

예수님은 왜 무화과 열매를 수확할 때가 아닌데 열매를 찾은 것인가? 예수님의 행동이나 기대에 모순이 있는 것인가? 그러나 이런 해석의 잘못은 팔레스틴 지방의 무화과나무의 열매의 특성을 이해하지 못한 인간의 합리적인 이론에 근거한 주장입니다. 물론 8-10월 사이에 열리는 열매는 거둘 수 없는 4월 경이었습니다. 하지만 이른 무화과 열매는 거둘 수 있었습니다.

그러나 잎만 무성하고 열매는 없었습니다. 이것은 이스라엘의 영적인 상태를 말해 줍니다. 우리들의 영적인 상태도 반영해 줍니다. 우리가 하나님 앞에 서 봅시다. 성경 앞에 서 봅시다. 교회 앞에 진실하게 서 봅시다. 십자가 앞에 자신을 세워 봅시다. 무슨 열매가 있습니까? 성령의 열매가 있습니까? 빛의 열매가 있습니까? 이제라도 성령의 열매, 빛의 열매를 맺도록 매진합시다.

3. 예수의 저주

"예수께서 나무에게 말씀하여 이르시되 이제부터 영원토록 사람이 네게서 열매를 따 먹지 못하리라"라고 정죄하셨습니다. 무화과나무가 예수님에게 보여준 것은 잎사귀뿐이었습니다. 이런 무화과나무에 대하여 예수님의 평가가 무엇입니까?

외적인 모습만 보여준 무화과나무에 대한 예수님의 선언이 무엇입니까? 열매 없는 무화과에 대한 선언이 무엇입니까? 이유없이 무조건 저주하신 것이 아닙니다. 부당한 선언도 아닙니다. 정당한 선언입니다. 마땅한 심판입니다. 창조주의 선언에 모순이 없습니다. 모순이 있다면 피조물에 문제가 있을 뿐입니다. 하나님은 무화과나무에게 햇빛과 비를 내려주셨습니다. 그렇기에 하나님의 은혜에 대한 응답이 있어야 합니다. 그것은 잎사귀가 아니라 열매입니다.

인간의 외식과 불신앙에 대한 하나님의 정죄는 당연한 것입니다. 종교 지도자는 물론 모든 사람이 똑같이 하나님의 심판대 앞에 서야 합니다. 칭찬이냐 아니면 책망이냐? 영생이냐 아니면 영벌이냐? 면류관이냐 아니면 부끄럼이냐? 그것이 문제입니다.

"이제부터 영원토록 사람이 네게서 열매를 따 먹지 못하리라". 저주는 신속하게 이루어집니다. 시간적으로 영원성을 가진 저주입니다. 예수께서 말씀하신 즉시 저주가 이루어졌습니다. 영원까지 이루어집니다. 무화과나무가 말라버린 것을 이튿날 발견하지만 마태는 즉시 말라

버렸음을 기록해 주었습니다.

이스라엘이 구원 역사에서 어떤 역할을 감당했습니까? 여러분은 하나님 나라의 발전에 있어서 어떤 면을 감당하고 있습니까? 구원 역사에 있어서 아무런 도움도 되지 못한 예루살렘 성전이 A.D. 70년 로마 장군 티투스에 의해 완전히 파괴되고 맙니다. 유대인들은 세계 각 곳으로 흩어지게 됩니다. 종교적인 구심점 역할을 할 수 없게 되었습니다.

제자들이 예수님의 말씀을 들었습니다. 제자들은 주목하여 말씀을 들었습니다. 나귀 새끼에 대한 말씀이 이루어진 것을 보면서 무화과나무에 대한 저주의 말씀도 귀담아 들었습니다.

중세교회를 생각해 봅시다. 형식주의와 의식주의에 사로잡혔습니다. 겉모양은 종교인데 속은 능력이 없는 타락한 종교였습니다. 부패와 타락의 길을 걸었습니다. 여기서 탈출할 수 있었던 것은 종교개혁이었습니다.

수많은 순교자가 나왔습니다. 영적인 암흑기에서 벗어나기 위하여 성경으로 돌아가고 기도하는 일에 열중했습니다. 오직 성경, 오직 은혜, 오직 믿음으로 돌아갔을 때 성령의 은혜가 교회마다 충만했습니다. 지금 한국 교회가 그런 상황입니다.

중세교회가 회개 운동을 일으켰던 것처럼 우리 다시 일어나 회개하여 자신이 복을 받으며 자손이 복을 받는 역사가 일어나기를 바랍니다. 한국 교회연합에서도 이런 운동을 전개하고 있습니다. 다시 일어나자! 다시 새롭게 되자!

요엘 선지자의 외침을 들어야 합니다. "너희는 옷을 찢지 말고 마음을 찢고 너희 하나님 여호와께로 돌아올지어다 그는 은혜로우시며 자비로우시며 노하기를 더디하시며 인애가 크시사 뜻을 돌이켜 재앙을 내리지 아니하시나니"라고 했습니다. 사랑하는 성도 여러분! 마음을 찢으면서 여호와께로 돌아가는 성도가 됩시다. 그 길이 살 길입니다. 그것만이 이 시대의 해답입니다.

제56강
마가복음 11장 15-19절

성전 정화

기도하는 사람의 마음은 어떤 마음일까요? 하나님을 믿고 사랑하는 마음에서부터 출발하여 하나님의 얼굴을 뵙는다는 믿음이 있고, 사랑하는 마음이 있기에 성전에 올라가서 기도합니다. 요한계시록 22장 4절에 영원한 나라의 모습을 설명해 줍니다. 수정같이 맑은 생명수 강이 보이고, 하나님과 어린양의 보좌가 있습니다. 강 좌우에 생명나무가 있으며, 종들은 하나님과 어린양을 섬깁니다. 그리고 "그의 얼굴을 볼 터이요"라고 했습니다. 이것이 "복 중의 가장 큰 복이며, 복의 절정이다"라고 필립 E. 휴스는 말했습니다.

천국의 영광 중의 영광은 하나님의 얼굴을 보는 것입니다. 피조물인 사람이 창조주 하나님과 깊이 교제하며, 구속주 하나님과 완전한 관계 속에 나아갑니다. 하나님과 백성들이 연합하여 쉴새없이 즐거워하며 사는 생활이 천국입니다.

다윗은 시편 17편 15절에서 "나는 의로운 중에 주의 얼굴을 뵈오리니 깰 때에 주의 형상으로 만족하리이다"라고 했습니다. 바울 사도는 사랑을 말하는 가운데 고린도전서 13장 12절에서 "우리가 지금은 거울로 보는 것같이 희미하나 그 때에는 얼굴과 얼굴을 대하여 볼 것이요 지금은 내가 부분적으로 아나 그때에는 주께서 나를 아신 것같이 내가 온전히 알리라"라고 했습니다.

사랑이 많은 사도 요한은 요한일서 3장 2절에서 "사랑하는 자들아 우리가 지금은 하나님의 자녀라 장래에 어떻게 될지는 아직 나타나지 아니하였으나 그가 나타나시면 우리가 그와 같을 줄을 아는 것은 그의 참모습 그대로 볼 것이기 때문이니"라고 했습니다.

1. 강도의 소굴

예수님이 예루살렘 성에 입성하셨습니다. 만왕의 왕으로 입성하셨습니다. 겸손하셔서 나귀 새끼를 타고 입성하셨고, 만왕의 왕이시지만 출생하실 때 사관에 누울 곳이 없어 마굿간에서 출생하셨습니다. 다른 사람에게 천국 복음을 전하고 가르치실 때도 남의 배를 빌려 타시고 가르치셨고, 돌아가신 다음에도 남의 무덤에 장사되었습니다.

왕이신 예수께서 먼저 행하신 일이 무엇입니까? 고난주간의 월요일에 행하신 일입니다. 열매 없는 무화과나무를 저주하셨습니다. 당연히 있어야 할 것은 없고 없어야 할 것들만 많았기 때문입니다. 이번에는 성전을 청결하게 하셨습니다.

성전을 청결하게 하는 사건은 사복음서에 다 나타납니다. 다만 요한복음 2장 사건은 사역 초기의 사건입니다. 예수님이 활동하신 당시의 성전은 헤롯 대왕에 의해서 안전히 복원된 성전이었습니다. 이방인의 뜰과 이스라엘 사람의 뜰이 있었고 성소와 지성소, 그리고 제사장의 뜰도 있었던 곳입니다.

오늘 성경에 나타난 성전은 이방인의 뜰로 이해됩니다. 희생 제사와 절기에 순례자들의 방문으로 다양한 상행위가 있었던 곳입니다. 대제사장과 상인들이 동업자로 연관되어 있었습니다. 당대에 하나님의 성전을 어떻게 사용했습니까? 예수님의 눈으로 보실 때는 '강도의 소굴'

이었습니다. 아니, 성전을 어떻게 사용하는 것이 강도의 소굴이 되는 것인가?

성전 안에서 매매하는 자들을 성전 밖으로 내쫓으셨습니다. 돈 바꾸는 자들의 상을 엎으셨습니다. 비둘기 파는 사람의 의자를 둘러엎으셨습니다. 아무나 물건을 가지고 다니는 것을 허락하지 않으셨습니다. "너희는 강도의 소굴을 만들었도다"라고 탄식하셨습니다. 어떤 신학자는 말하기를 당시 이런 시장이 네 군데나 있었다고 지적했습니다.

로마제국이 사용하는 돈, 헬라지방이 사용하는 돈, 유대지역에서 유통되는 돈이 있었습니다. 환전상들은 20세 이상된 남자들에게 성전세를 받았습니다(출30:13-16). 돈을 바꾸고 이익을 챙겼습니다. 물건을 싣고 성전을 두루 다녔습니다. 이방인들이 사용하는 성전뜰에도 이런 무리들이 자리를 차지했습니다. 몰지각한 유대인들이 이방인의 뜰까지 차지하기도 했습니다. 그래서 주님은 이들을 둘러엎고 내쫓고 다른 곳으로 보냈습니다.

성전은 성전입니다. 하나님 앞에서 몸된 성전, 교회를 귀하게 여깁시다. 성령이 역사하신 전, 성전을 귀하게 여깁시다. 또 우리가 사용하는 예배당도 귀하게 사용해야 됩니다. 물론 다른 건물에 비해서 귀하게 쓰이고 있습니다. 강도의 소굴이 아니라 기도하는 집으로 만들어 갑시다. 하나님의 얼굴을 사모하여 엎드리는 장소로 사용합시다. 기도하는 집으로 사용될 때 하나님께 영광이 되는 법인데 당시에는 인간의 이익을 창출하는 데 사용되었습니다.

2. 아버지 집

"내 집은 만민이 기도하는 집이라." 기도는 하나님의 교회에서 할 때 가장 좋습니다. 조용하고 공간이 넓습니다. 전화 받을 일도 없고 사람이 찾아 와서 문을 두드릴 일도 없습니다.

역사적으로 믿음의 영웅들은 하나님의 성전을 자주 찾아 기도했습니다. 다윗이나 모세, 히스기야 왕이나 사무엘, 바울이나 베드로, 예수 그리스도는 물론 모든 믿음의 선진들이 다 그랬습니다.

어떤 신학자는 말하기를 '성전은 제사를 드리기보다 기도하기 위해서 준비된 장소'라는 말까지 했습니다. 예배하기 위해서 준비된 장소가 성전이요, 교육과 성도들의 신령한 교제를 위해 허락된 장소입니다.

예수님은 "내 집은 만민이 기도하는 집이라"라고 하셨습니다. 물론 지금의 예배당은 구약시대의 성막이나 성전의 의미와는 다릅니다. 하나님의 지시대로 지어지지 않습니다. 그렇지만 주택이나 상점 그리고 호텔 같은 것에 비교해서 거룩하게 쓰여지고 있습니다. 만민이란 모든 민족, 족속입니다. 이스라엘 민족을 넘어 이방인에게 이르기까지를 말합니다.

성전은 하나님의 백성들이 정규적으로 예배드리고 기도하고 교육하기 위해서 사용되는 장소입니다. 하나님의 백성들이 모여서 신령한 교제를 합니다. 사랑을 나눕니다. 격려해 주고 위로해 주는 곳입니다.

다니엘의 기도를 생각해 봅시다. 바벨론의 포로였지만 날마다 하나님의 성전을 바라보면서 하루에 세 번씩 기도했습니다. 성전을 바라보면서 창문을 열어놓고 기도했습니다. 이국 땅에서 고향 하늘을 바라보면서 기도했습니다. 이 시대에 이런 기도가 필요합니다.

성경에서 기도에 대한 교훈만큼 많은 교훈이 없습니다. 또 "구하라 그리하면 너희에게 주실 것이요 찾으라 그리하면 찾아 낼 것이요 문을 두드리라 그리하면 너희에게 열릴 것이니 구하는 이마다 받을 것이요 찾는 이는 찾아낼 것이요 두드리는 이에게는 열릴 것이니라"(마7:7-8)라고 약속하셨습니다.

하나님께 예배 드리러 올라올 때 쓸데없는 염려와 근심과 걱정은 다 내려놓고 올라오기 바랍니다. 감사하는 마음, 찬송하는 심령, 신령한 찬송을 부르는 마음으로 주께 올라와 영광을 돌립시다. 그래서 형식적인 예배가 아니라 영적으로 살아있는 예배자가 됩시다.

성전 안에서 매매하는 자들을 쫓아내시며 탄식하던 예수님을 생각하면서 아름다운 예배를 드립시다. 주님은 하늘에서 우리의 경배를 받고 계십니다. 주님은 살아계신 분입니다.

열왕기상 8장 28-30절에 "그러나 내 하나님 여호와여 주의 종의 기도와 간구를 돌아보시며 이 종이 오늘 주 앞에서 부르짖음과 비는 기도를 들으시옵소서 ... 이 성전을 향하여 주의 눈이 주야로 보시오며 주의 종이 이곳을 향하여 비는 기도를 들으시옵소서 주의 종과 주의 백성 이스라엘이 이 곳을 향하여 기도할 때에 주는 그 간구함을 들으시되 주께서 계신 곳 하늘에서 들으시고 들으시사 사하여 주옵소서"라고 했습니다. 솔로몬 왕의 기도입니다. '이 곳을 향하여', '이 곳을 향하여'라는 말이 두 번이나 나옵니다. 이것은 강조입니다. 성전에서 올리는 기도에 응답이 있습니다.

구약시대의 다윗은 하나님의 성전을 사랑했습니다. 예수님의 마음도 그랬습니다. 요한복음 2장 17절에 "주의 전을 사모하는 열심이 나를 삼키리라"라고 했습니다. 하나님의 아들과 딸로서 아버지 집을 늘 출입합시다.

신약의 성전은 예수님의 몸이요, 우리의 몸이며, 천국이 성전으로 묘사되어 있습니다. 우리의 몸을 성령이 거하시는 성전으로 알아 성전에서 기도와 찬송 소리가 그치지 않도록 합시다.

3. 사람들의 반응

어느 시대나 사람들은 하나님 앞에 기도하는 것을 싫어합니다. 기도하는 것을 게을리합니다. 기도하면 무슨 문제가 해결되는데? 누가 밥 먹여 주느냐? 문제가 그대로 있던데? 기도 무용론자들의 말입니다. 그러나 신앙의 선배들은 외쳤습니다. 기도는 만능이다. 하나님의 복을 받는 통로다. 내가 할 일을 하나님이 하십니다.

　요즈음 사람들은 모든 것이 경제 논리이고, 힘의 논리입니다. 여러분이 사랑하는 사람과 대화하는 것이 어떻게 경제 논리로 해석이 됩니까? 또 힘의 논리로 이해가 됩니까? 어떻게 사랑의 논리를 힘이나 경제의 논리로 해석을 하겠습니까? 사랑하는 자와 대화했으니 십 만원 벌었다든지, 이십 만원을 벌었다고 말할 수 있습니까?

　예수께서 성전을 청결하게 하니까 대제사장들과 서기관들의 반응은 무엇입니까? "예수를 어떻게 죽일까?" 이것이 그들의 목표였습니다. 쓸데없는 지혜를 동원했습니다. 어떻게 하면 죽일 수 있을까? "무리가 다 그의 교훈을 놀랍게 여기므로 그를 두려워함일러라".

　마가복음 12장 12절에 "그들이 예수의 이 비유가 자기들을 가리켜 말씀하심인 줄 알고 잡고자 하되 무리를 두려워하여 예수를 두고 가니라"라고 했고, 14장 1절에서는 "이틀이 지나면 유월절과 무교절이라 대제사장들과 서기관들이 예수를 흉계로 잡아 죽일 방도를 구하며"라고 했으며, 11절에서는 "그들이 듣고 기뻐하여 돈을 주기로 약속하니 유다가 예수를 어떻게 넘겨 줄까 하고 그 기회를 찾더라"라고 했습니다.

　사람들의 반응은 무엇입니까? 예수님의 교훈을 듣고 놀라고 기이히 여깁니다. 두려워합니다. 기도할 때는 기도할 일이지 두려워하거나 무서워할 일이 아닙니다. 군중들은 예수님의 가르침에 깜짝 놀라서 정신을 잃을 정도였습니다. 압도당했습니다. 그때 공회가 예수를 잡으려고 했지만 쉽게 잡지를 못했습니다.

　세상이 아무리 타락을 해도 의가 승리합니다. 사람이 아무리 더러워도 거룩이 승리합니다. 거짓된 사탄이 아무리 역사해도 진실이 이깁니다. 우리 모두 영적으로 깨어서 기도하는 가운데 승리하는 그리스도인이 됩시다. 하나님을 믿고 사랑하여 성전에 모여 기도하는 복을 받읍시다.

제57강
마가복음 11장 20-26절

무화과나무와 기도

예수께서 십자가를 지시기 나흘 전인 고난주간의 화요일 아침입니다. 어제 저주하신 무화과나무가 뿌리째 마른 것을 보고 제자들이 질문하고 예수님이 대답하시면서 교훈하신 내용입니다. 마태복음 21장에도 나오는 말씀입니다.

1. 베드로의 보고

이튿날 아침 예수께서 저주하신 무화과나무가 뿌리째 마른 것을 보고, 베드로는 어떤 반응을 보였습니까? 베드로는 무화과나무가 뿌리째 마른 것을 목격하고 어제 예수께서 말씀하신 것을 생각했습니다. "랍비여 보소서 저주하신 무화과나무가 말랐나이다". 예수님의 한 번의 저주로 영원히 회생하지 못하게 되었습니다. 예수님의 축복도 영원합니다. 그러니 축복받는 것이 중요합니다.

마태는 예수께서 무화과나무를 저주하시자마자 곧바로 말랐음을 기록했는데 이것은 예수님의 이적을 행하는 능력에 초점을 맞춘 것이라면, 마가는 무화과나무의 상징성 즉 성전 정화 사건 이후에 이스라엘의 생명력 상실에 초점을 맞추었습니다.

사람이 생명력이 있어야 합니다. 우리, 나라도 그렇지만 교회는 더욱 그렇습니다. 살아 움직이는 생명력이 있을 때 능력이 나타납니다. 예수 안에 생명이 있습니다. 예수로 충만해서 살아 움직이는 성도가 됩시다. 그래서 성령이 임하시면 권능을 받으라고 하신 것입니다.

두 복음서에서 무화과나무가 마르기 시작한 시점이 다른 것은 마가는 마른 것을 제자들의 눈으로 직접 확인한 시점을 기록했다면 마태는 마르기 시작한 시점을 기록했기 때문입니다. 마가복음에는 마른 손, 마른 나무, 마른 혈루의 근원이 나옵니다. 뿌리로부터 마른 것은 영원히 소생할 가망이 없음을 가리키는 말입니다. 어떻게 이런 일이 있을 수 있는 것인가?

베드로가 말라버린 무화과나무를 보면서 예수님의 말씀을 생각했습니다. 베드로가 예수님의 수제자였음을 마가는 드러내고 있습니다. 그 이유 중 하나가 마가는 베드로의 제자였습니다. 베드로전서 5장 13절에 "택하심을 함께 받은 바벨론에 있는 교회가 너희에게 문안하고 내 아들 마가도 그리하느니라"라고 했습니다.

랍비여, 보소서! 랍비란 '큰 자, 주인, 선생'입니다. 크게 높임을 받는 선생을 가리킵니다. 예수님을 향하여 랍비라고 부른 사람들은 주로 제자들과 일반 대중, 대적자들도 그렇게 불렀습니다. 여러분은 예수님을 어떻게 생각합니까? 누구라고 생각합니까? 어떻게 부릅니까?

우리의 신앙고백이 중요합니다. '주는 그리스도시요 살아 계신 하나님의 아들이시니이다. 나의 주, 나의 하나님이십니다. 부활과 생명이 되십니다'. 이런 고백이 필요합니다. 저주와 축복의 근원자이십니다. 나를 축복하옵소서.

2. 예수님의 대답

베드로의 보고에 대한 예수님의 대답은 무엇입니까? 첫째로, 베드로야! "하나님을 믿으라"였습니다. 믿으라. 믿음을 가져라. 계속적인 믿음을 가져라. 말라버린 무화과나무를 보면서 놀라는 제자들에게 계속적인 믿음을 가지라고 교훈하셨습니다.

하나님의 공동체인 교회의 설립 요건이 무엇일까요? 믿음입니다. 모든 성도들의 믿음이 교회를 세웁니다. 이스라엘 나라가 생명력을 상실하게 된 근본적인 동기는 무엇일까요? 믿음이 없는 것이었습니다. 돈이 아닙니다. 사람의 수가 아닙니다. 믿음이 문제였습니다. 사람을 믿거나 의지하는 것이 아니라 하나님을 믿는 믿음이 문제였습니다.

교회가 교회다우려면 성도들의 믿음이 절대적으로 필요합니다. 믿음이 좋으면 좋은 교회입니다. 믿음이 약하면 약한 교회입니다. 하나님을 믿는 믿음입니다. 돈이나 사람을 믿는 믿음을 믿음이라고 말하지 않습니다.

마가복음 2장 5절에 "예수께서 그들의 믿음을 보시고 중풍병자에게 이르시되 작은 자야 네 죄 사함을 받았느니라"라고 했습니다. 네 사람이 한 명의 중풍병자를 들것에 싣고 데려왔습니다. 모든 사람의 믿음을 보시고 이적을 보이시며 죄 사함을 선언하셨습니다.

마가복음 4장 40절에 "이에 제자들에게 이르시되 어찌하여 이렇게 무서워하느냐 너희가 어찌 믿음이 없느냐"라고 했습니다. 바람과 바다의 풍랑을 보면서 두려워하는 제자들에게 하신 말씀입니다. 바람과 바다를 향하여 "잠잠하라 고요하라"라고 외치던 주님이 제자들을 향하여는 "어찌 믿음이 없느냐"라고 말씀하셨습니다.

마가복음 5장 34절에 "예수께서 이르시되 딸아 네 믿음이 너를 구원하였으니 평안히 가라 네 병에서 놓여 건강할지어다"라고 했습니다. 믿음이 구원을 가져옵니다. 건강의 복도 누리게 됩니다. 믿음이 능력입니다.

마가복음 10장 52절에 "예수께서 이르시되 가라 네 믿음이 너를 구원하였느니라 하시니 그가 곧 보게 되어 예수를 길에서 따르니라"라고 했습니다. 믿음은 구원과 관련을 맺고 있습니다. 은혜로 구원받지만 믿음으로 구원받는다는 말도 맞습니다.

이런 구절들은 이적과 관련 있는 믿음을 지적했습니다. 때로는 구원과 관련이 있는 믿음을 말했습니다. 믿음이 있을 때 구원이나 이적이 일어납니다.

둘째로, "내가 진실로 너희에게 이르노니 누구든지 이 산더러 들리어 바다에 던져지라 하며 그 말하는 것이 이루어질 줄 믿고 마음에 의심하지 아니하면 그대로 되리라"라고 했습니다.

예수님은 믿음의 능력에 대하여 말씀하셨습니다. 믿음이 무슨 능력이 있느냐고요? 믿음은 능력이 있습니다. 믿음은 무한한 능력입니다. 믿음의 선배들은 믿음의 능력을 우리 앞에 보여주었습니다.

진실이란 '아멘'이라는 뜻으로 예수님의 인격의 진실성과 약속의 진실성을 말합니다. 예수님의 교훈도 진실하여 확신할 수 있습니다. 예수님을 진심으로 믿고 의지할 때 믿음은 성장합니다. 예수님을 바라보면서 기도할 때 믿음이 좋아지고, 주님의 약속을 믿어 성경대로 살아갈 때 신앙이 확고해지는 법입니다.

산은 감람산을 가리키고 바다는 사해 바다를 일컬어 말씀하신 것입니다. 물론 산을 들어 바다에 던질 분은 하나님이십니다. 믿음으로 구하면 하나님께서 그렇게 하시겠다는 약속입니다. 믿음의 기도가 그렇게 역사를 바꾸고 불가능한 일을 가능하게 하실 수 있다는 의미입니다. 베드로는 믿음으로 바다 위를 걸었습니다. 열두 사도는 믿음으로 귀신을 제압하거나 병자를 고치기도 했습니다. 더 큰 일도 행하겠다고 약속했습니다(요14:12).

셋째로, "그러므로 내가 너희에게 말하노니 무엇이든지 기도하고 구하는 것은 받은 줄로 믿으라 그리하면 너희에게 그대로 되리라"라고 하셨습니다. 믿음의 기도는 반드시 응답이 있습니다. 믿음으로 기도합시다.

의심과 믿음은 반대 개념입니다. 믿음은 현재성과 계속성이 있어야 합니다. 과거의 믿음도 중요하지만 현재의 믿음이 더 중요합니다. 한 번의 믿음이 아니라 계속적이고 연속적인 믿음이 필요합니다. 계속하여 기도하고 계속하여 구하는 것이 믿음 있는 자의 자세입니다. 이런 믿음이 식지 않도록 기도해서 뜨거운 가운데 일평생을 믿음으로 달려가기를 바랍니다.

성경을 봅시다. 누가복음 18장 1절에 "항상 기도하고 낙심하지 말아야 할 것"을 비유로 말씀하셨습니다. 하나님과 사람을 두려워하지 않는 재판관과 과부의 비유에서 설명했습니다. 에베소서 6장 18절에 "모든 기도와 간구를 하되 항상 성령 안에서 기도하고 이를 위하여 깨어 구하기를 항상 힘쓰며 여러 성도를 위하여 구하라"라고 했습니다. 데살로니가전서 5장 18절에서는 "쉬지 말고 기도하라"라고 가르쳤습니다.

기도하면 하나님께서 능력을 주시고, 신실하신 하나님이 반드시 이루어 주실 것입니다. 사람이 해야 할 일은 계속하여 기도하는 것입니다. 끊임없는 기도입니다. 하나님은 사모하는 영혼에게 좋은 것으로 채워주십니다. 만족시켜 주십니다.

3. 용서와 사죄

"서서 기도할 때에 아무에게나 혐의가 있거든 용서하라 그리하여야 하늘에 계신 너희 아버지께서도 너희 허물을 사하여 주시리라"라고 했습니다. 기도할 때 다른 사람의 죄나 잘못이 생각나고 용서를 할 때, 하나님도 내 죄를 용서하는 은혜가 임할 것입니다.

물론 기독교의 기본적인 교리는 하나님께서 먼저 우리의 죄를 용서해 주신 것입니다. 만 달란트를 갚을 길이 없을 때 탕감하여 준 임금과 같습니다. 그런데 우리가 다른 사람의 잘못이나 죄를 용서하지 않는다면 하나님께서 우리의 죄를 용서하시겠습니까? 일만 달란트나 탕감받고도 겨우 백 데나리온의 잘못을 용서하지 못하겠습니까? 그렇다면 그 임금이 노하여 군대를 동원하여 감옥에 가두게 될 것입니다.

유대인들은 서서 기도하거나 엎드려 간구하거나 앉아서 기도하였습니다. 예수님 당시 유대인들은 일반적으로 서서 기도드렸습니다. 창세기 18장 22-23절에 보면 "그 사람들이 거기서 떠나 소돔으로 향하여 가고 아브라함은 여호와 앞에 그대로 섰더니 아브라함이 가까이 나아가 이르되 주께서 의인을 악인과 함께 멸하려 하시나이까"라고 했습니다.

마태복음 6장 5절에 "또 너희는 기도할 때에 외식하는 자와 같이 하지 말라 그들은 사람에게 보이려고 회당과 큰 거리 어귀에 서서 기도하기를 좋아하느니라 내가 진실로 너희에게 이르노니 그들은 자기 상을 이미 받았느니라"라고 했습니다. 기도할 때 서는 것은 하나님의 임재 앞에서 서는 것이고, 하나님만 높이고 하나님께만 마음을 향한다는 의미도 내포되어 있습니다.

여호와 앞에 서는 것은 기도자가 하나님께만 헌신하고 충성을 하며 복종하겠다는 의미도 담겨져 있습니다. 오늘날에도 어떤 식장에서 일어서는 것은 존경과 찬사와 경의를 표하는 뜻입니다. 물론 중요한 것은 외형적인 자세보다 마음의 자세입니다.

기도자는 물질이 되었든 아니면 정신적인 문제이든 적대관계에 있는 사람을 용서해야 합니다. 그래야 하나님과의 관계에서 막힘이 없습니다. 죄는 하나님과의 관계를 끊어 놓습니다. 용서는 하나님과의 관계를 회복하거나 사람과의 관계를 회복시키는 능력이 있습니다. 골로새서 3장 13절에 "누가 누구에게 불만이 있거든 서로 용납하여 피차 용서하되 주께서 너희를 용서하신 것 같이 너희도 그리하고"라고 했습니다.

하나님과 그리스도께서 먼저 우리의 죄를 용서해 주셨습니다. 우리도 하나님과 그리스도처럼 다른 사람의 잘못을 용서할 수 있어야 합니다. 예수님은 말라버린 무화과나무를 통하여 믿음은 기도를 가능하게 하고, 용서는 화해를 이룬다는 교훈을 하셨습니다.

제58강
마가복음 11장 27-33절

예수와 종교 지도자

예수님과 제자들은 다시 예루살렘 성으로 들어갔습니다. 성전에서 거니실 때입니다. 대제사장들과 서기관들 그리고 장로들이 나아왔습니다. 이를테면 종교 지도자들이 예수님께 나와서 질문을 했습니다. 알기 위한 질문이었을까요, 아니면 또 다른 의도가 숨어 있는 질문이었을까요?

1. 무슨 권위냐?

무슨 권위냐? 무슨 권세냐? 네가 행하는 것을 무슨 권위로 행하느냐? 예루살렘 성에 나귀 새끼를 타고 입성한 일이나 무화과나무를 저주하는 권위는 어디서 났느냐? 성전을 청결하게 하는 권위를 누가 주었느냐? 누가 이런 일 할 권위를 주었느냐? 유대 종교 지도자들이 예수님께 질문한 내용은 권위 혹은 권세의 종류와 출처에 대한 질문이었습니다.

고난주간(Holy Passion Week)의 화요일에 해당됩니다. 마지막 일주일을 살 때 나흘밖에 남지 않은 상황에서 나온 질문입니다. 예수님과 유대 종교 지도자들 사이에 성전에서 있었던 일로 인하여 처음으로 논쟁이 있게 되었습니다. 종교 지도자들이 예수님께 질문한 것은 알기 위해서나 더 깨닫기 위해서가 아니라 예수를 곤경에 빠뜨리기 위한 것이었습니다. 이 내용은 마태복음 21장과 누가복음 20장에도 나타납니다.

예수께서 예루살렘 성전을 거닐 때 대적하는 사람들이 예수님 앞으로 나왔습니다. 예수님은 제자들과 함께 여러 시간 동안 걸어다니셨습니다. 마태와 누가는 예수님이 백성들을 가르치셨다고 증언해 주었습니다.

교육하고 가르칠 때에는 항상 방해꾼이 있습니다. 그릇되게 배운 사람들의 주장, 잘못 배운 사람들의 주장이 있습니다. 바울도 디모데후서 2장에서 그런 내용으로 고백했습니다. 바울은 디모데에게 "진리의 말씀을 옳게 분별하며 부끄러울 것이 없는 일꾼으로 인정된 자로 자신을 하나님 앞에 드리기를 힘쓰라"라고 했습니다.

그러면서 "망령되고 헛된 말을 버리라 그들은 경건하지 아니함에 점점 나아가나니 그들의 말은 악성 종양이 퍼져나감과 같은데 그 중에 후메내오와 빌레도가 있느니라"라고 했습니다. '악성 종양'이란 암을 말합니다. 가르칠 때에 그릇된 것을 주장하는 암적인 존재가 있다는 것입니다.

후메내오와 빌레도는 "진리에 관하여는 그들이 그릇되었도다 부활이 이미 지나갔다함으로 어떤 사람들의 믿음을 무너뜨리느니라"라고 했습니다. 부활은 이미 지나간 것으로 주장한 자들입니다. 자신은 물론 다른 사람의 믿음까지 무너뜨리는 자들입니다.

심지어 가만히 들어와서 어리석은 여인들을 미혹하는 자들도 있었고, 성전에 앉아 자기를 하나님이라고 주장하는 자도 있었습니다. 이런 것이 말세에 나타날 징조들입니다. 한국 사회에는 이런 사람들이 꽤 있습니다.

무슨 권위로 이런 일을 하느냐? 권위는 '권능, 권세, 권한, 힘'으로 번역할 수 있습니다. 종교 지도자들의 질문에는 함정이 있는 질문이었습니다. 권위를 하나님으로부터 받은 것이라고 말하면 신성모독죄라 할 것이고, 개인적인 권위라고 말한다면 당시 최고의 권위인 산헤드린 공회가 있었는데 종교 회의를 모독했다고 주장할 것입니다.

아주 난해한 질문입니다. 대답하기 곤란한 질문입니다. 함정이 있는 질문이지요. 넘어뜨리기 위한 질문입니다. 권위의 종류를 묻던 지도자들은 권위의 출처에 대해서도 물었습니다. '누가 주었느냐?' 왜냐하면 자기들의 권위가 흔들리고 있는 상황이기 때문입니다.

성전 청결 사건을 비롯하여 지금까지 있었던 여러 가지 일들을 행할 수 있는 권위를 누가 주었느냐? 성전에 대한 일들은 산헤드린 공회와 종교 지도자들과 밀접한 관계를 가지고 있는 일인데 누가 주었느냐?

물론 사도 바울은 로마서 13장 1-2절에서 "각 사람은 위에 있는 권세들에게 복종하라 권세는 하나님으로부터 나지 않음이 없나니 모든 권세는 다 하나님께서 정하신 바라 그러므로 권세를 거스르는 자는 하나님의 명을 거스름이니 거스르는 자들은 심판을 자취하리라"라고 했습니다.

사랑하는 성도님들이여! 우리가 하나님의 성령이 거하는 성전이라면 성령이 강하게 역사하며, 주님의 말씀을 담을 수 있도록 해야 합니다. 주님이 강력하게 활동할 수 있도록 맡겨드려야 합니다. 에베소서 4장 30절에 "하나님의 성령을 근심하게 하지 말라 그 안에서 너희가 구원의 날까지 인치심을 받았느니라"라고 했기 때문입니다.

2. 예수님의 역질문

종교 지도자들이 예수님의 권위의 종류와 출처에 대하여 질문하며 올무를 씌우려 할 때, 예수님은 종교 지도자들에게 되묻습니다. "나도 한 말을 너희에게 물으리니 대답하라 그리하면 나도 무슨 권위로 이런 일을 하는지 이르리라 요한의 세례가 하늘로부터냐 사람으로부터냐 내게 대답하라"라고 했습니다. 요한이 세례를 베푼 것이 하늘에서 권위를 받아서 행한 일인지 아니면 사람에게서 받아 행한 일인지를 물으셨습니다.

예수님은 종교 지도자들이 질문한 것에 대해 대답 대신 오히려 역질문을 하셨습니다. 상황을 반전시키셨습니다. 자신의 답변을 기대하는 사람들에게 오히려 종교 지도자들의 답변을 기대하게 만드셨습니다.

무슨 권위로 누가 행하게 하였느냐고 물어서 당황하게 만들었다면 예수님은 '한 말'과 '하나의 질문'으로 더 당황하게 만들어 버렸습니다. 예수님의 지혜와 권능을 찬양합니다. 이런 극적 반전 방법, 질문에 대한 대답 대신 하나의 질문을 던지는 형식은 그 당시 널리 사용되던 랍비적인 대답 방식이었습니다. 특별히 논쟁을 할 경우에는 더욱 이 방법을 사용하였습니다.

하늘로서냐 아니면 사람에게로서냐? 세례 요한이 베풀던 세례의 진정성에 대한 질문이었습니다. 양자택일의 문제가 아니라 서로 배타적인 관계의 문제입니다. 하늘로서라고 말하면 세례 요한을 하나님이 보내신 참 선지자로 인정하는 의미일 것이고, 사람에게로서라 하면 세례 요한을 거짓 선지자로 인정하게 될 것입니다.

이 문장의 구조는 '사람으로서'가 아니라 '하늘로서'를 강조합니다. 기원의 문제입니다. 하늘로부터, 하늘로서라고 대답해야 정답입니다. 세례 요한의 세례가 하늘로서라면 나의 권위, 권세도 하늘로부터 온 것임을 증거하고 있는 것입니다. 유대인들은 하나님이라는 말을 함부로 사용하지 않았기 때문에 하늘이라는 말로 표현한 것입니다.

기원, 출처가 하나님과 반대되는 사람으로부터라고 하면 불완전하고 거짓된 계시를 전제하는 말입니다. 하늘로부터 온 참 선지자라고 말한다면 자기들이 죽인 자가 될 것이고, 사람으로부터 온 사람이라고 말하게 되면 백성들이 두려웠던 것입니다. 백성들은 다 하나님이 보낸 자로 알고 믿고 있었기 때문입니다.

세속주의나 교권주의에 물들면 진리를 외면하게 됩니다. 진리를 버리는 사람이 됩니다. 주님을 버리는 경우도 생깁니다. 예수님의 권위에 도전하게 됩니다. 하늘로부터 온 권위를 무시하게 됩니다. 그러다 보니까 범죄자가 되는 것입니다. 세속적이고 교권주의에 물들어버린 사람은 예수님은 안 보이고 자기만 보입니다. "성경도 하나님의 능력도 오해하였도다". 하나님의 은혜도 깨닫지 못하는 사람이 됩니다.

3. 종교 지도자들의 논의

종교 지도자들은 서로 의논했습니다. "만일 하늘로부터라 하면 어찌하여 그를 믿지 아니하였느냐 할 것이니 그러면 사람으로부터라 할까 하였으나 모든 사람이 요한을 참 선지자로 여기므로 그들이 백성을 두려워하는지라 이에 예수께 대답하여 이르되 우리가 알지 못하노라 하니 예수께서 이르시되 나도 무슨 권위로 이런 일을 하는지 너희에게 이르지 아니하리라"라고 했습니다.

당황한 유대 종교 지도자들이 서로 의논하여 결정한 것이 무엇입니까? 고심하고 궁리한 끝에 내놓은 결론이 무엇입니까? 만일 하늘로부터라고 대답하면 왜 안 믿었느냐고 할 것이고, 사람에게서라고 대답하면 백성들은 모두 다 세례 요한을 참 선지자로 여기고 있기 때문에 백성을 두려워해서 자기들은 잘 모르겠다고 대답했습니다.

세례 요한은 예수님의 길을 예비한 선구자, 하나님의 사자였습니다. 세례 요한은 구약의 선지자들이 예언했던 인물이었습니다. 백성들도 계속하여 하나님이 보낸 참 선지자로 알고 있는 상황이었습니다. 그런데 만약 사람에게로서라고 말하면 백성들이 돌로 칠 것입니다. 그래서 종교 지도자들은 두려워했습니다. 결론은 '모른다'라고 말합니다. 우리는 알지 못하노라. 이것은 궁색한 답변이고 정직하지 못한 대답이었습니다. 논쟁의 패배입니다.

위선자입니다. 위선자는 항상 두려움과 갈등이 있습니다. 진리를 진리로 인정할 때 고난이 따라올 수 있지만 마음속 깊은 데서 기쁨이 샘솟듯 솟아나는 법입니다. 종교 지도자들은 사람이 주는 평안은 얻었을지 모르지만 하나님께서 주시는 평안은 얻지 못했습니다.

디도서 1장 16절에 "그들이 하나님을 시인하나 행위로는 부인하니 가증한 자요 복종하지 아니하는 자요 모든 선한 일을 버리는 자니라"라고 했습니다. 위선자가 되지 맙시다. 진실하게 인정할 것은 인정하면서 삽시다. 진실한 그리스도인이 됩시다. 거짓의 아비는 사탄입니다. 성령은 거룩한 영입니다. 예수님은 진실하신 분이십니다.

예수님은 지도자들의 중심을 아십니다. 종교 지도자들이 적당하게 대답하니까 자신도 무슨 권위로 이런 일을 행하는지 말씀하지 않겠다고 선언하셨습니다. 종교 지도자들은 정직하게 대답할 수 없으니까, 곤란하니까 모른다는 자세를 취했습니다. 이것이 사람의 타락한 증거 중의 하나입니다.

예수님은 지혜의 왕이십니다. 솔로몬보다 크신 분이십니다. 세상에 있는 모든 자들보다 더 높고 큰 지혜자이십니다. 그래서 지혜를 후히 주시고 꾸짖지 않으시는 하나님께 기도해야 합니다.

역사적으로 바리새인들이나 사두개인들 그리고 서기관까지 다 동원되어 예수님에게 질문했습니다. 답변하기 힘들고 어려운 질문들이었습니다. 그러나 예수님은 한 가지도 대답하지 못하신 것이 없으십니다. 선명하게 대답하실 것은 대답하시고, 그렇지 않은 것은 대답하지 않으셨습니다. 우리도 성령의 충만함을 받아 사람 앞에 말할 것과 이를 것을 인도받는 성도가 됩시다.

마태복음 10장 19-20절에 "너희를 넘겨 줄 때에 어떻게 또는 무엇을 말할까 염려하지 말라 그 때에 너희에게 할 말을 주시리니 말하는 이는 너희가 아니라 너희 속에서 말씀하시는 이 곧 너희 아버지의 성령이시니라"라고 했습니다.

제59강
마가복음 12장 1-12절

악한 포도원 농부 비유

세상에 버려진 쓰레기를 귀하게 여기는 사람은 아무도 없습니다. 버려진 쓰레기에서 종종 돈도 나오고, 수표도 발견된답니다. 사람들이 버린 돌, 건축자의 버린 돌을 귀하게 여기는 사람은 아무도 없습니다. 요즘 같은 세상에서는 돈을 많이 주고 버려야 합니다.

그러나 하나님은 건축자의 버린 돌을 아주 귀하게 여기신 분이십니다. 건축자가 버린 돌을 주워서 멋진 집, 하나님의 성전을 지었습니다. 하나님 나라를 건설하셨습니다. 하나님은 인간의 이성으로는 생각할 수 없는 비상하고 기이한 건축자이십니다.

1. 주인과 농부

포도원 주인이 포도원을 아름답게 만들었습니다. 포도나무도 많이 심었습니다. 울타리도 잘 만들었습니다. 포도즙을 짜는 구유도 만들었습니다. 도적을 지키기 위한 망대도 지었습니다. 그 주인은 농부에게 포도원을 세로 주고 자기는 타국으로 여행을 떠났습니다.

예수님 당시 요단강 계곡과 갈릴리의 고지대의 많은 땅을 외국인 지주들이 차지했고, 주인과 소작인들간의 갈등과 분쟁은 흔한 일이었습니다. 이 비유는 심판을 상징하고 있고, 구속사에 있어서 하나님이 이스라엘을 어떻게 대해 오셨는가를 알 수 있습니다.

주인과 농부 사이에 정한 때가 되었습니다. 포도는 심은 지 4-5년 정도부터 열매를 많이 맺게 됩니다. 포도 열매도 많이 맺어 풍년이 들었습니다. 다른 해보다 소출이 많았습니다. 주인은 포도원에 대한 소작세를 받으려고 종을 보냅니다. 주인이 월세나 전세를 받듯 소작세를 받는 것은 당연한 것입니다. 그렇게 계약을 했기 때문입니다.

인생이란 하나님께 소작세를 내기로 하고 포도원을 세로 얻어 사는 사람과 같습니다. 우리의 것이라고는 하나도 없습니다. 내 것이 어디 있습니까? 내 것이라고 주장할 수 있는 것이 무엇입니까? 철저하게 주인 것, 하나님 것입니다. 건강도 때가 되면 약해집니다. 시간도 때가 되면 다 지나갑니다. 물질도 명예도 내 것 같지만 내 것이 아닙니다. 사용하다가 다 놓고 가야 합니다.

개인적인 종말인 죽음이 언제 찾아올지 아무도 모릅니다. 새벽에 올 수도 있습니다. 저녁에 올 수도 있습니다. 때로는 차에서 임종을 맞이할지도 모르고, 잠자다가 죽을지도 모릅니다. 바라기는 잠자다가 소리 없이 세상을 떠나고 싶은 것이 사람의 다 같은 마음입니다.

포도원을 소작세로 놓은 주인에게는 문제가 없었습니다. 포도원에도 문제가 없었습니다. 다만 소작세를 내기로 하고 세를 든 '사람'이 문제였습니다. 그래서 인생은 겸손하게 살아야 합니다. 우리는 다 같이 세든 사람입니다. 주인이 아닙니다. 그런데 주인처럼 살 때가 얼마나 많습니까? 제 것도 아닌데 제 것처럼 큰소리치는 사람을 보면 얼마나 우습게 보입니까?

하나님은 교회와 국가를 사랑하십니다. 특별히 이스라엘을 사랑하셨습니다. 사랑했기에 율법과 의식법을 주셨습니다. 하나님의 성전도 허락하고, 선지자와 대제사장과 왕도 세워주셨습니다. 심지어 가나안의 일곱 족속을 쫓아내시고 많은 은혜와 복을 쏟아부어 주셨습니다. 그러나 이스라엘의 역사를 살펴보면 악한 농부와 같았습니다. 출애굽에서 예루살렘 성의 멸망까지 유대 민족의 역사는 하나님을 순종하기보다는 배반하는 역사, 불순종의 역사라고 말할 수 있습니다.

오늘의 한국 교회는 어떻습니까? 하나님은 영육간에 한없는 은혜와 복을 주셨습니다. 세계 역사 속에 한국 교회만큼 급성장한 교회가 없었습니다. 경제적으로도 빨리 성장한 민족입니다. 하나님의 은혜와 복을 정말 감사하면서 살아야 하는 민족이요, 교회입니다.

여러분은 어떻습니까? 하나님의 것을 자기 것으로 만들 때 하나님은 심판하십니다. 사람은 맡은 자입니다. 청지기입니다. 관리인입니다. 우리가 주인이 아닙니다. 주인은 따로 있습니다. 이점에 실수가 없어야 합니다. 여러분의 주인은 하나님이십니다. 교회의 주인도 하나님이십니다. 이것을 확실히 믿어야 합니다.

2. 농부들의 반응

주인은 세를 받을 때가 되었을 때 세를 받기 위한 노력을 기울였습니다. 농부가 추수를 끝냈을 때 주인으로서 소작세를 요구했습니다. 이것은 당연한 것입니다. 본래 농부에게 그냥 준 것이 아니라 세로 주었습니다. 중간에 더 올려달라고 조르는 행위가 아닙니다. 주인은 때가 되었을 때 한 종을 보냈습니다.

세든 사람들의 반응이 무엇입니까? 첫 번째로, 3절에 "그들이 종을 잡아 심히 때리고 거저 보내었거늘"입니다. 주인은 또 다른 종을 보냈습니다. 하나님이 보낸 선지자를 그렇게 대했습니다.

두 번째 반응은 무엇입니까? 이번에 농부들은 어떻게 대했을까요? 4절에 "그의 머리에 상처를 내고 능욕하였거늘"이라고 했습니다. 주인은 정말 기가 막혔습니다. 언약을 맺은 대로 달라는 것인데 이렇게 할 수 있을까? 이스라엘이 하나님이 보낸 사람들에게 그렇게 했습니다. 언약 백성답지 않았습니다. 선지자를 능욕했습니다.

주인은 세 번째로 또 다른 종을 보냈습니다. 이번에는 또 어떻게 했을까요? "그들이 그를 죽이고 또 그 외 많은 종들도 더러는 때리고 더러는 죽인지라"라고 했습니다. 이런 반응을 보였습니다. 정말 말도 안되는 반응이 아닙니까?

주인에게는 마지막 방법으로, 한 사람이 남아 있었습니다. 사랑하는 아들입니다. 포도원 주인은 종을 보내서 그런가보다 생각했습니다. 이번에는 자기가 가장 사랑하는 아들, 귀하게 여기는 아들을 보내기로 작정했습니다. 하나밖에 없는 외아들입니다. 주인은 혼자 작정했습니다. 그리고 실제로 사랑하는 아들을 보냈습니다. 그리고 속으로 생각했습니다. "내 아들은 존대하리라"라고 생각했습니다. 틀림없이 내 아들은 존대할거야!

그러나 악한 농부들의 반응은 주인의 생각과 전혀 달랐습니다. 어떤 반응을 나타냈습니까? "그 농부들이 서로 말하되 이는 상속자니 자 죽이자 그러면 그 유산이 우리 것이 되리라 하고 이에 잡아 죽여 포도원 밖에 내던졌느니라"라고 했습니다. 여러분이 포도원 주인이라면 어떻게 하겠습니까?

반항하는 소작인입니다. 소유권 등기를 마음대로 하는 사람과 같습니다. 역사적으로 하나님이 보낸 선지자들을 이스라엘 백성들은 마음대로 죽였습니다. 돌로 쳤습니다. 상처를 내고 능욕도 했습니다. 그리고 마지막으로 아들을 죽인 것이 가장 결정적인 반항의 표시였습니다. 예수를 믿지 않고 버리는 것이야말로 인간의 가장 타락한 모습일 것입니다. 예수를 진심으로 믿지 않는 것만큼 탈선 행위는 없는 것입니다.

게다가 하나님의 것을 내 것으로 만들려는 노력까지 했습니다. 하늘에 계신 자가 웃으십니다. 시간을 자기의 것으로 만들어 버립니다. 물질도 자기의 것으로 만듭니다. 하나님의 것을 사람의 것으로 만든다고 해서 사람의 것이 되는 것은 아닙니다. 그럼에도 사람들은 하나님의 것을 자기 것으로 만들었습니다.

반면에 하나님의 인내가 보입니다. 하나님은 오래 참으십니다. 사람이 사람답게 살 때까지 기다리십니다. 하나님이 기다리시는 동안 인간의 수명이 다 돼서 사람답게 살지 못하고 죽는 경우도 많습니다.

역대하 36장 16절에는 이런 말씀이 있습니다. "그의 백성이 하나님의 사신들을 비웃고 그의 말씀을 멸시하며 그의 선지자를 욕하여 여호와의 진노를 그의 백성에게 미치게 하여 회복할 수 없게 하였으므로"라고 했습니다.

이스라엘을 주변 국가가 침공하여 남녀노소를 막론하고 다 죽였습니다. 성전을 불살라 버렸습니다. 백성들은 다른 나라의 포로가 되었습니다. 바벨론이나 앗수르 그리고 애굽과 블레셋 등으로 끌려갔습니다. 하나님을 떠난 국가나 사회 그리고 개인이 복을 받는 법이 있던가요?

반항하는 옛 사람의 모습을 벗어버립시다. 순종하는 하나님의 아들과 딸들이 되시고, 드릴 것은 드리고 바칠 것은 바치고 깨끗하게 살아가는 복된 성도가 됩시다.

3. 어떻게 되었을까?

이 사건의 결과는 어떻게 되었을까요? 한마디로 주인은 농부들을 진멸했습니다. 농부들은 모든 것을 다 빼앗겼습니다. 모두 죽었습니다. 망하게 되었습니다. 아무것도 남는 것이 없게 되었습니다. 사람의 실패가 여기 있습니다. 하나님의 것을 자기 것으로 만들면 잘될 것 같습니까? 그렇지 않습니다. 하나님의 것은 하나님의 것입니다.

하나님은 망하시는 분이 아닙니다. 사람만 망하게 됩니다. 교회 안을 들여다 봅시다. 하나님 중심, 말씀 중심, 교회 중심적일 때 망할 이유가 없는 단체가 교회입니다. 주님이 축복해 주시지요. 주의 종이 새벽마다 하나님께 기도하지요. 구역원들이 간구하지요. 철야 기도에 기도해 주지요. 망할 이유가 없어요. 다만 하나님의 것을 자기의 것으로 만드니까 아나니아와 삽비라 부부처럼 되는 것입니다.

주인은 포도원을 다른 사람들에게 세로 주었습니다. 건축자들은 모퉁이의 머릿돌을 버렸습니다. 그러나 하나님은 버려진 돌을 주워다가 모퉁이의 머릿돌이 되게 했습니다. 사람들이 보기에는 깜짝 놀랄 만한 일입니다. 역사적으로 그런 일이 없었기 때문입니다.

버려진 돌은 누구입니까? 모퉁이의 머릿돌은 누구를 말합니까? 예수님이십니다. 하나님은 사랑하는 독생자 예수를 세상에 보내주셨지만 사랑하는 자가 없었습니다. 인류 역사를 살펴보십시오. 누가 예수를 사랑했습니까? 누가 예수를 귀하게 여겼단 말입니까?

사람들은 하나님께서 주신 것을 알지 못했습니다. 알더라도 하나님의 것을 내 것으로 만들 뿐만 아니라 하나님이 사랑하는 자, 외아들, 독생자 예수 그리스도를 십자가에 못박아 버렸습니다. 내동댕이쳤습니다. 예루살렘 성 밖 갈보리산 언덕 위 골고다에서 십자가에 못박아 죽게 했습니다. 마가가 강조한 것은 기독론입니다. 하나님이 사랑하는 아들을 세상에 보내신 것입니다.

이렇게 버려진 예수를 하나님이 삼 일만에 살리셔서 교회의 기초, 천국의 기초가 되게 하셨습니다. 이제는 다른 터가 없습니다. 하나님께서 그렇게 하셨습니다. 소작인들이 종교 지도자들이라면 버려진 돌은 예수님이십니다. 그래서 유대 종교 지도자들이 자기들을 가리킨 줄로 알고 예수를 잡고자 합니다. 그러나 무리를 무서워합니다. 하는 수 없이 예수를 버려두고 떠나갑니다. 예수님을 버린 돌처럼 내버렸습니다.

여러분은 하나님의 것을 내 것으로 만들기 위해 예수를 버린 사람들이 결코 아닐 것입니다. 예수를 사랑하는 하나님의 백성들이 되기 바랍니다. 머릿돌을 귀하게 여기는 분들은 하나님의 것을 하나님께 드리는 사람입니다. 이것이 예수를 사랑하는 백성들이 할 일이요, 소작세를 드리는 사람의 삶입니다.

제60강 · 납세 논쟁 _ 막 12:13-17
마가복음 12장 13-17절

납세 논쟁

　　우리는 포도원 비유에서 사람의 어리석음을 보았습니다. 하나님의 것을 자기의 것으로 만들기 위해서 하나님이 보낸 하나님의 종들을 때리고 능욕했습니다. 때로는 머리를 상하게 했습니다. 어느 때는 죽였습니다. 하나님이 그렇게 사랑하는 아들까지 보냈지만 끝내 농부들은 아들을 죽여서 포도원 밖에 내던졌습니다. 그리고 포도원을 자기의 것으로 만들려고 했습니다. 사람은 하나님의 것과 사람의 것을 구분하지 못하는 철부지와 같습니다.

　　사랑하는 성도님들은 지혜로운 하나님의 백성, 하나님의 아들과 딸로서 하나님의 것을 하나님께 드리셔서 영육간에 하나님의 복을 받기를 바랍니다. 또 하나님의 아들, 예수 그리스도를 귀하게 여기고 믿고 사랑하는 사람으로서 건축자의 버린 돌을 사랑하여 교회를 세우고 천국을 건설하는 일꾼들이 되기를 바랍니다.

1. 산헤드린 공회

　　종교 지도자들은 먼저는 예수님의 권위에 대해 도전하더니 이제는 올무를 가지고 도전했습니다. 당시 종교가 얼마나 타락했는지를 보여 줍니다. 산헤드린 공회원들이 예수님을 함정에 빠뜨리기 위하여 바리 새인과 헤롯당 사람들 중에 몇 사람을 파송했습니다. 하나님은 참 생명을 위하여 사람을 보냈지만 대적자들은 참 생명이신 예수를 죽이기 위하여 사람을 보냈습니다.

바리새인은 당시의 종교인입니다. 헤롯당은 정치인의 모임입니다. 종교인들과 정치가들이 합심해서 예수님께 도전했습니다. 왜냐하면 지금까지 만왕의 왕 되신 예수님이 예루살렘 성에 입성하신 다음에 자기들 눈에 거슬리는 일을 했기 때문입니다.

예수께서는 성전을 청결하게 하셨습니다. 그리고 무화과나무를 저주하셨습니다. 종교 지도자들이 무슨 권위로 이런 일을 하느냐? 누가 이런 권위를 주었느냐? 질문을 해 보았지만 예수님의 대답을 꺾을 수 없었습니다. 예수님은 역질문으로 요한의 세례가 하늘로서냐 아니면 사람으로서냐? 되질문하자 그들은 자기들의 입장이 곤란하여 모른다고 대답했습니다. 그러니까 예수님도 나도 누구의 권위인지 너희에게 가르쳐 주지 않겠다고 말씀하셨습니다.

이번에는 종교인과 정치인들이 야합했습니다. 그리고 예수님께 함정이 있는 질문을 했습니다. 알기 위한 질문이 아니라 책잡기 위한 질문입니다. 예수님을 곤경에 빠뜨리기 위한 질문입니다. 여러분도 집안 식구가 모이면 평상시에는 자기들끼리 사이가 그렇게 좋지 않다가도 여러분의 신앙을 공격할 때는 다 같이 힘을 합하는 것을 느낄 것입니다. 참 이상한 일입니다. 그런데 이상할 것이 없습니다. 왜냐하면 예수님께도 종교인과 정치인들이 야합하여 공격했듯이 우리에게도 그런 공격은 항상 있는 일입니다.

그러면 어떤 질문으로 책잡으려고 했습니까? "선생님이여, 우리가 아노니 당신은 참되시고 아무라도 꺼리는 일이 없으시니 이는 사람을 외모로 보지 않고 오직 진리로써 하나님의 도를 가르치심이니이다"라고 했습니다. 예수님의 인격을 시험하는 내용의 질문이었습니다. 사람은 인격을 시험하는 것에 종종 잘 걸리고 넘어집니다.

일반적인 사람들은 인격을 칭찬할 때 좋아하지만 실제적으로 칭찬받는 사람은 교만해질 수 있습니다. 잘못했는데 잘했다든지 아니면 별로 잘난 것이 아닌데 잘났다든지, 공부를 잘하지 못하는데 잘한다고 말 할 때 종종 사람은 혼돈 가운데 빠지게 되어 있습니다. 때로는 격려의 말도 필요하지만 불순한 의도가 내포된 말은 하지 않는게 바람직합니다.

여러분은 인격적인 면에서 어떤 사람입니까? 자기는 자신을 잘 모르고 사는 법입니다. 잘 알고 있다고 말하지만 실제적으로는 잘 모르고 있습니다. 그래서 주님을 생각하고 주님을 닮으려고 노력해야 합니다.

바울은 에베소서 4장 15절에서 "오직 사랑 안에서 참된 것을 하여 범사에 그에게까지 자랄지라 그는 머리니 곧 그리스도라"라고 했습니다. 23-24절에서는 "오직 너희의 심령이 새롭게 되어 하나님을 따라 의와 진리의 거룩함으로 지으심을 받은 새 사람을 입으라"라고 했습니다. 주님의 인격을 닮아가는 성도가 됩시다.

2. 납세 논쟁

바리새인과 헤롯당원들이 예수님에게 무슨 질문을 했습니까? 14절에 "가이사에게 세금을 바치는 것이 옳으니이까 옳지 아니하니이까 우리가 바치리이까 말리이까"라고 했습니다. 양자택일의 시험이었습니다.

당시 유대인들은 남자는 14세로부터 65세까지, 여자는 12세로부터 65세까지 1데나리온씩 거두어 로마 제국의 국고로 보내는 인두세를 내고 있었습니다. 인두세에 대하여 종교인들 사이에는 복잡하고 미묘한 문제로 얽혀 있는 상황이었습니다. 간단하게 대답할 수 있는 문제가 아니었습니다.

이것은 단순히 알기 위하여 묻는 말이 아닙니다. 시험하는 말이었습니다. 함정이 있는 질문입니다. 예수님의 권위에 대하여 도전하다가 실패하니까 이제는 총독의 권세를 이용하여 도전하고 있습니다. 납세 문제는 옛날이나 지금이나 큰 문제입니다. 하나님의 교회가 세금을 내야 하는가 내지 말아야 하는가? 우리들은 낼 것은 내고 내지 말아야 할 것은 내지 말아야 한다고 생각합니다.

아무도 쉽게 대답할 수 없는 난해하고 곤란한 질문입니다. 만약에 '로마 나라에 세금을 바치라'. 그렇게 말씀하신다면 헤롯당원들은 못 들은 척하고 있겠지만 바리새인들이 가만히 있지를 않았을 것입니다. 왜냐하면 유대인 민족이 로마의 속국임을 인정했다고 대제사장들에게 고소했을 것입니다. 바리새인들은 로마 나라에 세금 바치는 것을 반대하는 집단이었습니다.

반대로 '세금을 로마 나라에 바치지 말라'. 그렇게 말씀하신다면 바리새인들은 가만히 있겠지만 헤롯당원들이 로마 황제에게 고소하여 국가 반란자로 체포될 것입니다. 이렇게 어려운 것이 시험입니다. 함정입니다. 정말 진퇴양난입니다. 치밀한 계획 속에 놓여진 덫이었습니다. 교묘한 뱀, 마귀, 사탄이 도사리고 있는 것과 같은 상황이었습니다.

그러나 메시야의 길을 걸어가시는 주님이십니다. 해야 할 일을 감당하시는 주님이십니다. 그분은 지혜의 왕이시고 만주의 주가 되십니다. 하나님이십니다. 주님의 실패는 온 인류의 실패일 것이고, 주님의 승리는 온 교회의 승리일 것입니다. 주님이 넘어지신다면 우리의 구원은 묘연한 이야기가 될 것입니다. 모든 인류를 지옥으로 가게 만들 것이기 때문입니다.

그러므로 예수님은 공회의 사람들의 시험에 질 수가 없었습니다. 악령이 그렇게 많이 유혹을 하여도 넘어지지 않았는데 정치인들과 종교인들 때문에 넘어질 수 있겠습니까? 여러분도 주님 닮은 성도가 되기를 바랍니다. 정치인이 유혹을 하고 종교인들이 미혹을 해도 하나님의 뜻을 이루는 성도가 됩시다.

3. 예수님의 대답

예수님은 지혜의 왕이십니다. 모든 인간을 창조하신 창조주이십니다. 예수님은 사람의 마음을 아십니다. 말과 행동도 알아보십니다. 주님이 먼저 아신 것이 무엇입니까?

첫째로 "예수께서 그 외식함을 아시고"입니다. 이것이 사람이 세상을 살아갈 때 아주 중요한 요소입니다. 사람의 말이나 행동이 진실인지 아니면 외식인지를 알아야 합니다. 시험에서 통과할 수 있는 첫 번째 단계입니다. 예수님은 아첨하는 말에 넘어가지 않았습니다. 사람의 마음을 아셨습니다. 전지하신 예수님이십니다.

사람이 하나님 앞에 겸손해야 할 이유가 있습니다. 하나님은 중심을 보십니다. 사무엘이 이스라엘의 왕을 세우고자 할 때의 사건을 여러분이 아십니다. 사울 왕을 이을 새로운 왕을 뽑을 때 어떻게 했습니까?

사무엘상 16장에 나타난 사건입니다. 엘리압을 보고 기름뿔을 취하여 부으려고 했습니다. 하나님께서 하신 말씀이 무엇입니까? "그의 용모와 키를 보지 말라 내가 이미 그를 버렸노라." 사무엘은 훌륭한 하나님의 사람이지만 하나님이 버린 사람에게 기름을 부으려고 했습니다. 이것이 영적인 암매입니다. 기도해야 이런 시험에 빠지지 않을 수 있습니다. 또 아비나답을 불렀습니다. "이도 여호와께서 택하지 아니하셨느니라"였습니다. 사람은 기도하지 않으면 하나님께서 택하지 않은 사람에게 기름을 부을 수 있습니다. 이것이 인간의 무지입니다. 또 삼마도 택하지 않았습니다. 이 사건에서 배울 수 있는 교훈이 무엇입니까? "내가 보는 것은 사람과 같지 아니하니 사람은 외모를 보거니와 나 여호와는 중심을 보느니라"라고 말씀하셨습니다.

주님의 눈은 불꽃과 같은 눈을 가지셨습니다. 모르는 것이 없이 다 아신다는 의미입니다. 불꽃과 같은 눈을 가지신 여호와 하나님은 일곱 교회를 두루 살피셨습니다. 하나님의 백성들을 다 보고 계십니다.

다윗이 시편 139편 1-4절에 "여호와여 주께서 나를 살펴보셨으므로 나를 아시나이다 주께서 내가 앉고 일어섬을 아시고 멀리서도 나의 생각을 밝히 아시오며 나의 모든 길과 내가 눕는 것을 살펴보셨으므로 나의 모든 행위를 익히 아시오니 여호와여 내 혀의 말을 알지 못하시는 것이 하나도 없으시니이다"라고 했습니다.

둘째로 "이르시되 어찌하여 나를 시험하느냐?" 상대의 말의 의미를 아는 것이 두 번째 단계입니다. 겉으로는 질문하는 것 같지만 실상은 시험이었습니다. 말하는 자의 의도를 파악할 수 있다면 얼마나 좋겠습니까? 그러나 쉽지 않은 식견일 것입니다. 기독교인은 솔직하고 직선적으로 말하는 것이 옳다고 생각합니다. 여기에 약간의 부작용도 있지만 대부분 승리할 수 있는 영광이 있습니다.

'시험한다'는 것은 유혹하는 것이죠. 넘어뜨리려고 힘쓰는 행위를 말합니다. 하나님이 아브라함을 시험하시거나 욥을 시험하신 것과는 질적인 차이가 있습니다. 하나님은 사람에게 두 배의 복을 주시기 위해서 연단하신 것이고, 바리새인이나 헤롯당원들은 예수님을 유혹하고 미혹하여 메시야로서 실패하게 만들기 위한 노력들이었습니다. 성경은 하나님을 시험하지 말라고 가르칩니다. 하나님은 믿음의 대상이고 경외의 대상입니다.

예수님은 메시야이십니다. 며칠 있으면 사람들에게 버림을 당하고 십자가를 지셔야 합니다. 우리의 구주로서 영광스러운 일을 행하게 될 것입니다. 그런데 지금 정치인들과 종교인들은 어떻게 했습니까? 그것을 지지 못하게 넘어뜨리려고 노력하고 있습니다.

성도는 다른 사람의 시험거리가 되지 않도록 말도 조심해야 합니다. 시험거리가 되는 행동도 하지 말아야 합니다. 그러니까, 경건의 능력이 필요합니다.

그리고 세 번째 단계는 이기는 단계로, 야구로 말하면 홈런을 치는 단계입니다. "데나리온 하나를 가져다가 내게 보이라." "이 형상과 이 글이 누구의 것이냐?"라고 묻습니다. 정치인과 종교인들은 "가이사의 것이니이다"라고 대답했습니다.

예수님은 뭐라고 말씀하셨습니까? "가이사의 것은 가이사에게, 하나님의 것은 하나님께 바치라"였습니다. 그 말을 듣던 모든 사람들은 매우 놀랍게 여겼습니다. 예수님은 정치인도 만족하게 말씀하시고, 종교인도 만족하게 말씀하셨습니다. 여기에 예수님의 지혜가 있습니다.

예수님은 포도원의 비유에서도 하나님의 것을 강조하셨습니다. 오늘 말씀에서도 가이사의 것보다는 하나님의 것을 강조하고 있습니다. 하나님의 것은 하나님께 드려야 합니다.

그리고 성도는 국가법을 잘 지켜야 합니다. 다만 국가법과 교회법 간에 마찰이 생긴다면 우리는 하나님의 법을 따를 수밖에 없습니다. 다니엘과 세 친구의 경우도 이런 경우입니다. 나라의 법은 우상 앞에 경배하는 것이지만 하나님의 법은 우상 앞에 절하지 말라고 했기에 생명을 걸고 계명을 지켰던 것입니다. 하나님을 믿고 사랑하기에 하나님의 법을 지킨 것입니다.

예수와 사두개인들의 논쟁

오늘 말씀은 예수님과 사두개인들 사이에 있었던 부활에 관련된 논쟁입니다. 예수께서 십자가를 지시기 삼 일 전의 사건으로 보입니다. 논쟁이 있었던 장소는 예루살렘 성전입니다. 이 사건은 마태복음 22장과 누가복음 20장에도 기록됩니다.

사두개인에 대하여 마가복음과 누가복음에는 한 번만 나타나고 요한복음에는 나타나지 않지만, 마태복음에는 일곱 번 정도 등장합니다. 마태가 복음서를 기록할 때 유대인들을 상대로 기록했고, 독자가 유대인임을 잘 알았기 때문입니다.

1. 사두개인들의 질문이 무엇입니까?

'부활이 없다'라고 믿고 주장하는 사두개인들이 예수님을 찾아왔습니다. 사두개인들이 예수께로 오는 모습을 상세하게 말해 줍니다. 마가가 '와서'를 현재형으로 쓰고 있는 것은 아주 생생하고 실감나게 하기 위한 방법이었습니다.

바리새인들과 헤롯 당원들이 예수님에게 세금 문제를 들고 와서 질문했지만 다 실패하자 이번에는 사두개인들이 생동감 있게 등장하고 있는 것입니다. 당시 종교 지도자들이 하나가 되어 예수님을 음모하고 자 질문을 하고 있음을 발견하게 됩니다. 사두개인들이 예수님에게 질문하는데, 알기 위해서가 아니라 부활 신앙의 허구성을 반박하기 위한 질문입니다.

사두개인들은 모세가 모세 오경에서 언급한 형사취수제도에 근거하여 예를 만들어 설명했습니다. "선생님이여 모세가 우리에게 써 주기를 어떤 사람의 형이 자식이 없이 아내를 두고 죽으면 그 동생이 그 아내를 취하여 형을 위하여 상속자를 세울지니라 하였나이다 칠 형제가 있었는데 맏이가 아내를 취하였다가 상속자가 없이 죽고 둘째도 그 여자를 취하였다가 상속자가 없이 죽고 셋째도 그렇게 하여 일곱이 다 상속자가 없었고 최후에 여자도 죽었나이다 일곱 사람이 다 그를 아내로 취하였으니 부활 때 곧 그들이 살아날 때에 그 중의 누구의 아내가 되리이까"라고 질문했습니다. 사두개인들은 형사취수제도 즉 계대결혼문제를 들고 나와서 예수님의 십자가를 방해하고 넘어뜨리려고 달려들었습니다.

일곱 명의 형제가 한 집에 살았습니다. 맏아들이 한 여자와 결혼하였습니다. 자녀가 없이 맏아들이 죽게 되었습니다. 둘째 아들이 형수와 살아야 하는 제도입니다. 일곱 명의 형제가 한 여인과 같이 살았지만 자녀는 낳지 못했습니다. 그리고 종내는 그 여인도 죽고 모두 다 죽었습니다. 그렇다면 부활 때에는 '이 여인은 누구의 아내가 되느냐?' 라는 아주 특이한 상황을 가정하여 질문을 했습니다.

결국 질문의 핵심적인 요지는 '부활 때는 누구의 아내가 되겠느냐?' 라는 질문이지만 실상은 부활은 존재하지 않다는 것을 전제로, 부활을 반박하기 위한 질문이었습니다. 부활을 부정하는 질문입니다.

사두개인들은 생각하기를 자기들의 주장은 모세의 글에 바탕을 둔 질문이라고 생각했습니다. 자신들의 말의 권위는 구약성경이라는 것이지요. 모세오경에 바탕을 둔 질문이라고 믿었습니다.

신명기 25장 5-6절에 근거를 둔 계대결혼법, 형사취수제는 거부할 수 없는 확고한 명령입니다. "형제들이 함께 사는데 그 중 하나가 죽고 아들이 없거든 그 죽은 자의 아내는 나가서 타인에게 시집 가지 말 것이요 그의 남편의 형제가 그에게로 들어가서 그를 맞이하여 아내로 삼아 그의 남편의 형제 된 의무를 그에게 다 행할 것이요 그 여인이 낳은 첫 아들이 그 죽은 형제의 이름을 잇게 하여 그 이름이 이스라엘 중에서 끊어지지 않게 할 것이니라"라고 했습니다.

형제의 이름을 위하여 행해야 할 의무가 다른 형제에게 있었습니다. 이것이 계대결혼법입니다. 창세기 38장에 나타난 오난 사건이나 룻기 3장에 나타난 룻과 보아스의 사건도 계대결혼법 중의 하나입니다.

부활 교리의 부당성을 주장하는 사두개인들입니다. 그러나 기독교는 부활 종교입니다. 생명의 종교입니다. 다시 사는 영생하는 종교, 부활의 종교가 기독교의 핵심입니다. 예수님은 자신의 부활은 물론 백성의 부활을 약속하셨습니다. 바울도 그리스도와 연합한 사람의 부활을 주장했습니다. 예수를 믿는 우리 모두는 예수님처럼 강한 몸, 영광스러운 몸, 신령한 몸으로 다시 살 줄로 믿습니다.

2. 예수님의 답변

이렇게 아주 난해하고 생각조차 하기 싫은 내용의 질문에 대하여 예수님은 뭐라고 대답하셨을까? 항상 생각해야 할 것은 예수님은 지혜의 왕이십니다. 대답하실 수 없는 내용은 세상에 존재하지 않습니다. 전지 · 전능하신 주님이십니다.

예수님의 첫 번째 대답이 무엇입니까? 사두개인들은 성경도, 하나님의 능력도 알지 못하여 오해했다고 지적하셨습니다. "너희가 성경도 하나님의 능력도 알지 못하므로 오해함이 아니냐?"

사두개인들은 영적인 무지의 사람들이었습니다. 사람이 성경이나 하나님을 오해하면 영적으로 무지한 문제가 발생합니다. 문법적으로 보면 '... 도 아니고 ... 도 아니다' 라는 뜻입니다. 전적 무지를 드러내는 표현입니다.

사두개인들은 제사장 가문의 귀족이었지만 성경도 모르고 하나님의 능력도 모르는 사람들이었습니다. 이들은 구약성경만 가지고 있었지 구약의 여러 곳에서 부활을 증명하고 있음을 알지 못했습니다. 모세오경만 성경이 아니라 구약성경 전체가 하나님의 말씀입니다. 그리고 하나님의 능력도 그렇습니다. 사람의 생각대로 되는 것이 아니라 하나님의 능력대로 이루어지는 것입니다.

사람이 올바른 길에서 벗어나 길을 잃거나 진리를 떠나 참된 신앙으로부터 벗어나게 되는 것은 미혹의 영을 받아 방황하게 되는 것입니다. 부활 신앙을 소유하지 못할 때 사람은 길을 잃고 방황하는 사람과 같습니다. 진리를 벗어나 미혹받은 사람과 같습니다. 사두개인들이 그렇다는 주장입니다. 영원한 생명을 추구하지 않으면 사람은 누구나 성경이나 하나님의 능력을 무시하게 됩니다.

역사적으로 사두개인들은 유대 사회의 상류 계급으로서 현실에 안주했습니다. 현세적이고 현실적인 삶을 추구했습니다. 기독교는 현실을 중요하게 생각하면서도 미래적입니다. 이 세상뿐만 아니라 오는 세상을 추구하는 종교입니다. 여러분은 이 세상에서도 출세하세요. 그러나 미래적으로 더욱 영화로운 백성으로 드러나기를 바랍니다.

두 번째의 답변은 무슨 내용입니까? 사람이 부활할 때에는, 남자는 장가 가지 아니하고 여자는 시집 가지 않는 원리를 말씀하셨습니다. 사두개인들은 결혼도 하지 않고 천사와 같다는 것을 몰랐습니다. "사람이 죽은 자 가운데서 살아날 때에는 장가도 아니 가고 시집도 아니 가고 하늘에 있는 천사들과 같으니라".

이 세상과 저 세상은 정말 다른 세상입니다. 현재와 장래는 다릅니다. 지금 세상과 오는 세상은 전혀 다른 세상입니다. 그중의 하나가 결혼하지 않는 것입니다. 세속적인 가정 제도가 아니라 하나님 중심, 그리스도 중심의 하나님 나라가 존재하게 될 것입니다.

하나님은 결혼하여 부부가 행복하게 자녀를 낳아 기르는 세상도 창조하셨지만 결혼하지 않고 영원히 죽지 않는 세상도 창조하셨습니다. 그곳이 천국, 하나님 나라, 하늘 나라입니다. 부활한 다음에 인간은 영원 불멸의 존재가 될 것입니다. 그런 의미에서 천사와 같은 존재입니다.

전통적으로 사두개인들은 천사의 존재를 부정하는 종파였습니다. 모세오경을 중요하게 여기면서도 천사의 존재는 부정했던 사람들입니다. 창세기 19장 1절과 15절에 보면 "저녁 때에 그 두 천사가 소돔에 이르니 마침 롯이 소돔 성문에 앉아 있다가 그들을 보고 일어나 영접하고 땅에 엎드려 절하며", "동틀 때에 천사가 롯을 재촉하여 이르되 일어나 여기 있는 네 아내와 두 딸을 이끌어 내라 이 성의 죄악 중에 함께 멸망할까 하노라"라고 했습니다.

창세기 32장 1-2절에 "야곱이 길을 가는데 하나님의 사자들이 그를 만난지라 야곱이 그들을 볼 때에 이르기를 이는 하나님의 군대라 하고 그 땅 이름을 마하나임이라 하였더라"라고 했습니다. 모세오경에 천사의 활동을 말하고 있습니다. 현실주의자가 되면 성경을 오해하게 되어 있습니다. 바른 성경관을 소유해서 진리의 사람들이 되기를 바랍니다.

세 번째 답변이 무엇입니까? "죽은 자가 살아난다는 것을 말할진대 너희가 모세의 책 중 가시나무 떨기에 관한 글에 하나님께서 모세에게 이르시되 나는 아브라함의 하나님이요 이삭의 하나님이요 야곱의 하나님이로라 하신 말씀을 읽어보지 못하였느냐?"

모세 오경을 읽으면서 하나님을 가리켜 아브라함의 하나님, 이삭의 하나님, 야곱의 하나님이라고 말씀하신 것을 읽지 못하였느냐고 질책하셨습니다. 사두개인들은 영생하시는 하나님, 영존하시는 하나님을 알지 못하는, 영적으로 무지한 사람들이었습니다.

다시 사는 부활은 내부적인 힘에 의해서 일어나는 것이 아니라 외부적인 능력이 가해질 때 생겨나는 것임을 알 수 있습니다. 자연발생적인 사건이 아니라 하나님의 능력으로 말미암아 일어나는 사건입니다. 예수님은 성령의 능력으로, 하나님의 능력으로 살아나셨습니다. 우리도 그렇게 될 줄로 믿습니다.

사두개인들이 모세오경을 들어 예수님에게 질문했기 때문에 예수님도 모세오경을 가지고 대답하셨습니다. 출애굽기 3장 6절을 가지고 질문했기 때문에 대답하셨습니다. 마태는 모세 대신 하나님께서 말씀하신 것을 기록했습니다. 그것은 하나님께서 과거에도 현재적으로 말씀하고 있음을 시사하고 있고, 아브라함의 하나님, 이삭의 하나님, 야곱의 하나님이란 아브라함, 이삭, 야곱 때나 모세 때 그리고 지금도 여전히 말씀하고 계신 하나님을 말해 주고 있습니다. 그러므로 하나님은 영존하시며 영생하시는 하나님이십니다.

네 번째로 대답하신 내용은 무엇입니까? "하나님은 죽은 자의 하나님이 아니요 산 자의 하나님이시라 너희가 크게 오해하였도다". 하나님은 죽은 자의 하나님이 아니라 산 자의 하나님이십니다. 하나님의 속성에 근거하여 부활의 실제성을 논증하시며 성경의 진리를 크게 오해했다고 지적하셨습니다.

아브라함과 이삭과 야곱에게 하나님이시듯 모세에게도 하나님이시고, 예수님 당대나 지금 우리에게도 하나님이십니다. 그 하나님은 살아 계신 하나님이시며, 죽은 자의 하나님이 아니라 산 자의 하나님이십니다.

이러한 예수님의 대답에 대하여 마태는 무리가 듣고 다 놀라는 반응을 보였다고 기록했고, 누가는 서기관들이 동의했으며 더 이상 감히 묻는 자가 없었음을 시사해 주었습니다. 여러분도 부활 신앙을 믿고 죽은 자처럼 살지 말고 산 자처럼 세상을 삽시다.

제62강
마가복음 12장 28-37절

서기관과 예수님

예수께서 십자가를 지시기 직전에 많은 종교 지도자들이 시험했습니다. 믿기 위한 질문이 아니라 넘어뜨리기 위한 질문들이었습니다. 바리새인이나 사두개인의 시험이 있었습니다. 그리고 문제도 광범위했습니다. 우리는 하나님을 시험하지 말고 경외하는 마음을 가져야 하겠습니다.

1. 첫째 계명이 무엇인가?

예수님과 사두개인들의 논쟁을 지켜보던 서기관이 예수님에게 색다른 질문을 했습니다. 사두개인에 대하여 부활을 잘 증거하시는 예수님의 대답을 인정하면서 질문하는 것이었습니다. 크고 첫째 되는 계명이 무엇이냐는 질문이었습니다. "모든 계명 중에 첫째가 무엇이니이까?"

서기관은 글을 베끼는 사람입니다. 애굽의 궁정제도를 본받아 왕의 비서나 회계 담당, 고문 역할을 하거나 문서를 기록하는 것이 주된 업무였습니다. 포로시대 이후로는 율법학자의 역할을 감당했습니다. 종교적인 율법의 해석과 교사로서의 역할을 했습니다. 신약시대는 바리새파에 속하여 율법사로 불리기도 했으며, 율법을 연구하고 규칙을 만들어 적용하는 사역을 했습니다. 대부분은 산헤드린 공회의 회원들이었습니다.

당시 유대인들에게는 십계명이나 모세오경의 율법과는 별도로 613개의 규정들이 있었습니다. 사람의 지체 수로 여겨지던 248개는 적극적 행위를 촉구하는 규정이고, 1년의 날수에 해당하는 365개는 덜 중요한 소극적인 금지 규정이었습니다.

당시 랍비들은 어느 것이 크고 무거우며 작고 가벼운지, 더 근본적인 것인지 부수적인 것인지에 대한 끊임없는 논쟁 속에 있었습니다. 그래서 가장 크고 첫째되는 계명이 무엇이냐고 물었던 것입니다.

예수님은 서기관에게 대답하셨습니다. 하나님 사랑과 이웃 사랑을 말씀하셨습니다. 29-31절입니다. "첫째는 이것이니 이스라엘아 들으라 주 곧 우리 하나님은 유일한 주시라 네 마음을 다하고 목숨을 다하고 뜻을 다하고 힘을 다하여 주 너의 하나님을 사랑하라 하신 것이요"라고 했습니다. 전인격적인 사랑을 말합니다. 오로지 하나님만을 사랑하라.

둘째 계명도 함께 말씀하셨습니다. "둘째는 이것이니 네 이웃을 네 자신과 같이 사랑하라 하신 것이라 이보다 더 큰 계명이 없느니라"라고 했습니다. 이 두 계명보다 더 큰 계명이 없다고 말씀하셨습니다.

서기관은 예수님의 말씀에 대하여 진솔하고 겸손하게 인정했습니다. "선생님이여 옳소이다 하나님은 한 분이시요 그 외에 다른 이가 없다 하신 말씀이 참이니이다 또 마음을 다하고 지혜를 다하고 힘을 다하여 하나님을 사랑하는 것과 또 이웃을 자기 자신과 같이 사랑하는 것이 전체로 드리는 모든 번제물과 기타 제물보다 나으니이다"라고 했습니다.

예수님도 긍정적으로 평가하셨습니다. "그가 지혜 있게 대답함을 보시고 이르시되 네가 하나님의 나라에서 멀지 않도다"라고 했습니다. 다른 서기관이나 바리새인과는 달랐습니다. 영적 분별력도 있고 지혜도 가진 사람이었습니다.

서기관은 하나님의 유일하심에 대한 예수님의 말씀이 옳다고 전적으로 동의했습니다. 그리고 하나님 사랑과 이웃 사랑이 각종 의식적인 제사 행위보다 우선해야 한다는 견해도 피력했습니다.

예수님은 서기관의 지혜로운 대답에 대해 그가 하나님 나라에 멀지 않다고 긍정적으로 평가하셨습니다. 서기관은 하나님 나라를 차지할 수 있는 영적 분별력과 지혜가 있었습니다. 그후로는 감히 아무도 예수님에게 질문하는 사람이 없었습니다. 질문의 종식입니다. '다시는 ... 아니', '더 이상 ... 아니'입니다. 우리도 더 이상 질문하지 말고 예수를 믿는 성도가 됩시다.

2. 그리스도의 신분이 무엇입니까?

다윗과 예수 그리스도의 관계를 중심으로 한 신분에 대한 논쟁이 있었습니다. 무슨 논쟁이었습니까? 이상한 족보 논쟁이었습니다. 이상한 족보라는 말은 틀렸다는 것이 아니라 세상에는 없는 유일한 족보이기 때문입니다.

예수님은 가르치셨습니다. 성전에서나 들에서, 산에서 혹 회당에서 사람이 있는 곳이면 달려가서 가르치셨습니다. 가르침이 있는 집안은 살아 있는 집안입니다. 교육이 살아 있는 교회는 좋은 교회입니다. 가르칠 사람이 있고 배우는 사람이 있기에 좋은 곳입니다.

예수님은 무엇을 가르치셨습니까? 성전에서 '이상한 족보'를 가르치셨습니다. 바울은 하나님의 교회에서 족보 이야기를 하지 말라고 했습니다. 세상에는 족보 없는 사람들도 있었습니다. 노예입니다. 그런데 왜 예수님은 제자들에게 그리고 많은 유대인에게 이상한 족보를 가르치셨습니까? 자신이 메시야이심을 드러내기 위한 목적이었습니다.

바울이 말한 족보는 세속적인 '자기 족보'를 말합니다. 예수께서 말쓰하신 족보는 하나님의 아들에 대한 족보요, 구원자에 대한 족보입니다. 이 족보를 왜 이상한 족보라고 합니까? 한 분 예수 그리스도를 향하여 '자손'이라고도 하고 어느 때는 '주'라고 고백했기 때문입니다. 한 사람을 놓고 '자손'이라 했다가 또 '주님'이라고 말하니 이상하지 않습니까?

예수님은 다윗의 자손입니다. 혈통적으로 아브라함의 씨요, 다윗 왕의 자손이 틀림없습니다. 35절에 "어찌하여 서기관들이 그리스도를 다윗의 자손이라 하느냐?" 예수 그리스도를 다윗의 자손이라고 말하는 족보입니다. 율법학자인 서기관들이 질문한 내용입니다.

이스라엘의 역사를 살펴보면 예수님은 다윗의 자손입니다. 이것은 마태복음의 핵심 주제입니다. 마태복음 1장 1절에 "아브라함과 다윗의 자손 예수 그리스도의 계보라"라고 했고, 마태복음 9장에 나타난 두 소경이 뭐라고 소리질렀습니까? "다윗의 자손이여 우리를 불쌍히 여기소서"라고 했습니다.

또 예수님께서 나귀를 타고 예루살렘 성에 입성하실 때 "호산나 다윗의 자손이여! 찬송하리로다"라고 찬송했습니다. 바울도 "육신으로는 다윗의 혈통에서 나셨고 성결의 영으로는 죽은 자들 가운데서 부활하사 능력으로 하나님의 아들로 선포되셨으니 곧 우리 주 예수 그리스도시니라"(롬1:3-4)라고 했습니다.

다윗 왕이 성전 지을 마음을 가졌습니다. 하나님은 나단 선지자를 보내서 "네 몸에서 날 네 씨를 네 뒤에 세워 그의 나라를 견고하게 하리라 그는 내 이름을 위하여 집을 건축할 것이요 나는 그의 나라 왕위를 영원히 견고하게 하리라"(삼하7:12-13)라고 했습니다. 겉보기에는 여기에서 말한 자손이 솔로몬이지만 훗날에 역사를 살펴보면 다윗의 자손은 예수 그리스도를 가리킨 것입니다.

이사야 11장 1-2절에도 "이새의 줄기에서 한 싹이 나며 그 뿌리에서 한 가지가 나서 결실할 것이요 그의 위에 여호와의 영 곧 지혜와 총명의 영이요 모략과 재능의 영이요 지식과 여호와를 경외하는 영이 강림하시리니"라고 했고, 아모스 9장 11절에서는 "그 날에 내가 다윗의 무너진 장막을 일으키고 그것들의 틈을 막으며 그 허물어진 것을 일으켜 옛적과 같이 세우고"라고 했습니다.

예수님이 메시야로서 다윗의 자손임을 신·구약 성경에서 밝히고 있습니다. 예수님을 다윗의 자손으로 말하는 것이 옳은 것이지만 이것에 그친다면 불완전한 지식일 것입니다. 예수님의 인성만 볼 때는 맞습니다. 그러나 예수님의 신성도 보아야 합니다. 인간적인 계보만이 아니라 하나님의 아들이라는 신적 계보를 이해해야 합니다.

마태복음에 나타난 예수님의 족보를 살펴보면 여자들도 기록됩니다. 그것도 다말이나 기생 라합 그리고 모압 여인 룻과 솔로몬의 어머니 밧세바 같은 여인이 등장합니다. 이들은 신분이 화려한 사람들이 아니었습니다. 지위가 있는 것도 아니고 권세가 있는 것도 아닙니다. 그런데 어떻게 해서 예수님의 족보에 들어갔습니까? 또 그렇게 하신 하나님의 의도는 어디에 있습니까?

낮고 천한 족보에서 태어나심은 여호와의 구원하심이 인간의 의로움에 있지 않고 하나님의 전적인 은혜에 달려 있다는 뜻입니다. 또 인간의 죄와 슬픔을 지고 가실 그리스도이기 때문에 낮고 천한 가문에서 출생하셨습니다. 우리는 예수 그리스도가 다윗의 자손임을 믿습니다. 우리의 구원을 위해서 사람이 되셨습니다.

예수님은 다윗 왕의 주가 되십니다. 예수님은 신성을 가지신 하나님이시며, 다윗이 존재하기 이전부터 존재하신 분이십니다. 그래서 다윗은 "주께서 내 주께 이르시되 내가 네 원수를 네 발 아래에 둘 때까지 내 우편에 앉았으라 하셨도다"라고 고백했습니다.

36절에 "다윗이 성령에 감동하여 친히 말하되"라고 했습니다. 우리도 성령이 충만할 때 할 수 있는 것은 신앙고백입니다. 여러분은 예수가 하나님의 아들로 믿어집니까? 성령 받은 줄로 믿습니다. 마태복음

16장에 가이사랴 빌립보 지방에서 "너희는 나를 누구라 하느냐?" 시몬 베드로가 "주는 그리스도시요 살아 계신 하나님의 아들이시니이다 예수께서 이르시되 바요나 시몬아 네가 복이 있도다 이를 네게 알게 한 이는 혈육이 아니요 하늘에 계신 내 아버지시니라"라고 했습니다. 하나님의 은혜를 받은 자가 신앙을 고백합니다.

바울 사도는 고린도전서 12장 3절에서 "성령으로 아니하고는 누구든지 예수를 주시라 할 수 없느니라"라고 했습니다. 사람은 성령 받을 때 예수를 믿습니다. 다윗은 성령의 감동을 받아 예수님에 대한 신앙고백을 했습니다.

그래서 예수님은 말씀하셨습니다. "다윗이 그리스도를 주라 하였은즉 어찌 그의 자손이 되겠느냐?" 다윗은 같은 예수를 향하여 어느 때는 '자손'으로 또는 '주'라고 했으니 이상한 족보 이야기이지만 사실적인 족보 이야기입니다.

예수님의 가르침에 대한 백성의 반응은 무엇입니까? 37절 하반절에 "많은 사람들이 즐겁게 듣더라". 이것이 예수님 당시와 지금 사람들과의 차이점입니다. 여러분에게 족보 이야기를 한다는 것은 참으로 어려운 일입니다. 관계없다고 생각합니다. 졸립다고 느낍니다. 그러나 예수님 당시의 백성들은 족보 이야기를 즐겁게 듣고, 재미있게 들었습니다.

마태는 예수님의 족보를 첫 번째 장에서 기록하고 있습니다. 그만큼 중요하기 때문입니다. 또 누가복음을 기록한 누가도 세 번째 장에서 기록했습니다. 구원에 관한 족보는 꼭 알아야 하기 때문입니다.

세상에 진돗개도 족보가 있습디다. 족보 있는 개와 족보 없는 개는 값의 차이도 엄청나더군요. 우리 예수님은 족보가 있습니다. 낮은 자나 높은 자나 구원하시기 위해서 낮고 천한 입장에서 출생했습니다. 예수님은 육신적으로는 아브라함과 다윗의 혈통에서 출생하셨지만 성결의 영으로는 하나님의 아들이시며 왕의 왕, 만주의 주가 되십니다. 그러므로 예수님은 '다윗의 자손'이시지만 '다윗의 주'가 되십니다.

제63강
마가복음 12장 38-44절

서기관과 과부

예수님은 고난주간의 화요일에 예루살렘 성전에서 마지막으로 공중 설교를 하셨습니다. 지금까지 유대 종교 지도자들과 논쟁을 벌였던 예수님, 이제부터는 외식하는 종교 지도자들에 대한 경계와 앞으로 임할 저주에 대하여 말씀하셨습니다.

이런 내용은 누가복음 20장과 마태복음 23장에도 나타납니다. 특별히 마태복음 23장에서는 외식하는 서기관과 바리새인들에게 일곱 번이나 화, 저주에 대하여 말씀하셨습니다. 왜 이들은 저주를 받게 되었는가?

1. 외식하는 서기관들

예수님이 교육하실 때 교육은 받지 않고 돌아다니는 사람들이 있었습니다. 그 사람들은 긴 옷을 입고 다녔습니다. 경건이 세마포로 짠 긴 옷에 있다고 생각했습니다. 그러나 이것은 하나님을 두려워하는 경건이 아니라 다른 사람들과 다르다는 것을 나타내기 위한 외식이었습니다.

그들은 시장에서 문안받는 것을 좋아했습니다. 시장이란 정치와 행정 기관들이 자리잡고 있고 상거래가 있으며, 고용 계약을 맺는 중심지였습니다. 이런 곳에서 높임을 받기 좋아하는 것은 예수님의 겸손한 제자도와는 너무나 다른 것이었습니다.

회당에서 상석을 좋아하고 잔칫집에서도 상석을 좋아했습니다. 내세의 영광을 생각하지 않고 현실에서 높아지려 했고, 하나님을 높이는 것보다 자신이 높아지는 것을 더욱 좋아했습니다. 그래서 예수님은 외식하는 서기관과 바리새인들을 경계하라고 말씀하셨습니다. 왜 서기관들을 경계해야 할까요?

요즘 사람들은 대접하는 것보다 대접받는 것을 좋아합니다. 정치인들의 정치 연설을 들어보면 높은 자리 하나 놓고 얼마나 뛰고 토론하고 유세하며 선전하고 약속합니까? 높은 자리라면 재산도 명예도 가정도 다 바치는 세상입니다. 이런 세상에서 배울 것이 무엇입니까?

서기관들의 삶을 살펴보면 과부의 가산을 삼키는 자들이라고 말씀하셨습니다. 외식으로 길게 기도하는 사람들이었습니다. 이런 사람들의 마지막은 하나님의 엄중한 심판입니다. 성도들은 이런 부류의 사람을 조심해야 합니다.

특별히 사람은 사람을 조심해야 하는데 가까운 데 있는 사람을 조심해야 합니다. 앞에 있는 성도가 예수 그리스도를 닮고 열심히 배우는 사람이면 좋은 사람입니다. 그러나 서기관들처럼 배우기를 싫어하고 자기 마음대로 믿는 사람은 그릇된 길에 들어선 사람으로 많은 사람을 그릇된 길로 인도하게 됩니다.

배우려고 하지 않고 상석이나 좋아합니다. 낮은 곳을 찾는 자가 아니라 높은 곳만 좋아하는 사람입니다. 이런 사람이 교회에 많다면 그 교회는 복잡하게 될 것입니다. 다른 사람을 섬기며 사랑하는 사람이 많다면 그 교회는 좋은 교회일 것입니다. 그래서 예수님은 "사람의 미혹을 받지 않도록 주의 하라"라고 말씀하셨습니다.

여러분은 어떤 사람입니까? 예수님을 믿는 사람입니까? 믿으셔야 합니다. 예수님을 '만주의 주, 만왕의 왕'으로 믿습니까? 나를 구원하실 분으로 믿고 배우고 인격을 닮으려고 노력하고 있습니까? 주님은 다 윗의 자손이지만 다윗의 주라고 말씀하십니다. 예수를 잘 믿어서 잘못 된 이론을 파하시고 우리 모두 성령 안에서 승리합시다.

2. 과부의 헌금

서기관과 다른 사람을 소개합니다. 진실한 사람, 헌신의 사람입니다. 하나님의 마음에 드는 사람입니다. 이 사람은 권세가 있는 사람도 아니고 명예와 지위가 있는 사람도 아닙니다. 홀로 된 사람입니다. 외롭게 눈물을 흘리며 살아갈 수밖에 없는 사람입니다. 그러나 믿음만은 그리고 생활만은 주님의 칭찬과 영광을 한몸에 받고 사는 여인입니다.

우리는 이 사람의 나이나 직업은 모릅니다. 다만 한가지 아는 것은 힘들게 홀로 살아가는 사람이었습니다. 혼자 삶을 이끌어 가는 것이 얼마나 힘듭니까? 그러나 이 과부는 주님의 마음에 들고 칭찬받는 사람이었습니다.

어느날 예수님이 헌금함을 관찰하셨습니다. "예수께서 헌금함을 대하여 앉으사 무리가 어떻게 헌금함에 돈 넣는가를 보실새"라고 했습니다. 존·그래믹스의 말에 의하면 이방인의 뜰에서 가르치던 주님이 제자들을 데리고 여인의 뜰로 가셨습니다. 이 뜰 맞은편에는 자발적인 헌금을 거두기 위한 나팔 모양의 13개의 헌금함이 있었습니다.

그곳에서는 헌금이나 성전세를 받았습니다. 아홉 개는 성전세와 제물 대신 드리는 헌금함입니다. 이 헌금함에서 나오는 것으로 성전을 운영했고, 네 개에서 나오는 헌금으로 성전을 수리하고 장식하며 구제를 했습니다.

유월절이면 예루살렘 성을 찾는 무리들이 헌신을 했습니다. 예수님은 기도하는 것도 보시지만 감사하는 생활도 보십니다. 헌금하는 생활도 보십니다. 여러분은 헌금을 드릴 때 주님이 보신다고 생각합니까?

그렇다면 잘하는 일입니다.

하나님은 하나님의 이름으로 드려지는 모든 것을 받으십니다. 바울은 선교 헌금을 아름다운 제물이라고 표현했습니다. 예수님은 향유를 쏟아부은 여인의 헌신을 칭찬하셨습니다.

사람에게는 하나님께 드릴 의무가 있습니다. 모든 것이 다 하나님께 로부터 받은 것입니다. 우리는 청지기입니다. 헌금함에 헌금을 넣는 것이 성도의 의무요 세례 교인의 의무입니다. 넣지 않는 것이 잘하는 것이 아니라 드리는 것이 잘하는 것입니다.

아나니아와 삽비라 부부의 헌금생활도 관찰하셨습니다. 거짓된 헌신을 했을 때 죽음이 왔습니다. 사탄이 역사하고 성령을 속인 죄라고 베드로 사도는 지적했습니다. 하나님의 나라는 의의 나라입니다. 의롭지 못할 때는 사람이 죽었습니다.

3. 부자의 연보

"여러 부자는 많이 넣는데". 부자의 헌신도 보셨습니다. 부자는 부자대로 헌금을 많이 드렸습니다. 많이 드리는 것이 잘못이 아닙니다. 경제가 어려워도 더 많이 드리는 것이 하나님의 사람입니다.

어떤 사람은 금, 은, 동, 청동을 드렸습니다. 힘이 있는 대로 드렸습니다. 힘대로 드릴 뿐 아니라 힘에 지나도록 드린 사람들이 있습니다. 환난과 핍박 속에서도 하나님을 사랑하는 마음이 있어서 드렸습니다.

어떤 학자는 부자들의 헌금은 미완료 시제이기 때문에 많은 돈을 지금 막 던져 넣고 있었다고 말합니다. 많은 헌금이니 계속하여 던져 넣었다는 뜻입니다. 즉 헌금이 공개적으로 드려졌다는 뜻입니다. 또 어떤 부자는 공개적으로 드려졌기 때문에 더 많은 헌금을 가지고 와서 자랑스럽게 드렸을 것이라고 지적하는 학자도 있습니다.

산술적으로는 상대도 되지 않는 많은 양을 드렸습니다. 그러나 주님은 제자들에게 가르쳐 주실 것이 있었습니다. "내가 진실로 너희에게 이르노니 ...". 이것입니다. 제자들에게 말해 주고 싶은 것이 있었습니다. 이틀이 지나면 세상을 떠나실 예수 그리스도의 말씀입니다. 중요한 것은 얼마를 바쳤느냐 보다는 소유한 것 중에서 몇 분의 몇을 드렸는지가 더 중요합니다. 이것에 따라 주님의 칭찬과 책망이 있게 됩니다.

반대로 가난한 과부의 헌금도 보셨습니다. "한 가난한 과부는 와서 두 렙돈 곧 한 고드란트를 넣는지라." 가난한 사람이란 극빈자라는 뜻입니다. 부자와 극단적인 대칭이 되는 사람입니다. 아마도 부자들이 계속하여 많은 헌금을 던져 넣으니 기세에 눌려 맨 나중에 두 렙돈을 조용히 넣었을 것으로 추정합니다.

그런데 주님은 이 가난한 사람의 헌금도 보셨습니다. 여기에 매력이 있습니다. 예수님은 적은 헌신도 적게 보시지 않습니다. 다만 최선을 다하는 것이 중요합니다.

이 사람은 불쌍한 과부입니다. 두 렙돈을 드렸습니다. 렙돈은 유대인들의 가장 작은 청동 동전이었습니다. 두 렙돈은 노동자들의 하루 임금이었던 로마 데나리온의 64분의 1의 가치, 어느 때는 128분의 1정도의 가치였습니다. 팔레스틴에 통용되는 화폐 가치 중에 최소의 것이었습니다. 마가복음의 수신자가 로마인이다 보니 그 돈을 로마 화폐 단위인 '고드란트'로 환전하여 말해주고 있습니다.

가난한 여인은 화폐를 아낄 수 있는 입장이었습니다. 돈을 아꼈다고 누가 그 여인을 향하여 뭐라고 말할 수 있는 입장은 아니었습니다. 그런데도 아끼지 않은 점이 위대하다는 뜻입니다. 소중한 것을 드리는 것이 위대합니다. 사소한 것이지만 아낌없이 사랑하는 마음으로 드리면 주님은 영광을 받으십니다.

주님의 평가를 들어봅시다. 항상 주님의 평가가 중요합니다.

첫째로, "이 가난한 과부는 헌금함에 넣는 모든 사람보다 많이 넣었도다"라고 칭찬했습니다. 주님의 계산 방법은 세상 사람들의 계산법과는 판이하게 다릅니다. 다른 사람들은 풍족한 가운데서 조금을 헌금했지만 이 여인은 없는 가운데서 풍족하게 드렸기 때문입니다. 여러분은 어떤 종류의 사람입니까? 없고 부족하지만 주님을 사랑해서 풍족하게 드릴 수 있는 사람이 됩시다.

둘째로, "그들은 다 그 풍족한 중에서 넣었거니와 이 과부는 그 가난한 중에서 자기의 모든 소유 곧 생활비 전부를 넣었느니라"라고 하셨습니다. 과부는 즐겨내는 자였습니다. 인색하지 않은 헌금생활입니다. 전부를 드렸습니다. 이것이 주님의 마음을 기쁘게 해 드리는 것입니다.

모든 소유, 생활비 전부를 드렸습니다. 가지고 있는 재물 전체를 드렸습니다. 가장 작은 액수이지만 전재산을 드렸습니다. 주님은 단순히 양만 보시지 않습니다. 물질보다 정신을, 그리고 양보다는 질을, 액수보다 비율을 보셨습니다. 특히 동기와 마음을 보시는 하나님이십니다. 사람은 외모를 보지만 하나님은 사람의 중심, 마음을 보시는 분이십니다. 하나님은 외면적인 결과보다는 내면적인 동기를 더 중요하게 생각하십니다.

그렇다면 항상 적게 드리는 것만 최고일까요? 그렇지 않습니다. 어려운 가운데서 모든 것을 다 드리는 헌신이야말로 큰 헌신입니다. 이 과부의 헌금은 가진 자와 소유의 비례로 말하자면 가장 많이 드렸습니다. 생활비 전부를 드렸기 때문입니다.

어려운 과부가 생활비 전체, 다 드릴 수 있었던 것은 하나님께서 때를 따라 필요한 것을 채워주실 줄로 믿고 하나님을 뜨겁게 사랑하는 마음으로 드릴 수 있었습니다. 하나님은 즐겨내는 자를 사랑하십니다. 하나님이 주신 것 중에서 최선을 다할 때 아름습니다.

서기관의 피상적인 생활과 과부의 진실한 사랑은 너무나 많은 차이를 느끼게 만듭니다. 우리는 경건한 삶을 살아야 합니다. 하나님 앞에서 살고 하나님 앞에서 충성해야 합니다. 하나님은 사람의 중심을 보시고 계시기 때문입니다.

제64강
마가복음 13장 1-13절

예루살렘 성전과 종말의 징조

고난주간 중 화요일에 있었던 교훈을 감람산 강화(Discourse on the Mount of Olives)라고 하며, 종말론적인 사건과 예수 그리스도의 재림에 관한 예언과 교훈으로 구성되어 있습니다. 마태복음 24-25장과 마가복음 13장을 소계시록이라고도 부릅니다.

예수 그리스도께서 십자가에 죽으시고 부활하신 다음에 승천하실 경우에 제자들이 어떻게 세상을 대처해야 할 것인가에 관하여 말씀하시는 것은 물론 초림과 재림 사이에 살고 있는 모든 성도들이 세상을 살아가야 하는 삶의 방식을 가르쳐 주는 데 목적이 있습니다.

예루살렘 성전 파괴에 대한 예언부터 이어지는 종말론적인 사건들에 관한 말씀은 기독교인들에게 정신을 차리게 만듭니다. 잠자던 성도가 일어나 경성하게 됩니다. 여러분도 깨어나는 복이 임하기를 바랍니다.

1. 성전과 예언

예루살렘 성전에 대한 예수님의 예언이 무엇인가? 예수께서 예루살렘 성전에서 나가실 때 성전의 겉모습을 보고 제자들은 감탄했습니다. 한 제자가 말하기를 "선생님이여 보소서 이 돌들이 어떠하며 이 건물들이 어떠하니이까?"라고 물었습니다.

예루살렘 성전은 예루살렘 전체 면적의 6분의 1의 크기였고, 주춧돌 하나의 크기가 가로 7.3미터, 세로 1.2미터에 달했기 때문입니다. 성전은 주로 황금으로 치장되어 있었고, 예수님 당시에 이미 50여 년 동안 건축이 계속되고 있었습니다. 예루살렘 성전은 당시의 건축 기술과 예술의 결정체라고 말할 수 있습니다.

지금까지는 예수님과 제자들은 성전에서 걸어다니셨고(막11:27), 성전에서 가르치셨습니다(막12:35). 그런데 성전에서 나가실 때에 일어난 사건을 다룹니다. 이제부터는 반성전적 주제는 물론이고 성전과의 결별을 의미하고 있습니다.

지금까지 잘못된 종교 행위나 신앙 관념에 대하여 경고하고 심판에 대하여 말씀하셨지만 유대인들이나 종교 지도자들은 두려워하거나 회개하지 않았습니다. 오히려 트집이나 잡으려 했고 올무를 놓기도 했습니다. 이런 자세가 예수께서 성전에서 나가게 만든 결정적인 요인이 되었던 것입니다.

사랑하는 성도님들이여! 예수가 떠나고 없는 성전이 무슨 의미가 있습니까? 하나님의 성령이 역사하지 않는 성전의 의미가 무엇입니까? 하나님의 임재가 없는 이스라엘이 이스라엘입니까? 여러분의 가정이나 여러분의 몸에 성령의 임재가 있습니까? 하나님의 영의 인도하심이 있습니까?

이렇게 화려하고 아름다운 성전 건물이 왜 파괴되어야 합니까? 믿음과 헌물로 지어진 성전인데 왜 파괴되어야만 합니까? 이것이 제자들이 가진 질문이었습니다. 헤롯이 재건한 성전은 웅장했는데, 제일 큰 돌이 길이 11.4미터, 높이 3.65미터, 두께 5.47미터라고 합니다. 돌의 전면은 멋있고 화려한 그림들로 조각되어 있었습니다.

예수님의 대답이 무엇입니까? 제자들이 보고 있는 것은 화려한 건물의 외형이었습니다. 그 내부에서 벌어지고 있는 것은 볼 수 없었습니다. 그러나 예수님은 화려한 겉모습이 아니라 내부적인 것을 보고 있었습니다. "네가 이 큰 건물들을 보느냐 돌 하나도 돌 위에 남지 않고 다 무너뜨려지리라"라고 했습니다. 강력한 경고의 말씀입니다. 회개하지 않으면 철저하고 완전히 멸망시킬 것을 예언하셨습니다.

예수님은 주후 70년 로마나라에 의해서 예루살렘 성전이 파괴되고 불탈 것을 예언해 주셨습니다. 역사가 요세푸스는 예수님께서 예루살렘 성전에 관하여 예언한 대로 여호와를 신앙하는 믿음을 잃어버렸기 때문에 그대로 이루어졌다고 저술하고 있습니다. '화염이 치솟았을 때 ... 성전은 폐허가 되고 ... 제사장은 학살 당했으며, 건물은 완전히 파괴되었다' 라고 기록했습니다.

그렇습니다. 성도가 거룩과 경건을 잃어버릴 때 외형적인 것은 별 가치가 없습니다. 그러므로 칼빈이 말한 대로 교회는 끊임없이 개혁되어야 합니다. 성령이 떠나지 않도록 회개합시다. 예수님의 축복이 임하도록 기도합시다. 하나님이 함께하는 교회가 되어 승리하도록 힘을 씁시다.

2. 제자들의 질문

예수께서 감람산에서 예루살렘 성전을 마주하고 앉으셨을 때입니다. 마주 앉았다는 데 의미가 있습니다. 공간적인 의미도 있지만 반대되는 경향이 있었음을 시사합니다. 그러니까 본래 성전의 목적에서 벗어나 예수 그리스도의 구속을 방해하는 장소로 사용되고, 유대 종교 지도자들의 행동 거점으로 사용되어 예수님을 반대하는 경향에 빠져 있었기 때문입니다.

감람산은 예수님과 밀접한 관련이 있는 산입니다. 기도하실 때나 가르치실 때 그리고 승천하실 때 사용하신 산입니다. 베드로와 야고보와 요한과 안드레가 조용히 물었습니다. "우리에게 이르소서 어느 때에 이런 일이 있겠사오며 이 모든 일이 이루어지려 할 때에 무슨 징조가 있사오리이까?"

예루살렘 성전이 파괴되다니, 언제 이루어지며 이루어지기 전에 어떤 징조들이 있겠습니까? 예루살렘 성전의 파괴를 말씀하시니까 제자들이 충격 속에 있다가 물은 것입니다. 유대인들에게 있어서 예루살렘 성전은 선택받은 백성으로서의 자부심과 하나님에 대한 신앙을 유지하게 하는 정신적인 지주와도 같은 것이었습니다. 그러므로 성전의 파괴는 유대인의 정신의 붕괴와 신앙의 붕괴를 의미하는 것이었습니다.

그래서 시기가 언제인지, 그리고 징조가 무엇인지를 물었습니다. 예수님은 시기에 관하여는 아무도 모른다고 말씀하셨습니다. 하늘에 있는 천사도 모르고 아들도 모르고 아버지만 아신다고 밝히셨습니다. 다만 복음이 온 세상에 전파된 후에야 끝이 오겠다고 했습니다. 그러나 예수님은 징조에 관하여는 여러 가지로 대답해 주셨습니다.

3. 종말론적 징조들

첫째로, 그리스도를 자칭하는 자들이 대대적으로 일어나 미혹하는 일이 있을 것입니다. 성도들은 사람의 미혹을 받지 않도록 조심해야 합니다. "너희가 사람의 미혹을 받지 않도록 주의하라 많은 사람이 내 이름으로 와서 이르되 내가 그라 하여 많은 사람을 미혹하리라"라고 했습니다.

미혹이라는 말은 사탄이 하나님의 백성을 죄악된 길로 이끄는 강한 유혹을 의미하지만 자신이 동조하여 추종하기 때문에 자신의 책임도 있는 것입니다. 주의하라는 뜻은 '조심하라, 삼가라' 라는 말입니다. 제자들은 종말론적인 시기와 징조를 물었지만 예수님은 사람의 미혹을 주의하라고 경고하셨습니다. 종말의 시기와 징조보다 종말을 맞이하는 자의 자세가 더욱 중요하기 때문입니다. 각성이 그래서 중요합니다.

거짓 그리스도들과 적그리스도들이 일어나서 미혹할 것입니다. 유사 그리스도뿐만 아니라 그리스도를 대항하는 존재까지 일어날 것입니다. 한국 교회를 비참하게 만든 이유가 거짓 그리스도들과 적그리스도 세력이 커졌기 때문입니다. 자신이 재림주라고 말하는 이단까지 등장한 상황입니다.

둘째로, 전쟁과 민족과 국가간의 분쟁이 곳곳에서 있을 것이고, 지진과 기근이 있을 것이지만 재난의 시작일 뿐입니다. 종말에 전쟁이 있을 것에 관한 예언은 신구약 성경에서 찾아볼 수 있는 진리입니다. 국제적인 전쟁은 물론이고 국가적인 내부의 전쟁도 항상 있습니다. 우리나라는 북한과 남한의 전쟁에 노출되어 있고 국가간의 전쟁까지 맞물려 있는 상황입니다.

우리는 기도해야 합니다. 전쟁만은 일어나지 않게 하옵소서. 전쟁만은 하나님이 막아 주시옵소서. 두렵고 떨리는 마음으로 기도해야 합니다. 마태복음 24장에서는 전쟁은 재난의 시작이라고 말씀하셨습니다.

셋째로, 마지막 때가 되면 대대적으로 기독교인들에 대한 박해가 있을 것입니다. "너희는 스스로 조심하라 사람들이 너희를 공회에 넘겨 주겠고 너희를 회당에서 매질하겠으며 나로 말미암아 너희가 권력자들과 임금들 앞에 서리니 이는 그들에게 증거가 되려 함이라"라고 했습니다.

스스로 조심하라, 주의하라, 삼가라. 이것은 종말을 살고 있는 성도가 각성하게 하는 말씀이고, 미리 준비하도록 하는 말씀입니다. 사람을 살리고 위로해야 할 공회가, 회당에서 매질을 하는 상황까지 연출되고 있습니다. 이런 박해는 예루살렘에서만 일어나는 것이 아니라 전국적으로 일어날 환난이요 박해임을 말해 주고 있습니다.

회당의 공식 업무 중 하나가 회당에서 매질하는 것입니다. 매질은 사십에 하나를 감한 매였습니다. 사도 바울도 이런 매질을 다섯 번이나 맞았습니다(고후11:23-24). 이 매질은 다른 죄목이 있어서가 아니라 단순히 예수를 믿는다는 것, 그 이유만으로 맞는 매입니다.

그러므로 기독교인들은 하나님 나라를 사모하면서 세상을 삽니다. 하나님 나라가 완성될 때 기쁨과 평안과 행복이 있을 것입니다. "하나님의 나라는 먹는 것과 마시는 것이 아니요 오직 성령 안에 있는 의와 평강과 희락이라"라고 했습니다(롬14:17).

넷째로, 복음이 만국에 전파될 것입니다. "복음이 만국에 전파되어야 할 것이니라". 복음 전파로 인해 심문을 받게 된다면 무슨 말을 할까 미리 염려하지 말라고 하셨습니다. "그 때에 너희에게 주시는 그 말을 하라 말하는 이는 너희가 아니요 성령이시니라"라고 했습니다.

복음이 만국, 모든 족속, 세상의 여러 나라에 전파될 때 세상의 끝이 올 것입니다. 모든 나라가 다 예수를 믿는다는 것이 아니라 모든 민족에게 복음이 전파될 때 종말이 온다는 의미입니다. 누가복음 24장 47-48절에는 "또 그 이름으로 죄 사함을 받게 하는 회개가 예루살렘으로부터 시작하여 모든 족속에게 전파될 것이 기록되었으니 너희는 이 모든 일의 증인이라"라고 했습니다.

우리가 어려움을 당할 때 마지막까지 도우실 수 있는 분은 성령이십니다. 아버지의 성령은 우리 속에서 말씀하시는 분이십니다. 보혜사, 위로자이십니다. 생각나게 하십니다.

다섯째로, 부모와 형제자매의 배척입니다. "형제가 형제를, 아버지가 자식을 죽는 데에 내주며 자식들이 부모를 대적하여 죽게 하리라". 가족간에 있을 배신, 서로 죽음에 이르게 하는 일입니다. 빛과 어두움, 하나님과 사탄의 싸움이 가족 안에 있습니다.

여섯째로, 예수를 믿다가 당하는 환난과 핍박이 있습니다. "너희가 내 이름으로 말미암아 모든 사람에게 미움을 받을 것이나 끝까지 견디는 자는 구원을 받으리라"라고 했습니다. 잘 믿을수록 미움의 대상이 됩니다. 그러나 끝까지 견디는 자가 구원을 받습니다.

제65강
마가복음 13장 14-23절

복합적인 교훈

기독교에서는 개인의 종말과 지구의 종말, 역사의 종말을 말합니다. 개인의 종말은 누구나 다 쉽게 이해하고 인정합니다. 개인의 종말은 육체적인 죽음을 의미합니다. 여러분, 우리 가운데 죽지 않을 사람 있습니까? 물론 없습니다.

그러면 과연 역사의 종말, 지구의 종말은 있는 것일까? 있다면 언제 있을 것인가? 이것이 우리의 숙제입니다. 궁금증입니다. 시기와 날짜는 말할 수 없지만 예수님이 몇 가지로 말씀해 주셨습니다.

1. 환난의 때

그리스도인들은 멸망의 가증한 것이 서지 못할 곳에 서는 대환난의 결정적 징조를 볼 때 대피하고 피해야 합니다. "멸망의 가증한 것이 서지 못할 곳에 선 것을 보거든"이라고 표현했습니다. 이것이 역사적인 종말의 하나의 징조입니다. 마태복음에는 다니엘이 말한 바라고 표현했습니다.

역사의 종말 때에 징조 중의 하나가 본격적으로 하나님을 모독하는 일입니다. 이런 일이 일어났을 때 성도는 분별하고 대피해야 합니다. 성전에 앉아 자기를 하나님이라고 주장하는 사람이 생긴다고 하더니 이미 많이 생겼습니다. 앞으로도 일어날 것입니다. 자신이 재림주라고 주장하는 사람도 있습니다.

환난 날에 대피할 때 긴급성을 인식하여 대피의 시기를 놓치지 말아야 합니다. "그 때에 유대에 있는 자들은 산으로 도망할지어다 지붕 위에 있는 자는 내려가지도 말고 집에 있는 무엇을 가지러 들어가지도 말며 밭에 있는 자는 겉옷을 가지러 뒤로 돌이키지 말지어다"라고 했습니다. 이 말씀들은 기회를 놓치지 말라는 의미입니다.

유대 지역은 산지가 많고 동굴도 많습니다. 위기가 닥쳤을 때 산으로 도피하여 동굴에 숨으라는 말씀입니다. 다윗도 동굴을 찾아 피신한 적이 한두 번이 아닙니다. 지형적으로 산악지대이기 때문에 동굴도 많았습니다.

모세는 시내산에서 하나님으로부터 십계명을 받았고, 예수님은 제자들에게 산상보훈을 산에서 가르치셨으며 때로는 산에서 기도하셨습니다. 승천도 감람산에서 하셨습니다. 진정한 산은 아마도 하나님이실 것입니다. 다윗은 하나님이 영원한 피난처라고 고백했습니다.

지붕 위에 있는 사람은 무엇을 가지러 내려가지 말라고 했는데, 유대인들은 지붕 위에서 주로 기도하거나 휴식했습니다. 기도하거나 휴식을 취할 때 위기 상황이 발발하면 대처하는 방법을 말씀해 주고 있습니다. 위기 상황이 있을 때 육신을 보호하기 위한 옷을 가지러 집으로 들어가는 것은 어리석은 행위이고 죽음을 가져올 수 있기 때문에 지혜롭게 처신하라는 것입니다.

창세기 19장에 나타난 소돔성에서의 탈출을 생각하게 만듭니다. 앞을 향하여 전진하지 못하고 뒤를 돌아다본 롯의 아내는 소금 기둥이 되었습니다. 하나님의 은혜로 구원받을 수 있었는데 성과 재산을 생각하는 미련 때문에 뒤를 돌아보다가 무서운 심판을 받았습니다.

환난의 때에 여인의 축복의 상징인 임신과 수유조차 화가 될 수 있기 때문에 자신만은 환난에 대피할 수 있는 적절한 상황과 환경을 위해 기도해야 합니다. "그 날에는 아이 밴 자들과 젖먹이는 자들에게 화가 있으리로다"라고 했습니다.

태의 열매는 여호와의 상급입니다. 유대인들은 아이를 잉태하는 것은 하나님의 큰 복을 받은 것으로 여겼습니다. 그런데 임신을 화라고 말하고 있으니 이것은 무슨 의미입니까?

종말에 임할 심판이 얼마나 어렵고 힘든 것인가를 드러내고 있습니다. 거동이 불편하거나 짐이 많으면 더욱 힘들다는 뜻입니다. 그러므로 겨울에 나지 않도록 기도하라고 했습니다.

요한계시록에도 하나님의 심판이 임하면 땅과 바다, 강과 샘물이 저주를 받을 것이라고 기록되고 있습니다. 그리고 해와 달과 별들이 빛을 잃어버릴 것도 예언되어 있습니다. 인류 역사와 온 우주 만물은 하나님의 창조로부터 시작되었고, 지금도 하나님의 통치하심으로 유지되고 있으며, 마지막 때에 하나님의 심판이 기다리고 있습니다. 이것이 기독교 세계관입니다.

2. 극한 환난과 위로

대환난 때의 환난의 정도는 어느 정도일까? 창세 이후로 전무후무한 것이 될 것입니다. "이는 그 날들이 환난의 날이 되겠음이라 하나님께서 창조하신 시초부터 지금까지 이런 환난이 없었고 후에도 없으리라"라고 했습니다.

만일 하나님께서 대환난을 감해 주지 않으신다면 구원 받을 육체가 아무도 없을 것입니다. "만일 주께서 그 날들을 감하지 아니하셨더라면 모든 육체가 구원을 얻지 못할 것이거늘 자기가 택하신 자들을 위하여 그 날들을 감하셨느니라"라고 했습니다. 하나님께서 택한 백성을 위하여 환난의 날을 감해 주실 것입니다.

택하신 자들을 향하신 하나님의 자비와 긍휼을 찾아보게 됩니다. 하나님께서 환난의 날을 감하시는 이유가 무엇인가? 믿지 않는 자들을 위하여 감하시는 것이 아니라 택하신 하나님의 아들과 딸들을 위하여 감하시는 것입니다.

택하신 자들은 누구인가? 창세전부터 하나님의 은혜로 예정과 선택을 받은 사람들입니다. 이 세상을 살아갈 때 하나님의 부르심을 받아 예수 그리스도를 믿음으로 의롭게 된 사람들입니다. 이 사람들은 전적으로 하나님의 은혜를 입은 자들입니다.

요한복음 3장 16절을 봅시다. "하나님이 세상을 이처럼 사랑하사 독생자를 주셨으니 이는 그를 믿는 자마다 멸망하지 않고 영생을 얻게 하려 하심이라"라고 했습니다. 하나님이 사랑하는 자가 예수를 믿습니다. 하나님의 사랑을 받은 자가 멸망하지 않고 영생을 선물로 받습니다.

그래서 바울은 빌립보 간수에게 "주 예수를 믿으라 그리하면 너와 네 집이 구원을 받으리라"라고 했습니다. 그 간수가 그 복음을 듣고 회개하여 믿음으로 구원받은 사건이 사도행전 16장에 나타납니다.

여러분의 가정은 예수를 믿습니까? 구원을 받았습니까? 그렇다면 하나님의 자비를 힘입은 가정입니다. 하나님의 긍휼과 용서를 받은 가정입니다.

3. 환난 때에 미혹받지 말라

환난 때에 거짓 그리스도들과 거짓 선지자들이 출현할 것입니다. 거짓 선지자와 거짓 그리스도들이 이적을 행하여 현혹할 것이지만 미혹받지 말라고 경계했습니다. "그 때에 어떤 사람이 너희에게 말하되 보라 그리스도가 여기 있다 보라 저기 있다 하여도 믿지 말라 거짓 그리스도들과 거짓 선지자들이 일어나서 이적과 기사를 행하여 할 수만 있으면 택하신 자들을 미혹하려 하리라"라고 했습니다.

미혹은 거짓 그리스도와 거짓 선지자가 나타나서 예수의 이름을 사칭하여 다른 사람들을 유혹하는 것을 말합니다. 주의하라, 삼가라입니다. 세심한 주의가 필요한 세상입니다. 그러나 깨어 있는 사람에게는 구원을 베풀어 주시는 하나님이십니다. 신학자라고 다 신학자가 아닙니다. 목회자라고 다 목회자가 아닙니다. 교회사를 연구해 보면 혁명가도 있었고, 민중 해방을 주창한 사람도 있었고, 이상한 복음을 제시하는 이단자들이 수없이 많았던 세상입니다. 지금도 현존하고 있고 한국 사회에 만연해 있는 상황입니다.

여기 있다, 저기 있다 하는 것은 백성을 미혹하는 수단입니다. 목적이 미혹에 있다는 뜻이지요. 여러분 주위를 곁눈질 해 보세요. 이단자가 코앞에 와 있습니다. 그래도 주의하지 않고 잠만 잡니다. 자녀들이 어떤 상황에서 노는지, 어떤 상황에서 성장하고 있는지 생각이 없습니다. 영적인 잠에서 깨어나기 바랍니다.

인간을 대상으로 나타내는 기적적인 이적이나 자연을 상대로 하여 나타내는 기적적인 기사가 모두 사람을 미혹하게 하는 일이라면 물리칠 수 있기를 바랍니다. 할 수만 있으면 택하신 자들을 미혹하게 하는 방법입니다.

물론 기독교는 이적이나 기사를 부인하지 않습니다. 하나님의 능력이 나타날 경우가 있습니다. 다만 표적주의 신앙이나 기적주의 신앙을 주의해야 할 것입니다. 기독교는 십자가와 부활의 종교입니다. 그리고 언약의 종교입니다.

요한복음 4장 48절에 "예수께서 이르시되 너희는 표적과 기사를 보지 못하면 도무지 믿지 아니하리라"라고 했습니다. 유대인들은 표적과 기사를 좋아했습니다. 많이 추구했습니다. 그래서 바울도 유대인들은 표적을 구하고 헬라인들은 지혜를 찾는다고 표현했습니다. 우리는 십자가를 자랑합니다.

사도행전 5장 12-13절에 "사도들의 손을 통하여 민간에 표적과 기사가 많이 일어나매 믿는 사람이 다 마음을 같이하여 솔로몬 행각에 모이고 그 나머지는 감히 그들과 상종하는 사람이 없으나 백성이 칭송하더라"라고 했습니다.

스데반 집사는 어떤 사람입니까? 성령과 지혜와 믿음이 충만한 사람입니다. 특별히 사도행전 6장 8절을 봅시다. "스데반이 은혜와 권능이 충만하여 큰 기사와 표적을 민간에 행하니"라고 했습니다. 초대교회는 성령이 충만했고 표적과 기사를 행하는 능력이 있었습니다.

물론 하나님의 선택을 받은 사람이 마귀의 미혹 때문에 지옥가는 일은 없을 것입니다. 그러나 사탄의 역사, 마귀의 미혹은 아담과 하와로부터 시작하여 지금까지 계속되고 있는 것입니다. 더군다나 사탄은 자기의 때가 얼마남지 않은 것을 알기에 더욱 발악을 할 것입니다. 그래서 많은 기독교인들이 넘어지고 타락하고 신음하는 소리가 여기저기서 들리는 시대가 아닙니까? 그러므로 성도는 깨어 있어야 합니다. 사탄과 싸워서 승리할 수 있는 기도의 능력을 받아야 합니다.

거짓 그리스도들과 거짓 선지자들에 대하여 미리 경계하라 하였음을 강조하면서 거듭 주의하라고 말씀하셨습니다. "너희는 삼가라 내가 모든 일을 너희에게 미리 말하였노라"라고 했습니다.

마태복음 12장 39절에 "예수께서 대답하여 이르시되 악하고 음란한 세대가 표적을 구하나 선지자 요나의 표적밖에는 보일 표적이 없느니라"라고 말씀하셨습니다. 요나의 표적은 삼 일 만에 살아나는 표적, 십자가와 부활을 의미합니다.

바울은 데살로니가후서 2장 9-10절에서 "악한 자의 나타남은 사탄의 활동을 따라 모든 능력과 표적과 거짓 기적과 불의의 모든 속임으로 멸망하는 자들에게 있으리니 이는 그들이 진리의 사랑을 받지 아니하여 구원함을 받지 못함이라"라고 했습니다.

제66강
마가복음 13장 24-37절

재림에 대한 교훈

예수님의 죽음이 이틀 앞으로 다가왔습니다. 죽음을 이틀 앞둔 예수님은 종말론적인 사건들을 제자들에게 가르치셨습니다. 해와 달과 별들이 흔들리는 대우주의 와해가 있을 것입니다. 그리고 예루살렘 성전이 파괴되고, 여러 가지 징조를 비롯하여 멸망의 가증한 우상들이 들어선다는 예언이 신비했습니다.

거짓 선지자들과 거짓 사도들이 일어나 택하신 백성들을 미혹한다는 말씀을 들을 때 안위와 함께 두려움마저 느껴졌습니다. '때와 장소'를 안다는 거짓 선지자들에 대한 경계의 말씀도 주셨습니다.

예수께서 영광스러운 구름을 타고 하늘로부터 내려와 택하신 자들을 모으신다는 약속은 위로가 되었습니다. 사방에서 택한 성도들을 다 불러모을 것입니다. 예수님은 이틀 정도의 삶을 앞두고 인류 역사의 종말론적인 사건들이 있을 것이라고 가르치셨습니다.

언제 이런 일이 일어나겠습니까? 이것이 제자들의 질문이었습니다.

1. 비유가 무엇인가?

"무화과나무의 비유를 배우라." 비유는 하늘의 진리를 가르치기 위해서 땅의 것으로 설명하고 보여주는 행위입니다. '겉으로 내어보여주는 것'입니다. 무화과나무는 여름을 알리는 나무입니다. 팔레스틴의 대부분의 나무들과는 달리 무화과나무는 겨울에 잎사귀들이 떨어지고 늦봄에 잎이 돋아납니다. 수액이 오르면서 잎을 내면 여름이 가까운 줄 알게 되는 나무가 무화과나무입니다.

세상은 시작이 있으면 반드시 끝이 있는 법입니다. 역사의 시작이 있었으니 반드시 역사의 종말이 있을 것입니다. 재난이 있고 적그리스도의 출현이 있으니 그리스도가 문 앞에 이른 줄을 안다는 뜻입니다.

"인자가 가까이 곧 문 앞에 이른 줄을 알라"라고 하셨습니다. 시대의 징조를 보면 예수님의 재림이 가까워진 줄 알 수 있다는 의미입니다. 재림이 파루시아입니다. 베드로 사도는 우리들에게 경고의 말씀으로 "먼저 이것을 알지니 말세에 조롱하는 자들이 와서 자기의 정욕을 따라 행하며 조롱하여 이르되 주께서 강림하신다는 약속이 어디 있느냐"(벧후3:3-4)라고 한다는 것입니다. 예수 그리스도의 재림은 확실합니다. 초림이 확실하다면 재림은 더욱 확실합니다. 조롱하는 자들이 놀린다고 재림이 없는 것은 아닙니다.

그리스도의 재림에 대한 교리는 기독교인에게 큰 교훈을 주고 있습니다. 두려움을 주는 것이 아니라 하나님께 가까이 갈 수 있도록 하는 좋은 교리입니다. 초림 때 많은 사람들이 그리스도를 가까이 한 것이 아닙니다. 목자들과 마리아와 요셉 그리고 시므온과 안나 그리고 동방박사들입니다. 소수의 무리입니다.

그리스도의 재림은 초림과 달리 큰 영광과 권능 가운데서 임하는 것이 특징입니다. 정확한 때와 날짜는 모릅니다. 그러기에 하나님의 백성들은 늘 깨어 있어야 하는 것입니다. 데살로니가전서 5장 6절에 "그러므로 우리는 다른 이들과 같이 자지 말고 오직 깨어 정신을 차릴지라"라고 했습니다.

아버지와 아들 사이, 아버지와 딸 사이가 서먹서먹하지 않게 깨어 기도해야 합니다. 그래서 점도 없고 흠도 없이 평강 가운데 있을 때 주님이 오시도록 기도에 힘써야 합니다. 종말을 준비하는 성도의 태도는 무엇인가? 한마디로 깨어 있으라. 깨어 있는 것입니다. 마태는 무화과나무, 노아의 날, 충성된 종의 비유를 말하면서 '깨어 있으라' 라고 말했습니다.

여러분은 지금 상태에서 주님을 기쁨으로 맞이할 수 있겠습니까? 영적으로 깨어 있기를 바랍니다. 죄를 회개하는 가운데 깨어 기도합시다. 주님 앞에 칭찬받으려면 하나님의 교회에서 맡겨주신 일에 충성합시다.

예수 그리스도의 재림은 어떤 사람에게는 심판과 정죄이겠지만 충성스러운 사람들에게는 구원과 영광과 칭찬의 결과를 가져올 것입니다.

2. 진실한 말

세상에 필요한 말은 거짓된 말이 아니라 진실된 말입니다. 진실된 마음에서 나오는 진실한 말은 듣는 이에게 은혜가 됩니다. 그래서 바울은 은혜로운 말을 하여 덕을 세우라고 가르쳤습니다. 베드로는 봉사는 하나님의 힘으로 공급하듯 하고, 말은 하나님의 말씀을 하는 것같이 하라고 가르쳤습니다.

"내가 진실로 너희에게 말하노니 이 세대가 지나가기 전에 이 일이 다 일어나리라 천지는 없어지겠으나 내 말은 없어지지 아니하리라"라고 했습니다. 꽃은 피었다가 시들지만 하나님의 말씀은 영원히 메마르지 않습니다. 이사야 40장 8절에 "풀은 마르고 꽃은 시드나 우리 하나님의 말씀은 영원히 서리라"라고 했습니다.

이사야 55장 11절에서는 "내 입에서 나가는 말도 이와 같이 헛되이 내게로 되돌아오지 아니하고 나의 기뻐하는 뜻을 이루며 내가 보낸 일에 형통함이니라"라고 했습니다. 하나님의 말씀은 공허하게 떠도는 말이 아닙니다. 아브라함에게 네 자손이 하늘의 별과 바닷가의 모래같이 많게 하신다고 하시더니 실제적으로 그렇게 이루어 주셨습니다.

기독교는 말씀의 종교입니다. 언약의 종교입니다. 신비한 현상이 많아도 주관적인 것들이 많습니다. 객관적으로 믿고 따라야 할 것은 성경 말씀뿐입니다. 주관적인 체험 위에 신앙을 건축할 것이 아니라 객관적인 진리 위에 신앙을 건축해서 반석 위에 지은 지혜로운 성도가 되기를 바랍니다.

성경은 영원히 진리입니다. 하나님의 말씀입니다. 객관적인 하나님의 말씀이기 때문에 하나님의 교회가 받고 믿고 따라야 할 생명의 말씀입니다. 바울은 구원의 말씀이요 교훈과 책망과 바르게 함과 의로 교육하기에 유익한 말씀이라고 했습니다. 베드로 사도는 하나님께서 받아 주신 말씀이라고 고백합니다.

주님은 "천지는 없어지겠으나 내 말은 없어지지 아니하리라"라고 말씀하셨습니다. 하나님의 말씀은 없어지지 않고 다 이루어질 하나님의 언약, 약속의 말씀입니다. 사랑하는 성도님들은 하나님의 말씀을 사랑하여서 진리의 종들이 모이는 공동체이기를 바랍니다.

3. 모르는 일

세상에는 모르는 일이 참으로 많습니다. 사람의 속을 모릅니다. 장사꾼이 밑지고 판다는 말이 거짓말이요, 처녀가 시집가기 싫다는 말도 거짓말이요, 노인이 죽고 싶다는 말도 거짓말이랍니다. 또 언제 죽을는지 아무도 모릅니다. 종말이 언제 올는지도 모릅니다. 주님도 아버지의 권한임을 강조하셨습니다.

32절에 "그러나 그 날과 그 때는 아무도 모르나니 하늘에 있는 천사들도, 아들도 모르고 아버지만 아시느니라"라고 말씀하셨습니다. 예수님은 하나님이시지만 아버지만 아신다고 할 때는 인성을 나타내고 있는 것입니다. 하나님의 전적인 권위를 인정하는 말씀입니다.

사도행전 1장 7절에 "이르시되 때와 시기는 아버지께서 자기의 권한에 두셨으니 너희가 알 바 아니요"라고 했습니다. 때를 정하는 것은 성부 하나님 아버지의 전적인 권한입니다.

33절에 "주의하라 깨어 있으라 그 때가 언제인지 알지 못함이라"라고 했습니다. 여기 '주의하라'와 '깨어 있으라'라는 말씀은 현재 시상의 두 가지 명령입니다. 그러니까 '항상 주의하라'와 '항상 깨어 있으라'는 뜻입니다. 이것이 하나님의 종의 자세입니다. 항상 주의하라. 항상 깨어 있으라. '깨어 있다'는 '그레고레이테'라는 헬라말로 '정신차리다, 주의하다, 살아 있다'라는 의미입니다. 그러므로 성도는 진리와 비진리를 구별하며 살아야 합니다. 말이나 행동하는 것이 그리스도적인가 아니면 비그리스도적인가를 구별해야 합니다. 빛과 어두움, 하나님과 우상, 그리스도와 사탄, 성령과 악령을 분별하는 것이 중요합니다.

세상 나라에는 거짓 사도나 거짓 선지자, 거짓 선생들이 많이 나타나서 활동하고 있기에 항상 주의하고 항상 깨어 있지 않으면 잘못된 상태에 떨어지기 때문에 그렇습니다. 그래서 주인은 '주의하라'와 '깨어 있으라'를 종들에게 당부했습니다.

또 한가지는 주인이 멀리 다른 나라에 가게 되었습니다. 다른 나라에 갔다는 것은 반드시 되돌아올 것을 약속하는 말입니다. 주인은 가면서 종들에게 여러 가지 권한을 주었습니다. 할 일을 주었습니다. 특히 문지기에게 깨어 있으라고 명령을 했습니다. 집 주인이 언제 올는지 알지 못하기 때문에 깨어 있으라고 했습니다.

저물 때에 올는지 아니면 밤중에 올는지, 닭 울 때나 새벽에 올는지 알지 못하기 때문에 깨어 있어야 합니다. 이것은 로마식으로 말한 것입니다. 저녁은 오후 6-9-10시, 밤중은 9-자정-1시까지, 닭이 올 때는 자정에서-혹1시-3시, 새벽은 3-4-6시를 말합니다. 주인이 홀연히 돌아올텐데 종이 자는 것을 보지 않도록 주의하라고 했습니다.

이 말씀은 모든 성도에게 하시는 말씀입니다. 한 사람도 예외는 없습니다. 주님을 맞을 준비를 하고 있어야 합니다. '홀연히'는 '뜻밖에, 갑자기'라는 뜻입니다. 인간의 판단력과 인지력으로 알 수 없다는 뜻입니다. 깨어 있는 자만 '갑자기'가 아닐 것입니다.

결국 성경에서의 깨어 있는 것은 기도와 함께 자기가 맡은 일과 관련이 있습니다. 맡겨진 일에 충성을 다하는 것이 깨어 있는 상태입니다. 깨어 있어 일하지 않으면 주인이 어떻게 하겠습니까? 종들이 일할 시간에 놀면서 잠자고 있으면 주인이 어떻게 하겠습니까? 주님이 오셔서 칭찬하시겠습니까?

우리는 주님의 일을 해야 합니다. 하나님 나라의 일이나 주님이 맡겨 주신 일을 해야 합니다. 세상 일이 아니라 교회 일을 해야 합니다. 우리는 전능하신 여호와의 종입니다. 종이면 종답게 일해야 합니다. 하나님께 영광이 되는 일을 해야 일꾼입니다.

"주 예수여 어서 오시옵소서." 이렇게 말할 수 있어야 합니다. 재림을 학수고대하다가 주님을 기쁨으로 영접해야 합니다. 이것이 종들이 취해야 할 자세입니다. 주인이 돌아오는데 문 밖에 세워둔다면 어떻게 되겠습니까?

주께서 맡겨 주신 일을 충성스럽게 감당하다가 주인을 기쁨으로 제일 먼저 영접할 수 있는 일꾼이 멋진 종일 것입니다. 이것이 종의 특권입니다. 종의 권리입니다. 종의 영광이기도 합니다.

요한계시록 16장 15절에 "보라 내가 도둑 같이 오리니 누구든지 깨어 자기 옷을 지켜 벌거벗고 다니지 아니하며 자기의 부끄러움을 보이지 아니하는 자는 복이 있도다"라고 했습니다. 우리 모두 복 있는 성도가 됩시다.

제67강
마가복음 14장 1-11절

유대 지도자와 가룟 유다

　마가복음 14장부터 15장까지는 예수님의 죽음을 둘러싼 살해 음모와 제자들의 배신, 십자가의 죽음을 앞둔 예수님의 반응을 상세하게 기록해 주었습니다. 당시 산헤드린 공회에서 활동하던 유대 종교 지도자들의 예수 살해 음모가 있었으며, 그 반대로 나병환자 시몬의 대접과 마리아의 헌신은 우리에게 깊은 감동과 더불어 헌신이 무엇인지를 가르쳐 주고 있습니다.

　여러분은 어떤 종류의 사람입니까? 배반자입니까 아니면 영접하는 사람, 헌신하는 사람입니까?

1. 종교 지도자와 예수

　유대 종교 지도자들은 예수님의 살해 음모를 본격적으로 시작했습니다. 유월절이나 무교절 이틀 전에 대제사장들과 서기관들이 예수를 체포하여 죽일 수 있는 구체적인 방책에 대하여 논의하였습니다. 의의 도구, 의의 병기가 아니라 불의의 도구, 불의의 병기가 되었습니다.

　여러분, 생각 좀 해 봅시다. 아니 종교 지도자이면 사람을 살릴 생각을 하는 것이 상식인데 당시 종교 지도자들은 죽일 방책을 구하고 있었습니다. 이러니까 '유대인의 회'라고 말하지만 실상은 '사탄의 회'라는 말씀이 맞지 않습니까? 유대 종교 지도자들은 예수를 죽일 방책을 찾고 있었습니다.

예수가 메시야일지도 모른다고 생각하고 있는 일반 백성들의 폭동을 두려워하여 명절 절기에는 계획을 실행하지 않기로 결의했습니다. 유대 종교 지도자들은 폭동이나 백성들의 소요를 두려워했기 때문입니다. 사람이 하나님을 경외하고 두려워하는 것은 좋으나 사람을 두려워하는 것은 바람직하지 않습니다. 공의나 공평, 정의나 의가 아니라 사람들의 주장에 눈치를 보는 지도자들의 모습입니다.

유월절의 기원은 이스라엘 백성들이 애굽에서 종 노릇 하며 살 때 하나님의 진노로 애굽의 장자와 모든 첫 태생이 죽게 되었습니다. 그때 양의 피가 문설주와 인방에 발라져 있는 히브리인의 집은 심판하는 천사가 넘어갔습니다. 그래서 생긴 말이 유월절, Pass over입니다. 유대인들은 유대력으로 니산월, 태양력으로는 3-4월 14일에 양고기와 쓴 나물 그리고 누룩 없는 빵을 먹으면서 유월절을 지켰습니다. 물론 이스라엘 백성들은 유월절을 전통적으로 애굽에서 구원 받은 날로 생각하여 가장 큰 명절로 지켰습니다.

무교절은 누룩 없는 절기라는 의미인데, 무교절은 유월절 다음날인 니산월 15일부터 21일까지 일주일 동안 지키는 절기로, 누룩 없는 딱딱한 빵과 쓴 나물을 먹었습니다. 이 절기는 이스라엘 백성이 애굽 땅에서 고난받던 시절을 생각하며 고난 가운데서 구원해 주신 하나님의 은혜에 감사하는 절기입니다.

유월절과 무교절은 시간적으로 이어지는 절기로, 동일하게 간주되고, 누가복음 22장 1절에서는 '유월절이라 하는 무교절이 다가오매'라고 표현되어 있습니다. 하나님의 은혜로 애굽에서 구원 받은 해방과 기쁨의 절기에 유대 종교 지도자들이 예수님에게 행하는 것이 무엇입니까? 살해 음모입니다. 십자가에 죽이는 것이었습니다.

애굽에서 구원하신 것처럼 예수님은 우리들에게 죄와 율법으로부터 영원한 해방과 자유를 주시기 위하여 오셨는데 죽이려고 음모를 꾸몄으니, 인간은 얼마나 패역하고 부패한 존재인지를 생각하게 만듭니다.

예수 그리스도가 윤리적으로나 도덕적으로, 영적으로나 율법적으로 모순이 없으심을 다 알면서도 죽일 수 있는 다른 방법을 찾는 것은 정말 인간은 타락한 존재임을 다시 한번 더 드러내고 있는 것입니다. 죽일 방책을 찾는 데 집요했습니다.

여러분은 성령 충만해서 사람을 살리는 사람, 영원히 하나님을 사랑하여 성령이 충만하고 주님의 뜻을 이루어 드리는 교회가 되기를 기도합시다.

2. 시몬과 마리아

예수께서 나병환자 시몬의 초대를 받아 집에서 식사하실 때였습니다. 대제사장과 서기관들은 예수를 죽일 방책을 간구하고 있고, 가룟 유다는 예수를 팔아 넘길 기회를 찾고 있을 때 나병환자 시몬은 예수님을 초대하여 대접했습니다. 율법적으로 부정하게 생각하던 나병환자였지만 예수님은 초대에 임하셨습니다.

대접하는 것이 얼마나 귀한 일입니까? 예수께서는 기도의 결론으로 대접을 가르치셨습니다. 아브라함도 대접하는 것을 좋아했습니다. 그 결과는 정말 크고 많은 복을 받게 되었습니다. 기도의 응답과 자녀가 있을 것과 소돔과 고모라의 장래까지 다 알게 되었습니다. 정말 대접하는 것은 믿음 있는 사람의 아름다운 덕입니다.

예수께서 나병환자 시몬의 집에 계실 때 한 여인 곧 나사로의 누이 마리아가 매우 값지고 순전한 나드 향유가 든 옥합을 깨뜨려 예수님의 머리에 쏟아부었습니다. 이것은 1년 동안 모아서 살 수 있는 귀한 향유였습니다. 정말 값지고 비싼 향유입니다. 예수님을 사랑하고 존경하기 때문에 쏟아바친 것입니다.

사람들은 어떤 반응을 보였을까요? 비싼 향유를 팔아 가난한 자들에게 구제나 하지 무엇 때문에 머리에 쏟아부어 낭비하고 허비하느냐고 책망했습니다. "어떤 사람들이 화를 내어 서로 말하되 어찌하여 이 향유를 허비하는가 이 향유를 삼백 데나리온 이상에 팔아 가난한 자들에게 줄 수 있었겠도다 하며 그 여자를 책망하는지라"라고 했습니다.

이 말은 겉으로 보면 맞는 것 같습니다. 세상을 살아보면 어떤 말도 다 맞아 보입니다. 그러나 진리는 아닙니다. 여인의 무모한 행동이라고 생각하여 분을 내고 책망을 한 것입니다. 마태복음에는 책망의 주체가 제자들이었음을 밝히고 있습니다. 요한은 가룟 유다가 주체라고 지적했습니다. 영적으로 무지했던 제자들은 향유를 낭비했다고 생각했는데 과연 낭비한 것일까요?

예수님은 어떤 반응을 보이셨을까요? 예수님의 평가가 중요합니다. 첫째로, 비난하는 사람들을 향하여 "가만 두라 너희가 어찌하여 그를 괴롭게 하느냐"라고 했습니다. 이것은 만류의 말씀입니다. 헌신자를 막아서 보호해 주셨습니다. 하나님은 헌신자를 보호해 주시고 위로해 주십니다.

둘째로, 가난한 자들은 언제나 도울 수 있다고 말씀하셨습니다. "가난한 자들은 항상 너희와 함께 있으니 아무 때라도 원하는 대로 도울 수 있거니와 나는 너희와 항상 함께 있지 아니하리라"라고 했습니다. 구제는 언제든지 할 수 있는 일입니다.

셋째로, "그가 내게 좋은 일을 하였느니라"라고 칭찬의 말씀을 했습니다. 예수께서 여인의 행동에 대하여 변호하신 말씀입니다. 헌신의 기회는 많지 않습니다. 인생을 살아보면 헌신할 수 있는 시간도 많지 않고 봉사할 수 있는 기회도 흔하지 않습니다.

넷째로, 칭찬의 말씀이 무엇입니까? "그는 힘을 다하여 내 몸에 향유를 부어 내 장례를 미리 준비하였느니라"라고 했습니다. 이것도 예언의 말씀입니다. 가진 것 중의 일부가 아니라 할 수만 있다면 전부를 드린 것입니다.

다섯째로, "내가 진실로 너희에게 이르노니 온 천하에 어디서든지 복음이 전파되는 곳에는 이 여자가 행한 일도 말하여 그를 기억하라"라고 약속했습니다. 이것은 예언입니다. 그런데 이 예언의 말씀은 그대로 실현되고 있습니다. 지금도 마리아의 헌신은 영원한 헌신으로 기억되고 있고, 모든 헌신의 모델이 되고 있기 때문입니다. 온 세계 각국에서 복음이 울려퍼지는 곳곳마다 이 헌신도 같이 말하고 있습니다.

하나님의 은혜를 받은 자가 헌신합니다. 하나님의 은혜를 잊지 않는 사람이 헌신합니다. 우리는 하나님께 영광 돌리는 삶을 살아야 할 책임이 있는 사람입니다. 온전한 헌신자로 살아갑시다.

3. 가룟 유다와 예수

가룟 유다가 예수를 유대 종교 지도자들에게 넘겨주려고 찾아갔습니다. 시간적으로 고난주간의 화요일 밤으로 보입니다. 가룟 유다가 걷고 있는 길은 배반의 길입니다. 배신자의 길을 걷고 있었습니다. 역사의 가장 추한 발걸음을 옮기고 있는 것입니다. 이것이 사탄의 역사입니다. 하나님의 은혜와 사람의 은혜를 잊으면 배신자가 됩니다.

사람은 성령이 역사하지 않으면 항상 이렇습니다. 배신과 배반과 갈등의 길을 걷게 되어 있습니다. 한 사람은 헌신과 봉사를 하는데 다른 사람은 배반과 배신의 일을 꾸미고 있습니다. 여러분은 어떤 사람입니까? 어떤 길을 걷고 있습니까? 헌신입니까 아니면 배신입니까?

가룟 유다는 유다 지파 출신으로, 유다는 찬송이라는 이름의 뜻을 가지고 있었지만 배반의 극악함을 보여주었습니다. 그래서 생긴 말이 이름값도 못한다. 덩치값도 못한다. 그러지 않습니까?

대제사장들이 유다의 제의를 듣고 기뻐하여 돈을 주기로 약속했습니다. 가룟 유다가 먼저 돈을 요구하자 대제사장들이 약속했습니다. 대제사장들은 쉽게 잡을 수 있는 것으로 생각하여 기뻐하면서 은 30을 주었습니다. 인류 역사에 있어서 가장 추악하고 더러운 거래가 이루어진 것입니다.

은 30은 당시 노예 한 사람의 몸값입니다. 예수님이 노예입니까? 인간은 정말 부패하고 전적으로 타락한 존재입니다. 성령이 떠나고 악신이 역사하면 누구나 이럴 수 있습니다. 이것이 사람입니다.

그때부터 가룟 유다는 예수를 넘겨 줄 기회를 찾게 되었습니다. 이 기회는 출세를 위한 기회가 아닙니다. 성령의 충만을 위한 기회도 아닙니다. 사탄이 역사하는 기회입니다. 여러분은 깨어서 기도하지 않으면 이론적인 신자가 됩니다. 머리로만 알고 믿음이 식어지는 사람이 됩니다.

물질에 욕심을 내면 사탄이 역사하는 통로가 될 수 있습니다. 가룟 유다는 도둑질을 하는 사람이었습니다. 다른 사람들이 하나님께 헌금을 드리면 그것을 훔쳐 가는 사람이었습니다. 야고보서 1장 15절에 "욕심이 잉태한즉 죄를 낳고 죄가 장성한즉 사망을 낳느니라"라고 했습니다.

디모데전서 6장 9-10절에 "부하려 하는 자들은 시험과 올무와 여러 가지 어리석고 해로운 욕심에 떨어지나니 곧 사람으로 파멸과 멸망에 빠지게 하는 것이라 돈을 사랑함이 일만 악의 뿌리가 되나니 이것을 탐내는 자들은 미혹을 받아 믿음에서 떠나 많은 근심으로써 자기를 찔렀도다"라고 했습니다.

우리 성도들은 하나님을 사랑합시다. 예수님을 그리워합시다. 성령 하나님을 사모합시다. 그리하면 온전한 그리스도인이 되고 승리하는 사람이 될 줄로 믿습니다.

제68강
마가복음 14장 12-26절

마지막 유월절

여러분은 하루를 산다면 무엇을 하겠습니까? 예수님은 하루의 삶이 남았을 때 무엇을 하셨을까요? 예수님은 하나님과 다른 사람을 위해 사셨습니다. 이것이 우리에게 큰 교훈과 감동을 줍니다. 우리도 하나님과 다른 사람을 위하여 살 수 있는 사람이 됩시다.

1. 유월절 만찬

무교절 첫날은 양을 잡는 날입니다. 유대인들은 무교절의 첫날에 주로 양을 잡았습니다. 마태가 상대로 한 사람은 유대인들이기 때문에 양을 잡는 날이라고 말해도 되지만 마가가 상대한 사람들은 이방인들이기 때문에 무교절 첫날이라고 구체적으로 설명하고 있습니다.

제자들이 예수께 여쭌 것이 무엇입니까? 예수와 제자들은 일정한 장소에서 유월절 식사를 한 것이 아니기 때문에 돌아오는 유월절 만찬을 어디서 먹을 것인지를 물었습니다. "우리가 어디로 가서 선생님께서 유월절 음식을 잡수시게 준비하기를 원하시나이까?" 대부분의 예루살렘 성전을 순례하는 순례객들은 성전 읍내에서 유월절 식사를 하였기 때문에 제자들도 어디서 먹을 것인지를 묻게 되었습니다.

예수님의 대답이 무엇입니까? 제자 둘을 예루살렘 성내로 보내시면서 하신 말씀이 있습니다. 성내로 들어가라 그리하면 물 한 동이를 가지고 가는 사람을 만나리니 그를 따라가라고 하셨습니다. 두 제자는 누가복음에는 베드로와 요한입니다.

그리고 그 집 주인에게 "선생님의 말씀이 내가 내 제자들과 함께 유월절 음식을 먹을 나의 객실이 어디 있느냐 하시더라 하라 그리하면 자리를 펴고 준비한 큰 다락방을 보이리니 거기서 우리를 위하여 준비하라"라고 말씀하셨습니다.

이 방이 어느 정도였는지는 알 수 없지만 만약 이 집과 다락방이 마가 요한의 집이고 다락방이라면 그리스도의 승천 이후에 120명이 모여서 기도하여 성령의 충만함을 받고 초대교회가 탄생한 곳일 것입니다. 마가의 다락방일 것입니다. 예수와 제자들을 위한 장소, 모든 것을 준비해야 하는 곳이었습니다.

두 제자는 예수님의 말씀대로 예루살렘 성내로 들어갔습니다. 예수께서 하시던 말씀대로 유월절 음식을 준비했습니다. 정말 두 제자는 성내로 들어갔고 물동이를 가지고 가는 자를 따라갔습니다. 주인을 만나 유월절에 먹을 음식을 다락방에서 준비하게 되었습니다.

예수님의 말씀에 순종해야 하는 이유가 무엇입니까? 그대로 이루어지기 때문입니다. 믿음으로 순종하면 응답은 받은 것과 같습니다. 시간문제일 뿐입니다.

2. 만찬과 가룟 유다

날이 저물 때 예수께서 열두 명의 제자들과 함께 유월절 만찬을 위하여 준비된 곳으로 오셨습니다. 예수만을 위한 공간이 아니라 예수님과 제자들을 위한 공간이 준비되어 있었습니다. 그곳은 예수께서 말씀하시던 대로 예비된 곳이었습니다.

예수님의 말씀에는 한 치의 오차도 없었음을 느끼게 합니다. 물동이를 가지고 가는 사람이 있었고, 주인의 집으로 가보니까 다락방이 준비되어 있었습니다. 그곳에서 유월절을 지키게 되었는데 유월절을 지킬 수 있는 준비가 다 되어 있는 집이었습니다. 예수님의 말씀이 그대로 이루어짐에 있어서 한 치의 오차도 없었습니다.

그 날 저녁이었습니다. 유대인들은 보통 저녁 식사를 오후 6시경부터 시작합니다. 오후 6시가 하루의 시작이었습니다. 니산월 13일이 시작되는 시간이었습니다. 마지막 유월절 절기에는 열두 명의 제자가 다 모였습니다. 물론 잠시 후에는 한 사람은 배반자가 될 것이고, 또 한 사람은 부인할 것이며, 다른 제자들은 다 도망할 것입니다. 그러나 현재는 모두 함께하는 공동체로 모였습니다.

모두 만찬 자리에 앉아서 먹을 때 예수께서 하신 말씀이 무엇입니까? "내가 진실로 너희에게 이르노니 너희 중의 한 사람 곧 나와 함께 먹는 자가 나를 팔리라"라고 말씀하셨습니다. 한 사람의 배신, 배반, 배교할 것을 말씀하셨습니다.

예수께서 말씀하시던 그 시점에 제자들은 모두 먹고 있었습니다. 비스듬히 기대어 식사하는 과정 속에서 일어난 말씀이고 행동입니다. 예수님께서 "나와 함께 먹는 자가 나를 팔리라"라고 했습니다. 예수님과 함께 같은 식탁에서 밥을 먹던 사람이 나를 팔리라. 가까운 관계, 친밀한 관계에 있는 사람이 나를 배반할 것이라고 말씀하셨습니다. 고대 근동 지방에서는 함께 밥을 먹던 사람이 배반하는 것이 가장 치졸하고 악한 배신으로 간주되고 있었습니다.

가룟 유다가 예수님의 이런 말씀을 다 들었고, 당시 시대적인 상황도 다 알고 있으면서 회개하거나 돌이키거나 고백하지 않은 이유가 무엇입니까? 사탄이 마음속에 들어갔기 때문입니다. 사탄의 지배가 얼마나 무서운지를 알게 합니다. 사탄이 마음을 점령했을 때 사람으로서 할 수 없는 일을 하게 되는 것이지요. 영적인 분별력이 떨어지거나 총명이 없어지는 것은 당연한 일입니다.

모든 제자들이 근심하면서 하는 말이 무엇이었습니까? 하나씩 하나씩 "나는 아니지요"라고 말했습니다. 베드로도 나는 아니지요? 요한도 나는 아니지요? 야고보도 나는 아니지요? 가룟 유다도 나는 아니지요? 근심하면서 한 말입니다. 음식을 먹던 자리는 갑자기 슬픔으로 가득차기 시작했습니다. 슬픔 속에서 질문하는 말입니다. 놀라고 당황스러워서 하는 말입니다. 내니이까? 나는 아니지요? 다른 제자들의 진실이 드러났다면, 유다는 위선을 드러내고 있습니다.

예수님의 대답은 심오했습니다. "열둘 중의 하나 곧 나와 함께 그릇에 손을 넣는 자니라"라고 대답하셨습니다. 나와 함께 그릇에 손을 넣는 자니라. 그릇에 손을 넣어 빵을 찢어 먹는 사람입니다. 모든 제자가 다 이런 행동을 했습니다. 아주 친밀한 사람이 배반할 것이라는 것이지요. 그러시면서 "인자는 자기에 대하여 기록된 대로 가거니와 인자를 파는 그 사람에게는 화가 있으리로다 그 사람은 차라리 나지 아니하였더라면 자기에게 좋을 뻔하였느니라"라고 하셨습니다.

예수님이 사람들에게 팔리는 사건이나 죽는 사건은 구약성경의 예언대로 되는 것이지만 인자를 파는 그 사람은 차라리 세상에 태어나지 않았더라면 더 좋았을 것이라고 말씀하셨습니다. 여기서 사용된 인자는 자신을 낮추는 의미입니다. 사람의 아들입니다. 본질적으로는 하나님의 아들이십니다. 예수님 자신은 하나님의 뜻대로, 기록된 대로 가는 것이지만 나를 파는 그 사람은 화가 있는데 차라리 세상에 태어나지 않았더라면 자기에게 좋을 뻔했다고 안타까움을 표현했습니다. 이런 말씀이 가룟 유다에게 있어서 마지막 기회였습니다. 사탄이 역사하면 마지막 기회까지 놓치는 존재가 사람입니다.

사랑하는 성도님들이여! 성령의 충만을 기도합시다. 하나님의 영의 인도를 받는 가족과 후손들이 되기를 소원합니다. 성령 충만한 교회가 되기를 바랍니다.

3. 신약교회의 성례

예수와 열두 제자가 먹을 때에 예수께서 떡을 가지시고 무엇을 하셨습니까? "축복하시고 떼어 제자들에게 주시며 이르시되 받으라 이것은 내 몸이니라"라고 하셨습니다.

"또 잔을 가지사 감사 기도 하시고 그들에게 주시니 다 이를 마시매 이르시되 이것은 많은 사람을 위하여 흘리는 나의 피 곧 언약의 피니라"라고 했습니다.

성찬 예식은 예수님이 직접 실행하시고 교회로 하여금 주님이 이땅에 다시 오실 때까지 정하신 일입니다. 기독교에는 두 가지 성례가 있습니다. 세례와 성찬입니다. 주님의 십자가에 죽으심과 신비한 연합이 주된 목적입니다. 이런 말씀은 마태복음 26장이나 누가복음 22장에도 깊이 있게 기록되고 있습니다. 사도 바울은 고린도전서 11장에서 고린도 교회 성도들에게 성만찬 예식의 의도와 목적을 가르치고 무질서한 면에 대해서는 책망한 사실도 있습니다.

받으라, 받아 먹으라, 너희를 위하는 내 몸이니라. 자신의 몸을 의미하는 떡을 떼어 제자들에게 주셨습니다. 피를 상징하는 잔을 나누어 주셨습니다. 몸과 피를 주는 것은 모든 것, 전인격을 주신 것입니다.

천주교는 화체설을 주장하지만 루터는 공재설을 주장했고, 쯔빙글리는 기념설을 주장한 반면 칼빈은 영적 임재설을 주장했습니다. 우리는 영적 임재설을 믿습니다. 믿음으로 동참하는 모든 성도에게 성령께서 임하시기 때문입니다.

구약시대에 모세는 하나님과의 언약을 세우면서 백성들에게 피를 뿌렸습니다. 출애굽기 24장 8절에 "모세가 그 피를 가지고 백성에게 뿌리며 이르되 이는 여호와께서 이 모든 말씀에 대하여 너희와 세우신 언약의 피니라"라고 했습니다. 여호와는 이스라엘의 하나님이 되시고 이스라엘은 하나님의 백성이라는 언약입니다. 그 표시로써 소의 피를 뿌렸습니다.

신약시대에는 예수께서 인류의 구속자로서, 자신과 구속의 언약에 동참하는 모든 사람들과 언약을 맺은 표시로써 자신의 피를 흘리신 것입니다. 예수의 피는 언약을 확정짓기 위한 생명의 희생이었습니다. 그러므로 성찬식을 행하면서 우리가 마시는 포도주가 우리 몸 속에서 피로 변하는 화체설도 아니고 포도주 속에 예수의 피가 들어 있는 공재설도 아닙니다.

많은 사람을 위하여 흘리는 언약의 피입니다. 아담의 죄는 많은 사람을 죄인이 되게 했지만 예수의 구속적인 은혜는 모든 사람으로 하여금 의인이 되게 만들었습니다. 모든 사람이란 예수께서 세우신 언약에 동참하는 사람을 가리킵니다. 이것을 대속적 희생, 대속의 죽음이라고 표현합니다. 예수님의 대속적인 죽음, 십자가의 보혈이 과거로부터 지금까지 믿는 자의 죄를 깨끗하게 씻는 줄로 믿습니다.

그러시면서 "진실로 너희에게 이르노니 내가 포도나무에서 난 것을 하나님 나라에서 새 것으로 마시는 날까지 다시 마시지 아니하리라"라고 하셨습니다. 하나님 나라에서 새 포도주를 마시기 전까지 세상에서는 마시지 않겠다고 말씀하심으로써 최후의 만찬임을 선언하셨습니다. 또한 천국에서 새로운 만찬이 준비되어 있음을 말씀하셨습니다.

여기 '새 것'은 시간적인 개념입니다. 질적으로 이땅의 포도주와는 전혀 다른 새 것을 말합니다. 예수님의 재림으로 이루어진 혼인 잔치, 천국에서는 이땅에서의 떡과 포도주가 아닌 다른 것이 준비되어 있음을 말씀하셨습니다.

성만찬이 끝난 다음에 찬미하면서 감람산으로 갔습니다. 올리브 나무의 산입니다. 겟세마네 동산이 있는 곳입니다. 부활하신 다음에 승천하실 장소입니다. 그곳으로 예수님과 제자들은 찬송하면서 나갔습니다. 여러분은 지금 어디로 가는 중입니까?

제69강
마가복음 14장 27-31절

열한 제자와 베드로

고난주간의 다섯째 날인 목요일이었습니다. 예수님은 사랑하는 제자들과 함께 최후의 유월절 만찬과 성만찬 예식을 제정하셨습니다. 마가 요한의 다락방에서 사랑하는 제자들의 발을 닦아주시면서 성만찬 예식을 거행하신 예수님과 제자들은 찬송하면서 감람산을 향하여 나아갔습니다. 지상에서 마지막 유월절 어린양으로서 살과 피, 몸과 피를 주신 주님께서 찬송하면서 감람산으로 향해 가시며 하신 말씀이 무엇입니까?

1. 예수님의 예언

"너희가 다 나를 버리리라". 너희가 한 사람도 예외없이 다 나를 버리리라. 정말 기가 막히는 사건을 예언했습니다. 제자들의 배반을 예언하고 있습니다. 마태는 마가와 같은 입장에서 기록했고, 누가와 요한은 다락방에서 배반을 예언했습니다. 3년 동안 하나님 나라에 대한 교훈과 여러 가지 이적과 기적을 수없이 많이 보고 가르침을 받은 상황이었습니다.

근본적으로 제자들은 예수님의 가르침을 이해하지 못했습니다. 사역의 본질도 이해하지 못한 상황에서 정치적인 메시야나 경제적인 메시야를 추구하는 상황이었습니다. 대속의 죽음은 생각지도 못하는 입장이었습니다.

이 말씀은 스가랴 선지자의 말씀을 인용한 것입니다. 스가랴 13장 7절에 "만군의 여호와가 말하노라 칼아 깨어서 내 목자, 내 짝 된 자를 치라 목자를 치면 양이 흩어지려니와 작은 자들 위에는 내가 내 손을 드리우리라"라고 했습니다.

열두 제자들이 모두 시험에 빠질 것이요, 예수님 자신은 버림당할 것을 말씀하십니다. '버리다'라는 말은 '걸려넘어지다, 배척하다, 실족하다, 범죄하다' 등의 뜻으로 해석됩니다. 여기서는 '걸려넘어지다'라는 의미로, 배교를 뜻합니다. 지금은 너희가 내 살을 먹고 내 피를 마시지만 잠시 후에는 다 나를 버리리라.

신앙생활에는 극복해야 할 것들이 여러 가지가 있습니다. 예수님은 열두 제자들이 어려움을 극복하지 못할 것이라고 말씀하셨습니다. '버리리라'라는 뜻은 '어떤 사람을 외면하고 자신은 죄에 빠진다'라는 의미입니다. 사람이 하나님을 외면하면 길이 막힙니다. 죄인이 주님을 멀리하면 죄의 길에 빠지게 됩니다. 여러분은 평생 예수님이 걸림돌이 되지 않기를 기도해야 합니다. 근신하여 깨어서 기도해야 합니다. 그렇지 않으면 어떤 순간이 오면 상대방 때문에 걸려서 넘어지는 경우가 허다하게 많습니다.

이 모든 것을 다 아시는 주님은 변함없이 제자들을 사랑하셨습니다. 배반하고 도망할 것을 다 아시면서 끝까지 사랑하셨습니다. 이것이 하나님의 사랑입니다. 값없는 사랑입니다. 조건 없는 사랑입니다. 변함없는 사랑입니다.

"기록된 바 내가 목자를 치리니 양들이 흩어지리라". 목자인 예수께서 공격당할 때에 양들인 제자들이 다 흩어지겠다는 예언입니다. 이 예언은 스가랴 13장 7절에 기록되고 있습니다. 예수님의 죽음이 하나님의 계획이요, 십자가의 죽음의 결과로 제자들은 흩어진다는 예언입니다. 예수께서 하나님에게 맞을 때에 양들은 모두 흩어질 것을 예언했습니다.

제자들은 예수님이 잡히게 되자 다 도망쳤습니다. 나약해져서 흩어졌습니다. 물리적으로 흩어졌고 정신적으로 흩어졌습니다. 그래서 사람은 자랑할 것이 없습니다. 더군다나 하나님 앞에서 자랑하지 말아야 합니다. 자랑할 것이 있다면 주 안에서 자랑할 것밖에 없습니다.

그러나 한 가지 소망이 있습니다. "내가 살아난 후에 너희보다 먼저 갈릴리로 가리라". 이 말씀입니다. 예수님은 십자가에 죽으시는 것뿐만 아니라 부활까지 내다보셨습니다. '먼저 가다' 라는 말이 의미심장합니다. 목자로서 양들보다 앞서서 간다는 뜻입니다. 앞으로 인도하기 위해서 앞장선다는 의미입니다. 우리 예수님은 앞장서서 양을 인도하는 선한 목자이십니다.

이 말씀의 내용은 예수께서 부활하신 다음에 다시 시작하는 것을 의미하기도 합니다. 지금은 넘어지고 흩어지지만 부활 후에는 그렇지 않게 된다는 의미입니다. 다시 목자를 따라가게 된다는 뜻이지요. 인류를 위한 대속의 죽음을 맞이하게 되신 주님은 다시 생명을 회복하실 것입니다. 예수님의 부활은 나사로의 부활이나 나인성 과부의 아들이나 회당장 야이로의 딸이 다시 살아날 것과는 질적으로 다른 부활이었습니다. 영광스러운 부활이었습니다.

갈릴리는 예수께서 공생애 사역을 하실 때에 사역의 중심지였습니다. 가룟 유다 외에 다른 제자들이 다 갈릴리 출신이었습니다. 갈릴리 지역의 특수성은 유대인과 이방인들이 모이는 곳, 함께하는 곳이라는 것입니다. 그리고 제자들을 부르시던 곳이고 회당이나 바다, 산에서 가르치시던 곳입니다.

그래서 부활하신 다음에 갈릴리를 찾아서 다시 사명을 고쳐시키고 잃어버린 신앙을 회복하며 하나님 나라를 위하여 헌신하고 봉사할 수 있는 사람으로 만드셨습니다. 하나님은 사람을 만드십니다. 사람이 되게 하십니다. 예수님만이 우리의 영원한 목자이십니다.

2. 베드로의 장담과 예수님의 예언

예수님의 예언의 말씀에 대하여 베드로는 어떤 반응을 보였습니까? "다 버릴지라도 나는 그리하지 않겠나이다"라고 고백했습니다. 가이사랴 빌립보 지방에서는 신앙고백 후에 하나님의 일은 생각하지 않고 사람의 일만 생각하다가 "사탄아 내 뒤로 물러가라"고 책망받았던 베드로입니다.

이번에는 "다 버릴지라도 나는 그리하지 않겠나이다"라고 말했습니다. 베드로의 장담입니다. 충절어린 대답입니다. 베드로는 주님을 사랑했습니다. 목숨까지 버릴 각오도 되어 있는 사람입니다. 다만 인간은 연약하고 부족하다는 것을 간혹 잊을 수 있습니다.

베드로는 지나친 자신감으로 은연 중에 자신을 높이는 우월감까지 드러내고 있습니다. 베드로는 하나님의 은혜와 능력을 의지하기보다는 자기의 의지력과 자신의 능력을 신뢰했습니다. 인간은 이런 마음을 가지고 있는 한 실패하게 됩니다. 하나님의 은혜와 능력을 의지할 때 진정으로 능력 있는 사람이 되는 법입니다. 그리고 이런 마음을 가지고 있는 한 천국 가는 공동체를 인도하기에는 자격미달이라고 지적할 수밖에 없습니다.

이런 자세와 태도를 취하는 베드로에게 주님이 하신 말씀이 무엇입니까? '진실로'입니다. 아멘입니다. '진실로'가 베드로의 부인의 확실성을 말해 주는 것입니다. 불과 몇 시간 뒤에 있을 것이라는 지적입니다. 사람은 성경을 넘어설 수 없습니다. 예수님의 말씀대로 이루어지지, 베드로의 결심이나 말대로 이루어지지 않습니다. 그래서 기독교는

언약의 종교입니다. 말씀의 종교입니다. 모든 종교회의나 사람들의 생
각이 바른 것 같아도 성경이 더 위에 있습니다. 하나님의 약한 것이 사
람의 강한 것보다 더 강합니다.

"진실로 네게 이르노니 오늘 이 밤 닭이 두 번 울기 전에 네가 세 번
나를 부인하리라"라고 했습니다. 수탉이 두 번 울기 전에 세 번 나를 부
인하리라. 세 번은 의미가 있는 말입니다. 유대인들은 3이라는 숫자를
완전수로 이해하기 때문입니다. 철저하게 그리고 완벽하게 부인하겠다
는 뜻입니다.

지금은 다 버릴지라도 나는 아닙니다. 그렇지 않을 것입니다. 그렇
지만 인간은 주님의 말씀을 넘어설 수 있는 존재가 아닙니다. 맹세를
하든지 서약을 하든지 넘어설 수 있는 사람이 없습니다. 연약하고 나약
한 존재입니다. 바람이 불면 흔들리는 존재가 사람입니다. 때로는 부러
지기도 합니다. 여러분은 하나님의 은혜 속에 강하기를 기도합시다. 하
나님의 능력으로 강건하기를 기도합시다.

로마서 5장 8절을 봅시다. "우리가 아직 죄인 되었을 때에 그리스도
께서 우리를 위하여 죽으심으로 하나님께서 우리에 대한 자기의 사랑
을 확증하셨느니라". 하나님이 우리를 사랑하셨습니다. 독생자를 주시
기까지 사랑하셨습니다.

3. 베드로의 반복 장담

예수님의 말씀에 대한 베드로의 반응이 무엇입니까? 이것은 베드로
만이 아니라 인간들의 반응입니다. 누구나 다 이렇습니다. 여기서 지혜
로운 사람은 기도하거나 하나님의 은혜와 능력을 찾을 것입니다.

베드로는 "힘 있게 말하되 내가 주와 함께 죽을지언정 주를 부인하
지 않겠나이다 하고 모든 제자도 이와 같이 말하니라". 여기 '힘 있게'
는 '굉장히, 한량없이, 매우, 보통 크기 이상으로, 심히' 라는 뜻입니다.

베드로는 예수님의 말씀을 듣고 마음이 크게 격동되었습니다. 그러다가 자기 자신에 대하여 넘치는 결의를 스스로 했습니다. 큰 소리로 외치면서 자신만만했습니다. 아무것도 아니라고 확신했습니다. '이까짓 것 쯤이야'라는 자세입니다.

더욱이 "주와 함께 죽을지언정 주를 부인하지 않겠나이다"라고 확신에 차서 말했습니다. 겸손하게 자신을 성찰하지 않았습니다. 주님의 말씀에 경청하지 않았습니다. 경솔한 대답을 한 것입니다. 자기 자신의 연약이나 나약함을 생각하지 않았습니다.

우리가 믿음을 지키는 절개가 있으려면 하나님의 은혜로만 가능합니다. 바울이 고백했습니다. "그러나 내가 나 된 것은 하나님의 은혜로 된 것이니 내게 주신 그의 은혜가 헛되지 아니하여 내가 모든 사도보다 더 많이 수고하였으나 내가 한 것이 아니요 오직 나와 함께하신 하나님의 은혜로라"라고 했습니다.

기독교 신앙 혹은 믿음은 자기 자신에 대한 신뢰인가 아니면 하나님으로부터 오는 은혜로 하나님을 믿는 것인가? 자기 신뢰는 아무 효과가 없음을 나중에서야 깨닫게 됩니다. 기독교인은 자기 자신을 믿는 것이 아니라 하나님을 믿는 것입니다. 하나님만 신뢰하고 하나님만 바라보는 것입니다.

주님이 말씀하시는 것을 부인하고 그렇지 않을 것이라고 생각하여 말하는 것은 신앙이 아닙니다. 우리의 생각이나 경험에 비추어 볼 때 맞지 않을지라도 하나님이 말씀하셨기 때문에 그렇게 믿는 것입니다. 예수께서 말씀하신 대로 이루어질 것을 믿고 그렇게 믿는 것이 신앙입니다.

어떤 분은 베드로의 이런 자세에 대하여 '무지한 자신감'이라고 표현했습니다. 바울은 고린도전서 10장 12절에 "그런즉 선 줄로 생각하는 자는 넘어질까 조심하라"라고 말씀하셨습니다. 잠언 28장 26절에서는 "자기의 마음을 믿는 자는 미련한 자요 지혜롭게 행하는 자는 구원을 얻을 자니라"라고 했습니다.

우리는 예수를 우리의 구원자로 믿습니다. 우리는 하나님을 아버지로 믿습니다. 성령님이 우리와 함께하시면서 위로해 주시고 영육간에 복 주실 것을 믿습니다.

제70강
마가복음 14장 32-42절

예수와 제자들(1)

겟세마네 동산에 도착하신 예수님은 무슨 일을 하셨을까요? 예수님은 "내가 기도할 동안에 너희는 여기 앉아 있으라"라고 하셨습니다. 기도하실 동안에 너희는 앉아서 쉬어라. 휴식을 취하라. 내가 기도할 동안 너희는 쉬어라. 다정다감하신 주님이 정말 좋습니다.

겟세마네 기도는 유명한 기도입니다. 예수님의 지상 생애에서의 마지막 기도로써 내용도 정말 좋은 기도입니다. 예수님은 마지막까지 아버지의 뜻을 기도했는데 저와 여러분은 무슨 기도를 올리는지요?

마가는 주님의 기도를 몇 번 소개했습니다. 마가복음 1장 35절에서는 '주님의 새벽 기도'를 소개합니다. 마가복음 6장 46절에서는 저녁에 올린 '산 기도'를 가르칩니다. 또 겟세마네에서의 인생의 마지막 기도를 세 번째로 가르쳐 주고 있습니다. 여러분은 하나님의 아들과 딸로서 어떤 시간에 무슨 기도를 하나님께 올립니까?

1. 겟세마네의 기도

예수님은 열두 제자 중 아홉 명에게 여기 머물러 있고 세 명의 제자,

베드로와 야고보, 요한에게 함께 가자고 하시면서 정신적인 심한 고통과 번민 가운데 있음을 말씀하셨습니다. 주님이 "내 마음이 심히 고민하여 죽게 되었으니 너희는 여기 머물러 깨어 있으라"라고 하셨습니다. 주님이 슬퍼하시고 고통 가운데 있음을 말씀하셨습니다. 주님이 심한 고통속에서 고민하여 죽게 되었다. 육체와 영혼이 분리되는 죽음이기 때문에 슬퍼하고 고통속에 빠지게 되었습니다. 내적인 슬픔과 최고의 시련을 말해 줍니다.

일반적으로 '깨어 있다'라는 말은 '자기가 맡은 일을 잘하는 것'으로 나타내셨지만 여기서는 기도하는 것을 깨어 있는 것으로 말씀하셨습니다. 하나님을 향하여 간청하는 기도인데, 땀방울이 핏방울처럼 되는 기도였습니다.

기도에 있어서 제자들의 허물이 나타납니다. 훌륭한 그리스도인에게도 약점이 있습니다. 슬프게도 베드로에게서 찾을 수 있습니다. 야고보와 요한에게서도 발견됩니다. 한결같이 사랑받는 제자들인데 다 같이 잠이 들었습니다. 깊은 잠에 빠졌습니다. 이것이 성도의 약점입니다. 사람의 허물입니다.

깨어서 기도해야 하는 때에 잠이 들었습니다. 주님과 함께 깨어 있어야 했습니다. 그런데 깊은 잠에 빠졌습니다. 성도가 쉽게 빠지는 함정입니다. 문제는 깨어 있지 못합니다. 육신의 피곤을 말합니다. 바쁘다는 핑계입니다. 이런 것들은 인간적인 이야기입니다.

주님은 깨어 기도하는 사람과 함께하십니다. 제자들은 깨어 있는 종에 대하여 가르침을 받고도 잠이 들었습니다. 한 시 동안도 깨어 있지 못하는 죄인입니다. 우리는 주님의 음성을 항상 생각해야 합니다. 시험에 들지 않도록 깨어 있어 기도하라.

또 인간의 죄가 얼마나 무서운지를 깨닫게 합니다. 죄 짐을 대신 진다는 것이 얼마나 괴로운 일인가를 느끼게 만듭니다. 땅에 엎드려 주님은 기도하십니다. 할 수만 있다면 이 때가 지나가기를 기도하십니다.

할 수만 있다면 잔이 지나가기를 원하셨습니다.

그러나 주님은 우리를 위하여 십자가에 못박혀 저주의 죽음을 죽으셨습니다. 이사야 53장 5절에 "그가 찔림은 우리의 허물 때문이요 그가 상함은 우리의 죄악 때문이라 그가 징계를 받으므로 우리는 평화를 누리고 그가 채찍에 맞으므로 우리는 나음을 받았도다"라고 했습니다. 주님은 죄를 모르는 분이지만 죄인같이 십자가에서 고난을 당하셨습니다.

다른 사람들이 죄를 가볍게 여겨도 기독교인은 죄를 가볍게 여기면 안 됩니다. 우리는 죄를 무서워해야 합니다. 두려워해야 합니다. 공포심마저 느껴야 합니다. 그렇지 않으면 문제가 심각해집니다. 광풍이 휘몰아칠 때가 옵니다. 모든 것이 한꺼번에 날아가 버리는 결과를 낳게 됩니다. 죄의 삯은 사망이요 하나님의 은사는 예수 그리스도 안에서 영생입니다. 사랑하는 성도 여러분! 영적인 잠에서 깨어납시다. 주께서 기도하는 영을 부어주시기를 빕니다. 이것이 주님과 함께 살아가는 삶입니다.

2. 주님의 첫 번째 기도

주님은 심한 번민 가운데서 조금 나아가셔서 땅에 엎드려 기도했습니다. 할 수만 있으면 지나가기를 원하면서, 될 수 있는 대로 이 때가 지나가기를 원하는 마음으로 기도했습니다. 그냥 지나갔으면 좋겠다는 생각입니다. 주님도 전능하신 하나님께 기도했습니다. 아빠 아버지라고 부르면서 기도했습니다.

"아빠 아버지여 아버지께는 모든 것이 가능하오니 이 잔을 내게서 옮기시옵소서 그러나 나의 원대로 마시옵고 아버지의 원대로 하옵소서"라고 기도했습니다. 나의 원과 아버지의 원이 무슨 차이가 있겠습니까? 여기에 우리의 관심이 있습니다. 기도를 위해 기도해야 할 이유가 있습니다. 잔과 세례로 표현된 그리스도의 죽음입니다.

현재 예수님은 고통스러울 때에 기도하셨습니다. 마음의 갈등이 있을 때에 기도하셨습니다. 십자가의 고난을 앞두고 번민 가운데서 기도하셨습니다. 주님은 겟세마네에서 기도하셨습니다. 기도를 가르치시던 주님은 홀로 기도하셨습니다. 나의 원은 사는 것입니다. 십자가의 고난을 피하고 싶은 것입니다. 아버지의 원은 죽는 것입니다. 십자가의 고난을 당하는 것입니다. 그래서 육신의 생각은 하나님과 원수가 되는 것입니다.

우리가 어려울 때 도와주실 수 있는 분은 하나님이십니다. 불평은 우리의 권리가 아닙니다. 기도가 우리에게 주어진 특권입니다. "너희 중에 고난당하는 자가 있느냐 그는 기도할 것이요 즐거워하는 자가 있느냐 그는 찬송할지니라"(약5:13)라고 했습니다. 여기에 그리스도인의 지혜가 있습니다. 성도의 영광도 기도에 달렸습니다.

주님은 기도를 하시되 자신의 의지를 하나님의 뜻 아래 복종하는 기도를 올렸습니다. 이것이 진정한 기도입니다. 자신의 의지를 굽히는 것, 하나님의 뜻이면 기쁨으로 복종하는 것이 기도의 본질입니다. "뜻이 하늘에서 이룬 것 같이 땅에서도 이루어지이다"라고 말입니다.

주님도 처음에는 '될 수 있는 대로, 할 수 있는 대로' 이 때가 지나가게 하옵소서. "이 잔을 내게서 옮기시옵소서"라고 기도하셨지만 그러나 "나의 원대로 마시옵고 아버지의 원대로 하옵소서"라고 기도하셨습니다. 이것이 기도의 본질입니다. 위대한 기도입니다.

우리가 기도를 드리다가 중간에 바꾸어야 할 내용들이 꽤 많습니다. 바꿀 때는 바꿔야 합니다. 그렇지 않으면 반대 방향으로 갈 수 있습니다. 찬송가 549장입니다. "내 주여 뜻대로 행하시옵소서 온 몸과 영혼을 다 주께 드리니 이 세상 고락간 주 인도 하시고 날 주관하셔서 뜻대로 하소서 … 살든지 죽든지 뜻대로 하옵소서".

성도의 삶은 하나님이 보내주는 것을 받는 생활입니다. 하나님이 좋아하는 것을 좋아하는 생활입니다. 하나님이 찬성하는 것만 찬성하고 따라가는 삶입니다. 하나님께 맡기고 하나님만 알고 목표를 삼고 나아가는 삶입니다. 이것이 최고의 표본입니다. 주님이 겟세마네 동산에서 보여주신 완전한 모범적인 기도입니다.

하나님의 뜻대로 간구하면 반드시 응답을 받습니다. 기도하는 사람이 능력이 있고 하나님의 교회를 세웁니다. 이런 삶이 성도의 삶이요, 하나님의 아름다운 백성으로서의 삶입니다. 행복한 그리스도인의 삶이요 건강한 삶입니다.

주님은 열두 제자를 다 사랑하십니다. 그러나 특별히 베드로, 야고보, 요한을 사랑하셨습니다. 오늘 말씀에는 베드로를 지명하여 말씀하십니다. "시몬아 자느냐 네가 한 시간도 깨어 있을 수 없더냐 시험에 들지 않게 깨어 있어 기도하라 마음에는 원이로되 육신이 약하도다"라고 말씀하셨습니다.

제자들은 자고 있었습니다. 베드로도 요한도 야고보도 잠이 들었습니다. 주님은 제자들의 눈이 피곤한 것을 다 알고 계십니다. 시몬아! 시몬을 부르십니다. 교회의 기초가 될 위대한 신앙고백을 한 반석 같은 베드로였습니다. 지금은 한 시간도 깨어 있지 못하는 연약한 시몬입니다. 연약한 인간성을 지닌 육의 사람 시몬입니다.

또 잠든 제자들을 보시고 아무 말씀도 하지 않았습니다. 주님만이 동일한 말씀으로 세 번을 주께 기도했습니다. 겟세마네라는 의미대로, '기름짜는 틀, 기름 즙틀, 기름을 짜냄'이라는 말대로 기름을 짜는 듯한 기도를 올리셨습니다. 올리브 기름을 짜듯 예수님은 하나님 앞에 땀이 핏방울처럼 떨어지는 기도를, 자신을 짜는 기도를 올리셨습니다. 평상시의 기도보다 십자가의 죽음을 각오하는 기도입니다.

주님은 우리의 연약을 아십니다. 기도를 잘 못하는 사람인 것도 아십니다. 그러나 우리에게 "시험에 들지 않게 깨어 있어 기도하라"라고 했습니다. 기도의 약함을 인정하고 주님의 격려를 받아야 합니다. 깨어 있는 초병처럼 우리는 영적으로 깨어서 경계해야 합니다. 영적인 전쟁의 승리를 위하여 기도하는 성도가 됩시다.

3. 주님의 두 번째 기도

예수님은 동일한 내용으로 기도하셨습니다. 내용이 동일한 것이 그릇된 것은 아닙니다. 그리고 기도의 내용을 항상 바꾸어야 하는 것은 아닙니다. 아버지의 뜻을 찾는 것이 중요할 뿐입니다. 주님께서 동일한 기도를 올리고 제자들에게 왔을 때 여전히 자고 있었습니다. "그들의 눈이 심히 피곤함이라 그들이 예수께 무엇으로 대답할 줄 알지 못하더라".

그리고 주님의 세 번째 기도입니다. "이제는 자고 쉬라 그만 되었다 때가 왔도다 보라 인자가 죄인의 손에 팔리느니라 일어나라 함께 가자 보라 나를 파는 자가 가까이 왔느니라"라고 했습니다. 성도에게 안식은 잠시 후에 찾아옵니다. 예수님은 성도가 안식하는 것을 기뻐하십니다.

다만 깨어 있지 않으면 넘어집니다. 그래서 기도하라고 말씀하신 것입니다. 어떤 신학자는 말하기를 '첫 번째는 오셔서 책망하시고, 두 번째는 침묵하시고, 세 번째는 자고 쉬라고 말씀하셨다' 라고 했습니다.

'일어나 함께 가자' 라고 할 때 제자들이 모두 다 일어났는지는 모릅니다. 그러나 같이 가지는 못했습니다. 목회를 해 보면 같이 가는 사람이 귀합니다. 동행하는 사람이 가치가 있습니다. 따르는 무리는 꽤 있습니다. 그러나 끝까지 어려워도 힘들어도 같이 멍에를 메고 같이 기도하고 함께 가는 백성은 소수임을 발견하게 됩니다. 여러분은 목회자의 동역자입니까? 주님과 함께 일어나 동행하는 사람이 됩시다. 목회자와 함께 멍에를 메는 동역자가 됩시다. 바울에게 데마는 떠난 사람이고 누가는 함께한 사람입니다. 알렉산더는 손해를 끼친 사람이고 마가는 유익을 주는 사람이었습니다. 디모데는 기다려지는 사람이었습니다.

　주님은 사랑하는 제자들에게 기도를 말씀하셨습니다. 사랑하는 제자들에게 쉬라고 안식의 복도 말씀하셨습니다. 그리고 사랑하는 백성에게 동행하자고 말씀하셨습니다. 여러분의 삶이 주님과 동행하는 삶이 되고, 주님과 동행하면서 안식하는 복을 받읍시다.

제71강
마가복음 14장 43-52절

예수와 제자들(2)

어떤 사건이 발생하면 사람들은 그 사건에 대하여 반응을 합니다. 전혀 무관심한 사람도 있지만 과민반응을 보이는 사람도 있습니다. 여러분은 어떤 유형의 사람입니까? 최소한 웃는 자와 더불어 웃고, 우는 자들과 더불어 울 수 있는 하나님의 아들과 딸인 줄로 믿습니다.

예수님이 십자가에 달리기 위하여 로마 군병들과 유대인들에게 잡히셨습니다. 예수님의 제자들은 어떤 반응을 보였을까요? 여러분이 그 당시에 그 자리에 계셨더라면 어떤 사람이었을까요?

예수님은 새벽 기도도 하셨고, 산 기도도 이제는 끝이었습니다. 겟세마네 동산에서의 마지막 기도도 마무리하셨습니다. 이제 남은 것은 아버지의 뜻대로, 아버지의 원대로 십자가에서 죽는 일만 남았습니다.

1. 가룟 유다와 군병들

예수님의 제자는 열두 명입니다. 그중에 특이한 사람이 가룟 유다입니다. 유다의 별명이 무엇입니까? 본래는 '갚는다, 얻는다' 라는 말에서 온 탐욕의 사람입니다. '열둘 중의 하나, 예수를 팔아 넘긴 자' 라고 말하고 있습니다. '배신자' 란 의미로 사용되는 사람입니다.

유다와 함께한 사람들은 누구입니까? 역시 배신적인 사람들입니다. 대제사장들과 서기관들과 장로들에게서 파송된 무리였습니다. 산헤드린 공회에서 파송된 무리입니다. 예루살렘 공회에서 파송한 사람들입니다.

그들의 손에는 검과 몽치를 가졌습니다. 검은 로마 군인들의 무기요, 몽치는 성전 수비대의 무기입니다. 예수님을 반란자나 살인자 혹은 흉악 범죄자처럼 다루었습니다. 그러니까 검과 몽치를 가지고 나타났습니다. 로마 군대의 힘을 빌려서 산헤드린 공회는 함께 단결하여 예수를 체포했습니다.

예수님은 날마다 성전에서 당당하게 가르치셨습니다. 공개적으로 교육하고 설교하시며 병든 자와 약한 자를 고치셨습니다. 그때는 체포하지 않았습니다. 지금은 가룟 유다를 앞세우고 잡으러 왔습니다. 마리아가 300데나리온의 향유를 쏟아 부을 때 왜 허비하느냐고 말하던 사람이 가룟 유다입니다. 유다는 가난한 사람을 생각해서 말한 것이 아니라 그는 도적이라서 말한 것이었습니다. "돈궤를 맡고 거기 넣는 것을 훔쳐감이니라". 확실히 가룟 유다는 탐욕의 사람이었습니다.

당시 종교, 정치 지도자들이 주님을 몰라도 너무 몰랐습니다. 다만 탐욕의 사람 가룟 유다를 이용하여 체포하려는 계획을 세웠을 뿐입니다. 예수님은 산에서나 회당에서, 바닷가에서나 들판에서 하나님의 나라를 가르치고 또 가르치셨습니다. 하나님 나라를 세울 때에 온유와 겸손으로 세웠습니다.

요한복음 18장 36절에 "예수께서 대답하시되 내 나라는 이 세상에 속한 것이 아니니라 만일 내 나라가 이 세상에 속한 것이었더라면 내 종들이 싸워 나로 유대인들에게 넘겨지지 않게 하였으리라 이제 내 나라는 여기에 속한 것이 아니니라"라고 했습니다.

하나님의 나라는 폭력이나 육체적인 힘으로 건설되는 나라가 아닙니다. 고린도후서 10장 4절에 "우리의 싸우는 무기는 육신에 속한 것이 아니요 오직 어떤 견고한 진도 무너뜨리는 하나님의 능력이라 모든 이론을 무너뜨리며"라고 했습니다. 그래서 스가랴 4장 6절에서는 "만군의 여호와께서 말씀하시되 이는 힘으로 되지 아니하며 능력으로 되지 아니하고 오직 나의 영으로 되느니라"라고 했습니다. 성령에 의해서 세워지는 나라가 하나님 나라입니다. 하나님의 교회도 성령에 의해서 세워지고, 하나님 나라의 부흥과 발전도 그런 줄로 믿습니다.

지금 예수님 앞에 모인 무리는 어떤 무리입니까? 예수를 파는 자들입니다. 사탄이 들어간 사람의 인도를 받는 자들입니다. 가롯 유다는 제 갈 길로 가버린 사람입니다. 마지막은 곤두박질쳐서 창자가 흩어진 사람입니다. 차라리 나지 않았더라면 제게 좋을 뻔하였느니라고 비탄스러운 말씀을 듣던 사람입니다.

이 가롯 유다가 군병들과 군호를 짰습니다. 군호는 짜져 있는 각본대로 움직였습니다. 군호는 '암호, 신호'라는 뜻입니다. 신호는 예수님에게 입맞추는 것이었습니다. 내가 가서 입맞추는 자가 예수라는 것입니다. 사랑해서 입맞추는 것이 아니라 신호로써, 암호로써 입을 맞추는 것이었습니다. 목적을 위해 수단과 방법을 가리지 않는 것은 악인입니다.

시편 2편에 무슨 예언이 있습니까? "그의 아들에게 입맞추라 그렇지 아니하면 진노하심으로 너희가 길에서 망하리니 그의 진노가 급하심이라 여호와께 피하는 모든 사람은 다 복이 있도다"라고 했습니다.

가롯 유다의 입맞춤은 거짓이요, 외식이요, 진실이 없는 입맞춤입니다. 애정이요, 사랑의 입맞춤이 아닙니다. 인사의 입맞춤이 아니라 배신 행위의 입맞춤, 신호와 암호로써의 입맞춤이었습니다. 가롯 유다의 말을 들어 봅시다. "랍비여, 안녕하십니까?"

입맞춤은 유대인의 습관으로 애정과 사랑의 표현이었습니다. 로마서 16장 16절에 "너희가 거룩하게 입맞춤으로 서로 문안하라 그리스도의 모든 교회가 다 너희에게 문안하느니라"라고 했습니다. 베드로전서 5장 14절에 "너희는 사랑의 입맞춤으로 서로 문안하라 그리스도 안에 있는 너희 모든 이에게 평강이 있을지어다"라고 했습니다.

또 랍비는 '나의 위대한 선생님이여' 라는 뜻입니다. 당시에 뺨이나 손에 입을 맞추는 행동은 존경과 애정을 표현하는 것이었습니다. 그러나 가룟 유다는 입맞춤의 행위를 배신하는 행위로 사용했습니다. 야비한 사람이요, 비겁한 사람입니다.

예수님은 무저항주의적인 행동을 하셨습니다. 반항하지 않습니다. 포박도 허락했습니다. 그렇지만 폭동을 주도한 사람처럼 잡혔습니다. 무장한 군사에게 질질 끌려 갔습니다. 그러나 하나님은 49절에서 말씀하십니다. "이는 성경을 이루려 함이니라"라고 했습니다. 이사야 53장 3절에 "그는 멸시를 받아 사람들에게 버림 받았으며 간고를 많이 겪었으며 질고를 아는 자라 마치 사람들이 그에게서 얼굴을 가리는 것 같이 멸시를 당하였고 우리도 그를 귀히 여기지 아니하였도다"라고 했습니다.

7-9절에서는 곤욕을 당하였지만 입을 열지 않았습니다. 도수장으로 끌려가는 어린 양같이 잠잠했습니다. 범죄자같이 취급을 받았지만 범죄자를 위하여 기도하셨습니다. 이것이 주님이 겟세마네 동산에서 체포될 때의 모습이었습니다.

2. 베드로

베드로는 수제자입니다. 본래는 물고기를 잡던 어부였습니다. 그런데 지금은 어떻게 되었습니까? 칼을 뽑아 대제사장 가야바의 종 '말고'의 귀를 잘랐습니다. 영웅적인 행동을 했습니다. 아마도 죽이려고 휘둘렀겠지만 겨우 귀 하나를 잘랐을 뿐입니다. 누가복음 22장 51절에는 주님이 말고의 귀를 다시 붙여 주었다고 기록했습니다.

당시 유월절 절기에는 칼을 가지고 다니는 것이 허락되었습니다. 아마도 돈이나 짐승을 가지고 올라오는 길에 강도를 만날 때 사용할 수 있었던 것으로 이해합니다. 예수님은 베드로에게 "네 칼을 도로 칼집에 꽂으라 칼을 가지는 자는 다 칼로 망하느니라"(마26:52)라고 하셨습니다. 성도의 칼은 말씀과 기도입니다.

베드로는 왜 이런 행동을 했을까요? 문제는 기도에서 대답을 찾아야 했습니다. 기도한 사람과 기도하지 않은 사람과 차이점이 있습니다. 주님은 겟세마네 동산에서 기도의 모본을 보여 주셨습니다. 주님이 솔선수범해서 기도를 가르쳐 주셨습니다.

"나의 원대로 마시옵고 아버지의 원대로, 내 뜻대로 마시옵고 아버지의 뜻대로". 이것이 기도에 있어서 가장 중요한 점입니다. 그런데 베드로는 기도하지 않고 잠만 자다가 시험에 빠졌습니다. 일만 만드는 사람, 사건을 키우는 사람이 되었습니다. 문제를 수습하는 사람이 아니라 문제를 만드는 사람이 되었다는 말입니다. 해결사가 아니라 문제를 벌여놓는 사람이 되었습니다.

하나님 나라의 통치 원리는 무력과 폭력이 아니라 사랑과 화평과 정의입니다. 하나님의 나라는 의의 나라입니다. 거룩한 나라입니다. 성령 안에서 의와 희락과 평강이 있을 뿐입니다.

사랑하는 여러분은 기도의 사람이 됩시다. 새벽 기도는 누구를 위한 시간인가요? 금요일 저녁 기도회는 누구를 위해 운영되는 시간일까요? 기도의 불이 붙기를 바랍니다. 성령께서 기도하게 만드는 복이 있기를 바랍니다.

3. 다른 제자들

50절에 "제자들이 다 예수를 버리고 도망하니라"라고 했습니다. 이것이 제자들의 반응입니다. 이름 모를 청년이 있었습니다. 베 홑이불을 두르고 예수를 따라옵니다. 무리들이 예수를 체포하자 베 홑이불을 벗어던지고 벗은 몸으로 도망을 쳤습니다. 이 광경을 연상해 봅시다. 얼마나 어처구니 없는 행동입니까? 기도하지 않으면 모든 사람이 다 이렇게 되는 법입니다.

당시 베 홑이불은 인도산이 많았습니다. 세마포 잠옷입니다. 잠옷 아니면 시체를 싸는 천으로 많이 사용되었습니다. 그런데 어려운 일이 생기니까 참신한 신자라도 다 도망쳤습니다. 환난 당할 때에 강한 사람, 담대한 사람이 되게 하옵소서. 이것이 나의 기도입니다.

지금은 도망하는 제자들이었지만 훗날 회개합니다. 회개하고 하나님의 교회에 기둥들이 되었습니다. 나는 이런 찬송을 좋아합니다. '나는 부족하여도 영접하실 터이니 ...'. 지금은 부족하지만 훗날에 영광이 있을 것입니다.

목회자가 정말 실망할 일들이 많은 세상입니다. 성도들의 배신, 믿음의 사람답지 못한 처신들, 친척이나 교우의 배신적인 말과 행동입니다. 그러나 주님도 그런 쓴 잔을 마셨기에 위로를 받습니다. 예레미야애가 3장 22절에 "여호와의 인자와 긍휼이 무궁하시므로 우리가 진멸되지 아니함이니이다"라고 했습니다. 사람은 버려도 하나님의 인자와 긍휼이 나를 붙잡아 주고 인도해 주십니다.

메시야에 대한 잘못된 신앙심이, 거짓된 확신이 산산조각이 나자 다 도망했습니다. 경제적인 메시야나 정치적인 메시야를 생각하면 그렇습니다. 그러나 주님에 대한 확실한 신앙고백이 있다면 그렇게 도망치지는 않았을 것입니다.

예수님 곁에는 아무도 남지 않았습니다. 열두 명의 사도들이 다 도망쳤습니다. 하나님께서 주신 십자가는 혼자 지는 것, 끝까지 감당하는 것입니다. 여러분은 자기를 부정하고 십자가를 지고 주님만 따르는 제자로서의 삶을 살아가기를 바랍니다.

제72강
마가복음 14장 53-65절

예수와 산헤드린 공회

겟세마네 동산에서 기도하시던 예수를 체포한 군병들은 대제사장의 사저로 끌고 갔습니다. 대제사장의 집에는 산헤드린 공회가 모여 있었습니다. 대제사장들과 장로들과 서기관들로 구성된 산헤드린 공회입니다. 이 사건은 마태복음 26장과 누가복음 22장에도 기록된 내용입니다.

유대 사회에서 대제사장은 우두머리 제사장으로서 속죄일인 7월 10일에 지성소에 들어가서 자기와 백성을 위하여 속죄 제사를 드렸습니다. 법률적인 문제가 생기면 법률적으로 해결하기 위하여 산헤드린이라는 최고의 재판 기관을 소집하여 회의를 주재했습니다. 본래는 아론 계통의 직계 후손만 대제사장직을 맡을 수 있는 종신직이었지만 중간기 시대 이후에 지켜지지 않게 되었습니다. 훗날에 통치자가 임명하는 제도로 바뀌어 헤롯 대왕 때부터 예루살렘 멸망 때까지 28명이 대제사장직에 오르게 되었습니다.

예수님 당시에는 70명의 제사장들이 있었는데, 대제사장은 가야바였으나, 장인인 안나스가 권력을 잡고 있는 상황이었습니다. 요한복음에 보면 가야바 집으로 가기 전에 안나스 대제사장 집에서 먼저 심문을 받았음을 알 수 있습니다.

베드로는 예수를 멀찍이 따라갔습니다. 다른 사람들이 볼 때에 베드로가 예수님을 따라간다는 생각을 할 수 없을 정도로 멀리 떨어져서 따라가고 있음을 말해 주고 있습니다. 처음에는 도망치다가 되돌아와서 멀찌감치 따라가고 있는 모습입니다. 예수님의 고난에 적극적으로 동참하는 자세가 아니었습니다.

베드로는 아마도 요한의 도움으로 대제사장의 집 뜰 안까지 들어가서 아랫사람들과 함께 앉아 불을 쬐고 있었을 것입니다. 태양력으로 3-4월로 해발 800미터이기 때문에 새벽녘이 꽤 쌀쌀했습니다. 베드로도 그 틈에 끼어 추위와 두려움으로 떨리는 몸을 녹이고 있었습니다. 사람은 하나님을 멀찍이 하는 것보다 가까이 하는 것이 복입니다.

1. 예수에 대한 거짓 증거

산헤드린은 공회로 대제사장, 장로들과 서기관들로 구성된 유대의 최고 의결 기관이었습니다. 재판도 할 수 있었습니다. 70명이나 71명으로 구성된 공회였습니다. 안식일이나 절기가 아닌 평일에 재판을 하였습니다. 그러나 예수님에 대한 재판은 유월절 절기 기간 중에 열린 특별한 재판이었습니다.

산헤드린 공회는 예수에 대한 뚜렷한 혐의나 범죄 행위가 있어서 재판을 한 것이 아니라 처음부터 죽일 목적으로 거짓 증거를 찾으려 했습니다. 예수를 죽이기 위한 여러 가지 증거물을 수집하고 조사하는 중이었습니다. 그런데 증거를 찾을 수 없게 되었습니다.

본래 예수님은 하나님이십니다. 제2위 신이십니다. 하나님의 아들이십니다. 그런데 무슨 죄가 있겠습니까? 허물과 죄가 없으신 분이십니다. 흠과 티도 없으신 분입니다. 생각하는 것이나 행동하는 것이 다 성경적이었으며 하나님을 기쁘시게 하는 삶을 살았습니다. 하찮은 인간이 하나님을 정죄하거나 재판할 수 있습니까?

예수에 대하여 거짓 증거하는 사람들은 많았습니다. 고소하는 사람들이 많았습니다. 문제는 증거가 서로 일치하지 않았습니다. 율법적으로 말하자면 두세 사람의 증거가 일치할 때 사람을 정죄할 수 있습니다. 가야바는 증거를 들어보았지만 일치하지 않았기 때문에 증거로 채택하지 못했습니다.

어떤 사람은 일어나 이렇게 발언을 합니다. "우리가 그의 말을 들으니 손으로 지은 이 성전을 내가 헐고 손으로 짓지 아니한 다른 성전을 사흘 동안에 지으리라"라고 했습니다. 사람들은 성전을 생각할 때 헤롯이 46년 동안 지은 예루살렘 성전으로 생각했습니다. 유대인들에게 있어서 성전을 허는 것은 용서받을 수 없는 중죄였습니다.

그런데 그 증언도 일치하지 않았습니다. 예수께서 그런 말씀을 하신 의도가 무엇입니까? 보이는 성전 건물을 말하는 것이 아니었습니다. 예수께서 하신 말씀은 십자가에 죽으시고 삼 일 만에 다시 살아나실 것, 부활을 의미하는 것이었습니다. 몸의 부활로, 육체인 성전을 말씀하셨습니다. 그런데 듣는 사람들이 말을 알아듣지 못했던 것입니다.

다른 성경에는 '하나님의 아들'이라고 주장한 것이 죄목이 되었습니다. 하나님의 아들이 하나님의 아들이라고 말하는 것은 죄가 아닙니다. 사람들의 이해 부족이었습니다. 예수님은 영원하신 하나님의 아들이십니다. 그리고 우리의 구원자가 되십니다.

그리고 '유대인의 왕'이라고 말한 것이 죄목이었습니다. 예수님은 모든 나라와 백성의 왕이시지만 유대인의 왕으로 출생하셨습니다. 그것도 죄목이 아니었습니다. 죄가 없으면 풀어주는 것이 법정입니다. 예수는 무죄라고 선언해야 했습니다. 그런 권세와 능력이 있는 기관이 최고의 기관일 것입니다. 그러나 그렇게 하지 않았습니다. 그러므로 최고의 불법 재판이었습니다.

2. 신성모독죄

대제사장이 가운데서 일어나 예수님에게 변론할 기회를 주었습니다. "너는 아무 대답도 없느냐? 이 사람들이 너를 치는 증거가 어떠하냐?" 예수님의 반응은 침묵하고 아무 대답도 하지 않으셨습니다.

고소자들의 고소하는 내용에 대해서나 위증하는 내용에 대해서도 변호하지 않으셨습니다. 심지어 대제사장은 대답을 얻어내기 위한 질문까지 했지만 그 질문에 대해서도 예수님은 아무런 답변도 하지 않으셨습니다.

세상에는 사탄의 역사로 왜곡된 것이 한두 가지가 아닙니다. 사람의 생각이 그릇된 것이 많습니다. 역사도 그릇된 역사를 쓰고 있습니다. 하나님의 능력은 구속사를 바로 쓰시려고 하고 있습니다. 예수께서 많은 인류를 위한 세례를 받으시려고 할 때, 모든 인간을 위하여 쓰디쓴 잔, 세례를 받으려고 할 때 거짓 증언자들과 위증자들이 나타나서 공격해 보지만 아무런 의미가 없었습니다. 예수님은 구차하게 변명하거나 목숨을 구걸하지 않았습니다. 정말 목숨을 선뜻 내놓으신 것입니다.

예수님은 곤욕을 당하여도 입을 굳게 닫고 열지 않으셨습니다. 털 깎는 자 앞에서 잠잠한 어린 양과 같으셨습니다. 베드로가 말했듯이 욕을 받으시되 대신 욕하지 않으셨습니다. 마셔야 할 잔을, 받아야 할 세례를, 지고 가야 할 십자가를 향하여 움직이고 있었습니다.

대제사장이 다시 묻습니다. "네가 찬송 받을 이의 아들 그리스도냐?" 신구약 시대를 초월하여 찬송 받으실 분은 하나님이십니다. 유대인들은 하나님의 이름을 직접 부르지 않았기 때문에 찬송 받으실 분으로 말하곤 했습니다.

예수님의 대답이 무엇입니까? "내가 그니라". 요한복음 8장 58절에서는 아브라함이 나기 전에 내가 있느니라고 하신 것과 동일한 의미로 말씀하셨습니다. 아브라함보다 먼저 존재했던 그리스도입니다. 예수님은 지금까지 함구령을 내리시더니 왜 이 시점에서 자신의 신분을 드러내시는가? 이전에는 사람들이 정치적인 메시야로 이해했기 때문에 신분을 숨기셨지만, 이제는 그럴 필요가 없었습니다.

예수께서 하나님의 아들이라고 인정할 때 산헤드린 공회는 예수님에게 신성 모독죄를 적용했습니다. 가야바의 질문은 변호할 기회를 주기 위한 질문이 아니라 예수를 신성 모독죄로 처벌하기 위해 질문을 했던 것입니다. 사람은 정직하지 못합니다. 비양심적입니다.

"인자가 권능자의 우편에 앉은 것과 하늘 구름을 타고 오는 것을 너희가 보리라"라고 말씀하셨습니다. 피고인석에 앉아 있던 예수님의 선언이 무엇입니까? 십자가에 죽으시고 삼 일 만에 살아나신 예수님은 하나님과 동일한 영광과 권세와 능력을 가지실 것입니다. 예수님은 영원한 영광을 회복할 것입니다. 그리고 세상을 심판하실 주님으로 다시 오실 것입니다.

구약성경에서 언급한 인자가 자신임을 밝히고 있습니다. 권능도 '능력, 힘, 세력'을 의미합니다. 하나님의 능력과 그리스도의 능력이 동일하다는 뜻입니다. 영광 가운데서 재림하실 때 약속이 성취될 줄로 믿습니다.

대제사장은 어떤 반응을 보였습니까? 옷을 찢었습니다. 그러면서 "우리가 어찌 더 증인을 요구하리요 그 신성 모독 하는 말을 너희가 들었도다 너희는 어떻게 생각하느냐?"라고 말했습니다. 대제사장은 예수님의 말씀을 듣고 분노했습니다. 그 표현으로 옷을 찢었습니다. 그러면서 증인이 필요없다고 주장했습니다. 신성 모독죄를 찾아냈다는 주장입니다.

공회원들은 모두 예수가 사형에 해당한다고 정죄했습니다. 신성 모독죄를 범했다는 것입니다. 하나님만 하실 수 있는 죄 용서를 선언했습니다. 메시야임을 주장했습니다. 하나님과 동등하신 분으로 주장했습니다. 이런 것들이 신성 모독이라고 생각했지만 사실은 예수님은 하나님이셨습니다.

3. 예수의 수욕

산헤드린 공회원들은 예수님에게 침을 뱉었습니다. 사람에게 침을 뱉는 것은 무시하고 경멸하는 증거입니다. 얼굴을 가리고 주먹으로 치는 자도 있었습니다. 수치스러운 행동입니다. 유대인들은 스스로 경건하다고 주장하지만 재판하는 과정이나 행동양식을 볼 때 위선과 거짓과 가증스러운 것이 있었습니다.

그러면서 조롱하는 말이 "선지자 노릇을 하라"라고 빈정거렸습니다. 하인들은 손바닥으로 뺨을 때렸습니다. 주먹질을 했습니다. 이사야 53장에서 이사야 선지자가 예언해 주었습니다.

"우리가 전한 것을 누가 믿었느냐 여호와의 팔이 누구에게 나타났느냐 그는 주 앞에서 자라나기를 연한 순 같고 마른 땅에서 나온 뿌리 같아서 고운 모양도 없고 풍채도 없은즉 우리가 보기에 흠모할 만한 아름다운 것이 없도다 그는 멸시를 받아 사람들에게 버림 받았으며 간고를 많이 겪었으며 질고를 아는 자라 마치 사람들이 그에게서 얼굴을 가리는 것 같이 멸시를 당하였고 우리도 그를 귀히 여기지 아니하였도다 그는 실로 우리의 질고를 지고 우리의 슬픔을 당하였거늘 우리는 생각하기를 그는 징벌을 받아 하나님께 맞으며 고난을 당한다 하였노라 그가 찔림은 우리의 허물 때문이요 그가 상함은 우리의 죄악 때문이라 그가 징계를 받으므로 우리는 평화를 누리고 그가 채찍에 맞으므로 우리는 나음을 받았도다 우리는 다 양 같아서 그릇 행하여 각기 제 길로 갔거늘 여호와께서는 우리 모두의 죄악을 그에게 담당시키셨도다"라고 했습니다.

제73강
마가복음 14장 66-72절

예언 성취

좋은 예언이 성취되는 것은 즐거운 일이지만 좋지 않은 일이 이루어지는 것은 슬픔과 괴로움입니다. 베드로의 사명은 '사람 낚는 어부'였습니다. 그런데 오늘 말씀에서는 닭이 두 번 울기 전에 네가 세 번 나를 부인하리라. 이 예언이 어떻게 성취되었을까요?

산헤드린 공회의 불법적이고 초법적인 그릇된 증언과 정죄의 재판임을 드러내더니 이제는 예수님과 베드로와의 관계, 베드로에 대한 예언 성취에 눈을 돌리고 있습니다.

1. 첫 번째 부인

베드로는 예수님에 대하여 주는 그리스도시요 살아 계신 하나님의 아들이라고 고백까지 했던 인물입니다. 그런데 산헤드린 공회가 파송한 군병들에게 체포되고 죽음의 위기에 빠지게 되자 베드로는 신변의 위험을 느끼고 두려움 가운데 빠지게 되었습니다. 공포 속에 있던 베드로에게 어떤 일이 벌어졌습니까?

대제사장의 여종 하나가 가야바 대제사장 집 아랫뜰에서 불을 쬐고 있던 베드로에게 다가와서 유심히 살펴보더니 "너도 나사렛 예수와 함께 있었도다"라고 증언했습니다. 여종은 다른 성경에는 '여종, 여자 아이(계집 아이), 여종(계집 종), servant-girl'이라고 번역했습니다. 대제사장 가야바의 집에는 집안일을 하는 여종이 여러 명 있었음을 말해 줍니다. 그 여종 중에 한 사람이 베드로에게 질문했던 것이지요. 그것도 아주 눈을 고정시키고 계속하여 바라보고 확인한 다음에 질문한 것입니다. "너도 나사렛 예수와 함께 있었도다." 기독교인은 예수와 함께 하는 사람입니다.

당시 '나사렛'이라는 마을이나 '갈릴리'라는 마을은 천대 받는 마을이었고, 더군다나 예루살렘이 왕도이기 때문에 사람들은 더욱 경멸하는 마음이 있었습니다. 심지어 나사렛에서 무슨 선한 것이 나오겠느냐고 말할 정도였습니다.

여종의 주장은 베드로가 '예수와 함께 있었다'는 것입니다. 어디서 보았는지 어떻게 알았는지는 중요하지 않습니다. '예수와 함께 있었다'라고만 말했습니다. 그리스도인들은 예수와 함께하는 사람들입니다. 임마누엘입니다. 이것이 가장 행복하고 존귀한 일입니다.

사도행전 11장 25-26절을 봅시다. "바나바가 사울을 찾으러 다소에 가서 만나매 안디옥에 데리고 와서 둘이 교회에 일 년간 모여 있어 큰 무리를 가르쳤고 제자들이 안디옥에서 비로소 그리스도인이라 일컬음을 받게 되었더라"라고 했습니다. 안디옥 교인들이 예수를 자랑하고 예수를 사랑하여 닮았을 때, 별명처럼 그리스도인이라고 부르게 된 것입니다. 그리스도인이라는 별명으로 부르지만 슬퍼하거나 괴로워하지 않았습니다.

에베소서 5장 8-9절에 "너희가 전에는 어둠이더니 이제는 주 안에서 빛이라 빛의 자녀들처럼 행하라 빛의 열매는 모든 착함과 의로움과 진실함에 있느니라"라고 했습니다. 그리스도인들은 빛의 열매를 맺어야 할 사람들입니다.

이 말에 대하여 베드로는 어떤 반응을 보였습니까? "베드로가 부인하여 이르되 나는 네가 말하는 것이 무엇인지 알지도 못하고 깨닫지도 못하겠노라"라고 말하면서 앞뜰로 나갔습니다.

예수님의 예언대로 베드로는 예수를 알지 못한다고 부인했습니다. 그것도 강력하게 부정했습니다. 깨닫지도 못한다는 말은 '익히 잘 알다'의 반대 개념입니다. 전면적인 부인입니다. 베드로는 예수님을 부정하면서 앞마당으로 나갔습니다. 아마도 그때쯤 닭이 첫 번째 울었습니다. 닭의 울음소리가 들리지만 베드로는 아직도 깨달음이 없었습니다.

그리스도인들은 세상을 살아갈 때 어디서나 누구 앞에서나 그리스도인의 신분을 밝히며 드러내야 합니다. 하나님의 아들과 딸로서 세상을 살아가고 있는 것이지요. 빛과 소금의 역할을 감당하는 것이 중요한 일입니다.

2. 두 번째 부인

그 여종이 다시 곁에 서 있던 사람들에게 말했습니다. 마가복음에는 같은 여종으로 보이지만 마태복음에는 다른 여종으로 표현했습니다. 다른 여종이든 같은 여종이든 뭐라고 말했습니까? "이 사람은 그 도당이라"라고 했습니다.

도당이라는 말은 '그들에게 속한 사람'이라는 뜻입니다. 베드로는 누가 보아도 예수당 사람이었습니다. 하나님의 선택을 받고 주님의 부르심을 받은 공인입니다. 하늘과 땅의 권세를 가지신 분, 만왕의 왕이시고 만주의 주께서 임명하신 하나님 나라의 일꾼입니다. 그런데 무엇이 두려워 숨겨야만 합니까? 다 알려진 사람이고 드러난 사람인데 .... 우리들은 초민족적인 일꾼입니다. 초국가적인 일꾼입니다. 천사도 알고 사람도 알고 있는 알려진 일꾼입니다. 이런 사람을 공인이라고 합니다.

두 번째 지적은 첫 번째 지적보다 훨씬 더 구체적인 지적입니다. 더 자세히 그리고 구체적으로 지적하고 있습니다. 베드로는 정말 당황했을 것입니다. 어찌할 바를 몰랐을 것입니다. 그러나 여종의 지적은 사실이잖습니까?

이에 대한 베드로의 반응은 무엇입니까? "부인하더라". 모른다고 하더라. 정말 뻔뻔스러운 존재가 되어 부인했습니다. 사람은 어디까지 타락한 존재일까요? 예수님을 모른다고 할 정도입니다. 삼 년 동안 같이 밥먹고 잠자고 가르침을 받았지만 모르는 사람이라는 것이지요.

베드로는 평상시와는 달리 비겁해졌습니다. 왜 이렇게 비겁해졌을까요? 선생 되는 예수께서 공회에 잡혀갔을 때에 자기가 제자인 줄 알면 자기도 잡아갈 줄로 생각했던 것으로 보입니다. 재판받는 그리스도의 모습을 멀리서 바라보면서 자신도 체포되는 것이 두려운 나머지 부인하고 부인했던 것입니다. 마태복음 26장 72절에 "베드로가 맹세하고 또 부인하여 이르되 나는 그 사람을 알지 못하노라"라고 기록했습니다.

예수께서 평상시에 뭐라고 가르치셨습니까? 마태복음 10장 39절에 "자기 목숨을 얻는 자는 잃을 것이요 나를 위하여 자기 목숨을 잃는 자는 얻으리라"라고 했습니다. 마가복음 8장 38절에 "누구든지 이 음란하고 죄 많은 세대에서 나와 내 말을 부끄러워하면 인자도 아버지의 영광으로 거룩한 천사들과 함께 올 때에 그 사람을 부끄러워하리라"라고 했습니다.

베드로는 자기를 부인해야 하는데 예수를 부인했습니다. 정말 끔찍한 일이 벌어진 것입니다. 사람이 이럴 수가 있을까? 다시 한번 결심합시다. 하나님이여! 꿈 속에서라도 주님을 부인하지 않게 하옵소서. 범사에 주님을 인정하게 하옵소서.

3. 세 번째 부인

조금 후에 곁에 서 있던 사람들이 다시 베드로에게 말합니다. "너도 갈릴리 사람이니 참으로 그 도당이니라"라고 했습니다. 세 번째 추궁하는 질문의 내용이나 주체가 분명합니다. 베드로는 갈릴리 지방 특유의 억양과 말투를 사용하고 있었습니다. 그러므로 속일 수가 없었습니다. 그럼에도 불구하고 베드로는 어떤 반응을 보였을까요?

세 번째는 어떤 반응을 보였습니까? "베드로가 저주하며 맹세하되 나는 너희가 말하는 이 사람을 알지 못하노라"라고 했습니다. 예수님을 부인하는 정도가 아니었습니다. 저주의 맹세까지 했습니다. 사람이 이럴 수가 있을까? 더 강력한 부정입니다. 적극적인 부정입니다. 예수님과 자신은 아무런 상관이 없다는 주장입니다. 저주와 맹세라는 말이 그런 의미를 포함하고 있습니다.

베드로의 부인은 남의 이야기가 아닙니다. 현실을 살아가고 있는 현대인, 지금의 그리스도인의 모습이 아닐까요? 참된 제자가 되는 길, 참된 그리스도인이 되는 길은 좁은 문으로 들어가는 일입니다. 좁은 길을 걷는 일입니다. 자기를 부인하고 십자가를 지고 주님을 따르는 일입니다.

바울은 로마서 14장 7-8절에서 "우리 중에 누구든지 자기를 위하여 사는 자가 없고 자기를 위하여 죽는 자도 없도다 우리가 살아도 주를 위하여 살고 죽어도 주를 위하여 죽나니 그러므로 사나 죽으나 우리가 주의 것이로다"라고 고백했습니다.

바울은 갈라디아서 2장 20절에서 "내가 그리스도와 함께 십자가에 못 박혔나니 그런즉 이제는 내가 사는 것이 아니요 오직 내 안에 그리스도께서 사시는 것이라 이제 내가 육체 가운데 사는 것은 나를 사랑하사 나를 위하여 자기 자신을 버리신 하나님의 아들을 믿는 믿음 안에서 사는 것이라"라고 했습니다.

우리도 자신을 부인하고 자기 십자가를 지고 주님을 위하여 사는 그리스도인이 됩시다.

4. 베드로의 회개

베드로가 예수님을 세 번씩이나 부인할 때 어떤 일이 일어났습니까? "닭이 곧 두 번째 울더라". 닭이라는 동물을 통해서 베드로를 깨우치는 하나님이십니다. 나귀라는 동물을 통하여 발람을 교훈하신 하나님이십니다. 하나님은 자연만물이나 동물을 통해서도 일하십니다. 노아에게는 비둘기를 통해서 감람나무 잎사귀를 물어다 보여주셨습니다.

닭이 울 때 베드로에게 어떤 반응이 일어났습니까? "예수께서 자기에게 하신 말씀 곧 닭이 두 번 울기 전에 네가 세 번 나를 부인하리라 하심이 기억되어 그 일을 생각하고 울었더라"라고 했습니다. 닭의 울음소리와 함께 주님의 말씀이 생각났습니다. 하나님이 주신 회개의 기회입니다.

누가복음에서는 주께서 돌이키셔서 베드로를 보았습니다. 측은히 여기는 마음으로 보셨습니다. 주님의 눈동자와 마주칠 때 닭이 울었습니다. 베드로는 주님의 말씀이 생각났습니다. 자책감이 들었습니다. 도저히 가만히 있을 수가 없었습니다. 분했습니다. 억울했습니다. 속으로부터 흐느끼는 마음이 일어났습니다.

주님의 눈빛과 마주쳤을 때 북받쳐 오르는 눈물이 있었습니다. 그래서 대제사장의 집 밖으로 뛰쳐나갔습니다. 바위 위에 몸을 던지듯 주저앉아 엎드려 통곡했습니다. 그 장소에 베드로 통곡교회가 멋지게 세워져 있습니다.

성도는 어려운 상황에서나 급한 상황에서 성경 말씀을 기억하거나 생각하는 사람입니다. 이런 사람이 지혜로운 사람이요, 현명한 사람입니다. 자연 만물이나 성경 말씀을 통하여 하나님의 음성을 듣고 깨달아 통곡할 때 사죄의 은총이 임합니다. 새로운 사람으로 거듭나는 복이 임하게 됩니다. 우리 성도들은 하나님의 말씀을 듣고 회개하여 새 사람이 됩시다.

회개하여 사유의 은총을 체험하고, 잃어버린 하나님의 형상과 모양을 되찾아서 하나님이 기뻐하는 사람, 하나님의 은총과 복이 임하는 사람이 됩시다. 이것이 하나님이 원하시는 것이고 이 시대가 요청하는 것이 아니겠습니까?

제74강
마가복음 15장 1-15절

빌라도와 예수

　　세상에서 일어나는 모든 사건에 대하여 공정하고 공평한 재판장은 세상 법정의 판사가 아니라 하나님뿐입니다. 무슨 사건이든지 형을 집행할 때에는 재판하는 과정부터 형을 집행하기까지 모순이 없어야 합니다. 예수께서 십자가에 못 박혀 죽으실 때에 재판하는 과정이 어떠했을까요? 모순이나 불법적인 내용은 없었을까요?

　　산헤드린 공회가 예수를 체포한 다음에 데려간 곳은 가야바 대제사장의 장인 안나스의 집이었습니다. 안나스는 예수를 심문하였지만 어떤 죄목도 발견할 수 없었습니다. 예수님은 본래 하나님이시고 의인이시니까요. 만왕의 왕이시고, 성전을 사흘 만에 세운 분이십니다. 안나스는 예수님을 대제사장 가야바에게로 보냈습니다.

　　새벽에 산헤드린 공회원들이 예수에 관한 일 때문에 회의를 했습니다. 대제사장들과 장로들 그리고 서기관들이 모였습니다. 새벽부터 회의를 하여 내린 결론이 무엇입니까? '예수는 사형에 해당된다' 라고 판결을 내렸습니다.

　　무슨 죄목입니까? 신성모독이라는 죄목입니다. 하나님을 모독하는 죄를 지었다는 것이지요. 그래서 죄 없으신 예수를 결박하여 사형 집행권이 있는 로마 총독 빌라도에게 끌고가서 넘겨주었습니다.

하나님의 아들, 예수 그리스도는 대제사장의 집에서 산헤드린 공회의 심문을 받고 사형선고를 받았지만 로마의 식민지 상태에서의 사법체제로는 사형 집행권을 독자적으로 수행할 수 없었습니다. 그래서 유대 종교 지도자들은 예수를 빌라도 총독에게 넘겼습니다. 빌라도는 심문한 결과 죄목을 찾을 수 없었습니다.

그래서 빌라도 총독은 예수가 갈릴리 사람이므로 당시 분봉왕 헤롯 안디바에게 보내어 심문을 받게 하였습니다. 헤롯 안디바가 예수를 심문했지만 역시 독자적인 판결을 내리지 못하고 다시 빌라도에게로 보냈습니다. 빌라도가 재차 심문하게 되었습니다. 헤롯 안디바는 범죄의 사실에 관심을 둔 것이 아니라 기적과 이적에 관심을 보였던 인물입니다. 결국 예수님은 빌라도 총독 앞에 서서 마지막 심문을 받게 되었던 것입니다.

빌라도가 예수께 무슨 질문을 했습니까? "네가 유대인의 왕이냐?" 예수님은 빌라도가 질문한 말이 '옳다' 라고 대답했습니다. "네 말이 옳도다". 유대인의 왕이신 것을 인정한 것입니다. 예수님은 만왕의 왕이시고 만주의 주가 되십니다. 그런데 왜 죄가 됩니까? 무슨 죄가 있습니까?

대제사장들은 이외에 여러 사람들을 동원하여 많은 죄목으로 거짓 증거를 내세우며 예수는 사형에 해당한다고 주장했습니다. 빌라도가 예수께 왜 수많은 죄목으로 고소를 당하면서도 아무런 변론을 하지 않느냐고 물으면서 변론을 촉구했습니다. "아무 대답도 없느냐? 그들이 얼마나 많은 것으로 너를 고발하는가 보라"라고 말했습니다.

예수님의 반응은 무엇입니까? "다시 아무 말씀으로도 대답하지" 않았습니다. 잘 알고 있으면서 왜 질문을 하느냐는 반응입니다. 예수님은 정치적인 왕이 아니라 영적인 왕이라 인간에게 영생을 선물로 주는 분이십니다. 아무런 변론도 하지 않는 예수님을 보면서 빌라도는 이상하게 여겼습니다. 빌라도 총독도 예수의 무죄를 인정하게 됩니다. 아무런 죄를 찾아내지 못했습니다.

그러나 빌라도는 무자비한 총독이었습니다. 자기의 권한 이상을 행사하여 많은 유대인들을 학살했습니다. 주후 36년 부임 10년 만에 파면된 사람입니다. 예수의 죽음에 대하여 실제적인 책임자이면서 책임을 회피하기 위해 손을 씻는 등 처세술에 능했지만, 지조 없는 정치가였습니다.

아내의 조언과 자신의 양심에서 나오는 소리까지 무시한 사람입니다. 진리를 외면하고 사람들의 인기에 집중한 나머지 법적으로는 재판할 수 있지만 윤리적으로나 도덕적으로는 재판할 자격이 없는 사람이었습니다.

빌라도가 '네가 유대인의 왕이었느냐' 가 아니라 '너는 지금 유대인의 왕이라고 생각하느냐' 라고 물었습니다. 빌라도의 질문의 의도가 무엇일까요? 과거에 비록 왕으로 행세했어도 지금 부인하면 형벌을 경감하거나 정죄하지 않으려는 노력이었습니다. 빌라도는 유대인들이 예수를 시기하여 넘겨준 줄을 잘 알고 있었습니다. 이때까지만 해도 기소를 신뢰하지 않고 할 수 있으면 예수를 살리려고 했던 것입니다.

사람은 정말 사악한 존재입니다. 집요하게 거짓 증거를 주장하고 있기 때문이지요. 시기심 때문에 예수를 넘겨준 줄 아는 빌라도가 항변의 기회를 주고 있습니다. 대답하라, 할 말 있으면 하라. 빌라도는 예수님의 자세를 보면서 범법자가 아님을 드러내고 있습니다. 빌라도가 볼 때에 극악하게 예수를 비방하는 대제사장의 무리들의 모습과 아무 대답도 없는 예수님의 모습은 너무나 대조적이었습니다.

로마가 예루살렘을 통치하고 있는 상황입니다. 명절이면 백성들의 요구에 따라 죄수 한 사람을 놓아주는 전례, 석방하는 전례가 있었습니다. 명절이란 축제일로, 유대인들의 가장 큰 명절은 유월절입니다. 이스라엘 민족이 애굽에서 종 노릇 하다가 유월절 어린양을 잡아 그 피를 문지방과 인방에 바르고 하나님의 진노에서 구원받았습니다.

유월절은 유대인들에게 있어서 최대의 명절입니다. 하나님의 구원 역사 속에서 예수님 자신이 유월절의 어린양이 되어 십자가에 피흘려 죽으셨을 뿐만 아니라 인류를 사망의 재앙에서 구원하는 구세주가 되셨습니다. 이로써 구약시대의 유월절의 예표적인 의미를 완성시키셨으며, 유대인은 물론 온 세상의 축제로 만드셨습니다.

그때에 민란을 꾸미고 살인했던 죄수 바라바도 잡혀 있는 상황이었습니다. 백성들이 빌라도에게 전례대로 바라바를 석방하기를 구했습니다. 대제사장들이 예수를 시기하여 자신에게 넘긴 것을 알고 있는 빌라도가 전례를 기회로 예수의 석방을 백성들에게 제의했습니다. "너희는 내가 유대인의 왕을 너희에게 놓아 주기를 원하느냐?"

빌라도가 이런 질문을 한 이유는 군중이 예수를 시기하여 넘겨준 것을 다 알고 있었기 때문입니다. 유대 지방의 전례는 죄수 한 명을 풀어주고 유월절 양을 죽이는 풍속이 있었습니다. 이 풍속을 따라 유월절이면 죄수 한 명을 풀어주었습니다.

바라바는 '아버지의 아들, 선생의 아들'이라는 뜻입니다. 바라바는 민란을 꾸민 사람으로 추정됩니다. 로마 나라의 입장에서 볼 때는 반란자였지만 유대 나라의 입장에서 보면 열심당원이나 독립 운동가, 혁명가였습니다. 인간적인 눈으로 볼 때 힘없이 체포된 예수보다는 민족의 독립 운동이라도 힘쓴 바라바가 더 낫다고 생각했습니다.

"내가 누구를 놓아주기 원하느냐?" 너희가 원하는 것이 무엇이냐? 예수냐 아니면 바라바냐? 빌라도는 죄가 없는 예수를 원할 줄 알고 질문한 것이었습니다. 그래서 상대방의 의중을 물어본 것입니다. 유대인의 환심을 사면서 놓아주기를 원했던 것이지요.

빌라도는 정치인입니다. 로마에 있는 기독교인들의 심기를 불편하게 하고 싶지 않은 마음도 있었습니다. 더군다나 유대의 종교 지도자들이 예수를 시기심 때문에 넘겨준 줄을 알고 있는 상황입니다. 예수가 범죄자라서 넘겨준 것이라기보다는 종교적인 시기와 질투심 때문에 넘겨준 것입니다. 이처럼 빌라도는 예수가 대제사장의 악한 음모와 여러 가지 거짓된 증거들 때문에 잡혀온 것을 알고 있었습니다.

대제사장들이 무리를 충동했습니다. 충동은 '큰 진동이나 영향력'이라는 뜻입니다. 대제사장들의 선동을 받은 무리들이 예수가 아닌 바라바의 석방을 요구했습니다. 우리에게 바라바를 놓아 주소서! 그랬더니 총독 빌라도가 그렇다면 유대인의 왕인 예수를 어떻게 처리하면 되겠느냐고 백성들에게 물었습니다. 자기가 재판관이 되어 판결하는 것이 아니라 석방할 것인지 아니면 처벌할 것인지를 청중에게 묻고 있습니다. 빌라도는 예수에 대해 무죄라는 입장이었습니다. 법과 양심에 따라 처리하지 못하고 무리에게 판결을 물은 것은 재판관으로서 실수도 큰 실수였습니다.

왜 그렇게 행동했을까? 유대인들을 두려워했습니다. 군중을 두려워하는 비겁한 자세 때문입니다. '혹시 민란이 일어나면 어떻게 하나'라는 고민이 있었습니다. 또 유대인의 왕이라는 죄목 때문에 잡혀왔기 때문에 아무런 처벌을 하지 않는다면 유대 종교 지도자들이 반기를 들 것과 로마 황실에서 소환이 있을 것 같아 두려워한 것으로 보입니다. 그래서 군중에게 모든 책임을 떠 넘기려는 빌라도는 비겁한 지도자입니다.

무리들이 십자가에 못 박으라고 소리쳤습니다. "그를 십자가에 못 박게 하소서". "그를 십자가에 못 박으시오!" 빌라도의 의지보다 군중의 의지가 반영된 것입니다. 며칠 전만 해도 '호산나 다윗의 자손이여 찬송하리로다' 하던 유대의 군중들이었습니다. 같은 군중은 아니겠지만 이번에는 십자가에 못 박으라고 고함쳤습니다. 대제사장이나 장로들에게 돈 받고 고용된 사람들이 고함쳤습니다. 예수를 십자가에 못 박으시오!

십자가의 형벌은 로마 시대에 가장 극악무도한 처벌 방법이었습니다. 로마 시대에 총독들이 널리 사용한 방법입니다. 로마가 자국민이 아닌 반역자나 노예의 처벌 방법으로 사용했습니다. 십자가에 못 박기 전에 피가 흐르기까지 매질을 했습니다. 본인이 십자가를 지고 가게 했습니다. 자기가 지고 온 십자가에 매달고 큰 대못을 손과 발에 박았습니다. 수직으로 된 나무에 엉덩이를 조금 걸치도록 한 것은 손과 발이 찢어지는 것을 방지하기 위함이었습니다.

빌라도가 백성에게 묻습니다. "어찜이냐? 무슨 악한 일을 하였느냐?" 도대체 예수가 무엇을 잘못했는지 묻고 또 물었습니다. 청중의 엉뚱한 반응에 당황한 빌라도는 의문의 감정을 가지게 되었습니다.

광분한 무리들이 더욱 크게 소리를 지르면서 예수를 십자가에 못 박으라고 소리쳤습니다. 빌라도의 말에 귀를 기울이지 않았습니다. 그러나 빌라도는 총체적인 책임자입니다. 재판장입니다.

빌라도가 군중의 무리들에게 만족을 주고자 노력했습니다. 빌라도는 정치꾼입니다. 사람의 수를 생각하는 사람이었습니다. 의인이냐 아니면 죄인이냐가 중요한 것이 아니라 어느 쪽에 서는 것이 나에게 유리한가를 생각했습니다. 빌라도는 무리에게 만족을 주려고 판결했습니다.

그래서 바라바를 석방하고 예수는 채찍질하고 십자가에 못 박으라고 넘겨주었습니다. 이게 의로운 재판관의 모습입니까? 그는 불의한 재판관입니다. 무리의 기대치를 위하여, 청중의 성난 민심을 달래기 위해서 의인을 죽인 것입니다. 빌라도는 손을 씻었습니다. 자기는 상관이 없다는 표시입니다. 그렇지 않습니다. 로마인에게 넘겨 준 책임은 끝까지 빌라도가 져야 합니다.

제75강
마가복음 15장 16-22절

예수와 골고다

예수님은 하나님의 아들이십니다. 제2위 신이십니다. 우리의 만왕의 왕이시고 만주의 주가 되십니다. 인간의 구원자로 세상에 오셨습니다. 의인이십니다. 흠과 티가 없으신 분이십니다. 그런데 빌라도 총독은 죄가 없는 줄 알면서 그리고 종교 지도자들이 시기하여 넘겨준 줄 알면서 사형을 언도했습니다. 이런 불법 재판이 또 있겠습니까?

죄인이 의인을 재판할 수 있습니까? 피조물이 조물주를 재판할 수 있는 것입니까? 더러운 인간이 거룩하신 하나님을 심판할 수 있습니까? 그런데 빌라도는 재판을 감행했습니다. 말도 안 되는 재판을 했습니다. 우리들은 어떨까요?

1. 로마 군병들이 예수를 희롱하다

로마 군병들이 예수를 끌고 총독 관저인 '브라이도리온' 이라는 뜰 안으로 들어갔습니다. 브라이도리온은 '본부나 최고의 사령부의 막사' 이지만 오늘 성경에서는 예루살렘에 있던 총독의 관저를 말합니다. '안토니아 요새' 라고 불렸습니다. 당시 총독의 관저는 가이사랴에 있었지만 예루살렘을 방문할 때마다 '안토니아 요새'에서 공무를 수행했습니다.

"끌려가고"라는 말은 감옥이나 죽음의 장소로 끌려가는 장면을 묘사할 때 사용되는 말입니다. 십자가를 지는 길, 고통의 문으로 들어가는 장면으로 끌려갔습니다. 십자가에서 생명을 쏟기 위해 들어가는 장면으로 끌려갔습니다.

온 군대를 모았습니다. 군병들은 예수님이 입고 있던 옷을 벗기고 자색 옷을 입히고, 머리에는 왕관 대신 가시관을 씌워 예수를 왕처럼 꾸몄습니다. 마태는 홍포로, 마가는 자색 옷으로 기록했습니다. 이것은 보는 각도에 따라 자주색이나 붉은색으로 보일 수 있는 것입니다. 두 가지 옷은 모두 고급스러운 옷으로써 왕족들이 입던 옷입니다. 누군가가 입다가 버린 왕복을 조롱하기 위해서 예수님에게 입힌 것이겠지요.

가시관에 사용된 가시는 요단강 주변 습지에 많이 자생하는 식물로써 부드럽고 질기고, 예리하고 강한 가시가 특징입니다. 예수님에게 고통과 아픔을 안겨줄 수 있는 좋은 재료였습니다. 예수님에게 가시관을 씌운 이유는 유대인의 왕으로 조롱하기 위한 수단이었습니다. 마태는 예수님의 오른손에 왕의 통치를 상징하는 지휘봉, 홀 대신 갈대 지팡이까지 들게 하였다고 기록하고 있습니다.

그리고 군병들은 예수님에게 경례를 했습니다. 상관이기 때문에 경례를 한 것이 아닙니다. 존경하기 때문에 인사한 것이 아닙니다. 모욕하고 놀리기 위한 경례였습니다. 히히덕거리고 조소하기 위한 경례로, "유대인의 왕이여 평안할지어다"라고 했습니다.

예수를 유대인의 왕으로 조롱하는 태도로 예우하며, 존경심 없는 절을 하면서 갈대로 머리를 치고 모욕하고 침 뱉으며 조롱했습니다. 지팡이와 막대기까지 동원하여 조롱했습니다. 한 번의 고통이나 조롱이 아니었습니다. 여러 번의 고통과 조롱이었습니다. 얼굴에는 침을 뱉었습니다. 손바닥으로 얼굴을 때렸습니다. 희롱을 다한 후 자색 옷을 벗기고 원래의 옷을 다시 입혀 십자가에 못 박으려고 끌고 나갔습니다.

매질과 조롱, 유대인의 비웃음과 로마 군병들의 발길질이 이어졌습니다. 고통 속에서도 예수님은 입을 열지 않으셨습니다. 고통을 참으셨습니다. 백성의 죄악을 걸머메신 주님은 포악한 군병들의 발길질과 손바닥으로 치는 고난과 치욕을 참아내셨습니다. 베드로의 말대로 욕을 받으시되 욕하지 않으셨습니다. 고난을 받으셨지만 위협하지 않으셨습니다. 그 목적은 우리로 하여금 죄에 대하여 죽고 의에 대하여 살게 하심이었습니다.

이사야 선지자가 잘 예언했습니다. 이사야 53장 1-9절을 봅시다. "우리가 전한 것을 누가 믿었느냐 여호와의 팔이 누구에게 나타났느냐 그는 주 앞에서 자라나기를 연한 순 같고 마른 땅에서 나온 뿌리 같아서 고운 모양도 없고 풍채도 없은즉 우리가 보기에 흠모할 만한 아름다운 것이 없도다

그는 멸시를 받아 사람들에게 버림 받았으며 간고를 많이 겪었으며 질고를 아는 자라 마치 사람들이 그에게서 얼굴을 가리는 것 같이 멸시를 당하였고 우리도 그를 귀히 여기지 아니하였도다 그는 실로 우리의 질고를 지고 우리의 슬픔을 당하였거늘 우리는 생각하기를 그는 징벌을 받아 하나님께 맞으며 고난을 당한다 하였노라

그가 찔림은 우리의 허물 때문이요 그가 상함은 우리의 죄악 때문이라 그가 징계를 받으므로 우리는 평화를 누리고 그가 채찍에 맞으므로 우리는 나음을 받았도다 우리는 다 양 같아서 그릇 행하여 각기 제 길로 갔거늘 여호와께서는 우리 모두의 죄악을 그에게 담당시키셨도다 그가 곤욕을 당하여 괴로울 때에도 그의 입을 열지 아니하였음이여 마치 도수장으로 끌려가는 어린 양과 털 깎는 자 앞에서 잠잠한 양 같이 그의 입을 열지 아니하였도다

그는 곤욕과 심문을 당하고 끌려 갔으나 그 세대 중에 누가 생각하기를 그가 살아 있는 자들의 땅에서 끊어짐은 마땅히 형벌 받을 내 백

성의 허물 때문이라 하였으리요 그는 강포를 행하지 아니하였고 그의 입에 거짓이 없었으나 그의 무덤이 악인들과 함께 있었으며 그가 죽은 후에 부자와 함께 있었도다"라고 했습니다.

인간은 타락한 존재입니다. 거룩하신 하나님을 고통스럽게 하면서 행복해 하는 인간이 인간입니까? 화목제물로 이땅에 오신 그리스도를 믿고 사랑해도 시원치 않을텐데 이렇게 조롱하고 모욕적인 행동을 해도 되는 것입니까? 사람은 하나님의 은혜가 메마르면 사망의 잠을 자게 되어 있습니다. 영적인 잠에서 깨어나기를 바랍니다.

하나님을 믿는 성도들은 그 주님을 생각하면서 삶의 변화를 일으킨 사람들입니다. 자기가 당하는 고난에 대하여 원망하거나 불평하지 않는 사람들입니다. 하나님을 위한 고난이나 교회를 위한 고통을 행복으로 여기는 사람이 성도입니다.

성도는 세상에서 어려움을 당하고 고난의 연속으로 힘들 때마다 주님의 고난을 생각하는 사람입니다. 세상에서 환난을 당하지만 주님이 이기셨기 때문에 우리도 이길 수 있습니다.

2. 예루살렘과 골고다

예수님을 처형한 장소가 어디입니까? 예루살렘 성 밖이었습니다. 군병들은 예수님에게 할 수 있는 모든 희롱과 조롱 그리고 모욕을 안겨주면서 예수를 십자가에 처형하기 위하여 예루살렘 성 밖 골고다 언덕으로 끌고 나갔습니다. 마치 포도원을 세로 준 주인의 아들을 죽여서 포도원 밖으로 던져버린 농부들과 같은 사람들이었습니다.

예루살렘 성전이 있는 곳은 거룩한 장소로 여겼기 때문에 거룩한 장소를 피하여 예루살렘 성 밖으로 끌고 나가서 십자가에 처형하려고 한 것입니다. 레위기 24장 13-14절에 "여호와께서 모세에게 말씀하여 이르시되 그 저주한 사람을 진영 밖으로 끌어내어 그것을 들은 모든 사람이 그들의 손을 그의 머리에 얹게 하고 온 회중이 돌로 그를 칠지니라"
라고 했습니다.

민수기 15장 35-36절에서도 "여호와께서 모세에게 이르시되 그 사
람을 반드시 죽일지니 온 회중이 진영 밖에서 돌로 그를 칠지니라 온
회중이 곧 그를 진영 밖으로 끌어내고 돌로 그를 쳐죽여서 여호와께서
모세에게 명령하신 대로 하니라"라고 했습니다. 안식일을 범했던 사람
에게 행한 일을 기록해 주었습니다.

처형 장소로 이동하는 도중에 군병들이 알렉산더와 루포의 아버지
인 구레네 사람 시몬에게 억지로 예수님이 지고 가던 십자가를 지게 하
였습니다. 예수님은 십자가를 지고 더 이상 올라가실 수 없었습니다.
아마도 시몬은 구경꾼 틈에 끼어 있었던 것으로 보입니다. 구레네는 북
아프리카 연안에 있는 도시로, 지금의 리비야의 수도 트리폴리입니다.
많은 유대인들이 이주해 와서 거주하고 있었습니다. 그들은 유월절을
지키기 위하여 예루살렘 성을 찾아왔던 것으로 보입니다. 시몬은 자의
가 아니라 타의에 의해서 억지로 십자가를 지게 되었습니다. 어쩔 수
없이 십자가를 감당해야 했습니다.

예수를 끌고 '두개골, 해골의 곳'이라는 골고다 언덕에 도착했습니
다. '갈보리'라고도 번역했습니다. 포도원의 농부들이 주인의 사랑하
는 아들을 죽여 포도원 밖으로 던진 것처럼 그렇게 버렸습니다. 인간은
모두 이런 입장에서 자유롭지 못합니다. 진정한 자유자가 됩시다.

3. 알렉산더와 루포

구레네 사람 시몬이 억지로 십자가를 졌습니다. 자원해서 진 십자가
가 아니었습니다. 자발적인 헌신으로 마음이 즐겁고 기쁨으로 감당한
십자가도 아니었습니다. 말 그대로 억지로 진 십자가였습니다. 그렇다
면 억지로 진 구레네 사람 시몬의 후손은 어떻게 되었을까?

초대교회의 유명한 인물들이 되었습니다. 바울이 로마서에서 "루포와 그의 어머니에게 문안하라 그의 어머니는 곧 내 어머니"라고 말합니다(롬16:13). 성경학자들은 아버지가 억지로 십자가를 진 이후에 하나님께서 그 가정에 믿음을 선물로 주셨을 것이라고 말합니다.

바울에게 사랑받는 루포와 그의 어머니를 생각할 수 있습니다. 온 식구가 사랑받는 가정이 되었습니다. 사람들에게 사랑받는 것이 얼마나 큰 행복입니까? 바울은 루포의 어머니는 내 어머니라고 기록하고 있습니다. 이것이 얼마나 위대한 일입니까? 다른 사람들에게 사랑받는 것 말입니다.

성경에 두 아들의 이름이 기록되었습니다. 이 얼마나 영광스러운 일입니까? 성경은 하나님의 말씀입니다. 하나님의 말씀에 기록되는 영광이 임하게 되었습니다. 억지로 감당해도 그렇습니다.

시몬은 억지로 십자가를 졌지만 가정 구원, 가족 구원이라는 영광을 선물로 받게 되었습니다. 온 식구의 구원이 임하게 되었습니다. 십자가에는 반드시 큰 보상이 있습니다. 우리에게 주어진 직분에 충성합시다.

예수께서 지신 십자가의 무게는 약 20킬로그램 정도입니다. 예수님은 겟세마네 동산에서 밤을 새워 기도하셨습니다. 체포되셔서 식사도 못하셨습니다. 여러 곳으로 끌려다니며 심문을 받았습니다. 매질과 구둣발에 채이며 채찍질 당하셨습니다. 모욕과 조롱을 당했을 때 얼마나 지쳤을까요? 힘이 없었습니다. 넘어지고 쓰러지는 것이 당연했습니다.

성도가 세상을 살아갈 때 삶을 하나님을 위한 봉사의 기회로 삼아야 합니다. 선한 일을 위하여 재창조된 사람이 그리스도인입니다. 시몬을 생각해 봅시다. 구경꾼이었습니다. 억지로 십자가를 졌습니다. 그러나 그가 받은 은혜와 복은 잠시 잠깐의 고난에 비해서 큰 것이었습니다.

예수 그리스도의 좋은 군사는 자기 사생활에 얽매이는 자가 아닙니다. 모집한 자를 기쁘게 하는 사람이 좋은 군사입니다. 우리는 주님을 위하여 좋은 일꾼이 됩시다.

제76강
마가복음 15장 23-32절

예수와 십자가

세상 사람들은 예수를 3대 성인 중의 한 분이라고 말합니다. 그러나 우리는 예수님이 하나님의 아들이시요 우리의 구세주이심을 믿습니다. 특별히 마가는 복음서를 쓰면서 예수님을 종으로 말하지만 왕으로도 소개하고 있습니다. 예수님은 '유대인의 왕'입니다. 하늘과 땅의 권세를 가지신 분이십니다. 인류 역사와 교회 그리고 이 세상만이 아니라 오는 세상까지 통치하는 만왕의 왕이십니다.

마가복음을 기록한 마가는 처음에는 겁약한 사람이었습니다. 바울과 바나바와 함께 세계 선교를 수행하다가 중간에 되돌아간 사람입니다. 바울에게 좋은 협력자가 되지 못했습니다. 그러나 나중에는 유익을 주는 사람으로 성장했습니다.

사람들은 왕 되신 예수님을 죄인처럼 체포했습니다. 왜 체포했습니까? 무슨 죄를 범했습니까? 대제사장 가야바 법정에서 여러 가지로 고소했습니다. 예수님의 죄목은 크게 세 가지였습니다.

첫 번째 죄목이 하나님의 성전을 헐고 삼 일에 짓는 자입니다. 마가복음 15장 29절에 "아하 성전을 헐고 사흘에 짓는다는 자여"라고 했고, 마가복음 14장 58절에서도 "우리가 그의 말을 들으니 손으로 지은 이 성전을 내가 헐고 손으로 짓지 아니한 다른 성전을 사흘 동안에 지으리라"라고 했습니다. 예수님은 육체의 부활을 두고 말씀하신 것이었습니다. 영원한 참된 성전을 의미했습니다.

두 번째 죄목이 찬송 받으실 자의 아들, 하나님의 아들 그리스도입니다. "내가 그니라." 인자가 권능자의 우편에 앉은 것과 하늘 구름을 타고 오는 것을 너희가 보리라. 이것이 죄목이 되었습니다.

세 번째가 유대인의 왕으로, 하나님의 선지자이면 선지자 역할을 해 보라는 것이었습니다.

그러나 모두 거짓된 증거로, 그 증거를 찾지 못했습니다. 종교적으로 모든 문제를 해결해 보려고 하지만 해결되지 않자 정치적으로 해결해 보려고 했습니다. 종교인들이 볼 때에 예수님은 신성모독죄를 범했다는 것이고, 정치인들이 볼 때에는 반역죄로 몰아갔습니다.

1. 예수와 십자가

마침내 예수님은 십자가를 지게 되었습니다. 십자가를 지기 전에 형을 집행하는 군병들이 진통제, 마취제 역할을 하는 몰약을 탄 포도주를 예수님에게 주었습니다. 예수님은 그 포도주를 거절하셨습니다.

고대인들은 포도주에 상쾌한 향기나 맛을 내기 위하여 몰약을 타서 마셨습니다. 몰약은 종류가 여러 가지이지만 향기를 내는 나무의 수액에서 채취하여 아주 귀한 것으로 여겼고, 사람들의 선물용으로 사용하기도 했습니다. 특별히 몰약은 장례식에서 많이 사용했습니다.

오늘 성경에 나타난 몰약은 향이나 효능이 강한 약재료입니다. 지금 예수님에게 건넨 몰약을 탄 포도주는 향이나 맛을 위한 것이 아니라 고통을 조금이나마 덜어주려는 의도에서 건네고 있는 것입니다. 고통의 감소, 무감각한 상태에서 십자가의 고난을 당하라는 의도입니다.

물론 마태는 쓸개 탄 포도주라고 기록했습니다. 쓸개는 쓴 맛을 내는 진통제 역할을 하는 것이었습니다. 마태복음에 쓸개라고 기록한 이유는 독자가 유대인들이기 때문에 시편 69편 21~22절에 "그들이 쓸개를 나의 음식물로 주며 목마를 때에는 초를 마시게 하였사오니 그들의 밥상이 올무가 되게 하시며 그들의 평안이 덫이 되게 하소서"라고 했기 때문입니다.

한 사람이 한 번이나 두 번을 건넨 것이 아니라 여러 사람이 여러 번 건넸습니다. 십자가의 고난을 감소 내지 덜어주기 위한 목적으로 쓸개나 몰약을 넣은 포도주를 줘서 진통제 역할을 하게 하였습니다. 십자가에 매달리는 사람들에게 마지막으로 건네 주는 관습이 있었습니다. 그러나 예수님은 거절하셨습니다. 진통제를 거절하셨습니다. 마취제를 거절하셨습니다. 하나님이 주시는 형벌, 인류를 위한 고난의 잔을 온전히 감당하셨습니다. "아버지께서 주신 잔을 내가 마시지 아니하겠느냐?"(요18:11).

십자가는 이렇게 감당하는 것입니다. 주님이 맡겨 주신 사역은 이렇게 감당하는 것입니다. 정신을 차린 상태에서 기쁨으로 감당하는 것입니다. 찬송하면서 즐거움으로 감당하는 것입니다.

사형을 집행하던 군병들은 세 시 즉 오전 9시에 예수를 십자가에 못박은 후 옷을 제비뽑아 나누어 가졌습니다. 예수께서 입으신 옷이 그렇게 좋은 것이었을까요? 남루한 옷입니다. 다 떨어진 옷입니다. 보잘것없는 옷입니다.

겉옷을 네 깃에 나눠 각각 한 깃씩 가졌습니다. 속옷마저 벗겨 수치를 주었습니다. 예수님은 수치를 당하셨습니다. 당대 사형장에는 한 사람의 죄수를 죽이기 위하여 네 명의 군사들이 동원되었는데 네 명의 병사들은 죄수의 옷을 벗겨 자신들이 나눠 가짐으로써 부수입으로 삼았습니다.

마가복음과 요한복음에는 예수님을 처형한 시간이 다르게 기록되어 있습니다. 요한복음에는 육 시경에 사형을 선고하고, 마가는 구 시경으로 기록하는데, 이것은 마가는 유대 시각으로 기록하고 요한은 로마의 시각으로 기록했기 때문에 생긴 문제입니다. 유대 시각의 삼 시는 로마 시각으로 오전 9시이며, 로마 시간법은 우리 나라의 시간법과 같습니다. 따라서 예수님은 오전 6시에 사형 선고를 받고 3시간 동안 로마 군병들에게 조롱과 매질을 당한 다음에 골고다에서 9시쯤 십자가에 처형된 것입니다.

2. 십자가의 처형

예수님의 죄목이 무엇입니까? 머리에는 유대인의 왕이라고 쓴 죄패가 붙어 있었습니다. 예수님이 왜 십자가에 못 박히게 되었는지 그 원인과 범죄 내용을 간략하게 밝히고 있는 것이 패입니다. 당시 죄를 지은 범죄자들은 자신이 저지른 죄를 명패에 기록하여 목이나 가슴에 걸고 죽었습니다. 예수님은 머리에 죄패가 붙어 있었습니다.

유대인의 왕이 죄목입니다. 그것 때문에 죽고 그것 때문에 십자가에 처형되었습니다. 마태는 '이는 유대인의 왕 예수'라고 기록했고, 누가는 '이는 유대인의 왕이라'고 했습니다. 요한은 '나사렛 예수 유대인의 왕'이라고 했습니다.

이런 문구를 보고 대제사장들은 '자칭 유대인의 왕'이라고 수정을 요구했지만 빌라도는 '내가 쓸 것을 썼다'라고 말했습니다(요19:22). 대제사장들의 요구는 거절되었습니다. 겉으로는 예수께서 정치적인 범죄자처럼 보였지만 실제적으로는 진정한 왕, 유대인의 왕이셨습니다.

특별히 죄패는 히브리어, 헬라어, 로마어로 기록되었습니다. 이것은 여러 나라에서 올라온 사람들이 다 알아 볼 수 있도록 하기 위함이었습니다. 예수님은 인류 역사와 교회의 왕이십니다. 개인적으로나 국가적으로 왕이십니다. 우리는 예수께서 왕이심을 믿는 하나님의 백성들입니다.

강도 두 명도 예수와 함께 십자가에 못 박았습니다. 이 강도들은 역사가 요세푸스에 의하면 열심당원(Zealotes)으로, 로마 통치에 반대하여 반란을 일으켰으며 필요한 것들을 동포들에게 약탈도 했지만 많은 유대인들은 애국자로 여기는 사람이었습니다.

한 사람은 예수님의 우편에, 다른 사람은 예수님의 좌편에 못 박혔습니다. 누가는 한 사람의 강도는 구원받고 한 사람은 버림당했다고 기록해 주었습니다. 주님은 십자가를 지시면서, 죽음의 순간에도 믿고 따르는 강도에게도 구원을 선물로 주셨습니다. 이것이 은혜입니다. 예수님의 십자가는 구원을 주시는 하나님의 지혜요 능력임을 믿습니다. 멸망하는 자에게는 미련한 것이지만 구원을 받는 우리에게는 하나님의 능력입니다.

3. 모욕과 조롱

지나가는 사람들이 예수님을 향하여 머리를 흔들며 조롱했습니다. 골고다 언덕 길을 지나가던 사람들이 머리를 흔들었습니다. 예수님을 모욕했습니다. 시편 22편 6-8절에 이렇게 예언했습니다. "나는 벌레요 사람이 아니라 사람의 비방거리요 백성의 조롱거리니이다 나를 보는 자는 다 나를 비웃으며 입술을 비쭉거리고 머리를 흔들며 말하되 그가 여호와께 의탁하니 구원하실 걸, 그를 기뻐하시니 건지실 걸 하나이다". 이 예언이 성취되고 있습니다.

"너는 성전을 헐고 사흘 만에 다시 짓는 자여! 스스로 구원하여 십자가에서 내려올지어다." 예수님은 십자가에서 죽으시고 사흘 만에 부활하실 것을 말씀하셨습니다. 예수님은 다윗의 후손으로 이땅에 오셨습니다. 영원한 하나님 나라의 건설을 위하여 오셨습니다. 선지자들을 통하여 약속하신 언약을 성취하기 위해서 오신 그리스도이십니다.

만약 예수께서 십자가를 포기하신다면 부활은 어떻게 이룰 수 있을까요? 영원한 성전은 어떻게 되는 것일까요? 하나님 나라의 기초는 어떻게 되었을까요? 우리는 겸손해야 합니다. 말이라고 다 말이 아닙니다. 논리적이고 합리적인 말이라 할지라도 진리가 아닌 말이 참 많은 세상입니다.

대제사장들과 서기관들도 저가 남은 구원하였지만 자기는 구원하지 못한다고 하면서 지금 당장 십자가에서 내려와 그리스도임을 증명해 보라고 조롱했습니다. 주님이 능력이 없어서 십자가에서 내려오지 못하는 것이 아니라, 인간의 죄와 사망에서 건져내기 위해서 십자가를 지시는 것을 알지 못하고 조롱했습니다. 빛이 세상에 왔으되 자기 백성이 빛보다 어두움을 더욱 좋아하는 것입니다.

심지어 함께 십자가에 못 박힌 죄수까지 예수를 모욕했습니다. 생각해 봅시다. 로마 군병들이 조롱하고 박해했습니다. 지나가는 사람들도 비웃었습니다. 대제사장이나 서기관들이 조롱과 멸시의 말과 행동을 했습니다. 대제사장들은 율법을 외우는 사람들이었고, 서기관들은 해석자들이었습니다. 성경만 알면 무엇합니까? 율법 학자면 무엇합니까?

무죄하신 그리스도를 알아보지 못하는 사람들이었는데, 예수님을 조롱하고 희롱하는 데 앞장섰던 사람들이었는데, 십자가에 처형하라고 외치던 사람들이었는데 ... "저 사람은 다른 사람은 구원하였지만 자기는 구원할 수 없는 사람이야!" 그렇게 비웃었습니다.

하나님의 일을 하는 사람에게 이런 어려움이 있습니다. 하나님의 교회를 봉사할 때 이렇게 고난이 있습니다. 그래도 주님이 인정하십니다. 하나님이 스데반의 순교를 내려다 보시듯 보고 계십니다. 마지막 날에 칭찬과 영광과 존귀가 있을 것입니다.

성도들이여! 자기 십자가를 끝까지 감당합시다. 주님처럼, 말없이 감당합시다. 우리가 사랑하는 예수님처럼 말입니다.

제77강
마가복음 15장 33-47절

예수와 아리마대 요셉

예수님이 십자가에 처형되실 때 어떤 현상이 있었습니까? 예수님이 십자가에 달려 있을 때 여섯시로부터 아홉시까지 곧 정오로부터 오후 세시까지 온 땅에 어두움이 임했습니다. 인간의 죄를 해결하기 위하여 제2위 하나님께서 인간이 되셨다가 십자가에 처형되어 죽으실 때에 그 과정과 모습이 어떠했을까요? 초자연적인 사건들이 일어났습니다.

세시 즉 오전 아홉시부터 정오까지 세 시간 동안 온갖 모욕과 수치를 당하신 주님이십니다. 조롱과 모욕 속에서 피를 흘리며 죽어가실 때 온 세상이 어두워졌습니다. 어두움은 아홉시 즉 오후 세시까지 계속되었습니다. 예수께서 십자가를 지실 때 태양이 빛나더니 오후 세시쯤 되어 갑자기 어두움이 임했습니다.

아모스 선지자는 아모스 8장 9-10절에서 "주 여호와의 말씀이니라 그 날에 내가 해를 대낮에 지게 하여 백주에 땅을 캄캄하게 하며 너희 절기를 애통으로, 너희 모든 노래를 애곡으로 변하게 하며 모든 사람에게 굵은 베로 허리를 동이게 하며 모든 머리를 대머리가 되게 하며 독자의 죽음으로 말미암아 애통하듯 하게 하며 결국은 곤고한 날과 같게 하리라"라고 했습니다.

1. 예수의 운명

예수 그리스도는 십자가 위에서 운명하셨습니다. 아홉시쯤 되었을 때 "엘리 엘리 라마 사박다니"라고 크게 외치셨습니다. 유대인의 시간법에 아홉시는 현재 우리나라로 말하자면 오후 세시입니다. 오후 세시경에 예수님은 십자가 상에서 숨을 거두셨습니다.

온갖 조롱과 모욕 속에서도 아무 말씀도 하시지 않던 주님께서 마지막 순간에 입을 여셨습니다. 크게 소리를 지르셨습니다. 기뻐서 소리지른 것이 아니라 하나님께 부르짖는 소리였습니다. 착취 당한 노동자들의 음성처럼, 억울하게 죽임을 당하는 죄수처럼 외치셨습니다.

일반적으로 '네가 부를 때에 나 여호와가 응답하겠다. 구하면 얻게 할 것이고, 찾으면 찾게 될 것이고, 문을 두드리면 열릴 것이라' 라고 말씀하셨습니다. 그런데 예수님의 신음하는 소리에는 귀를 기울이지 않으셨습니다. 인류 구원을 위하여 사랑하는 아들이 절규의 음성을 발하지만 외면하셨습니다. 하나님 아버지의 고통도 크셨고, 아들 예수님의 고통도 말할 수 없이 컸습니다. 정오로부터 오후 세시까지 온 세상에 흑암이 임한 것은 고통 당하시는 아들의 모습을 차마 보실 수 없어서 가린 것으로 보입니다.

육체적인 고통은 물론이지만 버림 당하는 사람의 심정, 그리고 저주 받는 자의 아픔을 느끼게 하는 장면입니다. 정신적인 고통, 영적인 고통은 말할 수 없었습니다. 하나님으로부터 사랑받는 아들이 버림을 당할 때 그 고난이 어떠했겠습니까? 예수님의 고통을 생각할 때 죄가 얼마나 인간을 불행하게 만드는가를 배우게 됩니다. 그리고 나를 사랑해서 십자가에 돌아가신 예수님의 사랑이 얼마나 큰지도 깨닫게 됩니다.

"엘리 엘리 라마 사박다니". 예수님이 십자가 상에서 일곱 마디 말씀을 하신 내용 중의 네 번째로 하신 말씀입니다. 궁핍한 상태에 빠진 사람을 그냥 내버려두거나 어떤 사람을 버림으로써 음부에 가게 되었다는 의미입니다. 하나님과의 단절을 의미합니다. 어찌하여 나를 버리셨나이까?

죄의 결과는 사망입니다. 모든 인류는 범죄한 존재입니다. 하나님으로부터 쫓겨나고 단절되고 육체적으로도 죽고 또 영적으로도 죽는 존재가 되었습니다. 예수님 자신은 흠과 티가 없으시고 죄와 악도 없으시지만 인간의 죄를 걸머메셨기 때문에 죄인처럼 하나님의 형벌을 받아 사망의 고통을 맛보게 된 것입니다.

곁에 서 있던 사람 중에 어떤 이들은 이 소리를 듣고 예수께서 엘리야를 부른다고 생각했습니다. 곁에 있는 자들은 예수께서 십자가에 처형되는 장면을 보고 십자가에서 하시는 말씀을 들은 사람들입니다. '엘로이', '엘리'라는 말을 '엘리야'라는 말로 잘못 알아들었습니다.

유대인들은 엘리야를 중요한 인물로 부각시킵니다. 죽음을 보지 않고 승천하였으며 재림에 대한 예언도 있었고 나라가 어려움에 빠져 있을 때 초자연적인 능력을 발휘했기 때문입니다. 그래서 사람들은 메시야가 오시기 이전에 엘리야가 먼저 올 것을 믿고 있었습니다.

어떤 사람은 내버려두라고 고함을 쳤지만 한 사람은 해융에 신 포도주를 적셔 예수께 마시게 하고 과연 엘리야가 와서 저를 구하여 내려주는지 보자고 했습니다. 신 포도주는 포도주를 발효한 식초에 약간의 계란과 물을 혼합하여 만든 음료수입니다. 유대 지방에는 물이 부족하기 때문에 음료수로 사용한 것이었습니다. 신 포도주를 예수의 입에 대주어 빨아먹게 했던 것이지요. 예수님은 이것을 받으신 후 큰 소리를 지르시고 운명하셨습니다. "다 이루었다, 아버지여 내 영혼을 아버지 손에 부탁하나이다"라고 말씀하시면서 숨을 거두셨습니다. 예수님은 부활의 영광을 바라보면서 자신을 능동적으로 내어주셨습니다.

그때 성소의 휘장이 위에서 아래로 찢어져 둘이 되었습니다. 하나님의 임재를 상징하는 지성소입니다. 성소의 휘장이 위로부터 아래로 찢어졌습니다. 휘장은 청색, 자색, 홍색실과 가늘게 꼰 베실로 짜여진 두께 약 2-3센티미터의 장중한 휘장이었습니다.

위에서 아래로 찢어진 것은 자연적인 현상이 아니었음을 보여줍니다. 하나님의 개입이 있었습니다. 이적과 기적이었습니다. 예수님의 죽음이 지성소와 성소를 막고 있는 휘장을 찢으셨습니다. 둘이 하나가 되었습니다.

성소의 휘장이 찢어짐으로써 사람은 누구나 그리스도를 믿고 의지한다면 하나님께 담대히 나아갈 수 있는 길이 열린 것입니다. 히브리서 10장 19-20절에 "그러므로 형제들아 우리가 예수의 피를 힘입어 성소에 들어갈 담력을 얻었나니 그 길은 우리를 위하여 휘장 가운데로 열어 놓으신 새로운 살 길이요 휘장은 곧 그의 육체니라"라고 했습니다.

휘장이 있을 때는 일 년에 한 번씩 대제사장만 들어가서 임무를 수행했는데, 이제는 하나님과 인간이 단절되었던 것을 예수 그리스도께서 십자가의 고통을 통하여 하나가 되게 만드셨습니다. 예수님은 화평이신지라 둘을 하나로 만드셨습니다.

또 구약시대에 드리던 제사 제도의 완성을 의미합니다. 구약시대에는 하나님께 나아가기 위해서 반드시 제물이 필요했었지만 예수께서 십자가에서 단번에 영원한 제물이 되어 주심으로써 언제든지 하나님께 나아가는 길이 활짝 열리게 되었습니다. 새로운 길, 산 길입니다. 그러므로 구약의 제사가 필요없게 되었고 십자가에 죽으신 예수님만이 우리의 길이요 진리요 생명이 되셨습니다.

그리고 성전의 파괴를 예고하고 있습니다. 하나님의 임재가 사라지게 되었습니다. 종교 지도자들이 앞장서서 사랑하는 아들을 십자가에 죽게 하는 것은 물론 하나님 앞에 기도해야 할 성전에서 매매나 하고 있었으니 어떻게 될까요? 성전은 파괴되었습니다.

2. 백부장의 고백

예수께서 십자가에서 죽으실 때 온 땅에 어두움이 임했고, 성소 휘장이 찢어지는 것은 물론이고, 땅이 진동하고 바위가 터지며 무덤이 열렸습니다. 성도들이 많이 다시 살아났습니다. 그것만일까요?

백부장은 사형 집행관입니다. 유대인이 아니라 로마인입니다. 로마의 장교로서 예수의 사형을 집행하던 집행관입니다. 최종 책임자이지요. 유대 전승에 의하면 '페트로니우스'라고 합니다. 예수께서 운명하시는 장면을 목격한 다음에 고백한 말이 무엇입니까?

"진실로 하나님의 아들이었다"라고 고백했습니다. 확실히 하나님의 아들이었도다. 가장 강한 확신이 있을 때 사용하는 용어입니다. 백부장은 예수님이 십자가에서 올리는 기도의 내용을 들었습니다. 초자연적인 사건들도 보았습니다. 갑자기 어두움이 임하고 지진이 나는 것도 보고 들었습니다. 그런 현상들이 예수가 하나님의 아들 되심을 증거하는 표적이었으며 메시야이심을 증거하고 있는 것입니다. 전승에 의하면 백부장은 예수께서 십자가에서 죽는 모습을 보면서 예수를 믿게 되었고 갑바도기아에서 복음을 전하다가 순교당했다고 전해지고 있습니다.

유대 종교 지도자들은 예수님의 가르침이나 이루어진 일들을 보면서도 믿지 않았지만 이방인 백부장은 믿었습니다. 종교인의 탈을 쓰고 아무 일도 하지 않은 사람들에 비해서 백부장은 순교의 제물이 되었습니다. 여러분은 어떤 사람입니까?

마가가 마가복음을 기록하면서 세례받을 때 "너는 내 사랑하는 아들이라"라고 시작하고, 마지막 부분에서 "진실로 하나님의 아들이었도다"를 기록하였는데 시작과 마지막 부분에 기록함으로써 예수가 하나님의 아들이심을 증거하고 있습니다.

그 현장에 있었던 여인들의 명단을 살펴봅시다. 멀리 서 있지만 특별한 목적의식을 가지고 주목하고 보고 있던 여인들입니다. 사물에 대한 지식을 얻기 위하여 유심히 관찰하는 것처럼 바라보고 있었습니다. 이 여인들은 예수님의 죽음에 대하여 생생하게 증거할 사람들입니다. 정말 역사적인 사명이 있는 여인들이었습니다.

막달라 마리아가 있습니다. 일곱 귀신이 들렸던 여인입니다. 불행한 삶을 살다가 예수께서 귀신을 좇아내셨을 때 예수님을 사랑하고 의지하는 마음이 남달랐을 것입니다. 마태나 마가는 제일 먼저 막달라 마리아를 기록했습니다. 부활하신 주님도 제일 먼저 막달라 마리아에게 나타나셨습니다.

작은 야고보도 있습니다. 아마도 세베대의 아들과 구별하기 위함인 줄로 압니다. '작다' 는 말은 크기나 연령 혹은 시간이나 수량의 의미이지만, 여기서는 나이가 어리거나 키가 작은 것을 가리키는 것으로 나이가 어린 사람으로 보입니다.

요세의 어머니 마리아도 있습니다. 요세는 요셉이라고도 말하는데 헬라식과 히브리식 발음이 다르기 때문입니다. 그리고 살로메가 있었습니다. 살로메는 '평화' 라는 뜻입니다. 세베대의 아들들은 야고보와 요한이고 어머니 살로메는 예수의 이모로 이해됩니다.

이 여인들은 예수께서 갈릴리에서 천국 복음을 가르치시고 전파하실 때부터 함께했던 여인들입니다. 좇아와서 섬기던 사람들입니다. 사람들은 좇아다니기만 하고 섬기지는 않는데, 이 여인들은 좇아다니면서 섬긴 여인들입니다.

그 외에도 많은 여인들이 있었습니다. 누가복음에는 예수를 아는 자들도 많았습니다. 여성만이 아니라 남성들도 있었습니다. 이들이 자세히 보고 증인 역할을 하는데 특별히 초대교회의 기초가 된 사람들입니다. 여러분도 교회의 초석이 되기를 바랍니다.

3. 아리마대 요셉

안식일 전날 저물 때입니다. 오후 세시경입니다. 일몰 후 여섯시부터는 안식일이 시작됩니다. 시간은 세 시간 밖에 남지 않았습니다. 아리마대 요셉과 니고데모는 안식일 전에 예수를 장례하기 원했습니다. 예수를 십자가에 그냥 버려둔다면 안식일과 유월절을 부정하게 만드는 것으로 이해했기 때문에 그렇게 만들기를 원하지 않았습니다.

산헤드린 공회의 존귀한 공회원이요, 부자이지만 하나님 나라를 대망하며 기다리던 경건한 사람이 있었습니다. 그 사람이 아리마대 사람 요셉입니다. 요셉은 빌라도 총독을 찾아가서 신성모독죄로 몰려 처형된 예수의 시체를 내어달라고 요구했습니다. 두려워하거나 망설이지 않고 강하고 담대하게 시체를 요구했습니다.

니고데모는 몰약과 침향 섞은 향료를 준비했습니다. 평상시 숨어서 지내듯 조용히 믿던 사람들이 나타나서 장례위원이 되었습니다. 베드로를 비롯하여 열두 제자는 온데간데 없었습니다.

빌라도가 예수의 죽음의 진위를 백부장에게 묻습니다. 벌써 죽었을까? 의아심을 가졌습니다. 죽은 것을 확인한 총독은 요셉에게 시체를 내어주라고 명령했습니다. 안식일 전에 죄수들을 처리하도록 다른 강도들은 다리를 꺾어 죽였습니다. 예수는 일찍 운명했기 때문에 다리를 꺾지 않고 창으로 옆구리를 찔러 죽음을 확인했습니다. 예수는 십자가에서 죽었습니다. 백부장이 확인한 다음에 요셉에게 넘겨주었습니다.

요셉이 예수의 시체를 세마포로 싸서 새로 파놓은 바위 속 무덤에 안치한 다음에 돌로 무덤문을 막았습니다. 시체에 향품을 바르고 고운 천으로 시체를 쌌습니다. 이사야 53장 9절의 예언대로 "그는 강포를 행하지 아니하였고 그의 입에 거짓이 없었으나 그의 무덤이 악인들과 함께 있었으며 그가 죽은 후에 부자와 함께 있었도다"라고 했습니다. 평상시 악인과 함께 있었지만 죽은 후에는 부자와 함께 있었던 주님이십니다. 요셉이 준비했던 새 무덤에 장사되었습니다. 입구는 돌로 막았습니다.

막달라 마리아와 요세의 어머니 마리아가 예수의 시신을 안치한 곳을 확인했습니다. 여러 사람이 장례식에 참석했습니다. 자세히 보았습니다. 도적설이나 기절설은 거짓된 주장입니다. 예수는 십자가에서 인류를 위하여 죽으셨고 경건한 사람들에 의해서 장사되었으며 하나님의 능력으로 부활하셨습니다.

제78강
마가복음 16장 1-8절

예수님의 부활

마가복음 16장은 예수 그리스도의 부활과 현현 그리고 제자들이 감당해야 할 지상 명령과 승천에 관하여 기록해 주었습니다. 마가복음은 예수님의 공생애 가운데 마지막 일주일의 사건을 집중해서 조명해 주고 있습니다. 이것은 로마가 통치하던 시대에 그리스도인들이 많은 고난과 역경을 겪고 있는 상황을 반영하며, 예수님의 부활을 증거함으로써 고난 당하는 성도들에게 위로와 격려뿐만 아니라 영광과 승리를 약속하고 있는 것입니다.

기독교는 고난의 종교이지만 고난만이 아니라 부활의 종교, 생명의 종교입니다. 기독교가 재림의 때까지 힘쓰고 애써서 할 일이 있다면 복음을 증거하는 일입니다.

1. 여인들의 방문

아리마대 사람 요셉과 니고데모가 중심이 되어서 예수님의 장례를 치렀습니다. 그 이후에 삼 일이 되었습니다. 무슨 일이 발생했을까요? 예수님은 십자가를 지시기 전에 세 번이나 강조하신 것이 있었습니다.

그것이 무엇입니까?

마가복음 8장 31절에 "인자가 많은 고난을 받고 장로들과 대제사장들과 서기관들에게 버린 바 되어 죽임을 당하고 사흘 만에 살아나야 할 것을 비로소 그들에게 가르치시되"라고 했습니다. 가이사랴 빌립보 지방에서 신앙고백이 있은 후 말씀하신 내용입니다.

마가복음 9장 31절에 "이는 제자들을 가르치시며 또 인자가 사람들의 손에 넘겨져 죽임을 당하고 죽은 지 삼 일만에 살아나리라는 것을 말씀하셨기 때문이더라"라고 하셨습니다. 변화산에서 내려오신 다음에 귀신들린 자를 쫓아내시고 갈릴리 가운데로 지나실 때 두 번째로 말씀하신 내용입니다.

마가복음 10장 33-34절에서 "보라 우리가 예루살렘에 올라가노니 인자가 대제사장들과 서기관들에게 넘겨지매 그들이 죽이기로 결의하고 이방인들에게 넘겨 주겠고 그들은 능욕하며 침 뱉으며 채찍질하고 죽일 것이나 그는 삼 일 만에 살아나리라"라고 말씀하셨습니다. 예수님과 제자들이 예루살렘으로 올라가는 길에서 가르치신 내용입니다. 제자들은 그 말씀의 의미를 이해하지 못했습니다.

마태복음을 연구해 보면 대제사장들과 바리새인들은 이 말씀을 기억하고 있었습니다. 종교 지도자들이 빌라도 총독 앞에 모여서 무슨 회의를 합니까? 마태복음 27장 63-64절에 "주여 저 속이던 자가 살아 있을 때에 말하되 내가 사흘 후에 다시 살아나리라 한 것을 우리가 기억하노니 그러므로 명령하여 그 무덤을 사흘까지 굳게 지키게 하소서"라고 의논하는 것을 보게 됩니다. 빌라도는 경비 병력을 증강시켰습니다. 굳게 지켰습니다.

예수님으로부터 직접 부활 소식을 듣고 배운 제자들은 나타나지 않고 오히려 부활 소식을 직접 듣지 못했던 여인들은 향품을 가지고 무덤을 찾아갔고 공회원들도 말씀을 기억했습니다. 우리도 하나님의 언약을 믿는 사람, 하나님의 말씀을 기억하는 사람이 됩시다.

안식 후 첫날 여인들이 예수님의 무덤을 찾아갔습니다. 어떤 여인들입니까? 지금의 주일 아침에 막달라 마리아, 야고보의 어머니 마리아, 살로메가 예수의 시신에 향품을 바르기 위하여 예수님의 무덤을 찾아갔습니다. 헬라권의 영향을 받는 독자들을 상대로 기록된 마가복음이기에 세 명의 여인의 이름을 밝히고 있습니다. 부활의 실제성을 강조하는 것입니다. 그들은 예수님을 이렇게 사랑했던 사람들입니다. 예수님을 진정으로 사랑한 여인들이었습니다. 예수님을 사랑했기에 십자가에 죽는 골고다의 언덕에도 따라갔고, 요셉과 니고데모가 장례할 때도 끝까지 동행한 여인들입니다.

제자들은 부활을 믿지 못하고 의심하고 무관심하다가 책망의 대상이 되지만 이 여인들은 축복의 대상이 되었습니다. 초대교회의 초석이 되고, 부활을 증거하는 최초의 사람들이 되었습니다.

매우 이른 시간에 해가 돋을 때에 무덤을 찾아갔습니다. 마태는 '미명', 누가는 '새벽에' 요한은 '아직 어두울 때에'로 표현한 것에 비해 마가는 '매우 일찍이 해 돋을 때에'로 표현했습니다. 마가는 단순히 시간적인 의미만이 아니라 예수 그리스도의 부활로 말미암아 영적인 어두움의 세력이 물러가고 광명한 태양이신 예수 그리스도의 빛이 온 세상을 비치는 것을 상징적으로 표현하고 있습니다. 예수의 부활을 믿는 사람들은 더 이상 어두움이 아니라 빛입니다.

무덤 문을 막아 놓은 돌 문제로 대화하고 있을 때였습니다. 유대인들은 돌로 무덤문을 막는데 3-4명의 남자들이 옮겨야 했습니다. 그리고 군사들이 지키고 있는 상황이었습니다. 그런데 눈을 들어 무덤을 바라보았을 때 이미 돌이 옮겨져 있었습니다. 그 사실을 보고 깜짝 놀랐습니다. 뜨거운 사랑은 있지만 그리스도의 부활을 믿지 못할 때 나올 수 있는 반응입니다. 우리는 그리스도의 부활을 믿고 우리의 부활도 믿습니다.

2. 한 천사와 여인들

눈을 들어 본다는 것의 의미는 '위를 쳐다보다'와 '잃었던 시력을 회복하다'의 뜻이 있습니다. 여인들이 땅의 것, 무덤 문의 돌만 보았을 때는 근심과 걱정거리이지만 하늘을 바라보았을 때는 이미 돌이 치워져 있는 상황이었습니다. 그래서 사람은 누구나 하나님이 행하신 일을 바라보는 것이 중요합니다. 시편 42편 5절에 "내 영혼아 네가 어찌하여 낙심하며 어찌하여 내 속에서 불안해 하는가 너는 하나님께 소망을 두라 그가 나타나 도우심으로 말미암아 내가 여전히 찬송하리로다"라고 했습니다.

여인들이 무덤에 들어가 흰 옷을 입은 청년을 보고 놀라고 있을 때입니다. 흰 옷을 입은 청년은 누구일까요? 마태는 '형상이 번개 같고 눈 같이 흰 옷을 입은 천사', 누가는 '찬란한 옷을 입은 두 사람', 요한은 '흰 옷 입은 두 천사'로 기술하고 있습니다. 천사의 수도 차이가 있습니다. 마태와 마가는 한 명으로, 누가와 요한은 두 명으로 기록합니다. 실제 천사는 두 명이었는데 행동이나 강조점에 따라 말한 것입니다. 마가는 부활의 소식을 전하는 천사에 강조점을 두었던 것입니다.

흰 옷 입은 청년은 천사였습니다. 흰 옷은 하늘의 색상으로 순결을 의미하고, 천사가 우편에 앉아 있었습니다. 우편은 권능이나 좋은 것을 뜻합니다. 예수님의 부활에 대하여 권위있게 증거하고 있는 천사의 모습을 보게 됩니다. 예수님의 부활은 구원의 완성으로 정말 중요하고 기쁨과 감격이 충만한 사건인 것입니다. 구원 사역의 완성이기 때문입니다.

여인들은 깜짝 놀랄 수밖에 없었습니다. 부활은 인간에게 있어서 놀라운 일입니다. 하나님이 행하신 최고의 사역입니다. 재창조의 사역입니다. 구원 사역의 절정도 부활입니다. 기독교는 생명의 종교요 부활의 종교이기 때문입니다.

청년은 여인들에게 "놀라지 말라 너희가 십자가에 못 박히신 나사렛 예수를 찾는구나 그가 살아나셨고 여기 계시지 아니하니라 보라 그를 두었던 곳이니라"라고 말했습니다. 놀라는 여인들을 진정시키는 천사의 음성입니다. 놀라지 말라. 너희는 무서워하지 말라.

여인들에게는 놀라움과 두려움이 교차하고 있는 상황입니다. 누가는 두려운 나머지 얼굴을 땅에 대었다고 표현합니다. 실제적으로 무덤문이 열려 있는 것도 놀라운 일이고, 예수의 시체가 보이지 않는 것도 이상한 일이고, 천사가 나타나서 말하는 것도 이상하고 놀라운 일이었습니다.

천사가 예수님의 부활 소식을 여인들에게 알려주었습니다. 예수님은 하나님의 능력, 성령의 능력으로 살아나셨습니다. 예수님의 부활은 정확한 시간에 일어났습니다. 부활은 기쁨과 환희와 소망의 사건이지만 반대로 제자들은 의심과 불신과 무관심에 빠져 있었습니다. 사람은 하나님의 언약에 신실하지 않으면 무지한 존재가 됩니다. 그릇된 신앙인이 됩니다. 늘 절망과 의심 속에서 불안하게 인생을 살게 됩니다. 여러분은 부활을 확실히 믿어서 소망이 충만한 기쁨의 사람이 되기를 바랍니다.

너희가 십자가에 못 박히신 예수를 찾는구나! 다른 무덤을 찾아갔다고 주장하는 것은 거짓된 주장입니다. 세 명의 여인은 정확하게 예수의 무덤을 찾아갔습니다. 그리고 천사의 증언을 들었습니다. 십자가에 못 박힌 예수를 만나기 위해서 올라온 여인들입니다. 이 여인들은 십자가에 못 박힌 예수만 이해했지 삼 일 만에 부활하신 그리스도에 대해서는 무지했습니다. 성도는 항상 균형잡힌 믿음 생활을 해야 합니다. 치우치면 곧바로 넘어지거나 이상한 것을 주장하는 사람이 됩니다.

유대인들이나 로마인들은 예수를 십자가에 처형하면 끝이라고 생각했지만 하나님은 그 때부터 시작하셨습니다. 제자들의 삶의 변화는 십자가보다 부활의 주님을 만난 다음에 일어났습니다. 교회도 그렇습니다. 십자가를 자랑하지만 부활의 영광을 소망하면서 사는 사람들의 공동체입니다.

"그가 살아나셨고 여기 계시지 아니하니라 보라 그를 두었던 곳이니라". 예수님이 살아나셨고 살아 계시기 때문에 놀라지 말고 두려워할 필요도 없는 것입니다. 왜 산 자를 죽은 자 가운데서 찾고 있습니까? 하나님께서 깊은 잠에서 사람을 깨우듯, 죽은 자 가운데서 성령의 권능으로 살리셨습니다.

예수님의 부활로 말미암아 인류 역사가 바뀌었습니다. 구약의 안식일이 신약의 주일로 바뀌게 된 것입니다. 구약에서는 천지 창조를 중심으로 생각하여 창조가 중심이라면 신약은 재창조가 중심입니다. 구약에서는 마무리하는 날이 안식일이었다면 신약은 출발하는 날이 주일입니다. 영원한 구원의 날이 되었습니다. 살아난 날입니다. 살려주는 날입니다. 구약의 유대인 중심에서 온 세상이 즐거워하며 기뻐하는 날이 되었습니다. 참되게 믿는 성도들에게 안식은 영원한 안식을 그리워하며 생각하게 만드는 날이 되었습니다.

예수께서 갈릴리에 먼저 가 계실 것을 제자들과 베드로에게 알리라고 말했습니다. "가서 그의 제자들과 베드로에게 이르기를 예수께서 너희보다 먼저 갈릴리로 가시나니 전에 너희에게 말씀하신 대로 너희가 거기서 뵈오리라"라고 말했습니다. 낙심과 부정으로 실망 가운데 빠진 베드로를 구원 사역에 끝까지 동참시키는 분은 하나님이십니다.

왜 갈릴리인가? 이사야 9장 1절에 "요단 저쪽 이방의 갈릴리를 영화롭게 하셨느니라"라고 예언하신 것을 성취하고 있습니다. 갈릴리는 이방의 땅입니다. 잊혀지고 버려지고 이방화 된 곳이지만 하나님의 예언이 변함없이 이루어지는 것입니다. 결국 제자들은 예수님을 갈릴리에서 만나게 됩니다. 그곳에서 예수님은 제자들을 새롭게 하셨습니다. 그리고 예수께서 승천하신 후 오순절에 성령이 임하시고 제자들을 통해 복음이 온 세계로 퍼져나가게 됩니다.

여자들은 몹시 놀라서 떨었습니다. 무서워서 무덤 밖으로 도망치듯 나왔습니다. 두려운 나머지 잠시 동안 아무에게도 말할 수가 없었습니다. "무서워하여 아무에게 아무 말도 하지 못하더라". 그러나 인간의 무지와 불신앙은 부활 신앙이 이기게 합니다. 성령이 충만한 다음에 변합니다. 예수의 부활을 증거하는 증인으로서의 삶을 살게 됩니다.

제79강
마가복음 16장 9-14절

믿는 자와 믿지 않는 자

예수님은 세 번씩이나 "내가 예루살렘으로 올라가는데 대제사장들과 서기관들과 장로들에게 미움을 받을 것이다. 마침내는 죽임을 당할 것이다. 그러나 삼 일 만에 살아난 후에 너희보다 먼저 갈릴리로 가리라"라고 말씀하셨습니다.

여러 명의 제자들과 예수님을 따르던 여인들은 예수님의 말씀을 믿지 않았습니다. 하나님의 언약을 기억하지 않았습니다. 예수님이 죽으면 일반인과 같은 줄로만 여겼습니다. 그래서 향기로운 향품을 가지고 무덤을 찾아갔습니다. 그 여인들이 누구입니까?

막달라 마리아, 야고보의 어머니 마리아, 살로메 등입니다. 안식일이 지나서 여인들이 예수님께 향품을 바르기 위해서 무덤을 향하고 있습니다. 아침 일찍이 해 돋는 때에 무덤을 향하여 걸어갑니다. 이것은 분명히 그리스도를 사랑하는 마음에서 우러나온 행동입니다.

아가서 8장 6-7절에 "사랑은 죽음 같이 강하고 - (중략) - 많은 물도 이 사랑을 끄지 못하겠고 홍수라도 삼키지 못하나니"라고 했습니다. 누가복음 7장 47절에 "사함을 받은 일이 적은 자는 적게 사랑하느니라"라고 했습니다. 죄 용서를 많이 받은 사람은 많이 사랑한다는 뜻입니다.

하나님의 언약을 기억하지 않을 때 겉으로 보면 믿음이 좋고 행동도 좋아 보일 수 있지만 지나 놓고 생각해 보면 허영심도 있고 방황하는 마음도 있습니다. 몸도 놀라고 비웃음거리가 되는 경우도 허다하게 많습니다.

기독교는 언약의 종교입니다. 말씀의 종교입니다. 하나님의 존재와 사역, 하나님의 말씀을 믿는 종교가 기독교입니다. 이것이 사도들과 선지자들의 터 위에 세움을 입는 자의 모습입니다. 교회는 진리의 기둥과 터이기 때문입니다.

1. 막달라 마리아

막달라 마리아는 일곱 귀신이 들렸던 여인입니다. 안식 후 첫날에 부활하신 예수께서 막달라 마리아에게 처음으로 나타나셨습니다. 맨 먼저 막달라 마리아에게 보이셨습니다. 신약성경에 10회 정도 기록되는데 막달라 마리아에게 가장 먼저 보이셨습니다.

막달라 마리아는 예수님께 경배합니다. 막달라 마리아는 귀신으로부터 놓임 받은 다음에 주님을 지극히 사랑했던 여인입니다. 예수님이 십자가를 지실 때에 못 박혀 죽는 자리까지 따라갔던 여인입니다. 끝까지 십자가의 길을 함께 걸었던 여인입니다. 이 여인에게 주님은 맨 먼저 나타나셨습니다. 막달라 마리아는 평상시 주님과 동행하면서 주님께 헌신했던 여인입니다. 마태, 마가, 누가, 요한복음에 빠지지 않고 등장한 여인입니다.

막달라 마리아는 부활하신 주님에 대하여 슬퍼하는 제자들에게 말해 줍니다. 울고 있는 사람들에게 말해 줍니다. 도망갔던 일이 얼마나 부끄러운지, 부정한 일이 얼마나 창피한 일인지, 그런데 '예수께서 살아나셨다'고 했습니다.

그리스도의 부활은 슬퍼하는 인생에게 기쁨이 되는 최고의 복음입니다. 찌들고 지쳐버린 인생에게 오아시스와 같은 소식이 생명의 부활입니다. 삶의 소망이 없는 사람들에게 기쁨과 감격의 소식입니다. 믿기만 하면 영광이요, 소망이요, 기쁨이요, 자랑입니다.

그러나 슬픔에 잠긴 제자들은 어떤 반응을 보였습니까? 11절에 "그들은 예수께서 살아나셨다는 것과 마리아에게 보이셨다는 것을 듣고도 믿지 아니하니라"라고 했습니다. 이것이 제자들의 반응이었습니다. 슬픔에 잠긴 사람들의 반응이었습니다. 듣고도 믿지 아니하니라. 이런 자세가 일반인들의 자세입니다. 믿어야 할 사람들이 믿지 않았습니다.

이것이 21세기에 살고 있는 우리들의 반응일지도 모릅니다. 주님도 마지막 때에 믿는 자를 보겠느냐고 말씀하셨습니다. 여러분은 믿는 사람입니까? 십자가의 능력을 믿고 부활의 영광을 믿습니까? 믿음의 사람이 행복합니다. 의심하는 자는 불행합니다.

사도 바울은 "예수는 우리가 범죄한 것 때문에 내줌이 되고 또한 우리를 의롭다 하시기 위하여 살아나셨느니라"(롬4:25)라고 했고, 베드로는 "예수 그리스도를 죽은 자 가운데서 부활하게 하심으로 말미암아 우리를 거듭나게 하사 산 소망이 있게 하시며"(벧전1:3)라고 말했습니다.

왜 믿음 없는 상태에서 벗어나지 못했을까요? 하나님의 약속, 하나님의 언약을 믿지 않았기 때문입니다. 언약을 믿지 않는 사람들은 믿음이 없는 사람과 같습니다. 기독교는 말씀의 종교입니다. 언약의 종교입니다. 말씀이 가는 데까지 가고 말씀이 멈추는 데에 멈추어야 합니다.

2. 두 제자

두 사람의 제자가 시골 길을 걸어가고 있습니다. 두 사람 중 한 사람은 글로바입니다. 시골은 엠마오입니다. 엠마오는 '따뜻한 우물'이라는 뜻으로 '온천'입니다. 실의와 좌절, 불신과 절망의 사람에게 소망과 삶의 용기를 주는 것이 그리스도의 부활입니다. 새 생명과 소망을 불어넣는 것이 예수 그리스도의 부활입니다.

사망 권세를 깨뜨리시고 부활하신 예수께서 다른 모양으로 나타나셨습니다. 두 제자가 예수님을 직접 보았고 만났습니다. 두 제자는 고향길로 가던 발걸음을 멈추고 예루살렘으로 되돌아가서 남은 제자들에게 이 소식을 전했습니다. 그러나 다른 제자들도 "역시 믿지 아니하니라"라고 했습니다. 이것이 당시 제자들의 신앙 상태였습니다.

여러분은 누구를 믿는 사람입니까? 사람이요 아니면 하나님이요? 자신입니까 아니면 주님입니까? 사람을 믿는 사람은 의롭게 되는 것이 아니라 외롭게 될 것입니다. 광야 같은 인생 길을 혼자서 걷게 될 것입니다. 그러나 하나님을 사랑하는 사람, 하나님을 믿는 사람은 하나님과 동행하면서 하나님의 능력을 체험하고 하나님의 영광을 보게 될 것입니다.

성직은 돈 가지고 평가하는 것이 아닙니다. 저는 귀신들린 자들과 싸워 본 경험이 몇 번 있습니다. 일 분 간절히 기도해 준 후에 나는 두 시간 정도를 쉬어야 했던 경험이 있습니다. 영적인 싸움이 그렇게 쉬운 싸움이 아닙니다.

저의 졸업 사정회 시간에 박윤선 목사님을 비롯하여 총회 어른들과 교수들과 앉아서 독대를 하게 되었습니다. 박 목사님은 '윤 전도사님은 어느 교회에서 봉사를 하십니까?' '저는 개척교회를 해서 방에서 20여 명이 모여서 하나님을 예배합니다.' 저의 목회상황을 보고했습니다.

박 목사님은 이런 말씀을 하셨습니다. '그 20여 명은 큰 무리입니다. 평생을 그 양을 위해서 목숨을 바치세요.' 그때 저는 '잘 알겠습니다' 라고 답했습니다. 누가 20여 명을 큰 무리라고 말하겠습니까? 박윤선 목사님은 관념이 다른 목사님이셨습니다.

여러분의 믿음은 칭찬받을 만한 믿음입니까? 지금도 주님이 보시고 축복할 만한 믿음의 사람입니까? 하나님이 믿어줄 만한 믿음의 사람,

목회자가 신뢰할 만한 신앙의 인격자가 됩시다.

종교개혁사를 연구해 보면 16세기에 종교개혁이 일어났습니다. 루터나 칼빈, 쯔빙글리나 바젤 같은 신학자들이 중세교회가 타락했음을 지적하면서 일어났습니다. 그래서 말씀운동이 일어났습니다. 그러다가 말씀, 말씀 하다보니 지루하게 느끼게 되어 17세기에 이르러서 경건운동이 수도원을 중심으로 일어나게 되었고, 18세기에 이르러 자연신론주의자들의 영향으로 철학적인 이론들이 횡행하게 되었습니다.

결국 19세기에 이르러 사신신학이 등장하게 되었고, 기독교는 이론적인 종교, 관념론적인 영향과 합리주의자들의 영향으로 타락하기에 이르게 된 것입니다. 이런 상황이다 보니 우리가 성경말씀을 강조하고 말씀으로 되돌아가려는 시도는 엄청나게 힘이 들고 어려움이 많은 것입니다. 그래도 성경을 사랑하고 믿는 성도가 됩시다.

3. 제자들의 불신앙

열한 제자가 식사를 하고 있습니다. 죽음의 권세를 성령의 능력으로 깨뜨리시고 부활하신 예수님이 나타나십니다. 믿음 없는 사람들을 책망하셨습니다. 마음의 완악함을 꾸짖으셨습니다. 예수님의 부활을 다른 사람들의 입으로 전해 들었지만 믿지 않았기 때문입니다.

우리의 신앙은 사도성이 있어야 합니다. 주님의 제자들이 전해준 복음을 믿는 것이 진정한 믿음입니다. 이 믿음이 없으면 주님에게 책망받습니다. 믿음이 없는 사람, 마음이 완악한 사람이 되고 맙니다. 복음을 듣고 믿고 회개하면 구원을 받습니다. 믿지 않는 사람은 정죄를 당할 것입니다.

마가는 세 번이나 믿음 없는 상태를 지적하고 있습니다. 막달라 마리아가 사도들에게 주님이 살아나셨다고 하지만 그들은 믿지 않았습니다. 주님께서 시골로 내려가는 두 제자에게 찾아가시지만 그들 역시 믿지 않았습니다. 마지막으로 주님이 식사하는 제자들을 찾아가셔서 믿음 없는 것과 마음의 완악함을 책망하셨습니다.

마가복음은 이방인을 상대로 기록한 책이기 때문에 이방인들이 부활을 쉽게 받아들이지 못할 것을 알고 제자들도 쉽게 믿지 않는 것을 드러내고 있습니다. 마음은 부드러울수록 좋습니다. 온유하고 겸손한 마음의 소유자가 깊은 인상을 줍니다.

아브라함의 신앙의 축이 무엇입니까? "아브람이 여호와의 말씀을 따라갔고"라고 하였습니다. 믿음으로 말씀을 따라가는 삶이었습니다. 여기에 영광과 축복과 사랑과 행복이 있었습니다. 반대로 물질을 따르거나 권세와 지위를 따르다가 실패한 사람이 롯의 가정입니다.

사랑하는 성도 여러분! 여러분은 '역시 믿음 있더라. 과연 다르더라. 이 시대에 저런 사람 없어'. 이런 말을 들을 수 있기를 바랍니다. 저는 수원제일교회를 약 13년 조금 넘게 다녔습니다. 이제는 하나님 나라로 가셨지만 안중섭 목사님은 부활주일이면 종종 짤막한 간증을 하셨습니다. 부활하신 주님을 생각하면 목사님의 몸이 둥둥 떠올라서 하늘로 올라가는 것 같다고 하시며 황소 같은 눈에서 눈물을 뚝뚝 흘리시던 것이 생각납니다. 저는 부활주일만 되면 그 광경이 생각나면서 '하나님 왜 저는 저런 감격이 없습니까?' 소리없이 울고 있는 목회자입니다.

역시 믿는 사람이 됩시다. 믿음 없는 사람이 되지 말고 믿는 자가 됩시다. 하나님이 기뻐하고 사람이 좋아하는 사람은 믿음의 사람입니다. 확신의 사람입니다. 반신반의하는 사람은 좋아하지 않습니다.

좋은 소식은 빨리 전할수록 좋습니다. 예수님의 부활 소식은 실망과 삶의 의욕을 잃어버린 모든 사람에게 꼭 필요한 소식입니다. 삶의 기폭제가 되는 소식이요 영생을 좌우하는 소식입니다. 복음을 전하다가 당하는 수치와 모욕을 부끄러워하지 마십시오. 낙심하지도 마십시오. 언젠가는 성령께서 바꾸어 주실 줄로 믿고 강하고 담대하게 복음을 전합시다.

제80강
마가복음 16장 15-16절

대사명

복음의 초청(대)이란 예수 그리스도 안에 있는 구원을 사람들에게 제의하는 일, 예수 그리스도를 영접하게 하기 위한 것으로, 사람으로 하여금 회개와 믿음을 가지게 하여 죄 용서와 영생하도록 하게 하는 일입니다.

하나님은 모든 사람이 예수를 믿어 구원받기를 원하십니다. 부활하신 예수님께서 지상 명령, 대사명을 주셨습니다. 이 사명은 모든 제자와 모든 교회에 주어진 명령입니다. "가서 모든 족속으로 제자를 삼으라." "온 천하에 다니며 만민에게 복음을 전파하라." "성령이 너희에게 임하시면 권능을 받고 예루살렘과 온 유대와 사마리아와 땅 끝까지 이르러 내 증인이 되리라"라고 하셨습니다.

개혁교회는 창세 전에 그리스도 예수 안에서 하나님의 은혜로 하나님의 백성을 선택했다는 무조건적인 선택과 하나님께서 선택한 자를 예수 그리스도 안에서 죄를 용서한다는 제한속죄론을 주장하지만, 또 하나님의 복음을 모든 사람에게 전해야 된다는 것도 인정합니다.

이런 면이 우리가 빠지기 쉬운 함정입니다. 성경을 보라. 하나님께서 선택한 자, 선택받은 자는 다 구원을 받지 않느냐? 그러므로 전도할 필요가 있느냐? 이런 논리입니다. 교리적으로 모순이 없는 것 같이 보이지만 이것은(결과) 하나님께서 하실 일입니다. 우리는 때를 얻든지 못 얻든지 복음을 전해야 합니다.

복음 전파와 구원받는 것은 하나님의 전적인 사역이지만 우리가 알 수 없기 때문에 열심히 복음을 전해야 하는 것입니다. 개혁주의자의 한 사람인 헬만 바빙크는 '균형잡힌 설교는 언약의 중요성과 복음전도의 중요성을 함께 연합하여 강조하는 설교이다' 라고 말했습니다.

우리가 구원받은 하나님의 자녀로서 세상을 살면서 힘써서 해야 할 일이 무엇일까요? 첫째로, 복음을 전하는 일입니다. 모든 사람에게 구원의 길을 제시하는 일입니다. 십자가의 능력과 지혜를 자랑하는 것입니다. 예수 그리스도께서 우리를 위하여 행하신 일을 명확하고도 순수하게 전하는 일보다 더 중요한 일이 있습니까?

상대방이 알아 들을 수 있는 용어와 현대인들이 필요로 하는 문제점을 통하여 전하지만 중요한 것이 있다면 성경 중심적이어야 합니다. 때로는 십자가의 도를 말할 때 청중이 무관심하거나 감정을 상하게 할 수도 있습니다. 인간이 타락한 존재(죄인), 전적으로 무능력한 존재임을 말할 때 사람들의 반응은 대부분 싫어하기 때문입니다.

바울의 경우를 살펴봅시다. 고린도전서 1장 23-24절에 "우리는 십자가에 못 박힌 그리스도를 전하니 유대인에게는 거리끼는 것이요 이방인에게는 미련한 것이로되 오직 부르심을 받은 자들에게는 유대인이나 헬라인이나 그리스도는 하나님의 능력이요 하나님의 지혜니라"라고 했습니다.

바울이 복음을 전할 때 유대인들에게는 거리끼는 일이고, 헬라인들에게는 미련한 것이었습니다. 그러나 전체가 다 그런 것은 아니었습니다. 회개하고 믿고 기뻐하는 사람들도 있었습니다. 그런 하나님의 백성이 있기 때문에 전하는 것입니다.

예수님이 하나님 나라를 전파하시고 천국 복음을 가르치실 때는 더욱 그러했습니다. 외식하는 서기관들과 바리새인들도 있었습니다. 대제사장들과 장로들도 싫어했습니다. 예수님이 잘못해서 싫어한 것일까요? 그렇지 않습니다. 사람들이 복음을 싫어하기 때문입니다. 듣든지 듣지 않든지 복음을 전하는 사명자가 됩시다.

복음의 초청의 성격은 일반적이며 보편적입니다. 특별하거나 특수한 경우보다 일반적인 성격이 강합니다. 마태복음 22장과 누가복음 14장에 나타난 혼인 잔치 비유나 대잔치 비유에서 사용된 용어는 '칼레오'입니다. 칼레오는 '부른다'라는 의미입니다. 왕은 종들을 통해서 사람들을 불렀습니다. 사람을 사랑하여 잔치를 준비하고 불렀습니다. 그런데 오기를 싫어했습니다. 결론이 "청함을 받은 사람은 많되 택함을 입은 자는 적으니라"라고 했습니다.

역사적으로 왕, 선지자, 대제사장들을 통하여 이스라엘은 하나님의 부르심을 받았습니다. 그러나 거절하는 결과를 가져왔고, 예수님 당시에 제자들을 통하여 유대인들 가운데 세리와 죄인들이 부르심을 받았습니다. 그런데 놀랍게도 세리와 죄인들은 예수님의 초청에 응하였습니다. 그리고 나중에는 길 가와 산울타리 가에 있는 자들도 모두 불렀는데 이것은 하나님의 교회를 통하여 이방인들이 부름받을 것을 말합니다.

복음의 초청은 일반적이고 보편적입니다. 설교자는 누구에게나 복음을 전해야 합니다. 선교사도 그렇습니다. 전도자도 그렇습니다. 하나님도 구원에 이르기를 간절히 바라십니다. 특수한 상황에서 특별한 사람만을 위한 것이 복음이 아니라 모든 사람을 구원하는 것이 복음입니다.

사도행전 5장 42절에 "그들이 날마다 성전에 있든지 집에 있든지 예수는 그리스도라고 가르치기와 전도하기를 그치지 아니하니라"라고 했습니다. 초대교회도 생각해 봅시다. 사도들이 누구에게나 차별하지 않고 복음을 전하고 가르쳤습니다.

마태복음 10장에서 이스라엘의 잃어버린 양에게로 가라고 하신 주님이 마태복음 28장에서는 모든 족속으로 바뀐 이유도 구원론적인 입장에서 보면 십자가와 부활의 영광이 이루어졌기 때문이었습니다.

둘째로, 회개와 믿음으로 예수 그리스도께 나오라는 초대입니다. 소개 자체로만 끝나는 것인가? 진실하고 간절한 초대여야 합니다. 예수님도 세리와 죄인들을 초대하셨습니다. 마태복음 11장 28절에 "수고하고 무거운 짐 진 자들아 다 내게로 오라 내가 너희를 쉬게 하리라"라고 했습니다.

우리는 죄의 심각성을 그대로 전해야 합니다. 숨길 필요가 없습니다. 여기서 회개의 중요성이 나옵니다. 예수 그리스도에 대한 믿음이 발생합니다. 동시에 왕의 초청이기에 출두 명령과 같은 것입니다.

누가복음 14장 23절에 "주인이 종에게 이르되 길과 산울타리 가로 나가서 사람을 강권하여 데려다가 내 집을 채우라"라고 했습니다. 만왕의 왕, 만주의 주가 초대하는 것입니다. 천국으로의 초대입니다. 영생으로의 초대입니다. 왕의 초대를 거절하는 것은 영원한 멸망뿐입니다. 지옥입니다. 기회가 있을 때 초대에 임하기를 바랍니다.

회개와 믿음과 성장, 그리고 주께 나오라는 설교를 항상 해야 하는 것입니다. 교회를 오래 출입했다고 다 회개하거나 믿음이 성숙한 것이 아닙니다. 그러므로 항상 복음으로 초대를 해야 합니다.

헤르만 훅스마는 '복음 초청은 결코 사람들에게 발송된 일이 없다. 만일 복음이 사람들에게 초청장처럼 전달된 것이었다면 자신의 힘으로 받아들일 수 있었을 것임을 암시한다' 라고 주장했습니다. 이런 주장에 대하여 미국 개혁교회는 복음전파 행위는 설교자 입장에서만이 아니라 하나님의 입장에서도 듣는 모든 사람들에게 구원을 제의하는 좋은 의도로 행해지는 것이며, 하나님께서 복음 초청이 전달되는 모든 사람이 구원받기를 간절히 원하신다고 했습니다.

에스겔 18장 23절에 "주 여호와의 말씀이니라 내가 어찌 악인이 죽는 것을 조금인들 기뻐하랴 그가 돌이켜 그 길에서 떠나 사는 것을 어찌 기뻐하지 아니하겠느냐?"라고 했습니다.

에스겔 33장 11절을 보면 이스라엘이 악에서 떠나 사는 것을 간절히 원하시는 하나님이십니다. 이 대상은 바벨론 포로로 잡혀간 남방 유다 왕국 백성입니다. 우상숭배와 언약 파기의 죄를 회개하고 하나님께로 돌아오라고 했습니다. 이런 주장도 있을 수 있습니다. '악인은 악인이지만 택함 받은 악인'이라고 말합니다. 그러나 바벨론 포로가 꼭 그런 사람들만 있다거나 부르심을 그렇게 축소시킬 필요는 정말 없습니다.

예수님은 마태복음 23장 37절에서 "예루살렘아 예루살렘아 선지자들을 죽이고 네게 파송된 자들을 돌로 치는 자여 암탉이 그 새끼를 날개 아래에 모음 같이 내가 네 자녀를 모으려 한 일이 몇 번이더냐 그러나 너희가 원하지 아니하였도다"라고 했습니다.

베드로후서 3장 9절에 "주의 약속은 어떤 이들이 더디다고 생각하는 것 같이 더딘 것이 아니라 오직 주께서는 너희를 대하여 오래 참으사 아무도 멸망하지 아니하고 다 회개하기에 이르기를 원하시느니라"라고 했습니다.

하나님은 원하시고 간절히 바라시며 기뻐하시는데, 사람들이 원하지 않고 바라지 않으며 기뻐하지 않았던 것이 멸망의 요인이었습니다. 사도 바울은 고린도후서 5장 20절에서 "그러므로 우리가 그리스도를 대신하여 사신이 되어 하나님이 우리를 통하여 너희를 권면하시는 것 같이 그리스도를 대신하여 간청하노니 너희는 하나님과 화목하라"라고 했습니다.

사신은 대사입니다. 대사는 자기 의견을 피력하지 않고, 보낸 자의 뜻을 대변하는 사람입니다. 설교자는 하나님의 사신입니다. 하나님과 사람과의 화평, 화목, 화해를 위하는 사람입니다.

셋째로, 죄 용서와 구원의 약속입니다. 복음에 응하는 사람은 누구든지 죄 용서와 구원의 은총을 선물로 받습니다. 주님과의 교제에서 영원한 삶을 사는 복을 받게 됩니다. 회개와 믿음을 전제로한 구원 약속입니다. 그런면에서 조건적입니다.

물론 조건적이라고 하는 것은 사람의 힘으로는 되지 않는 일인데, 하나님이 회개할 힘을 주시고 믿음을 선물로 주실 때 가능한 일입니다. 이런 일이 항상 일어나도록 우리들은 기도드리며, 전할 뿐입니다.

돌트신경(1618-19년 사이에 화란 도르트레히트에서 모인 돌트 총회에서 채택된 교리선언문) 2장 5조에 '십자가에 못 박히신 그리스도를 믿는 자는 누구든지 멸망하지 않고 영생을 얻을 것이라는 것이 복음의 약속이다. 이 약속은 회개하고 믿으라는 명령과 함께 모든 백성들과 나라들에게 아무런 차별과 차이없이 선언되고 선포되어야만 한다. 바로 이들에게 하나님께서 자기의 선한 기쁨 안에서 복음을 보낸다' 라고 되어 있습니다.

'복음을 통해 초청받은 자는 모두 진지하게 부르심을 받은 자들이다 ... 진지하게 자기에게 나아와 믿는 모든 자들에게 영원한 생명과 영혼의 안식을 약속하신다.'

우리 모두 죄에서 돌이켜 하나님께로 돌아가 구원받기를 원하는 것은 나의 소원이자 하나님의 소원입니다. 하나님은 악인이 죄 가운데 죽는 것을 기뻐하시지 않습니다. 우리도 좋아하지 않습니다. 저와 여러분의 외침 속에 많은 영혼이 구원받는 복이 임하기를 바랍니다.

제81강
마가복음 16장 17-20절

지상 명령과 승천

우리는 예수님의 부활을 믿습니다. 승천도 믿습니다. 믿는 자로서 일평생을 살아보니 너무나 행복했습니다. 사람에게 정말 중요한 것은 믿음입니다. 하나님을 믿는 믿음과 사랑하는 자를 믿는 믿음입니다.

사람에게 믿음이 없다면 보통 심각한 문제가 아닐 것입니다. 믿음이 없는 것은 마음이 완악한 것과 미련한 것과 통하는 말입니다. 믿는 자에게 주님은 무엇을 부탁하셨습니까? "너희는 온 천하에 다니며 만민에게 복음을 전파하라"라고 말씀하셨고, "믿고 세례를 받는 사람은 구원을 얻을 것이요 믿지 않는 사람은 정죄를 받으리라"라고 말씀하셨습니다.

예수께서 십자가에 죽으시고 부활하신 것을 믿는 자마다 "천하 만민에게, 모든 족속에게, 땅 끝까지 이르러 내 증인이 되리라"라고 말씀하셨습니다. 우리는 이 명령을 신학적으로 '대사명', '대위임령'이라고 일컫습니다.

구원 받은 성도의 임무가 무엇입니까? "복음을 전하는 것, 기쁜 소식을 전파하는 것"입니다. 다른 사람이 구원 얻도록 힘쓰는 것이 구원 받은 성도가 할 일입니다. 여러분은 무슨 일에 관심이 많습니까? 복음을 위해 쓰임받는 하나님의 사람, 복음이 있는 교회, 복음을 전하는 우리 교회가 됩시다.

1. 새로운 질서

부활하신 주님은 새로운 질서를 말씀하셨습니다. 옛 질서가 아니라 새로운 질서입니다. 새로운 질서는 어떤 질서일까요? 오늘 성경에 기록된 여러 가지는 대부분 사도행전에서 발견되는 이적과 표적들이었습니다. 초대교회에 나타난 사건들이었습니다.

부활하신 주님은 믿는 자에게 따라오는 표적을 말씀하셨습니다. 예수의 이름으로 귀신을 쫓아내며 새 방언을 말합니다. 뱀을 집어올리며 무슨 독을 마실지라도 해를 받지 않습니다. 병든 자가 낫습니다. 이러한 다섯 가지의 새로운 질서를 말씀하셨습니다.

하나님의 교회 역사를 살펴보면 초대교회에 이런 이적이 많이 있었습니다. 어떤 신학자는 말하기를 기적이 계속하여, 정기적으로 일어난다면 이미 기적이 아니라고 했습니다. 하나님께서 교회를 세우기 위하여 행하는 것들입니다. 하나님의 교회를 세우는 데 필요하시기에 사용하셨던 방편들입니다. 지금도 필요하면 능력이 나타날 줄로 확실히 믿습니다. 이렇게 복잡하고 세속적인 세상에 거룩한 하나님의 교회가 존재하는 자체가 큰 이적이요 표적입니다. 영광이요 찬송거리입니다.

귀신이 쫓겨가는 것은 제자들이 이미 체험했던 일입니다. 마가복음 3장 15절입니다. 예수님은 열두 제자를 부르셨습니다. 목적 중의 하나가 "귀신을 내쫓는 권능도 가지게 하려 하심이러라"라고 했고, 마가복음 9장 38절에 따르지 않는 어떤 사람이 주의 이름으로 귀신을 쫓아내는 사건도 있었습니다.

마태복음 10장 8절에는 "귀신을 쫓아내되 너희가 거저 받았으니 거저 주라"라고 했고, 누가복음 9장 1절에는 "예수께서 열두 제자를 불러

모으사 모든 귀신을 제어하며 병을 고치는 능력과 권위를 주시고"라고 했으며, 10장 17절에는 "칠십 인이 기뻐하며 돌아와 이르되 주여 주의 이름이면 귀신들도 우리에게 항복하더이다"라고 고백했습니다.

여기서 '내 이름으로'가 강조입니다. 그러니까 귀신을 쫓아내는 기적도 중요하지만 '내 이름'이 더 귀중하다는 뜻입니다. 사탄의 영역에 대하여 예수님께서 승리하셨습니다.

새 방언을 말합니다. 이방 언어로 말합니다. 사도행전 2장 4-11절 오순절에 이런 현상이 나타났습니다. 사도행전 10장 46절, 19장 6절, 고린도전서 12장 10절, 14장 1-24절에 나타났습니다. 성령께서 이땅에 오신 싸인입니다. 표시입니다. 흔적이지요.

뱀을 집는 것은 누가복음 10장 19절에 뱀을 밟을 것을 말씀한 바 있고, 사도행전 28장 3-6절에 멜리데에서 바울이 뱀에 물렸으나 무사했던 일이 있습니다. 바울은 의도적으로 뱀에 물린 것이 아닙니다. 그냥 물린 것입니다. '할 수 없이' 뱀을 집게 될 때 치명적인 독으로부터 보호를 받는다는 약속입니다.

독을 마신다는 뜻은 무엇일까? 할 수 없이 독을 마셔도 해를 당하지 않는다는 뜻입니다. 자의적으로 뱀에게 물리거나 독을 마실 때에 해를 당하지 않는다는 뜻은 아닙니다. 성경에서는 찾아볼 수 없는 이야기이고, 믿는 자들에게 놀라운 이적과 권능과 보호가 있을 것을 예언하는 내용입니다.

병든 자를 고친다는 것은 예수님의 생애 동안 많이 보여주셨던 이적입니다. 사도행전 28장 8절에 바울은 보블리오의 병든 아버지를 낫게 했습니다. 고린도전서 12장 30절 초대교회가 손을 얹고 기도하면 하나님께서 고쳐주신 사건들이 있습니다. 다 이러한 이적과 기적은 믿게 하기 위한 것들이었습니다.

과거에는 죽었지만 지금은 살아나는 존재가 되었으며 과거에는 장님 같은 존재였지만 지금은 보는 사람이 된 것이 기적이 아닙니까? 이

러한 새로운 질서가 예수님의 부활로 말미암아 세워진 은혜요 축복이
었습니다.

2. 승천과 복음 전파

예수님은 부활하신 다음에 사십 일을 지상에 계셨습니다. 사십 일
동안 주님이 행하신 일이 무엇인가? 하나님 나라에 대하여 가르치셨습
니다. 인류의 죄악이 십자가에서 처형되었음을 보여주셨습니다. 영원
한 생명을 위해 부활하셨습니다. 제자들을 위로하고 격려하며 사명을
주셨습니다.

예수님은 하늘로 올리우셨습니다. 하나님의 우편 보좌에 앉으셨습
니다. 우리는 예수님의 낮아지신 신분을 말합니다. 동정녀 탄생이나 십
자가에 죽으심 그리고 장사 지낸 것은 낮아지신 비하의 신분입니다. 반
대로 삼 일 만에 부활하심, 승천하심, 우편 보좌에 앉으심, 그리고 재림
하심 등은 높아지신 신분, 승귀의 신분이라고 말합니다.

누가복음 24장 50-51절에 승천에 대한 기록이 복음서에 나타납니
다. 베다니 앞에서 축복하십니다. 축복하심 속에서 승천하셨다고 누가
는 가르쳐 주고 있습니다. 사도행전 1장 3절에는 승천하신 '때'를 가르
치고 있습니다.

부활하신 예수님은 지상에 계시면서 사십 일 동안 하나님 나라를 가
르치셨습니다. 지리적인 위치를 누가복음 24장 50절이 말하고 있습니
다. '베다니' 앞이라고 했습니다.

사도행전 1장 12절은 감람산이었음을 말합니다. 사도행전 1장 9-10
절에 의하면 제자들이 하늘을 쳐다보고 있는 가운데 예수님의 몸은 구
름에 가리워졌고, 주위에는 흰 옷 입은 두 천사가 호위하고 있었습니
다. 사관에 누울 곳이 없던 초림 때와는 전혀 달랐습니다. 십자가를 지
고 골고다의 언덕 길을 오르실 때와는 전혀 달랐습니다. 그래서 승귀,

높아지신 예수님을 말하게 됩니다.

빌립보서 2장 11절에 "모든 입으로 예수 그리스도를 주라 시인하여 하나님 아버지께 영광을 돌리게 하셨느니라"라고 바울은 말합니다. 예수님은 영광을 회복하셨습니다. 사도행전 2장 33-35절에 "하나님이 오른손으로 예수를 높이시매 … 너는 내 우편에 앉아 있으라"라고 하셨습니다.

사도행전 7장 55-56절에 "스데반이 성령 충만하여 하늘을 우러러 주목하여 하나님의 영광과 및 예수께서 하나님 우편에 서신 것을 보고 말하되 보라 하늘이 열리고 인자가 하나님 우편에 서신 것을 보노라"라고 하였습니다.

예수님은 만왕의 왕으로서 시편 110편의 예언을 성취시켰습니다. 바울은 로마서 8장 34절에서 "누가 정죄하리요 죽으실 뿐 아니라 다시 살아나신 이는 그리스도 예수시니 그는 하나님 우편에 계신 자요 우리를 위하여 간구하시는 자시니라"라고 했습니다.

우리는 승리하신 주님을 믿습니다. 낮고 천한 십자가만 지신 것이 아니라 부활하셔서 높고 높은 보좌에 앉아 계심 또한 믿습니다. 이것이 우리의 기쁨이요 자랑거리입니다.

3. 순종하는 제자

가장 위대한 순종이 무엇이라고 생각합니까? 가장 중요한 순종은 복음을 다른 사람에게 전하는 일입니다. 가장 비겁한 행동이 복음을 믿지 못하거나 전하지 못하는 행동일 것입니다. 복음을 전하는 일은 정말로 급한 일입니다. 급해도 다급한 일입니다.

예수님의 제자들이 한 일이 무엇입니까? 복음을 전하는 일이었습니다. 온 세상을 두루 다니면서 전하는 일이었습니다. 승천하시기 이전에도 하나님 나라에 대하여 가르치셨습니다. 예수님의 지상 사역이 마무리되는 상황이었습니다. 우리가 바울을 왜 훌륭하다고 말합니까? 여러 지역을 다니면서 복음을 가르치고 전하고 하나님 나라를 세웠기 때문입니다.

복음 전하는 자에게 주님이 함께하십니다. 요한복음 16장 7절에 "그러나 내가 너희에게 실상을 말하노니 내가 떠나가는 것이 너희에게 유익이라 내가 떠나가지 아니하면 보혜사가 너희에게로 오시지 아니할 것이요 가면 내가 그를 너희에게로 보내리니"라고 약속했습니다.

마태복음 28장 20절의 약속도 있습니다. "내가 너희에게 분부한 모든 것을 가르쳐 지키게 하라 볼지어다 내가 세상 끝날까지 너희와 항상 함께 있으리라"라는 약속입니다. 그리스도의 일을 하는 사람의 축복이 무엇입니까? 주님이 함께하는 것입니다. 임마누엘의 복입니다. 이것은 사람이 받을 수 있는 최고의 영광이요 축복입니다.

성경을 깊이 연구해 보면 표적이나 기적이 하나님의 말씀을 뒷받침해 주었습니다. 표적은 표적 자체가 목적이 아니라 하나님이 함께 계심을 나타내는 것이었습니다. 사랑하는 우리 교인들은 마가를 통해 전해 준 복된 소식을 많이 들었습니다. 마가가 우리에게 복음의 소식을 들려주었듯이 우리도 다른 사람들에게 복음을 전하는 성도가 됩시다.

지상 명령을 말씀하신 예수님께서 마지막으로 행하신 일이 무엇입니까? 하늘로 가신 일입니다. 승천입니다. 하늘로 올리워지셨습니다. 부활의 참된 의미는 올리워지는 것입니다. 부활하신 예수님은 가르치시고 하늘로 올리워지셨습니다. 나사로나 과부의 아들이나 야이로의 딸이 살아났다가 다시 죽은 것과는 다른 부활이었습니다. 사망 권세를 완전히 깨뜨리신 주님의 부활입니다. 경배와 찬양의 대상으로 승천하셨습니다. 완전한 승리이십니다.

하늘로 승천하신 예수님은 하나님 우편에 앉으셨습니다. 하나님 우편 보좌는 예수님의 예언대로 성취된 것이고, 스데반 집사의 증언에도 나타나는 사건입니다. 우편 보좌는 하나님의 권능과 영광에 동참하는 것을 뜻합니다. 예수님은 십자가에 죽으시고 부활하심으로 사탄의 세력을 꺾으시고 만왕의 왕으로서 영광과 권능을 회복하신 것입니다.

"주께서 함께 역사하사"라는 말은 새로운 시대, 새로운 역사의 무대를 향한 첫 걸음을 말합니다. 복음을 전하는 자들에게 약속의 표적과 하나님이 함께하는 역사를 기대해도 좋습니다. 이것이 새로운 복음의 시대가 찬란하게 열린 것을 알리고 있습니다. 우리도 찬란한 복음을 다른 이들에게 전하는 새로운 시대의 주역이 됩시다.